U0895701

•1月20日，海南东盛弘蟒业公司在首届中国农业科技创新创业大赛总决赛中荣获二等奖，获“天使投资”300万元。

•2月24日至26日，中国乐器协会琴行分会赴香港参观考察。

•3月20日，中国乐器协会电鸣分会组织召开换届会议。

•3月20日，中国乐器协会琴行分会在京举行工作会议。

•3月21日至22日，中国乐器协会六届三次理事（扩大）会议在京召开。

•3月24日，“中国竹笛之乡”申报汇报会在北京中国乐器协会会议室举行。

•4月8日下午，广州市质量强市工作动员大会上表彰了广州珠江钢琴集团股份有限公司等四家获首届“广州市政府质量奖”的企业。

•5月6日，美得理公司在京召开“MUZA魔鲨电鼓代言人签约新闻发布会”。

•5月18日，奥地利“文德隆”百年品牌传承签字仪式及海伦钢琴股份有限公司新厂区开工奠基仪式在宁波市北仑区举行。

•5月19日至20日，中国乐器协会口琴专业委员会五届二次会议在上海青浦举行。

•5月20日，中国乐器协会吉他专业委员会二届三次会议在广州召开。

•5月25日，上海市推进中华老字号发展工作会议在上海展览中心举行。上海民族乐器一厂获得 “中华老字号”证书和铜牌。

•6月2日，中国乐器协会琴行分会一届四次理事（扩大）会议在江苏泰兴凤灵乐器集团音乐厅隆重召开。

•6月19日，北京市委常委、副市长鲁炜到平谷区调研，在北京华东乐器有限公司视察参观。

•7月1日，博斯纳钢琴品牌140周年的纪念庆典在烟台举行。

•7月1日至4日，台北乐器大展在台北世贸一馆举办。

•7月5日至7日，全国乐器标准化技术委员会在大连召开“七项乐器国家、行业标准审定会”。

•7月11日，中共中央政治局委员、中央书记处书记、中宣部部长刘云山到河北金音乐器集团公司视察。

•7月28日，由杭州市余杭区文创办、余杭区中泰乡人民政府联合主办的“中国竹笛之乡”授牌仪式暨系列活动开幕式在中泰乡隆重举行。

•8月5日，“宜昌钢琴科技馆启动仪式”、“‘长江’钢琴揭牌暨‘钢琴进社区进校园’活动（第二批）仪式”在宜昌举办。

•8月26日，北京星海钢琴集团公司与国家大剧院就该院开展公益活动用琴达成合作意向，并正式签约。

•9月15日，中共中央政治局委员、上海市委书记俞正声到上海民族乐器一厂考察。

•10月11日至14日，2011中国（上海）国际乐器展览会在上海新国际博览中心隆重举行。

•10月11日晚，中国（上海）国际乐器展览会主办举办“欢迎晚宴”，庆祝中国（上海）国际乐器展览会成功举办十周年。

•10月12日，中国音乐学院与中国乐器协会在上海新国际博览中心举行合作签约仪式。

•10月12日，中国乐器协会与欧洲音乐产业联盟（CAFIM）组织会谈及新闻发布会，并签订合作备忘录。

•10月12日，首届中国西管乐器（铜管类）制作比赛颁奖仪式在上海新国际博览中心举行。

•11月13日，广东红棉乐器有限公司在广东省河源市高新开发区新厂址隆重举办了奠基仪式。

•11月25日至27日，全国乐器标准化技术委员会2011年度工作会议在珠海召开。

广州珠江钢琴集
成功上市成为“

股票名称：珠江钢琴

广东省委副书记、省长朱小丹和省委常委，广州市委书记万庆良、广州市委副书记、市长陈建华共同启动庆祝仪式。

2012年6月3日，广州珠江钢琴集团股份有限公司在白云国际会议中心隆重举行了上市庆祝活动，广东省委副书记、省长朱小丹，广东省委常委、广州市委书记万庆良，广州市委副书记、市长陈建华等领导出席了活动，广东省、广州市政府部门领导、文化、音乐、教育、新闻界领导、各大集团领导、广州珠江钢琴集团股份有限公司经销商以及高层、中层干部等约700人参加了庆祝活动。

庆祝仪式上，广东省委副书记、省长朱小丹和省委常委、广州市委书记万庆良，广州市委副书记、市长陈建华共同启动庆祝仪式。朱小丹省长亲自为我集团公司钢琴设计大师托马先生颁发了“特殊贡献奖”，万庆良书记为质量技术总监斯提芬先生颁发了“贡献奖”。

团股份有限公司

国乐器第一股”

股票代码：002678

“落其实者思其树，饮其流者怀其源”。珠江钢琴的成功上市，源自自身的努力，几代人的不懈奋斗，更离不开国家有关部委及省、市各级领导的坚强领导及社会各界人士的大力帮助，离不开国内外消费者的信任和支持。她的成功上市，在企业发展史上树立了一座新的里程碑，为企业的进一步发展壮大提供了强有力的资本支持，为广州国企和民族品牌的做大做强提供了良好示范和宝贵经验。

庆祝仪式上，代表着中国乐器骄傲的恺撒堡钢琴亮相，刘诗昆大师激昂奋进的“保卫黄河”，犹如珠江钢琴56年来的奋斗历程，让人振奋，让人激发。由歌唱家李思音、珠江钢琴工人合唱团表演的“明日理想”象征着上市后的珠江钢琴，将继续腾飞，奔向未来。

广东省委副书记、省长朱小丹为珠江钢琴集团钢琴设计专家托马先生颁发“特殊贡献奖”。

省市领导共同见证“中国乐器第一股”的诞生。

广东省委常委，广州市委书记万庆良为珠江钢琴质量技术总监斯提芬先生颁发“贡献奖”。

著名钢琴家刘诗昆动情演绎《保卫黄河》。

天籁之音

名家、名曲、名琴

2012年7月12日下午，在北京人民大会堂举行的恺撒堡艺术家KA系列钢琴鉴赏音乐会上，刘诗昆、鲍蕙荞、周勤龄、盛原、邹翔等艺术名家，以及恺撒堡钢琴比赛获奖者鞠小夫使用恺撒堡艺术家三角钢琴演奏了《中国旋律钢琴小品》、《欢乐岛》、《欣喜之圣灵的凝视》、《华丽大波兰舞曲》、《夜曲》、《卡门》变奏曲等脍炙人口的经典钢琴作品。优美的旋律回荡在人民大会堂，恺撒堡艺术家(KA)钢琴赢得了专家们的一致好评，被认为是中国制造的国际高端钢琴。

珠江钢琴集团董事长施少斌在音乐会上致辞。

在鉴赏音乐会上，首先登场的是著名青年钢琴演奏家，中央音乐学院钢琴系副教授，古巴哈瓦那赛万提斯国际钢琴大赛冠军、西班牙海恩国际钢琴大赛亚军盛原先生表演德彪西生平最美妙的作品《欢乐岛》。盛原的演奏自由潇洒，节奏在跃动中变化，与恺撒堡艺术家钢琴的合作自然流畅。

青年钢琴演奏家，中央音乐学院钢琴系副教授，美国茱莉雅音乐学院钢琴演奏博士，加拿大郝奈斯国际钢琴大赛冠军获得者邹翔先生使用恺撒堡艺术家钢琴演奏了梅西安的《欣喜之圣灵的凝视》。他的演奏犹如摇篮曲，带我们领略了宗教音乐的独特、清新及温柔之美。在邹翔老师与恺撒堡艺术家钢琴的传神演奏下，使人眼前似乎呈现了一幅幼儿耶稣亲吻修女的温情与大爱的动人画面。乐曲演奏完毕后，观众还久久沉浸在音乐中。

著名钢琴家鲍蕙荞、周勤龄与恺撒堡艺术家钢琴珠联璧合。

著名钢琴大师刘诗昆的演奏激昂和热情，犹如万马奔腾。

鞠小夫的演奏情绪饱满，表达准确。

世界共鸣
奏响人民大会堂

音乐会上唯一的少年演奏者是来自南京外国语学校的琴童鞠小夫，他是恺撒堡钢琴大赛获奖选手，12岁的鞠小夫小朋友表演了哈恰图良的《托卡塔》，情绪饱满，表达准确，博得现场的阵阵掌声。

著名钢琴演奏家、教育家鲍蕙荞用恺撒堡艺术家(KA)钢琴独奏后欲罢不能，又与旅法钢琴家周勤龄四手联弹，美妙琴声引人入胜。

钢琴大师刘诗昆表演了三首钢琴曲：肖邦的《降A大调波兰舞曲》和《夜曲》，以及他本人改编的歌剧《卡门》选曲。一曲肖邦的《降A大调波兰舞曲》在刘诗昆大师的指尖下波涛汹涌， 激昂和热情犹如万马奔腾，令在场的观众心潮澎湃，更为这架具有德国血统的中国钢琴心生艳羡之情。洪亮雄壮的音响、华丽充满金属光泽的音色，在北京人民大会堂上空久久回荡。

青年钢琴家邹翔的演奏独特、清新、传神。

钢琴家指尖流淌出美妙的乐韵，无论欢乐的快板，抒情的慢板，都表现得十分完美，恺撒堡艺术家钢琴清亮、纯美的音质、沉郁浑厚的共鸣为演奏增色不少，令在座的每一位都深深的沉浸在钢琴所带来的唯美享受之中。中央音乐学院钢琴系副教授邹翔表示，优质的钢琴是演奏者成功演出的保证，这架琴是8尺的有非常好的音质，如果是9尺，音乐会更加丰富。

青年钢琴家盛原的演奏自由潇洒，自然流畅。

主要领导、嘉宾，著名艺术家共同为音乐会启动激光球。

HAIDIEL

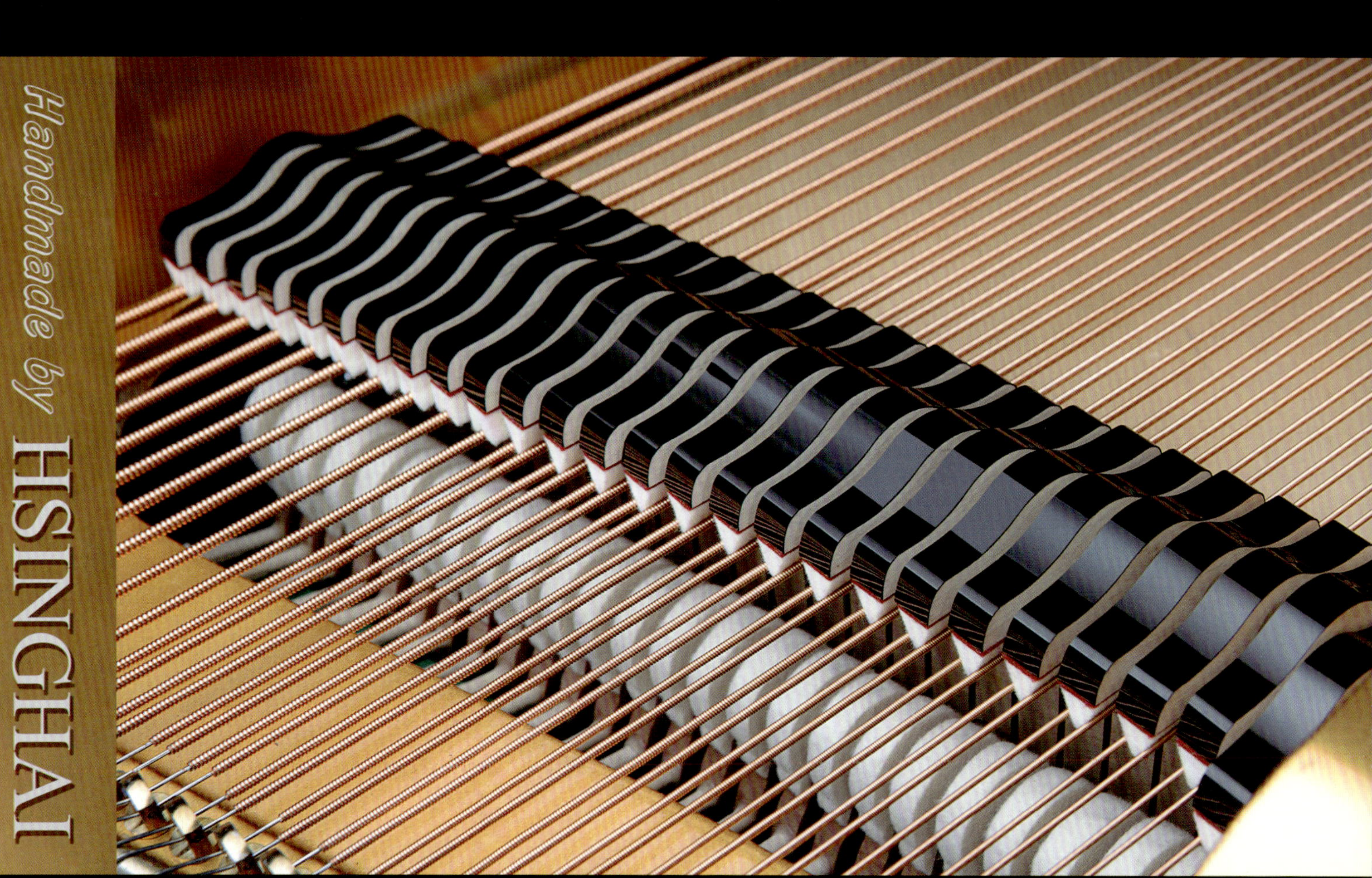

海德钢琴 大师之选

星海·海德

"星海·海德"钢琴标志星海辉煌63年的结晶 周广仁 2012.7.3.

"星海·海德"钢琴，琴童的知音！ 凌远 2012.7.3.

星海，中国钢琴制造业的翘楚！ 李其芳 2012.7.3

"星海·海德"钢琴了不起 2012.7.3

"星海·海德"钢琴，好钢琴！ 周铭孙 2012.7.3

感谢星海为少年儿童钢琴学子生产如此高档的钢琴 张晋

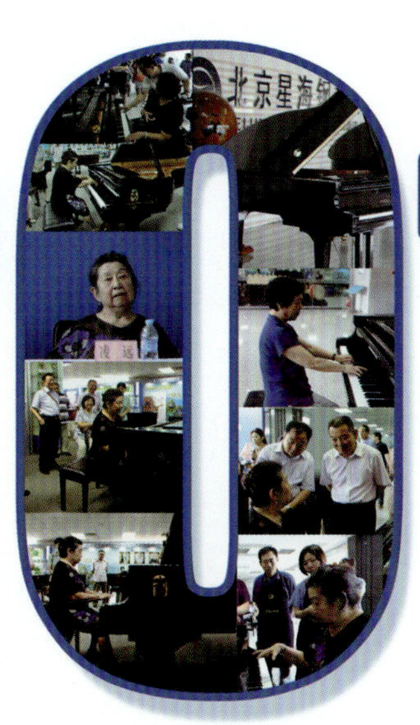

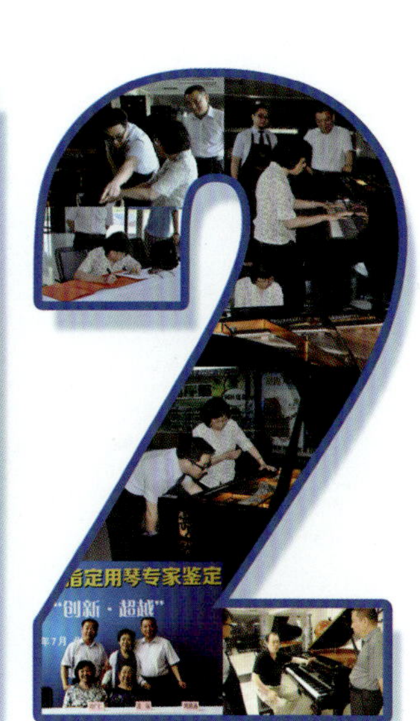

www.xhpiano.com www.xinghaicup.com

江苏凤灵乐器集团是世界提琴生产规模、技术力量、出口创汇的龙头企业，凤灵提琴连续18年世界销量第一，占全国提琴销量的40%、世界提琴总量的30%以上。

公司是中国乐器协会提琴分会会长单位，“凤灵”商标被认定为“中国驰名商标”，凤灵产品被评为“国家免检产品”、“江苏省名牌”产品。

企业荣获国家轻工业科技发明二等奖。企业被命名为全国提琴行业唯一国家文化产业示范基地、国家工业旅游示范点，获全国提琴行业唯一国家文化出口重点企业。企业获全国轻工业卓越绩效先进企业特别奖、全国轻工业质量效益型先进企业、全国出口企业双优奖，全国企业信息先进单位、中国乐器行业强势公司、全国文化优秀企业等荣誉称号。

中国驰名商标

China Well-known Trademark

中华人民共和国

国家工商行政管理总局商标局

国家文化产业

示范基地

中华人民共和国文化部

二〇〇六年五月

集团董事长李书当选为中国提琴协会会长，获“全国创业之星”、“全国优秀企业家”、“全国乡镇企业家”、“全国乐器行业优秀人物”、“全国企业信息化优秀领导奖”、“全国社会主意建设贡献勋章”、“全国改革开放30年功勋企业家”、“江苏省优秀民营企业家”、“江苏省关爱员工优秀企业家”和劳动模范、五一劳动奖章。

公司秉承“品质让顾客满意、服务让客人感动”的经营理念，以“风灵提琴、音质感动世界”为品牌夙求，以先进文化发展企业，以产业繁荣促进文化发展，全面推进“科技凤灵、品牌凤灵、文化凤灵”的各项建设，实施全球化、科技化品牌战略，未来的凤灵将更加繁荣、更加辉煌，必将为国家文化产业的科学发展和中国提琴产业的做大做强作出重大贡献。

国家文化出口重点企业

江苏凤灵乐器集团

荣誉证书

江苏省泰兴市溪桥镇：

中国提琴产业之都

中国轻工业联合会　　中国乐器协会

2010年1月

股票简称：海伦钢琴
股票代码：300329

海伦钢琴
A股成功上市

【全球经典·共享价值海伦】

2012，喜庆年

海伦钢琴，20余载胸怀音乐事业的执着与梦想
从生产钢琴配件到核心部件"码克"
结合欧洲百年经典加工工艺，制造出世界级钢琴
从此诞生自主创新民族钢琴品牌—"HAILUN"
她拥有31项专利技术，其中发明专利2项
先后被评为国家级文化产业示范基地
国家文化出口重点企业、国家重点高新技术企业

海伦钢琴，第一架永驻维也纳金色大厅亚洲钢琴、丹麦王室御用钢琴
08年北京奥运倒计时一周年庆典用琴、欧洲金音叉奖评比国际六星金奖
中国钢琴音乐性能鉴定参照样琴、央视首届钢琴小提琴比赛指定用琴
29届世界音乐教育大会指定用琴

迈着快速而坚实的脚步，至今
海伦拥有着奥地利四代家族百年钢琴制造技术与文化传承的文德隆品牌
并与世界顶级钢琴品牌贝希斯坦-齐默曼、佩卓夫、罗瑟、弗尔里希达成战略合作

2012，海伦钢琴登陆创业板A股市场
全新旅程又一次开始……

JINYIN
MU
INSTRUMENT

金音集团

SINCE 1989

长江荣誉

长江V-88（PFP2）钢琴获“中国国际专利与名牌博览会特别金奖”、“中国轻工精品展创新奖”、“中国国际轻工消费品展览会科技创新奖”

长江V-53钢琴获“中国国际专利与名牌博览会金奖”

长江CJ-A钢琴获“中国国际轻工消费品展览会轻工精品奖”

长江CJ-2G钢琴获“中国国际轻工消费品展览会节能环保奖”、“中国国际轻工消费品展览会最受消费者欢迎奖”

长江CJ-2钢琴获“中国轻工精品展最具潜力奖”

长江CP-1F钢琴获“中国国际轻工消费品展览会文化创意奖”

长江钢琴获“湖北省自主创新产品”称号

核心要素精准把握　傲人品质信心保证

碳素纤维击弦机、欧洲、北美实木云杉音板、德国Röslau琴弦等优越素材的选用

共振系统、击弦机系统及外装设计的突破创新

经典音色整理工艺、先进数控设备的完美协作

专业选择

中国宜昌长江钢琴音乐节指定用琴

中共宜昌市委、宜昌市人民政府共同主办**长江钢琴揭牌仪式，**

毛将军携夫人出席为长江钢琴揭牌

湖北省宜昌市200台“钢琴进社区、进校园”活动选用钢琴

中国音乐家协会普通高校音乐联盟主办的

“长江钢琴杯”第三届神州唱响全国高校钢琴展演活动用琴

上海普通高校“长江”杯钢琴比赛指定用琴

五月的鲜花·永远跟党走（全国大学生校园文艺会演）现场用琴

中央电视台综艺频道（CCTV-3）**【艺术人生】**栏目现场用琴

中央电视台综艺频道（CCTV-3）**【星光大道】**栏目现场用琴

Johnson
EST. 1993

AXL 国 际 乐 器
www.axlchina.com

中国 森鹤乐器股份有限公司
地址：宁波慈溪市樟新北路1928号，邮编：315323
税号：330282668485124，开户行：工行慈溪市支行，帐号：3901300009000302419
Luo Music China Co.,Ltd，Add: 1928# Zhangxin Rd. Cixi Ningbo China 315323
Tel：+ 86 574 6354 9321　5858 6521　5858 6516　Fax：+ 86 574 6354 9381 Mobile：+ 86 （0）1360 674 9522
Internet：http//www.luomusic.com . Email：jifeng.luo@luomusic.com
ISO9001/ISO14001/OHSAS18001 Approval
Orient

森鹤乐器一直为之提高全球钢琴零部件品质的努力
Orient

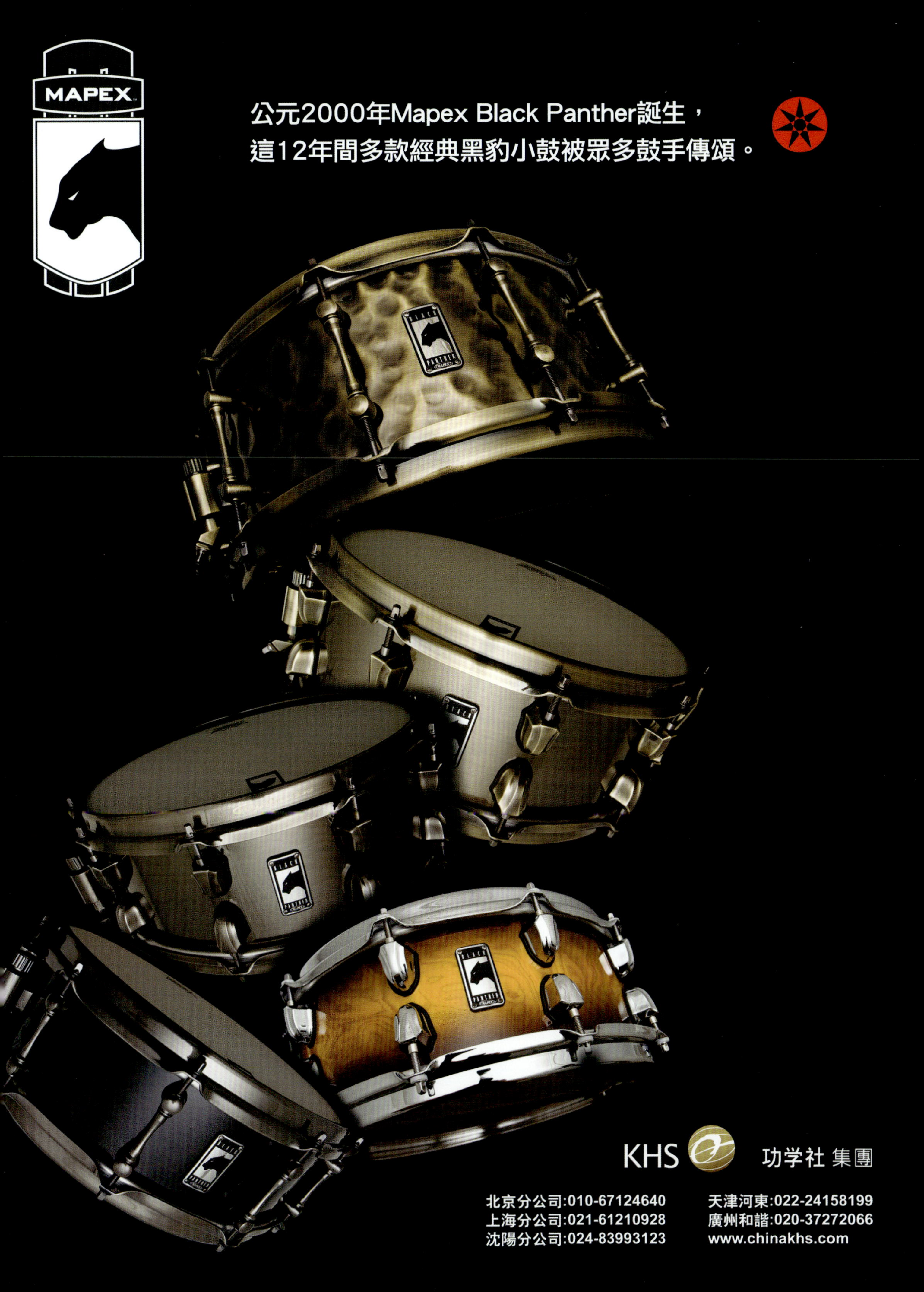
MAPEX
公元2000年Mapex Black Panther誕生，
這12年間多款經典黑豹小鼓被眾多鼓手傳頌。
KHS
功学社 集團
北京分公司:010-67124640
上海分公司:021-61210928
沈陽分公司:024-83993123
天津河東:022-24158199
廣州和諧:020-37272066
www.chinakhs.com

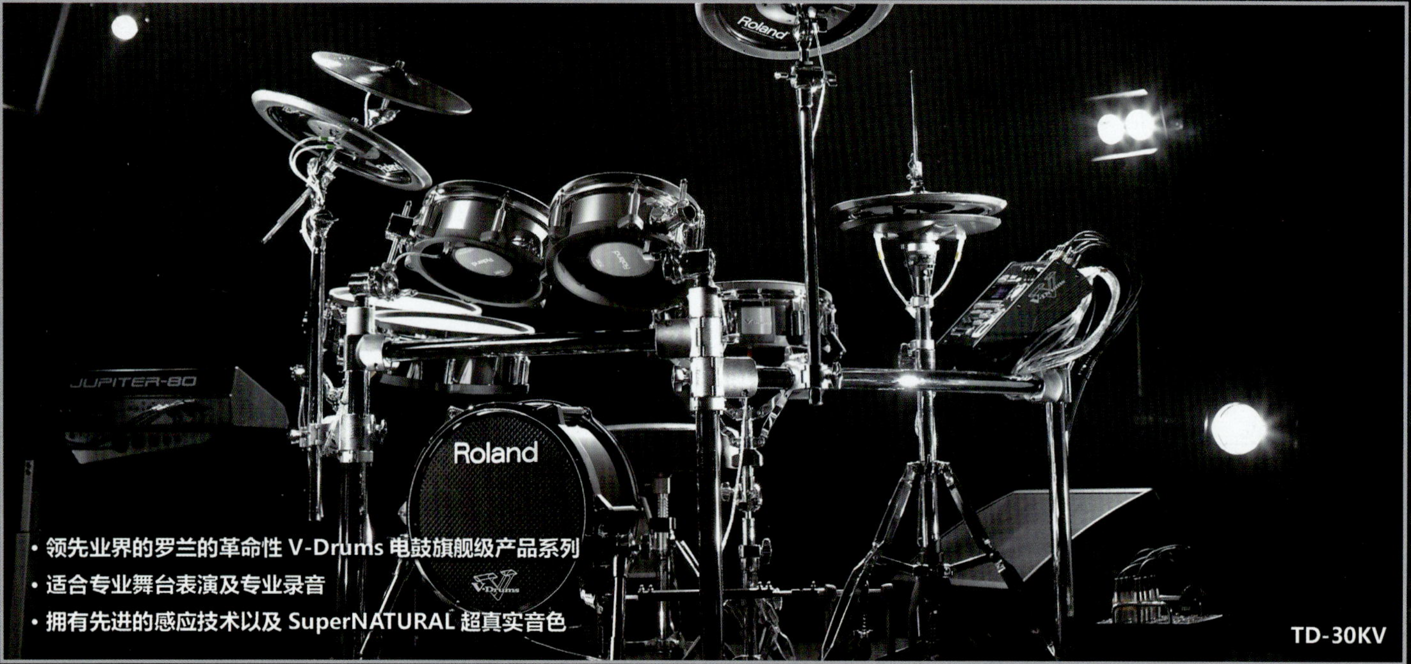
JUPITER-80
Roland
• 领先业界的罗兰的革命性 V-Drums 电鼓旗舰级产品系列
• 适合专业舞台表演及专业录音
• 拥有先进的感应技术以及 SuperNATURAL 超真实音色
TD-30KV

HD-3 电鼓

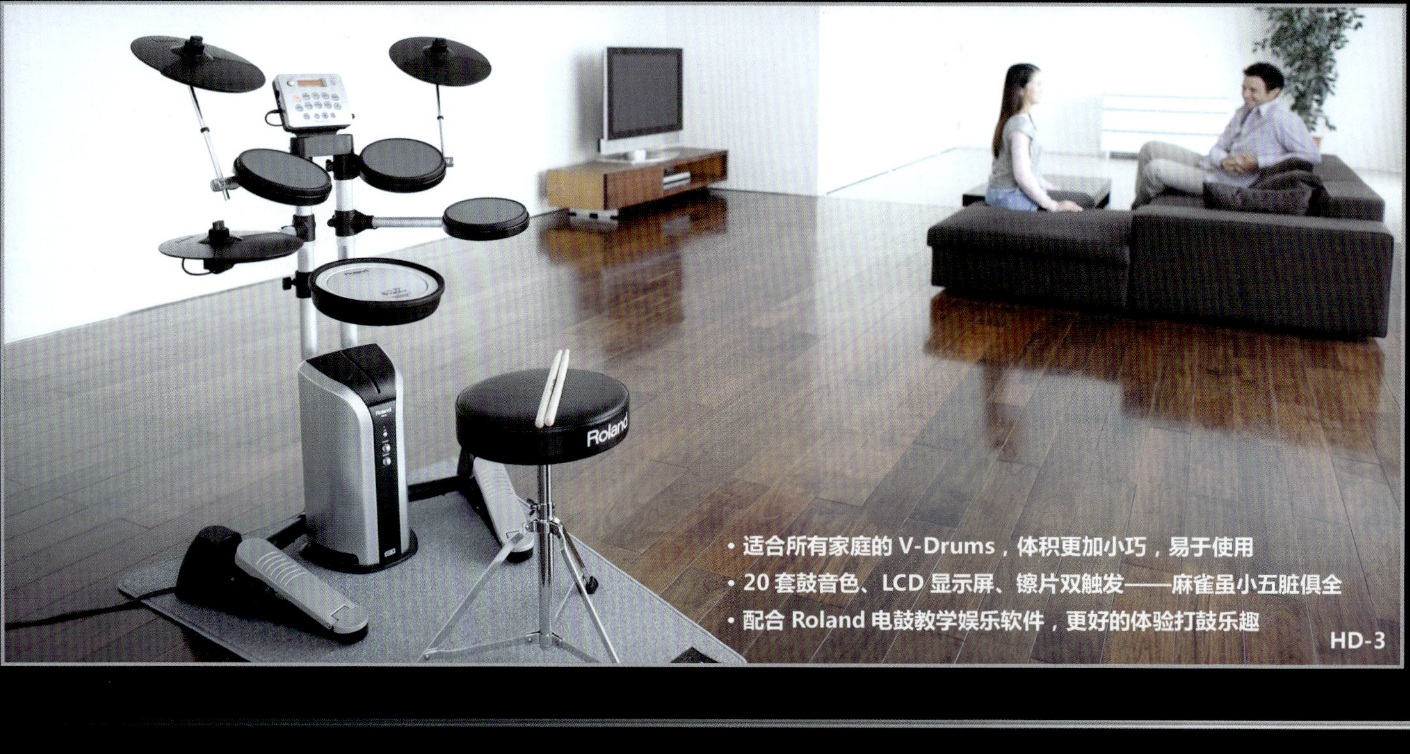
Roland
• 适合所有家庭的 V-Drums，体积更加小巧，易于使用
• 20 套鼓音色、LCD 显示屏、镲片双触发——麻雀虽小五脏俱全
• 配合 Roland 电鼓教学娱乐软件，更好的体验打鼓乐趣
HD-3

中国电声乐器产业基地

昌乐县乐器创业园位于郿部镇政府北面，规划区域总面积2076亩，其中启动1002亩，新建区220亩，规划发展区624亩，道路等其他用地面积230亩。项目总投资30亿元。园区建成后，将引进各类乐器企业100家以上，由原来单一的生产吉他产品向其他乐器产品延伸。将形成从乐器配件、配套产品到乐器终端产品生产制造和乐器销售为产业链的特色创业园。

启动区已落户相关企业83家，从业人员万余人，产品包括电吉他、电贝司、木吉他、木贝司、音箱、数码钢琴和乐器配件7大系列360多个花色品种，产品80%以上销往国外，主要出口到美国、德国、法国、韩国、日本等二十多个国家和地区。

新建区计划新建高标准车间20万平方米，配套建设创业园管理中心、乐器销售中心、乐器产业发展服务中心、演奏大厅、展示大厅等。为乐器企业提供技术研发、产品检测、人才培训、电子商务及物流等全方位的服务。

规划发展区将根据乐器产业发展情况，逐步进行扩大、完善。镇政府将以最优惠的招商引资政策、最优质的服务，诚招有识之士来郿部创业发财。投资者可租可买新建的标准车间，也可根据自己需求新征土地建设乐器企业。

2011年7月4日中国乐器协会理事长安志到中国电声乐器产业基地-山东省昌乐县鄌郚镇调研乐器产业发展情况

- 中国电声乐器产业基地
- 山东省电声乐器产业基地
- 山东省电声乐器优质产品生产基地
- 山东省特色产业镇
- 山东省特色景观旅游名镇
- 全国特色景观旅游名镇
- 中国无籽西瓜之乡
- 山东省省级中心镇
- 山东省环境优美乡镇
- 山东省文明镇

乐器产业公共服务平台

昌乐县乐器行业协会展览中心

第十四届

星海杯

全国少年儿童钢琴比赛

1985-2012

主办　国家大剧院
中央音乐学院
北京星海钢琴集团有限公司

报名热线：010-81503688-127/259

网址：www.xinghaicup.com

Clevan

Clevan 吉他代言人
唐朝乐队吉他手

Clevan 木吉他代
日本指弹吉他演奏家
谷本 光
Hikaru Tanimoto

"星臣"乐器产品形象代言
中国著名古典吉他演奏家
赵长贵

CMB
Clevan Music Base

2012 克莱文吉他音乐基地(CMB) 启动仪式 & 全国巡演

>> 零距离欣赏陈磊、谷本光、赵长贵三位大师的表演，感受大师非凡的魅力气场 >> 极具实力的当地乐队及乐手演出，高手就在你身
>> 多家著名品牌全程合作，提供奖品赞助 >> 每站价值7000元劲爆抽奖：吉他、音箱、卡轰鼓、吉他包、调音器等丰富奖品等你拿

时间：10月15日-11月3日（具体巡演时间及路线另见《巡演时间表》）

承办：上海海音琴行、南京飞音琴行、哈尔滨五度琴行、沈阳文新琴行、天津木标琴行
济南兴联琴行、石家庄大卫琴行、郑州珠江琴行、西安雅娜琴行、昆明知音琴行、广州卓越琴行

主办：华凯乐器(中国)有限公司 媒体支持：吉他中国 琴行经营报 现代乐手 谷佬堂 箱鼓堂

特别鸣谢 以下品牌为本次活动提供全程奖品赞助：

www.clevanguitar.com

企业QQ：800019438
华凯乐器官方微博 http://weibo.com/2028719585

活动咨询/联系：0758-32803

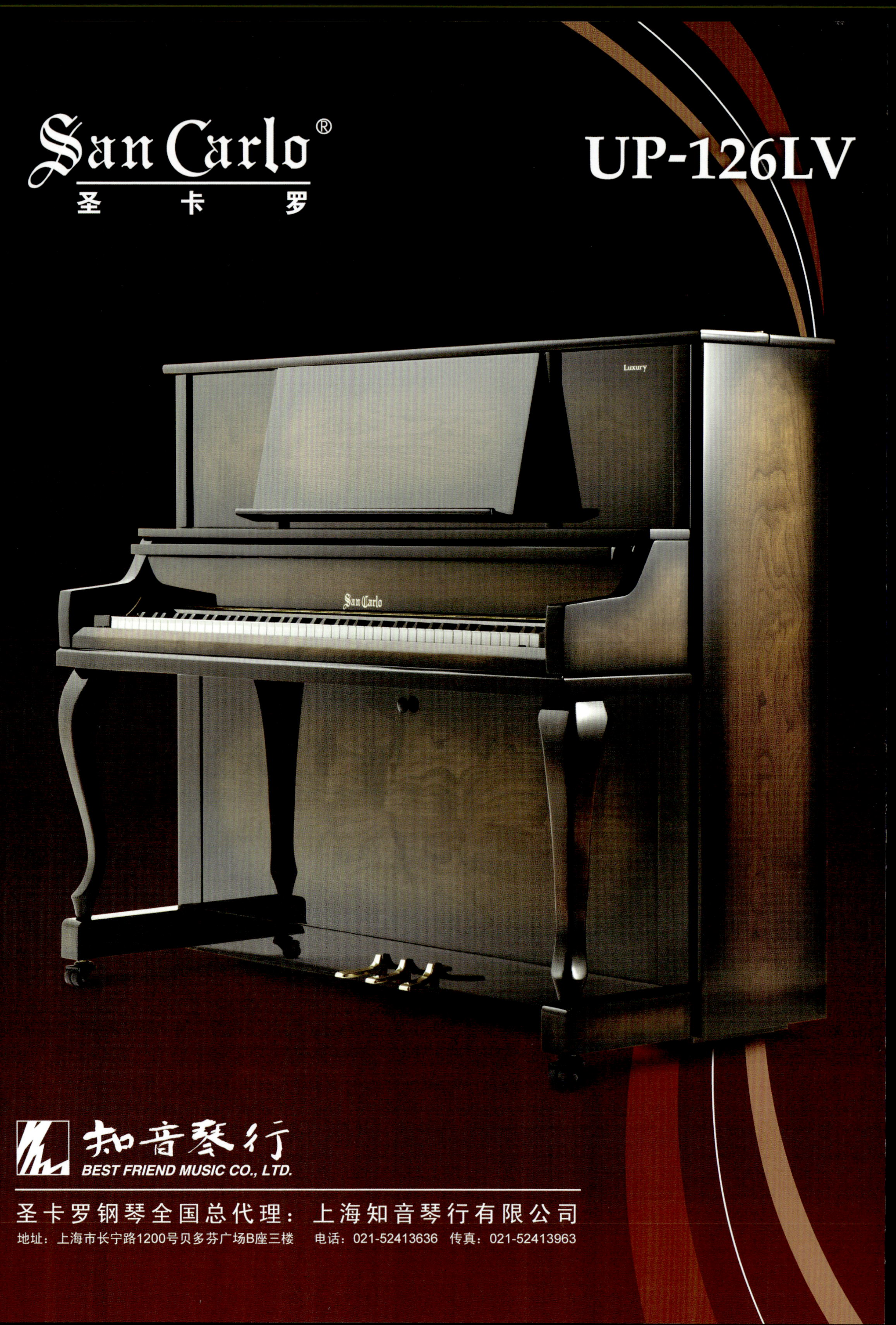
San Carlo®
圣 卡 罗
UP-126LV
Luxury
San Carlo
知音琴行
BEST FRIEND MUSIC CO., LTD.
圣卡罗钢琴全国总代理：上海知音琴行有限公司
地址：上海市长宁路1200号贝多芬广场B座三楼　电话：021-52413636　传真：021-52413963

欧式工艺·典范之作
Classical Harmony
中国乐器行业 50 强（钢琴制造业 10 强）
连续七届中国乐器行业强势公司
中国乐器协会常务理事单位
Harmony
Harmony

北京华东乐器有限公司地理位置十分优越，坐落于素有‘提琴之乡’之称的平谷区东高村镇，东依燕山余脉泉水山，西北傍洵河之水，周围有金海湖，京东大溶洞，大峡谷等。这里交通便利，特别是京、平、蓟高速路的通车，距首都机场约35分钟，到城区约55分钟。距河北省三河市不足十公里，距天津新港130公里，西近临大秦铁路5公里。

北京华东乐器有限公司始建于1988年，现在，我们公司占地面积5万平方米，建筑面积3万平方米，有职工800人，厂内职工400余人。年生产各种规格，各种档次的小提琴、中提琴、大提琴、低音贝司21万把，琴盒、琴套25万件，实现产值7000万元，销售收入6000多万元，实现利税650万元，产品除部分满足国内市场需求外，95%以上远销欧美、东南亚、韩国等三十多个国家和地区，是全国提琴出口创汇得主要企业，是华北地区最大的提琴生产企业。是“中国乐谷”的龙头企业。建有全国第一家提琴体验馆、展览厅，同行业首家音乐厅。

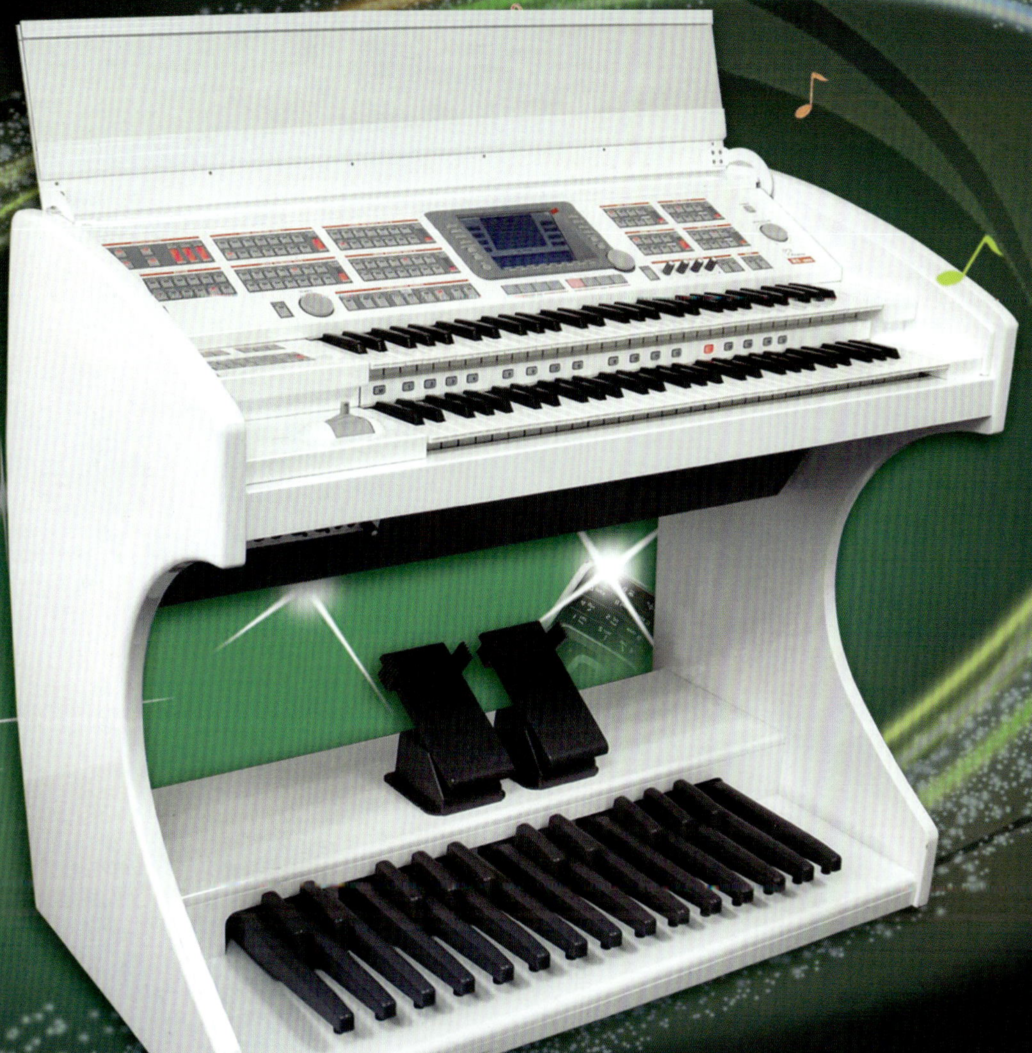

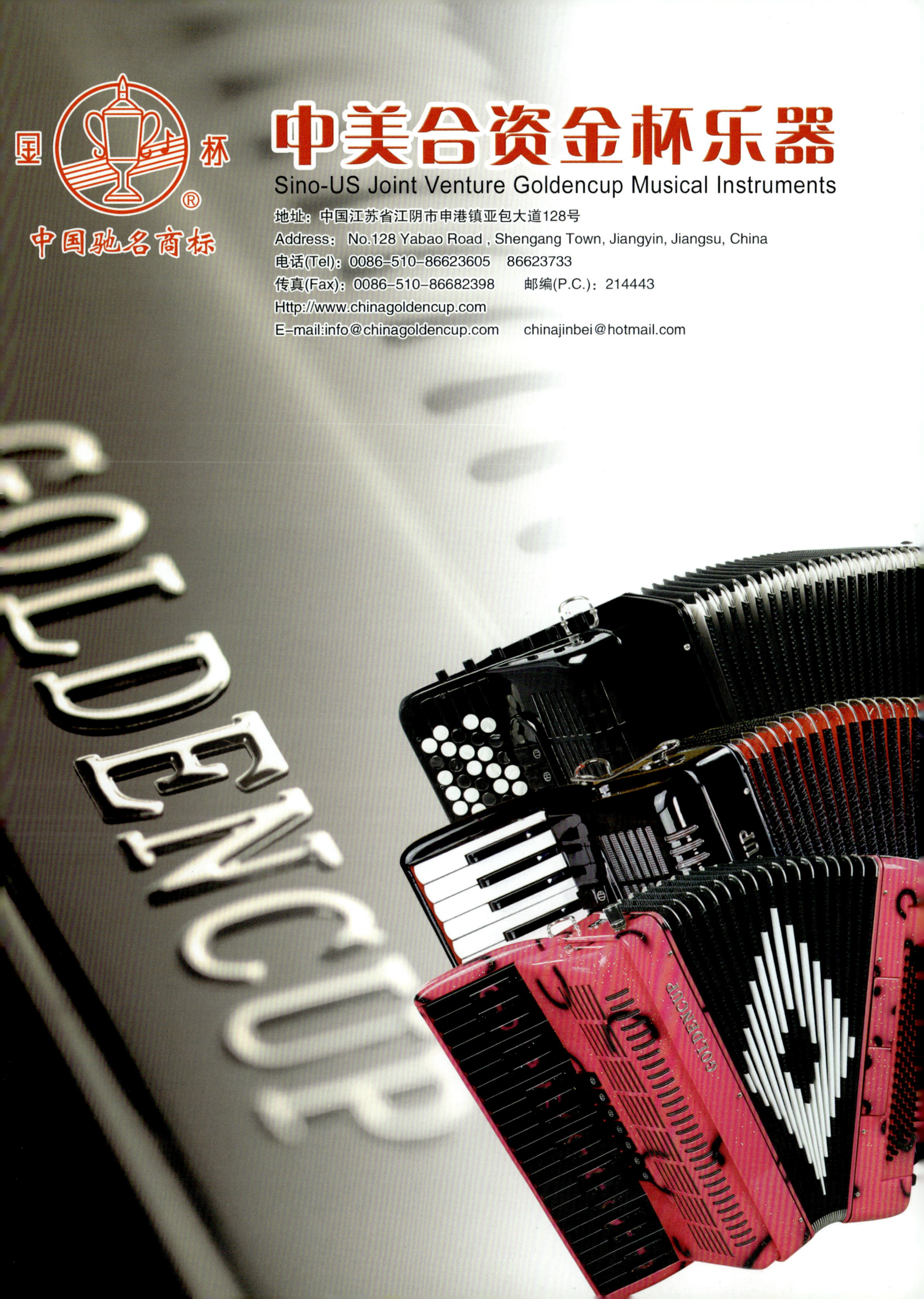
国 杯
中国驰名商标
中美合资金杯乐器
Sino-US Joint Venture Goldencup Musical Instruments
地址：中国江苏省江阴市申港镇亚包大道128号
Address： No.128 Yabao Road , Shengang Town, Jiangyin, Jiangsu, China
电话(Tel)：0086-510-86623605 86623733
传真(Fax)：0086-510-86682398 邮编(P.C.)：214443
Http://www.chinagoldencup.com
E-mail:info@chinagoldencup.com chinajinbei@hotmail.com
GOLDENCUP
GOLDENCUP

Mendelssohn
德国门德尔松钢琴
Mendelssohn
门德尔松钢琴

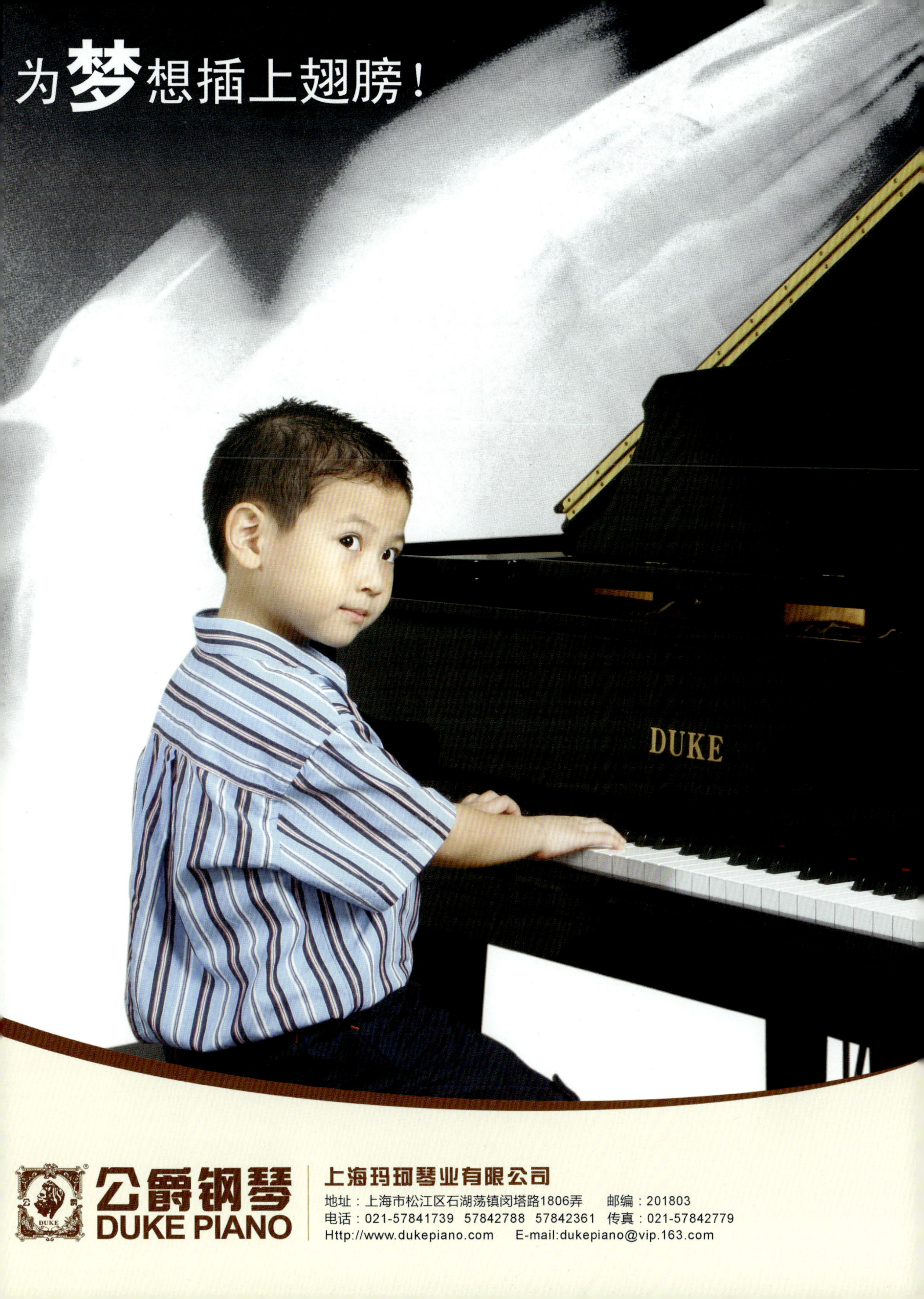
为梦想插上翅膀！
DUKE
公爵钢琴
DUKE PIANO
上海玛珂琴业有限公司
地址：上海市松江区石湖荡镇闵塔路1806弄　邮编：201803
电话：021-57841739　57842788　57842361　传真：021-57842779
Http://www.dukepiano.com　E-mail:dukepiano@vip.163.com

KINGSBURG

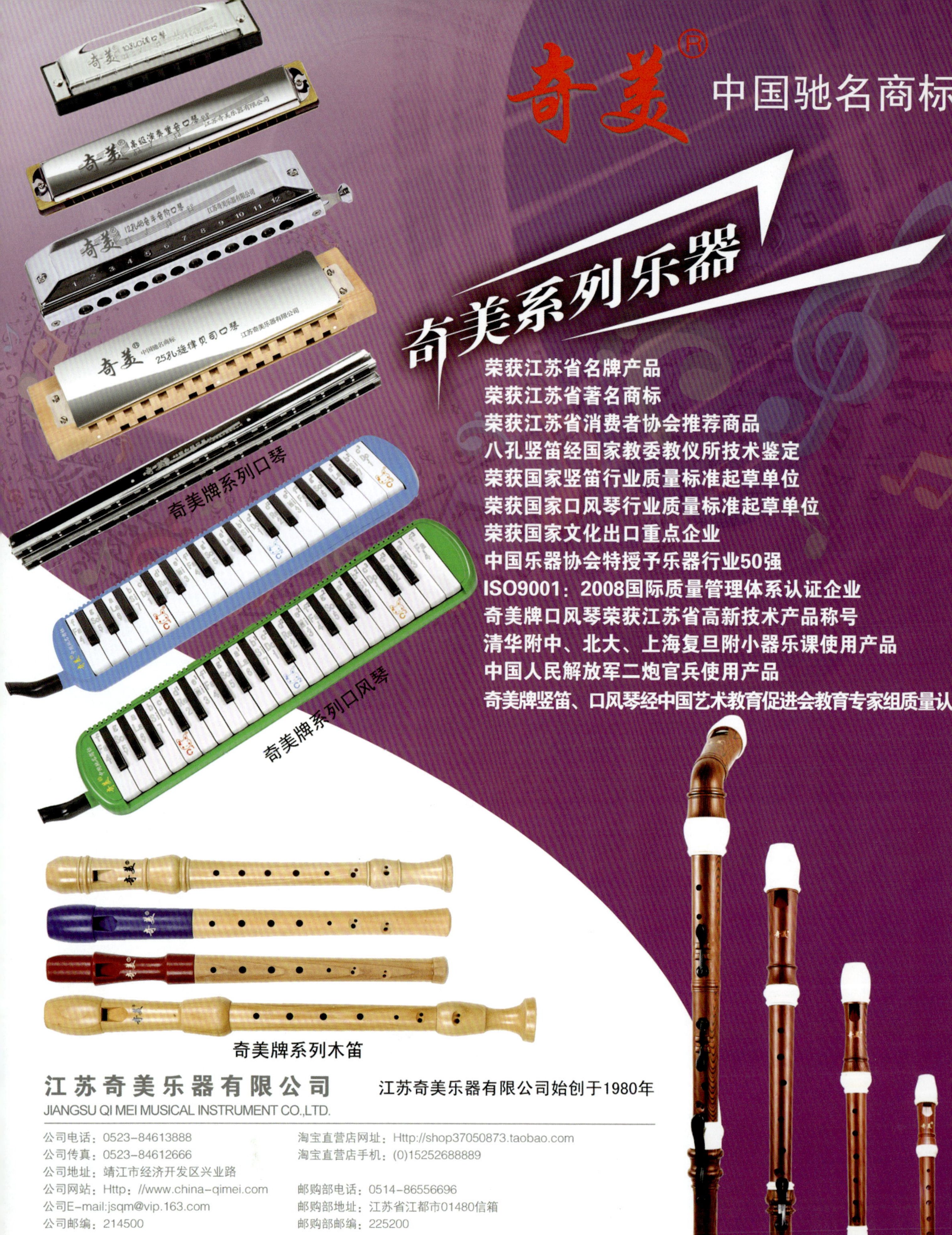

奇美®
中国驰名商标
奇美系列乐器
荣获江苏省名牌产品
荣获江苏省著名商标
荣获江苏省消费者协会推荐商品
八孔竖笛经国家教委教仪所技术鉴定
荣获国家竖笛行业质量标准起草单位
荣获国家口风琴行业质量标准起草单位
荣获国家文化出口重点企业
中国乐器协会特授予乐器行业50强
ISO9001：2008国际质量管理体系认证企业
奇美牌口风琴荣获江苏省高新技术产品称号
清华附中、北大、上海复旦附小器乐课使用产品
中国人民解放军二炮官兵使用产品
奇美牌竖笛、口风琴经中国艺术教育促进会教育专家组质量认
奇美牌系列口琴
奇美牌系列口风琴
奇美牌系列木笛
奇美牌系列竖笛
江苏奇美乐器有限公司
JIANGSU QI MEI MUSICAL INSTRUMENT CO.,LTD.
江苏奇美乐器有限公司始创于1980年
公司电话：0523-84613888
公司传真：0523-84612666
公司地址：靖江市经济开发区兴业路
公司网站：Http：//www.china-qimei.com
公司E-mail:jsqm@vip.163.com
公司邮编：214500
淘宝直营店网址：Http://shop37050873.taobao.com
淘宝直营店手机：(0)15252688889
邮购部电话：0514-86556696
邮购部地址：江苏省江都市01480信箱
邮购部邮编：225200

中国乐器行业50强企业
江苏省名牌产品
江苏省著名商标

《古琴》、《古筝》等十一个弦鸣乐器
行业标准起草制修订单位之一

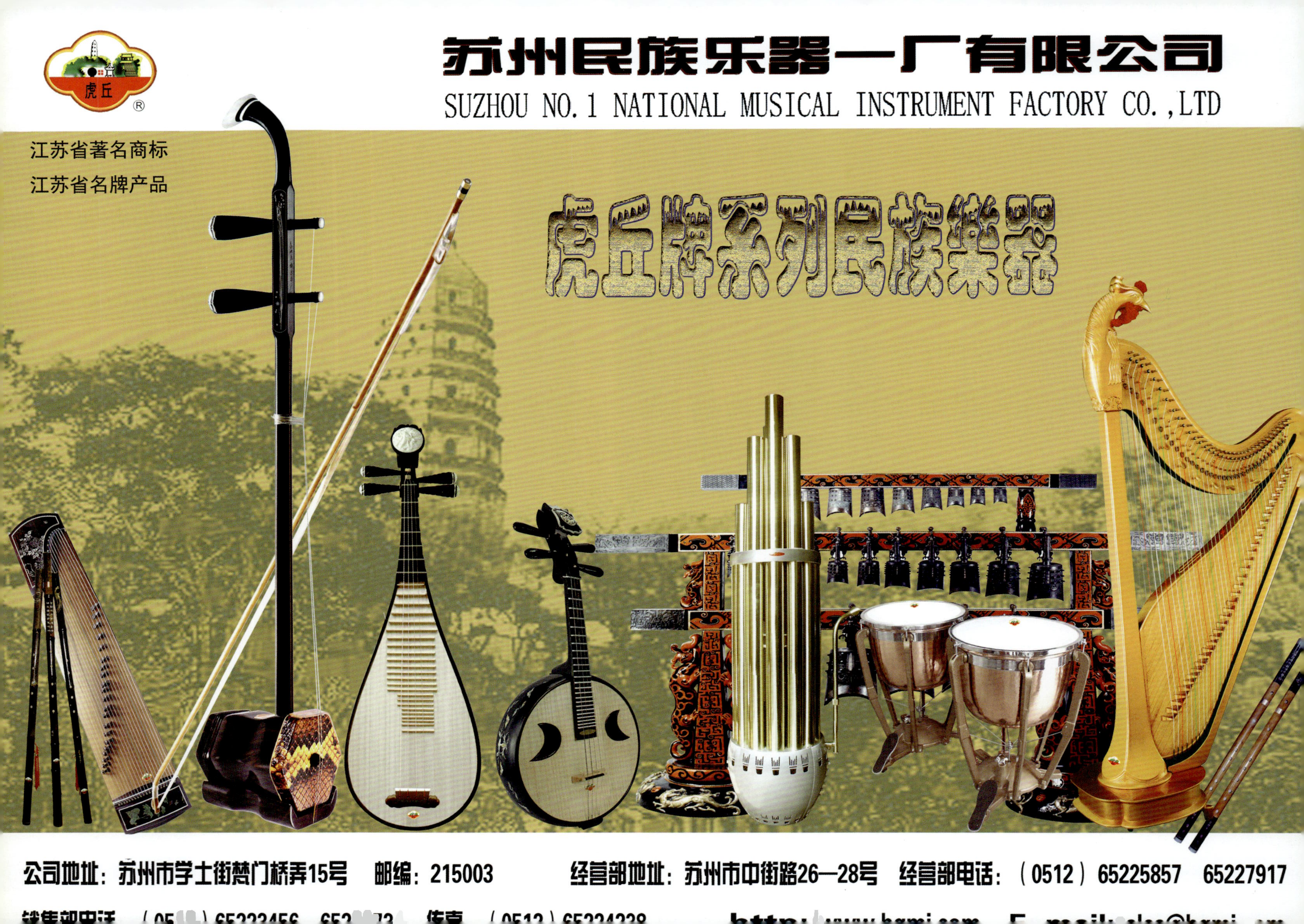
苏州民族乐器一厂有限公司
SUZHOU NO.1 NATIONAL MUSICAL INSTRUMENT FACTORY CO.,LTD
虎丘
江苏省著名商标
江苏省名牌产品
虎丘牌系列民族樂器
公司地址：苏州市学士街楚门桥弄15号　邮编：215003
经营部地址：苏州市中街路26—28号　经营部电话：（0512）65225857　65227917

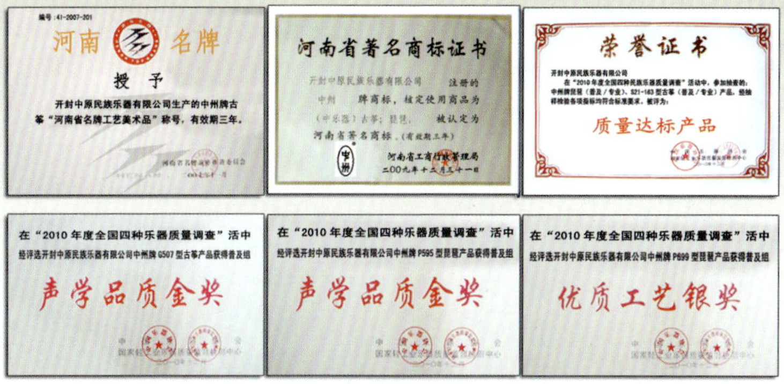

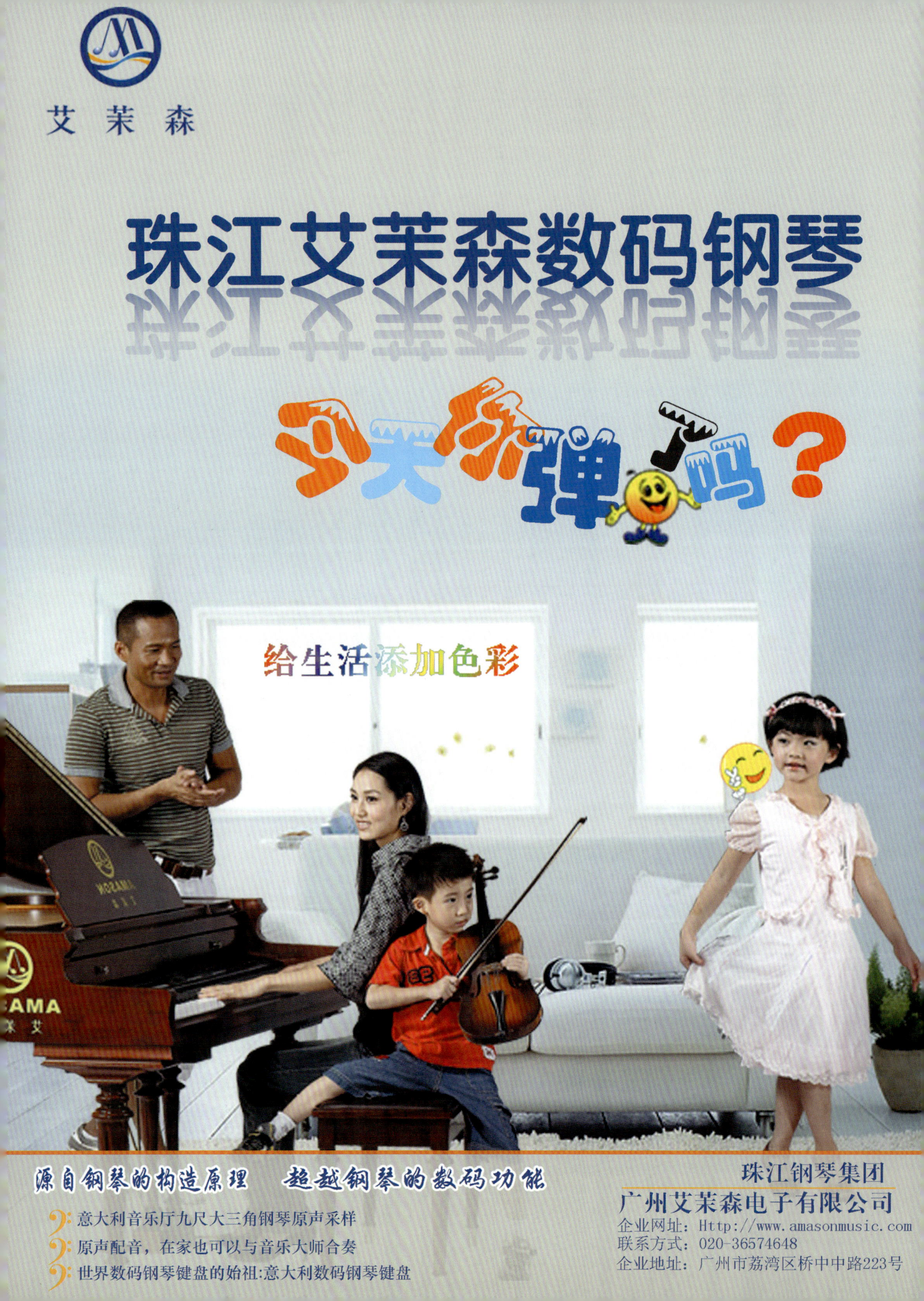

河北华声乐器制造有限公司
Hebei Huasheng Musical Instrument Manufacturing Co.,Ltd
河北华声乐器制造有限公司始建于1970年，是“华深”牌管乐器的专业生产厂家，占地面积60余亩，建筑面积3万平方米，现有职工五百多人，专业工程师五十多人。主要产品包括铜管乐器、木管乐器、行进乐器、儿童乐器等四大系列百十多个品种及各种配件！
地址：河北省深州市前么头工业区
传真：0318-3426908
电话：0318-3426352　3429309
邮箱：huasheng@hs-musical.com　zlghappy@hotmail.com

十年专注
钢 琴 缓 冲 器

中国乐器年鉴

CHINA MUSICAL INSTRUMENT YEARBOOK

(2012)

中国乐器协会　编

中国轻工业出版社

中国乐器年鉴(2012)
CHINA MUSICAL INSTRUMENT YEARBOOK

主办单位：中国乐器协会
协办单位：广州珠江钢琴集团股份有限公司

支持单位：北京星海钢琴集团有限公司
上海民族乐器一厂
泰兴凤灵乐器集团
海伦钢琴股份有限公司
河北金音乐器集团有限公司
宜昌金宝乐器制造有限公司
上海艾克斯尔乐器音响有限公司
宁波森隆乐器股份有限公司
功学社(天津)商贸有限公司
上海乐兰电子有限公司
昌乐县鄌郚镇中国电声乐器产业基地

地　　址：北京市丰台区顺三条21号嘉业大厦二期1号楼706室
电　　话：010-67665718
传　　真：010-67666220
邮　　编：100079
网　　址：www.cmia.com.cn
电子邮箱：zgyq@vip.sina.com

《中国乐器年鉴》编辑委员会

出版单位：中国轻工业出版社

编 辑 说 明

一、《中国乐器年鉴》由中国乐器协会编辑。本书以总结乐器行业年度主要工作完成情况，概括行业生产、经营、改革、发展的基本状况，以国内各省市乐器制造业及市场信息、国外乐器发展动态为主要编写内容，是为乐器行业及社会有关部门和单位提供信息资料查询的大型工具书。

《中国乐器年鉴》（2012）版是继《中国乐器年鉴》（2011）版之后第七次出版发行。《年鉴》编辑部根据乐器工业的发展进程，按年度记载当年乐器行业的主要事件、重要信息和数据资料，客观、真实地记载了这一时期乐器行业发展的基本情况，在内容、形式上力求开拓创新，编出特色，满足读者的要求。

二、《中国乐器年鉴》（2012）设有“重要新闻篇”、“统计资料篇”、“协会工作篇”、“综合篇”、“海外信息篇”、“企业篇”、“人物篇”、“专利篇”、“产品篇”9个栏目。

三、中国乐器制造行业是一个历史悠久、门类繁多、内容丰富的行业。由于时间仓促、能力所限、经验不足，不可能将乐器行业一年来所发生的重要事件和相关信息以及各企业所取得的业绩全部收集到《年鉴》中去。今后我们将不断地改进工作，深入调查研究，努力提高《年鉴》质量水平，同时希望得到各企业、单位和相关人士的理解和大力支持。请各界读者对《中国乐器年鉴》的内容、编写、出版中的不足给予批评、指正。

四、《中国乐器年鉴》（2012）在组稿、编辑、出版过程中得到乐器生产企业、经营单位、音乐艺术教育单位以及我国台湾、香港、澳门地区的同仁、朋友们的大力支持和帮助，在此一并表示感谢。

《中国乐器年鉴》编辑部

2012年8月

中国乐器年鉴(2012)
CHINA MUSICAL INSTRUMENT YEARBOOK

目录

重要新闻篇

统计资料篇

协会工作篇

分支机构活动

会员名录

综合篇

年度报告

年度评选

乐器展览

职业技能鉴定

海外信息篇

企业篇

人物篇

专利篇

产品篇

CHINA MUSICAL INSTRUMENT YEARBOOK (2012)

Contents

Comprehensive Information

Overseas Information

Enterprises

People

Patents

Products

2012

中国乐器年鉴

CHINA MUSICAL INSTRUMENT YEARBOOK

2011年度中国乐器行业新闻综述

1月

1月，国家统计局发布2010年我国乐器行业经济指标完成情况：322家规模以上生产企业实现工业销售产值215.30亿元，同比增长22.91%；工业总产值（当年价）220.79亿元，同比增长25.82%；新产品产值14.35亿元，同比增长50.93%；出口交货值70.88亿元，同比增长24.45%。“十一五”期间，我国规模以上生产企业数量增长40.61%，工业销售产值增长108.58%，出口交货值增长26.35%。

1月，国家海关总署公布2010年中国乐器进出口数据；2010年中国乐器出口金额14.66亿美元，同比增长20.47%，进口金额2.29亿美元，同比增长27.32%，进出口贸易总额16.94亿美元，同比增长21.34%，贸易顺差12.38亿美元，出口与进口比值为6.43：1，比2009年减少0.37。2010年是“十一五”收官之年，五年来，中国乐器出口总金额达到64.42亿美元，和“十五”相比，年均增长20.00%，进口乐器总金额9.00亿美元，年均增长13.27%。2010年纳入海关乐器编号的21大类乐器除手风琴和节拍器以外，其它类别乐器出口全部呈增长态势。

1月13日至16日，NAMM乐器展在加利福尼亚州阿纳海姆成功举办。本届展会吸引了来自120多个国家和地区的1574家展商参展，世界各地共约近8万名业内专业人士参加本届展会。参展的中国展商共有120余家，除音响外，以钢琴、管乐器、打击乐、弦乐器、民族乐器为主。中国参展商主要来自广东、北京、天津、上海、江苏等地区。

1月20日，首届中国农业科技创新创业大赛总决赛在北京中央电视台演播大厅举行。海南东盛弘蟒业公司荣获了二等奖，获“天使投资”300万元。近年来海南东盛弘蟒业公司在人工繁育蟒蛇方面取得突出成绩，特别是为解决蟒皮乐器材料来源作出了重要贡献。

1月21日，星海钢琴集团公司与北京石油化工学院在星海工业园举行了共同创建“产学研教育基地”签约和揭牌仪式。星海公司依托产学研合作，与北京石油化工学院共同研制、开发高分子复合材料击弦机，在国内钢琴行业是首家，星海公司将以此为契机，开创钢琴技术创新的新途径！

2月

2月，由福州和声钢琴有限公司自主设计开发的“一种立式钢琴复奏加速机构”、“一种钢琴中板防变形装置”两项技术荣获国家实用新型专利。该两项专利将提高钢琴演奏过程中的弹奏速度和保证钢琴使用的稳定性。和声钢琴已拥有14项国家实用新型专利和9项外观设计专利，在技术创新方面位于同行业的前列。

2月22日，中国乐器协会理事长安志一行前往河北大厂县华丰铸造公司了解该企业生产经营情况。调研期间，杨文举董事长向到访者详细介绍了公司过去一年克服种种困难，在技术创新、工艺设备改造以及市场开发方面取得的新进展。在杨文举的陪同下安志一行参观了钢琴铁板生产现场，了解钢琴铁板的整个生产工艺过程。

2月24日至26日，中国乐器协会琴行分会会长黄茂强，副会长秦川、周宝强等一行十余人赴香港参观考察。在港期间，琴行分会一行参观访问了俊文乐器贸易公司，并与董事长许俊文就俊文乐器与琴行分会加强合作问题进行了广泛深入的沟通。本次活动是内地琴行业首次与香港同行广泛接触与交流，充分体现了内地与香港乐器界的团结、友谊与合作精神，表达了中国乐器做大做强的共同愿望。

2月，中国轻工业联合会发布“2010年轻工企业管理现代化创新成果名单”，上海民族乐器一厂的“创新营销策略——打造中国民族乐器强势品牌”以及宁波森隆乐器股份有限公司的“基于专业化生产钢琴击弦机系统的研发管理体系创新”分获一、二等奖。

3月

3月8日至9日，中国乐器协会理事长安志一行前往杭州嘉德威钢琴有限公司、浙江天目琴行、中小钢琴企业聚集地德清洛舍镇进行工作调研，齐建平副理事长、曾泽民秘书长、丰元凯副秘书长一同参加调研。

3月9日至11日，《乐器有限物质限量》国家标准研讨会在广州召开，参加会议的有全国乐器标准化技术委员会委员、有关乐器企业代表共21人，中国乐器协会名誉理事长、乐标会主任王根田参加会议并讲话。本次研讨会的主要内容为：1、由北京星海、福州和声、上海超拨、杭州嘉德威、广州珠江以及东方琴业7家乐器生产企业，通报本企业对相关乐器样本进行有害物质测试的实验过程及结果；2、由起草工作组提出修改和调整后的《乐器有限物质限量》国家标准文本。本次研讨会还对《乐器有限物质限量》标准制订的下一步工作做了初步安排。

3月20日，电鸣乐器分会组织召开换届会议，7名分会成员除一人请假外全部到会。中国乐器协会理事长安志、秘书长曾泽民也参加了此次会议。换届会的议题有：1、汇报上届分会的主要工作；2、选举新一届分会会长、副会长、秘书长；3、讨论新一届分会主要工作。会议经过无记名投票，得理乐器集团副总裁盛子斐继续担任电鸣乐器分会会长，同时提名的副会长单位和秘书长名单也得到与会代表的一致同意。

3月20日，中国乐器协会琴行分会在京举行工作会议，会长、副会长共计10人出席会议。中国乐器协会理事长安志、秘书长曾泽民、副秘书长丰元凯参加了此次会议。会议就琴行分会2010年度工作总结、分会建设情况和2011年拟开展的各项活动准备情况等议题展开讨论。

3月21日至22日，中国乐器协会六届三次理事（扩大）会议在京召开。本次会议的主要内容是：回顾过去一年乐器行业形势，总结中国乐器协会主要工作；部署2011年工作安排；审议并通过中国乐器行业“十二五”发展规划。中国乐器协会理事长安志、名誉理事长王根田、副理事长齐建平、秘书长曾泽民以及来自乐器行业各企事业单位的副理事长、常务理事、理事及部分会员代表共计102家单位120人参加会议。

3月24日，“中国竹笛之乡”申报汇报会在北京中国乐器协会会议室举行。中国乐器协会理事长安志、副理事长齐建平，浙江省杭州市余杭区中泰乡党委书记柴顺良、副乡长阮洪明等地方领导以及媒体代表出席汇报会。汇报会上，中泰乡柴顺良书记和三产办周玉农主任分别作了汇报。中泰竹笛制作技艺列入杭州市首批非物质文化遗产项目，2010年申报浙江省非物质文化遗产产业基地。

4月

4月，中华全国总工会发布2011年全国五一劳动奖状、奖章和全国工人先锋号人选（集体）名单，全国各省直、中央直属机关等各部门共有2600多个优秀个人、集体入选。其中，天津市津宝乐器有限公司铜管乐长圆号车间被评为全国工人先锋号；天津雅马哈电子乐器有限公司工人李铁被授予全国五一劳动奖章。

4月6日至9日，第32届法兰克福国际乐器展在德国法兰克福展览中心举办。为期4天的Musikmesse，共有来自50个国家的1511家参展商参展，30000多件乐器闪亮登场。本届展会共吸引了75221名观众，参观体验了各式各样的乐器、音乐软件、电脑硬件、乐谱和音乐附件，以及与音乐制作相关的所有产品。参展的中国企业有138家，较2009年增加8家，展商数量仅次于德国和美国。

4月8日下午，广州市质量强市工作动员大会上表彰了广州珠江钢琴集团股份有限公司等4家获首届“广州市政府质量奖”的企业及39个获得2010年广东省名牌产品的企业。珠江钢琴集团王润培董事长作为获奖企业代表在会上发言，介绍了珠江钢琴集团实施卓越绩效模式管理的经验和体会。

4月14日，河北省委书记张云川一行到河北金音集团进行调研，金音集团董事长周国芳、总经理陈学孔就金音集团的发展历程、乐器生产及市场现状，以及金音集团的发展前景进行了详细汇报。张云川书记仔细询问了产品的性能和价格，以及企业生产经营情况。

4月20日，萧山雅马哈乐器有限公司新工厂正式开业。这家由雅马哈乐器音响（中国）投资有限公司独资创建的乐器生产企业，将成为全球最大管乐器生产基地，主要生产长笛、单簧管、萨克斯、小号、长号等管乐器。

5月

5月6日，美得理公司在京召开“MUZA魔鲨电鼓代言人签约新闻发布会”，本次新闻发布会邀请到中国鼓手联合会主席郑建国以及鼓手圈内的30多位知名鼓手助阵，聚集了国内30多家知名媒体，活动场面以及规格不同凡响。继2009、2010年后，中国新鼓坛五虎将：黑豹乐队鼓手赵明义、唐朝乐队鼓手赵年、黄家强大陆伴奏乐队鼓手穆伟、轮回乐队鼓手尚巍、中央电视台实话实说乐队鼓手鲁宇非，再次签约中国电子鼓品牌“魔鲨”。

5月18日，奥地利“文德隆”百年品牌传承签字仪式及海伦钢琴股份有限公司新厂区开工奠基仪式在宁波市北仑区举行。中国乐器协会理事长安志、宁波市北仑区人民政府副区长徐斌、宁波市委宣传部体改办主任郑海江、奥地利彼得·维来茨、广东省乐器协会会长童志成等出席仪式。仪式上，海伦钢琴股份有限公司董事长陈海伦、奥地利彼得先生、北仑区政府徐斌副区长、宁波市文化广电新闻出版局郦宝夫副局长分别致词。

5月19日，中国乐器协会工作会议召开期间，发布了“2010年度中国乐器行业50强、先进集体、优秀人物”。此次表彰活动是在中轻联开展中国轻工乐器行业十强企业评价工作的同时，按照评选规则，根据指标测评和广泛征求意见后，评选出的乐器行业50家强势企业，3个先进集体，12名优秀人物。希望获奖单位和个人继续发挥模范表率作用，和全行业一起，为实现乐器行业的更大发展和进步，为全社会带来更多美好音乐生活而不懈努力。

5月19日至20日，中国乐器协会口琴专业委员会五届二次会议在上海青浦举行。上海口琴总厂、江苏天鹅乐器有限公司、江苏奇美乐器有限公司等15家口琴生产企业参加会议。蒋林森会长传达了中国乐器协会六届三次理事（扩大）会议精神，周伟义秘书长汇报了专业委员会2010年工作小结和2011年的工作要点。

5月20日，中国乐器协会吉他专业委员会二届三次会议在广州召开，专题研究当前中国吉他行业的发展与对策，11家吉他生产企业出席会议。会议代表们的发言从更深的层面剖析了中国吉他产业的发展现状、存在的问题、未来行业发展前景及需要注意的问题，代表们发言观点深刻鲜明，引人深思。

5月25日，上海市推进中华老字号发展工作会议在上海展览中心举行。上海民族乐器一厂获得国家商务部颁发的“中华老字号”证书和铜牌。成为民族乐器行业首家中华老字号企业。

5月26日，第二十届中国国际专业音响·灯光·乐器及技术展览会（PALM EXPO 2011）开幕式在北京中国国际展览中心隆重举行。本届展会共有1200余家展商参展，展览面积85000平方米，其中乐器展面积约为20000平方米。本届展会乐器展商仍以弦乐器和民族乐器为主，其次是打击乐、铜管、木管、电声等类别。参展企业大多来自北京、天津、河北、山东、浙江、广东等省市。

5月27日，国家工商总局商标评审委员会发布新认定的83件中国驰名商标名单，其中，雅马哈株式会社所有的“YAMAHA、图形”乐器商标及江苏奇美乐器有限公司所有的“奇美”竖笛、口风琴、口琴商标获得“中国驰名商标”。

6月

6月1日，中国乐器协会副理事长齐建平，钢琴调律师分会会长冯高昆在北京会见美国钢琴技师国际关系委员会委员陈凤声等一行6人。这是中美两国钢琴调律师协会首次接触并举行会谈。双方相互介绍了各自钢琴调律师协会组织概况，一致表示中美两国都是钢琴调律师比较集中的国家，双方有许多共同之处，有许多地方需要相互学习，相互促进。

6月2日，中国乐器协会琴行分会一届四次理事（扩大）会议在江苏泰兴凤灵乐器集团音乐厅隆重召开，中国乐器协会琴行分会会长、副会长以及来自全国各地的知名乐器销售单位代表，珠江、星海、海伦、凤灵、吟飞、英昌、和声等部分乐器生产企业代表共200余人参加。中国乐器协会理事长安志、秘书长曾泽民应邀出席会议。

6月2日至3日，安志理事长、曾泽民秘书长等行3人，走访了位于江苏靖江市的天鹅乐器公司、奇美乐器公司和位于江阴市的金杯安琪乐器公司、杰麦尔乐器公司，对江苏省口琴、手风琴企业进行调研。

6月12日，由口琴演奏、教学、收藏及制作技师宗筱华、吴申陆、荆学军编著的《中国口琴图谱》首发式在上海柏斯琴行演奏厅举行。上海口琴会等口琴团体及许多口琴演奏前辈以及上海市乐器协会、上海国光口琴厂有限公司、江苏东方乐器有限公司和江苏奇美乐器有限公司等企业领导或特派专人参加了首发式。

6月16日，中国武强国际乐器文化产业基地奠基仪式在河北武强隆重举行。河北省文化厅、工信厅以及武强县委书记、县长及有关部门领导出席仪式。中国轻工业联合会名誉会长张善梅，中国乐器协会理事长安志、名誉理事长王根田等也应邀出席。中国武强国际乐器文化产业基地位于武强县东部，占地1200亩，总投资21.2亿元。该项目主要分为三大部分：一是由河北金音乐器集团投资建设的武强乐器工业创意园；二是由德国GEWA公司投资建设的乐器生产物流配送基地；三是由中国吉他学会、北京璐德文化艺术中心联合投资建设的金音璐德音乐小镇、璐德国际艺术学校。

6月19日，北京市委常委、副市长鲁炜到平谷区调研，市委副秘书长肖培，市政府副秘书长侯玉兰，市委宣传部常务副部长陈启刚、市文化局局长降巩民、平谷区委书记邱水平、区委副书记、区长张吉福陪同，到北京华东乐器有限公司视察参观。鲁炜一行饶有兴趣地参观了提琴制作过程、提琴产品展览厅，亲切地与工人进行交谈。

6月28日，在武汉市纪念中国共产党成立90周年暨表彰大会上，武汉艾立卡公司总经理张鉴堂荣获“武汉市优秀共产党员”称号。

7月

7月，中国轻工业联合会发布“2010年度轻工行业十强企业、科技进步奖表彰决定”及“卓越绩效先进企业和特别奖企业表彰决定”。其中，广州珠江钢琴集团股份有限公司等十家乐器企业入选“中国轻工业乐器行业十强企业”。

7月，中华人民共和国商务部公布第二批“中华老字号”名单，北京星海钢琴集团有限公司及“星海”商标被认定为“中华老字号”。

7月1日，博斯纳钢琴品牌140周年纪念庆典在烟台举行。烟台高新技术产业开发区管委会主任季善亭、中国乐器协会理事长安志、中国音乐家协会副主席鲍蕙荞等出席了庆典大会。烟台博斯纳钢琴制造有限公司总裁孙强在致辞中简要讲述了博斯纳钢琴的发展历史以及在德国生产的历史中取得的辉煌成绩，深切缅怀博斯纳的先辈们为博斯纳钢琴事业的创立、创业、创新、发展与成功所付出的艰辛努力和卓越贡献。

7月1日至4日，安志理事长一行走访了烟台、龙口、昌乐地区6家乐器制造企业，与乐器企业负责人和地方政府领导交流研讨，对烟台钢琴、龙口管乐和昌乐县鄌郚镇电声乐器等企业集群进行调研。山东省2010年乐器行业规模以上企业有40家，占乐器行业规模以上企业的12.4%；工业销售产值35.75亿元，占全行业16.6%；出口交货值3.64亿元，占全行业5.14%。产销规模在全国各省市位居第二。

7月1日至4日，第三届台北乐器大展在台北世贸一馆举办。本次展会兼具专业展（BtoB）与消费展

（BtoC）双重特性，且与台湾最大的“台北影视音响大展、台北多媒体大展”同时举办，吸引国内外上百家一线品牌大厂齐聚。本届展会总计1220个摊位，是台湾地区年度乐器与影音产业标志性展览会之一。4天的展会，共有19万余人次参观，展会现场氛围热烈，展商反响良好。

7月5日至7日，全国乐器标准化技术委员会在大连召开“七项乐器国家、行业标准审定会”，审定《乐器有害物质限量》、《电鸣乐器压缩与扩展类音效装置通用技术条件》（国家标准）和《气鸣乐器通用技术条件》、《笛子》、《笙》、《箫》、《唢呐》（行业标准修订）等七项乐器标准。

7月8日，中国乐器协会钢琴调律师分会常务理事会在杭州召开。分会会长冯高昆，副会长陈惠庆、陈重生、王文琦、刘为明，秘书长王耀中，钢琴调律师资考委成员等常务理事代表参加了会议。齐建平副理事长在致辞中介绍了一年多来全国钢琴调律师国家职业资格考核鉴定的情况，提出对分会工作的希望以及近期亟待解决的问题。

7月11日，中国乐器协会理事长安志、秘书长曾泽民、副秘书长丰元凯前往北京星海钢琴集团有限公司进行工作调研。北京星海钢琴集团公司董事长兼总经理祝宁伟、副总经理冯高昆介绍了星海公司上半年各项经济指标以及主要工作完成情况。

7月11日，中共中央政治局委员、中央书记处书记、中宣部部长刘云山到河北金音乐器集团公司视察。金音集团董事长周国芳、总经理陈学孔详细汇报了集团发展历程、乐器生产及产品销售的情况，以及金音集团的发展前景等，得到了刘云山部长的高度赞扬。

7月14至15日，中国乐器协会理事长安志、秘书长曾泽民先后到南京乐博乐器公司、新辉琴行、摩德利钢琴公司和常州吟飞科技公司进行调研。就乐器企业在后金融危机环境下，如何应对机遇和挑战，调整产品结构、转变发展方式，走特色经营之路等问题与企业进行交流。

7月21日，中国乐器协会理事长安志一行到位于北京通州经济技术开发区的北京珠江钢琴制造有限公司进行工作调研。京珠公司是广州珠江钢琴集团股份有限公司的全资子公司。京珠公司作为文化创意产业，其企业特性和内涵符合通州区建设现代化国际新城的发展宗旨，得到了通州区政府及相关部门重视和支持。

7月28日晚，由杭州市余杭区文创办、区风景旅游局、余杭区中泰乡人民政府联合主办的“中国竹笛之乡”授牌仪式暨系列活动开幕式在中泰乡隆重举行，中国乐器协会理事长安志、副理事长齐建平，杭州市余杭区副区长寿伟义，中泰乡党委书记柴顺良，笛子界知名人士、第九届中国笛子艺术夏令营营员以及近千名观众参加了开幕式。中国乐器协会副理事长齐建平宣读了中国轻工业联合会、中国乐器协会“关于授予中泰乡‘中国竹笛之乡’的通知”。

8月

8月5日，中共宜昌市委、宜昌市人民政府在湖北宜昌市举行盛大的“宜昌钢琴科技馆启动仪式”、“‘长江’钢琴揭牌暨‘钢琴进社区进校园’活动（第二批）仪式”，全面推进宜昌市音乐文化事业的普及与提高。整个系列活动由柏斯琴行（中国）有限公司、宜昌金宝乐器制造有限公司承办。

8月7日，罗兰北京数字音乐教育中心隆重举行启动仪式，中国奥运会开闭幕式及广州亚运会总导演陈维亚，奥运会闭幕式音乐总监、著名音乐制作人卞留念，日本罗兰公司总裁田中英一，空军政治部文工团副团长张天宇和上海乐兰电子有限公司董事长程建铜等出席启动仪式。罗兰数字音乐教育中心足迹遍布日本、美国、欧洲以及中国。先进的数字音乐教学系统和人性化教学理念完全颠覆了传统枯燥的音乐教育模式，带给人们前所未有的音乐享受、心灵的触动与听觉震撼。

8月23日，中国乐器协会理事长安志、秘书长曾泽民、副秘书长丰元凯等人前往功学社天津生产基地进行工作调研。台湾功学社公司中国部总经理蓝汉民陪同参观调研，陈晓玲处长向来宾介绍了有关杰麦多乐器公司的建厂过程和经营理念。然后安志一行相继参观了乐器支架厂、管乐器厂和爵士鼓厂。

8月26日，北京星海钢琴集团公司与国家大剧院就该院开展公益活动用琴达成合作意向，并正式签约。今后，凡国家大剧院举办的各类公益活动中将以星海牌钢琴、星海牌西管乐器、星海牌民族乐器为指定专用乐器。国家大剧院副院长王争鸣、北京一轻控股公司总经理苏志民、北京星海钢琴集团公司董事长、总经理祝宁伟等领导出席签约仪式。

9月

9月15日，中共中央政治局委员，上海市委书记俞正声到上海民族乐器一厂考察。俞正声在上海轻工协会会长俞友涌、上海经信委都市工业处处长林艺以及上海红双喜（集团）有限公司、上海民族乐器一厂领导的陪同下考察了乐器制作车间和中国民族乐器陈列馆，并观看了“敦煌新语”民乐表演。

9月18日，在意大利比所尼的圣玛利亚教堂，意大利艺术提琴制作家协会（ANLAI）授予中国提琴制作大师郑荃教授2011年度“终生成就奖”。意大利艺术提琴制作家协会主席尼古里尼教授在颁奖仪式上向来宾介绍了郑荃教授的成就，特别是对中国、意大利和国际提琴制作事业的贡献。

10月

10月10日，中国乐器协会理事长安志一行走访雅马哈乐器音响（中国）投资有限公司，并与公司总经理山口静一、课长佐佐木庆和座谈。安理事长对雅马哈公司长期以来大力支持上海乐器展表示感谢，表示将加强与雅马哈等外资乐器会员公司的信息沟通，为推动中国乐器市场发展做出应有贡献。山口静一总经理感谢中国乐器协会来访，向协会领导详细介绍了雅马哈萧山、杭州、天津等各公司在中国钢琴及管乐市场的业务发展情况，表示雅马哈将努力为中国高端乐器消费者提供更好服务并大力开展音乐培训活动。

10月11日至14日，2011中国（上海）国际乐器展览会在上海新国际博览中心隆重举行。本届展会展览面积78500平方米，共有来自海内外27个国家和地区的1419家展商，以及来自世界各地的52186名观众前来参加这一全球乐器界的盛会。中国（上海）国际乐器展览会自2002年首次举办以来，历经十年发展，已成为亚洲乃至全球备受瞩目的业内盛会。中国轻工业联合会副会长王世成、财政部文资办主任王家新、文化部文化产业司巡视员李小磊等有关领导莅临2011中国（上海）国际乐器展览会考察工作，全面了解了当前我国乐器产业的现状和发展动态。中国乐器协会理事长安志、名誉理事长王根田、副理事长齐建平、秘书长曾泽民，上海国际展览中心有限公司总经理吴江红、副总经理吴国斌等领导一起陪同考察。

10月11日晚，2011中国（上海）国际乐器展览会主办方在上海喜马拉雅酒店大宴会厅举办了规模盛大的“欢迎晚宴”，隆重庆祝中国（上海）国际乐器展览会成功举办十周年。出席晚宴的嘉宾有中国轻工业联合会副会长王世成、中国乐器协会理事长安志、上海国际展览中心有限公司总经理吴江红、德国法兰克福展览有限公司副总裁可莉·范·金、美国国际音乐制品协会主席凯文·克雷利、有关国家和地区的乐器行业组织以及展团代表、著名音乐教育家、演奏家以及长期给予展会支持的政府有关部门、行业组织、主要参展企业以及新闻媒体等单位代表近350人。

10月12日，中国音乐学院与中国乐器协会在上海新国际博览中心举行合作签约仪式。中国音乐学院院长赵·塔里木、中国乐器协会理事长安志等双方代表出席签约仪式。正式签约前，音乐科技系主任韩宝强介绍了中国音乐学院与中国乐器协会合作协议的主要内容，赵·塔里木院长、安志理事长分别讲话并代表中国音乐学院和中国乐器协会在合作协议上签字。

10月12日，中国乐器协会与欧洲音乐产业联盟（CAFIM）组织会谈及新闻发布会，并签订合作备忘录。安志理事长欢迎欧洲音乐产业联盟代表团与协会座谈并向欧方简要介绍了中国乐器协会的结构职能、宗旨及一年来中国乐器行业形势和发展概况，相信双方将以此为契机，进一步拓展中欧乐器协会间交流与合作。来自德国乐器制造商协会（BDMH）、捷克乐器协会（AVHN）、意大利乐器零售商协会（DismaMusica）、法国乐器协会（CIFS)、法国布菲管乐器公司、捷克佩卓夫钢琴公司等11位欧洲音乐产业联盟代表参加本次会议。

10月12日，首届中国西管乐器（铜管类）制作比赛颁奖仪式在上海新国际博览中心隆重举行。本届比赛由中国乐器协会、中国音乐家协会管乐学会、国家轻工业乐器质量监督检测中心共同主办，中国乐器协会西管乐器专业委员会协办，比赛于8月在解放军军乐团举行。比赛目的是通过科学的检测和演奏专家的深度鉴评，检验当今我国西管乐器产品的制造工艺和声学品质，提出下一步努力的方向。6家企业分别获得小号、长号、圆号、中音号、次中音号、低音号六类产品的制作工艺和声学品质金、银、铜奖。河北金音乐器集团有限公司、天津市津宝乐器有限公司获得金号奖。

10月12日，上海国际乐器展—珍琴拍卖会暨上海宝江第五届乐器拍卖会圆满结束，总成交金额708万元。此次拍卖会共推出87件小提琴拍品，其中绝大多数是来自意大利、德国、法国、奥地利、捷克等国家的欧洲老琴，其中有许多出自名家之手，而最具代表性的朱赛佩·瓜达格尼尼（Giuseppe Guadagnini）、Romeo Antoniazzi更是出身制琴世家。此外，中国当代小提琴制作名家曹树堃、淩震华、华一志也有精彩作品亮相，他们的作品价格具有很强的吸引力，因此也受到业内人士的关注。

10月17日，江苏省委常委、副省长黄莉新在泰州市市长徐郭平、泰州市委副书记王守法、泰兴市委书记张兆江等陪同下，饶有兴致地视察了凤灵集团。黄莉新一行来到凤灵音乐厅、产品展示厅和乐器博览馆，董事长李书向省、市领导汇报了中国提琴产业以及凤灵集团的发展情况，特别是企业在转型升级、做大做强文化产业方面所作的努力和取得的成绩。

10月21日，上海市副市长艾宝俊、市政府副秘书长肖贵玉在市经济信息化委、市人力资源社会保障局、市委宣传部、上海轻工协会、闵行区政府、七宝镇政府等部门负责同志的陪同下视察了上海民族乐器一厂，参观了企业的生产车间和民族乐器陈列馆，观看了“敦煌新语”民乐演奏。王国振厂长向市领导汇报了企业的发展状况，尤其是企业在“创新驱动，转型发展”方面的有效探索。

11月

11月10日，深圳市文体旅游局颁发“2011年度深圳市重点文化企业认定证书”，深圳市蔚科电子科技开发有限公司入选“重点文化企业”，成为集“深圳市高新技术企业”、“深圳市重点文化企业”等殊荣于一身的知名企业。

11月12日至18日，由中国音协高校音乐联盟、香港柏斯音乐集团主办，宜昌三峡大学等39家单位协办，中央电视台等30家新闻单位参与的“第一届中国宜昌长江钢琴音乐节”在湖北省宜昌市举行。为期一周的音乐节，16项主题活动异彩纷呈，丰富多彩。来自国内20多个省市和香港特别行政区的钢琴演奏家、教育家、乐器销售商等上千位嘉宾汇聚世界驰名的“水电之都”，与近130万宜昌市民共享音乐给人们带来的欢乐。

11月13日，广东红棉乐器有限公司在广东省河源市高新开发区新厂址隆重举办了奠基仪式。广东红棉乐器有限公司项目投资规模超过1.5亿元，并将于明年底竣工。

11月18日，中国音乐家协会主席赵季平、分党组书记徐沛东、中国乐器协会理事长安志考察了宜昌金宝乐器制造有限公司。赵季平、徐沛东、安志等人走进车间，仔细地观看钢琴配码、挂弦、打弦、总装等工序的操作过程，全面了解宜昌钢琴生产基地的基础设施建设与钢琴生产与技术情况。公司总裁吴天延向客人们详细地介绍了项目建设及投产情况。

11月25日至27日，全国乐器标准化技术委员会2011年度工作会议在珠海召开。会议由得理乐器（珠海）有限公司承办，来自全国乐器行业的标委会委员，相关标准起草工作组和电鸣乐器专业委员会成员企业领导等参加了会议。王根田主任做2011年乐器标委会工作报告。会议就标委会领导班子及部分委员的调整建议作了说明并审议通过；会上宣布了乐器标委会“关于成立电鸣乐器标准制修订工作组的批复”。会议圆满完成了“钢琴弦”、“西管乐器”、“电鸣乐器”等19项制修订标准的审定任务。会议决定成立电鸣乐器标准制修订工作组，秘书处设在得理乐器（珠海）公司，工作组组长由得理乐器（珠海）公司盛子斐担任。

12月

12月6日，德国RENNER公司与AXL乐器中国公司合作生产雷诺击弦机启动仪式在上海嘉定举行。德国RENNER公司总工程师、市场发展总监David Fry与AXL乐器（中国）公司总裁Alan Liu共同启动了雷诺击弦机生产仪式，来自全国各地的经销商代表、德国舒密尔钢琴公司代表、美国乐器零售商及AXL乐器公司等70余人参加启动仪式。

11月6日，经山东省质监局审查并批复，同意昌乐县质监局筹建山东省电声乐器质量监督检验中心。这是昌乐县获批筹建的首个省级质检中心。据悉，该中心建成后以检测木吉他、电吉他、电贝司等电声乐器产品为主。

12月7日，中共山东省委宣传部、山东省发展和改革委员会、山东省财政厅发布公告，组织遴选了一批山东省重点文化企业、山东省重点文化产业项目和山东省文化产业重点园区基地。昌乐百灵乐器有限公司，潍坊惠好乐器有限公司被列入山东省重点文化产业项目。

11月13日，广东红棉乐器有限公司在广东省河源市高新开发区隆重举行新厂奠基仪式。参加奠基仪式的有河源市政府领导、广州市相关主管部门领导、广东红棉乐器有限公司全体董事会成员及相关企业、协作单位代表。广东红棉乐器有限公司新厂项目投资规模超过1.5亿元，并将于2012年底竣工，广东红棉乐器有限公司的目标是：在三年内发展成为全球最大的吉他、提琴制造基地，国内领先的吉它、提琴研发中心。

12月16日，由广东省工业工会委员会和广东省乐器协会共同承办的“2011年广东省提琴制作职业技能竞赛”在广州圆满结束，来自全国的30名选手经过了3天的紧张角逐，竞赛前三名选手徐晓林、高友忠、王晏被授予“广东省技术能手”荣誉称号，徐晓林、高友忠等9人被授予“广东省优秀提琴制作师”荣誉称号。

12月20日，“得理励学金”慈善助学协议签约仪式在得理乐器（珠海）有限公司举行。北京理工大学珠海学院党委副书记、副院长李绍勋，得理乐器（珠海）有限公司董事长郑荃文、总经理顾冰峰、金湾区红十字会副会长廖清梅等出席签约仪式。李绍勋副院长指出：设立“得理励学金”充分体现了得理乐器（珠海）有限公司强烈的社会责任感，“得理励学金”的设立必将激励广大学子勤奋学习、回报社会。同时希望以此次励志奖学金签约为契机，进一步加强双方合作，实现互利双赢。

12月，国家统计局出版2011年《中国统计年鉴》，公布了2010年全国各地区城镇居民家庭平均每百户钢琴及其他中高档乐器拥有量，其中钢琴拥有量为2.62架/百户，同比增长6.07%；其它中高档乐器拥有量为4.86件/百户，同比增长4.52%。每百户钢琴拥有量最多的地区依次为上海、北京、广东、福建、山东，分别为6.73、4.92、4.24、3.97、3.88架/百户。全国有10个省市每百户钢琴拥有量比2009年有所下降，其余省市都有不同程度的增长。

12月，美国《音乐贸易》杂志2011年第12期公布了2010年全球乐器与音响制品行业225强榜单。2010年，225强销售收入共计197亿美元，较2009年增长7.87%。员工总数共计125567人，较2009年增长3.31%。225强榜单中包括中国台湾和中国香港在内的中国企业共有38家入选，其中大陆23家，香港4家，台湾11家，较2009年入榜数减少1家。

12月14日至20日，以安志理事长为首的中国乐器协会考察组一行于赴海南、越南考察，以落实国家林业局委托开展的野生动物保护管理项目“蟒蛇人工繁育试点”。按照国家林业局关于2011年项目任务书的要求，一是开展蟒蛇人工繁育科学研究，评估其现有养殖规模、技术和发展趋势；二是蟒蛇对种源引进及饲养实施科学评估和管理，对国外种源渠道进行考察论证，以有计划地引进、补充种源。

12月，国家知识产权局“中国专利数据库”显示，2011年，我国乐器专利发布数量为658件，同比下降7.06%。其中，发明专利159件，同比增长2.58%，实用新型专利328件，同比增长17.56%，外观专利171件，同比下降37.59%。

2012

中国乐器年鉴

CHINA MUSICAL INSTRUMENT YEARBOOK

2002年～2011年中国社会经济主要指标数据

指标		单位	2002年	2003年	2004年	2005年	2006年	2007年	2008年	2009年	2010年	2011年
人口	年末总人口	万人	128453	129227	129988	130756	131448	132129	132802	133450	134091	134735
	城镇人口	万人	50212	52376	54283	56212	58288	60633	62403	64512	66978	69079
	乡村人口	万人	78241	76851	75705	74544	73160	71496	70399	68938	67113	65656
各年龄段人口比重	0～14岁人口	%	22.4	22.1	21.5	20.3	19.8	19.4	19.0	18.5	16.6	16.5
	15～64岁人口	%	70.3	70.4	70.9	72.0	72.3	72.5	72.7	73.0	74.5	74.4
	65岁以上人口	%	7.3	7.5	7.6	7.7	7.9	8.1	8.3	8.5	8.9	9.1
就业和工资	就业人员（年底数）	万人	73280	73736	74264	74647	74978	75321	75564	75828	76105	76420
	城镇单位就业人员工资总额	亿元	13638.1	15329.6	17615.0	20627.1	24262.3	29471.5	35289.5	40288.2	47269.9	59954.7
	城镇单位就业人员平均工资	元	12373	13969	15920	18200	20856	24721	28898	32244	36539	41799
消费	全体居民人均消费水平	元	4144	4475	5032	5596	6299	7310	8430	9283	10522	12113
	农村居民人均生活消费支出	元	1834.3	1943.3	2184.7	2555.4	2829.0	3223.9	3660.7	3993.5	4381.8	5221.1
	农村居民家庭恩格尔系数	%	46.2	45.6	47.2	45.5	43.0	43.1	43.7	41.0	41.1	40.4
	城镇居民人均消费性支出	元	6029.9	6510.9	7182.1	7942.9	8696.6	9997.5	11242.9	12264.6	13471.5	15160.9
	城镇居民家庭恩格尔系数	%	37.7	37.1	37.7	36.7	35.8	36.3	37.9	36.5	35.7	36.3
	城镇居民人均购买文化娱乐用品	元	245.2	264.5	256.7	280.2	310.3	343.2	354.8	381.3	407.0	449.6
	城镇居民人均文化娱乐服务	元	161.9	155.9	217.2	245.9	280.8	347.6	381.3	445.6	559.3	652.2
	城镇居民人均用于教育性支出	元	495.2	514.0	559.0	571.3	612.0	638.4	622.2	645.9	661.3	750.0
	农村居民人均用于文教娱乐支出	元	210.3	235.7	247.6	295.5	305.1	305.7	314.5	340.6	366.7	396.4
国民经济	国内生产总值	亿元	120332.7	135822.8	159878.3	184937.4	216314.4	265810.3	314045.4	340902.8	401512.8	471563.7
财政和金融	国家财政收入	亿元	18903.6	21715.3	26396.5	31649.3	38760.2	51321.8	61330.4	68518.3	83101.5	103740.0
	金融机构人民币存款余额	亿元	170917.4	208055.6	241424.3	287163.0	335459.8	389371.2	466203.3	597741.1	718237.9	809368.3

指标		单位	2002年	2003年	2004年	2005年	2006年	2007年	2008年	2009年	2010年	2011年
住房	农村人均住房面积	平方米	26.5	27.2	27.9	29.7	30.7	31.6	32.4	33.6	34.1	36.2
	城镇居民人均住房建筑面积	平方米	24.5	25.3	26.4	27.8	28.5	30.1	30.6	31.3	31.6	32.7
国内商业和对外贸易	社会消费品零售总额	亿元	48135.9	52516.3	59501.0	68352.6	79145.2	93571.6	114830.1	132678.4	156998.4	18391836
	进出口总额	亿美元	6207.7	8509.9	11545.5	14219.1	17604.4	21765.7	25632.6	22075.4	29740.0	36420.6
	出口总额	亿美元	3256.0	4382.3	5933.2	7619.5	9689.8	12204.6	14306.9	12016.1	15777.5	18986.0
	进口总额	亿美元	2951.7	4127.6	5612.3	6599.5	7914.6	9561.1	11325.6	10059.2	13962.4	17434.6
利用外资	实际使用外资额	亿美元	550.1	561.4	640.7	638.1	670.8	783.4	952.5	918.0	1088.2	1177.0
	外商直接投资	亿美元	527.4	535.1	606.3	603.3	630.2	747.7	924.0	900.3	1057.3	1160.1
旅游	入境过夜旅游者人数	万人次	3680.3	3297.1	4176.1	4680.9	4991.3	5472.0	5304.9	5087.5	5566.5	5758.1
	国际旅游外汇收入	亿美元	203.9	174.1	257.4	293.0	339.5	419.2	408.4	396.8	458.1	484.6
	国内旅游人数	亿人次	8.78	8.70	11.02	12.12	13.94	16.10	17.12	19.02	21.03	36.41
	国内旅游总花费	亿元	3878.4	3442.3	4710.7	5285.9	6229.7	7770.6	8749.3	10183.7	12579.8	19305.4
教育文化	学校数	所	659060	631672	600909	578400	558409	533654	517514	498949	486048	484782
	普通高等学校	所	1396	1552	1731	1792	1867	1908	2263	2305	2358	2409
	特殊教育学校	所	1540	1551	1560	1593	1605	1618	1640	1672	1706	1767
	职业中学	所	7402	6843	6478	6423	6100	6191	6128	5805	5273	4856
	普通中学	所	80067	79490	79058	77977	76703	74790	72907	70774	68881	67751
	普通小学	所	456903	425846	394183	366213	341639	320061	300854	280184	257410	241249
	学前教育	所	111752	116390	117899	124402	130495	129086	133722	138209	150420	166750
	在校学生数	万人	23933.0	23950.1	23971.1	23847.8	23878.6	23823.4	23680.7	23570.4	23624.8	23901.8
	普通本专科	万人	903.4	1108.6	1333.5	1561.8	1738.8	1884.9	2021.0	2144.7	2231.8	2308.5
	职业中学	万人	511.5	528.2	569.4	625.6	676.2	740.5	761.1	785.7	729.8	683.6
	普通中学	万人	8287.9	8583.2	8695.4	8580.9	8451.9	8243.3	8050.4	7867.9	7703.2	7519.0
	特殊教育学校	万人	37.5	36.5	37.2	36.4	36.3	41.9	41.7	42.8	42.6	39.9
	普通小学	万人	12156.7	11689.7	11246.2	10864.1	10711.5	10564.0	10331.5	10071.5	9940.7	9926.4
	学前教育	万人	2036.0	2003.9	2089.4	2179.0	2263.9	2348.8	2475.0	2657.8	2976.7	3424.4
	艺术表演团体	个	2587	2601	2759	2805	2866	4512	5114	6139	6864	7069
	文化馆和群众艺术馆	个	3243	3228	3221	3226	3214	3217	3218	3223	3264	3284

（数据来源：《2012中国统计摘要》 中国乐器协会信息部编辑）

2000～2010年全国各地区城镇居民家庭平均每百户钢琴拥有量

（按收入等级划分）

（单位：架）

居民收入层次	2000年	2001年	2002年	2003年	2004年	2005年	2006年	2007年	2008年	2009年	2010年
总 平 均	1.26	1.33	1.76	1.91	2.22	2.25	2.31	2.36	2.29	2.47	2.62
最低收入户	0.21	0.46	0.18	0.30	0.24	0.39	0.36	0.32	0.20	0.19	0.22
困 难 户	0.21	0.56	0.07	0.08	0.08	0.43	0.16	0.27	0.06	0.07	0.12
低 收 入	0.67	0.63	0.68	0.93	1.02	0.65	0.66	0.64	0.25	0.39	0.53
中等偏下户	0.85	0.75	0.96	0.85	0.97	0.81	0.97	1.12	0.92	1.16	1.23
中等收入户	0.88	1.01	1.29	1.28	1.75	1.79	2.05	2.09	1.95	1.88	2.06
中等偏上户	1.68	1.67	2.29	2.43	2.71	2.82	3.06	2.71	2.91	3.27	3.53
高 收 入 户	2.41	2.32	2.75	2.94	3.71	3.60	3.43	4.35	4.33	4.63	4.82
最高收入户	2.52		4.60	5.28	6.34	7.40	6.81	6.47	7.12	7.54	7.63

2000～2010年全国各地区城镇居民家庭平均每百户其他中高档乐器拥有量

（按收入等级划分）

（单位：件）

居民收入层次	2000年	2001年	2002年	2003年	2004年	2005年	2006年	2007年	2008年	2009年	2010年
总 平 均	5.34	6.12	6.38	6.88	7.23	6.63	7.07	6.03	4.33	4.65	4.86
最低收入户	1.51	1.75	1.24	1.55	1.68	1.54	1.39	1.80	0.84	1.12	1.16
困 难 户	1.24	1.34	0.87	0.92	1.54	0.79	1.22	1.18	0.56	0.85	1.03
低 收 入	2.75	3.56	2.93	3.05	3.88	2.54	3.34	2.75	1.72	2.09	2.59
中等偏下户	3.81	4.40	4.70	4.69	5.25	4.31	4.66	4.73	3.16	3.58	2.56
中等收入户	5.22	5.74	6.08	6.91	7.17	6.88	7.23	5.86	4.69	4.64	4.79
中等偏上户	6.71	8.04	8.50	8.66	9.24	8.73	9.33	7.27	5.51	6.12	6.38
高 收 入 户	8.06	8.46	9.58	9.10	10.71	10.06	10.77	8.75	6.49	7.06	6.72
最高收入户	9.65	11.08	12.47	13.44	12.56	12.82	13.34	11.38	8.01	8.21	9.34

（摘自2011年《中国统计年鉴》）

2000～2010年全国各地区城镇居民家庭平均每百户钢琴拥有量

（按地区划分）

（单位：架）

地 区	2000年	2001年	2002年	2003年	2004年	2005年	2006年	2007年	2008年	2009年	2010年
全 国	1.26	1.33	1.76	1.91	2.22	2.25	2.31	2.36	2.29	2.47	2.62
北 京	2.20	2.70	3.23	3.74	4.18	4.12	4.55	3.80	3.64	3.99	4.92
天 津	0.60	0.60	1.35	1.40	1.13	1.27	1.27	1.16	1.48	1.68	1.85
河 北	0.82	0.63	1.24	1.18	1.38	1.51	1.47	1.14	2.03	1.95	1.80
山 西	0.95	1.18	1.06	1.22	1.41	0.72	1.42	1.02	2.04	2.00	1.76
内蒙古	0.51	0.80	0.91	0.90	1.18	1.11	1.18	1.10	1.90	1.39	1.41
辽 宁	1.15	1.46	2.24	2.46	2.47	2.38	2.09	2.10	3.09	3.56	3.49
吉 林	0.77	1.29	1.71	1.50	1.75	1.15	1.24	1.43	1.02	1.51	2.13
黑龙江	1.22	1.45	1.19	1.28	1.74	1.57	1.78	1.95	1.28	1.12	1.13
上 海	3.40	3.20	3.60	3.20	5.80	4.30	5.01	5.85	5.77	5.74	6.73
江 苏	0.91	1.01	1.64	1.67	1.86	2.56	2.66	2.50	2.47	2.65	2.86
浙 江	0.78	1.11	1.11	2.00	2.28	2.64	2.48	2.62	2.70	2.97	3.12
安 徽	0.82	1.09	1.17	1.29	1.52	1.96	2.01	2.21	0.97	0.94	1.11
福 建	1.60	1.88	1.75	2.03	3.15	2.85	4.04	3.90	3.32	3.75	3.97
江 西	0.71	0.80	1.41	1.52	1.44	1.50	1.49	1.71	1.03	1.15	1.28
山 东	2.52	2.13	2.66	3.06	3.14	3.02	3.45	3.40	3.38	3.55	3.88
河 南	0.92	0.76	1.41	1.95	1.96	2.08	1.80	1.60	1.72	1.92	1.87
湖 北	1.35	1.64	2.01	1.68	1.53	1.63	1.93	1.84	1.49	1.62	1.68
湖 南	1.41	1.02	1.36	1.47	2.39	2.21	1.45	2.45	1.94	1.87	2.06
广 东	2.68	2.76	2.98	2.89	3.50	4.12	3.75	4.17	3.36	4.16	4.24
广 西	0.76	0.60	1.26	1.16	1.57	1.77	1.62	1.35	1.80	1.61	1.96
海 南	0.83	0.67	0.76	0.76	0.76	2.01	1.92	1.04	2.05	1.91	1.90
重 庆	0.67	0.33	1.39	1.33	2.00	1.67	2.00	2.34	1.85	1.76	1.68
四 川	1.83	1.36	1.06	1.44	1.39	2.17	1.84	1.94	1.87	1.84	1.84
贵 州	0.66	1.13	1.43	2.07	2.07	1.72	1.91	1.06	1.84	1.88	1.79
云 南	2.08	1.26	1.17	1.39	2.78	2.25	2.43	2.68	1.91	2.30	1.96
西 藏	0.00	0.00	0.00	0.00	1.26	0.00	0.58	0.47	1.12	0.85	0.69
陕 西	0.59	0.36	0.97	1.26		1.07	1.59	1.49	1.33	1.56	2.26
甘 肃	1.74	0.91	1.91	2.57	1.69	1.89	1.53	1.99	1.14	1.33	1.48
青 海	0.55	0.55	1.43	1.19	1.50	1.46	2.27	2.44	1.12	1.34	1.95
宁 夏	0.68	0.81	0.86	0.87	0.70	0.92	1.32	0.89	0.76	1.36	1.31
新 疆	1.38	1.80	1.93	2.37	2.51	2.23	1.96	1.38	1.95	2.23	2.04

（摘自2011年《中国统计年鉴》）

2000～2010年全国各地区城镇居民家庭平均每百户其他中高档乐器拥有量

（按地区划分）

（单位：件）

地 区	2000年	2001年	2002年	2003年	2004年	2005年	2006年	2007年	2008年	2009年	2010年
全 国	5.34	6.12	6.38	6.88	7.23	6.63	7.07	6.03	4.33	4.65	4.86
北 京	13.70	13.90	12.98	13.76	9.81	11.32	12.35	9.71	5.63	6.72	7.51
天 津	2.80	3.20	3.51	4.13	3.33	2.67	3.20	1.74	1.73	2.11	2.68
河 北	6.51	6.91	5.31	6.52	7.51	5.82	5.48	4.91	5.12	4.38	4.32
山 西	5.56	5.56	5.61	5.69	6.16	5.38	5.52	4.90	2.18	2.60	2.80
内蒙古	5.47	7.20	6.24	6.83	6.79	6.88	7.59	6.88	4.96	5.39	5.21
辽 宁	5.61	5.89	5.80	5.97	6.13	5.70	5.94	5.16	4.68	4.86	5.15
吉 林	4.65	6.01	5.24	6.83	7.43	6.87	7.03	6.76	4.13	5.30	5.35
黑龙江	3.32	3.73	3.80	4.77	5.97	5.56	6.37	6.65	2.28	2.49	2.52
上 海	4.80	5.20	6.33	6.80	7.70	7.20	7.52	7.51	6.47	7.52	7.32
江 苏	3.57	4.08	4.36	4.18	5.03	4.04	4.43	4.57	4.34	4.28	4.73
浙 江	6.90	8.54	6.99	6.50	8.19	7.83	8.99	7.16	4.59	5.85	6.11
安 徽	5.40	5.89	6.24	7.09	7.75	7.89	7.63	5.77	3.82	4.42	3.95
福 建	5.20	6.18	6.29	7.28	5.88	5.86	7.88	7.44	4.02	5.11	5.43
江 西	5.13	7.04	7.35	7.41	7.88	7.17	6.12	6.69	5.81	5.60	5.42
山 东	7.96	9.04	8.13	8.67	9.18	8.51	9.86	7.37	6.80	7.25	7.45
河 南	3.30	3.54	5.90	7.39	7.89	6.52	6.67	6.02	3.74	4.26	4.74
湖 北	5.39	6.58	7.11	7.09	7.27	5.84	5.68	6.29	4.56	5.16	5.32
湖 南	8.47	7.85	6.41	6.65	7.48	8.89	7.65	5.15	2.01	2.14	2.11
广 东	5.94	5.83	8.79	8.79	9.24	9.17	9.61	8.34	4.34	3.90	4.58
广 西	3.06	4.70	6.17	6.36	7.09	5.13	6.03	2.69	6.24	5.03	5.72
海 南	1.67	1.67	3.80	4.98	5.09	3.37	3.29	2.96	1.20	1.01	1.01
重 庆	8.00	7.67	2.94	3.00	6.33	5.00	8.00	5.13	2.62	2.74	2.55
四 川	5.89	7.03	4.59	6.22	5.45	4.66	5.20	4.61	3.21	3.90	3.95
贵 州	4.30	4.57	3.83	4.71	5.00	5.06	5.69	4.69	3.89	4.29	4.83
云 南	5.25	4.42	5.35	6.13	5.84	5.18	5.10	4.03	3.28	3.72	4.73
西 藏	2.00	2.00	2.00	2.00	2.00	2.00	2.28	1.60	0.63	0.95	0.95
陕 西	3.31	4.51	5.76	5.62	6.41	8.41	9.03	7.03	6.54	6.93	6.19
甘 肃	8.42	17.35	10.30	8.70	9.69	8.67	8.24	6.97	2.18	2.85	3.38
青 海	3.64	3.82	5.51	6.92	7.78	4.70	5.44	5.79	3.98	4.18	3.14
宁 夏	3.68	3.65	4.08	5.64	6.32	4.24	4.92	4.67	4.76	5.18	5.37
新 疆	9.09	9.20	12.66	13.57	12.24	5.97	6.78	7.02	4.82	6.63	6.54

（摘自2011年《中国统计年鉴》）

2011年乐器行业规模以上企业主要经济指标完成情况

（按产品类别划分）

（单位：千元）

行业名称		中乐器制造	西乐器制造	电子乐器制造	其他乐器及零件制造	总计
汇总企业数（个）		27	103	28	35	193
工业总产值	2011年1～12月累计	2255833	14285895	4809455	2525319	23876502
	2010年1～12月累计	1469491	11927594	4211359	2448795	20057239
	同比%	53.51	19.77	14.20	3.12	19.04
销售产值	2011年1～12月累计	2214525	13976660	4765425	2467592	23424202
	2010年1～12月累计	1443856	11586471	4099441	2488016	19617784
	同比%	53.38	20.63	16.25	-0.82	19.40
出口交货值	2011年1～12月累计	801430	4945730	1957465	619885	8324510
	2010年1～12月累计	546304	3645257	2011159	427609	6630329
	同比%	46.70	35.68	-2.67	44.97	25.55

2011年乐器行业规模以上企业主要经济指标完成情况

（按地区划分）

（单位：千元）

地区	企业数	工业总产值			销售产值			出口交货值		
		2011年1~12月累计	2010年1~12月累计	同比（%）	2011年1~12月累计	2010年1~12月累计	同比（%）	2011年1~12月累计	2010年1~12月累计	同比（%）
广东	46	6866888	5450351	25.99	6701787	5448135	23.01	2142035	1759473	21.74
山东	32	3703423	3418245	8.34	3634451	3325937	9.28	415892	339259	22.59
天津	11	3037040	2617406	16.03	3002091	2605897	15.20	2416817	1837544	31.52
浙江	22	2746183	2544422	7.93	2695496	2364417	14.00	967743	810711	19.37
江苏	18	2286484	1491634	53.29	2241242	1443288	55.29	570968	390316	46.28
河北	15	2045311	1561654	30.97	1984492	1538600	28.98	829492	507721	63.38
湖北	6	705977	593031	19.05	732000	528160	38.59	49185	27744	77.28
北京	5	572881	530620	7.96	550548	526805	4.51	167330	155072	7.90
上海	12	567155	524743	8.08	558209	519575	7.44	117353	122700	-4.36
河南	11	477838	452301	5.65	469411	443056	5.95	164618	185649	-11.33
辽宁	7	477553	538734	-11.36	478642	544971	-12.17	315405	330607	-4.60
福建	4	230926	208984	10.50	221053	206701	6.94	141683	141520	0.12
黑龙江	2	108284	85873	26.10	105594	83695	26.17	25989	22013	18.06
吉林	1	26830	18010	48.97	25729	16858	52.62	0	0	0.00
陕西	1	23729	21231	11.77	23457	21689	8.15	0	0	0.00
全国	193	23876502	20057239	19.04	23424202	19617784	19.40	8324510	6630329	25.55

（数据来源：国家统计局　中国乐器协会信息部编辑）

2011年中国乐器海关出口量值

商品代码	商品名称	单位	数量			金额（美元）		
			2011年	2010年	同比%	2011年	2010年	同比%
92011000	竖式钢琴，包括自动钢琴	台	50007	52915	-5.50	67042529	65856530	1.80
92012000	大钢琴，包括自动钢琴	台	6756	6380	5.89	25858838	20545781	25.86
92019000	拨弦古钢琴及其他键盘弦乐器	台	9248	9720	-4.86	856918	691620	23.90
92021000	弓弦乐器	只	1391635	1356817	2.57	60734197	54180624	12.10
92029000	其他弦乐器	只	12556168	11225581	11.85	335612025	269929207	24.33
92051000	铜管乐器	只	840384	834567	0.70	81221840	73006214	11.25
92059010	键盘管风琴;簧风琴等游离金属簧片键盘乐器	只	1727430	1672982	3.25	7156091	5481958	30.54
92059020	手风琴及类似乐器	只	519132	501492	3.52	17229821	15559535	10.73
92059030	口琴	只	7991286	8181579	-2.33	12288680	11772185	4.39
92059090	其他管乐器	只	7840429	9073727	-13.59	43679456	38316221	14.00
92060000	打击乐器	只	13132527	13765141	-4.60	144779607	140355216	3.15
92071000	通过电产生或扩大声音的键盘乐器	只	4957157	5940190	-16.55	309641549	320353099	-3.34
92079000	其他通过电产生或扩大声音的乐器	个	3382968	4033864	-16.14	221661474	199452829	11.13
92081000	百音盒	个	26103396	25414361	2.71	43405533	30048017	44.45
92089000	其他乐器;各种媒诱音响器、哨子、号角等	个	78506373	79654969	-1.44	24668670	15750719	56.62
92093000	乐器用弦	千克	377417	311168	21.29	6012345	4516004	33.13
92099100	钢琴的零件、附件	千克	8111866	7618483	6.48	43055219	38030450	13.21
92099200	品目92.02所列乐器的零件、附件	千克	4612005	3368615	36.91	37156637	30652297	21.22
92099400	品目92.07所列乐器的零件、附件	千克	5632219	5279522	6.68	39350953	34999516	12.43
92099910	节拍器、音叉及定音管	千克	119538	156626	-23.68	3389434	4459090	-23.99
92099920	百音盒的机械装置	千克	605535	796637	-23.99	5330747	5675911	-6.08
92099990	其他乐器的零件、附件	千克	18325700	17695569	3.56	93618310	87099417	7.48
总计						1623750873	1466732440	10.71

2011年中国乐器出口世界各大洲基本情况

洲别	国家数量		金额(万美元)		
	2011年	2010年	2011年	2010年	同比%
亚洲	43	46	44555	38437	15.92
非洲	47	44	3333	2865	16.32
欧洲	43	42	45016	42759	5.28
南美洲	36	36	20203	16686	21.08
北美洲	2	2	45592	42982	6.07
大洋洲	14	13	3677	2944	24.92
合计	185	183	162375	146673	10.71

2011年中国乐器出口基本情况

（按出口金额排序）

排名		国家或地区	数量（架/件）			金额（美元）		
2011年	2010年		2011年	2010年	同比%	2011年	2010年	同比%
1	1	美国	36256523	39772186	-8.84	424639890	398441163	6.58
2	2	德国	13082418	14393178	-9.11	154648949	138507359	11.65
3	4	日本	11182395	7846887	42.51	94972766	78875845	20.41
4	5	巴西	4774774	4798726	-0.50	86767953	73465936	18.11
5	3	中国香港	11040760	9801445	12.64	70304050	91054452	-22.79
6	6	荷兰	9266524	7502524	23.51	63448392	61886310	2.52
7	8	韩国	5369843	5183028	3.60	58348629	45090198	29.40
8	7	英国	5036371	5388750	-6.54	57399654	55882538	2.71
9	9	印度尼西亚	10972470	10152625	8.08	55077077	43040538	27.97
10	10	法国	2425940	2661683	-8.86	42605320	38123187	11.76
11	11	加拿大	2244949	2650334	-15.30	31276031	31383374	-0.34
12	13	澳大利亚	2183771	2050516	6.50	31038153	25128637	23.52
13	12	意大利	3050452	5495951	-44.50	29660157	30264912	-2.00
14	23	泰国	3972288	2657504	49.47	22813370	12584532	81.28
15	14	墨西哥	2592489	4113371	-36.97	22665274	19670760	15.22
16	22	阿根廷	2606670	1679564	55.20	21706774	13343755	62.67
17	17	智利	1790307	2089191	-14.31	18882180	16042995	17.70

排名		国家或地区	数量（架/件）			金额（美元）		
2011年	2010年		2011年	2010年	同比%	2011年	2010年	同比%
18	18	中国台湾	2232399	1336833	66.99	18147567	14282620	27.06
19	21	土耳其	3067971	2848207	7.72	17031833	13833085	23.12
20	16	马来西亚	4037056	3518934	14.72	16552944	16916132	-2.15
21	15	西班牙	4632120	5682987	-18.49	16462103	18662317	-11.79
22	19	比利时	1473425	1276846	15.40	16304974	14106247	15.59
23	24	俄罗斯	1900857	1525997	24.56	15559511	12004428	29.61
24	20	巴拿马	1190635	1473414	-19.19	14747745	13997464	5.36
25	28	印度	2460072	4380194	-43.84	14370077	9370101	53.36
26	25	尼日利亚	4812689	782661	514.91	14042419	11578771	21.28
27	26	阿联酋	3433809	3989968	-13.94	13674580	11372906	20.24
28	27	菲律宾	2312550	3168034	-27.00	12229813	11021886	10.96
29	31	新加坡	1137609	974769	16.71	12136459	8504826	42.70
30	32	南非	1053304	1622330	-35.07	9169026	7952816	15.29
31	30	芬兰	693788	718259	-3.41	8445610	8691981	-2.83
32	34	秘鲁	1321606	1241953	6.41	8389122	6688566	25.42
33	36	伊朗	3019570	2951632	2.30	8384018	5485354	52.84
34	35	哥伦比亚	1180459	1528253	-22.76	8302183	5897470	40.78
35	29	瑞典	570218	539724	5.65	8133409	9297513	-12.52
36	40	越南	992022	202850	389.04	5743494	4156553	38.18
37	33	捷克	980515	1013726	-3.28	5417395	7475655	-27.53
38	41	丹麦	440833	538806	-18.18	5244641	4156127	26.19
39	77	乌兹别克斯坦	7703	1561	393.47	5205826	451849	1052.12
40	37	以色列	798870	888717	-10.11	4762478	5000743	-4.76
41	39	波兰	949715	485992	95.42	4643460	4217974	10.09
42	44	委内瑞拉	977695	1059372	-7.71	4383921	3232964	35.60
43	43	新西兰	353616	267582	32.15	4094066	3321505	23.26
44	42	厄瓜多尔	881053	969055	-9.08	3839238	3628011	5.82
45	52	加纳	504400	1566965	-67.81	3555601	2040935	74.21
46	38	危地马拉	661943	572994	15.52	3527008	4303714	-18.05
47	46	斯里兰卡	891931	621765	43.45	2753581	2726563	0.99
48	49	乌拉圭	642665	572196	12.32	2433119	2220183	9.59
49	45	希腊	1153587	1454207	-20.67	2257547	3183281	-29.08
50	50	乌克兰	510954	619959	-17.58	2131907	2170203	-1.76
51	47	爱尔兰	158552	192635	-17.69	2071801	2700969	-23.29
52	55	瑞士	120279	193431	-37.82	2070538	1822692	13.60

排名		国家或地区	数量（架/件）			金额（美元）		
2011年	2010年		2011年	2010年	同比%	2011年	2010年	同比%
53	53	挪威	489453	451223	8.47	1979405	2035674	-2.76
54	62	斯洛文尼亚	262194	168219	55.86	1843473	1016489	81.36
55	78	巴基斯坦	2682349	1730869	54.97	1836176	437336	319.85
56	61	朝鲜	28661	20608	39.08	1818246	1067543	70.32
57	48	葡萄牙	172229	233935	-26.38	1729481	2619422	-33.97
58	57	奥地利	108702	201734	-46.12	1721970	1378941	24.88
59	64	哈萨克斯坦	63468	49063	29.36	1552944	967742	60.47
60	60	黎巴嫩	235555	202421	16.37	1335609	1088516	22.70
61	70	巴布亚新几内亚	162426	73152	122.04	1286944	707858	81.81
62	69	萨尔瓦多	241340	336598	-28.30	1192744	725425	64.42
63	72	阿尔及利亚	294061	227418	29.30	1109763	674334	64.57
64	54	匈牙利	65643	195457	-66.42	1104729	1991688	-44.53
65	66	波多黎各	139586	140922	-0.95	1098727	922229	19.14
66	59	埃及	755670	1303425	-42.02	1063675	1090171	-2.43
67	67	罗马尼亚	637105	847621	-24.84	987568	918729	7.49
68	63	克罗地亚	86818	87637	-0.93	925883	971941	-4.74
69	71	沙特阿拉伯	611145	970517	-37.03	915391	691258	32.42
70	94	约旦	1272718	429396	196.40	907608	223475	306.13
71	51	叙利亚	664929	1829997	-63.67	850020	2079107	-59.12
72	79	哥斯达黎加	148708	161713	-8.04	809983	426040	90.12
73	74	洪都拉斯	131285	103925	26.33	797617	547049	45.80
74	91	巴拉圭	110395	134098	-17.68	640686	243257	163.38
75	75	立陶宛	87052	86217	0.97	635782	501371	26.81
76	56	摩洛哥	618584	556015	11.25	629468	1661009	-62.10
77	68	塞浦路斯	21271	39546	-46.21	589594	767326	-23.16
78	80	多米尼加共和国	52378	61940	-15.44	572578	355674	60.98
79	58	拉脱维亚	26837	113176	-76.29	549016	1220695	-55.02
80	73	突尼斯	157942	34875	352.88	538077	580106	-7.25
81	88	古巴	59458	38349	55.04	472276	253862	86.04
82	81	中国澳门	20180	37714	-46.49	430463	334544	28.67
83	83	白俄罗斯	53978	19705	173.93	412816	302037	36.68
84	119	缅甸	74523	7948	837.63	384842	69262	455.63
85	97	保加利亚	90322	132944	-32.06	380281	209085	81.88
86	82	尼加拉瓜	42165	46433	-9.19	337077	322682	4.46
87	65	伊拉克	605671	893316	-32.20	335633	954953	-64.85

排名		国家或地区	数量（架/件）			金额（美元）		
2011年	2010年		2011年	2010年	同比%	2011年	2010年	同比%
88	98	莫桑比克	147238	67084	119.48	329092	200759	63.92
89	90	肯尼亚	550684	286093	92.48	325545	243462	33.71
90	87	毛里求斯	47884	57260	-16.37	310810	272596	14.02
91	92	斯洛伐克	66249	37302	77.60	310310	236985	30.94
92	102	留尼汪	16523	18201	-9.22	299585	160068	87.16
93	84	孟加拉国	67391	165578	-59.30	295695	287931	2.70
94	76	科威特	109430	167724	-34.76	287293	465829	-38.33
95	107	尼泊尔	13761	51150	-73.10	276980	135849	103.89
96	85	刚果(金)	1060176	2046800	-48.20	250904	282499	-11.18
97	106	马达加斯加	530326	184257	187.82	238754	137787	73.28
98	159	土库曼斯坦	125	50	150.00	227618	11675	1849.62
99	125	爱沙尼亚	34418	19237	78.92	209869	51519	307.36
100	104	卡塔尔	146561	42972	241.06	206932	142705	45.01
101	108	阿曼	16972	8088	109.84	199511	132239	50.87
102	86	塞尔维亚	18684	50444	-62.96	165356	275615	-40.00
103	127	科特迪瓦	845873	65306	1195.25	164086	48487	238.41
104	154	格鲁吉亚	69106	13147	425.64	157036	14479	984.58
105	110	阿塞拜疆	2044	1395	46.52	149062	125474	18.80
106	101	斐济	23450	21597	8.58	138030	163065	-15.35
107	96	安哥拉	91982	266049	-65.43	133088	216050	-38.40
108	89	马耳他	14046	8505	65.15	132184	246567	-46.39
109	134	牙买加	32567	53262	-38.86	124748	38677	222.54
110	117	吉布提	8772	238434	-96.32	123767	75051	64.91
111	109	玻利维亚	111680	9926	1025.13	115061	131763	-12.68
112	135	柬埔寨	17825	21786	-18.18	109737	37729	190.86
113	105	也门	198528	273963	-27.53	106234	137951	-22.99
114	129	坦桑尼亚	261267	251380	3.93	105075	48428	116.97
115	124	津巴布韦	201501	3793	5212.44	104891	52737	98.89
116	99	巴林	41987	17605	138.49	98503	179654	-45.17
117	103	文莱	16058	33601	-52.21	98402	156905	-37.29
118	126	喀麦隆	140355	256272	-45.23	96381	49970	92.88
119	149	加蓬	6710	873	668.61	91911	19770	364.90
120	123	新喀里多尼亚	19417	2036	853.68	84037	58013	44.86
121	116	阿尔巴尼亚	20394	12919	57.86	82953	84613	-1.96
122	114	蒙古	435	3891	-88.82	75416	96725	-22.03

排名		国家或地区	数量（架/件）			金额（美元）		
2011年	2010年		2011年	2010年	同比%	2011年	2010年	同比%
123	118	几内亚	121920	5586	2082.60	68993	73009	-5.50
124	112	特立尼达和多巴哥	56151	172367	-67.42	67723	105459	-35.78
125	113	埃塞俄比亚	30280	20456	48.03	62976	103028	-38.87
126	111	纳米比亚	21574	18767	14.96	60962	117502	-48.12
127	115	冰岛	5615	3811	47.34	60950	89007	-31.52
128	142	苏丹	156751	60291	159.99	57738	27148	112.68
129	128	巴哈马	17769	1837	867.28	55934	48473	15.39
130	158	瓦努阿图	3123	1268	146.29	51805	12484	314.97
131	133	马尔代夫	5816	2736	112.57	44609	41320	7.96
132	100	塞内加尔	50760	232226	-78.14	40681	174849	-76.73
133	153	刚果(布)	40187	8912	350.93	39712	15848	150.58
134	95	利比亚	126476	164669	-23.19	37701	216789	-82.61
135	122	利比里亚	142837	77716	83.79	36455	59414	-38.64
136	132	贝宁	107738	79866	34.90	35270	44982	-21.59
137	144	法属波利尼西亚	1548	274	464.96	32836	22264	47.48
138	169	摩尔多瓦	371	147	152.38	31328	4984	528.57
139	120	亚美尼亚	1117	405	175.80	26610	63680	-58.21
140	138	博茨瓦那	2928	3584	-18.30	26567	32859	-19.15
141	164	马里	945	304	210.86	24945	9000	177.17
142	93	乌干达	9994	86	11520.93	24834	226305	-89.03
143	166	萨摩亚	16693	220	7487.73	24534	6776	262.07
144	150	毛里塔尼亚	32028	14596	119.43	24218	17446	38.82
145		摩纳哥	1677			23714		
146	137	马提尼克	17	3837	-99.56	21385	37031	-42.25
147	165	塔吉克斯坦	860	65	1223.08	20600	8250	149.70
148	131	多哥	43036	144821	-70.28	20532	45298	-54.67
149	156	苏里南	3616	3085	17.21	20479	13079	56.58
150	146	佛得角	1062	2818	-62.31	18796	21473	-12.47
151	160	伯利兹	9650	960	905.21	18675	10882	71.61
152	139	东帝汶	992	4011	-75.27	17812	31043	-42.62
153	155	圭亚那	8180	10636	-23.09	17506	13674	28.02
154	175	马拉维	9959	2889	244.72	16030	1540	940.91
155	172	吉尔吉斯斯坦	453	16800	-97.30	14880	3360	342.86
156		卢旺达	3727			13304		
157	168	黑山	3909	4116	-5.03	13068	5055	158.52

排名		国家或地区	数量（架/件）			金额（美元）		
2011年	2010年		2011年	2010年	同比%	2011年	2010年	同比%
158	145	赞比亚	2953	492	500.20	11259	21505	-47.64
159	171	马其顿	519	26	1896.15	9848	3819	157.87
160	173	所罗门群岛	433	281	54.09	9452	2597	263.96
161	161	库腊索岛	54598	32940	65.75	9429	10569	-10.79
162		波黑	515			8909		
163		斯威士兰	349			7493		
164	157	社会群岛	181	246	-26.42	6024	13011	-53.70
165	170	塞拉利昂	33700	10918	208.66	5712	3889	46.88
166		格林纳达	2019			4846		
167		图瓦卢	426			4370		
168	143	巴巴多斯	184	1192	-84.56	3578	25016	-85.70
169	152	荷属安的列斯	3436	5136	-33.10	3299	16387	-79.87
170	167	塞舌尔	134	433	-69.05	3100	5970	-48.07
171		汤加	64			2993		
172		马约特	297			2154		
173	148	瓜德罗普	280	22835	-98.77	2015	20055	-89.95
174	174	赤道几内亚	240	102	135.29	1920	1603	19.78
175		冈比亚	10230			1535		
176		加那利群岛	915			1098		
177	163	卢森堡	5000	111	4404.50	615	9980	-93.84
178	147	圣卢西亚	1420	346	310.40	596	20622	-97.11
179	140	海地	2958	33688	-91.22	465	29777	-98.44
180	182	尼日尔	5000	48	10316.67	380	43	783.72
181		法属圭亚那	26			228		
182		阿鲁巴	229			147		
183		厄立特里亚	676			141		
184		马绍尔群岛	2000			60		
185	178	大洋洲其他国家(地区)	1	60	-98.33	11	528	-97.92

2011年主要乐器出口前10位国家和地区

（按出口金额排序）

商品名称	出口国家数量	排名	国家和地区	数量（架/件）			金额（美元）		
				2011年	2010年	同比%	2011年	2010年	同比%
立式钢琴	88	1	美国	10457	12447	-15.99	15188011	17890592	-15.11
		2	中国香港	4350	4737	-8.17	7354218	5643359	30.32
		3	德国	5397	5954	-9.36	7108606	7139961	-0.44
		4	荷兰	2363	1950	21.18	3049964	2149542	41.89
		5	加拿大	1807	2043	-11.55	2842982	2967145	-4.18
		6	法国	2428	2569	-5.49	2832804	2619476	8.14
		7	意大利	2179	2131	2.25	2431111	2060575	17.98
		8	乌兹别克斯坦	1460	185	689.19	1974151	250860	686.95
		9	韩国	1467	2546	-42.38	1818788	3168956	-42.61
		10	新加坡	1372	1569	-12.56	1770734	1966860	-9.97
三角钢琴	79	1	美国	2884	2506	15.08	9152697	7722458	18.52
		2	德国	644	598	7.69	2545525	2256882	12.79
		3	乌兹别克斯坦	248	7	3442.86	1978614	44184	4378.12
		4	中国香港	150	227	-33.92	1753065	1682906	4.17
		5	加拿大	244	179	36.31	859238	601726	42.80
		6	澳大利亚	225	353	-36.26	803461	779214	3.11
		7	英国	230	418	-44.98	750202	1185234	-36.70
		8	荷兰	219	148	47.97	725794	524105	38.48
		9	法国	178	158	12.66	706557	446621	58.20
		10	俄罗斯	145	69	110.14	590165	243311	142.56
其他钢琴（包括自动钢琴、弹拨古钢琴等）	45	1	德国	301	256	17.58	128273	59626	115.13
		2	阿联酋	10	48	-79.17	115873	1704	6700.06
		3	韩国	2619	541	384.10	102935	11290	811.74
		4	英国	413	55	650.91	59407	60683	-2.10
		5	古巴	6			45821		
		6	新加坡	205	26	688.46	41491	4883	749.70
		7	美国	2412	287	740.42	41070	127475	-67.78
		8	中国香港	445	1472	-69.77	40332	38604	4.48
		9	土耳其	16	361	-95.57	36824	67140	-45.15
		10	朝鲜	18	222	-91.89	25590	61785	-58.58
弓弦乐器	101	1	美国	428077	378156	13.20	22416621	18214733	23.07

商品名称	出口国家数量	排名	国家和地区	数量（架/件）			金额（美元）		
				2011年	2010年	同比%	2011年	2010年	同比%
弓弦乐器	101	2	德国	60067	54202	10.82	4121581	4192864	-1.70
		3	韩国	98297	102535	-4.13	3483396	2863000	21.67
		4	英国	56568	63003	-10.21	3243856	3170359	2.32
		5	日本	24864	35413	-29.79	1846307	2361452	-21.81
		6	巴西	55138	47464	16.17	1782184	1410914	26.31
		7	加拿大	14452	25959	-44.33	1584057	1748925	-9.43
		8	土耳其	52200	55562	-6.05	1457277	1371919	6.22
		9	法国	13263	16239	-18.33	1305980	1470485	-11.19
		10	澳大利亚	37073	30793	20.39	1283425	1211641	5.92
其他弦乐器	153	1	美国	2761362	2862828	-3.54	88436126	73779546	19.87
		2	德国	993781	861754	15.32	28823475	22216058	29.74
		3	巴西	1342185	1251683	7.23	28805531	28250938	1.96
		4	荷兰	394969	417677	-5.44	18344851	17431353	5.24
		5	韩国	606537	198999	204.79	17145370	5717106	199.90
		6	法国	269085	315602	-14.74	10555746	9047265	16.67
		7	泰国	527727	178832	195.10	10447820	3564255	193.13
		8	英国	479300	483002	-0.77	9631796	9152977	5.23
		9	澳大利亚	324574	229219	41.60	8466386	5619834	50.65
		10	日本	227151	166338	36.56	8304043	5835869	42.29
键盘管风琴、簧风琴等	51	1	马来西亚	395824	495042	-20.04	1757195	1649837	6.51
		2	土耳其	526056	359791	46.21	1528494	815219	87.49
		3	日本	202264	174588	15.85	1490822	1147898	29.87
		4	印度尼西亚	246894	205559	20.11	937145	660137	41.96
		5	厄瓜多尔	35250	42240	-16.55	197304	198355	-0.53
		6	泰国	30610	95264	-67.87	152507	141820	7.54
		7	斯里兰卡	18068	12952	39.50	126617	78307	61.69
		8	阿根廷	46738	21053	122.00	117908	66663	76.87
		9	韩国	46371	56173	-17.45	112657	123065	-8.46
		10	德国	10390	19040	-45.43	102766	132155	-22.24
手风琴及类似乐器	82	1	美国	33799	51203	-33.99	2298461	2596638	-11.48
		2	巴西	12547	8147	54.01	2259559	1174660	92.36
		3	韩国	159753	143522	11.31	2159785	1780772	21.28
		4	德国	11007	13147	-16.28	1480751	1470401	0.70
		5	哥伦比亚	11351	13861	-18.11	1206832	953860	26.52
		6	墨西哥	19408	9680	100.50	930628	621837	49.66

商品名称	出口国家数量	排名	国家和地区	数量（架/件）			金额（美元）		
				2011年	2010年	同比%	2011年	2010年	同比%
手风琴及类似乐器	82	7	阿根廷	18092	15603	15.95	843200	658688	28.01
		8	智利	18351	11604	58.14	752566	901118	-16.49
		9	日本	26783	9075	195.13	741845	531286	39.63
		10	乌拉圭	55619	88524	-37.17	427215	641453	-33.40
口琴	94	1	美国	1817154	2007089	-9.46	2684491	2426516	10.63
		2	德国	850043	1017085	-16.42	1956817	2262422	-13.51
		3	日本	368395	429451	-14.22	1784883	1786382	-0.08
		4	土耳其	676368	171206	295.06	637619	273260	133.34
		5	印度尼西亚	165909	148724	11.55	437764	421524	3.85
		6	英国	346869	305836	13.42	375147	320687	16.98
		7	印度	217992	230349	-5.36	284570	370871	-23.27
		8	马来西亚	158418	161941	-2.18	276814	222446	24.44
		9	泰国	286916	447223	-35.84	267416	270387	-1.10
		10	墨西哥	116798	85566	36.50	206877	111241	85.97
铜管乐器	105	1	美国	168704	181802	-7.20	23420635	19776204	18.43
		2	德国	79747	145189	-45.07	10637320	10589334	0.45
		3	巴西	104772	65774	59.29	8204068	5405384	51.78
		4	英国	40225	61076	-34.14	4833288	5590647	-13.55
		5	法国	88954	17247	415.77	3021708	2672445	13.07
		6	墨西哥	26620	22874	16.38	2790009	2420934	15.25
		7	韩国	20989	19627	6.94	2165310	1981905	9.25
		8	日本	20237	23198	-12.76	2160853	1944815	11.11
		9	中国台湾	9103	7505	21.29	1827064	1521666	20.07
		10	西班牙	28991	17991	61.14	1671105	1699262	-1.66
其他管乐器	114	1	美国	1777195	1846239	-3.74	19021714	14329935	32.74
		2	德国	389861	389184	0.17	3019258	3025515	-0.21
		3	巴西	219198	231474	-5.30	2562811	1974165	29.82
		4	英国	133509	318482	-58.08	1946688	2422886	-19.65
		5	加拿大	151112	449035	-66.35	1742473	1594456	9.28
		6	中国香港	64754	117276	-44.78	1518216	1510750	0.49
		7	意大利	90408	166546	-45.72	1106224	994239	11.26
		8	韩国	251049	299269	-16.11	994103	1206356	-17.59
		9	尼日利亚	265449	61000	335.16	854745	903127	-5.36
		10	法国	227191	260987	-12.95	781625	554788	40.89
打击乐器	143	1	美国	2878605	2612313	10.19	36313967	38219205	-4.99

商品名称	出口国家数量	排名	国家和地区	数量（架/件）			金额（美元）		
				2011年	2010年	同比%	2011年	2010年	同比%
打击乐器	143	2	德国	2240817	2391533	-6.30	11998733	11981939	0.14
		3	巴西	262720	366692	-28.35	9606858	9283725	3.48
		4	尼日利亚	118518	116071	2.11	7681703	6783477	13.24
		5	荷兰	472116	497697	-5.14	7195016	9504188	-24.30
		6	阿根廷	258052	142192	81.48	4680177	2910292	60.81
		7	英国	484444	376953	28.52	4653748	4411622	5.49
		8	墨西哥	159100	150334	5.83	4318521	2899495	48.94
		9	日本	230138	161386	42.60	3959861	3668099	7.95
		10	韩国	558229	602024	-7.27	3346442	3479264	-3.82
键盘电子乐器	141	1	美国	1235221	1710213	-27.77	82215190	87160706	-5.67
		2	德国	569261	600501	-5.20	41556371	36702094	13.23
		3	中国香港	576440	857154	-32.75	29977648	53463146	-43.93
		4	日本	369282	441901	-16.43	27682263	19462775	42.23
		5	英国	170532	240447	-29.08	11819942	12664244	-6.67
		6	法国	121224	129265	-6.22	10939191	10963345	-0.22
		7	韩国	110346	119595	-7.73	10708136	11189361	-4.30
		8	巴西	134294	111309	20.65	9564709	7838016	22.03
		9	阿联酋	120479	99958	20.53	7065063	5313106	32.97
		10	巴拿马	69365	82676	-16.10	6963850	6753748	3.11
电声乐器	131	1	美国	991998	1224062	-18.96	62667273	63634098	-1.52
		2	日本	325656	462893	-29.65	24513048	22633495	8.30
		3	德国	194064	281981	-31.18	18939727	15997879	18.39
		4	荷兰	218549	312805	-30.13	18617905	19167780	-2.87
		5	巴西	299018	299283	-0.09	15894258	11700827	35.84
		6	英国	137842	159694	-13.68	11011657	8067710	36.49
		7	阿根廷	93692	59706	56.92	5043091	2397560	110.34
		8	加拿大	52830	70028	-24.56	4431412	4123266	7.47
		9	意大利	51134	57732	-11.43	4289654	3591390	19.44
		10	法国	59921	55864	7.26	4231751	3261270	29.76
百音盒	114	1	美国	3976349	4354394	-8.68	15852923	9702066	63.40
		2	中国香港	4881086	4347122	12.28	4070963	3473023	17.22
		3	荷兰	539793	281113	92.02	2462100	570696	331.42
		4	德国	877086	1437646	-38.99	1856910	2741849	-32.28
		5	土耳其	727668	625962	16.25	1476049	362605	307.07
		6	阿根廷	903158	399930	125.83	1389496	506062	174.57

商品名称	出口国家数量	排名	国家和地区	数量（架/件）			金额（美元）		
				2011年	2010年	同比%	2011年	2010年	同比%
百音盒	114	7	日本	951017	961390	-1.08	1215584	1191704	2.00
		8	泰国	2178160	311434	599.40	958488	338629	183.05
		9	英国	329390	464630	-29.11	924986	905676	2.13
		10	瑞典	35803	58155	-38.44	864838	93814	821.86
其他乐器（包括游艺场风琴、手摇风琴等）	136	1	美国	13318981	15698409	-15.16	6815706	3939282	73.02
		2	荷兰	6701042	4993153	34.20	368138	378547	-2.75
		3	日本	5900076	2671528	120.85	2053154	731444	180.70
		4	尼日利亚	3868570	118432	3166.49	223720	32607	586.11
		5	德国	3146353	3672884	-14.34	1877690	700276	168.14
		6	阿联酋	2827133	2745169	2.99	481924	411488	17.12
		7	印度尼西亚	2788009	3338010	-16.48	378325	403026	-6.13
		8	中国香港	2748543	1610644	70.65	699540	329819	112.10
		9	巴基斯坦	2576413	1671005	54.18	564028	195830	188.02
		10	马来西亚	2017350	1875032	7.59	718635	420341	70.96
节拍器、音叉及定音管	71	1	美国	31188	25682	21.44	893801	785784	13.75
		2	中国香港	19274	33707	-42.82	503764	780488	-35.46
		3	日本	4339	15437	-71.89	350146	681267	-48.60
		4	德国	8136	22010	-63.03	272400	579438	-52.99
		5	俄罗斯	3740	3609	3.63	101654	75600	34.46
		6	巴西	3734	3889	-3.99	100902	169184	-40.36
		7	泰国	1989	429	363.64	85250	12363	589.56
		8	英国	4173	7075	-41.02	85039	220916	-61.51
		9	芬兰	6849	204	3257.35	84436	4368	1833.06
		10	土耳其	3104	2250	37.96	78434	47381	65.54
百音盒的机械装置	42	1	中国香港	198461	303563	-34.62	1646760	2129304	-22.66
		2	法国	33537	32635	2.76	697702	403715	72.82
		3	斯里兰卡	72153	203088	-64.47	677957	1240066	-45.33
		4	德国	45403	40082	13.28	485919	419597	15.81
		5	美国	32855	25376	29.47	418286	279090	49.87
		6	印度尼西亚	51244	30659	67.14	414714	282411	46.85
		7	日本	67566	110314	-38.75	368811	398955	-7.56
		8	荷兰	15633	3458	352.08	78721	70841	11.12
		9	越南	8818	3845	129.34	63922	63104	1.30
		10	瑞士	3058	3466	-11.77	60840	81656	-25.49
乐器用弦	101	1	德国	22555	13217	70.65	794376	407822	94.78

商品名称	出口国家数量	排名	国家和地区	数量（架/件）			金额（美元）		
				2011年	2010年	同比%	2011年	2010年	同比%
乐器用弦	101	2	美国	42611	38107	11.82	728299	740219	-1.61
		3	韩国	69522	59139	17.56	445034	348631	27.65
		4	日本	25454	30990	-17.86	409759	405556	1.04
		5	印度尼西亚	25729	25526	0.80	383986	460578	-16.63
		6	哈萨克斯坦	3612			258000		
		7	巴西	10904	15796	-30.97	249000	186899	33.23
		8	哥伦比亚	7600	2753	176.06	219354	72184	203.88
		9	新加坡	10948	2234	390.06	181859	37569	384.07
		10	英国	10095	7517	34.30	180320	149233	20.83
钢琴的零件、附件	53	1	印度尼西亚	5574236	4515622	23.44	29970788	22978446	30.43
		2	韩国	779697	905586	-13.90	2932435	3695199	-20.64
		3	日本	267955	305334	-12.24	2594511	2491747	4.12
		4	捷克	499187	841783	-40.70	2531912	4230667	-40.15
		5	德国	336652	395764	-14.94	1383667	1261257	9.71
		6	伊朗	259293	137989	87.91	1216397	575935	111.20
		7	中国台湾	208982	279930	-25.34	868949	1127313	-22.92
		8	美国	58131	69882	-16.82	627473	801507	-21.71
		9	阿联酋	23280	2256	931.91	174087	4993	3386.62
		10	荷兰	35174	30263	16.23	150352	131652	14.20
弦乐器零件、附件	114	1	美国	727978	733400	-0.74	7250591	6778346	6.97
		2	德国	627682	204956	206.25	3715422	2939497	26.40
		3	印度尼西亚	584444	562365	3.93	3647206	2914297	25.15
		4	中国香港	187844	119101	57.72	3536514	2497800	41.59
		5	日本	381677	286576	33.19	2341308	2252379	3.95
		6	韩国	208441	251823	-17.23	1820924	1075075	69.38
		7	巴西	110898	64744	71.29	1776826	1423011	24.86
		8	英国	164374	108173	51.95	1278436	840973	52.02
		9	泰国	191408	70488	171.55	746515	253480	194.51
		10	澳大利亚	94525	60075	57.34	706135	542708	30.11
键盘电子乐器零件、附件	88	1	印度尼西亚	675318	524876	28.66	7089989	5210449	36.07
		2	中国香港	464722	785711	-40.85	6962244	7059477	-1.38
		3	韩国	1143879	1034253	10.60	5671833	4206370	34.84
		4	美国	1144005	767286	49.10	5536349	5903729	-6.22
		5	日本	513801	511136	0.52	4182753	3231155	29.45
		6	德国	463544	358629	29.25	1999515	1506365	32.74

商品名称	出口国家数量	排名	国家和地区	数量（架/件）			金额（美元）		
				2011年	2010年	同比%	2011年	2010年	同比%
键盘电子乐器零件、附件	88	7	意大利	202266	260655	-22.40	1678380	2129280	-21.18
		8	英国	176543	166286	6.17	831896	863723	-3.68
		9	越南	18504	9691	90.94	823343	31120	2545.70
		10	荷兰	40682	68641	-40.73	502947	443695	13.35
其他乐器的零件、附件	130	1	美国	4788876	5128934	-6.63	22573979	23574919	-4.25
		2	德国	2149627	2467566	-12.88	9843847	9924128	-0.81
		3	日本	879578	856392	2.71	6120790	5128648	19.35
		4	中国台湾	438166	331092	32.34	4560585	4003021	13.93
		5	中国香港	1295248	1014480	27.68	4440407	5554704	-20.06
		6	荷兰	498745	364989	36.65	3870340	2672627	44.81
		7	英国	601534	550426	9.29	3170774	2884221	9.94
		8	加拿大	586664	541040	8.43	3157759	2657785	18.81
		9	法国	587799	557980	5.34	2866839	2298851	24.71
		10	印度尼西亚	382183	348716	9.60	2701718	2348132	15.06

2011年中国立式钢琴出口基本情况

（按出口金额排序）

排名		国家或地区	数量（架）			金额（美元）		
2011年	2010年		2011年	2010年	同比%	2011年	2010年	同比%
1	1	美国	10457	12447	-15.99	15188011	17890592	-15.11
2	3	中国香港	4350	4737	-8.17	7354218	5643359	30.32
3	2	德国	5397	5954	-9.36	7108606	7139961	-0.44
4	8	荷兰	2363	1950	21.18	3049964	2149542	41.89
5	5	加拿大	1807	2043	-11.55	2842982	2967145	-4.18
6	6	法国	2428	2569	-5.49	2832804	2619476	8.14
7	9	意大利	2179	2131	2.25	2431111	2060575	17.98
8	31	乌兹别克斯坦	1460	185	689.19	1974151	250860	686.95
9	4	韩国	1467	2546	-42.38	1818788	3168956	-42.61
10	10	新加坡	1372	1569	-12.56	1770734	1966860	-9.97
11	7	英国	1565	2192	-28.60	1669148	2237792	-25.41
12	11	日本	1338	1642	-18.51	1662632	1960503	-15.19
13	15	伊朗	1246	912	36.62	1527415	1210327	26.20
14	12	澳大利亚	1595	1625	-1.85	1450547	1672915	-13.29
15	14	土耳其	1193	1137	4.93	1405275	1225797	14.64
16	13	捷克	341	445	-23.37	1017097	1426463	-28.70
17	17	马来西亚	833	532	56.58	1000961	668467	49.74
18	27	中国台湾	502	325	54.46	907029	355747	154.96
19	16	比利时	617	707	-12.73	779498	845300	-7.78
20	22	俄罗斯联邦	559	387	44.44	748540	502030	49.10
21	18	阿联酋	437	355	23.10	714866	599584	19.23
22	19	朝鲜	462	373	23.86	697584	591124	18.01
23	20	巴西	555	597	-7.04	588070	590419	-0.40
24	24	爱尔兰	498	480	3.75	475733	471548	0.89
25	34	奥地利	301	160	88.13	463345	217046	113.48
26	26	黎巴嫩	324	326	-0.61	393192	386349	1.77
27	28	墨西哥	347	264	31.44	385749	280835	37.36
28	21	泰国	321	423	-24.11	377911	587379	-35.66
29	23	以色列	331	476	-30.46	361935	476513	-24.05
30	25	西班牙	338	424	-20.28	359094	432413	-16.96
31	35	印度尼西亚	262	142	84.51	345171	160229	115.42

排名		国家或地区	数量（架）			金额（美元）		
2011年	2010年		2011年	2010年	同比%	2011年	2010年	同比%
32	33	中国澳门	274	240	14.17	302375	221300	36.64
33	30	希腊	324	341	-4.99	301522	252490	19.42
34	32	印度	225	199	13.07	267649	229262	16.74
35	29	塞浦路斯	204	236	-13.56	226304	273137	-17.15
36	38	新西兰	192	98	95.92	214837	109253	96.64
37	54	瑞士	113	33	242.42	182767	44311	312.46
38	36	越南	103	146	-29.45	121790	160225	-23.99
39	39	哥伦比亚	103	95	8.42	118010	108630	8.63
40	46	智利	65	46	41.30	112488	59412	89.34
41	66	哈萨克斯坦	97	18	438.89	110528	19504	466.69
42	40	南非	86	86	0.00	109179	107710	1.36
43	41	菲律宾	67	79	-15.19	95665	105566	-9.38
44	92	厄瓜多尔	70	1	6900.00	90615	1414	6308.42
45	48	阿根廷	69	43	60.47	89411	55417	61.34
46	64	秘鲁	77	16	381.25	89168	19730	351.94
47	53	丹麦	46	38	21.05	62074	48528	27.91
48	37	挪威	43	141	-69.50	53973	156993	-65.62
49	58	委内瑞拉	27	29	-6.90	50116	29705	68.71
50	57	叙利亚	41	29	41.38	48763	30323	60.81
51	50	古巴	13	15	-13.33	47668	51903	-8.16
52	44	埃及	36	62	-41.94	43096	86095	-49.94
53	72	马耳他	37	16	131.25	42167	15570	170.82
54	56	阿塞拜疆	32	28	14.29	41468	34268	21.01
55	42	突尼斯	37	101	-63.37	38602	104271	-62.98
56	69	阿尔巴尼亚	32	15	113.33	37583	17711	112.20
57	62	匈牙利	24	22	9.09	33446	23928	39.78
58	47	约旦	30	53	-43.40	31996	58149	-44.98
59		巴拿马	33			31851		
60	79	埃塞俄比亚	10	5	100.00	28750	7495	283.59
61	61	芬兰	16	16	0.00	27267	25978	4.96
62	70	斯里兰卡	22	15	46.67	24259	17473	38.84
63	45	蒙古	19	54	-64.81	21854	72346	-69.79
64	52	葡萄牙	17	44	-61.36	20042	49020	-59.11
65	77	斯洛文尼亚	16	6	166.67	18735	7697	143.41
66	86	留尼汪	14	3	366.67	18088	3315	445.64

排名		国家或地区	数量（架）			金额（美元）		
2011年	2010年		2011年	2010年	同比%	2011年	2010年	同比%
67	68	罗马尼亚	13	15	-13.33	17920	17724	1.11
68	81	马提尼克	16	6	166.67	17880	6206	188.11
69	65	保加利亚	15	16	-6.25	17776	19579	-9.21
70	67	玻利维亚	14	16	-12.50	16570	18206	-8.99
71	49	冰岛	13	48	-72.92	16564	53725	-69.17
72	78	缅甸	15	2	650.00	16266	7534	115.90
73	76	孟加拉国	12	8	50.00	15400	8640	78.24
74	75	尼日利亚	9	7	28.57	12693	10905	16.40
75		波多黎各	12			12120		
76	90	阿尔及利亚	10	2	400.00	10510	2167	385.00
77		格鲁吉亚	6			8445		
78		加纳	2			6753		
79		柬埔寨	1			4628		
80	82	阿曼	2	5	-60.00	2800	6095	-54.06
81		尼泊尔	1			1826		
82		坦桑尼亚	1			1608		
83	93	巴基斯坦	1	1	0.00	1570	1056	48.67
84		纳米比亚	1			1364		
85		苏丹	1			1168		
86		卡塔尔	1			1101		
87		苏里南	1			656		
88	87	文莱	1	10	-90.00	644	3221	-80.01

2011年中国三角钢琴出口基本情况

（按出口金额排序）

排名		国家或地区	数量（架）			金额（美元）		
2011年	2010年		2011年	2010年	同比%	2011年	2010年	同比%
1	1	美国	2884	2506	15.08	9152697	7722458	18.52
2	2	德国	644	598	7.69	2545525	2256882	12.79
3	37	乌兹别克斯坦	248	7	3442.86	1978614	44184	4378.12
4	3	中国香港	150	227	-33.92	1753065	1682906	4.17
5	7	加拿大	244	179	36.31	859238	601726	42.80
6	5	澳大利亚	225	353	-36.26	803461	779214	3.11
7	4	英国	230	418	-44.98	750202	1185234	-36.70
8	8	荷兰	219	148	47.97	725794	524105	38.48
9	10	法国	178	158	12.66	706557	446621	58.20
10	16	俄罗斯	145	69	110.14	590165	243311	142.56
11	6	巴西	193	225	-14.22	583765	620051	-5.85
12	9	日本	147	142	3.52	525539	467192	12.49
13	14	意大利	125	95	31.58	471589	276885	70.32
14	70	朝鲜	74	3	2366.67	338600	5150	6474.76
15	15	韩国	75	53	41.51	316381	248735	27.20
16	19	奥地利	52	35	48.57	286946	147440	94.62
17	17	捷克	53	53	0.00	250178	236087	5.97
18	13	马来西亚	63	84	-25.00	231650	301957	-23.28
19		土库曼斯坦	22			220000		
20	11	比利时	52	98	-46.94	178458	317620	-43.81
21	22	伊朗	59	36	63.89	169178	112601	50.25
22	24	新加坡	46	26	76.92	161832	90410	79.00
23	39	阿联酋	38	9	322.22	158727	41053	286.64
24	20	爱尔兰	60	65	-7.69	157943	119265	32.43
25	28	墨西哥	30	14	114.29	138746	83290	66.58
26	36	哈萨克斯坦	39	24	62.50	137903	51878	165.82
27	18	土耳其	34	249	-86.35	111423	161903	-31.18
28	29	黎巴嫩	31	27	14.81	100219	81829	22.47
29		埃及	26			95980		
30	27	中国台湾	19	28	-32.14	89152	84138	5.96
31	40	瑞士	17	9	88.89	84614	39091	116.45

排名		国家或地区	数量（架）			金额（美元）		
2011年	2010年		2011年	2010年	同比%	2011年	2010年	同比%
32	33	印度	24	15	60.00	78121	58603	33.31
33	30	南非	15	21	-28.57	70891	81315	-12.82
34	21	以色列	22	36	-38.89	68163	114094	-40.26
35	35	哥伦比亚	19	16	18.75	66847	53047	26.01
36	12	泰国	17	62	-72.58	57842	303608	-80.95
37	58	波兰	13	3	333.33	57680	9202	526.82
38	34	塞浦路斯	17	10	70.00	57445	54554	5.30
39	53	新西兰	18	6	200.00	56395	16319	245.58
40	26	西班牙	12	27	-55.56	51972	84576	-38.55
41	32	阿塞拜疆	13	18	-27.78	46566	64137	-27.40
42	60	丹麦	12	2	500.00	43081	8682	396.21
43	25	越南	10	22	-54.55	41558	85584	-51.44
44	48	希腊	20	23	-13.04	40936	22587	81.24
45	65	马耳他	6	2	200.00	33184	5991	453.90
46	77	菲律宾	9	1	800.00	33182	1000	3218.20
47	31	印度尼西亚	3	17	-82.35	30210	68244	-55.73
48		秘鲁	11			29621		
49		波多黎各	8			25554		
50	38	匈牙利	7	10	-30.00	23836	42200	-43.52
51	71	格鲁吉亚	6	3	100.00	21011	4500	366.91
52	76	巴拿马	6	1	500.00	20535	2750	646.73
53		刚果(布)	1			19438		
54		阿尔及利亚	5			18540		
55	54	尼日利亚	5	1	400.00	16761	13251	26.49
56	49	阿根廷	4	5	-20.00	16382	21253	-22.92
57		卡塔尔	3			15680		
58		蒙古	4			13422		
59	42	挪威	3	13	-76.92	12957	33358	-61.16
60	68	叙利亚	3	2	50.00	12036	5312	126.58
61	56	拉脱维亚	7	3	133.33	10143	10603	-4.34
62	72	毛里求斯	2	1	100.00	9480	4423	114.33
63	44	突尼斯	3	9	-66.67	9448	27899	-66.13
64		安哥拉	2			7000		
65		罗马尼亚	2			6751		
66	45	中国澳门	4	10	-60.00	6740	25806	-73.88

排名		国家或地区	数量（架）			金额（美元）		
2011年	2010年		2011年	2010年	同比%	2011年	2010年	同比%
67	59	阿曼	2	3	-33.33	6725	9147	-26.48
68		乌拉圭	1			5278		
69	67	冰岛	2	2	0.00	5264	5453	-3.47
70	64	保加利亚	1	3	-66.67	4900	6972	-29.72
71	52	约旦	1	6	-83.33	4852	16621	-70.81
72	63	芬兰	1	2	-50.00	4562	7004	-34.87
73	46	智利	3	6	-50.00	4104	25001	-83.58
74		苏丹	1			3865		
75		马提尼克	1			3505		
76		巴巴多斯	1			3228		
77	66	葡萄牙	1	2	-50.00	3214	5789	-44.48
78		巴林	1			2952		
79		科威特	2			2840		

（以上数据来源：国家海关总署　中国乐器协会信息部编辑）

2011年海关进口中国乐器量值

商品代码	商品名称	单位	数量			金额（美元）		
			2011年	2010年	同比%	2011年	2010年	同比%
92011000	竖式钢琴，包括自动钢琴	台	87310	62802	39.02	68622874	41817394	64.10
92012000	大钢琴，包括自动钢琴	台	5073	4070	24.64	37985997	29893388	27.07
92019000	拨弦古钢琴及其他键盘弦乐器	台	1092	1023	6.74	1220680	735503	65.97
92021000	弓弦乐器	只	1888	2493	-24.27	664394	2218722	-70.06
92029000	其他弦乐器	只	49218	26721	84.19	3399623	1822313	86.56
92051000	铜管乐器	只	5109	6788	-24.73	2561154	2482653	3.16
92059010	键盘管风琴;簧风琴等游离金属簧片键盘乐器	只	2571	824	212.01	261873	1756772	-85.09
92059020	手风琴及类似乐器	只	596	287	107.67	85968	132162	-34.95
92059030	口琴	只	88750	37760	135.04	311795	147405	111.52
92059090	其他管乐器	只	60630	63969	-5.22	4644170	3287240	41.28
92060000	打击乐器	只	288185	273370	5.42	5617086	4172755	34.61
92071000	通过电产生或扩大声音的键盘乐器	只	28628	66287	-56.81	8513179	14826809	-42.58
92079000	其他通过电产生或扩大声音的乐器	个	41837	37725	10.90	6627141	4730850	40.08
92081000	百音盒	个	78493	9949	688.95	213435	100542	112.28
92089000	其他乐器;各种媒诱音响器、哨子、号角等	个	890208	984741	-9.60	282071	204837	37.71
92093000	乐器用弦	千克	277109	237763	16.55	5865840	4666605	25.70
92099100	钢琴的零件、附件	千克	4815529	4821907	-0.13	34418899	29693448	15.91
92099200	品目9202所列乐器的零件、附件	千克	790203	878735	-10.07	10238172	8691348	17.80
92099400	品目9207所列乐器的零件、附件	千克	4493421	4506142	-0.28	36793138	38879459	-5.37
92099910	节拍器、音叉及定音管	千克	6026	10409	-42.11	235785	293676	-19.71
92099920	百音盒的机械装置	千克	86479	139305	-37.92	544625	881841	-38.24
92099990	其他乐器的零件、附件	千克	1567891	2063311	-24.01	42757280	37484961	14.07
总计						271865179	228920683	18.76

2011年中国从世界各大洲进口乐器基本情况

洲别	国家和地区数量		进口乐器数量（件）			进口乐器金额(美元)		
	2011年	2010年	2011年	2010年	同比%	2011年	2010年	同比%
亚洲	16	23	12485899	12967182	-3.71	224306793	185992046	20.60
非洲	8	24	42647	100457	-57.55	45058	158948	-71.65
欧洲	24	23	806730	766835	5.20	34999928	30139810	16.13
南美洲	8	8	19039	54938	-65.34	817889	128587	536.06
北美洲	2	2	311894	346921	-10.10	11649610	12406134	-6.10
大洋洲	2	3	37	48	-22.92	45901	95158	-51.76
合计	60	83				271865179	228920683	18.76

2011年中国进口乐器基本情况

(按进口金额排序)

排名		国别	数量（件）			金额（美元）		
2011年	2010年		2011年	2010年	同比%	2011年	2010年	同比%
1	1	日本	5121086	5224055	-1.97	123834550	97298796	27.27
2	3	印度尼西亚	2894038	2334674	23.96	38986221	22633226	72.25
3	4	德国	422205	382256	10.45	23089847	20689952	11.60
4	5	韩国	974390	1425854	-31.66	20457923	19855656	3.03
5	2	中国内地	1827596	2111655	-13.45	17895853	25139065	-28.81
6	6	中国台湾	1445341	1592915	-9.26	17720728	15529689	14.11
7	7	美国	216565	204300	6.00	10886072	10053566	8.28
8	8	意大利	125645	170204	-26.18	4365972	3737706	16.81
9	12	法国	12256	10139	20.88	2428726	2158702	12.51
10	10	泰国	27643	28688	-3.64	2391094	2209362	8.23
11	13	捷克	601	595	1.01	2143837	1427757	50.15
12	11	中国香港	149249	210949	-29.25	2073272	2199193	-5.73
13	14	奥地利	2932	1795	63.34	852845	687268	24.09
14	16	荷兰	1348	972	38.68	794172	577559	37.50
15	9	加拿大	95329	142621	-33.16	763538	2352568	-67.54
16	28	墨西哥	3272	591	453.64	655311	34017	1826.42
17	18	英国	61889	101814	-39.21	494932	251417	96.86

排名		国别	数量（件）			金额（美元）		
2011年	2010年		2011年	2010年	同比%	2011年	2010年	同比%
18	15	马来西亚	13950	16830	-17.11	406164	651185	-37.63
19	17	西班牙	83896	71232	17.78	350652	323450	8.41
20	19	越南	1539	1591	-3.27	288181	196362	46.76
21	21	罗马尼亚	2133	5137	-58.48	194097	100613	92.91
22	20	印度	18772	15327	22.48	125037	169822	-26.37
23	45	巴西	1280	71	1702.82	117790	3397	3367.47
24	23	瑞士	1059	303	249.50	79451	88214	-9.93
25	35	匈牙利	28	53	-47.17	53465	9925	438.69
26	34	瑞典	61	207	-70.53	52199	11169	367.36
27	36	比利时	2775	31	8851.61	40471	8563	372.63
28	30	阿根廷	347	192	80.73	39635	22615	75.26
29	37	朝鲜	603	114	428.95	36380	8446	330.74
30	22	澳大利亚	23	42	-45.24	35804	92872	-61.45
31	55	尼泊尔	7666	566	1254.42	34487	2354	1365.04
32	24	以色列	784	3024	-74.07	21868	86069	-74.59
33	65	新加坡	510	28	1721.43	20726	651	3083.72
34	71	俄罗斯	124	2	6100.00	19509	246	7830.49
35	39	克罗地亚	1601	785	103.95	17954	7274	146.82
36	32	埃及	37010	1137	3155.06	17717	16282	8.81
37	31	加纳	1188	12128	-90.20	13785	20320	-32.16
38	41	土耳其	2724	82	3221.95	13019	5759	126.06
39	61	新西兰	14	3	366.67	10097	1033	877.44
40	29	塞内加尔	486	5685	-91.45	7799	25910	-69.90
41	48	希腊	38000	14500	162.07	6879	3232	112.84
42	42	芬兰	2	236	-99.15	4038	5450	-25.91
43	52	玻利维亚	13991	1683	731.31	3184	2717	17.19
44	43	肯尼亚	3124	8563	-63.52	3105	5218	-40.49
45	66	丹麦	50001	3702	1250.65	2770	617	348.95
46		乌克兰	133			2672		
47		爱沙尼亚	2			2349		
48	56	南非	3	36	-91.67	1570	1705	-7.92
49	69	菲律宾	8	2	300.00	1290	344	275.00
50	76	挪威	1	1	0.00	1071	139	670.50
51	75	波兰	3	2	50.00	938	154	509.09
52		古巴	56			745		

排名		国别	数量（件）			金额（美元）		
2011年	2010年		2011年	2010年	同比%	2011年	2010年	同比%
53		哥伦比亚	3			700		
54	27	斯洛伐克	34	2826	-98.80	632	49385	-98.72
55		埃塞俄比亚	800			590		
56	25	智利	30	16958	-99.82	476	51888	-99.08
57		白俄罗斯	1			450		
58	49	喀麦隆	34	2227	-98.47	440	3002	-85.34
59		赞比亚	2			52		
60	82	厄瓜多尔	60	49	22.45	48	49	-2.04

2011年中国进口主要乐器基本情况

(按进口金额排序)

商品名称	进口国家数量	排名	国家和地区	数量（架/件）			金额（美元）		
				2011年	2010年	同比%	2011年	2010年	同比%
立式钢琴	25	1	日本	46046	38046	21.03	46252918	31640767	46.18
		2	印度尼西亚	7234	2909	148.68	10462582	3965939	163.81
		3	韩国	32920	21056	56.34	7488128	4111466	82.13
		4	德国	301	109	176.15	2600628	1045062	148.85
		5	捷克	287	127	125.98	1322395	479289	175.91
		6	英国	136	18	655.56	138140	4364	3065.44
		7	中国内地	182	247	-26.32	115700	162865	-28.96
		8	美国	30	87	-65.52	60140	128015	-53.02
		9	意大利	18			45186		
		10	澳大利亚	15			33454		
		11	比利时	1	4	-75.00	19371	2606	643.32
		12	中国香港	24	7	242.86	18190	632	2778.16
		13	法国	8	12	-33.33	17327	3137	452.34
		14	中国台湾	10	1	900.00	16516	174	9391.95
		15	俄罗斯	65	2	3150.00	12350	154	7919.48
		16	新西兰	13	1	1200.00	9296	500	1759.20
		17	奥地利	6	2	200.00	4164	24640	-83.10
		18	南非	2	1	100.00	1442	200	621.00
		19	菲律宾	3	1	200.00	1016	258	293.80
		20	越南	1			1003		
		21	波兰	3			938		
		22	瑞典	1			731		
		23	白俄罗斯	1			450		
		24	加拿大	1	2	-50.00	450	3689	-87.80
		25	荷兰	2	6	-66.67	359	1741	-79.38
三角钢琴	17	1	日本	2643	2514	5.13	17628989	13663735	29.02
		2	德国	213	215	-0.93	9439787	9310129	1.39
		3	印度尼西亚	1399	678	106.34	6179448	2888005	113.97
		4	意大利	26	15	73.33	1402707	878651	59.64
		5	中国内地	560	503	11.33	1361138	1211415	12.36
		6	捷克	71	50	42.00	778834	500667	55.56

商品名称	进口国家数量	排名	国家和地区	数量（架/件）			金额（美元）		
				2011年	2010年	同比%	2011年	2010年	同比%
三角钢琴	17	7	奥地利	21	6	250.00	740561	587646	26.02
		8	美国	16	49	-67.35	255818	536636	-52.33
		9	英国	68	1	6700.00	153048	51166	199.12
		10	韩国	36	36	0.00	25577	172973	-85.21
		11	中国香港	9			12400		
		12	中国台湾	2			3110		
		13	爱沙尼亚	2			2349		
		14	丹麦	1			770		
		15	俄罗斯	3			660		
		16	澳大利亚	1	1	0.00	600	91768	-99.35
		17	法国	2	1	100.00	201	497	-59.56
铜管乐器	13	1	日本	815	2708	-69.90	740472	806731	-8.21
		2	美国	1058	476	122.27	658447	512776	28.41
		3	中国台湾	1077	1568	-31.31	512964	562442	-8.80
		4	德国	192	205	-6.34	304835	252895	20.54
		5	法国	1132	1375	-17.67	209723	207532	1.06
		6	越南	230	283	-18.73	55466	84952	-34.71
		7	中国内地	414	32	1193.75	29218	2958	887.76
		8	意大利	96	42	128.57	28620	15995	78.93
		9	奥地利	76	30	153.33	8597	5112	68.17
		10	英国	15	8	87.50	7518	1452	417.77
手风琴及类似乐器	4	1	意大利	55	112	-50.89	48199	109627	-56.03
		2	朝鲜	523	100	423.00	34835	7500	364.47
		3	德国	14	42	-66.67	1734	5895	-70.59
		4	英国	4	1	300.00	1200	7872	-84.76
其他弦乐器	25	1	印度尼西亚	31327	17935	74.67	1805060	1021259	76.75
		2	意大利	23	13	76.92	580609	122189	375.17
		3	中国内地	14783	4397	236.21	326982	175422	86.40
		4	美国	266			192184		
		5	日本	360	999	-63.96	132076	69905	88.94
		6	德国	201	239	-15.90	129453	65511	97.60
		7	西班牙	178	75	137.33	56600	10610	433.46
		8	法国	943	5	18760.00	45337	5769	685.87
		9	加拿大	443	377	17.51	33143	36761	-9.84
		10	墨西哥	188	32	487.50	27510	12208	125.34

商品名称	进口国家数量	排名	国家和地区	数量（架/件）			金额（美元）		
				2011年	2010年	同比%	2011年	2010年	同比%
其他管乐器	16	1	日本	5733	2490	130.24	2409493	1620036	48.73
		2	法国	4852	4216	15.09	917075	740893	23.78
		3	中国台湾	12530	4712	165.92	413773	70753	484.81
		4	德国	193	74	160.81	381151	544961	-30.06
		5	越南	1004	293	242.66	208958	55833	274.26
		6	美国	449	508	-11.61	148795	144647	2.87
		7	荷兰	3			77432		
		8	印度尼西亚	3113	12224	-74.53	46922	22840	105.44
		9	中国内地	11331	375	2921.60	23236	46384	-49.91
		10	英国	3120	26	11900.00	5641	218	2487.61
口琴	6	1	日本	7728	4859	59.05	191572	102491	86.92
		2	德国	5963	1469	305.92	61460	13832	344.33
		3	中国内地	74953	31382	138.84	56941	29713	91.64
		4	印度尼西亚	45	50	-10.00	1400	1369	2.26
		5	新加坡	59			240		
		6	美国	2			182		
键盘电子乐器	8	1	印度尼西亚	5797	4838	19.82	3589565	3016703	18.99
		2	中国内地	21542	59101	-63.55	3162047	9718205	-67.46
		3	日本	1206	1302	-7.37	1638042	1790282	-8.50
		4	意大利	34	89	-61.80	53532	49502	8.14
		5	瑞典	40	14	185.71	50909	4584	1010.58
		6	德国	3	1	200.00	12455	33807	-63.16
		7	美国	4	15	-73.33	5007	59040	-91.52
		8	韩国	2	1	100.00	1622	612	165.03
弓弦乐器	16	1	德国	98	119	-17.65	234595	1005131	-76.66
		2	意大利	9	33	-72.73	225137	773027	-70.88
		3	罗马尼亚	1535	4	38275.00	119240	801	14786.39
		4	匈牙利	28			53465		
		5	中国香港	4			8151		
		6	中国内地	87	578	-84.95	6663	57721	-88.46
		7	捷克	16	1	1500.00	3975	2600	52.88
		8	韩国	15			3652		
		9	加拿大	3			2198		
		10	中国台湾	49	1506	-96.75	2015	6010	-66.47
电声乐器	16	1	日本	20235	16988	19.11	2342638	1878005	24.74

商品名称	进口国家数量	排名	国家和地区	数量（架/件）			金额（美元）		
				2011年	2010年	同比%	2011年	2010年	同比%
电声乐器	16	2	美国	2150	4477	-51.98	1651902	1132492	45.86
		3	印度尼西亚	14262	9480	50.44	1503126	1042702	44.16
		4	墨西哥	1585	2	79150.00	594705	669	88794.62
		5	韩国	1227	878	39.75	251731	273463	-7.95
		6	中国内地	1130	4593	-75.40	93714	166630	-43.76
		7	中国台湾	510	661	-22.84	71400	56798	25.71
		8	中国香港	336	119	182.35	68496	24241	182.56
		9	意大利	12	80	-85.00	13886	126355	-89.01
		10	新加坡	246			9970		
打击乐器	32	1	美国	23065	10062	129.23	1152694	865967	33.11
		2	中国台湾	109729	83952	30.70	1041567	612287	70.11
		3	德国	32934	17705	86.02	852164	476578	78.81
		4	荷兰	316	489	-35.38	613153	538172	13.93
		5	日本	1521	925	64.43	483211	263795	83.18
		6	中国内地	17121	15352	11.52	454892	660456	-31.12
		7	加拿大	8389	1368	513.23	384465	156208	146.12
		8	印度尼西亚	37748	15265	147.28	273514	119462	128.95
		9	泰国	4397	3734	17.76	113609	95672	18.75
		10	法国	385	18	2038.89	61273	25767	137.80
钢琴的零件、附件	16	1	日本	4439174	4464633	-0.57	26158766	22813026	14.67
		2	德国	151228	105640	43.15	5769653	4581197	25.94
		3	韩国	37763	41596	-9.21	1524217	1250307	21.91
		4	印度尼西亚	128445	173025	-25.77	696208	791348	-12.02
		5	美国	45102	23978	88.10	92624	49747	86.19
		6	意大利	3280	3026	8.39	65174	69746	-6.56
		7	加拿大	2315	1926	20.20	50437	31718	59.02
		8	奥地利	2767	460	501.52	23222	3400	583.00
		9	中国台湾	1227	836	46.77	21951	14572	50.64
		10	中国内地	3737	729	412.62	6545	12301	-46.79

（以上数据来源：国家海关总署　中国乐器协会信息部编辑）

2012
中国乐器年鉴
CHINA MUSICAL
INSTRUMENT YEARBOOK

工作要点

中国乐器协会2011年工作要点

2011年是“十二五”发展规划开局之年，乐器行业和其他行业一样，面临原材料价格上涨、经营成本提高等诸多困难，国际金融危机的影响和诸多不确定因素仍然存在，转变发展方式、调整结构、实现产业升级的任务十分繁重。我们要认真学习中央十七届三中、四中、五中全会和中央经济工作会议的精神，以邓小平理论、“三个代表”重要思想为指导，全面贯彻落实科学发展观，积极应对国内外发展环境的新变化，以加快发展方式根本性转变为主线，把调整结构作为转变发展方式的战略重点，在加快调整中平稳较快发展，以市场为导向，研究、扩大城乡乐器市场需求，巩固和开拓国际市场，优化产品结构，提高有效供给水平；加强自主创新能力建设和技术改造，大力推进自主品牌建设，淘汰落后产能，促进产业升级；提高企业管理水平和产品质量，保障消费安全；节能减排，建设低碳绿色的乐器工业。把乐器行业、企业做大做强，为实现乐器行业科学平稳可持续发展夯实基础。

1、认真落实乐器行业、企业“十二五”发展规划，总结推广先进企业的经验

结合学习中央全会精神，完善和落实“十二五”规划，着重抓好骨干企业引路，总结行业、企业成功的经验，在行业推广。例如：广州珠江的科技创新和品牌战略；上海民乐一厂的文化营销；河北金音、天津津宝的技术改造和质量达标活动；江苏泰兴、北京平谷的特色产业基地建设；珠海得理、武汉艾立卡的市场先导和技术创新，以及吉他、手风琴、口琴等行业多元化发展的经验等等。2011年要继续做好乐器行业强势企业、先进集体和先进个人的宣传工作。

2、坚持科技创新战略，保持经济平稳较快增长

继续加大科技创新和技术改造的投入，调整企业结构、产品结构，提高乐器产品附加值，以新技术、新产品开拓国内外市场，扩大内需保增长，稳住出口创品牌；加强行业交流与合作，降低经营成本，兼顾国家、经营者和企业职工的利益；坚持技术创新、管理创新和产品创新；节能减排，安全生产，加快建设资源节约型、环境友好型企业。

3、整合资源，继续推进“三个平台”建设

为企业转变发展方式、调整结构，在行业信息平台资源整合的同时，加速组建行业科技、教育、管理专家顾问团队，为科技平台和社会音乐教育平台的推进打好基础。

4、加强品牌建设，提高产品质量和服务质量，确保国内外两个市场增长

加强品牌建设，用品牌和质量推动产业升级，确保国内外市场增长，拉动行业发展。一要争取国家、地方政府有关部门更多的支持；二要认真研究市场变化和消费者需求，把品牌建设与市场需求紧密结合；三要支持企业品牌推广、品牌创新活动，加大乐器企业、著名品牌、名牌产品的宣传力度。

5、加强人才培养和技能鉴定工作

积极推广技术培训好的单位的先进经验，加强企业人才培养，完善人才管理体制和运营机制；支持和协调行业技能鉴定站因地制宜地开展技能培训和考核工作；调律师及提琴制作师分会积极探讨技师、高级技师或大师的培养；推广企业领导新老交替的好经验。

6、加强特色产业集群和专业生产基地的建设

支持和配合地方政府，从行业资源、环境资源、政府及文化产业资源等多方面积极推动特色区域产业基地建设。在泰兴、平谷两个提琴产业基地，山东昌乐电声乐器产业基地的基础上，支持河北武强、天津静海和北京乐谷等产业集群项目的创建推广工作，加强公共服务平台建设，提升产业集群整合的水平，促进更多的品牌项目、品牌企业、品牌产品的快速成长。

7、办好第十届上海国际乐器展及相关会展活动

2011年正值上海乐器展10周年，办好国际商贸平台事关乐器行业的长远发展，协会将与几家合作伙伴加强合作，加强国际同行业合作，扩大展商规模，改善服务质量，丰富展会活动的内容与形式，为企业创造更多交流合作的机会。同时适度组织外展和对外交流活动，例如：协助台北乐器商业同业公会组织台北两岸乐器展、参加2011年在台北召开的国际钢琴技师、调律师会议、考察印度乐器展等。支持中轻联主办的中国国际妇幼婴童产业展览会。

8、积极开展分支机构活动，加强协会自身建设

完成应换届的分支机构换届工作，并脚踏实地的组织行业交流学习活动；完善协会内部管理制度和运营机制，服务政府、服务企业，转变观念和工作作风；力争多办实事。

9、加强行业发展的基础建设，提升乐器行业综合实力

①标准化工作按计划推动，提倡企业学习河北金音的“对标活动”，自觉用国际、国内高标准要求企业生产、技术质量工作，推动企业产品的标准化、系列化和生产精益化。

②在完善钢琴调律师培训教材的基础上，积极推进电鸣、提琴、西管乐器培训教材的编写工作。

③积极推动技术、劳动环境较差的企业的技术改造；加强对边远地区乐器作坊集群的引导和支持。

④推广新材料、新技术、新设备，消化原材料、人工成本和人民币升值造成的成本压力，在平稳增长的同时，注重提高企业的经济效益和社会效益。

⑤进一步加强协会自身建设，提高业务素质和服务质量；继续扩大协会会员队伍，完善会员管理机制。

⑥继续扩大行业、企业与国际同行业的交流与合作。

中国乐器协会2011年工作总结

2011年乐器行业在国际市场波动、成本上涨和市场竞争激烈的环境下，克服了重重困难，按照中轻联的部署，认真制修订和落实乐器行业发展规划，围绕结构调整和产业升级，抓好信息、科技创新和音乐教育三个平台建设，深入开展企业调研和行业交流活动，扎扎实实地做好标准化、职业技能培训与考核、知识产权保护、品牌建设和自身建设等基础工作，行业经济技术指标继续增长，综合实力明显提高，行业凝聚力和国际影响力上升，乐器市场稳步增长。

2011年乐器行业规模以上企业工业总产值（当年价）238.76亿元，比上年增长19.04%；工业销售产值238.76亿元，比上年增长19.40%；出口交货值83.24亿元，比上年增长25.55%。按规模企业占全行业比重推算，2011年中国乐器行业年销售收入为413.8亿元；出口交货值为124亿元。

1、制修订乐器行业“十二五”规划，促进结构调整和产业升级

按照中轻联部署，结合乐器行业情况，协会在充分调研和广泛征求意见的基础上，2010年11月提出了“中国乐器行业‘十二五’发展规划”（草案），经向理事单位征求意见，并根据大家反馈意见进行了补充和修改，2011年3月，召开六届三次理事（扩大）会议，审议通过了《规划》；同时组织了“管理创新”和“知识产权战略”讲座；上海民乐一厂、河北金音、天津津宝、武汉艾立卡、福州和声、江苏奇美、河北秦川等7家企业进行了专题经验交流。全方位多层次的规划制修订过程为乐器行业、企业制定和落实各自的“十二五”规划提供支持和帮助。

2、继续深入开展行业调研，把握市场动态和行业发展趋势

2011年由协会领导带队或组织专业小组，先后对河北华丰铸造公司、浙江洛舍镇钢琴产业集群、杭州嘉德威钢琴公司、杭州天目琴行、杭州中泰乡竹笛产业集群、上海乐兰电子公司北京分公司、江苏天鹅乐器公司、奇美乐器公司、江阴金杯安琪乐器公司、杰麦尔乐器公司、烟台金斯波格钢琴、博斯纳钢琴、龙口锦盛乐器、泰山管乐器、昌乐电声乐器产业集群、潍坊明森琴行、南京乐博琴行、新辉琴行、南京摩德利钢琴、吟飞科技（江苏）公司、北京星海、珠江京珠公司、天津杰麦多乐器集团、天津英昌钢琴、雅马哈（中国）投资公司、得理（珠海）乐器公司等3个产业集群和30余家企业进行了考察。侧重了解产业集群、三资企业和配件企业的情况，收集总结科技创新、品牌经营、管理创新和行业交流合作等方面的经验，并在行业中广泛宣传推广。

3、推动行业科技创新平台建设，整合行业和社会的科技资源

按照协会理事会工作计划，在三个平台建设中，科技创新平台是重点。2011年协会先后与中国音协民族管弦乐学会、管乐学会多方探讨，就信息交流、专家推荐、乐器改革与创新、产品测评和制作比赛、乐器展和音乐推广活动等方面开展合作。10月又与中国音乐学院就人才培养、实践基地和研发中心等方面签订合作协议。乐器行业内部专家库首批推荐人选也在进行之中。根据企业建议，推选行业专项科研基地（实验室）试行办法已在行业征求意见。协会各分支机构围绕科技创新开展了多种形式的交流与研讨活动，各企业的产品创新、技术创新、技术改造和科技创新活动丰富多彩成效显著（福州和声钢琴和江阴金杯安琪乐器申报了国家级科技进步奖）。

4、继续开展轻工行业10强和乐器行业50强评选工作，发挥优秀骨干企业的榜样的作用

协会积极组织行业优秀骨干企业参与中轻联和乐器行业的强势企业、先进集体、优秀人物评选工作，按照中轻联和行业评审标准，经过企业自报，指标核实和行业征求意见，评选出轻工行业（乐器）10强和乐器行业50强。中国乐器协会2011年5月颁布表彰决定，表彰广州珠江钢琴集团等50家企业为2010年度中国乐器行业50强；王润培等12人为年度优秀人物；提琴制作师分会、口琴专业委员会和广东乐器协会为行业年度先进集体。

5、强化行业基础工作，标准化、职业技能培训与考核和分支机构活动健康发展

2011年乐器行业职业技能培训与考核成果显著，北京、广州、上海3个职业技能鉴定站和几所院校参加职业等级考核共计543人，其中初级技能165人、中级技能212人、高级技能141人、技师17人、高级技师8人；培训认证考评员94名，其中:高级考评员27名，考评员67名；提琴制作师首批高级技师评选按有关规定，经行业推荐、资格认证、专家评审和主管部门审批，有33人获得高级技师资格证书。

2011年标准化工作有很大进展，先后在广州、大连和珠海召开乐器行业标准化工作会议。完成26项标准的制修订工作，其中：国家标准2项、行业标准9项、修订标准15项，行业有12个单位、51人次参加了标准的制修订工作；经过几上几下，做了大量的专家咨询和数据采集，5次会议讨论审定的《乐器产品有害物质限量》的国家标准实现了重大突破，使行业与国际接轨；制定了2012年标准修订计划，上报的13项，陆续得到了工业信息化部和国标委的批准；根据工作需要，调整了乐器标委会领导班子和部分委员，成立了标委会电鸣乐器标准制修订工作组。

2011年乐器行业发布专利658项，其中：发明专利159项、实用新型专利328项、外观设计专利171项。

2011年协会新增团体会员34家，个人会员131名。截至2011年底，中国乐器协会团体会员达396家，钢琴调律师、提琴制作师个人会员1450名。协会制度建设、组织建设和分支机构活动均有所加强。

协会各分支机构积极开展专题活动，口琴专业委员会在交流企业科技创新的同时，交流了知识产权保护及打假维权的经验；吉他专业委员会开展工作交流并参观广州红棉吉它公司；琴行分会一届四次理事（扩大）会议在江苏泰兴召开。琴行分会会员与顾问单位领导近200人参加了会议。会议工作报告之后，参观了凤灵乐器公司生产线和乐器博物馆，并组织以“跨界合作、厂商共赢”的主题论坛。凤灵公司组织了“2011年新品发布会”。钢琴调律师分会工作会议就调律师分会各地组织的合作、调律师培训与服务、杂志开辟“调律师园地”、发挥地方职业技能鉴定站积极性、筹划2013年国际钢琴技师、调律师年会和修订国家职业技术标准等事项展开讨论。手风琴、材料等专业委员会也组织了交流活动。

6、深入调研、科学引导，推动乐器行业产业集群健康发展

按照中轻联关于建设产业集群的工作部署，协会坚持创建与提升两手抓，一方面积极支持各地方政府和行业协会开展特色产业基地的创建工作，另一方面对已命名的产业基地进一步考察、指导。2011年完成了杭州中泰竹笛之乡的调研、专家评审、审批和授牌工作；协会领导带队到山东昌乐“中国电声乐器产业基地”、浙江德清洛舍镇钢琴产业基地、江苏泰兴黄桥“中国提琴之都”等地进行考察，协会还与北京大学著名地理经济学家王缉慈教授等专家合作，对产业集群进行咨询指导。各特色产业基地的领导和地方协会也认真撰写了工作报告。

7、加强国内外同行业、跨行业合作，开展丰富多彩的行业活动

协会继续加强对外合作，在与音乐周报合作办专版的基础上，与中国音协管乐学会合作办“中国管乐”专栏，并组织了首届中国西管乐器（铜管类）制作比赛，有小号、圆号、长号、次中音号、上低音号和低音号六类近百件产品参赛，比赛分为达标测评、初评、决赛三个阶段，管乐学会23位专家担任评委，6家企业分别获得产品的声学品质和制作工艺金、银、铜奖，河北金音、天津津宝荣获“金号奖”。

10月11日-14日第十届中国（上海）国际乐器展览会在上海新国际博览中心举行。展会面积78500平方米，比上年增加12%；参展商1419家，增加11%；观众52186人，增加9%；期间协会参与组织了“行业论坛”、“华乐论坛”、“NAMM培训课程”等系列活动。期间中国乐器协会与中国音乐学院合作协议举行签字仪式、与欧洲音乐产业联盟举行合作洽谈会并签订合作备忘录。

协会组织并参加了美国NAMM乐器展、德国法兰克福国际乐器展、印度乐器展，积极参加中轻联首届妇幼婴童及轻工精品展，乐器行业有3个产业基地和29家企业参加。协会加强与国际同行业的日常联系和交往，与美国MIDI协会就电子接口标准被注册为商标进行探讨，并请法律顾问向国家有关部门提出建议；与捷克、巴西等乐器协会探讨知识产权保护及市场开发等事宜；与美国钢琴技师、调律师协会商讨合作事宜；支持台北两岸乐器展筹备工作等等。广泛的交流与合作，不仅扩展了行业的信息渠道和发展空间，而且也扩大了中国乐器行业的影响力。

8、存在的问题

一是行业发展不平衡，从行业看许多分支机构能够积极主动开展活动，也有几个分会缺乏行业交流，没有开展活动。从企业看不少中小企业技术投入、管理创新和品牌建设方面还比较薄弱；二是行业职业技能标准、培训教材、知识产权保护等基础建设还不能满足行业发展的需要；三是行业的专业资源、人力资源、社会资源的开发和综合利用还较薄弱，致使乐器行业品牌和技术实力与国际先进水平还有较大差距，国产乐器由大做强的任务还十分艰巨。

协会活动

中国乐器协会六届三次理事(扩大)会议在京召开

2011年3月21日，中国乐器协会六届三次理事（扩大）会议在京召开，中国乐器协会理事长安志、名誉理事长王根田以及副理事长、理事单位代表、行业媒体代表等共计100余人参加。会议主要议题是，总结中国乐器协会过去一年的主要工作，部署2011年工作安排，审议并落实中国乐器行业“十二五”发展规划，并针对行业发展的几个重点问题进行广泛讨论。

文化部文化产业司副司长高政、教育部体育卫生与艺术教育司艺术教育处处长万丽君到会并作重要讲话，介绍了国家有关促进乐器行业发展的各项相关政策措施，并希望有关乐器企业积极和地方文化部门加强联系，在推动乐器产品研发和制造上取得更大进步。

安志理事长在工作报告中全面回顾了2010年乐器行业发展形势并总结了中国乐器协会所做的主要工作，强调2011年我国经济发展面临形势比较复杂，充满机遇与挑战，全行业要保持清醒头脑，增强忧患意识，努力做好2011年各项工作，为“十二五”时期发展开好局、起好步。报告还提出了2011年中国乐器协会的9项重点工作。

会议邀请到中企联管理咨询委员会执行委员、国际注册管理咨询师王国强，为参会代表进行有关“管理创新”的讲座，他从企业当前面对的六个压力，结合企业运行探讨管理创新，与会代表深受启发。

下午的会议主要听取了郑荃教授“两会”有关情况的介绍、翁才林律师“知识产权战略”讲解以及刘运斌总经理有关“以科技求进步、以创新求发展”的专题发言和黄茂强会长关于琴行分会开展行业活动的经验介绍。

在针对几项议题和协会工作的讨论中，与会代表积极献言献策，北京大学王缉慈教授关于产业地域性的研究，全球乐器网徐登朝对乐器行业电子商务平台的探索等发言都让与会代表有新的启发。

会议向获得2010年轻工乐器十强企业颁发了奖牌；审议并通过了中国乐器行业“十二五”发展规划和安志理事长2010年工作报告；审议通过了部分理事、常务理事、副理事长、副秘书长调整名单，整个会议内容丰富、紧凑高效。

22日，与会代表乘车前往北京平谷区东高村镇“提琴产业基地”参观考察，重点参观了华东提琴厂的提琴制作体验馆和生产组装线，并听取了孙杨镇长对“中国乐谷”规划方案及实施情况的介绍。在招待午宴上，平谷区委、区政府领导先后致辞，对广大乐器行业代表表示热烈欢迎，对“中国乐谷”的发展前景作了简要介绍，并突出强调了招商引资的各项优惠措施。现场有的企业表示出浓厚的兴趣，与区、镇领导进行了初步的沟通。

中国乐器协会六届三次理事（扩大）会议在充满团结友谊和创新激情的气氛中圆满结束。

2011年中国乐器协会行业调研

2011年，协会先后对河北、浙江、北京、山东、江苏、天津、上海和广东等地区的产业集群和30余家企业进行调查研究。侧重了解产业集群、三资企业和配件企业的情况，收集总结企业科技创新、品牌经营、管理创新和行业交流合作等方面的经验，并在行业广泛宣传推广。

河北地区调研

2月22日，中国乐器协会理事长安志前往河北大厂县华丰铸造厂了解该企业当前生产经营情况，一起参加调研的有副理事长齐建平，秘书长曾泽民。

上午，中国乐器协会一行驱车来到位于河北大厂县夏垫镇。华丰铸造有限公司董事长杨文举、总经理杨山、财务总监等公司领导热情接待。调研期间，杨文举等向到访者详细介绍了公司过去一年克服种种困难，仍然保持了较好的经济效益，企业在技术创新、工艺设备改造以及市场开发方面取得的新进展。华丰铸造公司继续保持着中国第一大钢琴铁板生产企业的地位，不仅满足供应国内十余个钢琴企业的铁板需求，还出口到世界6～7个国家和地区。安志等人在杨文举的陪同下参观了钢琴铁板生产现场，了解钢琴铁板的整个生产工艺过程。

当谈到2011年公司面临的生产经营形势时，杨文举反映，目前企业销售形势，生产订单基本没有问题，仍然保持正常生产，但当前企业最大的困难是钢琴价格仍然继续在低价恶性竞争中徘徊，导致钢琴配件——铁板价格一直不能提高。从2010年5月份至今，产品价格仅上涨了9%，而铁板所使用的生铁和焦炭价格已经上升了20%左右，劳动力工资普遍上涨，现在铸造一线工人工资已经达到3500元/月以上，再加上人民币升值等因素导致产品出口基本没有利润，这些因素已经使企业难以为继，如何走出困境？2011年公司面临着更加严峻的挑战。

华丰铸造有限公司是我国乐器配件行业的重点企业之一，1986年建厂，从仅有3万元资产的农机厂起家，经历了艰苦创业和1998年股份制改革过程，现已成为世界著名的钢琴铁板生产企业，产量占中国钢琴铁板的40%以上，世界钢琴铁板产量的五分之一。近年来华丰公司摸索了一整套企业管理经验，例如：以人为本，留住人才；科技创新，瞄准国际产品目标；坦诚守信，创造良好的社会环境。为了稳定员工队伍，对占46%的外地工实行政策倾斜，免费解决住所，子女上学补贴；给技术骨干提高待遇；大规模投入技术改造，采用国际先进铸造技术和数控设备保证铁板加工质量，受到钢琴生产企业的好评。在企业经营中，华丰公司坚持以诚相待，广交朋友，把握了行业发展的脉搏。杨文举董事长讲到，我们企业的宗旨是“科技领先，质量求存”，俗话说，“好吃的果子谁也不撂筷”。不管情况怎么变，抓住关键企业就能生存发展。

安志理事长在调研后表示，2011年我国已经进入“十二五”时期，当前乐器行业机遇与挑战并存，希望华丰铸造努力“转变经济发展方式”，加强自主创新和技术改造，继续发扬企业“科技领先、以人为本”的精神，凭借华丰已有的优势和经验，深入思考，与时俱进，直面困难和挑战。

浙江地区调研

3月8日～9日，中国乐器协会理事长安志在参加2011年中国（上海）国际乐器展览会筹备工作会议后，前往位于浙江省的杭州嘉德威钢琴有限公司、浙江天目琴行、中小钢琴企业聚集地德清洛舍镇进行工作调研，一同参加调研的有齐建平副理事长，曾泽民秘书长，丰元凯副秘书长。

浙江是中国乐器行业第四大主产区，钢琴第二大主产区，2010年规模以上企业工业销售产值25.18亿元，同比增长21.61%，出口交货值8.75亿元，同比增长28.50%，钢琴总产量94566架，同比增长26%，其中钢琴出口量27813架，同比增长38%。

3月8日上午，安志一行首先来到杭州嘉德威钢琴有限公司，总经理陈莲琴详细介绍了当前嘉德威的生产经营形势以及未来的发展目标。陈莲琴说：“2010年嘉德威钢琴公司继续保持稳定发展形势，产销平衡，出口占55%，内销占45%。目前公司在坚持品牌经营方针、保持钢琴生产的同时，努力探索拓宽业务领域，取得更大经济效益。现在嘉德威公司新厂区的建设任务已经完成，即将开始从老厂区向新厂区过渡，同时嘉德威的第二期技术改造已经全面开始实施。”在参观完嘉德威公司现有生产现场后，安志理事长等在陈莲琴总经理的陪同下，来到嘉德威公司新厂区建设工地，新厂区占地面积100亩，钢琴生产大楼共两座，五层，总面积8.5万平方米，内外装修已经完成，6月份投入使用。另外，位于西湖区占地面积120亩的新项目，一期工程两座大楼已经封顶，即将开始进行内外装修。

在参观完杭州嘉德威钢琴公司后，安志等人来到浙江天目琴行进行调研。总经理刘为明陪同安志等一起参观了乐器销售大厅和艺术培训学校。浙江天目琴行是浙江省最大的乐器琴行，中国乐器协会琴行分会秘书处所在地，近20年来，天目琴行坚持“以商养学，以学促商，以赏兴业”的发展战略，在不断扩大乐器经营规模的同时，开展了卓有成效的音乐培训和推广活动，为构建和谐社会，履行社会责任做出了重要贡献，获得浙江省与杭州市的多项表彰奖励。刘为明在汇报中讲述了他们从事乐器销售与音乐培训的体会和感受。刘为明说：“天目琴行即将迎来建店20周年。这些年来，天目琴行走过了许许多多艰辛曲折的道路，我们的目的不是单纯为赚钱，而是要把天目琴行建设成一个有品味的百年老店，所以我们一直在不断规范自己，除了形成良性发展的销售链以外，还建成了另外两条产业链，一条是音乐培训产业，现在我们的艺术培训学校已经拥有8000名学生，开设各类乐器等学科约20多项，为培养音乐人才做出了贡献，另外一条是文化传播的产业链，每年要举办大大小小许多次音乐推广活动，比赛、演出和艺术交流，大大丰富和活跃了城市文化生活，提升百姓生活的档次。在取得各项工作业绩的同时，我们还把职工生活质量的不断提高放在第一位，关心员工，不断提高员工的待遇，保持了整个员工队伍长期稳定。”

3月9日，安志理事长一行在浙江天目琴行总经理刘为明的陪同下来到位于毗邻杭州的德清县洛舍镇。洛舍是我国具有鲜明特点的钢琴生产聚集区，20世纪80年代曾以“农民造钢琴”引起社会轰动，经过20多年的发展，现在面积只有47.8平方公里，1.8万人口的小镇里，已经拥有46家钢琴生产企业，钢琴从业人员2000余人，年产钢琴约3万架。

安志理事长一行的到来受到德清县及洛舍镇政府的热情接待，德清县县长助理、发改委主任等领导专程到洛舍镇与中国乐器协会领导见面，洛舍镇党委书记特意安排工作座谈会，与中国乐器协会共商洛舍镇钢琴产业发展大计，德清县电视台等媒体全程跟综中国乐器协会的来访活动，电视台记者专门采访了安志理事长。

安志理事长一行在洛舍镇一天的行程安排紧凑，除工作座谈以外，还参观了“华谱”、“杰士德”、“乐韵”三家钢琴厂。三家企业有序的生产现场，精细的产品质量和浓厚的文化氛围都给到访者留下了深刻印象。

洛舍镇党委书记王有娣介绍说，洛舍镇钢琴产业闻名全国，但存在着小、散、乱现象，小而全、消耗大、资源浪费的弊病，影响洛舍镇整个钢琴制造业的壮大发展。对此，德清县委、县政府高度重视，为了提升洛舍钢琴的知名度，加快洛舍钢琴产业的发展速度，除在政策上加大扶植力度以外，将出台整合洛舍钢琴产业的相关措施，一是以“洛舍”牌钢琴为洛舍钢琴的统一商标，凡达到一定质量标准的洛舍钢琴才能使用此商标；二是用市场经济手段整合各钢琴企业资源，成品厂、配件厂、材料厂合理布局，从而形成专业化加工，分工精细，上下产业相互衔接，有实力的产业链；三是将洛舍镇打造成一个具有浓厚钢琴文化氛围的江南小镇，初步起名为“洛舍钢琴小镇”，该镇的建成将集音乐休闲、生态旅游、工业艺术品制造为一体，要通过钢琴产业大大提升洛舍镇在全国的知名度和影响力。

在结束了对浙江省钢琴企业与琴行的工作调研以后，记者采访了安志理事长，安志理事长表示，乐器行业大部分由中小企业组成，浙江是我国乐器行业的重要生产基地，不仅有海伦钢琴、东方琴业等国内外著名的乐器生产企业，同时也聚集着一大批有特色的小企业，他们是乐器行业的重要组成部分。2011年“十二五”规划开局之年，挑战与机遇并存，通涨因素特别对中小企业发展构成压力，此次调研侧重调查了解当前中小企业的现状和未来发展前景。短短两天之行，虽然时间仓促，可以说是走马观花，但是所见所闻使我们对这个地区乐器行业的发展趋势有一个基本了解，我们欣喜地看到这些企业与琴行不满足已经取得的成绩，未雨绸缪，正在加快转变经济发展方式，在稳定持续发展本身产业的同时，寻求新的经营模式和发展道路，不断地拓宽企业经营发展之路，他们的思想是与党中央所提出的未来发展战略思想是相吻合的。同时，我们也十分高兴的看到，我们乐器行业得到了当地政府的高度重视，已经被列入地区长期发展规划的重要组成部分。浙江省乐器行业的发展形势对于整个乐器行业来说具有代表性，当前我国乐器行业面临着一个很好的形势，依靠广大乐器行业全体员工的努力奋斗，相信2011年仍然会取得更大的进步。

4月13日，中国乐器协会秘书长曾泽民、副秘书长兼信息部主任丰元凯到中泰乡进行竹笛产业调研，全球乐器网总编徐登朝陪同调研。调研工作得到了余杭区相关领导的高度重视，杭州市余杭区委宣传部常务副部长劳晓萍、中泰乡党委书记柴顺良、副乡长阮洪明、农业三产办主任周玉农、文体中心主任梁平及相关社区领导陪同调研。

调研当中，曾泽民一行与中泰乡领导一起座谈，听取了柴顺良书记介绍相关产业现状及规划的基本情况，随后参观全国苦竹种竹资源库和笛竹培育基地，了解竹笛生产原材料的相关情况，充分展现中泰乡竹笛生产的“源头优势”。曾泽民还考察了杭州竹韵乐器厂和杭州苏东乐器厂，实地了解企业的生产规模、生产经营状况、生产制作流程、整个特色集群产业链的状况、访问相关生产企业主等。最后还调研了竹笛教学与文化建设的环节，重点考察了中国竹笛特色教育学校——中泰乡中心小学，感受了浓厚的笛文化氛围及中泰乡竹笛文化广泛的群众基础。

调研结束前，曾泽民充分肯定中泰乡党委政府为创造“中国竹笛之乡”所做出的积极努力，对中泰竹笛产业集群特色给予充分肯定，同时提出一些具体问题和要求，希望在申报过程中逐步完善，并按照创建特色区域的规范要求，落实好每个步骤，以更加完善的面貌迎接下一阶段考评组的到来。

柴顺良书记最后表示，感谢中国乐器协会对中泰竹笛产业的关心和支持，并一定按照协会领导的要求做好各项申报工作，落到实处，建设好特色产业基地！

6月14日-15日，中国国工业联合会同中国乐器协会组成专家评审组，对中泰乡竹笛产业的发展情况进行了了考察及评审。

7月28日晚，由杭州市余杭区文创办、区风景旅游局、余杭区中泰乡人民政府联合主办的“中国竹笛之乡”授牌仪式暨系列活动开幕式在中泰乡隆重举行，中国乐器协会理事长安志、副理事长齐建平，余杭区副区长寿伟义，中泰乡党委书记柴顺良、乡长戴建江以及笛子界知名人士、第九届中国笛子艺术夏令营营员以及近千名观众参加了开幕式。

开幕式上，中泰乡党委书记柴顺良致欢迎词，副区长寿伟义致开幕词。

随后，中国乐器协会副理事长齐建平宣读了“关于授予中泰乡‘中国竹笛之乡’的通知”。通知说：“你乡《关于余杭区中泰乡要求冠名‘中国竹笛之乡’的请示》（中政［2011］31号）收悉。中国轻工业联合会对你们的来函极为重视，并委托中国乐器协会牵头组成考核组，根据中国轻工业联合会《关于共建和授予中国轻工行业特色区域称号的行业规范》和中国乐器协会《关于共建和授予中国乐器行业特色区域称号的行业规范》，对你乡进行了实地考核。基本符合要求。经研究，中国轻工业联合会同意并正式授予浙江省杭州市余杭区中泰乡‘中国竹笛之乡’称号。望你乡竹笛产业再接再厉，为中国乐器行业的发展，为中国乐器走向世界，做出新的贡献。”

中国轻工业联合会顾问、中国乐器协会理事长安志向中泰乡授牌，中泰乡乡长戴建江代表该乡接牌。安志在随后的采访中首先向中泰乡荣膺“中国竹笛之乡”表示祝贺，并对中泰乡发展竹笛产业取得的辉煌成就和对中国竹笛产业所做出的巨大贡献给予了充分肯定和很高评价。他表示，中国轻工业联合会和中国乐器协会共同授予中泰乡“中国竹笛之乡”称号，为中泰乡竹笛产业的今后发展搭建了一个很好的平台，提供了更大的发展空间。

授牌仪式结束后，激情四溢的歌舞《跨越》

拉开了大型文艺演出活动序幕。中国竹笛学会副会长、赵松庭笛子艺术研究会会长蒋国基、葫芦丝王子李春华、青年葫芦丝演奏家秦艺、笛子演奏家胡玉林及石磊等著名笛子演奏家带来了一场精彩绝伦的演出，这些吹奏高手们不仅让人看到了演奏者华丽的“炫技”表演，而且也体会到了竹笛的独特魅力。表演中，中泰乡中心小学“百笛手”的学生奉献了一曲《步步高》的竹笛合奏，让人看到了中泰乡竹笛产业的未来。

素有“中国魔笛”、“江南笛王”之称的笛界泰斗陆春龄老先生也亲临现场，为祝贺“中国竹笛之乡”的申报成功，将精心准备的字画赠与中泰乡。随后，陆老先生一段巴乌独奏，一曲罢了，掌声连绵不断，将晚会推向了高潮。

此次“中国竹笛之乡”授牌仪式是中泰乡宣传推介中泰乡生态文化旅游的又一次高规格盛大节会活动，也是中泰乡持续深化和丰富“中国竹笛之乡”旅游品牌的一项重大举措。系列活动从7月28日到8月27日，期间将举办第九届中国笛子艺术夏令营、中国竹笛之乡创意农业体验游、“最生动的第二课堂”活动、“我与中泰”征文以及“品质生活新中泰”摄影比赛及闭幕式等系列活动。

据悉，中泰乡苦竹面积2.8万亩，目前已建有笛竹定向培植标准化示范面积1.28万亩，创建有全国唯一的“苦竹种质资源库”，为国家级苦竹定向培育标准化示范区，被浙江省政府命名为“苦竹之乡”。中泰乡加工竹笛已有30余年历史，竹笛生产加工企业近130家，从业人员1500余人，年产中高档笛箫200万支。中泰生产的竹笛在中国竹文化节、国际竹业博览会、省市级旅游纪念品博览会上频频获奖。竹笛产品遍销全国各地，并出口东南亚等国际市场，全球竹笛80%产于中泰，竹笛年产值超7000万元。

申报“中国竹笛之乡”成功后，中泰乡制定了明确的竹笛产业发展的方向和目标，通过竹笛竹材定向培育现代化示范园区建设、竹笛标准化生产技术示范园区建设、竹笛品牌建设与提升、竹笛生态旅游推广与竹笛文化融入营销等手段，使中泰乡的苦竹林经营水平和经济效益有明显提高，并提高竹笛的质量和品牌优势，把苦竹产业区打造成园区规模化、设施现代化、生产标准化、经营产业化、环境生态化的“五化”现代新型产业示范园。到2015年，中泰乡的苦竹林定向培育面积将达到3万亩，竹材年产量可达4万吨，加工制作优质高档竹笛等乐器250万支，年总产值超1亿元，并培育新的龙头企业和壮大现有加工企业，开发生态旅游和休闲观光，实现三产联动，文化产业互动，整体提高综合效益。（高萍）

北京地区调研

4月14日，中国乐器协会理事长安志应上海乐兰电子有限公司程建铜董事长约请前往上海乐兰电子有限公司北京分公司新址进行工作访问，陪同访问的有曾泽民秘书长，丰元凯副秘书长。北京乐器研究所张振启所长也应约到场。

上海乐兰电子有限公司成立于2003年，是日本罗兰株式会社中国地区销售总代理。该公司近年来经营业绩快速提升，业务范围逐步向二、三级地区扩充。2010年7月，业已形成规模的北京分公司正式迁入位于北京CBD商业区大望路阳光财富大厦新址办公，分公司面积1200平方米，员工50余人，设有产品营业部、推广部、维修部、数字音乐教育中心等部门。

上午10时，安志理事长一行与公司董事长程建铜，常务副总经理会面，安志首先请程建铜向日本罗兰株式会社田中英一会长再次转达中国乐器协会和中国乐器行业同仁对日本乐器界在3.11地震以及福岛核泄漏事件中所遭受的损失表示诚挚的慰问。安志说，在当今经济全球化时代，日本乐器经济与中国乐器乃至世界乐器有着不可分割的关系，3.11地震不仅给日本乐器界造成损失，同时也可能在某些方面影响到中国乐器行业的正常发展，祝愿日本罗兰公司以及日本乐器界能够早日克服地震和核泄漏所带来的创伤，继续为世界乐器事业的发展做出贡献。

程建铜说，在日本发生大地震后，中国乐器协会迅速做出反应，向日本全国乐器协会以及雅马哈、卡瓦依、罗兰等日本乐器公司发出慰问电，在日本乐器界引起很大反响。日本全国乐器协会及各大公司都在许多场合多次表达了对中国乐器界的感谢之情。之后，程建铜向安志介绍了目前日本乐器行业及音乐教育的发展概况。程建铜说，世界金融危机给日本乐器产业带来严重的影响，占主要份额的欧美乐器市场出现萎缩和波动，日本已经把乐器销售重心转向中国。目前中国国内电子乐器市场需求逐渐上升，2010年向雅马哈、卡西欧、罗兰进口和国内生产电钢琴明显上升，产销量约12万架，价格在5000元以下比较好销，预计今后5—10年，电钢琴产量会有很大的发展。程建铜还介绍说，在发展乐器生产同时，雅马哈、卡瓦依、罗兰等企业都把音乐教育放在十分重要的位置，据了解，目前雅马哈在国内有3500个音乐培训中心，52万多个学员，卡瓦依也有30万名学员，罗兰公司有5万名学员，卡瓦依销售收入的一半来自音乐培训，开展音乐教育不仅有助于乐器的销售，同时也是对社会发展作出贡献，公司的社会知名度也大大提高。

安志一行参观了乐兰北京公司新址的产品陈列室和数字音乐教育中心等部门。在产品陈列室，程建铜向协会领导介绍日本罗兰公司生产的新款电子钢琴、电子鼓和GW8电子琴等产品，工作人员为客人们当场演示。

参观中，安志详细观看了公司刚刚进口的用于网络直播的设备，程建铜介绍说，这是目前世界上最先进的网络设备，它采用音视一体数字模式，完全实现了数字化、网络化、娱乐化，这套设备不仅可以应用于音乐教学，并可广泛用于大型活动和会议，大大提高了各项工作的效率、质量和影响力。前不久广州亚运会的38个场馆全部用上了这套设备。未来音乐教学已经进入网络数字化的新兴发展阶段，通过网络音乐教育不仅可以培养儿童学习乐器演奏，还可以学习音乐创作，从事各种音乐动漫和游戏的制作。

在参观了乐兰北京分公司之后，安志理事长表示，上海乐兰电子有限公司长期与日本罗兰公司合作，将世界先进电子音乐技术引入中国，为推动中国电子乐器产业和国内电子音乐的发展作了许多有益的工作。上海乐兰公司的作法和经验有许多值得中国乐器同行借鉴和学习。当前乐器行业全面实现“十二五规划”的各项工作已经开始启动，中国文化产业大发展的形势，给中国乐器行业带来了巨大的发展空间和机遇，乐器行业要善于捕捉市场商机，不断寻找新的经济增长点，跨行业发展、多领域发展，同时要努力掌握世界乐器高新技术，实现中国乐器行业的跨越式发展。

7月11日，中国乐器协会理事长安志、秘书长曾泽民、副秘书长丰元凯前往北京星海钢琴集团有限公司进行工作调研，了解2011年上半年乐器行业重点骨干企业的经济运行状况。

北京星海钢琴集团公司董事长兼总经理祝宁伟、副总经理冯高昆介绍了星海公司2011年上半年各项经济指标以及主要工作完成情况，　祝宁伟说：“2011年上半年，虽然通胀压力加大，CPI指数连续攀升，外部环境给企业经济运行带来较大压力，但是星海公司在全体员工的共同努力下实现了时间过半，完成任务过半。主要经济指标，销售收入上升了7%，产销量增加了10%，毛利率增长了14%，取得了近年来最佳效益。整个经济运行情况正在向持续稳定方向发展。星海公司之所以在2011年上半年取得较好成绩，主要原因是领导班子狠抓思想建设、组织建设、制度建设和管理建设，切实把调整产品结构，大力开发新产品，完善和健全销售网络和采购体系放在十分突出的位置。与此同时，星海公司完成了‘十二五发展规划’制定工作，明确了企业2011年和今后五年中长期发展目标和战略措施。全公司上下统一在一个目标下，齐心努力作好各自的工作。”

祝宁伟说：“星海公司是一个具有六十多年历史和优良传统的老国企，我的前任和全体老员工为我们奠定了一个好的基础。星海公司过去有着许多荣誉，连续多年保持‘全国文明单位’称号，最近又获得了‘中华老字号’的称号，这些都是激励我们奋发向上的动力。我们具有较高素质的管理队伍、技术队伍、技能队伍。我们正在率领‘星海’近2000名员工开始了新的历程，经过不断的结构调整、产品创新、市场调整，星海公司提升了企业发展后劲，相信今后在前进的道路上我们能够克服各种困难，继往开来，把星海公司引向一个新的高度。从2011年上半年星海公司的经济发展形势来看，我们的战略决策已经初见成效，我们对星海钢琴的未来充满信心，星海公司抗风险能力和今后的发展会越来越好、越来越强。”

安志一行在听取祝宁伟总经理等公司领导的情况介绍后，在冯高昆副总经理的陪同下参观了海资曼公司、星海卡瓦依厂、击弦机分厂和星海钢琴流水线。宽敞、整洁、有序的生产线给到访者留下了深刻的印象。参观中，冯高昆副总经理向安志理事长等人介绍星海公司产品标准化、系列化和技术创新的情况。

安志理事长在调研结束后表示：“星海公司领导班子思路清晰，措施得力，效果显著。”他称赞说：“星海公司是国内最具规模，最现代化的钢琴企业之一，有非常好的技术、设备、管理及人才等优势，相信星海公司的未来会更美好。”

祝宁伟总经理表示：“由衷地感谢中国乐器协会长期以来所给予星海公司的帮助和支持，星海钢琴集团公司将认真对待协会领导在这次调研中给予的指点和工作布置，并加以贯彻执行。”

7月21日，中国乐器协会理事长安志一行到位于北京市通州区经济技术开发区东区的北京珠江钢琴制造有限公司进行工作调研。

京珠公司是广州珠江钢琴集团股份有限公司的全资子公司，北京通州区按照北京市“两轴两带、多中心”的发展规划，未来将建设成为现代化国际新城。京珠公司作为文化创意产业，其企业特性和内涵符合通州区的发展建设宗旨，受到了通州区政府及相关部门重视和支持。

2010年4月，广州珠江钢琴集团公司投入自有资金1.5亿元，在通州区经济技术开发区东区建设该公司在中国北方的区域总部、钢琴研发中心、营销服务中心、音乐文化中心和产品展示中心及京珠牌钢琴的制造基地。

京珠公司经过11个月的建设周期，完成了基础设施建设，于2011年3月份正式投入生产，生产各种系列的“京珠”牌钢琴。前不久，京珠公司刚刚举办了投产后的经销商大会，正式向社会亮相。

京珠公司新厂区占地30亩，建筑面积2.1万平方米，主体建筑外观新颖别致，形同钢琴键盘黑白相间，一看便知道这是一家生产钢琴的乐器企业。

在张朝岩总经理等京珠公司领导的陪同下，安志理事长一行参观了三层生产大楼的音源生产线、打弦车间及总装、整音、调音等钢琴组装线，并参观了新建成的京珠音乐厅、技术研发中心、产品展示厅、职工之家等设施，使到访者对京珠公司基本生产规模及软硬件环境有了深入了解。

参观结束后，张朝岩在贵宾接待室向安志理事长一行介绍了京珠公司的筹建、建成投产及市场经营等情况。张朝岩说：“京珠公司是2010年4月1日奠基，4月26日破土动工的。2011年元旦以后，公司管理层进驻园区，当时的办公条件极为艰苦。公司全体人员克服了基建施工对企业正常工作的影响，各项工作进展有条不紊，土建施工、设备安装调试与组织架构安排、人员配置、员工技能培训、原材料采购储备等工作同步进行。3月份起正式投产，产品质量保持稳定，得到经销商和消费者的首肯。与此同时，公司还完成了集团下达的2010年度钢琴销售计划。各位领导所看到的是在集团公司领导大力支持和帮助下，京珠公司全体员工努力的结果。广州市国资委黄伟林主任对京珠公司非常关心，多次来公司视察指导工作，王润培董事长和所有集团领导也多次指导检查工作，对各项工作提出意见和建议。投产前后，我们分批派工人到集团公司进行技术培训，集团公司也选派了得力的管理人员和娴熟的技术工人来京珠公司组织和指导生产，使生产工作迅速地进入了正常秩序，并且通过了ISO9001国际质量管理体系认证和ISO14001国际环境管理体系的认证。目前京珠公司正在按照集团公司下达的‘高质量，高起点，高标准’的要求，稳步提高月产量，未来实现预计产能没有问题。”

安志在同京珠公司领导座谈后表示，第一次来到京珠公司，印象很深刻，感觉硬件环境无可挑剔，软件也很好。公司创建时期实施的边经营，边建设、边生产的运作模式收到很好的效果。现在公司正在初创期，希望今后一定要抓好员工培训和产品质量，要搞好人员与技术的融合，发挥优势，取长补短，不断提高品牌影响力和知名度。

钢琴是乐器行业中最现代化，产值最大的产品，据不完全统计国内有100多家钢琴企业，上规模的就有几十家，从钢琴的发展历史看，现在中国钢琴企业数量过多，需要在市场发展和竞争中进行整合、优化。

陪同安志理事长一起参加调研的有副理事长齐建平、秘书长曾泽民、副秘书长兼信息部主任丰元凯。

山东地区调研

7月1日-4日，安志理事长一行在参加烟台博斯纳钢琴问世140周年纪念庆典活动后，走访了烟台、龙口、昌乐地区6家乐器制造企业，与乐器企业负责人和部分地方政府官员交流研讨，对烟台钢琴、龙口管乐和昌乐县鄌郚镇电声乐器等企业集群进行调研。

山东省2010年乐器行业规模以上企业有40家，占中国乐器行业322家规模以上企业的12.4%；工业总产值（当年价）36.8亿元，占全行业16.68%；工业销售产值35.75亿元，占全行业16.6%；出口交货值3.64亿元，占全行业5.14%。产销规模在全国各省市位居第二。在没有“珠江”、“星海”、“雅马哈”这样的大型乐器企业的情况下，仅次于乐器大省——广东。

烟台金斯波格钢琴公司是继中国四大钢琴厂（上海、北京、广州、营口）之后，较早成立并迅速发展的全能型钢琴企业。辉煌时期钢琴年产销量超过万架。2002年因资本结构变动等原因企业发生重大变化，人才流失严重，使金斯波格一度陷入困境。金斯波格经改制、重组后，现归属于一家民营企业集团名下，曾几易经营班子，初明亚总经理到任后带领团队闯过了难关。

孙强总经理从金斯波格退出后，2003年与德国博斯纳钢琴厂的全资所有者——荷兰宝万得集团公司合资成立了烟台博斯纳钢琴公司，传承了有一百多年历史的德国博斯纳钢琴的经典设计、技术工艺和产品特色，以出口为主，打出了一片新天地。而另一部分从金斯波格退出的人员则组建成立了文德隆钢琴公司，为浙江一家钢琴企业定牌生产文德隆牌钢琴。

龙口管乐企业集群源自20世纪80年代末，从一家生产火锅、照相器材的村办企业，与北京管乐器厂联营成立北京管乐器厂龙口分厂，即现在泰山管乐器厂的前身。借助北京管乐器厂技术实力和本企业大型设备及模具开发实力，很快形成了萨克斯半成品和低音号的规模生产能力，年产萨克斯半成品达3万～5万支，成为管乐器行业萨克斯半成品基地，引起了国内外同行的关注。2001年由于泰山管乐器厂改制，久经磨练的李丰厚厂长再次创业，另成立了龙口锦盛乐器公司，仍以生产萨克斯、低音号为主。之后几年间，“泰山”、“锦盛”各自又分离出2～3家企业，在现有6家规模企业周围挂靠了十几家微型企业，多为组装型企业，也有箱包和零配件厂，进而形成了龙口地区20余家管乐器企业集群。高峰时期管乐器年产量十万余支，同时形成了“泰山”、“锦盛”、“东星”等骨干企业和产品品牌。

昌乐县鄌郚镇电声乐器始于20世纪80年代末，当时镇政府组织考察小组三进韩国，数下广州，并与韩国权海龟先生合作，最先创建了昌乐缪斯乐器公司，主要生产木吉他、电吉他等乐器，出口韩国，再贴牌转销其他国家和地区。随后，镇政府又投资兴办昌乐百灵乐器厂。从2000年以后的十年间，乐器企业数量由2家发展到68家，产品从2个系列30多个花色品种，发展到6个系列360个花色品种。韩方的管理和技术培训，为鄌郚培养了一批熟练工人和管理人才。2008年全镇吉他产量达320万把，音箱40万支，配件480万套，分别占全国同类产品产量的32%、20%和27%，主营业务收入近30亿元人民币，税金1.2亿元。在全镇27家规模企业中，乐器企业有14家，其中营业收入过亿元的一家，实现税金百万元以上的10家。2009年昌乐县鄌郚镇被中国乐器协会认定为中国电声乐器产业基地。

乐器企业在山东三个地区发展，得益于国家改革开放政策，低廉的劳动力成本和超低的产品价格，吸引了国际经销商的眼球，而且，不少精明的经营者及时把握千载难逢的商机，从而形成独具特色的山东乐器企业集群。

探访十多家烟台、龙口、昌乐地区乐器企业变革的故事，从纵横观察三地乐器企业发展和与几位企业老总的探讨，使我们感受最深的有以下几点：

1、产品同质化严重，价格仗让企业利润大打折扣

锦盛乐器公司总经理李传术讲道，由于国内管乐器企业争相压价，一支中音萨克斯管给外商的供货价也就1200多元，甚至有不足千元的，何况铜材从2万元一吨涨到6万元以上，员工工资连年增长，企业几乎没有利润，现在订单很多，我们只能挑利润较好的做，许多超低价的订单就不做了。泰山管乐梁维民总经理也反映，一支小号仅400元，工厂只能调整产品结构，做有利润的产品。调研中很明显的看到产品同质化十分严重，由于缺乏技术资金投入，产品特色和差异化很难实现。目前，各企业已

经开始控制规模，积极调整产品结构和市场结构，企业市场从80~90%外销，大幅度转向国内市场。

2、原材料、人工成本连续上涨，人民币汇率升值，使中小企业缺乏发展后劲

铜材、木材价格十年间增长了1～2倍，劳动力成本每年以10%～20%幅度增长，加上员工五险一金、人民币汇率连年升值……企业老板谈论最多的是如何减少人员，更新设备，提高劳动效率。无论是钢琴厂、管乐厂、还是电声乐器厂，现有员工都比高峰时期减少三分之一或一半，曾经有700人的金斯波格现在只有200多人，近500人的泰山管乐、龙口锦盛也精简到200余人。不少企业通过购置数控自动设备减少操作工人，技术工人也大多为中年人。前些年大规模建厂房的景象不见了，工厂现场也多处在调整维持阶段。大家应对国际金融危机，一方面勒紧腰带，一方面开发新产品，争取价格话语权。企业普遍反映产量有所收缩，销售收入变化不大，但利润大幅度缩水。由此可见，乐器中小企业当前的困难。

3、闭门造车郁闷揪心，交流合作喜笑颜开

受地域经济传统的影响，我们明显地感到，乐器中小企业聚集区，凡是经营者宽容大度、思想解放的，企业之间的交流合作就多些，买卖就兴旺；凡是企业我行我素，闭门造车的就“罗锅上山‘钱’紧”。

调研中有幸参加博斯纳钢琴140周年庆典，13家世界各地的经销商代表和几十家国内经销商、供应商欢聚一堂，共同感受博斯纳钢琴大家庭成长的快乐。烟台博斯纳钢琴公司传承了140年德国博斯纳兄弟的精髓，德国的先进设计和精确的技术工艺，诚信友善的经营理念，印证了企业的宗旨。“让我们手拉着手，心连着心，共同演绎美好的人生乐章”。

相比之下，在一些企业看到的是开工不足和市场萎缩，企业经营者无助和埋怨，怨订单价格难以忍受，怨材料价格居高不下，怨人工费用难以承受和技术工人流动大等等。但同时我们也欣慰地看到在昌乐县郚鄌镇政府和地方行业协会的大力支持，郚鄌镇电声乐器企业正在积极开辟产品多元化和专业化的新途径，并收到很好的成效，体现了乐器企业集群合作的力量。

成功与经验

1、国际化合作与企业文化使博斯纳钢琴高朋满座

2003年孙强总经理与荷兰宝万得集团公司罗纳德•波尔总裁合资创办了烟台博斯纳钢琴公司，被经销商誉为当代的“博斯纳兄弟。”公司初期以国际市场为主，借助百年博斯纳钢琴品牌影响，充分发挥外方股东作用，扩大国际代理商网络。企业上下一条心，认认真真抓产品，扎扎实实做市场，形成了以欧美亚各国代理为主导的出口市场网络和国内代理商群体。公司坚持做精品，坚持诚信经营原则，赢得了客户的信赖。同时企业注重人才队伍建设，不断扩充专业人才队伍，推崇“用音乐传播爱”的企业文化，充分调动了企业员工的积极性、创造性。博斯纳140周年庆典活动中，无处不体现博斯纳钢琴人的热情和真诚。企业在2005年至2009年连年被评为“中国乐器行业强势公司”，博斯纳钢琴在美国《钢琴著》世界钢琴质量排名中评为3A级产品。

2、锦盛乐器公司招贤纳士，创造更多的商机

走访龙口管乐企业时，我们看到十分忙碌的锦盛员工时，李传术总经理向我们介绍几名国内管乐器的老人，其中不仅有大连、北京管乐界的经营人员和工程师，还有从北京搬迁过来的精品黑管厂，锦盛经营者的广交朋友、礼贤下士的精神和诚实守信的理念受到业内认同。技术方面的朋友使企业引进关键设备，提高加工精度和生产效率；经营方面的朋友，带来了差异化的订单和文化交流的人气，所以锦盛公司不是等订单，而是选订单。

3、惠好公司多元化经营，盛大音响的专业化使企业底气十足

在昌乐电声乐器基地，昌乐县张宝峰副县长和郚鄌镇郭曙光书记等领导陪同安志理事长一行去惠好乐器公司参观时，刘志江总经理介绍，公司为了应对市场变化，近年在电吉他、电贝司规模生产的基础上，开发投产了电钢琴以及进口二手琴翻新业务，多元化经营战略分流了企业单一产品经营的压力，收到很好的效果。

位于郚鄌镇开发区一端的盛大音响公司是专门设计、开发、生产各类乐器音箱和电子设备的专业厂，产品涉及吉他音箱、贝司音箱、多功能音箱、

各类吉他贝司调音器等，年产50万～60万套。工厂为大客户提供OEM和ODM的全方位一体化服务，包括设计和研发支持，安装和包装建议。公司所有产品都经过国际化的质量标准检验，并通过了美国UL认证、加拿大CUL认证、欧盟的LVD、EMC认证和RoHS认证，以及国际电工委员会的CB认证。高标准的专业化路线使企业稳定发展。

4、地方政府主导和地区协会协同，塑造了昌乐电声乐器产业基地的新蓝图

调研中昌乐县、鄌郚镇政府以及昌乐县乐器协会支持乐器企业发展的决心和积极实干精神让我们深受感动。政府和行业协会近年来做了以下工作：2001年，鄌郚镇政府协助昌乐百灵乐器公司总经理郝际坤牵头，成立昌乐县乐器协会，整合资源，成立研发机构；在政府和协会领导协商下，在各骨干企业自由开发新产品的基础上，以乐器协会为依托，先后开发了指板、拾音器、EQ电声配件、音箱等乐器配件，支持惠好公司新上电钢琴、电提琴生产线，盛大音响新上电子鼓生产线，多元化发展带动乐器产业升级；推动品牌建设，先后注册了"仙乐"、"FEELING"、"大树"、"胜利者"、"PIY"等商标，产业集群从纯加工业务开始了品牌经营之路；政府制定了一系列扶植乐器产业的优惠政策，打造以"百灵"、"惠好"、"宏韵"、"盛大"、"东方"、"雅风"等企业为代表的龙头企业；打造产品服务平台，成立研发、技术服务中心；筹办产品检测中心和物流配套服务中心。近期乐器工业园招商引资正在积极展开。正如郭曙光书记讲的，乐器已成为昌乐的四大产业之一，政府会继续全力以赴支持乐器产业基地的建设，提高产品知名度，多创龙头企业，丰富乐器产业链，建好乐器产业园，实现乐器产业基地的可持续发展。

7月3日，中国乐器协会理事长安志一行来到潍坊市明森琴行调研。公司总经理董建明热情接待并介绍了明森琴行的经营情况。

琴行规模适度，销售品牌化

2000年成立的明森乐器公司，因其诚信经营和包容广交的经营风格，成为潍坊市琴行业翘楚。近年，又上一个台阶，公司位于文化路一座独立的四层楼，营业面积800多平方米，设有产品展示区、办公区、教学区、演奏区等，目前主要销售星海钢琴、卡瓦依钢琴、博兰斯勒钢琴以及进口塞勒尔钢琴，形成高中低档次齐全的产品格局。同时公司还销售敦煌古筝、二胡、红棉吉他以及提琴、乐谱等。

公司目前销售钢琴近600架，学员有数百人，在一个百万人口的二级城市已经是相当好的成绩。谈到琴行的发展，董建明总经理认为在目前规模下，认认真真做好品质，搞好教学，为潍坊的音乐文化事业做些贡献。

艺术教育个性化，电子琴教学钢琴化

调研中看到络绎不绝来琴行上课的孩子和陪同的家长，并有幸观摩了潍坊键盘学会会长梁晶老师帮助辅导将参加音乐会的学员排练节目。作为琴行的忠诚合作伙伴，从事电子琴、钢琴、二胡等乐器的教学多年，积累丰富的经验。梁会长热情地介绍了他的艺术教育理念和做法，他认为儿童初学乐器，电子琴是很好的选择，通过独特的电子琴教学方法，完全可以在发掘儿童对于音乐的理解能力、个性特点以及对乐器的偏好等特点后，再有针对性地选择不同乐器进行深造。其独特的"电子琴教学钢琴化"方法，已经培养了一批优秀学员，在省市各类钢琴演奏比赛中获奖。明森琴行的特色音乐教育已经在潍坊市音乐普及市场中形成品牌，深受广大学员和家长的喜爱，对于琴行乐器销售也起到很好的促进作用。明森琴行的经验让我们看到二级乐器市场正日趋成熟，并形成了一批品牌琴行。

江苏地区调研

7月14日-15日，中国乐器协会理事长安志、秘书长曾泽民先后到南京乐博乐器公司、新辉琴行、摩德利钢琴公司和常州吟飞科技公司进行调研。就乐器企业在后金融危机环境下，如何应对机遇和挑战，调整结构、转变发展方式，走特色经营之路等问题与企业进行交流。

业内关注的"乐博速度"

近期业内媒体和企业都在谈论以资本运营加文化产业项目为主导的乐博发展模式。乐博乐器公司在董事长姚广生带领下，近两年，以惊人的速度在

各大城市连锁开店，截至2011年6月底，在江苏、北京、辽宁、安徽等省市已有62家乐器店开业，而且全部是公司投资的直营店，每家店均配有一定规模的音乐培训项目，员工近400人，公司营业额以30%以上的速度增长。

安志理事长在乐博公司常务副总经理钱富民的陪同下参观了乐博南京的4家主力店，并与姚广生董事长座谈，初步了解到乐博的发展有两大基础，一方面乐博琴行十几年创业的积累，在产品品牌、市场占有率、技术服务能力、音乐培训和经济实力等方面都打下良好的基础；另一方面，南京市高度重视文化产业的发展，市、区政府和文化部门全力支持乐博文化产业项目，公司从南京文化创业投资基金等合作伙伴得到资金支持，及时抓住“天时、地利、人和”的机遇，实施了快速发展的战略。从公司本部墙上的几十块品牌代理的授权牌到历年企业获得的荣誉证书；从布局合理、展示鲜明的店堂到娴熟地介绍商品的店堂主管；从技术服务的“三公开”（调律师、服务项目和服务价格公开）到音乐培训的多样化、个性化，处处体现了乐博的经营理念和企业文化。

为了进一步了解乐博的发展战略和做法，我们与钱富民常务副总进行了较深入的交谈，了解到乐博公司刚开完由公司本部和分店店长参加的半年工作总结及培训会，62家分店和部门负责人总结研讨工作，并进行管理标准化、制度化的培训。公司统一采购和物流管理，财务实施全方位、全天候的网络管理；在连锁店扩充方面，总部严格按工作标准和流程办事，控制单项投资规模，不断监督和修正投资项目；总部对各分店实行店长负责制和经济目标责任制；公司一手抓经营，一手抓管理，在代理品牌的基础上，推出了“香江”品牌，加大自主品牌开发推广力度。这一系列内外兼修的经营战略战术，成就了乐博公司快速发展的业绩。交流中协会和乐博领导讨论了如何把握支撑市场快速发展的三条链的问题，即：产品链、资金链和人才链，乐器企业如何确保三条链不出重大问题，实现发展速度和质量同步，投入产出与效益协调，这仍是我们面临的现实问题。业内期待着乐博乐器公司成功的经验。

以变应变的南京新辉琴行

7月14日下午，安志理事长一行走访了南京新辉琴行，与刘小辉总经理交谈。谈到琴行近两年的变化时，刘小辉讲到，前些年大家追求扩规模，强调销售数量的增长，琴行受到制造商和竞争对手的双重压力，为了争市场份额，商品竞相降价，利润越来越薄。近两年调整商品结构和市场结构，厂商又给大客户一些类似定型产品等市场扩展的政策，厂家的精品战略和用户的需求也加速了琴行商品结构的改变。现在销售量变化不大，效益却有了明显的增长，而且做得也没那么累了。

在谈到琴行业的发展趋势时，刘小辉说，乐器市场品牌竞争非常厉害，国内乐器行业如珠江、星海、美得理等一批品牌的发展不错，国外著名乐器品牌发展很快，像雅马哈等公司都有很好的市场运作的做法，我们应学习这些好的经验，做好自己的事。各企业经营理念不同，做法不同，还是靠市场来评价。我们看到新辉琴行能够十几年稳扎稳打不断发展，一直位居全国琴行的前列，除了经营的产品和品牌之外，经营者及时调整经营策略，以变应变是非常重要的。

摩德利钢琴公司搬迁的喜与忧

7月15日一早安志理事长一行拜访南京摩德利钢琴公司，王永和总经理热情地接待了我们。公司样品室陈列着摩德利、舒曼品牌的系列立式钢琴和三角琴样品，荣誉墙上挂满了企业近年获得的荣誉，江苏省著名商标、中国乐器行业强势企业等等。宣传栏上方写着“永不满足，天天在努力，做中国最好的钢琴”。王总介绍，摩德利钢琴品牌是中国最早的钢琴品牌，先是英国人在宁波组装，后来随南京钢琴厂改制传下来。公司2002年征地100亩，2004年完成6万平方米厂房建设，投入了很大的精力进行了大规模的技术改造和工厂搬迁，公司也从搬迁补偿中扩充了资金实力。好容易理顺发展了，因为城市规划发展，工厂旁边又要建一条地铁线，公司又面临再次搬迁的抉择。公司积极地与有关方面协商，力争不搬或局部搬迁，虽然资产置换能给企业增加资金总量，但是还要力争减少企业连续搬迁改造的压力。

在参观车间过程中，我们体验到了公司的管

理风格和企业文化。新改造的钢琴生产线，从木加工到铁板喷漆，从中盘制作到音源背组装，从外壳加工到整琴组装线，可谓部件齐全，工序流畅。王总讲到，在当前多品种小批量、产品结构变化快的情况下，主要部件自主设计、自主加工是有利的。他还介绍了工厂管理和员工队伍的情况，公司改制时，老职工均参股，公司有职工持股会，职工都很关心企业的发展，公司提供职工食堂和外地员工宿舍，职工收入稳定，企业文化建设深入人心。我们在车间看到“质量就是人品”；“丢失了创业精神，我们将一事无成”等标语和口号。企业生产经营有条不紊。

“诚信、勤奋、合作、奉献”的吟飞精神

7月15日上午，安志理事长一行到常州吟飞科技（江苏）有限公司调研。一到公司门口，吟飞公司总经理范廷国就迎了上来，并热情地介绍公司经营班子成员。范总首先介绍了吟飞公司的发展历程。吟飞公司创业团队从80年代中期开始，经历了初期研发、深圳办厂、挂靠经营和企业改制等几个阶段，如今公司发展为集科研、设计、生产和销售为一体的高新技术企业。从事电子乐器音源开发、便携式电子琴、双排键电子琴、数码钢琴、电子鼓以及多媒体音乐教学系统等电子乐器的设计、生产和销售。厂房6万平方米，员工1000人。公司遵循“创新求发展”的经营理念，建立了完整的质量保证体系，通过了ISO9001国际质量认证，取得了3C、VC、CE、FCC、ROHS、REACH、CAEB等产品认证。完善了吟飞牌TB系列便携式电子琴、RS系列双排键电子琴、TG、PDP、RP、GDP多系列数码钢琴、TD系列电子鼓、MTS系列多媒体音乐教学系统等。年产电子琴35万架，数码钢琴10万架，成为我国电子乐器的骨干企业。

范廷国总经理和娄伟明、张春红两位副总经理陪同安理事长一行参观公司样品室、研发中心和生产车间。在公司样品室，公司技术研发人员以专业音乐水平为我们演奏了吟飞双排键电子琴，那委婉动听、浑然一体犹如整体乐队演奏的效果，让我们赞叹不已。在软件开发和结构开发部我们又见到了经营班子两位副总，可见吟飞以赵平董事长为核心的领导层的实力和实干精神。在生产车间，我们看到了久违的“诚信、勤奋、合作、奉献”的企业精神，“三老四严、四个一样”的理念，“对待事业，当老实人、说老实话、办老实事；对待工作，严格的要求、严格的组织、严肃的态度、严明的纪律”；“四个一样：要做到黑天和白天一个样、坏天气和好天气一个样、领导不在和在一个样、没人检查和有人检查一个样”。在焊接车间光荣榜上，赫然可见“焊接6月明星”，张贴着照片和事迹。应知应会栏中展示着“工人坐姿图示、防静电的正确与错误的使用对比图示、静电设备工作原理、焊接焊点质量对比图示”等资料，“追求零缺陷，拒绝不良品”的口号十分醒目。我们从产品研发的实力和机芯、键盘和关键部件的设备和技术，看到了吟飞的技术开发和生产的实力，更从领导团队和员工队伍看到了吟飞发展的未来。正像范廷国总经理总结的那样，吟飞公司一靠团结和谐的领导班子；二靠自主开发能力；三靠科学严谨的管理制度；四靠稳定的员工队伍，才能实现如今的基业。

经过短短两天的企业学习调研，使我们深深地感受到，今天的中国乐器企业已经或正在走出盲目而低效求生存的阶段，我们正在努力学习国际先进企业的经验，向着健康可持续发展的方向前进。

天津地区调研

8月23日，中国乐器协会理事长安志、秘书长曾泽民、副秘书长丰元凯等人前往天津杰麦多乐器有限公司进行工作调研。台湾功学社公司中国部总经理蓝汉民陪同参观调研。

天津杰麦多乐器有限公司是台湾功学社教育用品有限公司于1992年在天津武清开发区杨村镇组建的台湾独资乐器生产企业，建筑面积达10万平方米，员工2000余人，是最早进入中国内地的台资乐器企业，也是功学社集团在中国内地最重要的乐器生产基地，年产各种爵士鼓6万多套件、管乐器10万余支、乐器支架300余万套，其生产规模不仅在中国，同时也是世界同类乐器产品中最大的乐器生产企业之一。该公司的“杰普特”、“美派司”品牌在世界音乐与乐器业内享有盛名。

安志一行到达杰麦多乐器公司后，首先在公司接待室听取了陈晓玲处长有关杰麦多乐器公司的建厂过程和经营理念的介绍，然后在蓝汉民总经理的陪同下，相继参观了乐器支架厂、管乐器厂和爵士鼓厂。

杰麦多公司是目前世界规模最大的乐器支架厂，常规生产始终保持着上千个花色品种的规模，为了适应多品种，小批量，周期短的市场需求，该厂不断调整生产结构，从8条流水线调整为18条流水线，每条流水线完成从零件组装到成品包装的全过程，工艺衔接流畅快捷。蓝汉民介绍说，保持乐器支架厂生产稳定持续发展的关键是技术创新研发，目前乐器支架厂有一支强有力的技术研发队伍，形成了一条完整的“市场信息收集—新产品研制—形成批量生产—投入市场”的产品链，根据市场动态和客户需求技术系统不停研发出新的款式和品种，并投入流水线生产，形成规模，只有这样才能保证乐器支架在国际市场上强有力的地位。

接着，安志来到管乐器厂，参观了单簧管、小号、长笛等产品的半成品加工及装配工序。这里工人操作一片宁静，所到之处，大部分人工操作都被数控机床和模具标准化作业所代替，就连管乐抛光工序这种最难于用机械代替人工的操作，也配置了自动设备。

最后，安志一行来到爵士鼓厂，工厂负责人介绍说，这里生产的各种鼓分为贴皮鼓和喷涂鼓两大类，规格型号大约有上千种之多，爵士鼓体积大，加工过程复杂，油漆喷涂和木部件极容易造成环境污染。但到访者在加工场地里看到的都是整洁明亮的生产环境，很少闻到有油漆和苯的味道，在一间间封闭的作业室和一条条作业链上，工人都在有序地操作着，一条长达100米的弯延曲折的爵士鼓表面处理作业链，里面设有数十个作业点，一个待处理的半成品放上作业链后，在经过每个作业点的自动处理后，便面目一新，表面如镜。

在天津杰麦多乐器有限公司的两个多小时，给安志理事长一行留下了十分深刻的印象。到访者普遍感到，内资乐器生产企业，无论是国有还是民营虽然近年在各方面都取得了长足的进步，但与外资企业仍然存在着较大的差距。主要表现在三方面：一是产品定位。目前外资企业已经占据了中高档产品的国际市场，而且价格上要比国产乐器高出数倍。虽然国家号召民族品牌企业要转变经济发展方式，要从低档产品向中高档产品转移，但事实上，目前民族品牌乐器产品在这方面的努力和成效并不明显，要想浮出水面，还有相当难度；二是品牌意识。外资企业产品非常注重自有品牌的提升，强调品牌意识，蓝汉民介绍，以前曾有一家美国公司向他们下达贴牌生产长笛订单，而且价格和数量相当诱人，但是他们为了维护自有品牌的利益，硬是顶住了诱惑，回绝了这批订单。国内目前不少乐器企业还安于贴牌生产阶段，因为贴牌生产能使企业维持一定的规模生产，虽然有的企业也在试图突破，走自主品牌的道路，但由于受到各种局限，特别是来自国际市场的压力，大部分内地乐器企业进展还不明显；三是管理上的差距。杰麦多乐器公司精益求精的管理意识和理念表现在每一个环节，每一个生产过程，“细节决定成败”的哲学思想在这里得到全面的体现。到访者在车间看到生产线品质管理员肩膀上还带着“QC小组”的红色臂标，这是在上世纪80年代普遍实行过的“全面质量管理”的重要内容，现在杰麦多公司还在实行。参观中，看到天津杰麦多公司工人数量相对较少，大量的工艺操作被专用设备，数控机床所代替，这不仅对于改善工人劳动强度和保护环境具有明显的作用，同时也是降低成本，提高效率的重要因素。

在参观后的座谈中，安志理事长感谢功学社集团近年对乐器行业各项活动的支持和帮助，同时对功学社集团的“产品定位、品牌建设、技术创新和管理经验”给予充分肯定。安志表示，内地乐器企业要在经营理念上，产品创新的思维上，管理执行力等不断有所突破，才能使我们的民族品牌乐器生产不断提高产品质量和品牌地位，不断增强企业可持续发展的内生动力，从而不被成本上升和消费升级的大浪所淘汰。

9月7日，中国乐器协会安志理事长一行前往天津英昌乐器公司参观考察，北京育鹏乐器有限公司总经理张振州、天津英昌乐器公司北京担当李建民专程陪同前往。

英昌乐器公司董事长兼总经理韩镇洙、副总经理马文通、市场营销科长陈香菊热情地接待安志一行。座谈中，安理事长问韩总“对中国和世界钢琴市场的见解”，韩总马上回答：“当前中国钢琴市场就等于世界钢琴市场，因为其他国家和地区钢琴市场是萎缩的，只有中国市场在扩大，而且未来发展会很好。”在谈到当前原材料、劳动力涨价和人民币升值对在中国的外资企业的影响时，韩总说：“这对外资企业制造成本也有影响，尤其出口价格上不去，效益就受影响。我们外资企业要学习中国企业的经验，共同克服困难，共同发展。”马文通副总介绍了天津英昌乐器公司自1994年成立，17年的发展历程。英昌钢琴是最早进入中国的外资钢琴企业之一，当时对北京星海钢琴还有些压力，后来两家企业交流学习，互相促进，关系很好。从某种意义讲，英昌钢琴的投资促进了中国乐器的发展。英昌公司和其他钢琴企业一样近期出口压力较大，年初也出现了招工难的问题。

安理事长得知韩总曾在韩国现代汽车集团任职多年，请他讲一讲从汽车行业到乐器行业的体会，希望他把汽车行业的生产、营销理念带到乐器行业，提升企业的创新能力和市场竞争力。

座谈后，马文通副总陪同安理事长一行参观了英昌钢琴生产线。久闻英昌乐器公司是一个具有自主开发能力、基本零部件全是自己加工配套的全功能企业，机械加工设备和技术能力很强，工艺管理和现场管理有独到之处。百闻不如一见，英昌公司投巨资装备了木材加工、干燥处理、和标准化加工设备，使关键部件的处理和加工精度达到一流水准；钢琴击弦机、键盘加工的设备布局和经济、流畅的流水生产线，可以清楚地看到管理者独具匠心；出乎意料干净的外壳砂磨车间和员工认真的工作精神，使钢琴外观质量精细而稳定；严格的工序工艺管理和仪器化拨音，为确保钢琴声学品质奠定了基础；现场醒目的标语写道，“好的想法、好的品质”、“转变的思想、转变的行动、完美的品质”等等，展示了公司的经营理念。正如韩总所讲，英昌公司是通过技术装备和管理来提高产品质量和降低人工成本。这一经验已经成为乐器行业克服金融危机的重要措施，也是应对人工、材料成本上涨和人民币升值的最有效手段。

在参观考察中，还看到英昌乐器公司在品牌建设、市场推广等方面的大胆尝试。例如钢琴品牌的合理定位，“英昌”、“伯格曼”、“韦伯”三大系列在设计风格、市场分工、价位区分等方面都有各自明确的定位；在市场推广方面，除了大公司营销的网络体系外，外资企业特聘中国乐器行业的营销能人作为地区担当，提高市场运作的本土化能力。短短的一天交流，使我们感到外资企业有很多值得国内企业学习的东西，同时国内企业也有一些特色的经验是外资企业需要学习的，乐器行业、企业只有大胆创新和加强交流才能不断进步。

近期中国乐器协会领导加强了对乐器行业的外资企业参观考察，一方面体现行业协会熟悉行业、服务企业的工作责任，另一方面也是为了加强与国际乐器公司的交流，营造行业和谐宽松的发展环境。

上海地区调研

10月10日，中国乐器协会理事长安志一行走访雅马哈乐器音响（中国）投资有限公司，并与公司总经理山口静一、课长佐佐木庆和座谈，以更好了解中国乐器协会外资会员企业的服务需求和发展情况，协会秘书长曾泽民一同参加会见。

安理事长对雅马哈公司长期以来大力支持上海乐器展表示感谢，表示将加强与雅马哈等外资乐器会员公司的信息沟通，为推动中国乐器市场发展做出应有贡献。山口静一总经理感谢中国乐器协会来访，向协会领导详细介绍了雅马哈萧山、杭州、天津等各公司在中国钢琴及管乐市场的业务发展情况，表示雅马哈将努力为满足中国高端乐器消费者提供更好服务并大力开展音乐培训活动。

会谈后，安志理事长还向雅马哈赠送了《2011中国乐器行业发展报告》，并请山口总经理转达中国乐器协会对日本全国乐器协会梅村会长的问候，希望两国乐器行业加强交流与合作。

海南地区调研

12月14日～20日，中国乐器协会考察组一行赴海南、越南考察，以落实国家林业局委托开展的“野生动物保护管理项目”，即“蟒蛇人工繁育试点”。按照国家林业局关于2011年项目任务书的要求，一是开展蟒蛇人工繁育科学研究，评估其现有养殖规模、技术和发展趋势；二是对种源引进及饲养实施科学评估和管理，对国外种源渠道进行考察论证，以有计划地引进、补充种源。

1、了解项目进展现状，掌握国内蟒蛇人工繁育

养殖第一手资料

考察组首先到海南蟒蛇基地调研。海南东盛弘蟒业科技股份有限公司总经理林明栋和有关领导陪同考察。考察组先后到公司养殖基地、合作社农户养殖点、蟒蛇综合加工厂、皮革加工厂和研究所进行调研。

在公司蟒蛇养殖基地，考察组看到一排排蟒蛇养殖房和两栋楼房的养殖区，蟒蛇正处于20℃以下不进食的冬眠期，基地院子里还放着不少养着田鼠的笼子，这是蟒蛇最好的饲料。负责人郜经理介绍，海南东盛弘的蟒蛇养殖基地分为公司自己的养殖场和紧密合作的农户养殖合作社，最大的养殖场存栏1万多条蟒蛇，同时承担蟒蛇繁殖孵化工作。农户养殖合作社一般每户养300～500条，现有300多户，2011年存栏6万多条，农家养殖户年均收入3万元以上，在海南文昌地区拉动了上千人的就业。随后考察组来到水昌村蟒蛇养殖户谭先生的养殖场，谭先生已经养了近10年的蟒蛇，他的养殖场主要饲养小型蟒蛇，存栏3000余条。为了提高蟒蛇养殖质量，他的养殖房仍保持较高的温度，蟒蛇没有冬眠，这样有利于蟒蛇快速成长。考察组还参观了位于花田村的蟒蛇加工厂，车间墙上挂着蟒皮加工操作规程、蟒肉加工流程和蟒胆加工流程。郜经理告诉安理事长，这个加工厂年加工能力2万条蟒蛇，有健全的管理制度，原先基本是手工操作，现在投入了部分设备，加工质量明显提高。

在项目深加工的皮革加工厂，公司总经理林明栋介绍了蟒蛇深加工的情况，蟒皮除了挑选一部分作民族乐器二胡以外，可以做皮带、皮包和工艺品，产品附加值较高，蟒胆、蟒油可以做药材，蟒肉可以深加工，可以说蟒蛇浑身都是宝。林总提到，国际上对野生动物保护的目标要求是“野生物种自然增长”，为此海南东盛弘公司于2011年一季度，将1000条人工饲养蟒蛇配戴科学跟踪芯片后，在三亚哑诺哒热带雨林放归自然。当时，国家林业局的领导、各界人士和各大媒体到场，引起社会的关注。林明栋说，公司每年繁育养殖蟒蛇6万条，已形成了科研、繁育养殖、加工为一体的综合性科技创新型企业，摸索了一条由进口种源到自己集中繁育养殖和农户合作社分散养殖相结合、科研开发与深加工协调配套的可持续发展道路，蟒蛇深加工产业链已经形成。2012年公司将在海南三亚地区发展紧密型农家蟒蛇养殖合作社，将蟒蛇养殖市场化，科研先行，实现深加工规模化。随后，考察组深入一线和农户详细地了解了蟒蛇人工繁育养殖情况。

2、寻根求源，把握国外蟒蛇繁育养殖新动向

12月16日～21日，考察组一行赴越南考察。越南是世界上人工繁育蟒蛇最成功也是规模最大的国家，由于地处热带气候，十分适合蟒蛇繁育生长。

在海南东盛弘公司越南办事处邢福斌经理陪同下，考察组首先拜访了位于胡志明市天吉镇的盛黄江有限公司，高陈盛总经理热情地接待了考察组。高陈盛先生从2001年开始养蟒蛇，现从小到大养着几千条蟒蛇，蟒蛇养殖加工规模是当地最大的。近年来，供欧洲客户做皮制品的订单需求量增长很快，价格也在上涨，而用于出口到中国做乐器的“中国皮”仅占总量的10%。2011年的生意很好，尤其是出口意大利的蟒皮。现在是蟒蛇的交配期，种蟒要经过精心挑选，一是健康，二是皮色、花纹鲜艳好看。一条公蟒配两条母蟒，交配后两个月左右产卵，母蟒孵卵也要两个月。一条20公斤的母蟒一次产蛋20～30个，30公斤的母蟒可产40多个蛋，只要照顾的好，小蟒成活率很高。考察组看到种蟒大棚里每个蟒蛇笼都有明确的标签，注明交配日期，预计产卵期，大棚整洁干净，通风条件很好。高陈盛先生说，这里一年四季温湿度很好，适合蟒蛇生长。再往南部的金瓯地区更好，那里的农户70%都养蟒蛇，就跟家家养宠物一样。

看完养殖区，我们来到加工车间，两个工人正在加工蟒蛇，8～9条蟒蛇分别扎成三节，然后充气挤压，剥皮晾皮，蟒肉打卷冷藏。另有几个工人忙着剪裁和检查蟒皮的质量。一般一两年的蟒蛇皮长度有3米左右，蟒蛇皮一延米约200元人民币，乐器用的蟒皮要求高，价格贵一些，乐器用蟒皮要3年以上的蟒蛇才行。

高陈盛先生是个很有远见的老板，不仅规模化养殖加工蟒蛇，还定点收购附近农户的蟒蛇，成为当地最大的出口贸易商。

考察组参观完盛黄江公司之后，又参观了三家蟒蛇养殖户。一户中等规模的，她家养了近100条蟒蛇。

在考察过程中东盛弘公司越南办事处的邢福斌

经理向考察组详细地介绍了越南繁育养殖蟒蛇的情况。越南一年出口蟒蛇皮12万～15万张，大部分是出口欧洲做皮制品的“意大利”皮，10%左右是出口中国做二胡的“中国皮”。目前，世界上蟒蛇人工繁育养殖成功的只有越南。越南有很成熟的繁育养殖经验，除了自然环境之外，他们在种源挑选、繁育养殖方面有很多好经验；养殖过程中饲料的选择、合理的用药和科学加工等方面也都很有特点；加上越南政府给予很多优惠政策，如：发放出口许可证、低税收等，使越南很快形成了蟒蛇养殖、销售的产业链。越南南部地区有几家养殖上万条的规模化养殖场，但更多的是仅有几百条的养殖户，基本上是专业公司与农户养殖两种模式。2011年我国大约从越南进口人工繁育养殖蟒蛇皮7000余张，其中东盛弘公司占50%。但是，由于越南养殖蟒蛇是私人企业和农户，没有专门的研究机构，各方面的经验需要一定的时间收集整理，东盛弘驻越南办事处的主要任务之一就是收集和整理市场和技术信息。

3、资源保护，生态平衡与民族乐器传承发展

据不完全统计，2010年国内生产民族乐器二胡的企业约110家，加上家庭作坊合计近300家，年产二胡26.7万把。按每张蟒蛇皮约可做20把二胡计算，加上中胡、三弦和手鼓等产品，一年我国乐器用蟒蛇皮约3万张，如全靠进口需花费上亿元人民币。十多年来，在国家林业局大力支持下，海南东盛弘科技公司积极开展人工繁育养殖蟒蛇项目取得了可喜的成果，不仅缓解了民族乐器二胡生产的材料紧缺问题，为民族乐器生产和传承打下了良好基础，而且在蟒蛇加工和综合利用方面，如蟒皮制品、医药、食品等领域进行了深入研发和一定规模试产。

国家林业局、国家工商行政管理总局从2004年起对利用蟒蛇皮做二胡的生产企业实行定点生产标记化管理的办法，使我国二胡生产在国家政策许可下，呈现出健康的发展态势。从近年来协会受国家林业局委托开展的对蟒皮进口、生产和销售的调查情况看，行业骨干企业基本上认真实行了二胡蟒皮使用标记管理，但也有部分二胡制作企业没有执行标记管理规定。此外，从东南亚走私野生蟒蛇皮现象还时有发生。通过此次深入考察，考察组拟提出三点建议供业内参考。一是要处理好科研开发与生态平衡的关系。乐器行业应大力支持国家扶持的人工繁育养殖基地，目前，中国乐器协会正积极探讨建立行业性科研创新基地（实验室）的试行办法，海南东盛弘科技公司也十分愿意为乐器行业提供更多的服务。但此科研项目还面临自然放养、种源优化等课题，开发利用和自然生态平衡还应继续投入人力、物力去工作，同时也需要行业及社会更多的关注；二是处理好投入产出与合理利用的关系。东盛弘公司每年养殖蟒蛇仅饲料就要投入3000万～4000万元，成本是很高的。如果蟒皮只供二胡使用，项目难以健康深入开展。为此，东盛弘公司开发了医药、蟒皮制品等深加工产品。然而乐器行业的分级选用、优质优价和综合利用也十分重要。前些年拟在乐器行业制定并推行的蟒蛇皮分级技术及价格参数指导意见就是一项很有意义的工作；三是处理好政府监管和企业自律的关系。目前从市场源头看，仍有一些企业没有自觉执行国家关于野生动物管理规定，采购走私蟒蛇皮，产品标记管理也还存在一定问题，市场监管也存在力量不足、监管不严的问题。在这种情况下，一方面需要加强国家对市场的监管力度，另一方面乐器行业、企业也需要提高法律意识，加强经营自律。处理好以上三个关系，是实现自然资源保护和乐器文化传承的重点所在，也是业内有识之士共同努力的目标。

2011年中国乐器协会国际交流与合作

1月

1月12日，应美国国际音乐制品协会（NAMM）邀请，中国乐器协会秘书长曾泽民一行2人参加该协会在阿纳海姆举办的“2011 国际乐器联盟会议”。来自亚洲、欧洲、北美洲、南美洲、大洋洲等国家和地区共三十余位乐器协会领导和国际著名乐器公司代表出席本次会议。美国《音乐贸易》、巴西《乐器市场》等国际乐器媒体也应邀参加会议。本次会议议程分为主题论坛、专题报告和各协会陈述三大部分，内容丰富，衔接紧凑。国际音乐制品协会专门组织小组论坛，特别邀请国际音乐理事会和国际音乐教育学会的代表，请他们与乐器行业代表共同建言献策，不仅就共同关注、关心的问题充分交换看法，还就各国乐器行业协会、国际音乐教育组织在衔接政府、服务企业，克服文化差异，更好发挥作用等方面进行了热烈讨论。

西班牙乐器协会会长胡安•格雷科斯、德国乐器制造商协会会长格哈德•梅诺、加拿大乐器协会秘书长芭芭拉，分别围绕西班牙吉他产业、德国校园创意音乐活动普及、音乐师资培养和加拿大乐器市场现状在会上做了专题报告。最后，美国、中国、英国、法国、匈牙利、澳大利亚、巴西、斯洛文尼亚、意大利等国家和中国台湾地区乐器行业代表就过去一年来的乐器市场发展形势和未来一年的工作打算向与会代表做了简要发言，曾泽民秘书长在会上就2010年中国乐器行业发展总体情况和2011年的工作要点向与会代表做了发言。

国际乐器联盟会议期间，中国乐器协会秘书长曾泽民、外联主管常杰与美国、加拿大、巴西、意大利等多个国家和中国台湾地区的乐器协会会长、秘书长等进行了友好交流，通过多边国际乐器行业平台进一步密切了中国乐器协会与国际乐器行业组织的沟通和交流。

1月13日，以曾泽民率领的中国乐器协会代表团一行14人参观考察NAMM乐器展览会，并与参展的中国乐器展商亲切交谈、详细了解市场和参展情况。北京乐器研究所所长张振启、上海乐器协会会长陈惠庆、上海国际展览公司副总经理吴国斌、福州和声钢琴公司总经理池家森、副总经理林建忠、北京华清乐器公司总经理沈雯燕、副总经理肖薇、北京育鹏乐器琴行总经理张振州、北京卡丹萨钢琴公司总经理张庆海等一同参观考察。

本届NAMM展乐器和音响参展商共1417家，其中247家为新展商，中国参展商总计120家。注册观众总计90114人，同比增长3%，其中国际观众10400人，同比增长2%。展品乐器、音响门类齐全，约45%是音响展商。国际知名品牌和公司云集展会，期间有大量新产品、新技术推广活动和多种多样的商贸活动。《今日美国》、《纽约时报》、“美国有线电视新闻网”等美国国际媒体从“行业发展风向标”、“美国中小企业的知识产权保护”等不同角度报道了本届展览会。

1月13日，中国（上海）国际乐器展览会三家主办方在美国阿纳海姆召开了2011年展会碰头会。中国乐器协会秘书长曾泽民、上海国际展览中心有限公司副总经理吴国斌、德国法兰克福展览公司副总裁可莉•范•金等三方负责人参加会议。会议着重就2011年度中国（上海）国际乐器展览会十周年策划、筹备工作进行了细致讨论，并就框架性问题充分交换意见并达成初步共识。各方表示，会议结束后，将做好国内外展商招展、各项活动策划以及十周年庆典方案等多项工作。

1月13日下午，中国乐器协会、上海国际乐器展览中心有限公司以及法兰克福（香港）展览公司等上海国际乐器展览会三家主办方与展会国际合作伙伴美国国际音乐制品协会举行专题会议，详细讨论2011年上海乐器展期间“NAMM大学论坛和课程”的形式和方法。

各方一致表示，NAMM大学课程举办5年来，参加人数不断增加，活动知名度有了明显提高，对中国乐器参展商和观众的经营理念和运营方法，起到很好的交流推广作用。2011年度NAMM大学论坛和课程应在去年成功举办的基础上，从中国乐器行业发展的新形势入手，如增加电子商务、网络营销等课程，选准主题，做好嘉宾邀请，再次成为一次成功的活动。

13日下午，中国乐器协会秘书长曾泽民一行应邀与美国专利商标局中国组负责人苏珊女士等会谈，双方并就中美乐器行业知识产权保护相关问题交换了意见。曾泽民就中国乐器行业知识产权保护及在上海乐器展览会期间保护知识产权的做法和效果向美方做了具体介绍，并细致回答了美方关切的专利商标问题。近年来，随着国际乐器企业间的商贸往来密切，美方希望今后和中国乐器协会在涉及中美乐器企业知识产权保护上加强交流，保持知识产权信息的日常沟通，在此基础上建立完善和切实可行的工作模式。

1月12日，中国乐器协会考察团一行拜访了阿纳海姆会展中心附近的富勒顿琴行(Fullerton Music Center)。这是一家拥有60年历史的家族式琴行，乐器产品非常丰富，各大门类应有尽有，琴行音乐教育颇具特色，每周有500多名学员来琴行学习乐器，授课老师大多是当地知名的演奏家和音乐家，培训课程包括钢琴、管乐、打击乐、吉他、电声乐、声乐等等。琴行还设有小型演奏厅、音乐教师交流角，系统的教学、销售体系和人性化的管理方式相得益彰。

1月18日，中国乐器协会代表团在美国结束NAMM展会考察和琴行调研后前往加拿大多伦多，参观了多伦多科斯玛琴行（Cosmo Music）。

该琴行创办于1968年，是一个乐器销售和音乐培训学校兼营的大型乐器卖场，是加拿大最大的琴行之一，两层面积约5000平方米。商品分乐谱、鼓乐、电子乐器、管乐、弦乐器、吉他和钢琴七大展区，每个展区都有专业人员导购和服务，乐谱从初学者到专业学习用书分门别类，品种齐全。

4月

4月6日至9日，齐建平副理事长率中国乐器协会代表团赴德国考察2011年法兰克福国际乐器展览会，走访了广州珠江钢琴集团股份有限公司、宁波海伦钢琴公司、泰兴凤灵乐器有限公司、天津津宝乐器有限公司、南京摩德利钢琴公司、北京华东乐器有限公司等多家会员企业展位，就参展情况以及今年乐器行业的走势，与各会员企业进行了密切而广泛的交流。

展会期间，法兰克福展览（上海）有限公司总经理沙怡文及法兰克福（香港）有限公司Judy热情接待了齐建平一行。会谈中，双方对一直以来的合作表示满意，并表示将继续保持密切联系。齐建平详细了解了本届法兰克福乐器展的办展情况以及展会所反映出的行业发展态势，并非常关心金融危机后，中国参展企业的参展情况。最后，双方还就今后进一步加强合作等事宜交换了意见。

4月，中国乐器协会副理事长齐建平一行，在参加2011法兰克福国际乐器展览会，顺访波兰，拜会了波兰商会，双方就两国的乐器制造及贸易等问题交换了意见。与齐建平副理事长同行的还有上海国际展览中心有限公司副总经理刘丽瑛、项目经理戎晓娴以及项目主管施先之等。

4月14日，中国乐器协会理事长安志在京亲切会见了印度达沃斯沃德展览公司总经理安尼尔，双方进行了友好交流。曾泽民秘书长、副秘书长兼信息部主任丰元凯参加会见。安志理事长表示，印度人口众多，近年来经济快速发展，乐器市场具有很大发展潜力。为促进两国乐器行业间友好往来，协会决定组织中国乐器协会代表团赴孟买参观2011年印度乐器展，以进一步增进双方交流合作，为扩大音乐人口、发展乐器市场做出积极贡献。中国乐器协会重视与印方合作，及时在行业网站、杂志上对印度乐器展进行宣传、报道，此次协会除组团参观展会外，还将参观印度有代表性的乐器琴行，为双方今后深化合作打下基础。

6月

6月1日，中国乐器协会副理事长齐建平、钢琴调律师分会会长冯高昆，在北京前门建国饭店会见并宴请美国钢琴技师国际关系委员会委员陈凤声等一行6人。这是中美两国钢琴调律师协会首次接触并举行会谈。双方相互介绍了各自钢琴调律师协会组织概况，并一致表示中美两国都是钢琴调律师开展活动比较集中的国家，双方有许多共同之处，有许多地方需要相互学习，相互促进。中美两国钢琴调律师密切合作，加强经常性来往，必将促进世界钢琴调律师事业更大发展。要以这次会面为契机，不断加强中美钢琴调律师组织的联系与沟通，共同开展有助于推动世界钢琴调律技术的各项活动。会见之后，双方交换了各自协会的有关资料，齐建平副理事长将最近出版的《钢琴调律师培训教程》赠送给美国钢琴调律师协会。

据悉，美国钢琴调律师协会是世界上拥有会员数量最多的地区性钢琴调律师组织之一，每年召开一次全国性钢琴调律师会议，参加人数有上千人之多，会议内容丰富而有成效。半年以前，该组织通过电子邮件方式与中国乐器协会开始建立联系，并在《中国乐器》杂志上发表文章，全面介绍了美国钢琴调律师协会活动与考级办法，使中国钢琴调律师对美国调律师的活动情况以及先进的钢琴调律技术有了更深的了解。这次美国调律师协会是参加即将在台湾举行的2011年钢琴调律师技术交流活动之前，特别安排的一次来华考察交流活动。美国钢琴调律师协会一行除与中国乐器协会建立关系之外，还在北京、宁波、广州等地参观了北京星海钢琴集团公司、中国海伦钢琴有限公司和广州珠江钢琴集团有限公司。

6月2日至4日，由印度达沃斯沃德展览公司主办的印度孟买灯光、音响和乐器展览会在孟买会展中心举办。应印方邀请，中国乐器协会代表团一行7人赴印度孟买参观该展会。代表团成员有：中国乐器协会综合业务部主任刘金荣、外联主管常杰、河北秦川文体有限公司总经理秦川、天津津宝乐器有限公司副总经理刘运波、河北华声乐器有限公司董事长张明健、北京乐延乐器有限公司总经理田恩广。

2011年是孟买乐器展举办第十一届，共136家展商参展，展出总面积约1.5万平米，分为乐器、专业灯光音响两个大馆。作为印度乐器行业唯一的展览会，吸引了来自印度各地的展商前来参展，观众熙熙攘攘、络绎不绝。除印度本土展商外，不少由印度一流琴行代理的施坦威、埃塞克斯、波斯顿、雅马哈、罗兰、珠江、珍珠、美派司等国际知名乐器品牌赫然在列。

6月3日，在印方精心安排下，中国乐器协会代表团一行7人冒着酷暑在孟买参观了5家乐器零售店，既有相当规模的龙头琴行，又有作坊式商铺。此次孟买乐器展上，展出面积最大的乐器展商是Furtados琴行。在展位上展出的乐器产品玲琅满目，档次较高。展会后，代表团一行专程来到该琴行在孟买的旗舰店进行重点调研。

创办于1865年的Furtados琴行是印度最知名的琴行之一，已有146年的经营历史。截至2011年，该琴行在新德里、班加罗尔及其他主要城市设有19家门店，所经营的音乐制品类别基本涵盖音乐制品行业各门类乐器。Furtados琴行注重与时俱进，目前是印度首家也是唯一一家网络乐器零售商。在琴行所开办的音乐学校中，还引入世界一流的乐器教学软件，为学生提供更好的学习条件。该琴行不仅经营理念超前，管理模式专业，而且在普及音乐教育，积极承担社会责任等方面做出了卓越贡献。

10月

10月10日，为更好了解中国乐器协会外资会员企业的服务需求和发展情况，2011中国（上海）国际乐器展览会召开前夕，中国乐器协会理事长安志一行走访雅马哈乐器音响（中国）投资有限公司，并与公司总经理山口静一、科长佐佐木庆和座谈。协会秘书长曾泽民一同参加会见。

安理事长对雅马哈公司长期以来大力支持上海乐器展表示感谢，表示将加强与雅马哈等外资乐器会员公司的信息沟通，为推动中国乐器市场发展做出应有贡献。山口静一总经理感谢中国乐器协会来访，向协会领导详细介绍了雅马哈萧山、杭州、天津等各公司在中国钢琴及管乐市场的业务发展情况，表示雅马哈将努力为满足中国高端乐器消费者提供更好服务并大力开展音乐培训活动。

会谈后，安志理事长还向雅马哈赠送了《2011中国乐器行业发展报告》，并请山口总经理转达中国乐器协会对日本全国乐器协会梅村会长的问候，希望两国乐器行业加强交流与合作。

10月12日，中国乐器协会与欧洲音乐产业联盟

（CAFIM）组织会谈及新闻发布会，并签订合作备忘录。

中国乐器协会理事长安志在会上讲话。中国乐器协会副理事长齐建平、电鸣乐器分会会长盛子斐、琴行分会会长黄茂强、副会长兼秘书长刘为明、上海国际展览中心有限公司副总经理吴国斌、中国乐器协会法律顾问翁才林律师等中方代表参加会议。会议由中国乐器协会秘书长曾泽民主持。

来自德国乐器制造商协会（BDMH）、捷克乐器协会（AVHN）、意大利乐器零售商协会（DismaMusica）、法国乐器协会（CIFS）、法国布菲管乐器公司、捷克佩卓夫钢琴公司、德国文德隆管乐公司、英国丹尼斯管乐器公司等欧洲乐器行业协会、国际乐器公司等共11位欧洲音乐产业联盟代表参加本次会议。

本次会议为今后中国乐器协会与欧洲乐器行业的合作打下了良好基础，双方一致表示，今后将以备忘录为基础，为双方成员国会员提供更好服务，促进中欧间乐器行业的交流合作。

10月13日，巴西乐器协会主席科斯塔先生专程拜访中国乐器协会，安志理事长热情接待了巴西客人。应客人要求，次日由中国乐器协会组织部分骨干企业与巴西乐器协会座谈。座谈会由中国乐器协会秘书长曾泽民主持。曾泽民代表中国乐器协会欢迎科斯塔来访。他表示，中国和巴西同为世界新经济体，两国乐器市场互补性较强，有着广阔的合作空间，中国乐器协会重视与巴西乐器行业的合作与交往。

成都川雅木业有限公司总经理张华君、河北金音乐器集团总经理陈学孔、得理电子乐器集团总裁郑荃文、北京华东乐器有限公司外贸部经理李新颖、天津津宝乐器公司总经理刘运斌、江阴金杯乐器公司总经理时建明、江苏奇美乐器公司外贸部经理陈杰等参加座谈，向巴西客人介绍了各自公司概况和产品特色，表示将为巴西校园乐器市场提供更多更好的中国乐器。

12月

12月14日-20日，中国乐器协会理事长安志一行赴海南、越南考察，目的是落实国家林业局委托的“野生动物保护管理项目”，即“蟒蛇人工繁育试点”。按照国家林业局关于2011年野生动物保护任务书的要求，一是开展蟒蛇人工繁育及科学研究评估其现有养殖地规模、技术和发展趋势；二是对种源引进及饲养实施科学评估和管理，对国外种源渠道进行考察论证，有计划地引进、补充种源。

分支机构活动

琴行分会赴香港参观考察

2月24日～26日，应香港俊文乐器贸易公司邀请，中国乐器协会琴行分会会长黄茂强，副会长秦川、周宝强、刘为明、莫蓓茜、何浩、姚广生、张振洲等一行10余人，赴香港参观考察，中国乐器协会名誉理事长王根田也应邀参加活动。

在港期间，琴行分会一行参观访问了俊文乐器贸易公司，并与董事长许俊文就俊文乐器与琴行分会加强合作问题进行了广泛深入的沟通。25日晚，琴行分会一行参加了俊文乐器贸易公司举办的2011年春茗晚会，在港的乐器、音乐、教育等社会各界以及来自内地的乐器企业代表近500人参加活动，晚会自始至终充满了和谐、欢乐的气氛。

在港期间，琴行分会一行还参观了青苗琴行，与董事长黄伟达博士进行了亲切友好的座谈与交流。

此活动是内地琴行业首次与香港同行广泛接触与交流，充分体现了内地与香港乐器界的团结、友谊与合作精神，表达了中国乐器做大做强的共同愿望。

电鸣乐器分会换届工作会议在北京召开

3月20日，电鸣分会换届工作会议在北京召开。中国乐器协会理事长安志、秘书长曾泽民也参加了此次会议。

换届工作会议的议题有：1、汇报上届分会的主要工作；2、选举新一届分会会长副会长、秘书长；3、讨论新一届分会主要工作。

会议首先由盛子斐会长总结上届电鸣乐器分会情况，认为电鸣乐器分会各会员单位在技术创新、品牌建设和知识产权战略等方面做了大量工作，行业产品及技术水平有了显著提升。分会坚持开展各项有意义的活动，进行行业交流与合作，收到较好效果。

会议经过无记名投票，得理乐器集团副总裁盛子斐继续担任电鸣乐器分会会长，同时提名的副会长单位和秘书长名单也得到与会代表的一致同意。会议特别就原副会长单位北京乐器研究所主动提出将副会长名额让给企业的建议表示理解，并对多年来北京乐器研究所对电子乐器行业发展的贡献表示衷心感谢。

对于新一届分会领导班子的工作，盛子斐会长认为首先要针对以往工作的不足，今后要在行业理念、团队文化，乐于奉献，善于创新三方面进行改进；其次是完善分会组织，健全秘书班子，更好地开展分会活动；再有就是在活动的组织上要有针对性，尽量做到少而精。

与会代表先后对分会工作建言献策，具体到2011年的工作，一致同意继续开展和扩大厂商联谊会；同其他分会组织（例如琴行分会）联合开展活动；积极筹备上海乐器展十周年庆典活动等。

会议同意扩大音响企业的联系与合作，并推荐东莞亿达电子有限公司为电鸣分会副会长单位。

琴行分会2011年工作会议在北京召开

3月20日，中国乐器协会琴行分会2011年工作会议在北京召开。中国乐器协会理事长安志、秘书长曾泽民、副秘书长丰元凯参加了此次会议。会议由琴行分会副会长兼秘书长刘为明主持。

此次会议主要围绕琴行分会2010年度工作总结、分会建设情况和2011年拟开展的各项活动准备情况等议题展开。

会议首先由琴行分会会长黄茂强做2010年度工作总结报告。黄茂强首先感谢中国乐器协会各位领导一直以来对琴行分会的关心与支持，他表示，在协会的指导下，分会各负责人按各自分工积极做好各项工作，组织召开了以交流音乐教育、扩大乐器市场为主题的石家庄会议和一系列行业交流活动；各单位在营销创新、音乐培训、文化推广活动和上海乐器展琴行论坛等方面做了大量工作，取得良好成效。但工作中也存在一些不足，今后还需要不断的总结和改进。

听取黄茂强的工作总结后，理事长安志表示，琴行分会自成立以来，坚持开展各项活动，大力发展会员，分会的凝聚力不断提升，社会影响力逐步扩大。特别是上海乐器展同期召开的琴行论坛，聚拢了大量人气，探讨了很多业内广受关注的问题，对规范行业、提升水平起到了很好的推动作用。

随后，会议集中讨论了2011年琴行分会活动及琴行论坛的筹备情况，并就今后分会发展会员的办法和加强沟通与活动规范化管理等方面展开了积极而热烈的讨论。

口琴专业委员会五届二次会议在上海召开

5月19-20日，中国乐器协会口琴专业委员会五届二次会议在上海青浦举行。

参加此次会议的单位有：上海口琴总厂、上海国光口琴厂、江苏天鹅乐器有限公司、江苏奇美乐器有限公司、江苏东方乐器有限公司、上海兰生豪呐乐器有限公司、无锡铃木乐器有限公司、江阴激扬乐器有限公司、天津通宝乐器有限公司、上海国兴乐器有限公司、上海新效铜材厂、浙江海盐东方口琴厂、上海凯恩乐器有限公司、江苏兄弟乐器有限公司、江苏孔声乐器有限公司等15家口琴生产企业。浙江河姆渡电器塑料厂、江苏金坛市河头工艺纸品厂、江苏海门标准件厂、江苏千灯纸盒厂、浙江湖州、温州等单位作为口琴行业的配套加工单位列席了会议。口琴专业委员会五届二次会议是历年会议中参加单位最全和人数最多的一次会议。中国乐器协会齐建平副理事长也出席了会议。

会议由陈红梅副会长主持。蒋林森会长传达了中国乐器协会今年3月在北京召开的六届三次（理事）扩大会议精神，周伟义秘书长汇报了专业委员会2010年工作小结和2011年的工作要点。

口琴专业委员会各单位在会上作了交流发言。上海兰生豪呐乐器有限公司介绍了成立十多年来，每年为德国豪呐公司提供和制作了大量的定牌口琴，在制作过程中不断提高生产技术和产品质量，而且口琴的出口检测均通过了欧盟和美国的标准。江苏奇美乐器有限公司介绍了与假冒伪劣行为做斗争，在打假中维护企业合法权益，实施企业知识产权战略；江苏天鹅乐器有限公司在创品牌中重视企业申请发明和实用新型专利；江苏东方乐器有限公司采用冲制新工艺和对口琴设备的技术改造、资金投入，并提出了在行业中联手对口琴机器设备的改造建议。许多单位的发言对到会代表启发很深。会议还向与会单位通报了《口琴》和《校音器》标准修订的编制说明。会议对新一届口琴专业委员会所做的工作进行了讨论并予以肯定。会议还重点讨论了根据目前劳动力成本增加及主要原辅材料价格不断上升的趋势，需要我们重新认定口琴的市场定位。大家还面对改进口琴的技术工艺，提高口琴制作生产的自动化程度和新技术、新设备的运用展开了讨论，大家认为要不断提高口琴产品质量和价值，以保证口琴行业生产口琴所应该得到的效益。口琴专业委员会应发挥专业组织的作用，开创既有行业内部的紧密团结，又有行业的分工协作，既有市场竞争，又有和谐统一的良好新局面。口琴专业委员会要尽可能推荐更多的口琴企业加入中国乐器协会，成为新会员，要更多的与行业进行沟通和了解，更多的为行业团结、健康和谐发展做出贡献。

齐建平副理事长认真听取了大家对协会和专业委员会的工作意见和建议并在会上讲话，对口琴专业委员会的工作给予肯定并提出希望和要求。希望口琴专业委员会能团结更多的相关企业来参与开展活动，能在合作模式上有所创新，中国乐器协会将支持口琴专业委员开展有利于行业发展的各项活动。

会议期间代表们还参观了上海兰生豪呐乐器有限公司。

五届二次会议是由上海兰生豪呐乐器有限公司负责会务工作，代表们对会务的精心安排和周到服务表示感谢。会议决定于2012年5月在江苏靖江由江苏天鹅乐器有限公司承办五届三次会议。五届二次会议是在中国乐器协会领导的直接关心、支持和指导下，在各口琴专业委员会会员的共同努力下召开的，会议希望口琴行业和谐团结、为口琴行业的健康发展而努力。

吉他专业委员会二届三次会议在广州召开

5月20日，中国乐器协会吉他专业委员会二届三次会议在广州召开。会议由吉他专业委员会会长、上海奋达乐器公司总经理成民根主持。中国乐器协会理事长安志、副秘书长丰元凯应邀出席会议。

参加本次会议的有广州红棉吉它有限公司董事长何志强、四会华凯乐器公司总经理黄志康、广州吉声琴业公司总经理梁泽敏、河北金音乐器制造有限公司经理周俊岭、江苏大风乐器公司董事长徐宝华、广州埃士顿乐器有限公司经理助理颜敏清、广州传音公司董事长苏常青、广州新艺宝乐器有限公司销售经理赵志毅、深圳伏荣科技有限公司外贸经理李卫、潮安县吉星乐器有限公司总经理成国器、佛山三水区美莱迪乐器有限公司副总经理梁均强等吉他厂商。会议由广州红棉吉它有限公司承办。

会议安排一天，到会的各吉他企业进行了工作交流，分别介绍了近年来吉它市场形势和企业发展状况。吉它专业委员会会长成民根首先介绍了当前吉他行业面临的生产经营形势。之后，广州红棉吉它有限公司董事长何志强、广东四会华强乐器有了公司董事长黄志康、广州吉声琴业公司总经理梁泽敏、徐州大风乐器有限公司徐宝华等也即席介绍了企业生产经营状况以及如何面对市场的激烈竞争走出企业新路的观点。

随后，中国乐器协会理事长安志讲话，他代表协会领导感谢吉他专业委员会各企业对行业工作的支持，对吉他专业委员会近年来所作的工作给予充分肯定。安志说，吉他专业委员会近年来作了大量富有成效的工作，企业之间是十分团结的，企业的团结是促进吉他产业发展不可忽视的重要因素。希望吉它专业委员会进一步加强行业的协调工作，多做一些为企业服务的工作，以后的会议可以事先准备好一些具有全局性、代表性的共性问题拿到会上来深入研讨，力求提出解决的办法。

安志认为，我国乐器行业普遍存在的问题，主要是“大而不强，小而全”。一些企业主要还是靠投入，靠扩张规模来发展，虽然速度很快，但效益质量存在问题。当前国际环境和经济形势正在发生着深刻的变化，面临复杂多变的形势，我们的企业领导要多思考，多学习，多交流。一定要在理念和观念上跟上形势。

安志提出了几点希望和建议，一是要注重自主品牌的建设；二是资源的整合。当前中国虽然是世界上最大的乐器生产国，但我们的企业与跨国乐器公司相比，差距很大，可以考虑通过整合形成若干个行业的龙头企业，其它的为配套企业，这样整体实力就会提高；三是注意国内市场的开发，过度依赖出口是有很大风险的，要在巩固国外市场的同时，把更多的精力放在国内市场的开发上；四是企业家要加强学习，要使自己的思维观念符合国际形势和国家产业政策，要研究农民工的心理变化，一代农民工注重温饱，二代农民工要求有娱乐和享受，我们企业家的企业管理理念也要变化。企业的管理模式要有前瞻性，应当有一种为员工创造幸福的管理思维，只有这样，员工才能把所有潜能发挥出来，我们企业才会得到更大的发展。

安志最后表示，协会是会员企业的家，协会的命运是与企业兴衰紧紧联系在一起的，如果说协会做了一些有益的工作，也是企业支持的结果，希望企业随时对协会的工作提出建议、希望和批评，使中国乐器协会工作不断地改进，不断提高。

各企业在交流中一致认为：中国是世界最大的吉它生产国，占世界吉他产量的75%，当前国际吉他市场十分活跃，外商订单供不应求，尤其民谣吉他需求大幅上升，2010年以来，随着吉它市场的变化，国内吉他生产企业增加了50家左右，但影响吉他市场健康发展的瓶颈十分突出，主要是人民币升值、原材料价格上涨、招工难及假冒产品扰乱市场等。为了解决当前吉它行业存在的问题，必须走技术进步和创新道路，打造具有自主知识产权的著名品牌。

与会代表们认为，吉他行业目前面临的问题，一是在全球金融危机的环境下，贸易保护主义抬头。如：2011年4月美国将开始实施2010年通过的《雷斯法案》（Lacey Act）。这部有关野生动植物保护的法案将保护范围扩大到了美国以外地区非法采伐的植物和树木。二是中国乐器生产目前处于全球产业链的中低端，加工方式大部分采取贴牌生产、产品质量处于中低档。三是近年来受人民币升值、新劳动合同法实施、劳动力成本上升和税负加重等因素影响制造成本大幅上升，“中国制造”的成本优势受到了一定的冲击，给吉他制造业带来了较大的压力。

与会代表对解决问题的建议：一、引导产业优化升级。组织开展职业技能培训，帮助企业培育人力资源，协调“产学研”的技术开发体系（制造-教演-研发），积极推进产业技术进步，从而实现促进产业结构优化，提高产品附加值的目标。例如：加强吉他制造业和演奏界的联系，要在思想、内容、艺术、表现力方面，把握好乐器的内涵，让吉他乐手对吉他产品做出鉴定，提出改进要求，才能在中国做好吉它，提升产品的质量和档次。二、中国的吉它制造业要发展，要立足于世界，并有所作为，就必须走自己发展的道路，发展自己的品牌。企业要在激烈的市场中立于不败之地，也必须创造、培育自己的品牌产品，走高品质发展的道路，只要发挥自己的优势，培育自己的品牌，就能壮大自己的民族产品，持续稳定地发展。三、及时了解与乐器产业相关的国家经济政策，使企业能够按照国家相关经济文化政策对企业发展目标、规划作出调整。如配合国家实施扩大内需、转变经济增长方式、文化产业大繁荣大发展等战略方针的贯彻，同时争取国家更多的政策支持。

会议期间，全体与会代表参观了广州红棉吉它有限公司的合资公司广州埃士顿乐器有限公司，对广州红棉吉它有限公司近年来取得的成绩予以积极肯定。大家一致表示，当前形势为中国乐器行业所带来的任务是：把握好难得的历史机遇，加快乐器经济发展方式的转变，作好产业结构调整的各项工作，使乐器行业不仅做大，而且要做强，早日创造出世界名牌乐器，满足国内日益增长的音乐文化的需求。

会议由成民根会长做总结，他对广州红棉吉它有限公司为吉他行业提供周到的会务安排和热情接待表示由衷的谢意，会议在团结、和谐而热烈的气氛中结束。

琴行分会一届四次理事（扩大）会议在江苏泰兴召开

6月2日，中国乐器协会琴行分会一届四次理事（扩大）会议在江苏泰兴凤灵乐器集团音乐厅隆重召开，中国乐器协会琴行分会会长、副会长以及来自全国各地的知名乐器销售单位代表，珠江、星海、海伦、凤灵、吟飞、英昌、和声等部分乐器生产企业代表共200余人参加。中国乐器协会理事长安志、秘书长曾泽民应邀出席会议。

此次会议得到泰兴市委市政府领导的重视，市委常委、黄桥镇党委书记孙宏建，黄桥镇工业园区党工委书记孙群，黄桥镇副镇长钱春龙等领导到会。孙宏建在致辞中对来自全国各地的琴行和企业代表表示热烈欢迎，介绍了泰兴市经济、文化，特别是乐器行业的基本情况，阐述了泰兴市对文化产业高度重视的决心和信心。孙宏建表示，泰兴市将“学习借鉴全国乐器发展行业的成功经验和先进理念，把提琴产业与文化教育、文化创意、艺术培训、休闲旅游等相关产业同步发展，打造为全国规模最大，特色最强，效益最好的产业集群，更好地发挥乐器产业对我市经济社会发展的助推作用，为中国乐器事业做出更大贡献。”

建诚信企业、创百年品牌

上午会议的议程主要是听取琴行分会会长黄茂强关于一届三次理事会以来的工作报告；顾问单位代表讲话；为获表彰的2010年度品牌琴行颁发荣誉证书等。

黄茂强会长在报告中首先阐述了2010年我国乐器行业的情况，认为2010年是一个丰收年，也是调整战略、蓄势待发的一年。面对国家有关政策导向和市场实际，未来五至十年将是中国乐器行业更加繁荣进步的大好时期，我们要抓住机遇，顺势而行，加快发展。在发展中，我们也将面对市场对高端品牌乐器需求的增加以及日韩低价二手琴的冲击等问题。

中国的琴行业通过向欧美琴行业学习，借鉴他们先进的营销、服务理念，经营者宝贵经验的传承，在中国乐器行业的主流琴行里树立“创百年品牌”远大目标的思想是科学的和有现实意义的。

在报告中，黄茂强还提出建设一个受人尊敬的琴行业，需要最大限度团结众多琴行业主，携手并肩为这一目标共同努力。为此，琴行分会2011年首次开展了评选“品牌琴行”活动。品牌琴行应当承担更多的社会责任；具有强烈的道德约束力；提供有保障和放心的产品；积极塑造品牌形象，确立高远目标。

随后，广州珠江钢琴集团公司总经理李建宁、北京星海钢琴集团公司副总经理沈志刚、海伦钢琴公司董事长陈海伦、天津英昌乐器公司董事长韩镇洙、法兰山德乐器（上海）公司总经理陈德鹏、上海国际展览中心有限公司副总经理吴国斌等作为琴行分会顾问单位代表先后发表讲话，对广大琴行作为乐器与消费者的枢纽和中间环节发挥的重要作用，特别对于乐器行业发展所做的贡献表达感激之情，希望双方在真诚相待、互惠互利的基础上长期友好合作。

中国乐器协会理事长安志讲话，对此次会议的顺利召开表示祝贺，对首次获得品牌琴行的企业表示祝贺。安理事长认为会议工作报告很务实，并通过亲身经历的“出租车司机”、“看厕所的黑人老妇”和“传教士”的故事再次强调了“诚信”对于企业的重要，作为企业家，面对的是一个消费者群体，是整个社会，更要讲求诚信。

最后，安理事长强调企业要有感恩之心，要爱我们的客户、员工、合作者。只有互帮互助，互爱互敬才能把事业做好。特别是厂商之间如果真的能够做到真诚合作、互利共赢、团结一致，共同携手，乐器行业才能真正做到长远的健康发展。

会议还举行了“凤灵乐器集团2011年新品发布会”，“凤灵乐器”国内贸易部长钱军建向与会代表详细介绍了凤灵集团最新推出的产品特性并做了现场演奏。发布会还对2010年优秀代理商进行了颁奖，以表彰他们在凤灵乐器销售上所做的辛勤工作和取得的突出成绩；与部分代理商进行了合作签约仪式。李书董事长在发布会最后的讲话中对广大厂商的支持与合作表示感谢，并希望大家对于凤灵集团未来的发展给予更多的关注和支持。

跨界合作、厂商共赢

下午会议由琴行分会副会长兼副秘书长莫蓓茜主持，进行了以“跨界合作、厂商共赢”为主题的论坛。邀请李书、曾泽民、黄茂强、张喜鹏、刘为明、何浩、姚广生、佟伟彦、张蕾等八位嘉宾从各自的工作和擅长领域出发，对“合作”的概念进行了不同的阐述，激发了与会代表对这个话题的深思。主旨发言后，嘉宾和与会代表进行现场对话，大家共同参与论坛活动，对今后的乐器生产、销售企业之间的合作会有很好的启迪和促进意义。

此外，针对当前乐器销售的发展趋势，会议邀请全球乐器网总裁徐登朝进行“网络推广”专题讲座，全面深入地剖析了乐器生产销售企业，通过网络销售的不同途径以及各自的优缺点等。不仅提升了对网络推广的认识，也加强了对网络销售乐器的信心。

在上午理事会开始前，代表们还对凤灵提琴文化体验区、凤灵乐器博览馆进行了参观，深入体验凤灵的企业文化，特别是对于乐器博览馆给予了很高的评价，认为这是中国乐器界的首创，很震撼，同时也提出了怎样更好地充分发挥博览馆作用的思考。

此次琴行分会活动与骨干乐器制造企业联合召开，是一次大胆的尝试。琴行分会领导和承办方凤灵乐器集团精心准备，全身心投入，使整个会议日程安排紧凑，内容丰富，切合实际，得到与会代表的一致认可，取得了预期的效果。会议对于泰兴市委市政府、泰兴凤灵乐器集团给予的财力、人力、物力上的大力支持以及各个环节上周到细致的服务表示衷心的感谢。

钢琴调律师分会在京会见美国钢琴技师国际关系委员会

6月1日，中国乐器协会副理事长齐建平，钢琴调律师分会会长冯高昆在北京前门建国饭店会见并宴请美国钢琴技师国际关系委员会委员陈凤声等一行6人。这是中美两国钢琴调律师协会首次接触并举行会谈。双方相互介绍了各自钢琴调律师协会组织概况，一致表示中美两国都是钢琴调律师开展活动比较集中的国家，双方有许多共同之处，有许多地方需要相互学习，相互促进。中美两国钢琴调律师密切合作，加强经常性来往，必将促进世界钢琴调律师事业更大发展。双方表示，要以这次会面为契机，不断加强中美钢琴调律师组织的联系与沟通，共同开展有助于推动世界钢琴调律技术的各项活动。会见之后，双方交换了各自协会的有关资料，齐建平副理事长将最近出版的《钢琴调律师培训教程》赠送给美国钢琴调律师协会。

据悉，美国钢琴调律师协会是世界上拥有会员数量最多的地区性钢琴调律师组织之一，每年召开一次全国性钢琴调律师会议，参加人数有上千人之多，会议内容丰富而有成效。半年以前，该组织通过电子邮件方式与中国乐器协会开始建立联系，并在《中国乐器》杂志上发表文章，全面介绍了美国钢琴调律师协会活动与考级办法，使中国钢琴调律师对美国调律师的活动情况以及先进的钢琴调律技术有了更深的了解。此次美国调律师协会是参加在台湾举行的2011年钢琴调律师技术交流活动之前，特别安排的一次来华考察交流活动。美国钢琴调律师协会一行除与中国乐器协会建立关系之外，还在北京、宁波、广州等地区参观了北京星海钢琴集团公司、中国海伦钢琴有限公司和广州珠江钢琴集团有限公司。

钢琴调律师分会2011年常务理事会在杭州召开

7月8日，中国乐器协会钢琴调律师分会常务理事会在杭州召开。出席会议的有：分会会长冯高昆，副会长陈惠庆、陈重生、王文琦、刘为明，秘书长王耀中，钢琴调律师资考委成员程柏青、林建忠、秦敏静、李陆霈等；河南省钢琴调律师学会秘书长阎威，安徽省钢琴调律师协会秘书长王琦，福州和声钢琴有限公司副总经理黄苏东等常务理事代表参加了会议。中国乐器协会副理事长齐建平、综合业务部副主任郭宇宁也出席了会议。

齐建平副理事长在致辞中首先感谢在不同工作岗位为乐器行业及钢琴调律师事业的发展做出贡献的各位专家，感谢天目琴行刘为明总经理对此次会议的大力支持和周到服务。她介绍了一年多来全国钢琴调律师国家职业资格考核鉴定的情况，提出对分会工作的希望和要求以及亟待解决的问题。她说，为了适应新形势发展的要求：

1、希望钢琴调律师分会更好地发挥组织作用，为广大调律师及钢琴消费者做好服务。加强各地调律师组织间的合作与联系，共同探讨解决行业内存在的问题。

2、希望分会能充分利用《中国乐器》杂志开辟的调律师园地，把它作为联系广大调律师，沟通信息，交流经验，提高技艺，加强自律和职业道德建设的阵地，积极开展钢琴调律技术交流与合作，以增强调律师的理论水平和实际操作能力。

3、充分发挥各地鉴定站和培训机构的积极性，加大钢琴调律师分级培训的力度，使培训和鉴定工作进一步结合起来，做到制度化、规范化，从组织形式上保证钢琴调律师队伍的不断扩大。

4、希望各地调律师加强交流学习，特别是学好钢琴调律师国家职业标准及分级培训教材，努力提高调律技术水平，恪守行规行约，诚信为消费者服务。

5、希望广大钢琴企业及调律师关注和支持2013年在中国召开的国际钢琴技师及调律师年会，群策群力，共同办好这次国际性行业会议。并借助这次会议向世界同行宣传、展示、推介我国的钢琴事业，展现我们的调律师队伍。同时向社会作广泛宣传，提高和扩大钢琴调律师职业的社会地位和影响力。

最后，齐副理事长向此次会议提出了一些亟待研究解决的具体问题，如：修订钢琴调律师国家职业标准问题，考评员培训换证问题，各培训点的师资培训、任职资格问题，各地鉴定站规范考核鉴定的技术标准问题，《国家职业分类大典》职业定义修订问题，全国钢琴调律师职业技能竞赛是否定期举办问题等等。

冯高昆会长发言，重点提出了调律师分会在十二五期间的工作设想：

1、钢琴调律师分会要以促进中国钢琴制造业的发展为己任，加强与钢琴企业、琴行和培训学校的互动联系，以其为依托带动中国钢琴生产与销售、售后服务工作质量的提升。

2、钢琴调律师分会应以提升钢琴技师、调律师整体素质和技术水平为宗旨，为中国钢琴企业、琴行和学校的人力资源开发及售后服务提供社会化、标准化的技术人才保障。

3、钢琴调律师分会要以培养队伍，提高业务水平和服务质量为工作主要内容，利用钢琴调律职业技能竞赛，推出更多的行业技术能手，举办售后服务优秀企业及群众满意的售后服务优秀个人的评比活动，从而树立良好的社会形象，提高行业的知名度，完善调律行业自律及各项措施。

4、钢琴调律师分会要与钢琴演艺教育界互动发展，通过与钢琴教育的合作，开展多种形式的钢琴知识科普活动。为拉动钢琴消费市场，扩大钢琴调律人员的就业服务面做出贡献。

5、钢琴调律师分会要在中国乐器协会的领导下，积极做好2013年在中国召开的第18届国际钢琴技师及调律师年会的筹备和组织工作。

最后，冯会长强调：我们的工作任务很多，担子很重，调律师分会要在以上工作准则基础上，在中国乐器协会的领导下，以企业、琴行和学校为依托，求新务实，努力进取，承担起我们的社会责任。

中国乐器协会副秘书长、福州和声钢琴公司副总经理黄苏东介绍了2011年6月赴台参加国际钢琴技师及调律师年会情况。认为2011年会议的组织工作、议程安排等都很成功，专业技术交流活动也很丰富。为我们组织下一届会议提供了不少值得借鉴的经验。

刘为明副会长提出了2013年国际年会在杭州举办的设想。他从杭州市政府的支持力度、杭州人文环境的优越性、软硬件条件齐备等各个方面阐述，表示如果中国乐器协会决定在杭州举办第18届IAPBT年会，一定会办成一届给所有参会人员留下深刻印象的、出色的国际专业性学术会议。

与会代表讨论了2013年国际钢琴技师及调律师年会的相关内容并达成以下共识：

1、成立筹备组，成员有：冯高昆、陈重生、王耀中、黄苏东、刘为明（中国乐器协会派1～2人参加筹备组，以便联络、指导工作）。

2、会议地点两个备选方案：杭州或北京。

3、会议时间为2013年10月份（会期3天）。

4、拟定参会人数300人以内，（国内代表200人左右；国外代表60人以内）。

5、筹建会议网站，负责宣传推广工作，组织技术交流文章等。

下午，陈重生常务副会长就《钢琴调律师职业技术等级鉴定（考核）规范》及修改《钢琴调律师国家职业标准》做了发言。陈副会长根据多年从业、教学经验，借鉴美国、日本同行业情况，对《规范》及《标准》进行了解读，并提出了自己的意见。

会议期间，钢琴调律师资格考试委员会成员还对提出技师、高级技师资格申请的调律师进行了评审。

会员名录

中国乐器协会团体会员名录

序号	单位	会员号	邮编	地址	联系人	协会任职
1	北京乐器研究所	0002	100000	北京市朝阳区南新园西路甲6号	陈晋武	副理事长
2	北京星海钢琴集团有限公司	0001	101111	北京市通州区光机电一体化产业基地光大路8号	祝宁伟	副理事长
3	四会市华声乐器有限公司	0073	526200	广东省四会市东城开发区	黄志康	副理事长
4	得理乐器(珠海)有限公司	0311	519090	广东珠海金湾区联港工业区大林片区双林东路2号得理工业园	盛子斐	副理事长
5	广州珠江钢琴集团股份有限公司	0030	510388	广州荔湾区花地大道南渔尾西路8号	施少斌	副理事长
6	河北金音乐器集团有限公司	0076	053300	河北省武强县周窝乡工业区	陈学孔	副理事长
7	宜昌金宝乐器制造有限公司	0146	443003	湖北省宜昌市宜昌东山经济技术开发区珠海路1号	吴天延	副理事长
8	泰兴凤灵乐器有限公司	0114	225419	江苏省泰兴市溪桥镇	李书	副理事长
9	大连铜管乐器有限公司	0106	116001	辽宁大连市中山区五五路44号	焦永达	副理事长
10	上海钢琴有限公司	0019	201900	上海市宝山区宝杨路2222号	杨盛惠	副理事长
11	上海知音琴行有限公司	0138	200051	上海市长宁路1200号贝多芬广场三楼	朱文玉	副理事长
12	上海艾克斯尔乐器音响有限公司	0126	201808	上海市嘉定徐行新建1路2411号	刘卫国	副理事长
13	上海华新乐器有限公司	0109	200021	上海市浦东崂山一村35号	林伯龙	副理事长
14	上海民族乐器一厂	0020	201101	上海市闵行区七宝镇联明路400号	王国振	副理事长
15	四川盛音乐器有限公司	0310	610021	四川省成都市新生路6号	黄茂强	副理事长
16	天津市津宝乐器有限公司	0094	301800	天津宝坻区海泰路1--2号	刘运斌	副理事长
17	功学社(天津)乐器有限公司	0219	301700	天津市武清开发区福源道27号	蓝汉民	副理事长
18	武汉艾立卡电子有限公司	0124	430023	武汉市东西湖区将军五路12号	张鉴堂	副理事长
19	森鹤乐器股份有限公司	0050	315323	浙江慈溪市胜山镇沙滩桥西南侧	罗建峰	副理事长
20	海伦钢琴股份有限公司	0118	315805	浙江省宁波市北仑科技园区普陀山路8号	陈海伦	副理事长
21	北京华东乐器有限公司	0010	101200	北京平谷区东高村镇大旺务西路21号	刘云东	常务理事
22	乐器编辑部	0225	100022	北京市朝阳区西大望路63号阳光财富大厦1202室	程晋垣	常务理事
23	北京天力凯业贸易有限公司	0092	102615	北京市大兴区长营子镇郑二营村	杨凯	常务理事
24	北京中加海资曼钢琴有限公司	0003	101111	北京市通州区光机电一体化产业基地光大路8号	王树清	常务理事

序号	单位	会员号	邮编	地址	联系人	协会任职
25	成都川雅木业有限公司	0132	610101	成都市龙泉驿区大面镇	张华君	常务理事
26	福州和声钢琴有限公司	0119	350002	福州市金山工业集中区浦上工业园B区红江路2号39楼	池家森	常务理事
27	广州吉声琴业有限公司	0067	510935	广东省从化市旗杆镇岭南古塘村106国道旁	梁泽敏	常务理事
28	鲍德温（中山）钢琴乐器有限公司	0032	528400	广东中山市东升镇观栏村工业区	周有恩	常务理事
29	广州红棉吉它有限公司	0038	510330	广州市海珠区新港东路2440号	何志强	常务理事
30	广州珠江乐器实业公司	0096	510370	广州市荔湾区芳村大道茂香园13号	朱志球	常务理事
31	广州市红棉提琴有限公司	0033	510430	广州市石井镇石沙公路红星工业区15号	陈钊明	常务理事
32	杭州嘉德威钢琴有限公司	0184	310021	杭州市江干区丁桥镇临丁路1191号	陈莲琴	常务理事
33	浙江天目琴行有限公司	0151	310012	杭州市学院路135号	刘为明	常务理事
34	河北省怀来锣厂	0055	075431	河北省怀来县新保安镇幸福村	张全富	常务理事
35	饶阳成乐民族乐器有限责任公司	0143	053900	河北省饶阳县大观厅	李铁成	常务理事
36	饶阳北方民族乐器制造有限责任公司	0129	053900	河北省饶阳县大观厅	杨俊朋	常务理事
37	河北乐海乐器有限责任公司	0152	062350	河北省肃宁县师素工业区宋庄	宋从甲	常务理事
38	长春新威琴行有限公司	0369	130021	吉林省长春市工农大路1796号	周宝强	常务理事
39	江苏天鹅乐器有限公司	0045	214526	江苏靖江市西首	陈红梅	常务理事
40	吟飞科技（江苏）有限公司	0240	213000	江苏省常州市新北区汉江西路101号	范廷国	常务理事
41	江阴金杯安琪乐器有限公司	0251	214443	江苏省江阴市申港镇亚包大道128号	时建明	常务理事
42	江苏奇美乐器有限公司	0178	214500	江苏省靖江市经济开发区兴业路	张龙贵	常务理事
43	苏州民族乐器一厂有限公司	0043	215003	江苏省苏州学士街梵门桥弄15号	田永逸	常务理事
44	扬州华韵乐器有限公司	0071	225015	江苏省扬州市 隋炀东路槐泗工业园	田步高	常务理事
45	扬州市天艺民族乐器厂	0173	225000	江苏省扬州市邗江甘泉镇	汪扬	常务理事
46	扬州龙凤琴筝有限公司	0159	225008	江苏省扬州市新盛街道办果园	刘永发	常务理事
47	南京摩德利钢琴有限公司	0112	210039	南京市雨花开发区龙藏大道9号	王永和	常务理事
48	烟台博斯纳钢琴制造有限公司	0188	264670	山东省烟台市莱山区解甲庄工业园	孙 强	常务理事
49	上海国光口琴厂有限公司	0023	200124	上海浦东新区林浦路800弄8号	周伟义	常务理事
50	上海钢琴有限公司钢琴研究所	0123	201900	上海市宝山区宝杨路2222号	陈惠庆	常务理事
51	上海口琴总厂	0025	201900	上海市宝山区蕰川路510号	蒋林森	常务理事
52	上海国际展览中心有限公司	0199	200336	上海市长宁区娄山关路55号新虹桥大厦8楼801室	吴江红	常务理事
53	上海奋达乐器有限公司	0280	201808	上海市嘉定区徐行镇新建一路2411号	成民根	常务理事
54	上海中雅钢琴有限公司	0127	201771	上海市青浦区清赵路6158号	叶耀东	常务理事

序号	单位	会员号	邮编	地址	联系人	协会任职
55	美得理电子（深圳）有限公司	0128	518031	深圳市燕南路404栋西三楼	徐俊	常务理事
56	河北秦川文体乐器有限公司	0137	050011	石家庄建设北大街38号	秦川	常务理事
57	天津华韵乐器有限公司	0087	301615	天津市静海县中望镇	罗松森	常务理事
58	武汉致嘉钢琴制造有限公司	0100	430056	武汉市经济开发区民营科技工业园M楼	周致嘉	常务理事
59	新跨乐(北京)艺术有限公司	0473	100022	北京市朝阳区东三环中路24号乐成中心B座 6层606室	韦凯元	理事
60	北京中筝文化发展有限公司	0392	100022	北京市朝阳区东三环中路39号建外SOHO七号楼901	王光明	理事
61	北京育鹏乐器有限公司	0436	100012	北京市朝阳区慧忠北里110号楼	张振州	理事
62	北京福韵国际工贸有限公司	0493	102605	北京市大兴区青云店镇曹村村委会南500米	李宝红	理事
63	北京华韵阿波罗艺术发展中心	0374	100070	北京市丰台区百强大道6号2座2610号	姚远	理事
64	北京长安乐器有限公司	0153	100195	北京市海淀区西四环北路15号依斯特大厦610号	马雪松	理事
65	北京双喜乐器有限公司	0008	101200	北京市平谷区东高村镇南埝头村	陈祖华	理事
66	福建省顺昌爱乐钢琴有限公司	0147	353200	福建省顺昌县双溪镇货场路142.144号	柯松理	理事
67	广州市大同琴行有限公司	0397	510100	广东省广州市东川路37号	佟伟彦	理事
68	广州格利蒙那提琴有限公司	0208	511430	广州市番禺区大石街涌口村雅苑大街2号	关尚持	理事
69	广州市罗曼士乐器制造有限公司	0241	510860	广州市花都区狮岭镇育才路13号	郑玉棠	理事
70	国家轻工业乐器质量监督检测中心（广州）	0172	510370	广州市荔湾区芳村大道茂香园13号	潘绮珊	理事
71	广州艾茉森电子有限公司	0426	510163	广州市荔湾区珠江大桥桥中中路223号	刘春清	理事
72	贵州省玉屏县萧笛厂	0063	554000	贵州省玉屏县中山路465号	姚懿洲	理事
73	大厂回族自治县华丰铸造有限责任公司	0252	065301	河北省大厂回族自治县夏垫村西	杨山	理事
74	河北华声乐器有限公司	0213	053871	河北省深州市前么头工业区	张明健	理事
75	开封中原民族乐器有限公司	0186	475312	河南省兰考县固阳镇	代胜民	理事
76	江苏东方乐器有限公司	0090	214415	江苏江阴市祝塘云顾路8号	孔文忠	理事
77	扬州市正声民族乐器厂	0145	225000	江苏省扬州市江阳工业园西湖双塘路	周 平	理事
78	扬州开发区金韵乐器厂	0095	225009	江苏省扬州市开发区裴庄新河东101号	熊立群	理事
79	扬州天韵琴筝有限公司	0299	211407	江苏省扬州市仪征刘集盘古工业园	李同志	理事
80	泰兴斯坦特乐器有限公司	0041	225419	江苏泰兴市溪桥乡翁庄村	李荣富	理事

序号	单位	会员号	邮编	地址	联系人	协会任职
81	昆明乐器用品有限责任公司	0064	650031	昆明市东风西路289号	伍俊武	理事
82	南京乐博乐器股份有限公司	0423	210000	南京市洪武路340号苏发大厦三楼	姚广生	理事
83	南京密尔顿钢琴有限公司	0135	211100	南京市江宁开发区菲尼克斯路79号	钱凯	理事
84	南京新辉琴行有限公司	0266	210009	南京市中山北路42号	刘小辉	理事
85	昌乐百灵乐器有限公司	0081	262409	山东省昌乐县郚部镇政府驻地	郝际坤	理事
86	龙口锦盛乐器有限公司	0084	265701	山东省龙口市东莱街道大李家村	李传术	理事
87	青岛海韵琴行有限公司	0242	266071	山东省青岛市江西路98号乙	莫蓓茜	理事
88	烟台金斯波格钢琴有限责任公司	0052	264006	山东省烟台经济技术开发区长白山路5号	李德明	理事
89	陕西省音乐家协会金钟琴行	0387	710054	陕西省西安市文艺北路明胜街146号	张喜鹏	理事
90	上海大正乐器制造有限公司	0027	201403	上海奉贤区	朱吉平	理事
91	上海华粤琴业有限公司	0026	201200	上海浦东新区城丰路700号	冯和富	理事
92	上海雅特曼钢琴有限公司	0158	201108	上海市闵行区颛桥镇向阳工业园	王永金	理事
93	上海威堡钢琴有限公司	0239	201314	上海市南汇坦直工业园古翠路33号	蒋维国	理事
94	上海和乐钢琴有限公司	0337	201716	上海市青浦区练塘工业园区蒸夏路200-8号	姚建芳	理事
95	上海玛珂琴业有限公司	0134	201617	上海市松江区闵塔路1806号	李军华	理事
96	上海欧亚钢琴乐器有限公司	0162	201608	上海市松江张泽民发经济城（浦亭路88号）	郑明统	理事
97	东砂(天津)磨料磨具有限公司	0328	300402	天津市北辰区小淀镇工业区三号路8号	尚武	理事
98	天津圣迪乐器有限公司	0284	301646	天津市静海县蔡公庄镇四党口中村	王玉春	理事
99	天津市静海县盛兴乐器厂	0103	301605	天津市静海县子牙镇潘庄子	王泽云	理事
100	武汉银可可琴行有限责任公司	0303	430060	武汉市武昌区彭刘杨路228号	何浩	理事
101	西安音乐学院乐器厂	0224	710061	西安市长安中路108号	黄勇	理事
102	浙江乐韵钢琴有限公司	0389	313218	浙江省德清洛舍工业园顺达路18号	章顺龙	理事
103	德清县中德利钢琴有限公司	0136	313216	浙江省德清县城关西郊路158号	王惠林	理事
104	德清县海尔乐器制造有限公司	0171	313218	浙江省德清县洛舍经济开发区文明东路2号	王惠忠	理事
105	湖州杰士德钢琴有限公司	0176	313218	浙江省德清县莫干山技术开发区杨树湾工业园区洛德大道198号	鲍海尔	理事
106	湖州华谱钢琴制造有限公司	0174	313218	浙江省湖州市德清县洛舍经济开发区	姚小林	理事
107	宁波市北仑乐器配件制造有限公司	0203	315806	浙江省宁波市北仑区大矸镇俞王村	俞兆祥	理事
108	宁波市江北珂乐乐器有限公司	0321	315020	浙江省宁波市江北区北岸琴森295号	蔡赋勇	理事
109	宁波四海琴业有限公司	0211	315137	浙江省宁波鄞州区云龙镇前后陈村	何四海	理事

序号	单位	会员号	邮编	地址	联系人	协会任职
110	合肥市佳音琴行有限责任公司	0388	230061	安徽省合肥市长江西路53号	王琦	
111	蚌埠市实力电脑系统集成有限公司	0517	233000	安徽省蚌埠市中荣街120号	江娥	
112	合肥振邦信息科技有限公司	0543	230022	安徽省合肥市高新区望江西路502号	王俊	
113	合肥信卓网络科技有限公司	0538	230000	安徽省合肥市庐阳区荷塘路50号杏花印务2号楼5层	靳自隐	
114	合肥永信信息产业股份有限公司	0527	230001	安徽省合肥市荣事达大道100号振信大厦B座2楼政教事业部	陶满	
115	淮南泰博阳光科技有限公司	0515	232001	安徽省淮南市人民南路财富中心B座1601室	郑喜书	
116	安徽和信教学仪器设备有限公司	0514	234000	安徽省宿州市武夷商业城B1区210-222室	陈静	
117	铜陵市教育琴行	0296	244000	安徽省铜陵市北京东路35号	潘益田	
118	北京爱芝音教教学设备有限公司	0425	102200	北京市昌平区马池口镇乃干屯村203号	宁爱中	
119	北京中广华音文化传媒有限公司	0508	100022	北京市朝阳区百子湾路28号	赵广	
120	北京妙思科国际贸易有限责任公司	0446	100027	北京市朝阳区东直门外大街26号B座312室	冯曙玲	
121	北京中音新雅科技有限公司	0486	100022	北京市朝阳区建国路88号SOHO现代城D座0711-0712室	赵易天	
122	上海乐兰电子有限公司	0522	100022	北京市朝阳区西大望路63号阳光财富大厦3层	程晋垣	
123	北京现代乐手广告有限公司	0440	100062	北京市崇文区新世界太华公寓C座1519	蒋宁湛	
124	北京奥宇新材料科技开发有限公司	0509	102600	北京市大兴工业开发区金苑路2号	时春利	
125	维斯曼(北京)乐器制造有限公司	0438	102605	北京市大兴区青云店镇垡上工业园	闫丕铸	
126	北京唯才树文化传播有限公司	0460	100011	北京市东城区安德路55号22-2-502	黄宜龙	
127	北京市产品质量监督检验所	0255	100013	北京市东城区和平里东街20号	孙路伟	
128	威柏尔乐器(北京)有限公司	0454	100740	北京市东城区王府井大街277号好友写字楼2505室	刘勇	
129	北京星海福音琴业有限公司	0278	100061	北京市东城区夕照寺中街4号	胆美珍	
130	北京兆森工贸有限公司	0484	100141	北京市房山区韩村河镇西东村南	孙伟	
131	北京连怡乐商贸有限公司	0493	102403	北京市房山区琉璃河工业区	苗文来	
132	北京卓邦乐米文化传播有限公司	0526	100070	北京市丰台区南四环188号十一区27号楼8层	张新峰	
133	北京索达文化传播有限公司	0500	100070	北京市丰台区南四环188号总部基地1区24栋	叶彩萍	

序号	单位	会员号	邮编	地址	联系人	协会任职
134	北京龙羽时代科技有限公司	0351	100088	北京市海淀区北三环中路77号27号楼509室	魏剑羽	
135	北京蓝摇惠好乐器有限公司	0410	100083	北京市海淀区五道口华清嘉园18楼3门102室	张学民	
136	北京安平乐乐器有限责任公司	0539	100089	北京市海淀区紫竹院路100号信弘大厦A221	安青	
137	北京敦善文化艺术有限公司	0259	100005	北京市建国门内大街7号光华长安大厦1座302室	于添	
138	北京乐器城	0180	101200	北京市平谷区东高村镇兴业路55号	王枝强	
139	北京管乐器厂	0004	101111	北京市通州区光机电一体化产业基地科创路东五街8号	赵彤	
140	德鑫开元(北京)贸易发展有限责任公司	0525	101102	北京市通州区马驹桥镇景盛北一街17号珠江逸景家园122号楼122-1202	王武	
141	北京星海民耀乐器有限公司	0448	101116	北京市通州区台湖镇田家府村南小区8号	谢迈	
142	长沙飞达琴行有限公司	0289	410005	长沙市芙蓉区东牌楼新世界商贸城西1号	劳绍立	
143	福州市鼓楼区正大琴行	0495	350000	福建省福州市鼓楼区安泰中心A座2F9-12号	江其忠	
144	晋江力达电子有限公司	0288	362261	福建省晋江市安海镇第二工业区力达工业楼	吴育旗	
145	钰丰乐器(福建)有限公司	0313	363612	福建省南靖县丰田华侨经济开发区	陈永茂	
146	厦门律动钢琴有限公司	0510	361000	福建省厦门市海沧区新阳街道霞美路2号416B	彭清燕	
147	龙人古琴文化投资(长泰)有限公司	0490	361012	福建省厦门市思明区体育路95号文化艺术中心龙人琴坊	陈义文	
148	建设路莺鸣琴行	0326	737100	甘肃省金昌市建设路66-1号	任庆根	
149	酒泉园丁琴行有限公司	0398	735000	甘肃省酒泉市肃州区尚武街欧洲苑斜对面	查继堂	
150	深圳市蔚科电子科技开发有限公司	0279	518067	广东深圳市南山区西丽南岗第二工业园A2栋5--6楼	徐建	
151	潮安县吉星乐器有限公司	0405	515636	广东省潮安县龙湖镇三英村石桥头片	成国器	
152	东莞市三基音响科技有限公司	0428	523121	广东省东莞市东城区温塘北路7号	姚锐	
153	东莞市超联电子有限公司	0348	523400	广东省东莞市石排镇中坑民营工业区	陈志安	
154	东莞市增旺精密五金有限公司	0531	523700	广东省东莞市塘厦镇莆心湖大道北七号	姜有文	
155	佛山市高明区子昊钢琴有限公司	0504	528511	广东省佛山市高明区荷城街道三洲旧清公路	温日辉	
156	佛山市奥格诗乐器制造有限公司	0353	528241	广东省佛山市南海区里水镇和顺共同工业区	王永红	

序号	单位	会员号	邮编	地址	联系人	协会任职
157	佛山市南海区海韵乐器制造有限公司	0520	528222	广东省佛山市南海区狮山镇小塘三路西路江湄工业区	胡冬花	
158	佛山市三水龙声乐器制造有限公司	0362	528131	广东省佛山市三水区白坭镇白沙南街一号	李庆炎	
159	佛山市冠球家具有限公司	0394	528131	广东省佛山市三水区白坭镇工业大道177号	侯炳炎	
160	佛山市三水鸿锋五金乐器制品有限公司	0175	528131	广东省佛山市三水区白坭镇新生开发区27号	李大鑑	
161	佛山市三水区美莱迪乐器制造有限公司	0307	528133	广东省佛山市三水区河口工业大道27号	苏佳年	
162	佛山市万正涂料有限公司	0390	528131	广东省佛山市三水区西南镇金本工业园B区	肖亚亮	
163	广州弦尚文化传播有限公司	0501	510000	广东省广州市天河区东圃二马路61号东湖工业区	隋细华	
164	广州市新艺宝乐器有限公司	0309	510620	广东省广州市天河区黄浦大道西177号二楼	凌建聪	
165	广州市朗晴发展有限公司	0268	510623	广东省广州市珠江新城华就路23号皓瀚华轩20楼C座	周旗	
166	惠州市惠阳区秋长侑成乐器木器厂	0414	516221	广东省惠州市惠阳区秋长侑成乐器木器厂	蔡国宏	
167	惠阳区秋长全丰育乐用品厂	0234	516221	广东省惠州市惠阳区秋长镇长兴路鹏岭工业城	蔡赖丰	
168	惠州市惠阳区新圩曼棱乐器厂	0540	516000	广东省惠州市惠阳区新圩镇塘口工业区	李秋云	
169	揭西县美科电子电器厂	0206	515400	广东省揭西县城环城路西段	张远青	
170	揭西县美声电子电器厂	0167	515400	广东省揭阳市揭西县城美声路1号	张燕雄	
171	揭西县美乐斯电子电器厂实业有限公司	0537	515400	广东省揭阳市揭西县河婆镇溪西管区	张伟雄	
172	广东省揭阳市长城乐器有限公司	0097	515541	广东省揭阳市新亨镇白石村	徐金河	
173	廉江市吉他配件厂	0368	524400	广东省廉江市城北区新华五路46号	黄仁忠	
174	汕头市粤升乐器实业有限公司	0507	515063	广东省汕头市大学路叠金工业区三路	吴汉军	
175	汕头市乐童乐器有限公司	0488	515000	广东省汕头市丹阳庄东区59栋802	孙丽松	
176	汕头市张长合乐器厂	0455	515041	广东省汕头市龙湖区金泰庄北区23-24幢115号	张艺远	
177	深圳市卓乐科技有限公司	0521	518133	广东省深圳市宝安28区陆氏工业大厦2楼	李国飞	
178	深圳市中艺盈科电子有限公司	0354	518101	广东省深圳市宝安35区安华工业区一巷8栋A5	钟永津	
179	深圳市羽高扬工业产品设计有限公司	0479	518133	广东省深圳市宝安区创业一路宏牧中心大厦1010	贾署	

序号	单位	会员号	邮编	地址	联系人	协会任职
180	深圳市爱乐文化艺术发展有限公司	0336	518030	广东省深圳市福田区上步南路乐器城4楼406爱乐琴行	姜秀菊	
181	深圳市和普乐器有限公司	0341	518000	广东省深圳市和田区八卦岭八卦二路五街543栋4楼433房间	亓苏梅	
182	深圳市卓凡动力电子有限公司	0391	518000	广东省深圳市龙岗区爱联社区新屯工业区健军路18号	陈红红	
183	珠海顺奇电子科技有限公司	0533	519000	广东省珠海市斗门区白蕉工业园新科二路26号双骏工业园	张志峰	
184	南宁市嘉诚琴行有限公司	0546	530022	广西省南宁市教育路7-2号	林李斌	
185	广州市锦桦乐器有限公司	0465	510460	广州市白云区江高镇五丰东路68号	李德雄	
186	广州市鹏联乐器有限公司	0305	510545	广州市白云区钟落潭镇陈洞村良沙路3663号	邹建全	
187	广州保嘉乐器制造厂有限公司	0253	510500	广州市大道北197号新达城广场北座17楼	邢保嘉	
188	广州市大铃乐器制造有限公司	0091	511495	广州市番禺区钟村镇胜石村工业区	罗少宏	
189	广州韵天箱包制造有限公司	0350	510250	广州市海珠区革新路荣岸南街2号2402	董剑辉	
190	广州市雅迪数码科技有限公司	0496	510163	广州市荔湾区珠岛花园3幢303士多店	胡伟	
191	广州哈利臣钢琴有限公司	0209	510403	广州市三元里大道棠溪合益西街8号	梁雪芳	
192	广东省乐器协会	0470	510080	广州市署前路33号1号楼430室	李爱群	
193	广东德庆汇丰乐器有限公司	0156	510620	广州市天河北路595-599号创新科技广场二楼	方扬	
194	德国博兰斯勒钢琴(中国)有限公司	0541	510620	广州市天河北路595-599号创新科技广场二楼	方扬	
195	广州传音乐器厂	0168	510620	广州天河区天河路228号广晟大厦1710室	苏常青	
196	石阡县泉都民族乐器厂	0512	555100	贵州省石阡县汤山镇洋溪村一组	杨大军	
197	保定市北市区钟鸣琴行	0472	071000	河北省保定市莲池北大街173号	刘金刚	
198	沧州市运西梦同琴行	0461	061001	河北省沧州市水月寺南大街华西小区	孙梦桐	
199	沧州市金狮乐器有限公司	0227	061026	河北省沧州市纸房头工业区	吕宝合	
200	高碑店市金川乐器箱包制造有限责任公司	0383	074004	河北省高碑店市白沟新工业城	李金祥	
201	衡水新星乐器有限公司	0482	053000	河北省衡水市人民西路西段20号(赵圈工业区)	付吉茂	
202	河北中轻北方乐器有限公司	0407	053400	河北省衡水市武邑县东风路96号	史占秋	
203	廊坊市日升文体乐器有限公司	0432	065004	河北省廊坊市安次区葛渔城镇西街	胡汝刚	
204	廊坊市金力铖乐器有限公司	0434	065004	河北省廊坊市安次区葛渔城镇西街	胡志鹏	

序号	单位	会员号	邮编	地址	联系人	协会任职
205	秦皇岛市海港区利通琴行	0464	066000	河北省秦皇岛市海港区燕山大街210号	王鹤立	
206	饶阳乐之洋琴业有限责任公司	0191	053900	河北省饶阳县大官厅工业园566号	郭广哲	
207	三河市海燕乐器有限公司	0393	065200	河北省三河市辛集镇	李宝玉	
208	石家庄市油漆厂	0246	050081	河北省石家庄市石获南路238号	张晓峰	
209	河北省文安县鑫森工贸有限公司	0170	065802	河北省文安县新镇王园子村	王景川	
210	邢台冶金艺术学校	0048	054000	河北邢台市冶金子弟学校	董耀海	
211	郑州铁路职业技术学院艺术系	0396	450052	河南省郑州市二七区永安街36号	从云飞	
212	河南省宏声琴行有限公司	0547	450000	河南省郑州市西里路56号	刘慧波	
213	湖北华都钢琴制造有限公司	0427	432721	湖北省广水市广办西河路二路2号	汪其见	
214	武汉天歌电子有限公司	0449	430074	湖北省武汉市洪山区民院路15号	周游	
215	武汉开菱电器有限公司	0439	430077	湖北省武汉市武昌区黄鹂路15号	李爽	
216	武汉市乐王乐器有限公司	0293	430060	湖北武汉东湖高新技术开发区武大科技园路7号武大行域办公楼A8栋6楼	邢福志	
217	延吉市民族乐器研究所	0154	133001	吉林省延吉市北山街爱丹路125-2号	赵基德	
218	江苏寒舟乐器批发有限公司	0338	223200	江苏省淮安市楚州区南门大街名都花园88-15	韩周	
219	淮安市经纬教学设备有限公司	0552	223229	江苏省淮安市楚州区施河镇德福北路186号	瞿继淮	
220	江苏乾坤科教设备有限公司	0534	223229	江苏省淮安市淮安区施河镇工业园区	董玉乾	
221	江阴激扬乐器有限公司	0113	214443	江苏省江阴市申港镇	时国兴	
222	江阴市鹏程乐器厂	0542	214407	江苏省江阴市徐霞客镇上东村	陆文庆	
223	江阴兄弟乐器有限公司	0466	214422	江苏省江阴市云亭镇建设路50号	孔文金	
224	无锡铃木乐器有限公司	0039	214415	江苏省江阴市祝塘镇人民路1号	缪志兴	
225	昆山德邦木业有限公司	0358	215347	江苏省昆山市巴城镇正仪高科技术产业园富丽路	唐亮	
226	南京宏盛毛毡制品有限公司	0367	210006	江苏省溧水白马工业集中区北路2号	赵清双	
227	溧阳市溧城银月琴行	0421	213300	江苏省溧阳市东大街金东花园	张晓明	
228	连云港市邦乐琴行有限公司	0505	222000	江苏省连云港市陇海步行中街28-238号	丁丽君	
229	江苏至善教育投资管理有限公司	0519	210002	江苏省南京市白下区游府西街46号20楼	徐德平	
230	南京伊柯雅钢琴制造有限公司	0163	211101	江苏省南京市东山邵圣工业园区	尹松林	
231	南京协和琴行有限责任公司	0401	210008	江苏省南京市玄武区北京东路57号	郝健	

序号	单位	会员号	邮编	地址	联系人	协会任职
232	南京爱韵贸易实业有限公司	0433	210008	江苏省南京市珠江路88号新世界中心A座3501	童磊	
233	南通市乐王琴业有限公司	0046	226000	江苏省南通市环城东路93号	王夕林	
234	苏州市卓特乐器工艺五金厂	0298	215008	江苏省苏州市白洋湾大街洋南路8号	史 超	
235	苏州平江区周万春乐器行	0193	215001	江苏省苏州市工业园区杨东路277号晶汇大厦1619-1620室	周健	
236	苏州市金阊区采长尧民乐工作室	0529	215000	江苏省苏州市金阊区茶花村普福路(品美制衣厂内)	采长尧	
237	泰兴市钱氏乐器有限公司	0431	225400	江苏省泰兴市曲霞镇西桥	钱长征	
238	君琴提琴工作室	0458	225419	江苏省泰兴市溪桥镇华溪中路149号	刘治均	
239	泰兴市爱艺乐器厂	0457	225419	江苏省泰兴市溪桥镇解放路1号	孙伟	
240	无锡市锡艺乐器厂	0194	214112	江苏省无锡市新区梅村镇梅里路	万建平	
241	无锡万声乐器有限公司	0376	214112	江苏省无锡市新区梅村镇新南科技园新南路10号	万小红	
242	无锡市新区古月琴坊	0101	214112	江苏省无锡市新区梅村镇新南路10号	万其兴	
243	江苏大风乐器有限公司	0480	221637	江苏省徐州市沛县张庄镇工业区	徐宝华	
244	扬中市华联手风琴有限公司	0214	212219	江苏省扬中市八桥镇太平北路60号	祝明琪	
245	扬州市思美民族乐器厂	0282	225244	江苏省扬州江都市武坚镇黄围路	胡思林	
246	扬州音美尔民族乐器有限公司	0312	225006	江苏省扬州开发区运西路运西镇逸民路118号	刘庆阳	
247	扬州天音乐器厂	0513	225000	江苏省扬州市城北乡槐南路	郑桂珠	
248	扬州市邗江嫦娥乐器厂	0506	225107	江苏省扬州市邗江区李典镇长生村	尤永妹	
249	扬州尚高钢琴制造有限公司	0223	225009	江苏省扬州市鸿扬路8号	熊立群	
250	奥玛尔（扬州）钢琴制造有限公司	0164	225115	江苏省扬州市槐泗工业园	李鉴宁	
251	扬州市江都金艺民族乐器厂	0474	225231	江苏省扬州市江都宜陵工业区2号路	冷步年	
252	扬州市百家筝鸣筝业管理有限公司	0445	225000	江苏省扬州市梅岭西路28号东四楼	曲玉利	
253	扬州市维扬区御声乐器厂	0322	225200	江苏省扬州市西湖镇司徒庙路西首-胡场	杨国富	
254	镇江市杰伦乐器有限公司	0489	212003	江苏省镇江市京口区京口路京岘山庄29幢1407室	朱剑	
255	扬州市广陵区新盛民族乐器厂	0093	225000	江苏扬州市湾头镇茱萸路368号	唐月琴	
256	余干县民族乐器有限公司	0319	335100	江西省余干县玉亭镇沙窝大街	张仕先	
257	云南民族民间音乐艺术品公司	0062	650000	昆明市阳光花园旭苑27栋4单元501室	杨 声	
258	兰州海王星乐器音响有限责任公司	0360	730000	兰州市城关区白银路中广千龙家园1号商铺	王圭	

序号	单位	会员号	邮编	地址	联系人	协会任职
259	阿托拉斯乐器制造(大连)有限公司	0356	116600	辽宁省大连市保税区罗湖路9号	王明海	
260	大连德克森电子钢琴乐器有限公司	0378	116100	辽宁省大连市西岗区人民广场南纪念街1-1号	孙永斌	
261	沈阳旺族琴行有限公司	0494	110003	辽宁省沈阳市沈河区青年大街165-9号	于法芝	
262	营口东方明珠钢琴有限公司	0318	115000	辽宁省营口市老边区路南镇大水塘	王彬	
263	营口西尔伯曼钢琴有限公司	0270	115000	辽宁省营口市西市区民兴河北街	丁弘戬	
264	营口乐器协会	0503	115000	辽宁省营口市站前区渤海大街东19号	郝铁成	
265	南京爱乐书店	0471	210000	南京市秦淮区秦虹路创业大市场B区3号	梅彦岭	
266	潍坊宏韵乐器有限公司	0418	262402	山东省昌乐县鄌郚镇高崖社区驻地	冯桂玲	
267	潍坊盛大音响有限公司	0416	262409	山东省昌乐县鄌郚镇工业园	董素莲	
268	潍坊惠好乐器有限公司	0419	262409	山东省昌乐县鄌郚镇工业园	刘志江	
269	昌乐县东方乐器厂	0417	262409	山东省昌乐县鄌郚镇政府驻地	李凤英	
270	菏泽市牡丹区八音乐器有限公司	0469	274000	山东省菏泽市牡丹区刘寨	马宏川	
271	济南旭秋乐器有限公司	0441	250100	山东省济南市高新区世纪大道理想嘉园2号楼19层1909室	董念春	
272	济南爱琴岛网络技术有限公司	0528	253000	山东省济南市历下区经十路12588号名士豪庭5号市级公建1712号	郭东波	
273	济宁开发区爱乐琴行	0386	272000	山东省济宁市光河路10号商务楼116号	高峰	
274	山东省济宁市颜氏调律工具有限公司	0453	272000	山东省济宁市红星西路54号	颜婷婷	
275	莱阳市知音琴行	0430	265200	山东省莱阳市岘河路30号	盖永政	
276	聊城山石麦尔乐器有限公司	0243	252000	山东省聊城市花园北路38号	刘冰	
277	临沂宗沛斋工贸有限公司	0518	276034	山东省临沂市河东区华龙路	张宗沛	
278	龙口特达经贸有限公司	0477	265701	山东省龙口黄城怡园南路19号	王献结	
279	山东泰山管乐器制造有限公司	0131	265701	山东省龙口市东莱街道办事处大李家村	王百忠	
280	龙口市博奥乐器制造有限公司	0536	265709	山东省龙口市兰高镇仪乐李家村	邹梦纯	
281	青岛世正乐器有限公司	0108	266109	山东省青岛市城阳区春阳路新城工业园	周始雷	
282	青岛玄华涂料有限公司	0395	266108	山东省青岛市城阳区流亭街道赵红路南侧	王秀训	
283	青岛青大琴行有限公司	0400	266000	山东省青岛市市南区宁夏路127-6号	周克岭	
284	山东省鲁杰民族乐器厂	0511	276113	山东省郯城县庙山镇驻地	李杰	
285	滕州市北辛华彩琴行	0544	277500	山东省滕州市善国北路人才市场对过	梁景永	

序号	单位	会员号	邮编	地址	联系人	协会任职
286	兖州声远乐器有限公司	0245	272112	山东省兖州市谷村镇杨村	颜廷学	
287	昌乐乐吉乐器制造有限公司	0411	262417	山东省潍坊市昌乐县崔家庄政府驻地	张立强	
288	大同市新百灵音乐文化传播有限责任公司	0271	037008	山西省大同市宾西路28号A8座	库秀荣	
289	山西普晋琴行有限公司	0334	030001	山西省太原市青年路12号	董武斌	
290	安康市秦艺贸易有限公司	0276	725000	陕西省安康市汉滨区解放路体育巷2号	姚立宪	
291	陕西省文化物资公司	0502	710016	陕西省西安市龙首北路东段4号	孙岚	
292	上海英赫曼琴业有限公司	0187	201201	上海浦东新区合庆镇星升路500弄100号	唐永林	
293	上海朱里士福里希乐器有限公司	0524	200051	上海市长宁区仙霞路8号仲盛金融中心303A	周文华	
294	上海凯恩乐器有限公司	0413	202180	上海市崇明县合兴镇东首	张伟明	
295	法兰山德乐器（上海）有限公司	0297	201100	上海市枫泾工业园区钱明东路33号11幢	苏帝玛	
296	赛乐尔三益乐器（上海）有限公司	0269	201401	上海市奉贤工业综合开发区环城北路753号	李	
297	上海敦煌乐器有限公司	0185	201400	上海市奉贤区运河北路1025号	王国振	
298	上海管乐器厂有限公司	0323	201806	上海市嘉定区外冈镇恒乐路188号	赵时渔	
299	上海韵乐电器有限公司	0166	201808	上海市嘉定区徐行镇石皮村平民404号	柯应岳	
300	上海市东韵钢琴有限公司	0181	201808	上海市嘉定市嘉罗公路2210号	马 湧	
301	上海邦加琴业有限公司	0287	201505	上海市金山区亭林镇东村4062号	朱荣玮	
302	上海顶胜钢琴修理厂	0409	201108	上海市闵行区都会路100号	顾名迈	
303	巨吉贸易(上海)有限公司	0435	201108	上海市闵行区都会路1885号丽琴人厦1楼	司马健	
304	上海华黎民族乐器厂	0161	201311	上海市南汇区大团镇永定北路19弄2号	唐华军	
305	河合贸易(上海)有限公司	0349	200120	上海市浦东南路588号浦发大厦21F室	栾秉奇	
306	星夜钢琴网	0295	200120	上海市浦东新区张杨路628号3号楼26楼C座（第一八百伴附近）	曾继桂	
307	上海乐神乐器有限公司	0320	201705	上海市青浦区华新镇民兴工业园区徐华公路3029弄民兴一路59号	郑纪海	
308	温克尔曼(上海)乐器有限公司	0467	201711	上海市青浦区青赵公路5505号	应利星	
309	上海兰生--豪吶乐器有限公司	0111	201722	上海市青浦区西岭镇莲盛西首	徐建华	
310	上海东方教具有限公司	0516	201601	上海市松江区泗泾镇方泗路88号	季祥义	
311	上海百灵金钟乐器有限公司	0238	200001	上海市天津路189号	周有为	
312	施坦威钢琴(上海)有限公司	0499	200131	上海市外高桥保税区富特北路201号第一层A部位	高琼	

序号	单位	会员号	邮编	地址	联系人	协会任职
313	上海渐华科技发展有限公司	0294	200233	上海市徐汇区桂箐路69号25号楼5层	高建勋	
314	上海斯坦罗琴行	0316	200051	上海市玉屏南路309号乙	罗兴海	
315	上海乐圣乐器有限公司	0412	200030	上海市裕德路45弄1号1008室	胡祖庭	
316	深圳市伏荣科技开发有限公司	0459	518101	深圳宝安西共和工业路威龙汽修4楼	李卫	
317	深圳市伊诺乐器有限公司	0300	518057	深圳市南山区前海路4号深能物业一栋六楼	袁雁	
318	成都余梦乐器有限公司	0447	610012	四川省成都市武候区龙江路28号16-20号	于委	
319	攀枝花市川音大风琴行	0422	617000	四川省攀枝花市花城上街21号	贾春华	
320	成都朝阳浪琴林产乐器制品有限公司	0210	610200	四川省双流县东升镇清泰村	黎明强	
321	比扬(天津)乐器制造有限公司	0429	300200	天津空港物流加工区宏亮工业园宏亮大街28号	杨秀娟	
322	天津吉驰乐器有限公司	0273	301800	天津市宝坻区马家店镇潮南工业园区天元道	王贵山	
323	天津市至上乐器有限公司	0498	301800	天津市宝坻区史各庄工业园	袁洪立	
324	英昌乐器（中国）有限公司	0335	300300	天津市东丽区崔家码头村东侧	陈香菊	
325	天津市东丽区乐林乐器厂	0491	300000	天津市东丽区大毕庄工业区国信路10号	卢启恒	
326	天津通宝乐器有限公司	0015	300230	天津市河北区白庙工业区南吱路1号	姜静	
327	天津创丰乐器进出口贸易有限公司	0483	300150	天津市河北区红星路万科城市花园F-409	贺天宝	
328	天津市民族乐器厂	0018	300230	天津市河北区南吱路1号	郭建文	
329	天津市秦川乐器贸易有限公司	0373	300142	天津市河北区中山路与辰纬路交叉口宇阳公寓B座2层	白建平	
330	天津市佰笛乐器有限公司	0189	300162	天津市河东区程林庄路丝绸小区华冠丝绸有限公司院内	赵景萱	
331	天津天同音工贸有限公司	0274	300170	天津市河东区六纬路神州花园26-3-101	王琳	
332	天津市万德弗劳乐器有限责任公司	0444	300011	天津市河东区新开路春华里11-2-401	高志伟	
333	天津凤丹乐器进出口贸易有限公司	0333	300061	天津市河西区宾水道9号409室	尹建中	
334	通宝国际贸易（天津）有限公司	0264	300203	天津市河西区苏州道白楼仕嘉6-2-502	恽林	
335	天津隆兴集团进出口有限公司	0107	300211	天津市河西区新围堤道5号	韩延林	
336	天津奥维斯乐器有限公司	0354	301646	天津市静海县蔡公庄乐器城	张国民	

序号	单位	会员号	邮编	地址	联系人	协会任职
337	天津扬昇国际贸易有限公司	0408	300192	天津市南开区鞍山西道信诚大厦704室	许心缇	
338	天津市松林乐器厂	0450	300204	天津市市河西区永安道泰达园28号门401	卢玉松	
339	天津乐海城乐器配件有限公司	0364	300450	天津市塘沽区春风路紫云国际5栋1门201号	王锡华	
340	天津滨海琴行有限公司	0290	300450	天津市塘沽区上海道1329号	刘祥清	
341	天津劳伦斯乐器有限公司	0476	301700	天津市武清经济技术开发区	刘瑞	
342	天津雨融泽服装装具有限公司	0487	300000	天津市西青区西营门街前园工业区营瑞路2-1号	仇家军	
343	天津吉华国际贸易有限公司	0275	300380	天津市西青区中北工业园阜盛道22号	于秉勋	
344	武汉市曾宪勇民族拉弦乐工作室	0198	430014	武汉市蔡锷路滨江里7号	曾宪勇	
345	武汉市海平乐器制造有限公司	0125	430334	武汉市黄陂区甘棠街甘棠大道230号	王志平	
346	武汉豪乐特进出口贸易有限公司	0283	430012	武汉市江岸区百步亭花园新江岸五村188号 豪乐特大厦4楼	黄小萍	
347	西安市曹氏乐器修理服务中心	0359	710016	西安市新兴路3号院12号楼2门5层2号	曹西歧	
348	昆明盛乐乐器有限公司	0377	650032	云南省昆明市西昌路259号北商贸楼	刘玉萍	
349	湖州华尔森钢琴有限公司	0222	313200	浙江省德清县莫干山经济开发区长安街25号	王惠安	
350	海盐东方口琴厂	0249	314300	浙江省海盐县海兴西路288号	丁文良	
351	全球乐器网	0263	310017	浙江省杭州市艮山西路78号东门大厦9C	徐登朝	
352	杭州珠江三毛琴行有限公司	0443	310012	浙江省杭州市文二路456号	蒋淳荣	
353	萧山雅马哈乐器有限公司	0215	311215	浙江省杭州市萧山经济开发区建设二路31号	姜春良	
354	杭州雅马哈乐器有限公司	0212	311241	浙江省杭州市萧山区瓜沥镇沙田头村	小林孝一	
355	杭州爱尔科电子有限公司	0406	311258	浙江省杭州市萧山区闻堰镇长安工业区	朱伟柳	
356	杭州艺威电子音响设备厂	0291	311118	浙江省杭州市余杭区黄湖宏图路68号	蔡忠伟	
357	杭州顺和硅橡胶制品有限公司	0530	310000	浙江省杭州市余杭区临平南街道高地工业园	沈国水	
358	杭州沃尔特数码钢琴有限公司	0267	310023	浙江省杭州市余杭区五常工业区荆长路31号-A	赵为民	
359	杭州市余杭区中泰苦竹业协会	0301	311121	浙江省杭州市余杭区中泰乡政府办公大楼2楼	鲍金法	
360	上海德宝乐器有限公司	0442	311118	浙江省杭州余杭区白鹭郡北61幢1单元201	葛义云	

序号	单位	会员号	邮编	地址	联系人	协会任职
361	海湾乐器（嘉善）有限公司	0148	314100	浙江省嘉善县魏塘镇谈公北路368号	胡益兰	
362	浙江友谊电子有限公司	0262	325600	浙江省乐清市经济开发区纬八路	陈天浩	
363	丽水市括苍琴行	0344	323400	浙江省丽水市括苍路222号	叶菊香	
364	临海市均华乐器有限公司	0380	317000	浙江省临海市古城街道聚景路9号	金云声	
365	浙江珠江德华钢琴有限公司	0229	313200	浙江省莫干山经济开发区北湖东街288号	黄耿志	
366	宁波职业技术学院乐器制造系	0452	315800	浙江省宁波市北仑新大路1069号	胡晓光	
367	宁波波鹰乐器制造有限公司	0481	315800	浙江省宁波市奉化市西坞街道南路85号	曾观华	
368	宁波市四明琴行有限公司	0420	315000	浙江省宁波市海曙区望京路146号	石海岳	
369	宁波超拨电子有限公司	0286	315600	浙江省宁波市新兴工业园区C区	华宣兴	
370	宁波音王集团有限公司	0306	315104	浙江省宁波市鄞州投资创业园诚信路818号	王祥贵	
371	平湖市飞阳琴行	0545	314200	浙江省平湖市当湖西路1号	冯玉飞	
372	温州市中联异型紧固件有限公司	0485	325000	浙江省温州市瓯海区郭溪下屿工业区	李凯胜	
373	永康市前仓永固乐器厂	0204	321305	浙江省永康市前仓镇前仓村	蒋学良	
374	浙江学全科教仪器有限公司	0475	321305	浙江省永康市前仓镇前仓村文教南路59号	蒋学全	
375	宁波威信乐器有限公司	0233	315423	浙江省余姚大隐工业区滨溪南路3号	陈岳	
376	重庆斯威特钢琴有限公司	0089	400709	重庆北碚区童家溪镇建设村	王建华	
377	重庆市万州区龙宝雅韵乐器城	0403	404000	重庆市万州区白岩路152号艺术大厦(2-6楼)	陈联全	

2012
中国乐器年鉴
CHINA MUSICAL
INSTRUMENT YEARBOOK

年度报告

2011年中国乐器行业年度报告

一、综述

2011年是我国“十二五发展规划”开局之年，也是21世纪我国重要战略机遇期第二个10年的开启之年。这一年，面对复杂多变的国内外政治经济形势，全国各族人民牢牢抓住科学发展这个主题和加快转变经济发展方式这条主线，取得了经济建设和社会建设的新成绩，实现了“十二五”时期良好开端，成绩来之不易。

回顾中国乐器行业过去的一年，同样是克服外部环境带来的种种困难，继续保持“稳中有升”的良好局面，特别是党的十七届六中全会作出的《关于深化文化体制改革、推动社会主义文化大发展大繁荣若干重大问题的决定》公布以后，为中国乐器行业的更大发展注入了新的活力，极大地提振了中国乐器行业全体员工的士气，以更大的勇气和信心，迎接2012年中国乐器行业的又一个春天。

主要经济指标同比继续保持增长态势，全年乐器经济发展呈现“上半年好于下半年、国内市场好于国际市场、民族乐器销售好于西洋乐器、乐器进口增幅高于出口”的特点

2011年乐器行业193家规模以上生产企业工业总产值达到238.76亿元，同比增长19.04%，工业销售产值达到234.24亿元，同比增长19.40%，出口交货值达到83.24亿元人民币，同比增长25.55%。2011年国家海关总署公布中国乐器出口金额达到16.24亿美元，同比增长10.71%，超过2008年15.20亿美元的历史最好水平，略有增长，继续保持世界第一大乐器出口国的地位。

2011年中国乐器经济发展的主要特点

上半年好于下半年。据中国轻工业经济运行及预测预警系统数据显示，2011年1～5月份，我国乐器行业各项经济指标，工业产值保持稳定，销售略有上升，出口有较大增长，资产保持平稳，利润有所下降。而到下半年，特别是10月份以后，乐器市场出现偏冷现象，没有出现往年“金九，银十”的销售火爆势头。据专家分析，主要是受国家宏观调控政策影响而出现房地产市场紧缩，也影响到家具业和钢琴的销售市场，此外股市持续下跌，使消费者信心指数有所下降，加上经销商补库存高峰回落等因素都在不同程度上影响到国内乐器市场。

国内市场好于国际市场。2008年世界金融危机以后，国内乐器生产规模企业进一步调整企业发展战略，积极转变经济增长方式，把目光转向国内市场。经过三年的调整，2011年取得明显效果，乐器行业规模企业主要经济指标均实现两位数增长。在15个乐器主产区中，东部沿海地区的广东、山东、天津、浙江、江苏等省市乐器生产始终保持领军位置，工业总产值占到全行业80%左右，中西部、东北地区的乐器生产也保持稳定增长形势。教学用乐器市场普遍升温，各省市文化与教育器材采购额持续上升，进一步开拓了国内乐器市场。

民族乐器销售好于西洋乐器。2011年规模以上民族乐器生产企业主要经济指标增长幅度达到30%～40%，高于西洋乐器10%～20%的增长速度，此外，受国家文化产业和老少边穷地区扶持政策激励，各地普遍加快农村文化站建设进度，我国农村山区的文化娱乐生活进一步活跃，从而带动了民族乐器的销售，我国各主要民族乐器生产企业，上海民族乐器一厂、河北乐海乐器有限责任公司及扬州地区古筝生产企业普遍反映产品出现供不应求的状况，许多民族乐器：古筝、琵琶、二胡、扬琴断货，不能满足市场需要。

乐器进口增幅高于出口。2011年中国进口乐器金额达到2.72亿美元，创历史新高，同比增长18.76%，乐器进口增速高于出口增速。目前，中国进口的主要乐器类别是立式钢琴、其他乐器零附件、电子乐器零附件、三角钢琴、钢琴零附件，占进口乐器总金额的80.80%。2011年进口钢琴金额超过1亿美元，占进口乐器总金额的40%，进口各类钢琴达到92000架，同比增长40%，约为2008年中国进口钢琴数量的3倍，比2011年中国出口钢琴数量高60%左右。

2011年是中国入世十周年，十年来中国乐器行业发生了巨大的变化，乐器出口金额大约是10年前的4倍，平均年增长率为14.28%。10年时间里，共计出口钢琴323046架、各类管乐器38688862件、手风琴2052448架、弦乐器53790326件，中国不仅是钢琴、提琴、西管乐器、吉他、手风琴世界第一生产大国，且从2008年起跻身为世界乐器第一出口大国，向世界187个国家和地区出口乐器。

乐器行业与文化产业结合越来越紧密

2011年我国乐器行业与音乐教育事业结合向着更广和更深的层次发展，取得十分突出的效果。各乐器生产与营销企业的领导者与广大员工普遍认识到乐器生产销售必须与音乐推广和培训事业紧密结合，开展音乐培训，扩大音乐人口，是推动整个社会音乐文化事业发展的重要组成部分。上海民族乐器一厂长期以来致力于以文化事业带动企业发展，取得十分明显的社会效益和经济效益。他们创造性地提出从“文化营销”转变为“营销文化”，开启了我国乐器行业从单纯生产乐器向多元化文化经营活动新领域扩展的先河。

2011年，我国乐器行业各生产经营企业所开展的各项与音乐相关的活动此起彼伏，一浪高过一浪。据不完全统计，乐器行业大约有数百家企业开展不同规模、不同类型的音乐推广活动上千次，参加人数十万人。

历数2011年各企业开展的音乐文化推广重要活动：

广州珠江钢琴集团股份有限公司于5～12月举办了“珠江·恺撒堡全国青少年钢琴大赛”，全国29个城市举行初赛，参赛选手达万人以上；

8月北京星海钢琴集团公司与国家大剧院签约，就该院开展公益活动用琴达成合作意向，今后凡国家大剧院举办的各类公益活动中所使用乐器都将以星海牌钢琴、西管乐器、民族乐器为指定专用乐器。

上海民族乐器一厂2011年开展的各项音乐文化活动向更高的层次和深度发展，其中有中国古筝艺术周、第二届国际古筝比赛、“敦煌杯”首届全国青少年琵琶大赛、“敦煌杯”民乐知识进校园暨敦煌杯少儿民乐演奏大奖赛等活动，都获得了很好的社会反响。

由中国音乐家协会普通高校音乐联盟、柏斯琴行主办的“长江钢琴杯”第三届神州唱响全国普通高校钢琴展演于2011年1月正式启动后，来自国内200余所普通高校参赛选手2000多人，11月在湖北宜昌市举行了“首届中国宜昌长江钢琴音乐节”。

2011年海伦钢琴制造股有限公司相继举办了“海伦钢琴”第三届全国高校音乐学院（教师教育）钢琴专业教师演奏邀请赛及2011年上海市青少年钢琴大赛暨第二届“海伦希望之星”评选等活动。

2011年9月教师节，福州和声钢琴公司在中央音乐学院鼓浪屿钢琴学校举行第四届“哈曼尼钢琴奖教、奖学金”颁奖典礼，这是和声公司连续四年向该校颁发“哈曼尼钢琴奖教、奖学金”。另外，南京乐博琴行也举行了2011首届“乐博杯”全国青少年钢琴大赛，来自全国各地的2000多名青少年儿童报名参加角逐。

石家庄秦川文化乐器有限公司在2011年中举办过数十次音乐文化活动，如，施坦威钢琴主题系列音乐会、沈文裕钢琴独奏音乐会、安德烈·波诺谢夫尼/元杰钢琴独奏音乐会、“秋之韵”系列音乐会等，有力地推动了当地群众文化娱乐活动的普及和推广。

乐器行业在国民经济中的地位进一步提高，各省市领导十分关注乐器行业的发展

2011年各地乐器行业进一步得到当地省市领导的关注和支持，一些企业相继被列入本地区文化支柱产业，乐器行业发展被列入地方“十二五发展规划”。

中央及地区领导多次深入乐器企业进行考察调研：

4月14日，河北省委书记张云川一行到河北金音集团进行调研，要求乐器制造企业把科技创新放在关键位置来抓，通过技术改造升级、新产品研发、管理水平提升，实现企业效益的最大化。

4月20日，北京市副市长程红带领市侨办、市贸促会、市口岸办和北京海关等部门到平谷区北京华东乐器有限公司进行实地调研。

5月25日，广东省政协文化和文史资料委员会副主任杨珍妮等领导一行10人到广州珠江钢琴集团进行工作调研，省政协委员们对珠江钢琴集团创新发展取得的成果表示高度肯定。

6月19日，北京市委常委、副市长鲁炜到北京华东乐器有限公司视察。

7月11日，中共中央政治局委员、中央书记处书记、中宣部部长刘云山到河北金音乐器集团公司视察。

8月12日，2011中国国际妇幼婴童产业展览会暨轻工精品展览会在北京举办，中国轻工业联合会步正发会长，王世成副会长看望了乐器展区各参展企业，向乐器行业全体员工表示亲切慰问，鼓励乐器行业要多出精品，多出新品，以满足广大消费者“享受生活，享受音乐的”需要。

9月15日，中共中央政治局委员，上海市委书记俞正声视察了上海民族乐器一厂，考察结束后，俞正声握着王国振厂长的手说：“像你们这样的手工行业，能用国营企业的机制和集团经营的模式发展到现在，是很不容易的，在全国都很少，应该支持。”视察结束以后，俞正声又专门作出批示，要在财力和人力上给予上海民族乐器一厂支持。此后，上海市艾宝俊副市长及闵行区领导都相继到上海民族乐器一厂进行现场办公，落实下一步工作。

10月11日，中国轻工业联合会副会长王世成在中国（上海）国际乐器展览会举办十周年之际，再次前往展会考察工作，他在考察结束后，要求上海国际乐器展览会未来要向世界一流国际大展进军。

10月17日，江苏省委常委、副省长黄莉新在泰州市市长徐郭平、泰兴市委书记张兆江等领导的陪同下视察了江苏凤灵乐器集团，视察结束后，黄副省长表示，省委省政府将一如既往地支持凤灵集团加快发展。

11月18日，中国音乐家协会主席赵季平，分党组书记徐沛东考察了宜昌金宝乐器制造有限公司，考察期间，对宜昌金宝公司研制生产的“长江钢琴”给予高度赞扬和充分肯定。湖北省副省长、宜昌市委书记郭有明在第一届中国宜昌长江钢琴音乐节举行期间，曾3次前往音乐节观看钢琴演奏音乐会并为获得“长江钢琴杯”第三届神州唱响全国普通高校钢琴展演的优胜者颁奖。

12月1日，中国轻工业联合会步正发会长在《学习贯彻十七届六中全会精神领导干部学习班上的讲话》中说，要加快工艺美术、文体用品、乐器等产业发展，既继承传统技艺，又开拓创新，吸收借鉴先进的技术成果，充分发挥技艺人才的作用，大力培养年轻人才，创造出更多的传承中华民族文化，具有鲜明民族风格和中国特色，反映时代精神的艺术精品，满足不同群体多元化物质文化需求。

一批企业和个人获得各类奖励

5月份，北京星海钢琴集团有限公司、上海民族乐器一厂获得由商务部颁发的第二批“中华老字号”称号。

5月27日，国家工商总局商标评审委员会认定雅马哈株式会社所有的“YAMAHA、图形”乐器商标及江苏奇美乐器有限公司所有的“奇美”竖笛、口风琴、口琴商标为“中国驰名商标”。11月29日，国家工商总局商标评审委员会认定天津鹦鹉乐器有限公司所有的“鹦鹉YINGWU及图”手风琴商标为“中国驰名商标”。

6月20日，国务院公布第三批国家级非物质文化遗产名录，乐器行业有6项传统技艺入选扩展项目名录，分别是：北京市海淀区的宏音斋笙管制作技艺、内蒙古自治区科尔沁右翼中旗的蒙古族拉弦乐器制作技艺、吉林省前郭尔罗斯蒙古族自治县的马头琴制作技艺、上海市闵行区的上海民族乐器制作技艺、贵州省凯里市的苗族芦笙制作技艺、云南省临沧市临翔区的傣族象脚鼓制作技艺。

9月17日，中国商业联合会、中国保护消费者基金会主办的“第三届全国顾客满意度测评活动”发布公告，乐器行业北京星海钢琴集团有限公司和宜昌金宝乐器制造有限公司获得了全国顾客满意（行业）十大品牌称号。

此外，意大利艺术提琴制作家协会（ANLAI）授予中国提琴制作大师郑荃教授2011年度“终生成就奖”。意大利艺术提琴制作家协会“终生成就奖”从1990年设立，授予对象为在意大利及国际提琴制作领域的杰出人物。

广东省提琴制作师朱明江获得人力资源和社会保障部颁发的“2010年度全国技术能手”荣誉称号，天津市津宝乐器有限公司铜管乐长圆号车间和天津雅马哈电子乐器有限公司工人李铁分别被获得了2011年全国五一劳动奖状和奖章。

乐器产业集群经济渐入佳境，成为当地文化产业名片

2011年，在党中央“文化大发展大繁荣”政策的指引下，国内各地区普遍将骨干乐器生产企业和乐器产业集群列为本地区文化产业发展重点，并列入该地区“十二五发展规划”或“文化产业发展规划”。

7月28日，中国轻工业联合会、中国乐器协会共同授予浙江省杭州市余杭区中泰乡“中国竹笛之乡”称号，使中国乐器协会命名的“乐器产业基地”达到了4个。

由中国乐器协会命名的山东省潍坊市昌乐县鄌郚镇“中国电声乐器产业基地”又有了新的发展，该基地所属的昌乐百灵乐器有限公司、潍坊惠好乐器有限公司被列入山东省重点文化产业项目，电声乐器产业基地和潍坊惠好乐器有限公司被授予“2011年创建山东省优质产品生产基地及龙头骨干企业”称号。

6月16日，中国武强国际乐器文化产业基地奠基仪式在河北武强隆重举行。该项目占地1200亩，总投资21.2亿元，主要分为三大部分：一是由河北金音乐器集团投资建设的武强乐器工业创意园；二是由德国GEWA公司投资建设的乐器生产物流配送基地；三是由中国吉他学会、北京璐德文化艺术中心联合投资建设的金音璐德音乐小镇、璐德国际艺术学校。

12月3日，由香港金道集团、香港宏信投资有限公司共同出资3亿元兴建的“沈阳国际音乐广场”签约仪式在沈阳举行，该广场总建筑面积3万平方米，广场商业中心将集中超过200家乐器专卖店。

辽宁营口、天津静海、浙江湖州洛舍镇、江苏无锡、江苏扬州、河南兰考等地乐器产业已经基本形成规模化生产，地区乐器产业的知名度不断提升，受到当地政府的重视，建立乐器产业基地都在规划之中。

2011年是中国乐器行业不断克服各种困难，再次取得进步的一年，过去的一年风险和困难把每个乐器人锻炼的更加成熟.新的一年在向我们招手，未来形势更加严峻，更加富有挑战性，相信在新一年中乐器行业仍将再次渡过暗礁险滩，取得更大的业绩。

二、钢琴制造业

2011年，世界经济形势复杂严峻，美国经济复苏乏力，欧债危机愈演愈烈。世界各国钢琴产业受不同程度影响，呈低迷状态。而中国钢琴产业最为活跃，继续保持世界钢琴生产和消费大国的地位，大中型钢琴企业业绩继续攀升。2012年，面对世界经济各种不确定因素和人工、原材料费用、汇率等不利因素的影响，中国钢琴产业无疑将面临严峻的考验。

世界钢琴市场简况

2011年，国际钢琴经销商表示，总体而言，世界经济危机对乐器经济和钢琴市场的影响并不显著。

北美洲

据美国《音乐贸易》杂志统计，2011年1～9月，美国市场从国外进口的钢琴数量为26417架，较2010年1～9月的28738架同比下降8.1%。钢琴进口额同比减少5.7%；但从市场销售金额看，2011年1～9月，立式钢琴销售额约为3900万美元，同比增长6.1%，三角钢琴销售额7100万美元，同比增长6.9%。

美国梅森汉姆林钢琴公司副总汤姆认为，尽管现在美国经济受到影响，但回顾过去50年美国钢琴市场发展情况看，市场曾一度达到销量25万架钢琴的盛况，从20世纪80年代起慢慢下滑至13万架，数量下滑并不代表需求达到饱和，反倒说明市场基础已经稳固。

当前，除宏观经济影响外，美国钢琴市场与人口结构变化有着紧密联系。退休人员和年轻的新生代人数越来越多，这部分“钢琴红利人口”的学习音乐方式多样化，有的是通过集体教学，有的依托社区引导。本轮经济衰退过后，美国钢琴市场很有可能反弹。在面临挑战的市场形势下，国际钢琴制造商积极应对，美国梅森汉姆林钢琴公司副总汤姆表示，2011年梅森汉姆林的钢琴产品积极跟踪市场技术创新，在网络技术上下大力气。智能化的钢琴自动演奏系统还和iPhone产品加以结合，既融入先进技术，又跟上时尚潮流。

德国博兰斯勒钢琴公司总裁范思进认为，目前美国钢琴市场比较平缓，高端钢琴市场在缓慢恢复，消费者出手依然偏紧。入门级钢琴在美国销售情况不佳，估计未来两年，低档次的钢琴销售依然比较困难。

欧洲

范思进说，在欧洲，钢琴市场呈现出一种多样化格局：德国、英国钢琴市场销售不错，比利时较稳定，法国、意大利、瑞士等国钢琴市场形势不佳。在此情况下，厂商就要从客户需求入手，例如为高端客户量体裁衣，订制个性化钢琴。

德国舒密尔钢琴公司销售总经理Lothar Kesiche表示，2009年公司财务结构重组，雅马哈24.9%的股份撤出后，舒密尔又成为100%的德国家族钢琴公司，强化了投资和实力。经过2010年全年恢复发展，2011年前三季度销售同比增长了40%。目前和AXL公司保持密切合作，继续朝着健康方向发展。

捷克佩卓夫钢琴公司总裁苏珊娜·佩卓夫认为，10年前，佩卓夫出口市场侧重点是美国，占60%，其次是欧洲30%，亚洲和中东、澳大利亚10%。而2011年，这个比例完全颠倒。亚洲特别是中国成为国际主要钢琴制造商竞相角逐的市场。

亚洲

施坦威钢琴上海公司总经理潘顿表示，过去的一年，中国经济持续保持较高速度增长，国内需求和鼓励文化产业大发展的政策极大地带动了文化产品市场。2011年，施坦威钢琴公司通过扎实服务的营销理念，稳健推进在中国经营。施坦威品牌在百年发展史中受到市场信赖，消费者对其品质、工艺、服务都比较信任，但公司不会因此而懈怠，还必须一如既往为客户提供高品质产品，努力使用户满意。施坦威钢琴大家族的埃塞克斯钢琴采取了家具式外观设计，在2011年上海乐器展会期间举办的经销商大会上广受好评，接到了不少订单。对于2012年在中国市场的策略，施坦威在扎实服务的基础上，适当地在更多城市推进施坦威品牌钢琴；其次，服务必须跟上，制造商、经销商、调律师要通力配合，不能图快而牺牲了品质和服务。日本在2011年3月大地震后，钢琴业界积极行动，通过开展行业主题活动，鼓励“家庭乐器演奏”，在音乐教育和市场开拓上加大力度，鼓励东北部大地震后的

附表：

2011年世界钢琴产量分布

洲别	国家和地区	2011年		2010年	
		企业数	产量（万架）	企业数	产量（万架）
亚 洲	中国	25	34.9	27	33
	韩国	2	1.5	2	1.8
	日本	3	5	3	5.9
	印尼	3	2	3	2
欧 洲	德国	8	1.2	8	1.2
	捷、法、意、英	4	0.5	4	0.4
北美洲	美国	4	0.6	4	0.7
总计		49	48.7	51	45

注：中国钢琴企业数中不含小型组装型企业

地区恢复音乐活动，并创立“音乐可再生基金”，在一定程度上提振了乐器市场信心。

中国钢琴产业基本状况

据中国乐器协会和国家轻工业乐器信息中心统计，2011年中国钢琴总产量351470架，其中，立式钢琴332715架，三角钢琴18755架。在纳入统计的25家钢琴企业中，年产1万架钢琴以上有6家企业，合计产量25.99万架，占中国钢琴总产量的73.96%。年产5000～10000架钢琴的有8家企业，合计产量为54117架，占总产量的15.39%。年产5000架以下的企业有11家，合计产量37324架，占总产量的10.61%。

2011年中国三角钢琴产量为18755架，与2010年持平。产量在1000架以上的有6家企业，占总产量的66.57%，产量500～1000架的有7家企业，合计产量4644架琴，占总产量的24.76%，产量500架以下的有10家企业，合计产量1625架琴，占总产量的8.66%。

2011年中国钢琴生产主要分布在10个省市，产量排在前三位是广东、浙江、北京。除湖北、辽宁、广东分别增长11.14%、2.96%、1.88%外，其他地区的钢琴产量均有所下降。

按企业经济类型分析，2011年国有企业钢琴产量为156791架，同比增长0.02%，占总产量的44.61%，三角钢琴产量6173架，同比增长13.04%，占总产量的32.91%，出口20364架，占总出口量的35.95%，同比增长10.42%；民营企业钢琴产量86257架，占总产量24.54%，同比下降28.47%，三角钢琴产量9026架，占三角钢琴总产量的48.12%，同比下降29.78%，出口量21417架，占总出口量的37.81%，同比下降43.44%；外资企业钢琴产量108422架，占总产量的30.84%，同比增长3.82%，三角钢琴3556架，占三角钢琴产量18.96%，同比增长28.98%，钢琴出口14853架，占总出口量的26.22%，同比下降14.83%。

2011年，中国出口钢琴共计56763架，同比增长0.2%，出口金额为9290万美元，同比增长13.85%，其中立式钢琴出口50007架，同比下降5.49%，出口金额6704万美元，同比增长1.8%；三角钢琴出口6756架，同比增长5.89%，出口金额2585万美元，同比增长25.86%。

中国立式钢琴出口世界88个国家和地区，比上年减少5个。出口国家和地区排在前五位的是美国、中国香港、德国、荷兰、加拿大。其中，向美国出口立式钢琴10457架，比上年减少15.99%，向中国香港出口4350架，下降8.17%、向德国出口5397架，下降9.36%，向荷兰出口2363架琴，增长21.18%，向加拿大出口1808架，下降11.55%。有42个国家进口中国立式钢琴架数比上年有所增长或者持平，有35个国家比上年下降，其中，韩国下降42.43%，葡萄牙下降61.36%、西班牙下降20.28%。

2011年，中国三角钢琴出口世界79个国家和地区，比上年增加1个。其中，出口美国2884架，同比增长15.08%；出口德国644架，同比增长7.69%；出口乌兹别克斯坦248架，同比增长34倍；出口加拿大244架，同比增长36.31%；出口英国230架，下降44.98%。有35个国家进口中国三角钢琴比上年有所增长，朝鲜、菲律宾、丹麦、巴拿马、尼日利亚有较大增幅；有28个国家比上年有所下降，土耳其下降86.35%、约旦下降83.33%、印度尼西亚下降82.35%。

2011年中国共计进口92383架钢琴，同比增长31.83%。进口金额为1.06亿美元，同比增长45.59%。其中从25个国家和地区进口87310架立式钢琴，同比增长39.02%，进口金额同比增长64.10%；从17个国家和地区进口5073架三角钢琴，同比增长24.64%，进口金额同比增长27.07%。

其中，从日本进口立式钢琴46046架，同比增长21.03%，金额4625万美元，同比增长46.18%；进口三角钢琴2643架，同比增长5.13%，金额1762万美元，同比增长29.02%；从印尼进口7234架立式钢琴，同比增长148.68%，金额1046万美元，同比增长163.81%；从韩国进口立式钢琴32920架，同比增长56.34%，金额748万美元，同比增长82.13%；从德国进口立式钢琴301架，同比增长176.15%，三角钢琴213架，同比下降0.93%。

2011年中国进口钢琴呈持续增长态势，进口钢琴数量高于出口62.75%，金额高于出口31.63%，尤其是立式钢琴进口数量高于出口74.59%，进口金额高于出口金额15.21%，并且这种态势有扩大的趋势。

2011年，经对国内部分钢琴企业和琴行了解，被访者普遍反映过去一年中国钢琴生产与市场仍然保持着基本稳定态势，产品结构和消费市场出现较为明显的变化，主要有以下特点。

1、钢琴产业“强者越强”现象日趋明朗化

随着欧美日韩钢琴产业不断走下坡路，中国已经成为当今世界最为活跃的钢琴市场。10多年来，国有、外资、民营企业都在中国这块土地上展开了前所未有的较量，以图取得钢琴市场的话语权，市场份额的最大化。这场旷日持久的“百米赛跑”或者说“群雄混战”，终于有了眉目，在数量上中国钢琴企业从几年前的近200家到现在仅剩下几十家。上海、浙江地区过去最多时有60多家企业生产钢琴，时至今日，成规模的也就10家左右。广州珠江、北京星海、杭州雅马哈、宜昌金宝、宁波海伦脱颖而出，成为中国钢琴产业“大者越大”的第一方阵，产量占比从2006年的42.16%提高到76.08%，广州珠江继雅马哈之后成为世界上第二个年产量超过10万架的钢琴企业，2011年又有增长。杭州雅马哈、宜昌金宝、宁波海伦的中长期钢琴发展目标仍有继续扩产的规划。2011年我国钢琴产业第一方阵企业都有计划或者已经实施大规模技术改造，设备更新，技术力量培训等项措施，为企业今后的更大发展作着积极的准备。未来中国钢琴的竞争将在企业规模、产品标准化、工艺科技水平、设备数控化程度、人才培训等方面展开竞争。而一些没有品牌、分散、手工化、零星的钢琴生产企业将逐步退出市场。

2011年，珠江钢琴以市场为导向，坚持创新驱动，持续优化发展布局，提升企业品牌影响力，产品结构进一步优化，产销规模持续增长，实现了企业又好又快发展。主要在以下方面取得成绩：（1）坚持创新驱动，技术实力持续增强。珠江钢琴依托国家级企业技术中心，以自主研发为主，技术引进和产学研联合攻关为辅，在高档钢琴研发技术和新产品开发方面均取得重大突破。全年开发数十款中高档新产品，包括恺撒堡KA（艺术家）系列、三大系列新产品、京珠系列新产品等，推动产品结构的优化升级，不断提升珠江全系列产品的技术内涵和高品质。此外，2011年，珠江钢琴获得专利授权10项，参与制定国家或行业标准2项，目前珠江钢琴共拥有专利授权54项，参与制定国家或行业标准二十余项，拥有技术秘密二百余项；（2）优化企业发展布局，重大项目顺利推进，发展布局进一步完善。珠江钢琴公司北方生产基地建成投产，京珠牌钢琴推出市场后受到广泛关注和好评，产品供不应求；数码乐器产业发展强劲，全年研发并投产多款数码新产品，国内外网络布局进一步完善，销量和销售收入均实现较大幅度增长，产品和品牌得到了市场的进一步认可；（3）持续推进品牌建设。珠江钢琴通过推进专卖店、形象店建设，积极参加各类乐器展，举办产品推介会，加强和专业院校及团体合作，办好音乐赛事等途径，进一步提升企业高端品牌形象。此外，恺撒堡高档钢琴品牌被认定为广东省名牌。

2011年，其他各重点钢琴企业都有突出的进展：

北京星海钢琴集团有限公司荣获“中华老字号”和“全国顾客满意（行业）十大品牌”等荣誉，在品牌宣传，拉动市场、坚持技术进步、加强质量管理、强化人才培训等方面迈上新台阶，取得主要经济指标同比上升的好成绩；

宜昌金宝乐器制造有限公司通过“广泛组织群众性的音乐推广活动”、“加快建设‘世界一流’钢琴生产基地”，“健全中国内地和香港琴行销售网络体系”三管齐下，取得实质性进展。2011年共组织不同类型音乐活动600余场，宜昌钢琴生产基地初见端倪，实现标准化数控化钢琴生产，柏斯琴行分店达到90家。

海伦钢琴有限公司在原有品牌钢琴基础上，增加了奥地利“文德隆”钢琴品牌，并且启动6.1万平方米海伦钢琴新厂建设，企业实行5S管理，使企业管理水平有了新的提高，同时加强了内部管理和制度建设，为创业板上市奠定了基础。

一些中型钢琴企业也有了进一步的提升。福州和声钢琴公司通过“新和声、新形象、新产品”的打造，克服了市场不景气、原材料和劳工成本持续上涨等不利因素，在复杂严峻的环境中取得了经济和社会效益的双丰收。烟台博斯纳钢琴在生产经营方面突出抓了三个转变：将原来的以外销为主向为以内销为主转变，从原来的生产多品种、小批量向适当的少品种、大批量转变，在不断加强新产品研发，提高产品质量的同时，逐渐向附加值高的产品转变。2011年7月1日，是博斯纳钢琴诞生140周年的纪念日，公司隆重地举办了国际性的大型庆典活动。

2、钢琴配件企业生产专业化、规模化，配件出口扩大

东方琴业、川雅木业、华丰铸造等国内知名钢琴配件企业经过多年技术改造和科技创新，其部件质量已达到国际同档水平，批量供应欧洲和日本、韩国等钢琴企业。

3、钢琴市场消费者“品牌意识”越来越浓厚

记者在采访琴行了解2011年钢琴销售形势时，反映不一，有的琴行表示钢琴销售稳定，而且有上升的趋势；有的琴行反映销售形势不佳，有下降的趋势。凡销售业绩稳定并且有所上升的琴行大多为品牌销售店，而感到销售压力不断增加的琴行大多是因为没有品牌钢琴销售。受访者都反映，近年来消费者越来越理性，对品牌钢琴的认可度越来越高，而没有自主品牌的钢琴销售越来越难，即便将价格压得很低，也无人问津。

随着品牌钢琴的销售市场不断扩大，售价也在不断提高，2011年市场价格在1.5万～2.5万元的钢琴比例上升，而一万元以下的钢琴销售比例在逐步减少，万元以下钢琴多为满足学校招标采购的需要。立式钢琴仍然占整个钢琴销售的主流，但近年来随着家庭居住面积的扩大，三角钢琴销售逐渐提速，许多家庭购琴开始把目光转向三角钢琴。虽然青少年学生是钢琴的主要使用者，但是中老年学习钢琴的人数在不断增加，学钢琴用于自娱自乐或者是修身养性的人数与日俱增。

4、企业举办各种钢琴比赛和音乐推广活动“一浪高过一浪”，成为各地政府大力发展文化产业的重要组织部分

2011年10月，党的十七届六中全会“关于深化文化体制改革，推动社会主义文化大发展，大繁荣的决定”发表以后，我国钢琴生产企业和经销商都大大提高了“将企业生产经营与音乐教育推广密切结合”自觉性，由企业借助政府和社会的力量举办各类钢琴比赛和音乐推广活动的积极性空前提高。

2011年，珠江钢琴成为中国音乐金钟奖指定用琴，先后参与2011年文化部春节电视晚会、国务院办公厅庆祝建党90周年歌咏大会、第十六届亚洲运动会开幕式、第二十六届深圳世界大学生运动会开幕式、第七届城市运动会圣火采集仪式等大型音乐文化活动。北京星海钢琴与国家大剧院签约，就公益活动用琴达成合作意向；柏斯音乐集团与中国音协高校音乐联盟、湖北宜昌市委市政府共同举办了“首届中国长江钢琴音乐节”；福州和声钢琴公司与中央音乐学院鼓浪屿钢琴学校举行了“哈曼尼钢琴奖教、奖学金”颁奖典礼等。南京乐博琴行、石家庄秦川乐器文体公司也分别举办了钢琴比赛和施坦威钢琴音乐会等活动。

以企业为主举办的各类音乐活动，得到当地政府的大力支持和社区群众的普遍欢迎，极大地丰富了当地人民的文化娱乐生活，为繁荣和发展各地区的文化事业作出了重要的贡献，我国钢琴生产企业和规模性琴行已经成为各个地区繁荣文化事业的重要力量。

5、国产钢琴质量普遍提高，产品更新换代速度加快

2011年，国产钢琴质量进一步提升。消费者普遍反映，目前国产品牌钢琴开箱合格率绝大部分达到标准要求，音质音色，弹奏手感和钢琴外观工艺令消费者满意。与此同时，各钢琴生产企业加大了新产品研发力度，产品更新换代速度加快。2011年，据不完全统计约有几十种新品牌、新型号钢琴面市，其中珠江钢琴依托国家级企业技术中心在高档钢琴研发技术和新产品开发方面均取得突破。全年新开发几批中高档新产品。柏斯音乐集团经过三年研发的“长江牌”系列钢琴全面投入市场，海伦钢琴第三代、文德隆第五代系列钢琴、星海钢琴的“帝王琴”等新品牌系列钢琴。

6、外资钢琴企业在中国深入发展，适应性不断增强

2011年，外资钢琴企业继续看好中国市场，取得新的业绩。施坦威钢琴销售保持两位数稳健增长，销售金额及销售数量均创历史新高。施坦威、波士顿、郎朗、艾塞克斯四大系列产品均取得良好成绩，并在广州签署了新的授权代理商。

卡瓦依钢琴在2011年销售增长，新研制开发的SHIGERU KAWAI系列三角琴得到众多音乐学院、演奏家的青睐。同时向香港和中国内地推广KAWAI音乐教室的经验，从而为孩子提供了快乐学习的场所。雅马哈钢琴在中国的生产与销售保持快速发展势头。2011年调整了地区销售政策，从一线城市，开始向二三线城市发展，并且参与代理琴行的售后服务管理，得到消费者的认可。

7、钢琴市场进一步规范，网络销售方兴未艾

2011年钢琴市场规范化程度有了进一步改善，文明经商，诚信经营的风气逐步成为钢琴市场的主流。前几年跨地区串货销售以及大额回扣促销的不正当竞争手段正在得到有效遏制。与此同时，网络销售比例逐渐增加，通过网上定购钢琴的消费者数量有所增长。

随着电子商务，网络销售逐渐走进千家万户，一批以钢琴教育、音乐推广及钢琴销售为主业的网站如雨后春笋兴起，这些网站在沟通信息，帮助消费者了解钢琴质量及行情方面都起到积极的作用。同时，也产生了消极的负面影响，有的网站成为某些钢琴企业的传声筒，吹夸某钢琴产品质量，利用网络平台进行不正当竞争，甚至利用网络恶意攻击，以图打压对手，抬高自己。

8、进口钢琴剧增，二手钢琴充斥市场

2011年，中国进口钢琴呈两位数大幅增长，与中国钢琴出口数量拉开差距，反映出世界钢琴市场萧条，中国钢琴市场活跃的现实，也说明中国消费者对钢琴需求的档次在不断升级，走过了国产钢琴、国产品牌钢琴到合资生产的日本韩国欧洲品牌钢琴、日本和欧洲原装钢琴等阶段，目前部分消费者已经不满足于外国在中国合资或者独资生产的钢琴，而不惜一掷十万，甚至数十万元购买外国原产地钢琴。

在大量涌进中国市场的进口钢琴中，二手钢琴约占一半以上的比例，以日本雅马哈、卡瓦依为主要品牌。据海关数据统计，2011年从日本进口中国的钢琴为46046架，同比增长21.03%，金额为4625万美元，折合单价每架琴1004美元，进口三角钢琴2643架，同比增长5.13%，金额1762万美元，折合单价为6600美元，这些数据不仅远低于进口原装钢琴价格，也低于国产钢琴的出口单价，说明这些日本进口钢琴中含有大量的二手钢琴。据调查，目前全国各地区省地级城市中都有不少进口二手琴翻新工厂，许多琴行以及网上销售的二手钢琴质量参差不齐。难免有人从中做手脚，不仅对钢琴销售形成一定冲击，同时也给消费者带来困扰。

三、西管乐器制造业

【主要经济指标完成情况】

经中国乐器协会与国家轻工业乐器信息中心对主要西管乐器企业产量统计，2011年西管乐器产量达到120.56万支，同比下降16.92%，西管乐器出口数量86.13万支，同比下降21.45%，名列前三位的是河北金音乐器制造有限公司、天津市津宝乐器有限公司、天津圣迪乐器有限公司，占西管乐器总产量的73.77%。河北金音乐器制造有限公司继续保持着单簧管、长笛、小号、中低音号全国产量第一的位置。

据海关统计数据，2011年各种管乐器出口数量868万支，金额1.24亿美元。其中：西管乐器出口数量84万件，同比增长0.7%，出口金额8122万美元，同比增长11.25%。其他管乐器出口数量784万件，同比下降13.89%，出口金额4367万美元，同比增长14%。中国西管乐器出口世界105个国家和地区，出口金额前10位的国家和地区是美国、德国、巴西、英国、法国、墨西哥、韩国、日本、中国台湾、西班牙。中国生产的其他管乐器出口世界114个国家和地区，出口金额前10位的国家和地区是美国、德国、巴西、英国、加拿大、中国香港、意大利、韩国、尼日利亚、法国。

2011年中国进口各类管乐器共计65739支，金额720万美元。其中，进口西管乐器5109件，同比下降24.73%，进口金额为256万美元，同比增长3.16%。进口其他管乐器60630件，同比下降5.22%，进口金额为464万美元，同比增长41.28%。中国进口的西管乐器来自世界13个国家和地区，主要是日本、美国、中国台湾、德国、法国。中国进口的其他管乐器来自世界16个国家和地区，主要是日本、法国、中国台湾、德国。

2011年国家知识产权局共发布西管乐器专利52项，同比增长189%，其中发明专利25项，实用新型专利25项，外观设计专利2项。

2011中国（上海）国际乐器展览会共有101家西管乐器生产企业参展，其中国外参展商36家，分别来自德国、法国、加拿大、韩国、捷克、美国、日本、意大利、英国、中国台湾。德国B&S G m b H公司、法国布菲乐器公司等世界著名管乐器生产企业都设有展位。中国有65家西管乐器生产企业参加展览，北京9家，天津19家，河北17家，山东13家、上海3家。

【重大事项和行业活动】

2011年西管乐器行业重大事项和开展的行业活动：

1、4月1日，河北省衡水市召开文化建设工作会议，市长杨新丽宣读了衡水市委、市政府《关于对文化产业发展十大领军人物进行表彰的决定》。中国乐器协会西管乐器专业委员会会长、河北金音乐器集团总经理陈学孔被授予衡水市文化产业发展十大领军人物。

2、4月30日～5月3日，“中华号角——2011上海之春国际音乐节管乐艺术节暨‘中华杯’中国第五届非职业优秀（行进）管乐团队展演”在上海举行。来自美国、马来西亚、韩国、泰国的4支国外优秀乐团和24支国内优秀乐团，约2000名乐手参加了这一国际性的管乐盛会。总政宣传部副部长黎国如、中国侨联副主席、上海市政协副主席吴幼英、中国管乐学会主席于海、上海市委宣传部副部长陈东、上海市文学艺术联合会党组书记杨益萍等领导出席了开幕式，天津津宝乐器有限公司总经理刘运斌在主席台就座。

3、6月16日，由河北金音乐器集团投资建设的武强乐器工业创意园在河北武强举行奠基仪式，这是河北武强国际乐器文化产业基地的重要组成部分。该基地位于武强县东，占地1200亩，总投资21.2亿元，项目建成后，预计主营业务收入可达到38.6亿元，销售收入19.5亿元，安排就业人员4500人。

4、中共中央宣传部部长刘云山、河北省委书记张云川先后到河北金音乐器集团公司进行工作调研。

5、9月18日，2011首届中国西管乐器（铜管类）制作比赛在中国人民解放军军乐厅举行。该制作比赛由中国乐器协会、中国音乐家协会管乐学会、国家轻工业乐器质量监督检测中心主办，中国乐器协会西管乐器专业委员会承办。参赛产品bB调小号、4键双排圆号、次中音长号、次中音号、上低音号、bB调低音号等六类乐器。此次比赛评委会由管乐学会于海任主任、赵瑞林等任副主任，评委23人，分别来自中央乐团、中央音乐学院、中国人民解放军军乐团、解放军艺术学院等单位。评委们对参赛产品进行了声学品质和外观工艺的评审，最终评出了金、银、铜奖以及金号奖。组委会在比赛期间召开了专家与企业座谈会。10月12日，在上海国际乐器展览会期间举行了颁奖仪式，河北金音乐器集团有限公司、天津市津宝乐器有限公司、河北华声乐器制造有限公司、山东泰山管乐器制造有限公司、北京管乐器厂、江阴激扬乐器有限公司分别获得六类乐器制作工艺及声学品质金、银、铜奖，河北金音、天津津宝2家企业获得金号奖。

6、由天津津宝乐器有限公司，北京管乐器厂，河北金音乐器集团公司等单位起草并参与工作的《唇振动气鸣乐器通用技术条件》、《簧管气鸣通用技术条件》、《小号》、《单簧管》等12项西管乐器行业标准在年内完成了修订工作。

【形势分析】

为了客观地反映2011年中国西管乐器产业的发展概况，记者相继采访了中国乐器协会西管乐器专业委员会会长、河北金音乐器集团公司总经理陈学孔，天津津宝乐器有限公司总经理刘运斌，北京管乐器厂厂长赵桐，大连铜管乐器厂厂长焦永达，上海管乐器厂厂长赵时渔，山东泰山乐器有限公司董事长梁维民，河北华声乐器有限公司张立根，法国布菲（北京）乐器销售公司总经理胡奕，台湾宏环乐器有限公司采购顾问、原北京管乐器厂厂长李书芳等人以及军乐团管乐维修技师李建设，请他们从各自不同角度和侧面介绍西管乐器行业和企业生产经营情况。

总的来看，2011年中国西管乐器生产销售与出口基本保持稳定增长态势，各企业有增有减，状况不一。

河北华声乐器公司认为去年总体形势很好，销售额增长15%～20%，其中，大号、中音号销售增长30%，主要销往欧洲市场，美洲和亚洲市场也有开拓。

天津津宝西管乐器总体销售收入增长10%，比预计少5%，铜管乐器销售增长15%。刘运斌认为，虽然去年外贸出口整体不是太好，但乐器出口还可以，主要以贴牌产品为主，少量为自主品牌，但有增长趋势。

北京管乐器厂赵桐说，2011年生产销售形势比前两年都要好，产量增长15%，销售增长20%，企业基本没有库存，出口和内销比例为2:8，现在企业工人每星期都要加班，产品处于供不应求的状况。

山东泰山管乐有限公司梁维民董事长说，2011年公司的销售形势要好于往年，重点抓产品质量和品牌效应。

李书芳原是北京管乐器厂厂长，退休后担任台湾宏环公司在大陆的采购顾问，与国内近20家管乐器生产企业有业务联系。李书芳说，近3年台商在国内采购国产西管乐器，出货量不断递增，增长幅度大约为30%～40%，说明中国的西管乐器在国际上得到了普遍认可。

【困难与问题】

尽管中国西管乐器行业近年来快速发展，产品质量普遍提升，但是受全球经济低迷外部环境的影响，2011年中国西管乐器行业仍然存在着不少困难和问题。

1、成本上升

张立根说，现在我们厂工人工资涨了30%，工人每月工资已经达到2500～2600元，原材料上涨了12%～13%，铜材涨到5.6万元～5.7万元一吨，特殊铜材达到6万元～7万元一吨，银焊丝涨了20%。焦永达说，现在生产管乐器所必需用的各种金属，焊料，铅，锡等原料都在涨价，铜价涨了10%～20%。公司新搬厂房，供热费从每平米28元涨到33元，也加大了生产成本。赵时渔说：现在银价已经涨到每克75元，原来每克只有20多元，过去买一块银板只要五六万元，现在要十三万元，另外劳动力价格上涨，人口红利已不存在，由于上海生活费用很高，工人月工资没有3000元是不会干的。

2、市场缺乏监管，自我约束力较差

梁维民说，由于西管乐器是小产品，国家对管乐器市场基本不管，完全靠市场调节，自由发展，因此现在管乐器市场很混乱，质量没人监督。一些小厂家不顾产品质量，与个别老师合伙，用低价管乐转手高价卖给学生，从中谋利。有的企业甚至不顾标准要求把应该用0.8毫米厚度的铜板改成0.5毫米的，以达到降低成本的目的。

3、调整产品结构，向中高档产品发展的道路非常艰难

赵时渔说，现在一些外国人认为“MADE IN CHINA”是低档货的标志。中国管乐器一直在走廉价贴牌的道路，现在外国人对中国管乐的价格了如指掌，产品价格很难涨上去。目前企业要走高附加值，生产中高档产品的新路，对企业来说是非常困难的。一是没有足够的资金和实力；二是没有品牌，即便产品质量提高了，价格也提不上去；没有品牌，在国外市场很难站稳脚。

4、员工技术水平不适应形势发展，提高全员素质迫在眉睫

张立根说，现在企业的设备机械化程度、科技含量越来越高，有些新机器来了，工人不会用，这是一个很大的问题。为了适应企业发展的需要，必须全方位地提高工人技术水平和自身素质，让工人能够掌握科技含量较高的设备。刘运斌说，现在最大的问题是企业跟不上形势的发展，人员素质跟不上企业发展的需要。

【企业采取不同形式共渡难关】

2011年，外部经济形势的复杂性对我国西管乐器生产企业造成了不同程度的影响，我国西管乐器各生产企业迎着困难，根据自身实力，采取不同对策，共克时艰。

陈学孔说，2011年是不平凡的一年，我们企业在党的十七届六中全会的指引下，搭上文化产业的快车，使企业有了更大发展的空间。首先我们开始建设河北省武强国际文化产业园区，现在5万平方米标准厂房主体建筑已经完成，下一步是招商引资企业入驻阶段。第二件事，我们进行了建厂以来最大规模的技术改造，通过设备更新改造，使产品标准

化率从70%提高到90%，大大提高了产品质量。第三件事，我们开展了员工培训，建立全员质量管理体系，使全体员工精神面貌有了很大提升，责任意识不断增强，企业的凝聚力有了明显提高。

张立根说，一年来，我们不断听取客户和专家们的建议，改进工艺，淘汰旧设备，增添数控设备。从而减少手工操作，提高产品加工的机械化程度，使零配件标准化程度和加工精度有所提高，增加了乐器零部件的互换性，有效地提高了产品质量，受到客户的好评。

焦永达说，去年我厂形势不是太好，主要受市场萎缩、订单减少和原材料提价影响，为此我们采取放慢速度的策略，紧缩银根，不做大的投入。企业内部进行调整，以销定产，在人民币不断升值的不利环境下稳定产品价格，不以让价换订单。

赵时渔说，我厂地处上海，有利有弊。不利的方面是：由于我厂属微型小企业，得不到各方面的支持，全靠自己的努力；有利的方面是：可以利用上海的地域优势和"百灵"老品牌优势。尽管外部环境不利，但我们仍然坚守岗位，保持着一定的实力。采取的办法是缩小规模，以小取胜。原来企业员工有300人，现在我们控制在100人左右，做到"产量做少一点，质量做精一点，价格卖高一点"，这是我厂唯一的生存道路。

梁维民说，2011年我厂主要抓产品质量，靠"泰山"品牌知名度，靠技术创新。去年我们研发出一款无铅萨克斯新产品，可以和国际高端管乐器相媲美，此外通过技术改革实现了萨克斯主体管包括喇叭号口部位一次拉伸成型，产品音色、音质都有所改观，受到国际市场的认可。

【外资企业在中国的发展】

目前世界上多数大牌管乐器制造商都已进入中国。随着时间的推移，国外品牌管乐器也从供专业使用逐步进入普通用户家中，市场占有率不断扩大。这种发展趋势不容忽视，为此记者有意识地采访了一家外资西管乐器企业，请他们介绍在中国市场的发展情况以及对中国市场的看法。

布菲乐器（北京）有限责任公司总经理胡奕说，法国"布菲"管乐是世界著名品牌，有近200年历史。布菲乐器从2007年进入中国，布菲中国公司成立至今已经有5年。前几年，布菲乐器销售增速在15%～20%。由于世界经济形势的影响，2011年增速保持在10%上下，相比前几年有所下降，但仍然保持着一定比例的增长速度，未来中国的西管乐器市场仍然是很大的。

过去一年我们经常举行一些活动，把外国一流大师请进国内，举行音乐会或者是大师班。中国的消费市场越来越成熟，受众群体的水平在不断提高。过去能听懂音乐会的人不是很多，来参加音乐会的也多是拿着赠票的关系户，现在已经有超过一半的人可以听懂音乐会了，家长的欣赏水平比前几年有很大的提高，这种感觉越来越明显。所以我们预计未来中国乐器市场会越来越大，越来越走向大众。

国外品牌进入中国市场，一方面促进了国产管乐质量的进步，使国内出现了一批品质较好的管乐器品牌，另一方面，有的管乐器厂抱着投机心理，不用心提高产品质量，反而仿制造假，销售假冒伪劣产品，他们认为用这种方法挣钱比较容易。我们公司已经遭遇到这种情况了，希望能够呼吁一下，加强市场管理。

布菲乐器进入中国以来一直关注在中国内地生产，也在寻求合作，但由于质量的原因还没有找到合适的合作者。目前世界高端管乐器在中国的销量已占到总销量的三分之一，预计未来四五年里就可以超过在美国的销量了。前几年世界高端管乐器在中国的销量不如日本和韩国，但现在已经超过这两个国家了。未来中国管乐器市场十分看好。

【军乐团的期望】

军乐团是西管乐器使用量最大、演奏水平最高的国内权威专业团体之一，记者在写年度报告时，专门征求了他们对国产西管乐器发展建议。军乐团管乐维修技师李建设说，我们团基本都使用进口乐器。我认为目前国产管乐器与进口管乐器相比还存在着较大的差距，进口管乐器仍然保持着很大优势。现在我国经济条件好了，老百姓的生活水平也大大提高了，学乐器的孩子越来越多也越来越需要好的乐器。许多孩子经常让我推荐什么乐器好，可是目前国产管乐器还没有世界顶尖品牌，我无法向他们推荐。我特别希望我们国家能有自己的世界知名品牌产品，在国际上有立足之地。现在孩子们学习乐器不怕花钱，只要货真价实，花多少钱都没有问题。

李建设还说，国产管乐器的主要问题是工艺不好，有的管乐表面漆层没多长时间就掉了，另外铜材共振性能差也是问题。现在国产管乐器厂太多，零配件不统一给管乐器维修带来很大麻烦，希望通过行业协调实现国产管乐器零配件标准化，这样维修起来就方便多了。

【西管乐器行业的未来】

采访中，西管乐器专业委员会会长陈学孔说，现在中国西管乐器生产已经进入到一个拐点，今后企业发展方向要努力挖潜，不是靠仿外观，换包装来赚钱，而是要在产品内在质量、使用寿命、开箱合格率上下工夫，要玩真格的，不能靠花架子。

北京管乐器厂原厂长李书芳说，今后中国西管乐器行业可能出现多元化发展道路，一是多品种综合发展形式，像河北金音、天津津宝这样的企业；另一种是单一专业产品发展形式，目前在国外有许多这样的专业厂。这两种发展形式可能同时并存，企业经营者要给自己企业定位，根据企业实力、员工技术素质选择不同的发展形式。

中国管乐大有可为，未来不可限量，希望有一天，中国管乐能够进入世界顶级管乐的殿堂。

四、民族乐器制造业

【主要经济指标完成情况】

2011年民族乐器行业规模以上企业共计27家，工业总产值22.56亿元，同比增长53.51%，工业销售产值22.15亿元，同比增长53.38%，出口交货值8.01亿元，同比增长46.70%。其中，按工业总产值排名，分别为河南、山东、河北、广东、上海、江苏、湖北、福建、浙江、陕西，各地区主要经济指标完成情况见附表。

根据中国乐器协会和国家轻工业乐器信息中心联合发布的部分民族乐器产量统计，2011年我国共生产各类民族乐器67.47万件，同比下降4.64%，其中：古筝23.09万架，同比增长17.44%，琵琶6.47万把，同比下降7.3%，二胡23.31万把，同比下降12.82%，扬琴3.32万台，同比增长9.50%，阮4.44万把，同比增长23.67%，京胡1.09万把，同比下降38.76%，月琴9263把，同比增长2.5%。上海民族乐器一厂古筝产量占全国总产量的26.17%。2011年二胡产量较大的是河北乐海乐器有限公司、上海民族乐器一厂、河北北方乐器有限责任公司，苏州民族乐器一厂。

附表

	企业数	工业总产值[当年价]（千元）	同比增长(%)	工业销售产值[当年价]（千元）	与上年同比增长(%)	出口交货值（人民币）（千元）	同比增长(%)
河 南	8	361828	1.72	354240	1.99	164618	-11.33
山 东	3	330882	9.52	330001	9.74	0	/
河 北	5	706801	160.40	691673	158.62	274479	99.67
广 东	2	143650	-1.80	149696	5.78	91271	-4.42
上 海	3	144682	10.36	140422	8.36	9262	15.36
江 苏	2	378153	209.35	364220	203.52	207262	190.08
湖 北	1	106114	57.57	106114	57.57	0	/
福 建	1	36022	24.02	30730	21.87	30566	21.22
浙 江	1	23972	4.19	23972	4.19	23972	4.19
陕 西	1	23729	11.77	23457	8.15	0	/
全 国	27	2255833	53.51	2214525	53.38	801430	46.70

【领导视察】

6月2日，上海市政协副主席周太彤、副秘书长管维镛、经济委员会主任乐景彭、副主任金鑫等一行11人，到上海民族乐器一厂就“加快改造提升传统产业”进行专题调研并指导工作。

7月7日，北京市科委主任闫傲霜、副主任伍建民等领导就奥宇集团所属的北京奥宇新材料科技开发有限公司“绿色环保仿生皮乐器”项目进展情况进行调研。

9月15日，中共中央政治局委员，上海市委书记俞正声到上海民族乐器一厂考察。考察结束时，俞正声握着王国振厂长的手说：“像你们这样的手工行业，能用国营体制和集团的机制发展到现在，是很不容易的，在全国都很少，应该支持。”

10月21日，上海市副市长艾宝俊、市政府副秘书长肖贵玉及市、区、镇有关负责人视察了上海民族乐器一厂，视察结束后，艾宝俊副市长召开了现场办公会议，贯彻落实俞正声书记的批示精神，为企业解决发展中的难题。

【产业集群】

3月24日，“中国竹笛之乡”申报汇报会在中国乐器协会举行。汇报会上，中泰乡柴顺良书记和三产办周玉农主任分别作了汇报。正式向中国乐器协会提出中泰乡申报“中国竹笛之乡”报告。

中泰乡苦竹面积2.8万亩，目前已建有笛竹定向培植标准化示范面积1.28万亩，创建有全国唯一的“苦竹种质资源库”，为国家级苦竹定向培育标准化示范区，被浙省政府命名为“苦竹之乡”。中泰加工竹笛已有30余年历史，竹笛生产加工企业近130家，从业人员1500余人，年产中高档笛箫200万支。中泰生产的竹笛在中国竹文化节、国际竹业博览会、省市级旅游纪念品博览会上频频获奖。竹笛产品遍销全国各地，并出口东南亚等国际市场，全球竹笛80%产于中泰，竹笛年产值超7000万元。

4月13日，中国乐器协会秘书长曾泽民、副秘书长兼信息部主任丰元凯到中泰乡进行竹笛产业发展前期调研。

6月14日～15日，根据杭州市余杭区中泰乡人民政府《关于余杭区中泰乡要求冠名“中国竹笛之乡”的请示》，中国轻工业联合会会同中国乐器协会组成专家评审组，对中泰乡竹笛产业的发展情况进行了考察及评审。专家评审组共7人，由中国轻工业联合会综合业务部副主任查长全担任组长，组员包括中国乐器协会副理事长齐建平、国家轻工业乐器质量监督检测中心主任张振启、中国民族管弦乐学会竹笛专业委员会会长张维良、上海民族乐器一厂竹笛制作技师赵景国、北京大学城市与区域规划系教授王缉慈、浙江师范大学从事乐器产业区发展研究教授朱华友。通过考察，最终对中泰乡申报“中国竹笛之乡”形成如下评审意见：一、中泰乡拥有得天独厚的竹笛资源优势，其竹笛产业在我国乐器行业中特色明显，地位突出，普及和专业级产品种类齐全，产业发展稳定，已形成包括苦竹种植、竹笛加工、配件生产、产品销售、音乐教育等为一体的具有一定规模的产业体系。二、中泰乡的竹笛产量占全球产量的60%以上，具有比较成熟稳定的国内外销售市场，销售收入、出口额、实现利税等方面在同行业中处于领先地位。三、中泰乡政府对竹笛产业高度重视和支持，并已列入《中泰乡“十二五”发展规划》中，在资源配置、政策导向、服务设施、环境保护、可持续发展等方面给予了大力扶持，竹笛产业未来发展前景广阔。评审组一致认为，中泰乡竹笛产业基本符合中国乐器会所制订的《关于共建和授予中国乐器行业特色区域称号的行业规范》标准要求，建议授予中泰乡为“中国竹笛之乡”，报请中国轻工业联合会审批。

7月28日晚，“中国竹笛之乡”授牌仪式暨系列活动开幕式在中泰乡隆重举行，中国乐器会理事长安志、副理事长齐建平，杭州市余杭区副区长寿伟义，中泰乡党委书记柴顺良、乡长戴建以及笛子界知名人士、第九届中国笛子艺术夏令营营员以及近千名观众参加了授牌仪式。

【获奖情况】

2011年初，中国轻工业联合会发布“2010年轻工企业管理现代化创新成果名单”，上海民族乐器一厂的“创新营销策略——打造中国民族乐器强势品牌”获得一等奖。

5月20日 中国乐器协会发布“关于表彰‘2010年度中国乐器行业50强、先进集体、优秀人物’的决定，民族乐器行业有4家企业获得2010年度中国乐器行业50强称号，分别是上海民族乐器一厂、河北乐海乐器有限责任公司、扬州天韵琴筝有限公司、扬州雅韵琴筝有限公司。上海民族乐器一厂厂长王国振获优秀人物称号。

5月25日，上海市推进中华老字号发展工作会议在上海展览中心举行。上海民族乐器一厂获得商务部颁发的“中华老字号”证书和牌。成为民族乐器行业的首家中华老字号企业。

6月15日，中国轻工业联合会公布了“中国轻工（乐器）十强”名单，上海民族乐器一厂榜上有名。

【专利发布】

2011年民族乐器专利发布数量为127件，同比下降26.59%，其中发明专利18项，同比增长5.88%，实用新型专利66项，同比下降1.49%，外观专利43项，同比下降51.69%。

在所有公布的民族乐器专利中，古筝专利41项、二胡39项、笛子10项、扬琴7项、编钟6项、古琴5项、琵琶5项、埙4项、葫芦丝3项、竖笛2项、马头琴、文枕琴各1项。上海民族乐器一厂和无锡睿思凯科技有限公司各7项，扬琴天韵琴筝有限公司和天津工业大学6项，扬州雅韵琴筝有限公司和上海琴园乐器有限公司5项，汕头粤升有限公司和扬州金韵乐器有限公司3项。

【科技创新】

仿生皮乐器研制被列入北京市“运用高新技术改造传统娱乐设施和舞台技术”项目，据北京市科委相关负责人介绍，“十二五”期间，北京市将运用高新技术改造传统娱乐设施和舞台技术，其中有“进一步研发推广京胡等传统民族乐器的仿生皮替代技术，研究制定生产标准化及产品质量标准”项目。该项目由北京奥宇新材料公司承担实施，目前已进入产业化阶段，

12月14日～20日 中国乐器会考察组一行赴海南和越南考察，全面落实国家林业局委托开展的“野生动物保护管理项目”，即“蟒蛇人工繁育试点”。按照国家林业局关于2011年项目任务书的要求，一是开展蟒蛇人工繁育科学研究，评估其现有养殖规模、技术和发展趋势；二是对种源引进及饲养实施科学评估和管理，对国外种源渠道进行考察论证，以有计划地引进、补充种源。考察组首先到海南蟒蛇基地调研。海南东盛弘蟒业科技股份有限公司总理林明栋和有关领导陪同考察。考察组先后到公司养殖基地、合作社农户养殖点、蟒蛇综合加工厂、皮革加工厂和研究所进行调研。之后，考察组一行赴越南考察。考察组在海南东盛弘公司越南办事处邢福斌经理陪同下，拜访了位于胡志明市天吉镇的盛黄有限公司，又参观了3家农户养殖场，在考察过程中邢福斌经理向考察组详细地介绍了越南繁育养殖蟒蛇的情况。2011年我国大约从越南进口人工繁育养殖蟒蛇皮7000余张，其中东盛弘公司占50%。

【非物质文化遗产】

6月10日，国务院公布第三批国家级非物质文化遗产名录，共有民间文学、传统音乐、传统技艺、民俗等十大类191个项目。而在扩展项目名录中还有十大类164个项目。 乐器行业中有6项传统技艺入选扩展项目名录，分别是：北京市海淀区的宏音斋笙管制作技艺、内蒙古自治区科尔沁右翼中旗的蒙古族弦乐器制作技艺、吉林省前郭尔罗斯蒙古族自治县的马头琴制作技艺、上海市闵行区的上海民族乐器制作技艺、贵州省里市的苗族芦笙制作技艺、云南省临沧市临翔区的傣族象脚鼓制作技艺。

【文化活动】

1月23日，由中国社会福利教育基金会星光基金提供资助，文化部民族民间文艺发展中心、中国民族管弦乐学会主办，中国民族管弦学会古筝专业委员会、北京中科艺教国际文化交流中心承办的中国古筝艺术周在人民大会堂召开隆重的开幕式，本次艺术周活动得到上海民族乐器一厂的特别支持。全国人大副委员长周铁农、中国文联副主席白淑湘、文化部民族民间文艺发展中心主任李松、中国民族管弦乐学会会长朴东生、中国社会福利教育基金会秘书长缪力、外交部部长助理、星光基金理事长沈国放以及古筝老艺术家教育家赵登山、陈安华、焦金海、阎丽、吴青、赵曼琴等出席了开幕式。中国音乐学院等国内九大音乐院校的古筝专业师生代表1200人参加了开幕式活动。大会还对在古筝艺术教

育中取得突出成绩的单位和个人进行了表彰，艺术周期间，除各地区推选古筝选手参加古筝全国比赛外，还举办了“敦煌之夜九大音乐院校古筝专业师生音乐会”、“敦煌之夜·中国古筝艺术周名家音乐会”和中国古筝名家论坛等活动。

6月23日，中国第一座胡琴艺术博物馆落户徐州，徐州是新兴的胡琴艺术之乡，徐州二胡学会现有会员2000多人，学习胡琴演奏的学生上万人。中国胡琴艺术博物馆坐落在云龙公园东部艺术园内，展馆占地面积2000多平方米，整体建筑极具中国古典园林风格。整个胡琴博物馆由10个部分构成，包括8个主题场馆、一个胡琴音乐广场和一个胡琴产业厅。各个主题馆特色不同，从不同角度介绍中国胡琴艺术，其中有介绍胡琴历史发展的展区“琴声悠远”，介绍胡琴家族的展区“枝繁叶茂”等等。

7月18日，来自中国、美国、加拿大、新加坡等国家的古筝界知名人士齐聚一堂，在香港沙田大会堂文娱厅演奏了一场精彩纷呈的评审专家音乐会，为第二届国际古筝比赛拉开帷幕。本次活动得到上海民族乐器一厂的大力支持，敦煌牌古筝为第二届国际古筝比赛的指定用筝。

7月28日至8月4日，“2011中国龙人古琴文化艺术节”在福建漳州长泰和厦门隆重举行。本届文化艺术节由中国民族管弦乐学会古琴专业委员会(中国琴会)、福建省文化厅、福建省旅游局、漳州市人民政府联合主办，中共长泰县委、长泰县人民政府、中国龙人古琴文化村共同承办。这次艺术节集古琴教学经验交流、古琴斫制经验交流、古琴琴学论坛、古琴考级、古琴夏令营、古琴文化产业高端论坛、古琴旅游等项目为一体，共举办了6场专家讲座，5场音乐会，5场交流会与论坛，并组织了古琴考级、夏令营。来自加拿大、马来西亚、中国台湾、中国香港等国家和地区，及包括中国内地44个城市的420余人参与了活动。中国琴会集中了来自全国各地的古琴界顶尖专家、各大音乐学院教授，其中包括：中国琴会会长、上海民族乐团一级演奏员、国家级非物质文化遗产古琴项目代表性传承人龚一；中国琴会荣誉会长、中央音乐学院教授、国家级非物质文化遗产古琴项目代表性传承人李祥霆;中国琴会四位副会长——武汉音乐学院教授丁承运、天津音乐学院教授李凤云、厦门大学国学研究院客座研究员杨青、上海音乐学院副教授戴晓莲。来自台湾的台湾亚洲研究院古琴研究所所长郑正华带领40多位台中市琴友积极参与演出和交流，极大地推动了两岸古琴的交流和互动，展现了海峡两岸和睦同根的文化渊源，成为文化艺术节一大亮点。在首次全国古琴斫制论坛上，来自全国各地的斫琴名家和斫琴企业代表共同探讨了制定古琴斫制行业标准的问题，王鹏、谢建东、赵广运、倪诗韵等斫琴名家和乐器制作专家展开了热烈讨论。斫琴名家、中国琴会副秘书长王鹏建议制定斫琴的行业标准，以制作出物美价廉的古琴，为广大琴友服务。并提议建立中国琴会领导下的古琴斫制基金会。

8月23日~26日，由中国民族管弦乐学会琵琶艺术委员会、北京华夏璇音艺术传播中心、上海民族乐器一厂携手举办的“敦煌”首届全国青少年琵琶大赛在中央音乐学院举行。来自全国各地的400余名进入复赛的选手相聚北京。本次大赛系中国民族管弦乐学会琵琶艺术委员会成立近30年来首次举办的覆盖全国的高端琵琶赛事，汇聚了全国最顶尖的琵琶演奏家、教育家和众多的各阶层琵琶教师和琵琶爱好者，是国内最专业、影响力最广泛的琵琶大赛。本届比赛共产生22名金奖选手，上海民族乐器一厂为每组金奖第一名选手赠送了一台545敦煌琵琶。

8月30日晚，第八届东方之韵国际音乐节在乌兹别克斯坦第二大城市撒马尔罕举行，自1997年举办首届以来，两年一届，迄今已是第八届。音乐节聘请享誉世界的著名音乐家担任评委，是世界上具有较高规格的音乐会之一。本届音乐节邀请了47个国家的50余个艺术代表团参赛，乌兹别克斯坦总统坦卡里出席开幕式，整个赛程由乌兹别克斯坦电视台现场直播。上海民族乐器一厂“敦煌新语”组合获得第八届东方之韵国际音乐节金奖。

12月18日，上海市2011奏响校园民族之音——“敦煌”民乐知识进校园暨敦煌少儿民乐演奏大奖赛在上海教育报刊总社先期展开预赛。活动由《上海少年报》和上海民族乐器一厂共同主办，来自上海市30余所小学的百余名民乐小选手参加了比赛。上海民族乐器一厂厂长王国振、少年报社副总编周敏、上海音乐学院教授朱晓谷等出席启动仪式新闻发布会并为活动致辞。6月至11月期间，上海民族乐器一厂多次以讲解和演奏相结合的形式，在各校园开展民乐普及知识活动。民乐知识进校园活动得到全市30所小学的大力支持。本次活动以企校联合的方式为青少年搭建学习民乐、了解民乐的平台，为弘扬民族传统文化、繁荣民族音乐市场作出贡献。

【标准与质量】

7月5日～7日，全国乐器标准化技术委员会在大连召开“七项乐器国家、行业标准审定会”，审定了民族乐器《气鸣乐器通用技术条件》、《笛子》、《笙》、《箫》、《唢呐》（行业标准修订）等乐器标准。

国家工业和信息化部18号公告批准，自10月1日起，QB/T 1207.1—2011 民族弦鸣乐器通用技术条件、QB/T 1207.2—2011 琵琶、QB/T 1207.3—2011 筝、QB/T 1207.4—2011 阮、QB/T 1207.5—2011 三弦、QB/T 1207.6—2011 月琴、QB/T 1207.7—2011 京胡、QB/T 1207.8—2011 二胡、QB/T 1948—2011 柳琴、QB/T 1949—2011 扬琴、QB/T 4181—2011 古琴11项民族弦鸣乐器标准实施。

2011年6月，上海民族乐器一厂通过相关渠道，确认山东东明国花乐器厂存在制造、销售假冒“敦煌”牌古筝的侵权行为。7月5日，上海民乐一厂销售科、技术科及律师，会同上海市工商行政管理局闵行分局、山东东明县工商行政管理局，一同前往东明国花乐器厂进行了调查取证，当场查获假冒“敦煌”694DQ“双鹤朝阳”、694KK“蕉窗夜语”古筝22台及仿冒标签等。东明县工商行政管理局当即对该厂下发了《实施行政强制措施通知书》，对全部假冒古筝予以查封扣押，并将于近日对该厂及其法定代表人下达《行政处罚决定书》。

【外事活动】

12月8日，以朝鲜文化省乐器工业管理局长李顺哲为团长的朝鲜乐器工业考察团一行7人来到上海民族乐器一厂进行参观交流。考察团参观了企业的民族乐器陈列馆，并观看了“敦煌新语”乐队的精彩民乐表演。为了让考察团更直观、具体地了解中国传统文化，乐队为考察团专题介绍了古筝、琵琶、二胡、竹笛、中阮、木琴等中国民族乐器。之后，考察团来到企业的乐器生产制作车间，观摩了弦类乐器的制作流程，并与工作人员进行了乐器制作技术的传承与保护等方面的交流。最后，企业与考察团召开了座谈会，厂长王国振向考察团介绍了企业的发展状况，并对乐器材料来源、产品在境内外销售方式、渠道和企业的日常管理等考察团较为关注的问题进行了解答。

【2011中国（上海）国际乐器展览会】

2011年中国（上海）国际乐器展览会有183家民族乐器生产企业参展，其中，拉弦乐器76家，管乐器54家，弹拨乐器49家，打击乐器4家，分别来自东北1家，华北46家，华东115家，西北1家，西南8家，中南11家。

展会上，上海民族乐器一厂推出了20余款新品，包括纪念版、精品版、群芳争妍版、如意呈祥版、民族风情版以及巨型版等系列乐器。有高4米，重量达370公斤的巨型马头琴，系列高档古筝、多声弦制古筝、建党90周年纪念版二胡、旗袍二胡、大唐遗韵精品琵琶等。湖北音乐家学会民族弦乐工作室展位上有像五色土一样用不同材料组合的二胡——老红木琴筒、黑檀木琴托、黄杨木琴轴、花梨木琴杆、紫檀琴头。还有北京奥宇新材料公司近年来推出的仿生人造皮二胡。

10月12日～13日，由中国（上海）国际乐器展览会组委会主办，中国民族管弦乐学会承办的“第二届华乐国际论坛”在2011上海国际乐器展览会期间举行。第二届华乐国际论坛在观众组织上更是作了精心策划，上海音乐家会古筝专业委员会、琵琶专业委员会、上海音乐学院民乐系全力配合，事先都作了周到的安排，以保证在场观众的数量和质量。上海古筝学会会长王蔚亲自到会，日本华人琵琶演奏家屠善祥、台湾长安乐器有限公司事长王惠文女士、上海民族乐器一厂古筝制作大师徐振高，著名琵琶制作师张西宝、韩富生等都参加了这次论坛。第二届华乐国际论坛在观众组织方面取得了圆满的成功，四场论坛场场爆满，座无虚席。

五、提琴制造业

【主要经济指标完成情况】

根据中国乐器协会和国家轻工业乐器信息中心对2011年全国规模以上提琴生产企业产量统计，

2011年我国提琴总产量为96.54万把，同比增长3.29%，出口提琴75.06万把，占总产量的77.72%，同比下降2.60%。江苏凤灵、河北金音、北京华东居提琴产量前三名，总产量达到76.86万把，占提琴总产量的79.61%。

2011年海关数据统计，中国弓弦乐器（提琴）出口世界101个国家和地区，总金额6073万美元，同比增长12.1%，出口金额前十位的国家和地区依次为：美国、德国、韩国、英国、日本、巴西、加拿大、土耳其、法国和澳大利亚。出口美国的弓弦乐器出口量达42.80万支，同比增长13.20%，出口金额2241万美元，同比增长23.07%。2011年中国从德国、意大利、罗马尼亚等16个国家和地区进口弓弦乐器（提琴）1888支，同比下降24.27%，进口金额66.43万美元，同比下降70.06%。从德国进口各类弓弦乐器98支，金额23.45万美元，同比下降76.66%，从意大利进口9支提琴，金额22.51万美元，从罗马尼亚进口1535支提琴，金额11.92万美元。

【有关省市及中国乐器协会领导关注提琴产业】

3月19日，广东省常务副省长朱小丹在广州会见了旅美提琴制作家曹树堃及夫人廖燕，省侨办副主任林琳参加会见。会见时，曹树堃向朱小丹汇报了自己在美国奋斗发展，自主创立的小提琴品牌“Scott cao violins”（曹氏提琴），以及在广州市番禺区办乐器厂的情况。他表示现在正准备扩大办厂规模，帮助祖国培养提琴制作人才，希望把自己学到的知识贡献给祖国。曹树堃曾任广州格利蒙那提琴公司董事长，现任美国曹氏提琴有限公司董事长、中国乐器协会提琴制作师分会海外理事。1985年自费到美国深造，师从美国著名提琴制作家。1990年回国与人合资设厂，三年前在广州番禺独资设立波韵乐器厂，生产的曹氏提琴80%以上销往欧洲、美洲、大洋洲、日本等国家。

4月20日，北京市副市长程红带领市侨办、市贸促会、市口岸办和北京海关等部门领导到平谷区北京华东乐器有限公司进行了实地考察。

4月26日，中国乐器协会理事长安志在北京会见我国著名提琴制作师朱明江。安志理事长对朱明江获得人力资源和社会保障部2010年度“全国技术能手”荣誉称号表示热烈祝贺。他说，朱明江作为乐器行业的代表，此次荣获“全国技术能手”称号，不仅是他个人的荣誉，也是乐器行业的荣誉；安志理事长希望朱明江在今后的工作中继续为行业发展多做贡献，特别是在后备人才的培养上多下功夫，为我国提琴制作事业的繁荣做出更大努力。

6月19日，北京市委常委、宣传部长、副市长鲁炜到平谷区北京华东乐器有限公司视察，鲁炜一行饶有兴趣地参观了北京华乐乐器的提琴制作过程，亲切地与工人进行交谈。随后又参观了提琴展览厅。

【重要活动】

6月22-23日，中国科学院第401次“香山科学会议”在北京香山饭店召开，“香山科学会议”以中国科学界最高学术讨论会著称，这次会议以“音乐声学”为中心议题，是首次艺术研究领域与自然科学领域交叉的学术会议。会议邀请中科院声学所、中科院力学所、上海音乐学院、中央音乐学院、中国传媒大学、西北工业大学、中国矿业大学、同济大学、北京大学语言听觉研究中心、华南理工大学、中国艺术研究院、东北林业大学、天津大学建筑学院、天津师范大学、中科院高新技术局、中科院生物物理所、中科院长春应用化学所、北京林业大学、南京大学、北京乐器研究所、上海大龢堂乐器文化工作室等单位的41位专家学者出席会议。中科院声学所杨军、中央音乐学院郑荃、中国传媒大学孟子厚担任会议执行主席。两天的会议，与会专家围绕“乐器的材料声学”、“乐器工艺声学”、“音乐的听感知”三个议题，发表了13篇评述报告和专题发言，讨论非常热烈。

7月8日，中央电视台举行新闻发布会宣布“2011中央电视台钢琴、小提琴大赛”启动。这是此项赛事时隔三年后再次在央视举办。10月30日至11月6日央视将直播8场决赛。最后的颁奖庆典将于11月13日在国家大剧院举行。

9月18日，意大利艺术提琴制作家协会授予中国提琴制作大师郑荃教授“终生成就奖”，与郑荃教授同时获奖的还有6年前去世的天才的意大利提琴制作大师皮艾安杰罗·巴扎里尼。奖牌上铭文为“终生献身于提琴制作”。意大利艺术提琴制作家协会

"终生成就奖"从1990年设立，授予对象为在意大利及国际提琴制作领域的杰出人物。

9月27日~30日，《郑荃提琴作品全国巡展》在沈阳音乐学院拉开序幕，这是2011-2012《郑荃提琴作品全国巡展》的第一站，旨在宣传提琴制作艺术，加强提琴制作家和演奏家之间的交流。《郑荃提琴作品全国巡展》举办的城市有北京、上海、广州、青岛、沈阳、成都、武汉等。在展览提琴作品的同时，举办音乐会、大师班等学术交流活动。此项活动得到了中央音乐学院、国家大剧院、上海音乐学院、沈阳音乐学院、武汉音乐学院、山东大学艺术学院、青岛市政府和山西省委宣传部等有关部门支持。9月27日晚由中央音乐学院和沈阳音乐学院联合举办的《巡展》第一站，举办展览会开幕式并在沈阳音乐学院举行音乐会。展览会将展出19把郑荃三十多年来在不同时期的作品，包括两把获金奖的提琴和部分获奖作品。音乐会上用郑荃在各个时期制作的提琴演奏，沈阳音乐学院的师生和交响乐团参加演出，中国著名小提琴家吕思清将在音乐会上用郑荃1987年获金奖的小提琴演奏《梁祝》，由沈阳音乐学院交响乐团协奏。9月28日上午，郑荃在沈阳音乐学院报告厅举办《艺术提琴的价值》及《提琴制作 —艺术与科学的结晶》等系列讲座。10月10~15日，《郑荃提琴作品全国巡展》在国家大剧院举行，期间在中央音乐学院将举办提琴制作讲座。10月20日~25日，由中央音乐学院和青岛市文广局联合举办的《郑荃提琴作品全国巡展》在青岛举行，这次展览在《青岛国际小提琴比赛》决赛前夕举行，以供参赛选手和观众参观。提琴展览于10月20日下午在青岛美术馆开幕，晚上的《吕思清独奏音乐会》在青岛市音乐厅举行。10月21日起，在山东大学艺术学院举办提琴制作系列讲座。

【中国乐谷】

4月19日，以"世界城市的核心价值，音乐产业的梦想舞台"为主题的中国乐谷国际音乐产业发展高峰论坛举行，与会者从音乐精神、音乐产业、音乐教育及中国音乐走向世界等多个角度畅谈中国音乐发展，为中国乐谷建设建言献策。中国音乐家协会副秘书长田晓耕、著名音乐家阎肃、著名作曲家吕远、中国音协副主席王世光、国际著名音乐家瞿小松等数十位音乐界名人参加活动。

北京平谷乐器制造之乡将开始迈向乐器演奏之乡，面向全国聘百名乐手当中小学音乐教师，分配到全区52所中小学担任音乐教师，普及音乐教育。

2011年国家级音乐产业基地中国乐谷，进入实质性建设阶段。在占地10平方公里的园区内，辟出0.04平方公里，建设汇集乐器制造、音乐人工作室、音乐公司总部等于一体的"音乐工坊"，试图改变音乐产业各环节单打独斗的现状。按规划，中国乐谷分为"YUE"谷（产业集聚区）和"LE"谷（文化休闲区）两个区域。东高村镇是国家提琴产业基地，依托现有的提琴制造产业基础，产业聚集区将率先启动建设，第一块试验田，就是"音乐工坊"。音乐工坊是中国乐谷全产业链建设的第一块试验田。它集中了音乐产业链条上的各个环节。

【骨干企业情况】

2011年，江苏凤灵集团获得中国轻工业联合会所授予的"2010年度中国轻工业乐器行业十强企业"称号及中国乐器协会所授予的"2010年中国乐器行业50强"称号，凤灵集团继续保持强劲发展势头，经济效益稳定增长。

3月31日，欧中合作会会长、马可波罗国际会会长西罗·波罗·帕德莱查先生前往江苏凤灵集团参观访问。在凤灵文化园，波罗先生饶有兴趣地参观了乐器博览馆。

6月6日，中国乐器协会琴行分会一届四次理事（扩大）会议在江苏凤灵集团召开，会议期间，凤灵集团举办了2011年新产品发布会，推出的8款提琴新品受到了国内外经销商的青睐。除当场签订1300万元内贸订单外，联合国教科文组织还一次性订购600万美元高科技小提琴，捐赠给一些南美国家，支持当地音乐事业发展。

【2011中国（上海）国际乐器展览会】

2011年中国（上海）国际乐器展览会提琴参展企业达195家，同比增长41.30%，其中有14个国家和地区的参展商58家参展，同比增长81.25%，主要来自意大利（17家）、德国（8家）、法国（9家）、西班牙（6家）、美国（4家）中国台湾（2家）、日本（2家）、中国香港（3家）、捷克（2家）、奥地利（1家）、新加坡（1家）、斯洛伐克（1家）、印度（1家）、英国（1家）；中国提琴参展商137家，同比增长29.24%，主要来自国内13个省直辖市，北京（74家），江苏（27家），上海（15家），广东（6家）、河北（4家）、天津（3家）。

10月13日，在上海国际乐器展举行的珍琴拍卖会上，著名提琴制作家曹树堃制作的小提琴（仿威尔顿勋章1742）拍出了13万元人民币的高价。

【专利发布】

2011年，提琴发布专利数量为27项，同比增长35%，其中发明专利4项，实用新型19项，外观设计专利4项，88.88%是非职务专利，其中包括：金海鸥的提琴专利有“音箱内腔有变化结构的提琴”，李腊的专利“一种提琴夹持保护装置”，湖州师范学院闫萍的“左撇子用提琴肩垫”。

【广东省提琴制作职业技能竞赛】

2011年广东省提琴制作职业技能竞赛（竞赛内容：理论和实际操作）于12月14日～16日在广州星海音乐学院举行，这次竞赛由广东省工业工会委员会和广东省乐器协会共同举办，广东省职业技能鉴定指导中心为竞赛指导单位。广东第一代提琴制作大师徐弗、陈锦农、梁国辉担任此次竞赛的技术顾问。这次竞赛除参赛者需提交个人独立制作的整琴作品一把外，还须参加理论考试及现场切削与修饰小提琴面板双边f音孔、修饰琴码等项内容和实操考核。

来自全国的30名选手经过3天的紧张角逐，在张强、黄辅棠、杨宝智、张毅、高志坚、钱宇幸、郑荃、华天礽、朱明江、钱岱廷、林海德11位专家评委的把关下，最终徐晓林、高友忠、王晏、潘志祥、田鹏、陈盈、李德胜、潘飞年、崔炳良9位选手获得“广东省优秀提琴制作师”荣誉称号，竞赛前三强选手——徐晓林、高友忠、王晏还被授予“广东省技术能手”荣誉称号。

六、吉他制造业

【主要经济指标完成情况】

2011年，中国乐器协会和国家轻工业乐器信息中心对规模以上吉他生产企业产量统计结果，总产量为445.94万把，同比下降5.84%；出口376.47万把，同比下降5.88%。其中广东302.23万把，同比下降19.11%；江苏59.14万把，同比增长4.08%；河北49.66万把，同比增长17.55%。

2011年海关数据显示，中国向世界153个国家和地区出口其他弦乐器（吉他）类产品金额3.35亿美元，同比增长24.33%。位居出口金额前十位的国家和地区依次为：美国、德国、巴西、荷兰、韩国、法国、泰国、英国、澳大利亚、日本。出口美国的吉他等弦乐器共计276.13万支，同比下降3.54%，出口金额8843.95万美元，同比增长19.87%。

2011年，中国从世界25个国家和地区进口吉他类产品4.92万把，同比增长84.19%，进口金额339.96万美元，同比增长86.56%。主要进口国为印尼、意大利、美国、日本等，其中从印尼进口其他弦乐器31327支，同比增长74.67%，进口金额180.50万美元，同比增长76.75%。

【中国吉他行业发展形势】

1、吉他生产的行业和区域特性。与钢琴、提琴等产品有所不同，中国吉他行业有以下几个特点：大部分吉他工厂产品都是以出口为主，出口比例在95%以上，有的甚至100%；产品以OEM贴牌为主；吉他是乐器行业中引进外资最多的行业，中国吉他生产企业大部分是外商合资企业或者是合作企业；吉他企业资本模式南北分明，南方除了红棉、华声等民族品牌企业以外，以台资企业为主；北方则是以韩资为主，分布在青岛、大连等地；在美国、德国、中国举办的国际乐器展览会上吉他企业参展数量最多，这一现象在中国乐器展上还不明显。目前，世界吉他生产企业产量最大的是KORG，该公司在大连有一个工厂，500个工人，年产民谣吉他30万把，在印尼工厂，年产吉他100万把。吉他产量居世界第二位是芬达，第三是吉普森。

2、吉他市场近年来大起大落。吉他是世界性乐器，也是最容易在群众中普及的乐器之一，特别受到青少年的青睐，而广泛流行于世界各国。据说现在全世界有3000多万个专业和业余吉他演奏者，估计中国也有几百万吉他爱好者和演奏者。20世纪80年代是我国木吉他演奏教学的黄金时代，吉他弹唱比赛层出不穷，世界级吉他大师则频频造访上海、北京。如今吉他在我国有着广泛的群众基础，河北石家庄秦川艺术学校常举办省际吉他演奏比赛以推动吉他在群众中的普及。中国吉他学会也正在组织2011吉他巡演。

中国吉他市场近年来也经历了“过山车”式大起大落，2004～2006年是吉他行业发展高峰期，但从2008年开始，世界金融危机及世界吉他市场骤降，对我国吉他制造业也产生了严重的影响，吉他行业减产30%～50%。2009年以后，吉他行业开始复苏，2011年吉他市场又显火爆，民谣吉他大幅度上升，供不应求，但电吉他销量有很大下滑。吉他生产企业数量有较大增加，仅广州新增加吉他厂20多家，现在广东淡水的吉他厂从30多家增加到57家，全国的吉他生产企业大概要新增50家左右。

3、国内各吉他生产企业加紧进行结构调整。从2007年起，广州红棉吉他等10个工厂与珠江钢琴集团成建制剥离，成立具有独立法人地位的红棉吉他公司，除广州珠江钢琴以外的乐器生产企业全部转入广州红棉吉他有限公司统一管理。吉他生产进一步开始注重工人管理、成本控制，企业认真解决新老员工的交替。

4、吉他行业存在潜在危机。一是中国吉他自主品牌薄弱；二是假冒产品猖獗；三是加工机械化程度较低；四是招工难；五是汇率不断提高，利润减少；六是面临转移别国的危机；七是中国吉他向中高档转移面临困难；八是环保政策对吉他生产压力不断增大；九是木制吉他材料面临消耗殆尽。

【吉他专业委员会活动】

5月20日，中国乐器协会吉他专业委员会二届三次会议在广州召开。参加本次会议的有上海奋达乐器有限公司总经理成民根、广州红棉吉它有限公司董事长何志强、四会市华声乐器有限公司总经理黄志康、广州吉声琴业公司总经理梁泽敏、河北金音乐器制造有限公司副总经理理周俊岭、江苏大风乐器公司董事长徐宝华、广州埃士顿乐器有限公司总经理助理颜敏清、广州传音公司董事长苏常青、广州新艺宝乐器有限公司销售经理赵志毅、深圳伏荣科技有限公司外贸经理李卫、潮安县吉星乐器有限公司总经理成国器、佛山三水区美莱迪乐器有限公司副总经理梁均强等。会议由广州红棉吉它有限公司承办。中国乐器协会理事长安志、副秘书长丰元凯应邀出席会议。

到会的各吉他企业进行了工作交流，吉他专业委员会会长成民根介绍了当前吉他行业面临的生产经营形势，广州红棉吉它有限公司董事长何志强、四会市华声乐器有限公司董事长黄志康、广州吉声琴业公司总经理梁泽敏、徐州大风乐器有限公司徐宝华等即席介绍了企业生产经营状况以及如何面对市场的激烈竞争走出企业新路的观点和经验。

【中国乐器行业50强】

广东四会华声乐器有限公司、广州红棉吉它有限公司、上海奋达乐器有限公司、广州吉声琴业有限公司获得“2010年度中国乐器行业50强”称号、广州红棉吉它有限公司总经理何志强获优秀人物称号。

【专利发布】

2011年我国乐器行业共发布吉他专利78件，同比增长1.29%，其中发明专利11件，同比下降8.33%，实用新型专利37件，同比增长94.74%，外观设计专利30件，同比下降37.78%。其中有：山东科技大学“带调音器的吉他”和“木吉他专用按钮板”、深圳市阿诺玛乐器有限公司“一种带调音器的吉他变调夹”、宁波东方琴业有限公司“电吉他的琴颈调节装置”、惠州全丰育乐用品有限公司“CT胴形吉他”等。

【2011中国（上海）国际乐器展览会】

2011年中国（上海）国际乐器展览会有109家吉他生产企业参展，同比下降9.91%，国外参展商16家，比上届下降63.63%。分别来自西班牙（6家）、意大利（2家）、韩国（2家）、英国（1家）、德国（1家）、美国（1家）、中国台湾（1家）、新加坡（1家）、中国香港（1家）等9个国家和地区，与上届相比减少4个。

国内9个省市93家家吉他生产企业参展，比上届增加20.77%，主要来自广东（67家）、江苏（4家）、北京（2家）、山东（6家）、福建（5家）、浙江（5家）、辽宁（2家）、山西（1家）、河南（1家）。

【骨干企业活动】

11月13日，广州红棉吉它有限公司在广东省河源市高新开发区隆重举办了新厂奠基仪式。新建的广东红棉乐器有限公司项目投资规模超过1.5亿元，占地约9万平方米，建筑面积达12万平方米,将于2012年底竣工，广东红棉吉它有限公司未来发展目标：在三年内发展成为全球最大的吉它、提琴制造基地，国内领先的吉它、提琴研发中心。

12月2日，广东红棉吉它有限公司与国家级重点中职学校——河源理工学校签订校企联合办学议书，广东红棉乐器公司人才战略开始启动。

【文化活动】

7月18～20日，2011年河北省“金音杯”吉他大赛在河北石家庄举行，本次大赛是由河北省音乐家协会吉他艺术委员会、河北金音乐器集团有限公司、阿尔达米乐器有限公司共同主办、河北川韵文化艺术有限公司承办、石家庄市音乐家协会吉他艺术委员会、秦川音乐艺术学校等单位协办。来自河北省的160余名选手分别参加了希望组、少儿组、公开组、演奏组、指弹组、电声组、弹唱组、流行组合的比赛。著名吉他演奏家聂军、何青以及省内专家陈强、杨中秋、崔振宇等担任大赛评委。经过两天的初赛和决赛，产生了各组的前六名。

七、电声乐器制造业

【主要经济指标完成情况】

2011年中国出口通过电产生或扩大声音的键盘乐器4957157架，同比下降16.55%，出口金额3.09亿美元，同比下降3.34%，其他通过电产生或扩大声音的乐器3382968件，同比下降16.14%，出口金额2.21亿美元，同比增长11.13%。两类电声乐器出口金额总计5.31亿美元，占中国乐器出口金额的32.71%。

2011年中国电子键盘乐器出口世界141个国家和地区，出口量前十位的国家和地区依次为：美国、德国、中国香港、日本、英国、法国、韩国、巴西、阿联酋、巴拿马；其他电声乐器出口世界131个国家和地区，出口量前十位的国家和地区依次为：美国、日本、荷兰、巴西、英国、阿根廷、加拿大、意大利、法国。

2011年，中国从印尼、日本、意大利、瑞典、德国、美国、韩国等8个国家和地区进口电子键盘乐器2.86万件，同比下降56.81%，进口金额为851.31万美元，同比增长42.58%。从日本、美国、印尼等16个国家和地区进口其他电声乐器数量4.18万件，同比增长10.90%，进口金额662.71万美元，同比增长40.08%。

2011年，中国电声乐器规模以上企业共28家，实现工业总产值48.09亿元，同比增长14.20%；工业销售产值47.65亿元，同比增长16.25%；出口交货值19.57亿元，同比下降2.67。按地区划分，电声乐器生产企业主要分布在广东（12家）、天津（1家）、山东（4家）、江苏（2家）、上海（2家）、湖北（1家）、辽宁（2家）、浙江（2家）、福建（1家）、河北（1家）等10个省市。按工业总产值排序：广东、天津、江苏、山东、上海位居前五名，2011年实现工业总产值分别为22.82亿元、9.17亿元、5.02亿元、4.34亿元、1.80亿元；出口交货值以广东、天津、辽宁排名前三位，分别为8.35亿元、7.10亿元、1.22亿元。

经中国乐器协会和国家轻工业乐器信息中心联合发布，2011年我国电声乐器主要生产企业总产量达到124.55万台，其中电子琴产量62.86万架，数码钢琴18.76万台。美得理（深圳）电子有限公司、吟飞科技（江苏）有限公司、天津雅马哈电子乐器有限公司产量居电子乐器生产企业前列。

【专利发布】

2011年电声乐器专利发布数量为78件，同比增长2.63%，其中，发明专利29项，同比增长61.11%，实用新型专利27项，同比增长17.39%，外观设计专利22项，同比下降37.14%，其中，雅马哈株式会社6项，卡西欧计算机株式会社6项，宁波音王集团有限公司6项，罗兰株式会社4项，得理电子有限公司2项，河北金音乐器集团有限公司、上海华新乐器有限公司各1项。

【轻工业（乐器）10强与中国乐器行业50强】

得理乐器（珠海）有限公司入选2010年度中国轻工业（乐器）十强企业。

得理乐器（珠海）有限公司、武汉艾立卡电子有限公司、吟飞科技（江苏）有限公司、东莞三基音响科技有限公司四家企业入选2010年度中国乐器行业50强。

美得理电子（深圳）有限公司总经理徐俊入选2010年度中国乐器行业优秀人物名单。

【标准化工作】

国家乐器标准化技术委员会于7月5日~8日在大连、11月25~27日在珠海召开标准审定会，审定通过了《电鸣乐器压缩与扩展类音效装置通用技术条件》（武汉艾立卡电子有限公司、北京乐器研究所）、《电鸣乐器效果器通用技术条件》（得理乐器(珠海)有限公司、武汉艾立卡电子有限公司）、《电鸣乐器放音设备——多功能音箱产品》（武汉艾立卡电子有限公司）、《电鸣乐器放音设备——吉他音箱》（武汉艾立卡电子有限公司）、《电子鼓用音箱》（得理乐器(珠海)有限公司）、《键盘乐器用音箱》（得理乐器(珠海)有限公司），并且修订了QB/T 1477.1—2003《电子钢琴》行业标准（得理乐器(珠海)有限公司）。

11月27日，全国乐器标准化技术委员会电鸣乐器标准修订工作组在广东珠海成立。该工作组是根据国家标委会关于“标准制修订工作组组建和管理事项”的通知精神，以及全国乐器标委会章程，考虑到电鸣乐器作为乐器行业的新兴产业，发展迅速，而电鸣乐器标准化工作相对滞后，标准制修订工作任务繁重、紧迫，因此需要进一步调动和组织更多的电鸣乐器行业科技人员参与标准化工作，以尽快适应电鸣乐器行业快速发展的需要而成立。电鸣乐器标准制修订工作组秘书处设在得理乐器（珠海）公司，工作组组长由得理乐器（珠海）公司盛子斐担任，副组长由武汉艾立卡电子公司庄严担任，工作组共有9名委员，分别由得理公司、武汉艾立卡公司、江苏吟飞电子公司、深圳蔚科电子公司、东莞三基音响公司、东莞超联电子公司、上海民意达软件公司等企业组成。

【2011中国（上海）国际乐器展览会】

2011中国（上海）国际乐器展览会上有68家电声乐器厂商参展，比上届下降20%，其中，境外参展商7家，来自韩国（2家）、中国台湾（2家）、中国香港（1家）、意大利（2家）。境内参展商有61家，主要来自广东（21）、山东（13）、北京（1）、上海（4）、浙江（4）、福建（3）、天津（3）、湖北（3）、江苏（8）、安徽（1家）等10个省市。展览会展示的电子乐器新产品：龙羽时代科技术有限公司开发的五线谱音乐电子示教板、深圳健智电子有限公司新开发的电子读谱器，日本罗兰公司研发的GU-10古筝效果器等都受到观众的青睐。

【骨干企业活动情况】

5月6日，美得理公司在京召开“MUZA魔鲨电鼓代言人签约新闻发布会”，本次新闻发布会邀请中国鼓手联合会主席郑建国以及鼓手圈内的30多位知名鼓手助阵，聚集了国内30多家知名媒体，活动场面以及规格不同凡响。

6月10日～16日，第二届数字音乐及多媒体产品交易会在北京现代音乐学院举行，国际一线乐器、音频设备品牌和厂商YAMAHA 、ROLAND、通利等100余家同聚北音。珠江艾茉森数码乐器也参加这届电子乐器交易会，带来了UE-88、AP-700 、AP-100型立式数码钢琴，该产品采用意大利技术设计，GM国际标准。

6月16日，“美得理电子（深圳）有限公司2011年客户年会”在珠海举行，这是美得理生产基地迁址至珠海后的首次客户大会。得理集团董事长郑荃文，得理集团运营总裁郑先生，得理乐器（珠海）有限公司总理顾冰峰均出席了此次会议。16日下午，美得理公司邀请参加盛会的百余家代理商、销售商参观了生产基地——得理工业园，各位合作伙伴现场感受到得理工厂的现代化、精细化、人性化的管理，也了解了（美得理）电子琴、数码钢琴、（魔鲨）电鼓的生产技术实力。

6月28日，武汉市纪念中国共产党成立90周年暨表彰大会在琴台大剧院隆重召开。会上，10个“武汉市‘十佳’党组织”、100个“武汉市先进基层党组织”、120名“武汉市优秀共产党员”受到表彰。武汉艾立卡公司总经理张鉴堂荣获“武汉市优秀共产党员”的称号。

8月7日，罗兰北京数字音乐教育中心在北京阳光财富大厦举行隆重的启动仪式，中国奥运会开闭幕式及广州亚运会总导演陈维亚，奥运会闭幕式音乐总监、著名音乐制作人卞留念，日本罗兰公司总裁田中英一，空军政治部文工团副团长张天宇，著名音乐家舒泽池，北京市大兴区校外活动办主任巴文丽等众多嘉宾和上海乐兰电子有限公司事长程建铜等一起出席启动仪式。罗兰北京数字音乐教育中心的启动受到到场中国音乐教育界各位专家及权威人士的一致好评，罗兰数字音乐教育中心启动仪式结束后，著名音乐制作人卞留念、电子乐器演奏家以及多位正在学习电子音乐的儿童表演了精彩的电子音乐节目。

8月23日，2011珠江艾茉森数码钢琴产品推介会在广州海角红楼度假酒店举行，来自各省市近百名经销商参加了推介会，与珠江钢琴集团共商发展大计。据了解，珠江钢琴集团艾茉森数码钢琴与意大利威斯康国际公司进行技术合作，采用弦列泛音共振模拟音源技术，意大利FATAR数码钢琴键盘，二分频四喇叭环绕音响输出技术。

10月12日，武汉艾立卡电子有限公司在上海瑞亚湖滨酒店隆重举行第七届国际工商联谊会。武汉艾立卡电子有限公司事长张鉴堂、美国艾立卡国际合作公司总裁Randy，日本爱律雅公司总裁荒井史郎、SHS公司、芬奇公司、IK公司代表分别讲话，中国乐器会名誉理事长王根田到会并讲话。

【新产品】

美得理公司旗下的魔鲨品牌在2011年推出了全新型号框架电子鼓DD51系列，该系列产品能够满足专业演奏、学习与制作音乐的各种需求，不仅再现许多丰富真实的音色，更能满足音乐爱好者对高清音色的追求。

美得理公司推出A800电子琴，它采用美得理自主研发的芯片，不仅再现许多丰富真实的音色，更能满足音乐爱好者对高清音色的追求；A800在节奏方面有很大的突破，更大的满足演绎乐曲的多变性；新增功能音频输入接口可以外接音乐播放器进行乐队式的现场演奏。

【电鸣乐器分会活动】

3月20日，电鸣乐器分会组织召开换届会议，会议经过无记名投票，选举产生新的领导班子，会长：盛子斐；副会长：张鉴堂、林伯龙、周致嘉、范廷国、柯应岳、石宕；秘书长：李健。会议同意扩大音响企业的联系与合作，并推荐东莞亿达电子有限公司为电鸣分会副会长单位。

【协会领导行业调研】

4月14日，中国乐器会理事长安志应上海乐兰电子有限公司程建铜董事长约请前往上海乐兰电子有限公司北京分公司新址进行工作访问，陪同访问的有曾泽民秘书长，丰元凯副秘书长。北京乐器研究所张振启所长也应约到场。

7月4日，安志理事长在昌乐电声乐器产业基地进行调研，在张宝峰副县长和鄌郚镇郭曙光书记等领导陪同下，参观了惠好乐器公司，盛大音响公司等企业。

7月15日，中国乐器协会理事长安志、秘书长曾泽民在常州吟飞科技公司进行调研。范廷国总经理和娄伟明、张春红副总经理陪同安理事长一行参观公司样品室、研发中心和生产车间。

【产业基地】

11月6日，山东省质监局审查并批复，同意昌乐县质监局筹建山东省电声乐器质量监督检验中心。这是昌乐县获批筹建的首个省级质检中心，该中心建成后以检测木吉它、电吉它、电贝司等电声乐器产品为主，检测项目为以上产品的声学品质、主要尺寸、电声性能、外观及装配质量、电镀件防腐蚀能力、主要材料、环境试验。《乐器有害物质限量》国家标准发布后，有害物质含量的测定也纳入检测内容。按照《省级质检中心等级评审标准》的规定，中心将在18个月内完成全部筹建工作，并申请实验室计量认证。

2011年，山东省质量兴省工作领导小组办公室下发了《关于表彰2011年创建山东省优质产品生产基地及龙头骨干企业的通报》，对全省24个获评优质产品生产基地的市、县（区）和52个创建山东省优质产品生产基地龙头骨干企业予以通报表彰，其中，昌乐县的山东省优质电声乐器产品生产基地和潍坊惠好乐器有限公司榜上有名。

八、打击乐器制造业

【主要经济指标完成情况】

2011年中国出口各类打击乐器1313万件，同比下降4.60%，出口金额1.44亿美元，同比增长3.15%。在出口的143个国家和地区中，出口金额最大的国家依次为：美国、德国、巴西、尼日利亚、荷兰、阿根廷，英国、墨西哥、日本、韩国，出口总金额为9375万美元，占打击乐器总出口额的65.10%，其中出口美国的打击乐器287万件，金额3631万美元。

2011年中国从世界32个国家和地区进口各类打击乐器28.81万件，同比增长5.42%，进口金额561.7万美元，同比增长34.61%。主要进口国和地区为美国、中国台湾、德国、荷兰、日本，进口金额分别为115.26万美元、104.15万美元、85.21万美元、61.31万美元、48.32万美元。

【专利发布】

2011年打击乐器专利发布共计52件，同比下降28.76%，其中，发明专利16项，同比下降11.11%；实用新型专利28项，同比下降6.67%；外观设计专利8项，同比下降68%。天津津宝乐器有限公司30项，同比增长25%，天津市久跃科技有限公司5项，另外，罗兰株式会社和吟飞科技（江苏）有限公司各1项。天津津宝乐器有限公司发布的专利主要有"软线式踩镲"、"新型管钟"、"新型马林巴琴"等，罗兰株式会社是"电子打击乐器"，吟飞科技（江苏）有限公司是"一种军鼓用紧固装置"。

【中国乐器行业50强】

2011年获得中国乐器行业50强企业称号的打击乐器生产企业有天津市津宝乐器有限公司和河北省怀来锣厂。

【2011中国（上海）国际乐器展览会】

2011年参加上海国际乐器展的打击乐器参展商共计55家，比上届增长52.77%，海外参展商7家，来自台湾（5家），分别是川智股份有限公司、豪声乐器木业股份有限公司、凯德森乐器有限公司、明乐乐器有限公司、宇韵工业股份有限公司；另外还有一家德国公司MEINL Cymbals & Percussion和一家美国公司Panland Trinidad + Tobago Ltd。

中国内地有11个省市参展共计参展商48家，来自天津（15家）、浙江(9家)、河北（6家）、北京（5家）、广东（3家）、湖北（3家）、福建（2家）、江苏（2家）、山东（2家）、黑龙江（1家）等。

【主要行业活动】

7月1日，河北省音乐家协会西洋打击乐艺术委员会首家A级"团体会员暨培训基地"挂牌仪式在秦川音乐艺术学校举行。河北省文联副主席、河北省音乐家协会主席曹贤邦、河北省音乐家协会副主席、河北省音乐家协会西洋打击乐艺术委员会会长张建钢、荣誉会长陈顺生、副会长王保军等领导以及省内打击乐界专家教师出席了挂牌仪式。石家庄市秦川音乐艺术学校经过25年的不懈努力，打造了一支省内同类学校中优秀的打击乐师资队伍，并拥有省内一流的教学设施和教学环境，为大专院校或文艺团体输送了大批优秀人才，为全省西洋打击乐的发展做出了贡献。

7月22日～23日，由中国马林巴协会、北京乐器学会等多家单位联合举办的首届中国马林巴艺术节在北京举行，来自海内外马林巴演奏家、业余爱好者近百人欢聚一堂，共展马林巴艺术，同奏马林巴音乐，激荡优美的琴声时时回荡在音乐厅每一个角落。

7月24日，第三届全国鼓手大赛河北赛区决赛在保定举行。来自保定市区、各县及石家庄、沧州等地，代表十几家鼓手俱乐部的89名选手齐聚保定二中体育馆，比赛分6个年龄组，最终产生金奖6名，银奖12名，铜奖18名。

九、手风琴、口琴、竖笛制造业

【主要经济指标完成情况】

据海关数据统计，2011年手风琴及类似产品出口51.91万架，同比增长3.52%，出口金额1722.98万美元，同比增长10.73%；出口世界82个国家和地区，前10位的国家和地区分别为美国、巴西、韩国、德国、哥伦比亚、墨西哥、阿根廷、智利、日本，共计出口36.67万件，占中国手风琴出口总量的70.64%，其中出口美国33799架，出口金额229.84万美元。

口琴出口799.12万支，同比下降2.33%，出口金额1228.86万美元，同比增长4.39%。口琴出口世界94个国家和地区，前10位的国家和地区分别为美国、德国、日本、土耳其、印尼、英国、印度、马来西亚、泰国、墨西哥，共计出口量为500.48万支，占中国口琴出口总量的62.62%，其中，出口美国181.71万支，同比下降9.46%，出口金额268.44万美元，同比增长10.53%。

2011年中国从4个国家和地区进口手风琴，分别为意大利、朝鲜、德国、英国，共计进口596架，同比增长107.67%，进口金额8.59万美元，同比下降34.95%，其中从意大利进口55架，同比下降50.89%，金额4.81万美元，同比下降56.03%。

2011年中国从5个国家进口口琴，分别为日本、德国、印度尼西亚、新加坡、美国，共计进口8.87万支，同比增长155.04%，进口金额31.17万美元，同比增长111.52%。其中，从日本进口7728支，金额19.15万美元。

2011年，国内4家手风琴企业，共计生产48BS以上大型手风琴49600架，同比下降0.86%；7家口琴生产企业共计生产各类口琴2679万支，同比增长50.25%，口风琴436.25万支，同比增长12.34%，3家竖笛生产企业共计生产竖笛1100万支，同比增长40.48%。

【专利发布】

2011年，国家知识产权局发布手风琴实用新型专利5项，其中有天津华韵乐器有限公司2项，一项是“一种手风琴白键体”，另一项是“一种手风琴用键槽固定板”，另外2项是：黄卫平的“手风琴包装壳”，余烈的“新型低音结构的手风琴”，孙淑平的“一种复合形式的手风琴琴键”；口琴专利共有7项专利发布，同比减少了36.36%，其中有江苏天鹅乐器有限公司的“10孔20音口琴”等。

【标准化工作】

国家工信部“工科（2010）第134号公告”，自4月1日起，QB/T 4130—2010《竖笛》行业标准开始实施。江苏奇美乐器有限公司是该标准主要起草单位。

【2011中国（上海）国际乐器展览会】

2011年，中国（上海）国际乐器展览会共有手风琴参展商17家，其中来自国外企业6家，分别为意大利5家（Bompezzo Di Bompezzo G. E C. Sas；Pigini Srl；Ufip Srl；Victoria Accordions Company s.r.l.；Luca Polverini 1889 Co Ltd）和美国1家（Tycoon Percussion）。来自国内的企业有11家，包括天津3家（天津华韵乐器有限公司、天津市佰笛乐器有限公司、天津市欧莱乐器有限公司）、河北2家（沧州市金狮乐器有限公司、香河天音乐器有限公司）、上海2家（博罗威尼-上海朗韵乐器有限公司、上海申乐手风琴有限公司）、江苏4家（江阴激扬乐器有限公司、江阴金杯安琪乐器有限公司、江阴市申佳乐器有限公司、扬中市华联手风琴有限公司）。

口琴及竖笛参展商12家，全部来自国内，包括江苏9家、上海1家、天津2家。

【中国乐器行业50强】

口琴行业2家企业（江苏奇美乐器有限公司、江苏天鹅乐器有限公司），手风琴行业3家企业（江阴金杯安琪乐器有限公司、广州珠乐器实业公司、天津华韵乐器有限公司）获得“2010年中国乐器行业50强”称号；江苏奇美乐器有限公司总经理张龙贵获得优秀人物称号。

【专业委员会活动】

5月19日至20日口琴专业委员会五届二次会议在上海青浦举行。参加此次会议的会员单位有：上海口琴总厂、上海国光口琴厂、江苏天鹅乐器有限公司、江苏奇美乐器有限公司、江苏东方乐器有限公司、上海兰生豪呐乐器有限公司、无锡铃木乐器有限公司、江阴激扬乐器有限公司、天津通宝乐器有限公司、上海国兴乐器有限公司、上海新效铜材厂、浙海盐东方口琴厂、上海凯恩乐器有限公司、江苏兄弟乐器有限公司、江苏孔声乐器有限公司等15家口琴生产企业。浙河姆渡电器塑料厂、江苏金坛市河头工艺纸品厂、江苏海门标准件厂、江苏千灯纸盒厂、浙江湖州、温州等口琴行业配套加工单位也列席会议，中国乐器会齐建平副理事长应邀出席。会议传达了中国乐器协会六届三次理事（扩大）会议精神，并作专业委员会2010年工作小结和2011年工作要点的报告。会上各口琴单位交流发言。会议还向与会单位通报了《口琴》和《校音器》标准修订的编制说明。

【骨干企业及重要活动】

在“3·15”国际消费者权益日之前，奇美牌竖笛、口风琴、口琴等产品获得了江苏省消费者协会2010-2011年度“推荐商品”荣誉称号。

5月27日，国家工商总局商标评审委员会发布认定的83件驰名商标名单，其中江苏奇美乐器有限公司所有的“奇美”竖笛、口风琴、口琴商标获得“中国驰名商标”。奇美乐器公司近几年不仅在美、日、俄等10多个国家注册了“奇美”主商标，还注册了“小博士”、“小伙伴”、“小黄莺”等副商标及“樱美”等防御性商标。对于市场上发生的假冒“奇美”商标行为，2011年江苏省江阴市人民法院经审定，认定违法者犯非法制造注册商标标识罪，判处有期徒刑3年，缓刑3年6个月，并处罚金15000元，没收违法所得3240元。

4月24日，江苏靖江市成立“天鹅口琴会”，报名参加口琴会的30余名口琴爱好者相聚在江苏天鹅乐器公司，参观了口琴生产车间，并进行了座谈。江苏天鹅乐器公司事长陈红梅表示，天鹅公司成立的“天鹅口琴会”将作为口琴爱好者交流和学习的平台，积极开展各种活动。口琴会成员中年龄最大的86岁，最小的仅有5岁。

6月12日，由口琴演奏、教学、收藏及制作技师宗筱华、吴申陆、荆学军三人编著的《中国口琴图谱》由上海音乐学院出版社出版发行，并在上海柏斯琴行演奏厅举行了《中国口琴图谱》首发仪式。上海口琴会等口琴团体及许多口琴演奏前辈出席了首发仪式，上海市乐器行业协会领导在首发仪式上致词，上海国光口琴厂有限公司、江苏东方乐器有限公司和江苏奇美乐器有限公司等单位参加首发仪式。《中国口琴图谱》收录了自1931年到2010年间中国生产的口琴，包括香港、台湾所生产的口琴，既有中国口琴之父——潘金声先生创办的中国第一个口琴厂，即中国新乐器制造公司（后改为上海国光口琴厂）出品的中国第一支“宝塔牌”口琴；也有国内口琴厂今年新出品的“复音半音阶口琴”；书中不乏上个世纪的各类精品口琴。《中国口琴图谱》全书收录口琴图谱2532支（套），其中，中国造口琴2439支（套），1950年前外国造口琴93支。这些口琴基本精选自三位作者30多年的藏品。

8月9日，为支持部队开展业余文化工作，支持中国人民解放军三军仪仗队成立口琴乐团，上海凯恩乐器有限公司向三军仪仗队捐赠了两百余支半音阶口琴、低音贝斯口琴和合弦口琴。

10月1日至6日，由联合国教科文组织下属“国际手风琴联盟”与中国音协手风琴学会、上海市文联共同举办的第64届世界杯手风琴锦标赛在上海举行，这也是该项大赛首次移师亚洲举办。来自全球25个国家的170名参赛选手在上海参赛角逐奖杯和总计25万元人民币的奖金。除比赛外，在赛期内还举办了9场不同风格的世界顶尖手风琴家音乐会，包括开幕式音乐会“梦归故里”、“古典与自由低音：世界冠军音乐会”、“世界流行手风琴音乐会”等。此前，《2011“世界杯”与中国手风琴发展》研讨会在上海师范大学音乐学院隆重召开。参加会议的人数高达50余人。中国手风琴学会会长张自强、副会长王小平（兼秘书长）以及常务理事20余人出席了会议。中国乐器协会手风琴专业委员会会长时建明、各会员单位负责人及来自山东、湖北、山西、河北、贵州、云南、吉林、黑龙、甘肃等省市的手风琴学会会长、各地院校团队代表等参加了此次会议。

【协会领导行业调研】

6月2日~3日，安志理事长、曾泽民秘书长在江苏天鹅乐器公司、江苏奇美乐器公司、江苏金杯安琪乐器公司、杰麦尔乐器公司工作调研，口琴专业委员会会长蒋林森、副会长兼秘书长周伟义和音乐周报运营总监张蕾陪同调研。

十、乐器零配件制造业

【主要经济指标完成情况】

2011年乐器零配件制造业规模以上企业35家，实现工业总产值25.25亿元，同比增长3.12%，工业销售产值24.67亿元，同比下降0.82%，出口交货值6.19亿元，同比增长44.97%。

我国规模以上乐器零配件生产企业分布在国内11个省市，2011年有7个省市工业总产值处于增长态势，其中天津、江苏、吉林、广东、黑龙江等省市增长幅度较大，分别增长277.64%、52.27%、

48.97%、31.28%、26.10%；河北、山东、上海、辽宁等4个省市有所下降。

2011年乐器零配件生产企业按工业总产值排序：广东、浙江、山东、河南、黑龙江、上海、辽宁、河北、江苏、天津、吉林。广东有12个企业，工业总产值11.61亿元，同比增长31.28%；浙江省有5个企业，工业总产值5.22亿元，同比增长4.91%。2011年规模以上乐器零配件生产企业共有7个省市有出口业务，按出口交货值排序分别为：浙江、广东、上海、黑龙江、江苏、河北。浙江省乐器配件出口交货值2.93亿元，同比增长49.37%。与上年相比，广东、辽宁、浙江、黑龙江、江苏出口有所增长，而上海、河北处于下降态势。

据海关统计，2011年各类乐器零配件出口金额2.19亿美元，同比增长12.30%，占中国乐器总出口额的13.49%，其中乐器用弦出口金额601.23万美元，同比增长33.13%；钢琴零件附件出口金额4305万美元，同比增长13.21%；弓弦乐器零配件3715.66万美元，同比增长21.22%；电声乐器零配件3935万美元，同比增长12.43%；其他零配件9361万美元，同比增长7.48%。

2011年，乐器零配件进口总金额为1.30亿元，同比增长9.20%，占中国乐器总进口额的47.97%。其中，乐器用弦进口586万美元，同比增长25.70%；钢琴零件附件3441万美元，同比增长15.91%；弓弦乐器零配件1023万美元，同比增长17.8%；电声乐器零配件3679万美元，同比下降5.37%；其他乐器零配件4275万美元，同比增长14.07%。

【专利发布】

2011年乐器零配件专利发布122项，同比增长2.52%，其中发明专利31项，同比下降41.51%，实用新型专利66项，同比增长29.41%，外观设计专利25项，同比增长66.67%。其中有，雅马哈株式会社和上海日伴箱包有限公司各4项。其他乐器配件专利还有：成都川雅木业有限公司的“包装箱（钢琴音板）”、福州和声钢琴有限公司的“一种可调节高度的钢琴脚轮”、海伦钢琴股份有限公司的“一种新型钢琴黑键”、上海钢琴有限公司的“一种智能声学钢琴的弹奏学习装置”、雅马哈株式会社的“用于弦乐器的琴颈连接结构”。

【标准化工作】

国家工信部公布“工科（2010）第134号公告”，4月1日起，乐器零配件《琴弦通用技术条件》、《提琴弦》、《钢琴零部件名称》、《吉他弦》起实施。

【2011中国（上海）国际乐器展览会】

2011年乐器零配件企业参加中国（上海）国际乐器展览会参展商有346家，同比增长11.61%。国外乐器零配件参展企业有85家，同比增长10.38%，分别来自17个国家和地区，其中：德国（16家）、韩国（14家）、意大利（10家）、日本（9家）、法国（9家）、美国（7家）、中国台湾（4家）、英国（2家）、中国香港（2家）、西班牙（2家）、斯洛伐克（2家）、捷克（2家）、奥地利（2家）、瑞典（1家）、加拿大（1家）、俄罗斯（1）、澳大利亚（1家）。国内共有261家企业参展，比上年增长12.01%，分别来自国内16个省市，江苏（62家）、广东（59）、北京（29家）、河北（24家）、浙江（20家）、山东（19家）、天津（17家）、上海（12家）、辽宁（5家）、福建（1家）、河南（4家）、黑龙江（2家）、四川（2家）、湖北（4家）、江西（1家）、江西（1家）。

【中国乐器行业50强】

2010年获得中国乐器行业50强的的材料配件企业有5家，他们是：宁波森隆乐器股份有限公司、成都川雅木业有限公司、广州市罗曼士乐器制造有限公司、宁波四海琴业有限公司、宁波市北仑乐器配件制造有限公司。

【协会领导行业调研工作】

2月22日，春节刚过，中国乐器协会理事长安志前往河北大厂县华丰铸造厂了解该企业当前生产经营情况，一起参加调研的有副理事长齐建平，秘书长曾泽民。河北华丰铸造有限公司是我国乐器配件行业的重点企业之一，1986年建厂，从仅有3万元资产的农机厂起家，经历了艰苦创业和1998年股份制改革过程，今天已成为到世界著名的钢琴铁板生产企业，产量占中国钢琴铁板的40%以上，世界钢琴铁板产量的五分之一。

2011年中国乐器行业规模以上生产企业经济运行情况

2011年我国乐器行业193家规模以上生产企业实现工业销售产值234.24亿元，同比增长19.40%，工业总产值（当年价）238.76亿元，同比增长19.04%，出口交货值83.24亿元，同比增长25.55%。2011年是“十二五”开局之年，我国乐器行业规模以上生产企业主要经济指标继续保持平稳增长态势。

2011年，中乐器工业销售产值22.15亿元，同比增长53.38%，出口交货值8.01亿元，同比增长46.70%，西乐器工业销售产值139.76亿元，同比增长20.63%，出口交货值49.45亿元，同比增长35.68%，电子乐器工业销售产值47.65亿元，同比增长16.25%，出口交货值19.57亿元，同比下降2.67%，其他乐器工业销售产值实现24.67亿元，同比下降0.82%，出口交货值6.19亿元，同比增长44.97%。

2011年乐器行业规模以上生产企业分布国内15个省和直辖市，工业总产值20亿元以上的广东、山东、天津、浙江、江苏、河北等六个省市，完成工业总产值206.85亿元，同比增长10.92%，占整个乐器行业总产值的86.63%，企业数量144家，占国内规模乐器企业总数的74.61%。工业总产值在10亿元以上的有6个省市，广东、山东、天津、浙江、江苏、河北，共计工业总产值206.83亿元，同比增长21.08%，占整个乐器行业总产值的86.6%。2011年工业总产值增长速度较快的是江苏、吉林、河北，分别增长53.29%、48.97%、30.97%，辽宁同比下降11.36%。

天津、广东、浙江、河北、江苏继续位于我国乐器出口前五名，以上5个地区2011年共计出口交货值达69.27亿元，同比增长21.31%，占规模以上乐器企业全部出口额的83.21%。2011年山东省出口业绩不佳，从前四名的位置上退出，同比下降42.34%。在13个乐器出口省市中，有10个省市出口有所增长，增长较快的是湖北、河北、江苏、天津，分别增长了77.28%、63.38%、46.28%、31.52%。而上海、辽宁、河南则分别比上年下降了4.36%、4.60%、11.33%。

2011年乐器行业规模以上生产企业主要经济指标完成情况

（按产品类别划分）

单位：千元

地区		中乐器制造	西乐器制造	电子乐器制造	其他乐器及零件制造	全国
企业数		27	103	28	35	193
工业总产值	12月	212098	1326694	528189	218558	2285539
	去年同期	135742	1067058	397620	218935	1819355
	同比%	56.25	24.33	32.84	-0.17	25.62
	1-12月累计	2255833	14285895	4809455	2525319	23876502
	去年同期累计	1469491	11927594	4211359	2448795	20057239
	同比%	53.51	19.77	14.20	3.12	19.04

地区		中乐器制造	西乐器制造	电子乐器制造	其他乐器及零件制造	全国
企业数		27	103	28	35	193
销售产值	12月	202608	1273018	530948	202726	2209300
	去年同期	135135	1025384	381434	233555	1775508
	同比%	49.93	24.15	39.20	-13.20	24.43
	1-12月累计	2214525	13976660	4765425	2467592	23424202
	去年同期累计	1443856	11586471	4099441	2488016	19617784
	同比%	53.38	20.63	16.25	-0.82	19.40
出口交货值	12月	64039	405013	174835	57061	700948
	去年同期	45999	318387	160847	29565	554798
	同比%	39.22	27.21	8.70	93.00	26.34
	1-12月累计	801430	4945730	1957465	619885	8324510
	去年同期累计	546304	3645257	2011159	427609	6630329
	同比%	46.70	35.68	-2.67	44.97	25.55

资料来源：国家统计局　中国乐器协会信息部编辑

2011年乐器行业规模以上生产企业主要经济指标完成情况

（按地区划分）

表1　单位：千元

地区		广 东	山 东	天 津	浙 江	江 苏	河 北	湖 北	北 京
企业数		46	32	11	22	18	16	6	5
工业总产值	12月	681101	262822	264548	278337	191231	265659	65651	56189
	去年同期	527212	276142	164395	228946	141611	181664	54518	52425
	同比%	29.19	-4.82	60.92	21.57	35.04	46.24	20.42	7.18
	1-12月累计	6866888	3703423	3037040	2746183	2286484	2045311	705977	572881
	去年同期累计	5450351	3418245	2617406	2544422	1491634	1561654	593031	530620
	同比%	25.99	8.34	16.03	7.93	53.29	30.97	19.05	7.96
销售产值	12月	628394	258158	260898	267221	186967	254154	87432	51592
	去年同期	504073	272389	159108	243803	122690	188266	50048	48230
	同比%	24.66	-5.22	63.98	9.61	52.39	35.00	74.70	6.97
	1-12月累计	6701787	3634451	3002091	2695496	2241242	1984492	732000	550548
	去年同期累计	5448135	3325937	2605897	2364417	1443288	1538600	528160	526805
	同比%	23.01	9.28	15.20	14.00	55.29	28.98	38.59	4.51

地区		广 东	山 东	天 津	浙 江	江 苏	河 北	湖 北	北 京
企业数		46	32	11	22	18	15	6	5
出口交货值	12月	153262	25441	198912	72129	39719	93038	6534	20979
	去年同期	151961	23502	120264	74030	34859	50291	1908	14685
	同比%	0.86	8.25	65.40	-2.57	13.94	85.00	242.45	42.86
	1-12月累计	2142035	415892	2416817	967743	570968	829492	49185	167330
	去年同期累计	1759473	339259	1837544	810711	390316	507721	27744	155072
	同比%	21.74	22.59	31.52	19.37	46.28	63.38	77.28	7.90

2011年乐器行业规模以上生产企业主要经济指标完成情况

（按地区划分）

表2　单位：千元

地区		上 海	河 南	辽 宁	福 建	黑龙江	吉 林	陕 西	全 国
企业数		12	11	7	4	2	1	1	193
工业总产值	12月	43565	42304	91123	23032	14167	2209	3601	2285539
	去年同期	46337	35125	65363	24302	15334	2001	3980	1819355
	同比%	-5.98	20.44	39.41	-5.23	-7.61	10.39	-9.52	25.62
	1-12月累计	567155	477838	477553	230926	108284	26830	23729	23876502
	去年同期累计	524743	452301	538734	208984	85873	18010	21231	20057239
	同比%	8.08	5.65	-11.36	10.50	26.10	48.97	11.77	19.04
销售产值	12月	43934	41678	91093	19373	13097	1729	3580	2209300
	去年同期	41747	34337	66816	22567	14890	1858	4686	1775508
	同比%	5.24	21.38	36.33	-14.15	-12.04	-6.94	-23.60	24.43
	1-12月累计	558209	469411	478642	221053	105594	25729	23457	23424202
	去年同期累计	519575	443056	544971	206701	83695	16858	21689	19617784
	同比%	7.44	5.95	-12.17	6.94	26.17	52.62	8.15	19.40
出口交货值	12月	9576	14135	53683	10816	2724	0	0	700948
	去年同期	9875	12429	43521	15892	1581	0	0	554798
	同比%	-3.03	13.73	23.35	-31.94	72.30	0.00	0.00	26.34
	1-12月累计	117353	164618	315405	141683	25989	0	0	8324510
	去年同期累计	122700	185649	330607	141520	22013	0	0	6630329
	同比%	-4.36	-11.33	-4.60	0.12	18.06	0.00	0.00	25.55

资料来源：国家统计局　中国乐器协会信息部编辑

2011年中国乐器出口形势分析

国家海关总署公布2011年中国乐器进出口数据：2011年中国乐器出口金额16.24亿美元，同比增长10.71%；进口乐器金额2.71亿美元，同比增长18.76%；进出口贸易总额18.96亿美元，同比增长11.92%；贸易顺差13.52亿美元，顺差比值为5.97:1，比2010年缩小了0.46。

2011年纳入海关乐器编号的22大类乐器出口金额除通过电产生或扩大声音的键盘乐器、百音盒的机械装置、节拍器、音叉及定音管以外，其他类别乐器全部呈增长态势。其中，各种媒诱音响器、哨子增长56.62%、乐器用弦增长33.13%、大钢琴增长25.86%、其他弦乐器增长24.33%。

2011年出口立式和三角钢琴共计56763架，同比下降4.27%。其中，出口立式钢琴50007架，同比下降5.50%，出口88个国家和地区，比上年减少5个。出口国家和地区排在前五位的是美国、中国香港、德国、荷兰、加拿大，共计出口立式钢琴24374架，占立式钢琴总出口数量的48.73%。向美国出口立式钢琴10457架，比上年减少15.99%；向中国香港出口4350架，下降8.17%；向德国出口5397架，下降9.36%；向荷兰出口2363架琴，增长21.18%；向加拿大出口1808架，下降11.55%。有42个国家进口中国立式钢琴数量比上年有所增长或者持平。其中，厄瓜多尔、乌兹别克斯坦、缅甸、哈萨克斯坦、阿尔及利亚等13个国家和地区增长幅度都在100%以上。有35个国家进口中国立式钢琴数量比上年有所减少，其中，韩国下降42.43%，葡萄牙下降61.36%、西班牙下降20.28%。

2011年中国出口三角钢琴6756架，同比增长5.89%，出口世界79个国家和地区，比上年增加1个。按出口数量统计，中国三角钢琴主要出口美国、德国、乌兹别克斯坦、中国香港、加拿大，共计出口4170架，占全部出口架数的61.72%。出口美国2884架，同比增长15.08%；出口德国644架，同比增长7.69%；出口乌兹别克斯坦248架，同比增长34倍；出口加拿大244架，同比增长36.31%；出口英国230架，下降44.98%。有35个国家进口中国三角钢琴数量比上年有所增长，朝鲜、菲律宾、丹麦、巴拿马、尼日利亚都有较大增幅。有28个国家进口中国三角钢琴数量比上年有所减少，土耳其减少86.35%、约旦减少83.33%、印度尼西亚减少82.35%。

2011年中国共向全世界185个国家和地区出口乐器，比2010年增加2个，其中亚洲减少3个、非洲增加3个，南美洲增加1个，欧洲增加1个，大洋洲增加1个。2011年中国乐器出口国家和地区的数量占全世界国家和地区总数的82.22%，在2010年达到历史最高的基础上，出口国家和地区的数量稳定增长。2011年中国乐器主要出口地区北美、欧洲、亚洲，出口总金额13.51亿美元，占总出口额的83.18%，平均增长幅度为9.08%。中国向南美洲、非洲、大洋洲乐器出口共计2.72亿美元，占总出口金额的16.82%，平均增长20.77%，增长幅度大于欧美亚洲地区100%以上。

2011年中国乐器出口前10位的国家和地区是美国、德国、日本、巴西、中国香港、荷兰、韩国、英国、印尼、法国，共计出口乐器金额为11.08亿美元，占总出口额的68.22%。中国出口美国的乐器金额4.24亿美元，同比增长6.58%，占总出口额的26.10%。2011年美国从中国主要进口的乐器是其他弦乐器、通过电产生或扩大声音的键盘乐器、其他通过电产生或扩大声音的乐器、打击乐器等，总金额为2.69亿美元，占中国乐器出口美国乐器总金额的63.44%。出口美国的钢琴总金额为2299万美元，占中国乐器出口美国总金额的5.42%。在中国乐器出口世界185个国家和地区中，有108个国家和地区出口金额呈增长态势，占58.37%，其中，有27个国家和地区出口乐器增幅在100%以上，有63个国家和地区呈下降趋势。

在进口乐器方面，2011年中国从60个国家和地区进口乐器，比2010年减少23个，进口金额2.72亿美元，同比增长18.76%。中国进口乐器主要来自亚洲、欧洲和北美洲，总进口金额达到2.71亿美元，占进口金额的99.3%，主要进口国家和地区是日本、印尼、德国、韩国、中国台湾，2011年总计进口金额为2.06亿美元，占进口乐器75.73%。其中，从日本进口乐器1.24亿美元，同比增长27.27%；从印尼进口乐器3898万美元，同比增长72.25%；从德国进口乐器2308万美元，同比增长11.60%；从韩国进口乐器2043万美元，同比增长3.03%；从中国台湾地区进口乐器1772万美元，同比增长14.11%。

2011年有36个国家和地区向中国出口乐器处于增长态势，俄罗斯、巴西、新加坡分别增长了78倍、33倍、30倍。17个国家和地区向中国出口乐器处于下降趋势。

2011年中国共计进口92383架钢琴，其中从25个国家和地区进口87310架立式钢琴，同比增长39.02%；从17个国家和地区进口5073架三角钢琴，同比增长24.64%。其中，从日本进口立式钢琴46046架，同比增长21.03%，金额4625万美元，同比增长46.18%，进口三角钢琴2643架，同比增长5.13%，金额1762万美元，同比增长29.02%；从印尼进口7234架立式钢琴，同比增长148.68%，金额1046万美元，同比增长163.81%；从韩国进口立式钢琴32920架，数量同比增长56.34%，金额748万美元，同比增长82.13%；从德国进口立式钢琴301架，同比增长176.15%，进口三角钢琴213架，同比下降0.93%。

2011年中国乐器进出口形势呈现以下特点：

1、世界金融危机后，2009年中国乐器出口大幅下降，2010年恢复性增长，2011年中国乐器出口金额不仅恢复到2008年的历史最好水平，而且创出历史新高。实现“十二五”开门红。

2、中国乐器出口产品结构正在发生变化，其他弦乐器（吉它）、电子键盘乐器、电声乐器、打击乐器成为出口欧美的主导产品，中国出口欧美的立式和三角钢琴比例在逐步缩小。

3、中国乐器出口的重点和热门国家和地区正在发生变化，美国和欧盟仍是中国乐器出口的最主要的国家和地区，中亚地区出现新亮点，中国向土库曼斯坦、乌兹别克斯坦、格鲁吉亚等国家出口乐器的增长幅度都在10~20倍，值得关注。受欧债危机影响，意大利、希腊、西班牙、葡萄牙等欧洲国家进口中国乐器逐年下降。

4、中国从世界各地进口乐器的速度呈现持续增长态势，2011年中国进口乐器金额增长幅度高出出口增长幅度8.05%，比2010年又提高了1.2个百分点。

5、进口钢琴数量呈持续增长态势，2011年中国进口钢琴92383架，出口钢琴56763架，进口钢琴数量高于出口62.75%，其中立式钢琴进口数量高于出口74.59%，并且这种态势有扩大的趋势。进口钢琴中，二手琴占相当比例，值得关注。

2011年中国乐器出口世界各大洲概况

洲别	国家数量		金额(万美元)		
	2011年	2010年	2011年	2010年	同比%
亚洲	43	46	44555	38437	15.92
非洲	47	44	3333	2865	16.32
欧洲	43	42	45016	42759	5.28
南美洲	36	36	20203	16686	21.08
北美洲	2	2	45592	42982	6.07
大洋洲	14	13	3677	2944	24.92
合计	185	183	162375	146673	10.71

2011年中国乐器海关出口量值

商品代码	商品名称	单位	数量			金额（美元）		
			2011年	2010年	同比%	2011年	2010年	同比%
92011000	竖式钢琴，包括自动钢琴	台	50007	52915	-5.50	67042529	65856530	1.80
92012000	大钢琴，包括自动钢琴	台	6756	6380	5.89	25858838	20545781	25.86
92019000	拨弦古钢琴及其他键盘弦乐器	台	9248	9720	-4.86	856918	691620	23.90
92021000	弓弦乐器	只	1391635	1356817	2.57	60734197	54180624	12.10
92029000	其他弦乐器	只	12556168	11225581	11.85	335612025	269929207	24.33
92051000	铜管乐器	只	840384	834567	0.70	81221840	73006214	11.25
92059010	键盘管风琴;簧风琴等游离金属簧片键盘乐器	只	1727430	1672982	3.25	7156091	5481958	30.54
92059020	手风琴及类似乐器	只	519132	501492	3.52	17229821	15559535	10.73
92059030	口琴	只	7991286	8181579	-2.33	12288680	11772185	4.39
92059090	其他管乐器	只	7840429	9073727	-13.59	43679456	38316221	14.00
92060000	打击乐器	只	13132527	13765141	-4.60	144779607	140355216	3.15
92071000	通过电产生或扩大声音的键盘乐器	只	4957157	5940190	-16.55	309641549	320353099	-3.34
92079000	其他通过电产生或扩大声音的乐器	个	3382968	4033864	-16.14	221661474	199452829	11.13
92081000	百音盒	个	26103396	25414361	2.71	43405533	30048017	44.45
92089000	其他乐器;各种媒诱音响器、哨子、号角等	个	78506373	79654969	-1.44	24668670	15750719	56.62
92093000	乐器用弦	千克	377417	311168	21.29	6012345	4516004	33.13
92099100	钢琴的零件、附件	千克	8111866	7618483	6.48	43055219	38030450	13.21
92099200	品目92.02所列乐器的零件、附件	千克	4612005	3368615	36.91	37156637	30652297	21.22
92099400	品目92.07所列乐器的零件、附件	千克	5632219	5279522	6.68	39350953	34999516	12.43
92099910	节拍器、音叉及定音管	千克	119538	156626	-23.68	3389434	4459090	-23.99
92099920	百音盒的机械装置	千克	605535	796637	-23.99	5330747	5675911	-6.08
92099990	其他乐器的零件、附件	千克	18325700	17695569	3.56	93618310	87099417	7.48
总计						1623750873	1466732440	10.71

资料来源：国家海关　　　　中国乐器协会信息部编辑

2011年中国从世界各大洲进口乐器概况

洲别	国家和地区数量		进口乐器数量（件）			进口乐器金额(美元)		
	2011年	2010年	2011年	2010年	同比%	2011年	2010年	同比%
亚洲	16	23	12485899	12967182	-3.71	224306793	185992046	20.60
非洲	8	24	42647	100457	-57.55	45058	158948	-71.65
欧洲	24	23	806730	766835	5.20	34999928	30139810	16.13
南美洲	8	8	19039	54938	-65.34	817889	128587	536.06
北美洲	2	2	311894	346921	-10.10	11649610	12406134	-6.10
大洋洲	2	3	37	48	-22.92	45901	95158	-51.76
合计	60	83				271865179	228920683	18.76

2011年海关进口中国乐器量值

商品代码	商品名称	单位	数量			金额（美元）		
			2011年	2010年	同比%	2011年	2010年	同比%
92011000	竖式钢琴，包括自动钢琴	台	87310	62802	39.02	68622874	41817394	64.10
92012000	大钢琴，包括自动钢琴	台	5073	4070	24.64	37985997	29893388	27.07
92019000	拨弦古钢琴及其他键盘弦乐器	台	1092	1023	6.74	1220680	735503	65.97
92021000	弓弦乐器	只	1888	2493	-24.27	664394	2218722	-70.06
92029000	其他弦乐器	只	49218	26721	84.19	3399623	1822313	86.56
92051000	铜管乐器	只	5109	6788	-24.73	2561154	2482653	3.16
92059010	键盘管风琴;簧风琴等游离金属簧片键盘乐器	只	2571	824	212.01	261873	1756772	-85.09
92059020	手风琴及类似乐器	只	596	287	107.67	85968	132162	-34.95
92059030	口琴	只	88750	37760	135.04	311795	147405	111.52
92059090	其他管乐器	只	60630	63969	-5.22	4644170	3287240	41.28
92060000	打击乐器	只	288185	273370	5.42	5617086	4172755	34.61
92071000	通过电产生或扩大声音的键盘乐器	只	28628	66287	-56.81	8513179	14826809	-42.58
92079000	其他通过电产生或扩大声音的乐器	个	41837	37725	10.90	6627141	4730850	40.08

商品代码	商品名称	单位	数量			金额（美元）		
			2011年	2010年	同比%	2011年	2010年	同比%
92081000	百音盒	个	78493	9949	688.95	213435	100542	112.28
92089000	其他乐器;各种媒诱音响器、哨子、号角等	个	890208	984741	-9.60	282071	204837	37.71
92093000	乐器用弦	千克	277109	237763	16.55	5865840	4666605	25.70
92099100	钢琴的零件、附件	千克	4815529	4821907	-0.13	34418899	29693448	15.91
92099200	品目9202所列乐器的零件、附件	千克	790203	878735	-10.07	10238172	8691348	17.80
92099400	品目9207所列乐器的零件、附件	千克	4493421	4506142	-0.28	36793138	38879459	-5.37
92099910	节拍器、音叉及定音管	千克	6026	10409	-42.11	235785	293676	-19.71
92099920	百音盒的机械装置	千克	86479	139305	-37.92	544625	881841	-38.24
92099990	其他乐器的零件、附件	千克	1567891	2063311	-24.01	42757280	37484961	14.07
总计						271865179	228920683	18.76

资料来源：国家海关　　　　中国乐器协会信息部编辑

年度评选

2011年度中国轻工业乐器行业十强企业评价结果公告

据“2011年度中国轻工业行业十强企业评价结果公告”，本着严谨、科学、公平、公正的原则，2011年度中国轻工业行业十强企业评价结果经有关行业协会确认，中国轻工业联合会会长办公会审定通过，共评价出乐器、自行车等37个行业的十强企业。广州珠江钢琴集团股份有限公司等370家企业进入十强榜单。评价结果以“2011年度中国轻工业行业十强企业”向社会公布。

2011年度中国轻工业行业十强企业评价工作得到各行业协会和骨干企业的大力支持，评价工作以企业自愿向各自行业协会申报为基础，经行业协会对企业数据审核，由中国轻工业联合会按统一评价体系进行量化评价。

此次评价工作依然采用4+X的评价体系，对企业的市场能力、盈利能力、价值能力、发展能力进行综合评价。部分行业协会引入了新的X评价指标，例如品牌、产量等要素对企业进行统一评价，突出了行业特点。本次评价范围涉及26个行业协会、37个行业。

对于轻工业行业十强企业，中国轻工业联合将加强对企业的扶持力度以及服务措施，在技术改造、快报直通车等方面给予大力支持。

希望十强企业再接再厉，在引领行业发展、加强技术创新、促进行业转型升级做出更大的贡献。十强企业在称号使用方面时按国家相关法律法规规定执行。

附：

中国轻工业乐器行业十强企业名单

广州珠江钢琴集团股份有限公司
天津市津宝乐器有限公司
北京星海钢琴集团有限公司
河北金音乐器集团有限公司
海伦钢琴股份有限公司
功学社（天津）商贸有限公司
江苏凤灵乐器集团
上海民族乐器一厂
美得理电子(深圳)有限公司
宜昌金宝乐器制造有限公司

关于表彰2011年度中国乐器行业50强、先进集体、优秀人物的决定

中乐协[2012]014号

2011年是全面实施“十二五”规划、贯彻落实党的十七届五中全会精神的一年。这一年，面对复杂多变的国内外政治、经济形势，全国各族人民牢牢抓住科学发展这个主题和加快转变经济发展方式这条主线，实现了“十二五”的良好开端，继续保持了“稳中有升”的良好局面。特别是党的十七届六中全会作出的《中共中央关于深化文化体制改革、推动社会主义文化大发展大繁荣若干重大问题的决定》公布以后，为中国乐器事业注入新的活力，开辟了新的发展前景。

中国乐器协会按照评选规则，根据指标测评和广泛征求意见，做出决定：授予广州珠江钢琴集团股份有限公司等50家企业“2011年度中国乐器行业50强”称号、授予中国乐器协会西管乐器专业委员会等3家单位“先进集体”称号，授予王润培等16名同志“优秀人物”称号。

希望受表彰的单位和个人，戒骄戒躁，再接再厉，为我国乐器行业发展再立新功。同时，希望各企业把握机遇，迎接挑战，以先进为榜样，以表彰为动力，开拓进取，齐心协力，为实现乐器行业的更大进步和发展而不懈奋斗。

中国乐器协会

2012年3月19日

2011年度中国乐器行业50强名单

序号	企业名称	产品类别
1	广州珠江钢琴集团股份有限公司	钢琴
2	北京星海钢琴集团有限公司	钢琴
3	功学社（天津）商贸有限公司	西管乐器、打击乐器
4	上海艾尔克斯乐器音响有限公司	综合
5	河北金音乐器集团有限公司	西管乐器、提琴、吉他
6	美得理电子（深圳）有限公司	电鸣乐器
7	天津市津宝乐器有限公司	西管乐器、打击乐器
8	江苏凤灵乐器集团	提琴、吉他
9	森鹤乐器股份有限公司	材料配件
10	宜昌金宝乐器制造有限公司	钢琴
11	上海民族乐器一厂	民族乐器
12	上海知音琴行有限公司	琴行
13	海伦钢琴股份有限公司	钢琴
14	吟飞科技(江苏)有限公司	电鸣乐器

序号	企业名称	产品类别
15	四会市华声乐器有限公司	吉他
16	杭州嘉德威钢琴有限公司	钢琴
17	南京乐博乐器有限公司	琴行
18	东莞市三基音响科技有限公司	电鸣乐器
19	上海欧亚钢琴乐器有限公司	钢琴
20	武汉艾立卡电子有限公司	电鸣乐器
21	上海玛珂琴业有限公司	钢琴
22	广州红棉吉他有限公司	吉他、提琴
23	江苏奇美乐器有限公司	口琴、口风琴、竖笛
24	河北乐海乐器有限责任公司	民族乐器
25	天津圣迪乐器有限公司	西管乐器
26	成都川雅木业有限公司	材料配件
27	江苏天鹅乐器有限公司	口琴、口风琴、竖笛
28	南京摩德利钢琴有限公司	钢琴
29	河北秦川文体乐器有限公司	琴行
30	北京华东乐器有限公司	提琴、吉他
31	宁波四海琴业有限公司	材料配件
32	浙江天目琴行有限公司	琴行
33	上海奋达乐器有限公司	吉他
34	宁波市北仑乐器配件制造有限公司	材料配件
35	武汉银可可琴行有限责任公司	琴行
36	烟台博斯纳钢琴制造有限公司	钢琴
37	广州市罗曼士乐器制造有限公司	材料配件
38	福州和声钢琴有限公司	钢琴
39	扬州天韵琴筝有限公司	民族乐器
40	四川盛音乐器有限公司	琴行
41	江阴金杯安琪乐器有限公司	手风琴
42	南京新辉琴行有限公司	琴行
43	扬州龙凤琴筝有限公司	民族乐器
44	河北中轻北方乐器有限公司	西管乐器
45	泰兴斯坦特乐器有限公司	提琴
46	扬州开发区金韵乐器厂	民族乐器
47	北京中音新雅科技有限公司	综合
48	天津华韵乐器有限公司	手风琴
49	江苏东方乐器有限公司	口琴
50	河北省怀来锣厂	打击乐器

2011年度中国乐器行业先进集体名单

中国乐器协会西管乐器专业委员会

中国乐器协会琴行分会

北京乐器研究所

2011年度中国乐器行业优秀人物名单

（按姓氏笔画排序）

姓名	单位名称	职务
王国振	上海民族乐器一厂	厂长
王润培	广州珠江钢琴集团股份有限公司	董事长
韦凯元	新跨乐(北京)艺术有限公司	董事长
刘云东	北京华东乐器有限公司	总经理
刘为明	浙江天目琴行有限公司	总经理
刘运斌	天津市津宝乐器有限公司	总经理
宋从甲	河北乐海乐器有限责任公司	总经理
吴天延	宜昌金宝乐器制造有限公司	总经理
张龙贵	江苏奇美乐器有限公司	总经理
陈学孔	河北金音乐器集团有限公司	总经理
陈海伦	海伦钢琴股份有限公司	董事长
李爱群	广东省乐器协会	秘书长
范廷国	吟飞科技(江苏)有限公司	总经理
秦传功	河北秦川文体乐器有限公司	总经理
盛子斐	得理乐器(珠海)有限公司	副总裁
黄苏东	福州和声钢琴有限公司	副总经理

乐器展览

2011中国（上海）国际乐器展览会总结报告

中国（上海）国际乐器展览会组委会

2011年11月

*** 展位供不应求，室内室外展馆面积增至78500平方米，参展商1419家**

*** 国内外顶尖乐器完美展示，企业新品竞相发布**

*** 专业观众质量高，人数达52186名**

*** 优势资源整合，NAMM CMIA行业论坛座无虚席**

*** 华乐国际论坛、全国中小学器乐教学研讨会，共同打造业界交流、音乐教育的平台**

***“爵士上海音乐节”乐展专场、现场演奏，汇聚国内外知名乐手**

由中国乐器协会、上海国际展览中心有限公司和法兰克福展览（香港）有限公司共同主办的2011中国（上海）国际乐器展览会（Music China 2011）于10月14日在上海新国际博览中心圆满闭幕。作为亚太地区最大的音乐盛事，展会自2002年首次在上海举办至今，历经10年岁月，在业内广受赞誉。本届展会规模再创历史新高，增至78500平方米，比2010年增长12%。来自世界各地的供应商、经销商、专业买家、音乐家及教育家汇聚一堂，共襄盛举。财政部文资办主任王家新、文化部产业司巡视员李小磊、中国轻工业联合会副会长王世成等有关领导莅临展会现场指导，并给予展会很高的评价。

一、展商概况

今年展会汇聚了来自中国、德国、法国、英国、美国、芬兰、丹麦、捷克、加拿大、意大利、澳大利亚、奥地利、俄罗斯、挪威、荷兰、比利时、西班牙、瑞士、斯洛伐克、波兰、日本、韩国、新加坡、印度、瑞典等25个国家、中国香港及中国台湾地区的1419家企业参展，比2010年增长11%。值得一提的是，展会恰逢十周年之际，迎来了捷克、德国、意大利、西班牙、斯堪的纳维亚、中国台湾等10个国家及地区展团，可谓是十全十美，再一次刷新了展团参展数的纪录。

本届展会一如既往地获得了广大国内外知名乐器企业和品牌的参与和支持，汇聚了如珠江（Pearl River）、雅马哈（Yamaha）、上海超拨（AXL）、功学社（KHS）、Peavey、罗兰（Roland）、北京星海（Hsinghai）、施坦威（Steinway）、卡瓦依（Kawai）、天津英昌（Youngchang）、敦煌（Dun huang）、柏斯琴行（Parsons）、知音琴行（Best Friend）、泰兴凤灵（Feng Ling）、河北金音（Jin Yin）、天津津宝（Jin Bao）、深圳美得理（Medeli）等国内外知名品牌和厂商，各企业竞相展示了钢琴、键盘乐器、打击乐器、电声乐器、民族乐器、弦乐器、管乐器、乐谱、图书等各类音乐产品以及乐器配件和与音乐相关的设备、材料、电脑器件等延伸产品，上演了百家争“鸣”的音乐盛会。

二、观众概况

为期4天的展会共吸引了来自中国、韩国、美国、日本、德国、马来西亚、澳大利亚以及中国台湾、中国香港等97个国家和地区的52186名海内外观众，比2010年增加了9%。虽然欧美经济处于缓慢复苏和不确定因素增多，对海外乐器市场带来不利影响，但今年展会的海外观众人数并未减少，与去年基本持平，共计3585人；国内观众汇聚了全国各大琴行、音乐院校、文艺团体等高质量的买家群体，展会的专业性得到了广大参展企业的认可。

今年恰逢展会十周年庆典，展会继续加强了对国内专业观众的组织和推广，借助十周年的东风使得展会的观众质量再上一个台阶。展会举办了一系列高质量、有针对性的论坛、会议和培训课程等活动，以此来吸引更多专业观众的广泛参与，使观众在参观展会的同时，收获更多行业信息，开拓经营思路。全新的NAMM & CMIA行业论坛、NAMM大学“如何操作”培训课程、第二届华乐国际论坛、全国中小学器乐教学研讨会等，和去年相比，这些活动在选题、邀请嘉宾、影响力等方面都有了很大提高，从而也吸引了更多的核心观众。另外，今年在专业观众推广的地域方面也有了很大拓展，从以上海为中心有针对性地扩充了更多二三线城市乐团、音乐类学校、相关协会等，以收集更多专业观众数据，并在展前进行集中推广。此外，今年展会继续利用手机短信、电子邮件和微博等新兴通讯方式推广展会及活动信息，和去年相比，更加系统化、规范化、高效化。

观众数据分析

观众感兴趣的产品

民族乐器	43%
铜管、木管乐器	37%
钢琴及键盘	30%
弦乐器	29%
乐器配件	25%
电声乐器	24%
打击乐器	23%
乐谱	20%
音乐相关电脑硬件软件	11%
协会/媒体	6%
其他	3%

民族乐器、木管和铜管乐器、钢琴依然是观众最为感兴趣产品。

观众业务性质

零售/批发	22%
音乐类院校及音乐培训机构	15%
文艺团体	14%
制造商	13%
青少年活动中心/幼儿园/中小学/大学	12%
进出口/代理	11%
媒体	2%
协会	2%
其他	9%

零售、批发商、文艺团体、培训机构、音乐类院校、制造商占了观众比例的64%，观众的专业化程度较强。

参观目的

看样订货	33%
参加会议论坛	19%
收集市场和产品信息	24%
观看现场表演	26%
寻求合作伙伴	14%
比较不同产品/供货商/同行竞争者	10%
联络固有的供应商和销售商	10%

观众参观上海乐器展除了看样订货、收集市场和产品信息外，专业性会议或论坛也成为了业内人士广泛关注、积极参与的焦点。

展商及观众评价

今年的展会效果也得到了参展企业和业内人士的一致肯定。据现场调查数据显示：93%的展商对现场订单表示满意；96%的展商通过展会建立了新的业务关系；90%的展商表示会继续参加明年的展会；95%的展商对观众质量表示满意；90%的展商对观众数量予以肯定。

三、同期活动

丰富的展会同期活动一直是上海乐器展的一大亮点，今年展会主办方总结了往年的经验，结合市场需求，策划了多个同期活动，让展商和观众都能各获所需，不虚此行。

讲座与论坛

上海乐器展十周年欢迎晚宴：10月11日，主办方在素有上海艺术地标之称的喜玛拉雅酒店隆重举办了上海乐器展十周年庆祝晚宴，以答谢行业内外各界人士对于展会的支持与帮助。当晚，来自政府部门、海内外合作机构、行业组织、音乐院校、文艺院团、媒体以及连续十年参展的企业代表共约350人参加了宴会。来宾们在高雅的艺术和温馨的氛围中共同庆祝展会的十岁生日。期间，主办方向中外8家机构代表颁发了“友谊合作奖”，以表达诚挚谢意，他们分别是：中国教育学会音乐教育分会、中国交响乐发展基金会、中国民族管弦乐学会、中国管乐学会以及德、英、意、法四国的国家乐器行业协会。同时，主办方还为美国国际音乐制品协会（NAMM）颁发了“特别贡献奖”。

NAMM CMIA行业论坛：本次活动，是在中国乐器协会（CMIA）和美国国际音乐制品协会(NAMM)中美两大行业组织的精心组织下，将往年的NAMM主题论坛、CMIA琴行论坛以及上海乐器展高层研讨会三大论坛的行业优势资源进行整合，多方着力打造的一次高端盛会。会场座无虚席，现场观众达200多位。根据现场调研显示，85%的听众对本次论坛总体评价满意，并认为对自身业务的发展有积极的促进作用。

NAMM大学课程：今年的8节培训课程，邀请到6位国内、2位海外知名乐器企业的管理者现场授课解疑，共计吸引1390位行业从业人员到场。其中有4节课程的听众人数均超过200位，其余4节也分别有上百位听众。听众热情高涨，甚至需要场外排队等候依次入场。根据现场调研显示，约8成的听众对本次论坛总体评价满意，并认为对自身业务的发展有积极的促进作用。

第二届华乐国际论坛：本届论坛，在活动早期就获得了上海音乐学院、中国音协琵琶专业委员会以及古筝专业委员会、上海艺教委等多家单位和专家学者的大力支持和广泛参与。因此，本届论坛在前期策划与筹备、专业性与参与度方面较首届有了长足的进步。此次论坛内容丰富多样，设有主题论坛以及琵琶、古筝、古琴三场名家讲坛，共计吸引了730余位听众。尤其以古筝讲坛最受欢迎，可容纳220人的会场座无虚席。名家与听众现场讨论非常热烈，氛围开放活泼，互动性突出。更值得一提的是，名家的观点阐述与演示演出相辅相成，极好地展现了民族乐器和民乐大师的风采。经调研，九成以上的听众给予论坛高度评价，认为其立意深刻、内容精彩，彰显了大家风范。

全国中小学器乐教学研讨会：本次活动是在参与者一片满意声中落幕。主办方（展会组委会和中国教育学会音乐教育分会）和承办方（上海市教委教研室）最终顺利地把这个全国性的大规模活动举办下来。三天活动共吸引到全国近800名中小学负责器乐教学的老师前来上海听课学习，同时也扩大了上海乐器展在音乐教育界的知名度。参会老师们都对乐器展表示了浓厚兴趣，同时也认为研讨会能作为乐器展的同期活动更具有吸引力。

中国音协管乐学会地区分会会长会议：本次会议邀请到了中国管乐学会的于海主席、五位副主席，以及江苏、浙江、安徽、山东、河北、湖南、陕西、云南、广东、香港、大连、深圳等地以及公安部文联的管乐学会会长及秘书长，共计20位管乐领域专家齐集展会现场，不啻为中国管乐界的又一次聚会，对展会的管乐器展览也起到了良好的促进作用。

厘米古典音乐演出季评选（上海）颁奖仪式：本次颁奖仪式从330场古典音乐类演出中选出的6个音乐体裁的14个奖项，基本上反映了世博年和后世博期间蓬勃的演出市场。来自上海音乐家协会、上海音乐学院、上海大剧院、上海东方艺术中心、上海音乐厅、上海交响乐团、上海中演公司、上海音乐出版社、吴氏策划公司等演出单位和音乐相关机构的四十多名代表汇集一堂。

2011上海乐器展音频制作大师班：本次大师班邀请到了业内权威人士作为讲师现场授课，包括著名音乐制作人彭飞主讲的《音乐制作》、格莱美录音奖获得者陆晓幸的《混音艺术》、华人录音大师胡桃源的《录音艺术》、香港著名音乐制作人古驰的《流行音乐制作》。其权威性与专业性获得了参与学员的高度认可，也加深了展会在音乐制作领域的参与力度。

音乐表演和互动体验活动

音乐缤纷季——现场演奏会：现场演奏会的两

个舞台在展期共有31场演出，众多乐器知名品牌形象代言人、明星乐手齐聚，号称世界脚功第一的鼓手Virgil Donati为大家带来的鼓乐盛宴以及CLEVAN磊落不凡-陈磊演出专场等。在为期4天的展会上，他们充分展现了电声、打击乐、民乐、吉他等十八般乐器，带来古典、摇滚、爵士等不同艺术风格的音乐演出，让亲临现场者零距离感受音乐的魅力。

“2011爵士上海音乐节”乐器展专场：上海乐器展与国内最大的爵士节——爵士上海音乐节组委会首次合作，携手为广大乐迷朋友送上了13场专业演出以及3场爵士史讲座。众多知名爵士乐手倾情表演，如以著名吉他手顾忠山领衔的上海爵士乐坛标志性乐队“红节奏”、中国最出色的拉丁爵士演奏乐团——JZ拉丁大乐队、荣获美国埃尔姆赫斯特爵士音乐节杰出钢琴家奖及美国官方颁发的优秀爵士音乐家荣誉的肖恩－希金斯等。

齐鼓乐：每年展会现场的齐鼓乐活动都会引得过往观众纷纷驻足，踊跃参与。鼓乐能带动心灵、缔造快乐，不管是专业的音乐人，或者是所谓的乐盲，都可以在此共同敲击各类打击乐器，“玩”出节奏与旋律，在身体随着鼓乐的节奏轻轻律动的过程中，生活或工作中的压力会不知不觉消失，这就是音乐的魅力，鼓乐的魔力。

四、媒体推广综述

专业媒体方面：展会上，共有15家杂志和11家网站，今年新增了《音乐爱好者》、《上海一周》和MIDI FAN三家媒体。在展前、展中及展后对展会进行跟踪报导。宣传效果也达到了预期的设想，加强了在古典音乐、数字音乐方面的宣传力度。另外，展会的新闻发布也更具针对性，除了发布展会综合性新闻，各个活动的新闻和背景介绍等资料，也根据不同杂志、网站的特性，分门别类的配合展会整体的宣传，取得了非常好的效果。随着电子化的日益发展，展会通过各相关媒体渠道的推广，加强了展会信息的实时性，让所有关注展会的业界人士和音乐爱好者可以第一时间获取展会及相关的活动信息。

公众媒体方面：此次展会在电视栏目方面选择了在9个电视频道、14个电视栏目、8个电台频率、14个广播栏目、8家点击率较高的门户网站进行宣传，继续力邀上海娱乐频道、艺术人文频道、时尚频道和外语频道各大相关重要栏目的到场拍摄，扩大在高端人群中的影响力。同时，还邀请了高收视率的上海地方卫视对展会进行宣传，扩大展会知名度。栏目选择上兼顾了拥有较高收视率的“新闻栏目”和年轻一族喜爱的音乐娱乐和时尚类栏目，达到了宣传效果。电台报道方面，选择了8个电台频率，14个广播栏目进行宣传。根据展会特点，选择上海东方广播电台音乐频率为主要宣传的广播频率。在为期20天的宣传期中，硬性广告的滚动播放和软性报道相结合，有展会广告的滚动播出，也有各栏目的软性报道和展会现场的实况报道，并在展前进行人物专访，多种宣传形式相互配合，共同提高了电台宣传的效果。同时，再次在江、浙两省的电台上进行宣传，扩大展会在长江三角洲的影响力。

平面媒体宣传方面：采用了硬性广告、软性广告、新闻报道三种方式相结合。宣传以上海为中心，兼顾江浙两省、北京、广州、香港等地。其中，新闻晚报、天天新报、青年报、都市周报等都对展会进行了较大篇幅的报道。同时也继续采用报纸夹送门票方式，选择了新民晚报、新闻晨报、东方早报、申江服务导报等沪上知名报刊，扩大在上海的宣传范围。与此同时，在8家网站上进行宣传，以点击率较高的门户网站为主，宣传效果较好，尤其是新华社、搜狐网和中新社的报道，提高了展会的知名度。展会的官方微博更是与广大展商和业内人士直接交流的良好平台，时时发布展会相关消息，使所有关注展会的人们都能及时全面地了解展会情况。

另外，今年主办方采用的户外宣传媒介是人流量聚集的地铁视频，覆盖上海12条地铁线路沿线全部站台和车厢内视频广告，针对性强，扩大了展会的影响力，提升了人们对展会的知晓度。

各地媒体报道一览表

报纸	
上海	文汇报
	新民晚报
	天天新报
	新闻晚报
	东方早报
	青年报
	劳动报
	申江服务导报
	生活周刊
	外滩画报
	周末画报
	上海壹周
	上海商报
	Shanghai Daily
	时代报
	国际商报
	上海电视
北京	中国文化报
	精品购物指南
	北京娱乐信报
广东	广州日报
	羊城晚报
	新快报
	信息时报
	南方日报
	南方都市报
	深圳商报
	深圳晚报
	深圳特区报
	广东文化参考报
	佛山日报
	民营经济报
	广东科技报
	亚太经济时报
	中国工业报
香港	香港大公报
	香港文化报
江苏	扬子晚报
江苏	周末
浙江	钱江晚报
	都市周报
电视	
上海	新闻综合频道《上海早晨》
	新闻综合频道《新闻坊》
	艺术人文频道《新青年》
	新娱乐频道《上海榜样》
	ICS外语频道《City Beat》
	ICS外语频道《Cool Edition》
	生活时尚频道《今日印象》
	教育频道《新闻报道》
湖南	湖南卫视
北京	北京卫视
浙江	浙江电视台
电台	
上海	101.7《音乐万花筒》
	101.7《中文金曲馆》
	101.7《娱乐在线》
	103.7《音乐零负担》
	103.7《音乐随心听》
	103.7《娱乐正当时》
	990《新闻报道》
	94.7《民乐逍遥乐》
	94.7《音乐下午茶》
	94.7《永恒经典》
江苏	南京音乐台
	南京新闻台
浙江	杭州音乐台
	杭州交通台
网站	
北京	新华网
	新浪网
	网易
	中国新闻网
	腾讯网
上海	东方网
	上海热线

五、展会服务

为更好地服务展商和观众，每年展会后主办方都会汇总各方的建议和意见，总结经验和不足，并及时采取改进措施。就往年反应比较集中的一些问题，在主办方与场馆等各方面进行多次沟通协调之后，今年都有了明显的改观。

1、往年展馆外时常会有小商贩乱设摊的现象，今年主办方多次与场馆方提出，并积极联系城管，要求其出面协调，取得了一定的效果，今年展馆外的乱设摊现象大大减少。

2、展馆内的噪音问题也是广大参展企业反应较多的问题之一，除了事先收集现场表演的企业信息，将表演时间段和表演位置错开外，今年三方主办单位的领导组成了特别音控小组，多次开会沟通，提前告知往年投诉较多的企业，现场亲力亲为，从而使得今年的噪音问题有了明显的改善。

3、由于展会展商观众人数众多，就餐难也是主办方最为关心的问题之一。今年场馆内及W5馆外嘉里中心都新增了中西餐等风格不同的餐饮区域。同时，主办方也在室外展区的中心地带搭建了两个餐饮蓬房，供应简餐，以提供给广大企业和现场观众更多的餐饮选择。

4、由于展馆内并无WIFI设施，部分展商和观众提出上网不方便，对此主办方在W2及E2馆通向室外广场的连接入口内搭设了免费上网区，提供网络和笔记本电脑，更好地满足展商和观众的需求。

5、对于场馆审图等方面的新规定，我们也及时使用了邮件、短信、传真等多种方式通知展商，并电话一一通知，保证了重要信息有效迅速地传达。

今后我们也将一如既往地为展商和观众营造更好的参展和观展环境，对于今年反映较多的场馆保安、厕所卫生、物品遗失等问题，我们也将有针对性地与场馆及其相关部门提出，并采取切实有效的措施加以改善。

总体来讲，主办方的服务得到了参展企业的广泛认可，97%的展商对主办方展前工作持满意态度，96%的展商对主办方现场服务予以肯定。与此同时，我们也真诚地希望聆听来自各方的意见和建议，不断提高和完善展会各方面的服务。

六、展望未来

令人翘首以盼的第十届上海乐器展已落下帷幕，在此我们衷心感谢一直以来给予我们关心和指导的各方领导及合作伙伴，感谢长久以来支持和理解我们的参展企业，感谢始终关注我们的广大热心观众及朋友们，正是有了你们的参与和肯定，上海乐器展会才能成为备受瞩目的业界盛会，才有今天的辉煌。

2012年，上海乐器展即将迈向崭新的发展阶段，在完善展会商贸功能的同时，主办方也将致力于提高展会的各项服务，加强展会的专业性和国际性，塑造音乐教育、文化演艺的平台功能，开展多形式、多方位的展会活动，拓展更多高质量的观众群体，打造一年一度的国际性顶级音乐盛典。

2011中国(上海)国际乐器展览会数据分析

中国乐器协会信息部

展会规模

展会面积78500平方米，比2010年展会增长12.14%，是2002第一届展会的5.23倍。

参展商数量

参展商数量1419家，比上届增长11.38%，是第一届展会的5.18倍，其中国内参展商1062家，比上届展会增长9.6%，是第一届展会的6倍。国外及港澳台地区参展商357家，比上届增长17%，是第一届展会的3.68倍。

国内参展商地区分布

国内参展商主要来自：华东地区455家，比上届增长6.06%，占国内参展商的42.8%；华北地区336家，比上届增长8.74%，占31.60%；中南地区233家，比上届增长24.60%，占21.90%；东北地区23家，比上届减少25.8%，占2.17%；西南地区12家，比上届增长33.33%，占1.13%；西北地区3家，与上届持平，占0.28%。

国内参展商来自25个省市。参展商最多的省市为广东195家，江苏168家，北京163家，上海107家，天津97家。参展商增长幅度较大的省市是四川、河南、黑龙江、广东、浙江，与上届相比，分别增长200%、112.5%、100%、29.38%、21.43%。辽宁、江西、湖南、吉林等省市的参展商分别比上届减少21.74%、25%、25%、83.33%。华北、华东和中南地区，参展商共计1024家，比上届增长17.60%，占国内参展商的96.88%。西部和东北地区有35家企业参展，比上届有所减少，仅占3.11%，国内参展商向东部沿海地区更加集中。

海外参展商地区分布

本届乐器展览会共有来自国外及港澳台26个国家和地区的参展商357家，占全部参展商的25.16%，比上届增长17%，占全部参展商的比例上升1.2%。

海外参展商来自欧洲、亚洲、北美洲和大洋洲，非洲和南美洲没有参展商。欧洲参展商183家，比上届增长10.90%，占海外参展商的58.65%；亚洲参展商101家，比上届减少9%，占32.37%；北美洲参展商25家，比上届减少7.4%，占8%；大洋洲的澳大利亚有5家企业参展，比上届增加了3家。意大利、德国、中国台湾、法国、美国参展商数量位于海外参展商的前五位，在26个参展国家和地区中，有15个国家和地区参展商数量超过或与上届持平，其中比利时、俄罗斯、新加坡、斯洛伐克参展商数量有所上升，比利时上届只有1家企业参展，本届展会有8家企业参展，波兰今年首次参加展览。印尼上届有企业参展，本届展会没有企业参展。

参展产品类别划分

2011上海乐器展，在总计1419家参展商中，西乐器参展商达到628家，比上届增长9.79%，占参展商总数的47.63%；中乐器183家，比上届增长7.01%，占12.75%；乐器零配件346家，比上届增长11.62%，占24.11%；乐器销售商140家，比上届增长34.61%；音乐出版商40家，其中国内出版商5家，国外出版商中比利时7家，英国3家，荷兰8家，德国7家，美国2家；波兰、挪威、瑞典、中国香港、新加坡、意大利各1家。

按乐器类别划分，在811家乐器参展商中，提琴、手风琴、钢琴、民族乐器和西管乐器产品参展商数量均比上届展会有所增长，提琴参展商比上届增长41.30%，手风琴参展商增加36.36%。而电声乐器、吉他、打击乐器、口琴等参展商有所减少。

参展乐器类别地区分布

钢琴参展商76家，来自海外7个国家和地区的12家企业，比上届增加了3家企业，主要有德国5家，澳大利亚、俄罗斯、意大利、英国、捷克、中国香港、中国台湾各1家；国内64家企业参展，比上届多了9家，其中：上海27家，浙江9家，辽宁8家，广东5家，北京4家，山东3家，江苏、湖北、福建各2

家；天津、安徽各1家。

西管乐器参展商101家，来自海外9个国家和地区的37家企业参展，主要是中国台湾14家、美国6家、法国5家、意大利、英国各3家、捷克、日本各2家、德国、韩国各1家；国内参展商64家，其中天津19家、河北17家、山东13家、北京9家。

提琴参展商195家，来自海外14个国家和地区的58家企业，主要有意大利17家、法国9家、西班牙6家、美国4家、中国香港3家、中国台湾、日本、捷克各2家；英国、印度、新加坡、斯洛伐克、奥地利各1家。国内参展商137家，其中北京74家、江苏27家、上海15家、广东6家、河北4家、天津3家、辽宁2家、河南、黑龙江、江西、山东、四川、重庆各1家。

吉他参展商110家，来自海外9个国家和地区的16家企业参展，比上届下降63.63%；主要有西班牙6家、韩国、意大利各2家、英国、新加坡、德国、美国、中国香港、中国台湾各1家；国内展商94家，比上届增长了22%，主要来自广东，有67家参展，占国内吉他参展商的71.27%，比上届增长59.52%。

民族乐器有182家企业参展，来自国内16个省市，其中：江苏60家、浙江30家、天津20家、河北18家、上海14家、山东10家，这些省市的民族乐器参展商占全部民族乐器参展商的83.51%。

乐器配件参展商346家，有来自海外13个国家和地区的71家企业，比上届少了6家，主要是德国16家、韩国14家、法国9家、日本9家、美国8家、中国台湾4家、奥地利、捷克、斯洛伐克、西班牙各2家，澳大利亚、俄罗斯、瑞典各1家。国内乐器配件参展商261家，其中：江苏62家、广东59家、北京29家、河北24家、浙江20家、山东19家、天津17家、上海12家。

乐器相关产品参展商分布

乐器相关产品主要指仪器仪表、化工油漆、五金材料、专用机械等产品，本届上海乐器展共计有52家企业参展，比上届增长67.74%。海外有7个国家和地区的10家企业参展，其中包括以生产接口、录音软件、录音棚等电脑影像器材产品的德国易事爱公司，有专业生产木材涂料，包括重型涂层、工业涂料和各类型树脂涂料的韩国京都化学工业株式会社（第4次参展）。国内有42家企业参展，比上届增长75%，其中北京精雕科技有限公司再次参展，展示西管乐器打孔数控机械；还有上海网音文化发展有限公司生产的声学扩散体，室内声学装饰系统；奥林巴斯（上海）映像销售有限公司生产的奥林巴斯数码录音笔、数码相机及相关配件也都在本次展会亮相。

乐器相关单位参展商服务性质分布

乐器相关单位参展商主要指乐器经营及从事音乐教育、宣传媒体、音像资料、音乐书刊以及中介组织等单位。本届上海乐器展有155家单位参展，比上届下降17.9%，其中海外有72家单位参展；从事音乐贸易和经营的公司、琴行有140家企业，包括来自海外24家，国内116家，其中：上海31家、天津24家、广东17家、北京19家；从事音乐教育单位有8家，北京龙羽时代科技有限公司的音乐电子示教板、五线谱教学板和新跨乐（北京）艺术有限公司的我可乐·钢琴客户终端软件、数字灵感钢琴系列教材、数字灵感钢琴系列曲谱集比较突出。宣传媒体24家，中介组织12家，其中，中国音协管乐学会、由法兰克福展览公司与美国NAMM共同主办的俄罗斯国际乐器及音乐贸易展览会、荷兰音乐出版商协会、来自克雷莫纳（Cremona）及周边区域的61名制琴师会员组成的意大利提琴制作师协会都来参加今年的展会。

观众情况

为期4天的2011上海国际乐器展共吸引了来自97个国家和地区的52186名海内外观众参观，比2010年增加8.6%。其中，国内观众48601人，同比增长9.29%，上海本地观众26662人，占国内观众的52%，其他省市观众21451人，占国内观众的41%；

海外观众3585人，同比增长0.2%，占整个观众人数6.87%，比上届减少0.57%。其中来自亚洲2456人、欧洲505人、北美洲289人、南美洲173人、大洋洲106人、非洲56人。观众超过100人以上的国家和地区分别是韩国495人、日本483人、中国台湾440人、中国香港320人、美国248人、马来西亚192人、泰国119人。

历届中国（上海）国际乐器展览会数据分析

2002～2011年历届上海乐器展基本情况

	2002年	2003年	2004年	2005年	2006年	2007年	2008年	2009年	2010年	2011年
展览会总面积（平方米）	15000	26000	30000	40000	60000	60000	65000	65000	70000	78500
参展国家和地区数量（个）	14	15	18	19	24	22	22	23	27	27
参展商总数（家）	274	419	619	756	999	1019	1112	1171	1274	1419
国内参展商数量（家）	177	317	437	554	747	761	861	898	969	1062
海外参展商数量（家）	97	102	182	202	252	258	251	273	305	357

2002～2011年历届上海乐器展总面积

（单位：平方米）

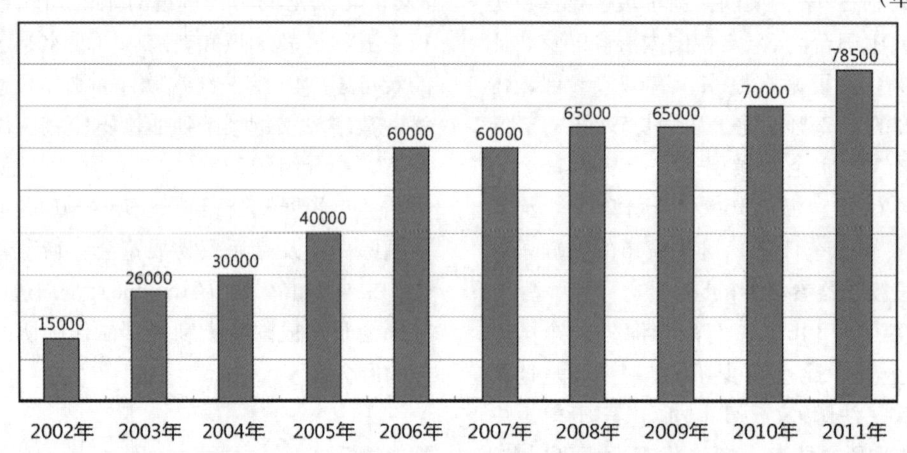

2002与2011年中国（上海）国际乐器展参展商数量

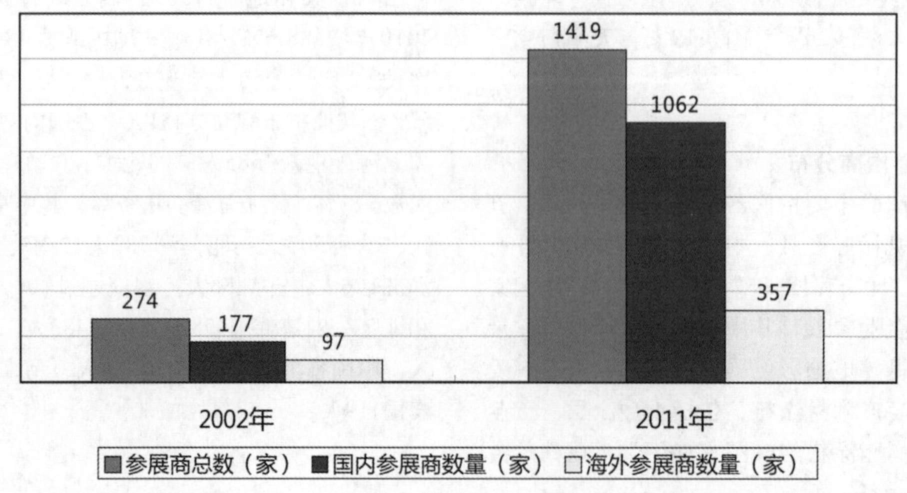

2002、2011年上海乐器展海外参展商地区分布图

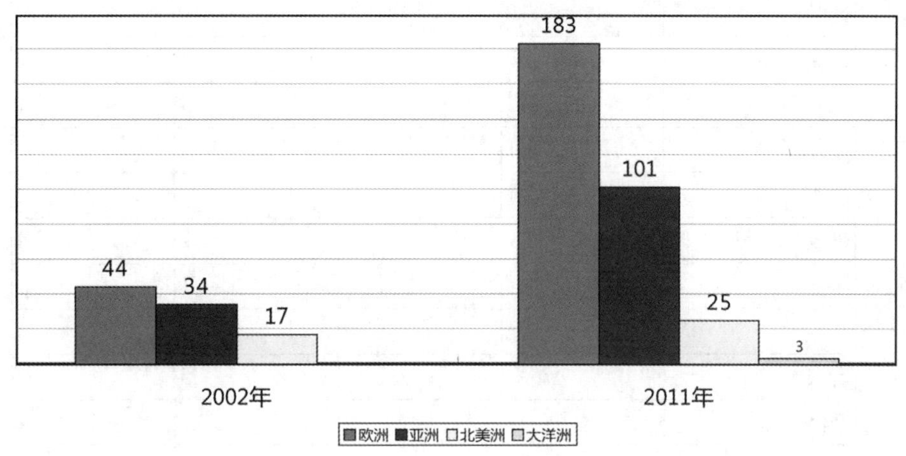

2007～2011年历届上海乐器展海外参展商国家和地区分布

（单位：家）

序号	洲别	国家（地区）	2007年	2008年	2009年	2010年	2011年
1	亚洲	中国台湾	26	24	27	36	37
2		韩国	24	24	27	31	21
3		中国香港	10	9	15	20	19
4		日本	8	9	12	18	18
5		印度	2	2	2	1	1
6		马来西亚	1	/	/	/	/
7		泰国	1	2	/	1	/
8		土耳其	1	/	/	/	/
9		印度尼西亚	/	1	1	1	/
10		新加坡	/	1	/	3	5
		合计	73	72	84	111	101
11	欧洲	德国	39	41	36	44	42
12		法国	27	24	30	27	26
13		西班牙	19	18	13	13	14
14		英国	16	17	25	16	14
15		意大利	13	29	30	32	44

序号	洲别	国家（地区）	2007年	2008年	2009年	2010年	2011年
16	欧洲	奥地利	11	5	1	3	4
17		荷兰	10	10	10	10	9
18		捷克	7	12	11	9	9
19		比利时	2	/	/	1	8
20		塞尔维亚	1	/	/	/	/
21		瑞士	1	1	/	1	1
22		丹麦	/	2	2	2	1
23		冰岛	/	/	1	/	/
24		芬兰	/	/	2	3	1
25		瑞典	/	/	5	/	2
26		斯洛伐克	/	/	1	2	3
27		挪威	/	/	1	1	1
28		俄罗斯	/	/	/	1	3
29		波兰	/	/	/	/	1
		合计	146	159	168	165	183
30	大洋洲	澳大利亚	3	2	2	2	5
31	北美洲	美国	36	16	17	25	23
32		加拿大	/	2	2	2	2
		合计	36	18	19	27	25
总计			258	251	273	305	357

2002与2011年上海乐器展国内参展商地区分布图

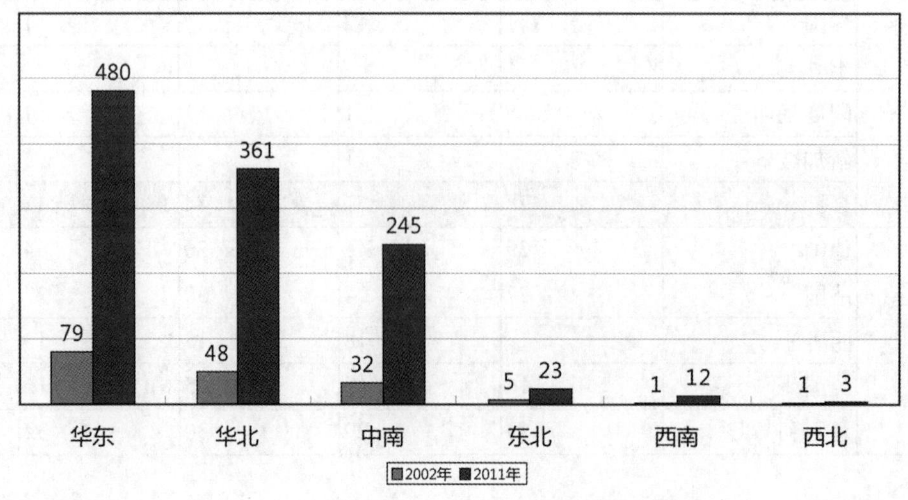

2002～2011年历届上海乐器展国内参展商地区（省、直辖市）分布

序号	大区	省(直辖市)	2002年	2003年	2004年	2005年	2006年	2007年	2008年	2009年	2010年	2011年
1	东北	辽宁	3	6	11	16	16	13	10	9	23	18
2		黑龙江	2	3	2	3	5	5	5	6	2	4
3		吉林	/	2	1	2	1	3	2	3	6	1
4	华北	北京	18	38	58	71	112	118	132	136	153	163
5		天津	20	35	48	52	70	73	85	93	92	97
6		河北	10	18	30	38	51	45	59	63	63	73
7		山西	/	/	/	/	/	2	2	1	/	2
8		内蒙古	/	/	/	/	/	1	1	1	1	1
9	华东	江苏	24	61	74	86	117	116	140	136	161	168
10		上海	38	59	85	96	82	88	90	87	104	107
11		浙江	7	21	25	49	73	62	64	69	70	85
12		山东	5	8	18	20	31	47	51	70	71	71
13		福建	4	3	5	7	11	12	16	16	17	19
14		江西	1	1	1	2	1	4	2	3	4	3
15		安徽	/	/	2	1	/	1	1	1	2	2
16	西北	陕西	1	1	1	1	2	2	1	1	2	2
17		宁夏	/	1	1	1	1	1	/	/	/	/
18		甘肃	/	1	1	/	/	/	/	/	1	1
19	西南	云南	/	/	4	5	6	9	8	7	7	8
20		重庆	/	/	/	/	/	3	3	1	1	1
21		四川	1	/	1	3	1	1	1	2	1	3
22		贵州	/	/	/	1	/	/	1	/	/	/
23	中南	湖北	5	5	10	9	14	16	12	15	15	16
24		广东	26	50	62	85	113	124	122	167	160	195
25		河南	1	3	3	2	7	11	8	9	8	17
26		湖南	/	1	/	/	3	3	3	2	4	3
27		广西	/	/	/	/	/	/	1	/	/	2
总计			166	315	441	549	716	759	820	898	989	1062

2002与2011年上海乐器展参展商类别分布图

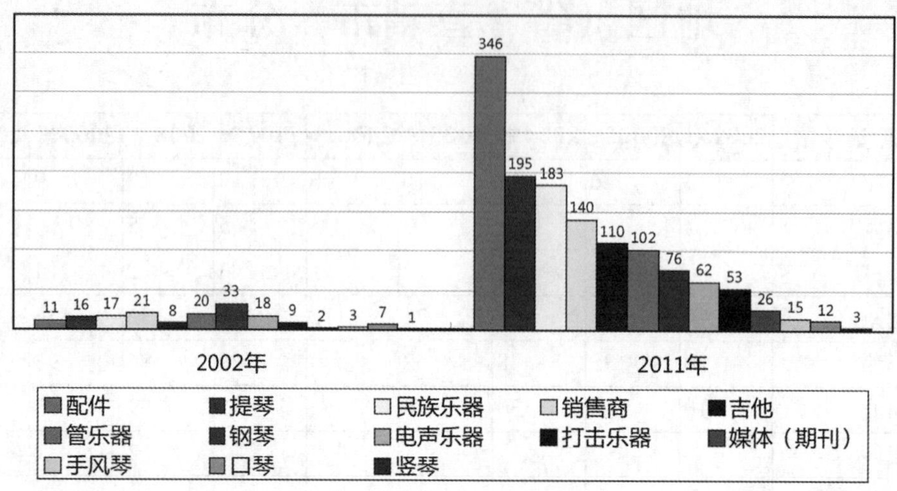

2002～2011年上海乐器展参展商产品类别分布

序号	产品与业务类别	2002年	2003年	2004年	2005年	2006年	2007年	2008年	2009年	2010年	2011年
1	民族乐器	17	39	54	87	99	123	127	140	171	182
2	提琴	16	43	73	107	109	101	138	144	138	195
3	吉他	8	21	25	80	69	85	90	105	123	110
4	管乐器	20	27	36	62	66	60	78	89	100	101
5	钢琴	33	46	52	79	66	54	57	72	64	76
6	电声乐器	18	24	39	30	56	42	59	58	63	62
7	打击乐器	9	15	25	29	34	32	38	42	63	53
8	口琴	7	9	8	7	6	7	9	11	16	12
9	手风琴	3	4	8	15	17	9	9	11	11	15
10	竖琴	1	2	3	1	5	4	5	3	4	3
11	配件	11	36	46	181	214	240	300	299	310	346
12	销售商	21	42	63	20	118	99	106	69	104	140
13	媒体（期刊）	2	9	11	14	9	27	39	79	64	26

2004～2011年历届上海乐器展海外观众来自国家和地区

洲别	国家或地区	2004年		2005年		2006年		2007年		2008年		2009年		2010年		2011	
		人次	比例	人次	比例	人次	比例	人次	比例	人次	比例	人次	比例	人次	比例	人数	比例
亚洲	韩国	220	11.29	235	10.17	282	13.83	486	17.2	387	14.74	316	12.65	473	13.22	495	13.81
	日本	180	9.24	187	8.09	225	11.03	256	9.06	275	10.47	205	8.21	308	8.61	483	13.47
	中国台湾	314	16.11	347	15.02	251	12.31	314	11.11	305	11.61	282	11.29	384	10.73	440	12.27
	中国香港	171	8.77	169	7.31	175	8.58	241	8.53	252	9.60	220	8.81	366	10.23	320	8.93
	马来西亚	62	3.18	102	4.41	63	3.09	67	2.37	79	3.01	109	4.36	150	4.19	192	5.36
	泰国	46	2.36	59	2.55	61	2.99	87	3.08	79	3.01	90	3.60	163	4.56	119	3.32
	新加坡	82	4.21	91	3.94	79	3.87	95	3.36	95	3.62	98	3.92	144	4.02	74	2.06
	印度	24	1.23	20	0.87	22	1.08	53	1.88	32	1.22	36	1.44	54	1.51	58	1.62
	印度尼西亚	30	1.54	41	1.77	38	1.86	55	1.95	38	1.45	57	2.28	55	1.54	56	1.56
	伊朗	23	1.18	32	1.38	14	0.69	34	1.2	30	1.14	22	0.88	37	1.03	52	1.45
	菲律宾	/	/	/	/	30	1.47	32	1.13	43	1.64	30	1.20	29	0.81	34	0.95
	中国澳门	/	/	/	/	1	0.05	11	0.39	8	0.30	10	0.40	24	0.67	31	0.86
	阿联酋	/	/	/	/	13	0.64	16	0.57	15	0.57	8	0.32	3	0.08	17	0.47
	越南	/	/	/	/	4	0.2	8	0.28	3	0.11	10	0.40	14	0.39	16	0.45
	黎巴嫩	/	/	/	/	2	0.1	7	0.25	3	0.11	3	0.12	5	0.14	9	0.25
	以色列	/	/	/	/	/	/	9	0.32	4	0.15	8	0.32	5	0.14	7	0.20
	斯里兰卡	/	/	/	/	13	0.64	1	0.04	4	0.15	2	0.08	/	/	7	0.20
	阿富汗	/	/	/	/	/	/	/	/	/	/	6	0.24	/	/	5	0.14
	叙利亚	/	/	/	/	4	0.2	7	0.25	1	0.04	3	0.12	5	0.14	5	0.14
	格鲁吉亚	/	/	/	/	/	/	/	/	/	/	1	0.04	/	/	4	0.11
	约旦	/	/	/	/	/	/	1	0.04	5	0.19	/	/	3	0.08	4	0.11
	缅甸	/	/	/	/	2	0.1	1	0.04	2	0.08	/	/	2	0.06	4	0.11
	伊拉克	/	/	/	/	/	/	/	/	/	/	/	/	/	/	3	0.08
	文莱	/	/	/	/	/	/	1	0.04	3	0.11	/	/	2	0.06	2	0.06
	朝鲜	/	/	/	/	/	/	/	/	/	/	/	/	/	/	2	0.06
	蒙古	/	/	/	/	/	/	/	/	/	/	/	/	2	0.06	2	0.06
	阿曼	/	/	/	/	/	/	/	/	/	/	/	/	1	0.03	2	0.06
	巴基斯坦	3	0.15	2	0.09	1	0.05	1	0.04	2	0.08	2	0.08	2	0.06	2	0.06
	沙特阿拉伯	/	/	/	/	/	/	3	0.11	2	0.08	3	0.12	2	0.06	2	0.06
	阿塞拜疆	/	/	/	/	/	/	/	/	/	/	/	/	/	/	1	0.02
	巴林	/	/	/	/	/	/	/	/	/	/	/	/	1	0.03	1	0.02
	孟加拉国	/	/	/	/	3	0.15	/	/	2	0.08	1	0.04	1	0.03	1	0.02
	柬埔寨	/	/	/	/	/	/	/	/	/	/	/	/	/	/	1	0.02

洲别	国家或地区	2004年		2005年		2006年		2007年		2008年		2009年		2010年		2011	
		人次	比例	人次	比例	人次	比例	人次	比例	人次	比例	人次	比例	人次	比例	人数	比例
亚洲	哈萨克斯坦	/	/	/	/	/	/	2	0.07	2	0.08	/	/	/	/	1	0.02
	老挝	/	/	/	/	/	/	/	/	/	/	/	/	1	0.03	1	0.02
	马尔代夫	/	/	/	/	/	/	/	/	/	/	/	/	1	0.03	1	0.02
	卡塔尔	/	/	/	/	/	/	/	/	/	/	/	/	/	/	1	0.02
	乌兹别克斯坦	/	/	/	/	2	0.1	2	0.07	5	0.19	2	0.08	4	0.11	1	0.02
	亚美尼亚	/	/	/	/	/	/	1	0.04	/	/	/	/	/	/	/	/
	科威特	/	/	/	/	/	/	/	/	/	/	/	/	2	0.06	/	/
	吉尔吉斯坦	/	/	/	/	/	/	1	0.04	/	/	/	/	/	/	/	/
	土库曼斯坦	/	/	/	/	1	0.05	/	/	/	/	/	/	/	/	/	/
欧洲	德国	73	3.75	96	4.15	100	4.9	98	3.47	94	3.58	90	3.60	129	3.61	86	2.40
	俄罗斯	/	/	/	/	51	2.5	48	1.7	27	1.03	36	1.44	42	1.17	76	2.12
	法国	26	1.33	34	1.47	27	1.32	46	1.63	38	1.45	45	1.80	61	1.70	55	1.53
	意大利	48	2.46	61	2.64	38	1.86	44	1.56	45	1.71	50	2.00	68	1.90	55	1.53
	英国	34	1.74	65	2.81	29	1.42	66	2.34	64	2.44	82	3.28	103	2.88	34	0.95
	荷兰	21	1.08	19	0.82	14	0.69	27	0.96	16	0.61	17	0.68	27	0.75	24	0.67
	土耳其	17	0.87	23	1	11	0.54	19	0.67	16	0.61	15	0.60	29	0.81	22	0.61
	西班牙	36	1.85	19	0.82	24	1.18	25	0.88	32	1.22	28	1.12	43	1.20	21	0.59
	瑞典	/	/	/	/	8	0.39	13	0.46	19	0.72	7	0.28	14	0.39	19	0.53
	捷克	/	/	/	/	4	0.2	5	0.18	8	0.30	8	0.32	13	0.36	12	0.33
	丹麦	/	/	/	/	1	0.05	11	0.39	8	0.30	14	0.56	12	0.34	12	0.33
	瑞士	/	/	/	/	8	0.39	9	0.32	12	0.46	6	0.24	13	0.36	12	0.33
	奥地利	3	0.15	14	0.61	4	0.2	9	0.32	7	0.27	7	0.28	13	0.36	9	0.25
	比利时	6	0.31	10	0.43	6	0.29	4	0.14	5	0.19	8	0.32	14	0.39	9	0.25
	挪威	10	0.51	4	0.17	8	0.39	6	0.21	4	0.15	5	0.20	12	0.34	9	0.25
	匈牙利	/	/	/	/	/	/	5	0.18	6	0.23	3	0.12	5	0.14	8	0.22
	乌克兰	/	/	/	/	2	0.1	5	0.18	10	0.38	9	0.36	6	0.17	8	0.22
	爱尔兰	/	/	/	/	7	0.34	1	0.04	8	0.30	3	0.12	3	0.08	7	0.20
	斯洛伐克	/	/	/	/	2	0.1	3	0.11	5	0.19	/	/	4	0.11	7	0.20
	芬兰	11	0.56	12	0.52	8	0.39	9	0.32	11	0.42	6	0.24	8	0.22	5	0.14
	波兰	/	/	/	/	5	0.25	7	0.25	9	0.34	5	0.20	6	0.17	4	0.11
	塞尔维亚	/	/	/	/	1	0.05	3	0.11	1	0.04	4	0.16	1	0.03	4	0.11
	希腊	/	/	/	/	5	0.25	5	0.18	3	0.11	2	0.08	4	0.11	2	0.06
	白俄罗斯	/	/	/	/	1	0.05	/	/	2	0.08	1	0.04	/	/	1	0.02
	波斯尼亚	/	/	/	/	/	/	/	/	/	/	/	/	2	0.06	1	0.02
	列支敦士登	/	/	/	/	/	/	/	/	/	/	/	/	/	/	1	0.02

洲别	国家或地区	2004年		2005年		2006年		2007年		2008年		2009年		2010年		2011	
		人次	比例	人次	比例	人次	比例	人次	比例	人次	比例	人次	比例	人次	比例	人数	比例
	罗马尼亚	/	/	/	/	3	0.15	1	0.04	2	0.08	/	/	/	/	1	0.02
	斯洛文尼亚	/	/	/	/	2	0.1	1	0.04	1	0.04	4	0.16	/	/	1	0.02
	阿尔巴尼亚	/	/	/	/	/	/	/	/	/	/	1	0.04	/	/	/	/
	克罗地亚	/	/	/	/	1	0.05	3	0.11	3	0.11	/	/	2	0.06	/	/
	塞浦路斯	/	/	/	/	1	0.05	1	0.04	1	0.04	2	0.08	/	/	/	/
欧洲	爱沙尼亚	/	/	/	/	/	/	1	0.04	1	0.04	/	/	/	/	/	/
	拉脱维亚	/	/	/	/	2	0.1	2	0.07	2	0.08	/	/	1	0.03	/	/
	立陶宛	/	/	/	/	/	/	1	0.04	1	0.04	1	0.04	3	0.08	/	/
	马其顿国	/	/	/	/	/	/	/	/	/	/	/	/	3	0.08	/	/
	马耳他	/	/	/	/	/	/	1	0.04	/	/	/	/	/	/	/	/
	葡萄牙	/	/	/	/	3	0.15	6	0.21	6	0.23	3	0.12	6	0.17	/	/
	巴西	/	/	/	/	16	0.78	30	1.06	42	1.60	53	2.12	66	1.84	79	2.20
	墨西哥	/	/	/	/	13	0.64	23	0.81	33	1.26	18	0.72	34	0.95	28	0.78
	阿根廷	/	/	/	/	6	0.29	8	0.28	14	0.53	8	0.32	16	0.45	18	0.50
	智利	/	/	/	/	8	0.39	5	0.18	7	0.27	2	0.08	5	0.14	10	0.28
	秘鲁	/	/	/	/	/	/	9	0.32	3	0.11	3	0.12	7	0.20	10	0.28
	哥伦比亚	/	/	/	/	4	0.2	9	0.32	3	0.11	15	0.60	9	0.25	5	0.14
	危地马拉	/	/	/	/	3	0.15	1	0.04	2	0.08	6	0.24	/	/	5	0.14
	古巴	/	/	/	/	/	/	1	0.04	1	0.04	/	/	2	0.06	4	0.11
	厄瓜多尔	/	/	/	/	2	0.1	4	0.14	6	0.23	1	0.04	9	0.25	4	0.11
	巴拿马	/	/	/	/	4	0.2	/	/	/	/	2	0.08	4	0.11	4	0.11
南美洲	委内瑞拉	/	/	/	/	1	0.05	/	/	3	0.11	2	0.08	3	0.08	4	0.11
	巴哈马	/	/	/	/	1	0.05	/	/	/	/	/	/	/	/	1	0.02
	波多黎各	/	/	/	/	/	/	3	0.11	3	0.11	/	/	/	/	1	0.02
	阿尔及利亚	/	/	/	/	/	/	1	0.04	1	0.04	2	0.08	/	/	/	/
	玻利维亚	/	/	/	/	2	0.1	1	0.04	2	0.08	1	0.04	1	0.03	/	/
	哥斯达黎加	/	/	/	/	1	0.05	1	0.04	1	0.04	2	0.08	2	0.06	/	/
	萨尔瓦多	/	/	/	/	2	0.05	/	/	/	/	/	/	/	/	/	/
	牙买加	/	/	/	/	/	/	/	/	/	/	/	/	1	0.03	/	/
	马提尼克岛	/	/	/	/	/	/	/	/	/	/	/	/	2	0.06	/	/
	巴拉圭	/	/	/	/	/	/	/	/	/	/	/	/	4	0.11	/	/
	乌拉圭	/	/	/	/	/	/	/	/	/	/	/	/	1	0.03	/	/
	南非	/	/	/	/	9	0.44	22	0.78	23	0.88	5	0.20	16	0.45	10	0.28
非洲	加纳	/	/	/	/	2	0.1	1	0.04	5	0.19	1	0.04	4	0.11	9	0.25
	埃及	/	/	/	/	3	0.15	4	0.14	2	0.08	4	0.16	3	0.08	8	0.22

洲别	国家或地区	2004年		2005年		2006年		2007年		2008年		2009年		2010年		2011	
		人次	比例	人次	比例	人次	比例	人次	比例	人次	比例	人次	比例	人次	比例	人数	比例
非洲	摩洛哥	/	/	/	/	10	0.35	4	0.15	7	0.28	5	0.14	/	/	7	0.20
	毛里求斯	/	/	/	/	/	/	2	0.07	4	0.15	1	0.04	1	0.03	5	0.14
	尼日利亚	/	/	/	/	3	0.15	6	0.21	3	0.11	6	0.24	3	0.08	5	0.14
	突尼斯	/	/	/	/	5	0.25	3	0.11	1	0.04	2	0.08	/	/	4	0.11
	加蓬	/	/	/	/	/	/	/	/	/	/	/	/	/	/	2	0.06
	塞舌尔	/	/	/	/	/	/	/	/	/	/	/	/	/	/	2	0.06
	津巴布韦	/	/	/	/	/	/	1	0.04	1	0.04	1	0.04	/	/	2	0.06
	埃塞俄比亚	/	/	/	/	/	/	/	/	/	/	1	0.04	1	0.03	1	0.02
	赞比亚	/	/	/	/	/	/	/	/	/	/	/	/	/	/	1	0.02
	安哥拉	/	/	/	/	/	/	/	/	/	/	/	/	2	0.06	/	/
	博茨瓦纳	/	/	/	/	/	/	/	/	/	/	1	0.04	/	/	/	/
	布基纳法索	/	/	/	/	/	/	/	/	/	/	1	0.04	/	/	/	/
	喀麦隆	/	/	/	/	/	/	/	/	/	/	/	/	1	0.03	/	/
	刚果	/	/	/	/	/	/	/	/	/	/	1	0.04	1	0.03	/	/
	科特迪瓦	/	/	/	/	/	/	2	0.07	2	0.08	1	0.04	/	/	/	/
	肯尼亚	/	/	/	/	/	/	1	0.04	1	0.04	1	0.04	/	/	/	/
	利比亚	/	/	/	/	1	0.05	/	/	/	/	/	/	/	/	/	/
	纳米比亚	/	/	/	/	/	/	/	/	/	/	/	/	1	0.03	/	/
	尼日尔	/	/	/	/	/	/	1	0.04	1	0.04	/	/	/	/	/	/
	卢旺达	/	/	/	/	/	/	/	/	/	/	1	0.04	/	/	/	/
	塞内加尔	/	/	/	/	/	/	/	/	/	/	/	/	2	0.06	/	/
	坦桑尼亚	/	/	/	/	/	/	1	0.04	1	0.04	1	0.04	/	/	/	/
	多哥	/	/	/	/	1	0.05	/	/	/	/	/	/	3	0.08	/	/
	乌干达	/	/	/	/	1	0.05	/	/	1	0.04	3	0.12	2	0.06	/	/
大洋洲	澳大利亚	48	2.46	78	3.38	47	2.31	93	3.29	78	2.97	94	3.76	139	3.88	99	2.76
	新西兰	/	/	/	/	4	0.2	13	0.46	9	0.34	12	0.48	12	0.34	6	0.17
	斐济群岛	/	/	/	/	/	/	2	0.07	/	/	/	/	1	0.03	1	0.02
北美洲	美国	188	9.65	251	10.86	201	9.86	259	9.16	191	7.27	221	8.85	293	8.19	248	6.92
	加拿大	25	1.28	32	1.38	32	1.57	30	1.06	33	1.26	32	1.28	26	0.73	41	1.14

2002～2011年历届上海乐器展观众分析——参观目的

参观目的	2002年	2003年	2004年	2005年	2006	2007	2008年	2009年	2010年	2011年
看样订货	10%	17.30%	24.01%	16.61%	19.26%	20.69%	27.37%	36%	36%	33%
参加会议论坛	5%	4.20%	3.62%	2.87%	2.71%	2.23%	6.73%	29%	36%	19%
收集市场和产品信息	22%	16.20%	21.43%	16.07%	17.74%	13.78%	17.19%	23%	27%	24%
观看现场表演	3%	4.80%	13.37%	11.31%	9.59%	13.29%	12.15%	21%	20%	26%
寻求合作伙伴	12%	8.30%	11.02%	7.64%	9.38%	6.82%	8.48%	13%	14%	14%
比较不同产品/供货商/同行竞争者	7%	5.80%	7.07%	5.48%	5.34%	2.73%	5.33%	9%	11%	10%
联络固有的供应商和销售商	9%	5.30%	50.65%	3.62%	4.57%	4.83%	4.59%	8%	10%	10%
确定下届是否参展	/	/	/	/	/	/	1.67%	5%	6%	/
其他	2%	2.50%	0.29%	/	4.21%	0.81%	2.78%	/	/	/

2002～2011年历届上海乐器展观众分析——从事职业

从事的职业	2002年	2003年	2004年	2005年	2006年	2007年	2008年	2009年	2010年	2011年
零售/批发	11%	24.50%	16%	15.02%	11.50%	17.07%	19.29%	21%	23%	22%
制造商	27%	21.30%	14%	13.80%	14.71%	11.28%	11.27%	16%	12%	13%
音乐类院校及音乐培训机构	16%	7.30%	10%	17.49%	6.42%	11.76%	15.01%	14%	14%	15%
文艺团体	6%	3.60%	10%	9.74%	21.52%	7.73%	13.60%	13%	14%	14%
青少年活动中心/幼儿园/中小学/大学	/	/	/	/	/	/	/	12%	12%	12%
进出口/代理	26%	33.90%	26%	27.33%	26.70%	34.45%	32.99%	11%	11%	11%
协会	2%	0.70%	4%	2.54%	1.55%	1.82%	2.27%	2%	2%	2%
媒体	2%	0.70%	3%	2.36%	2.17%	2.73%	2.91%	2%	2%	2%
其他	10%	7.10%	12%	7.05%	15.43%	13.16%	2.66%	9%	8%	9%

2002～2011年历届上海乐器展观众分析——感兴趣产品

感兴趣产品	2002年	2003年	2004年	2005年	2006年	2007年	2008年	2009年	2010年	2011年
民族乐器	8%	14%	28.63%	14.35%	32.81%	23.66%	17.63%	45%	43%	43%
铜管、木管乐器	8%	17.20%	34.31%	15.61%	34.39%	25.34%	15.13%	37%	38%	37%
钢琴及键盘	28%	14.70%	31.61%	15.03%	31.52%	20.97%	14.27%	31%	33%	30%
弦乐器	6%	10.90%	27.24%	12.92%	28.22%	18.78%	12.52%	29%	31%	29%
电声乐器	18%	9.40%	26.24%	11.69%	26.17%	18.87%	10.56%	25%	26%	24%
打击乐器	6%	8.20%	20.29%	10.11%	23.56%	16.59%	10.29%	23%	25%	23%
乐器配件	12%	7.90%	10.77%	5.33%	10.66%	6.85%	6.61%	22%	24%	25%
乐谱	1.50%	4.40%	15.26%	7.48%	15.93%	10.13%	5.65%	20%	20%	20%
音乐相关电脑硬件软件	1.50%	3%	9.64%	3.97%	8.15%	4.65%	4.27%	11%	12%	11%
协会/媒体	4%	2.30%	5.57%	2.45%	5.28%	3.04%	1.82%	6%	6%	6%
其他	/	/	/	1.06%	3.17%	2.15%	1.25%	3%	3%	3%

2011中国（上海）国际乐器展览会知识产权工作报告

北京市捷诚信通知识产权代理有限公司

2011年10月11日～14日北京市捷诚信通知识产权代理有限公司受上海乐器展组委会的委托，特设展会知识产权办公室，对展会期间发生的有关知识产权侵权案件进行了调查、取证、协调、处理、咨询等项工作。本届展会境外企业对知识产权的投诉量比历届展会的投诉数量有所增加，涉及侵权的事由包括：外观专利侵权、实用新型侵权、发明专利侵权、商标侵权。

1、投诉方：北京龙羽时代科技有限公司

展位号（W2A62）

被投诉方：北京鑫三芙教学设备制造有限公司展位（W2A42）

投诉内容：外观专利侵权（音乐电子示教板）

投诉日期：2011年10月11日

处理过程：投诉方提供外观专利、实用新型专利证书复印件（号码ZL200620018667-2、ZL20063013138-4、ZL200820183167-6、200830348349-X）要求对被诉方涉嫌侵权产品做撤出展台的处理。经我办公室审核符合受理条件后，按规定填写投诉书、承诺书。

我办公室人员对被诉方进行现场调查并下达“答辩意见通知书”，被诉方认为自己公司展示的产品与投诉方专利产品有明显不同之处，并自身也有相应的专利保护，号码是ZL201130128922-8。

后我办公室人员向投诉方转达对方答辩意见，并详细讲解了专利权利的相关保护范围和维护权利途径，投诉方表示将在展会后对此案件做进一步的调查研究，暂时放弃投诉请求并对我办公室工作表示满意和感谢。

2、投诉方：中国丛氏唢呐

展位号（NE6A6）

被投诉方1：天津市静海县宏艺乐器厂

展位号（NE617）

被投诉方2：天津市静海县燕京乐器厂

展位号（NE6H1）

投诉内容：外观专利侵权（唢呐）

投诉日期：2011年10月11日

处理过程：投诉方出示外观专利证书复印件（号码ZL201030191985-3），要求对二被投诉方的侵权展品做撤除处理。经我办公室审核符合受理条件后，按规定填写投诉书、承诺书。

我办公室工作人员就该案件曾于本年5月在北京乐器展期间给予过处理，又鉴于三方互为相识，故我办公室人员将三方负责人召集后再次进行协调，最终三方达成一致意见，投诉方放弃投诉请求。对我办公室的调解工作表示满意。

3、投诉方：G7有限公司（境外展商）

展位号（W1F12）

被投诉方：福盛乐器有限公司

展位号（W1B28）

投诉内容：专利侵权（吉他变调夹）

投诉日期：2011年10月12日

处理过程：投诉方提供外观专利、实用新型专利证书复印件（号码01141630-0)要求对被诉方涉嫌侵权产品做撤出展台的处理。经我办公室审核符合受理条件后，按规定填写投诉书、承诺书。

我办公室人员对被诉方进行现场调查，发现被诉方现场并未展示该案件中的侵权产品，但在其展位两处墙面上张贴有涉嫌侵权产品的广告宣传画，随即对其下达了“答辩意见通知书”。

被诉方负责人对此案件表示有不同意见，但无任何举证材料说明其宣传的产品不侵犯他人专利权利且拒绝接受我办公室的“答辩意见书”。

我办公室主要负责人，就被诉方对此事件处理的不积极态度，给予了严肃的批评教育，同时详细告知展会知识产权管理条例后，被诉方负责人主动将两幅侵权产品的广告宣传画拆除。

投诉方对该事件的处理结果表示非常满意。

4、投诉方：德国ALGAM SAS公司

代理商：广州市新艺宝乐器有限

公司 展位号（W1B27）

被投诉方：广州九九乐器有限公司

展位号（W2G89）

投诉内容：专利侵权、商标侵权(吉他音孔饰圈)

投诉日期：2011年10月13日

处理过程：投诉方提供外观专利证书复印件，商标注册证复印件（专利号码ZL200930235579-X，商标号905205）要求对被诉方涉嫌侵权产品做撤出展台的处理。经我办公室审核符合受理条件后，按规定填写投诉书、承诺书。

我办公室人员对被诉方进行现场调查，认真对比产品后认为：被诉方展示的产品与投诉方专利产品外观相同，商标相同，只在表面做了遮盖处理，但仍可清晰看出原装饰图案和商标图样。

处理结果：我办公室人员当场给予被诉方指正，对其展位发放的产品宣传材料予以没收。

5、投诉方：上海百灵金钟乐器有限公司

展位号（E2D89）

被投诉方：泰兴市鸿祥乐器有限公司

展位号（E3A32）

投诉内容：商标侵权（百灵）

投诉日期：2011年10月14日

处理过程：投诉方提供实用新型专利证书复印件（商标号100770）要求对涉嫌侵权产品做撤出展台的处理。经我办公室审核符合受理条件后，按规定填写投诉书、承诺书。

我办公室人员对被诉方进行现场调查，被诉方展示产品商标与投诉方注册商标相同，且被诉方未提供任何证据表明自己产品也具有相关知识产权的保护，我办公室人员当即对被诉方的产品进行了撤除处理。

对此事件的处理结果投诉方表示满意，并对我办公室工作人员表示感谢。

6、投诉方：台湾功学社

被投诉方：济南旭秋乐器有限公司

投诉内容：商标侵权（SONOR）

投诉日期：2011年10月14日

处理过程：投诉方称被诉方侵犯了本公司的商标专用权利，要求对涉嫌侵权产品做撤出展台的处理，但未提供任何知识产权保护证明材料。

我方工作人员接到此投诉后，依照《展会管理办法》中的有关法律规定，对投诉方的请求进行了审核，发现境外投诉方的参展企业在中国境内并不享有“SONOR”英文商标的专用权。但出于维护展会期间良好秩序的考虑，还是前往被诉方进行了调查。

被诉方负责人当得知被投诉后，当即出示了其拥有“SONOR”商标专用权的注册证书复印件（注册号码7955602号），我办公室对该注册号在国家工商行政管理总局的网站上进行有效性的核实，并确认被投诉方提供的《商标注册证》是有效的。

处理结果：鉴于在该案件中被诉方拥有“SONOR”商标的专用权。因此，我方工作人员未接受投诉方的请求。在投诉方对中国法律制度表示不理解的情形下，工作人员给予耐心的解释。之后对案件双方进行了调解，双方均表示会议期间暂不提出任何纠纷意见。

7、接受境外观众投诉3家：

FILZFABRIK WURZEN GMBH（德国）

MUSIK MEYER（德国）

AUDIO ON CORPORATION（加拿大）

以上3家境外观众对中方参展企业进行了投诉，特别是德国MUSIK MEYER投诉中方7家企业侵犯其发明专利，鉴于上述3家境外参观商未能提供有效的证明文件，在我方工作人员做了大量的工作后，依照展会管理办法未受理上述3家境外观众的投诉。

在为本次展会进行现场知识产权咨询和维权的服务过程中，我们更加深刻的体会到境外参展对其在中国境内的知识产权保护重视程度越来越高。但因境外企业对中国知识产权法律立法制度的不理解，造成了我们在受理投诉及维权过程中难度增大。

感谢组委会对知识产权办公室给予的大力支持，希望组委会对我们工作中的缺憾和不足给予指正，以便我们更好的服务于企业。

2011中国（上海）国际乐器展览会《展会日报》总结

作为2011中国（上海）国际乐器展览会唯一的官方报纸，《展会日报》自5年前首次出版以来，再次获得了参展商和观众的肯定。

一、前期制作

同往年一样，《展会日报》在出版合同签订日起，就开始筹备。筹备工作第一步就是与主办三方中国乐器协会，法兰克福（香港）展览公司，上海国际展览中心有限公司征求排版布局的意见。在获得版面协调成果及内容基调方向后，制定了排版计划和采访计划。

采访主要是针对行业内重要人物以及业界权威人士进行，从中国乐器协会领导，到各行业领头企业领导，力争做到业内专家点评业内事情，从而能够给参加展会的展商和观众以全方位的信息。

二、现场制作

现场制作中，《展会日报》投入了最大的力量进行现场报道。由于本届展会的活动数量和质量达到了高峰。因此，在活动报道方面，篇幅和图片比去年增加了15%-20%。即使这样，依然有很多参展商希望可以出现在《展会日报》的版面上，可见参展商的参展热情和对上海乐器展的重视。

三、现场派发

本次展会的展馆增加，并在广场设置了新的展馆，从而增加了报纸派发面。为此，《展会日报》的分发团队，比往年提前30分钟进馆，力求覆盖展会全部展馆。同时，安排专人进行分馆检查，对一些漏发的展位进行补发。在开馆后，派发人员在现场进行派发，力求覆盖更多的展商和观众。每天从8点发到下午1点。

十年上海乐器展，《展会日报》伴随了一半时间。在展会的下一个十年，我们期待全程相伴，为展会和观众提供更好的服务和及时的报道。

第109届美国NAMM乐器、灯光、音响展览会（2011 NAMM SHOW）简况

2011年1月13日至16日，美国NAMM乐器、灯光、音响展览会在加利福尼亚州阿纳海姆成功举办。

据国际音乐制品协会公布的数据显示，本届展会吸引了来自120多个国家和地区的1574家展商参展，世界各地共约近8万名业内专业人士参加本届展会。音乐制品参展商比例中，乐器展商约占55%，音响类45%左右。

经过100多年发展，NAMM乐器展的各个方面几近成熟，近年来展会面积和参展人数均保持相对平稳，与金融危机前相比，本届展会人气有所回暖。

2011年参展的中国展商共有120余家，除音响外，主要以钢琴、管乐器、打击乐、弦乐器、民族乐器为主，其中既有广州珠江、北京星海等十几年参加NAMM展的老展商、也有江苏天鹅乐器公司等首次走出国门搏击国际乐器市场的新面孔。

展会正式开幕前一天，国际音乐制品协会（NAMM）还主持召开了2011年度国际乐器联盟会议，北美洲、南美洲、欧洲、亚洲等近20个国家和地区的乐器行业代表参加会议，会议在专题报告和论坛之后，由各国乐器协会简要介绍过去一年乐器市场发展及对来年展望。曾泽民秘书长代表中国乐器协会在会上就中国乐器行业发展情况以及下步工作做了发言，受到与会代表关注。会议结束后，中国乐器协会参加了与美国国际音乐制品协会合作会谈、2011年中国（上海）乐器展览会三方筹备会，并会见了美国专利商标局（USPTO），就中美乐器行业商标、专利及知识产权保护等事宜交换了意见。

第109届美国NAMM乐器、灯光、音响展览会（2011 NAMM SHOW）中国展商名录

广东易非乐器有限公司
深圳市阿诺玛乐器有限公司
惠州奥斯特电子有限公司
霸州銮宇乐器有限公司
深圳市麦讯科技有限公司
北京第七九七音响股份有限公司
北京双喜乐器有限公司
北京福韵国际工贸有限公司
北京星海钢琴集团有限公司
北京华东乐器有限公司
北京惠林美艺乐器有限公司
北京捷宁珍珠贝壳制品有限公司
北京欧佩斯乐器有限公司
北京艺声苑乐器有限公司
北京艺苑乐器制造制造有限公司
青岛倍铃乐器配件有限公司
比扬（天津）乐器制造有限公司
Big Dipper科技公司
北京连怡乐商贸有限公司.
佛山博声专业音响有限公司
北京声望声电技术有限公司
中音公司

昌乐逸群乐器公司
深圳市蓝精灵贸易有限公司
深圳市蔚科电子科技开发有限公司
北京蓝摇惠好乐器有限公司
中展海外展览有限公司
广州市花都区康施德乐器厂
东莞市石碣科正电子厂
北京东展国际展览有限公司
深圳市伊诺乐器有限公司
恩平市奥宝音响器材厂
恩平市晋升音频有限公司
恩平市卡赛特电子有限公司
恩平市奥新电子科技有限公司
恩平上格电子有限公司
恩平市亿科电子有限公司
北京长安乐器有限公司
深圳伏荣科技开发有限公司
Gioco公司
广州格利蒙那提亲有限公司
广州德玛电子音响公司
广州市迪声音响有限公司
广州市伊思曼乐器有限公司
广州吉声琴业有限公司
广州红棉吉它有限公司
广州市朗晴发展有限公司
广州市夜太阳舞台灯光设备有限公司
广州珠江钢琴集团股份有限公司
广州市罗曼士乐器制造有限公司
广州市新艺宝乐器有限公司
广州市雅格莱灯光音响设备有限公司
杭州爱尔科电子有限公司
杭州帝特电子有限公司
杭州斯达特乐器有限公司
杭州沃尔特数码钢琴有限公司
香港威拓思科技公司
湖南长沙赛伊诺陈列馆
湖南长沙雅乐工艺品有限公司
IAG集团公司
J & H 技术有限公司
广州杰士莱电子有限公司
江门波威音响器材有限公司
江苏天鹅乐器有限公司
江阴金杯安琪乐器有限公司
江阴激扬乐器有限公司
嘉兴嘉善明天音响器材厂
嘉兴市金利达电子有限公司
嘉兴美声电子有限公司
嘉兴兴惠电子有限公司
龙口市金鸣乐器有限公司
深圳市卓乐科技有限公司
宁波启发电子有限公司
南京爱韵贸易实业有限公司
宁波艾通电子有限公司
宁波市奥玛进出口有限公司
宁波LK电子公司
宁波柏人艾电子有限公司
宁波日兴电子有限公司
宁波天升嘉华塑胶制品有限公司
宁波市鄞州奥创电子有限公司
宁波鄞州甬港电子元件厂
宁波市镇海磊磊音响器材厂
青岛远东音乐有限公司
吟飞科技（江苏）有限公司
天津日新国际贸易有限公司
SAE有限公司
山东泰山管乐器制造有限公司
上海兰声泓乐进出口有限公司
上海Max精密模具公司
上海民族乐器一厂
上海尚胜电子有限公司
上海银笛音响有限公司
深圳宝业恒实业发展有限公司
深圳市弗兰格乐器有限公司
深圳魔耳音响有限公司
深圳Ran乐器有限公司
深圳朗韵乐器有限公司
深圳市宇音电子有限公司
宁波市江北雪海音响有限公司
Soh电子公司
宁波音王集团有限公司
泰兴凤灵乐器有限公司
泰兴神韵提琴厂

天津福利特乐器有限公司
天津华韵乐器有限公司
天津津宝乐器有限公司
天津市久跃科技有限公司
天津金雅佳乐器有限公司
天津隆兴集团进出口有限公司
马思特国际贸易（天津）有限公司
天津鹦鹉乐器有限公司
天津市山金国际贸易有限公司
天津斯乐国际贸易有限公司
天津胜利集团进出口有限公司
天津中天旗舰进出口贸易公司
恩平市天悦音响科技有限公司
宁波特诺奇音响有限公司
北方国际集团天津同鑫进出口有限公司
广州市海珠区紫罗兰乐器厂
广州市华成乐器制造有限公司.
武汉斯欧克乐器制造有限公司
西安远东进出口有限公司
恩平市新盈科电声科技有限公司
义乌市半岛日用百货有限公司
淮南市乐森黑马乐器有限公司
玉丰乐器（漳州）有限公司
浙江黄岩永国工艺厂
浙江友谊电子有限公司
正威实业（香港）有限公司

第32届德国法兰克福国际乐器、乐谱及附件展览会（2011 Musikmesse）简况

2011年4月6日至9日，第32届德国法兰克福国际乐器、乐谱及附件展览会在法兰克福展览中心举办。为期4天的Musikmesse，共有来自50个国家的1511家参展商参展，30000多件音乐制品闪亮登场，展示了最新的音乐乐器产品、工艺技术以及高科技成果。本届展会共吸引了75221名观众，参观体验了各式各样的乐器、音乐软件、电脑硬件、乐谱和音乐附件，以及与音乐制作相关的所有产品。尽管观众总数较2010年77609人相比有所减少，但海外观众的比例仍为33%。除德国之外，欧洲观众主要来自荷兰、比利时、意大利、法国、瑞士、英国、瑞典、奥地利、西班牙和波兰；其他观众来自俄罗斯、美国、韩国、日本、澳大利亚和中国。

根据德国法兰克福展览公司网站公布的展商资料统计，本届展览会，来自欧洲的展商所占比例很大，其中德国、意大利、西班牙、法国和英国展商最多。美国、加拿大、巴西等国的展商数量也较多。参展的中国企业有138家，较去年增加8家；中国香港12家，比去年增加2家；中国台湾地区31家，比去年减少4家。中国展商仍在法兰克福乐器展上占有重要地位。展商数量仅次于德国（758家）、美国（157家），位居第三。

第32届德国法兰克福国际乐器、乐谱及附件展览会（2011 Musikmesse）中国大陆参展商名录

安徽

乐森黑马乐器厂

北京

北京福韵国际工贸有限公司
北京星海钢琴（集团）公司
北京佳音提琴工作室
北京捷宁珍珠贝壳制品有限公司
北京中意乐器有限公司
中轻文教体育用品进出口总公司
北京伊斯曼乐器有限公司
斯洛帕尼卓越的小提琴工作室
北京华东乐器公司
北京蓝摇乐器公司
北京德勇乐器有限公司
北京艺苑乐器制造有限公司
人民音乐出版社
北京星海钢琴（集团）公司
北京Airtone乐器有限公司
北京Lang乐器公司
Mars乐器有限公司

广东

广东贝利卡有限公司

佰添乐器有限公司
广州花都区康施德乐器厂
佛山市金沙达成弦乐制造厂
广州大铃乐器制造有限公司
亿达音响制造有限公司
深圳市伊诺乐器有限公司
揭阳市长城乐器制造厂有限公司
广州吉声乐器实业公司
广州轻出集团文体用品有限公司
广州珠江钢琴集团股份有限公司
广州市罗曼士乐器制造有限公司
广州衡声乐器制造有限公司
佲氏乐器有限公司
阿尔达米拉乐器制造工厂
广州传音乐器厂
声柏乐器厂
广州市新艺宝乐器有限公司
宇声乐器（惠州）有限公司
广州汇友箱包有限公司
深圳市佳浩科技有限公司
广州保嘉乐器制造有限公司
广州鲁艺乐器箱包制造有限公司
广东金百灵音响器材有限公司
广州塔纳进出口贸易有限公司
深圳市蔚科电子科技开发有限公司
深圳市弗兰格乐器有限公司
深圳市佳浩科技有限公司
深圳市凯迪欣实业有限公司
深圳朗韵乐器有限公司
深圳市魔耳乐器有限公司
福盛乐器制造有限公司
深圳市伏荣科技开发有限公司|
深圳市卓乐科技有限公司
广州红棉吉他有限公司
广州市华成乐器制造有限公司
深圳市阿诺玛乐器有限公司
广州Truetone乐器有限公司
Pokar公司
SOAR贸易公司
SOH电子公司

河北

河北金音乐器有限公司
香河天音乐器有限公司
廊坊圣爱工艺品有限公司

湖北

武汉市邢氏乐器制造有限公司
武汉艾立卡电子有限公司

湖南

长沙诺比电子有限公司

江苏

南京爱韵贸易实业有限公司
吟飞电子常州有限公司
苏州齐河乐器公司
江阴市兄弟乐器有限公司
泰兴凤灵乐器有限公司
江苏东方乐器有限公司
江苏大凤乐器有限公司
南京摩德利钢琴有限公司
苏州明星乐器有限公司
江阴激扬乐器有限公司
常州林音电子有限公司
江苏新世纪乐器有限公司
泰州伊莉莎乐器有限公司
泰兴神韵弦乐器有限公司
江苏天鹅乐器有限公司
江阴金杯乐器有限公司

山东

青岛世正乐器有限公司
山东泰山管乐器制造有限公司

聊城山石麦尔乐器有限公司
昌乐逸群乐器有限公司
潍坊中烨进出口有限公司
潍坊盛大音响有限公司
昌乐乐器有限公司
昌乐阳光乐器有限公司
济南思玛特乐器有限公司
龙口锦盛乐器有限公司
龙口金鸣乐器有限公司
龙口市金英乐器制造有限公司
青岛远东乐器公司

上海

德国山德乐器公司
上海尚胜电子有限公司
兰声泓乐进出口有限公司
上海民族乐器一厂
上海凌华提琴制作室
上海威柏仕乐器有限公司
上海华新乐器有限公司
上海市新忠乐器哨片厂
三益贝希斯坦贸易（上海）有限公司

沈阳

沈阳伊斯曼乐器有限公司

天津

比扬（天津）乐器制造有限公司
天津福利特配件有限公司
天津鹦鹉乐器有限公司
汇源隆国际贸易天津有限公司
天津津宝乐器有限公司
北方国家集团天津同鑫进出口有限公司
天津日兴国际贸易有限公司
天津东晨国际贸易有限公司
天津市凤丹乐器制造有限公司
天津隆兴集团进出口有限公司
三金国际贸易（天津）有限公司
天津创丰乐器进出口贸易有限公司
天津金雅佳乐器有限公司
天津予华国际贸易有限公司
天津星汉国际贸易有限公司
天津市久跃科技有限公司
天津大雅国际贸易有限公司
天津波菲曼国际贸易有限公司
天津Keynote国际贸易有限公司
Aram乐器制造公司
天津G&G贸易有限公司
天津Master进出口有限公司

浙江

宁波海伦乐器有限公司
杭州爱尔科电子有限公司
宁波启发电子有限公司
中德利钢琴有限公司
宁波太平鸟进出口有限公司
宁波市鄞州正美电子元件厂
宁波鄞州甬港电子有限公司
宁海红顶乐器有限公司
宁波亿日科技有限公司
宁波韵立金属器材有限公司
台州黄岩天天秀贸易有限公司

山西

山西吉致乐器有限公司

2011年中国（广州）国际专业音响、灯光、乐器展览会简况

2011年中国（广州）国际专业音响、灯光、乐器展览会于2011年3月9日~12日在中国进出口商品交易会琶洲展馆C区举办。本届广州展的展览总面积达5.6万平方米，规模扩至8个馆（4个音响馆、2个灯光馆、2个乐器馆）。展商数量共计842家，其中音响灯光展商590家，乐器展商252家，比上年增长64%。

第二十届中国国际专业音响·灯光·乐器及技术展览会简况

2011年5月26日上午，第二十届中国国际专业音响·灯光·乐器及技术展览会（PALM EXPO 2011）开幕式在北京中国国际展览中心隆重举行。

出席开幕式的有：文化部原副部长艾青春、文化部社会团体办公室主任王吉、文化部办公厅副主任周广莲、中国演艺设备技术协会原理事长张永嘉、中国技术市场管理促进中心副主任修小平、民政部社团管理局处长高成运、商务部对外贸易司处长王蕊娟、英富曼集团总裁彼得·里格比、英富曼集团主席德瑞克·迈普、美国PLASA专业灯光音响协会主席迈克·伍德，中国乐器协会理事长安志也应邀出席开幕式并剪彩。

本届展会共有1200余家展商参展，展览面积85000平方米，其中乐器展部分面积约为20000多平方米。本届展会参展仍以弦乐器和民族乐器为主，其次是打击乐、铜管、木管、电声等类别，钢琴企业只有寥寥几家。参展企业大多来自北京、天津、河北、山东、浙江、广东等省市。

展会期间，中国乐器协会理事长安志、副理事长齐建平、秘书长曾泽民、副秘书长丰元凯前往农展馆参观乐器展并走访了河北金音、天津津宝、天津圣迪、华东乐器、河北乐海等企业展位，和在场的企业负责人亲切交谈，了解企业参展和生产发展等情况。

2011年印度灯光、音响和乐器展览会简况

由印度达沃斯沃德展览公司主办的第11届印度灯光、音响和乐器展览会于2011年6月2日至4日在孟买会展中心举办。本次共有136家展商参展，展出总面积约1.5万平米，分为乐器、专业灯光音响两个大馆。中国乐器协会组团参观展会。

作为印度乐器行业唯一的展览会，吸引了来自印度各地展商前来参展，观众熙熙攘攘、络绎不绝。除印度本土展商外，不少由印度一流琴行代理的施坦威、埃塞克斯、波士顿、雅马哈、罗兰、珠江、珍珠、美派司等国际知名乐器品牌赫然在列。

2011年世界乐器展综述

2011年，世界经济形势复杂多变，面临诸多不确定性因素，乐器行业经受挑战，而世界各地乐器展如期举办，总体保持平稳发展势头，继续显示出乐器行业蓬勃发展的生机与活力。据不完全统计，2011年世界各地共举办近20场国际或地区性乐器展览会。

发达国家和发展中国家乐器展会同台竞技

美国NAMM乐器展、德国法兰克福乐器展和上海国际乐器展仍然是世界乐器展览中的三大重要国际性展会。此外，意大利、加拿大、英国、日本等发达国家及印度、巴西、俄罗斯、阿联酋等新经济体也举办了丰富多彩、特色各异的区域性乐器展览会，为繁荣、促进乐器市场发展做出了积极贡献。

协会年会在展会期间同期召开

2011美国NAMM展期间，国际音乐制品协会在阿纳海姆组织召开17个国家和地区参加的国际乐器联盟会议，增进了各国乐器同行的交流，在各国乐器行业相互学习、加强合作与交流方面取得良好效果；在两年一度的日本乐器展上，日本全国乐器协会还成功举办第47届日本全国乐器大会；在2011加拿大乐器展览会期间，加拿大乐器协会（MIAC）选举产生了新一届协会领导，戴尔·克罗克担任新一届协会会长，任期两年。加拿大乐器协会还为乐器和音响展商组织了一系列讲座、互动论坛，制作工坊等活动。

上海国际乐器展取得历史新突破

经过十年发展培育，上海国际乐器展无论从参展商数量还是规模均创下新的记录。为期四天的展会共吸引了来自世界97个国家和地区的52186观众参展，凸显了其在国际乐器行业中的凝聚作用。本届展会规模一举达到78500平米，创下历史新高。此外，展会喜迎十周年庆典，精彩纷呈的活动赢得国内外来宾的一致好评。

日本乐器展会在复杂环境下成功举办

2011年3月，日本东北部发生特大地震，但乐器行业团结协力克服困难，分别在东京和横滨如期举办乐器展。

对于每年一届的东京吉他展，山野乐器海外事业部课长岩崎勉表示，“受日本地震影响，（经济）随之而来冷清气氛，使主办方颇为担心，但无论怎样，乐器是大众开心娱乐、精神慰藉的有效工具，展会得到许多经销商、制造商的认可和支持，第十届展览会较好地保持了过去九年展会举办的思路和风格，得到各家参展企业和全国吉他爱好者的热心支持，并对展会给予积极评价。”

对于两年一度的横滨乐器展，日本乐器展览协会专务理事兼运营委员长村井辰夫表示，“尽管因景气不振和前所未有的日本东北大地震等因素致使参展商数量较上届有所减少，但举办乐器展很有必要，展商的热情也很高。主办方为成功举办展会做了大量前期准备工作。”

在世界自然灾害频发、经济乏力、缓慢复苏的背景下，乐器经济始终保持健康、稳定发展，为充实、丰富世界人民音乐生活发挥了积极作用。

2011年世界乐器展览会一览

美国NAMM乐器、灯光、音响展览会（The NAMM Show）

第109届

2011.1.13-1.16

展会地点：阿纳海姆

主办单位：美国国际音乐制品协会

展品范围：各种乐器、音响

展会规模：展商1417家，观众90114人

中国（广州）国际专业音响、灯光、乐器展览会

第9届

2011.3.9-3.12

展会地点：广州

主办单位：广东省科学技术厅、广东省文化厅、国家轻工业乐器信息中心

展品范围：西乐器、民族乐器

展会规模：展商842家，其中乐器展商252家

德国法兰克福国际乐器、乐谱及附件展览会（Musikmesse 2011）

第32届

2011.4.6-4.9

展会地点：法兰克福

主办单位：德国法兰克福展览公司

展品范围：各类乐器、乐器配件、乐谱、音乐硬软件、音乐出版物等

展会规模：展商1511家，观众75221人

中东（迪拜）灯光、音响、乐器博览会（MUSAC 2011）

第9届

2011.4.26-4.28

展会地点：迪拜

主办单位：中东IIR展览公司

展品范围：灯光、音响、东西方各类乐器、阿拉伯民俗乐器等

展会规模：展会面积15000平方米

加拿大乐器展（MIAC 2011）

第40届

2011.5.15-5.16

展会地点：多伦多

主办单位：加拿大乐器协会（MIAC）

展品范围：乐器及配件、键盘、音乐软件、专业音响等

展会规模：观众2040人（较上届增长2%）

中国国际专业音响·灯光·乐器及技术展览会（PALM Expo）

第20届

2011.5.26-5.29

展会地点：北京

主办单位：中国演艺设备技术协会

展品范围：乐器、灯光音响等

展会规模：乐器展面积20000多平方米

印度灯光、音响和乐器展览会（Musician Expo 2011）

第10届

2011.6.2-6.4

展会地点：孟买

主办单位：印度DIVERSIFIED公司

展品范围：电声乐器为主

展会规模：展商15000平方米，展商136家

日本东京吉他展

第10届

2011.6.25-6.26

展会地点：东京

主办单位：日本山野乐器店和Fender集团

展品范围：各式吉他

展会规模：观众4200人

美国NAMM夏季乐器展（Summer NAMM Show）

2011.7.21-7.23

展会地点：纳什维尔

主办单位：美国国际音乐制品协会

展品范围：以美国国内乐器商展示和音乐教育人士使用的乐器为主

展会规模：展商466家

台北两岸乐器大展

第3届

2011.7.1-7.4

展会地点：台北

主办单位：台北市乐器商业同业公会、中联国际展览有限公司

展品范围：管乐器、弦乐器、键盘乐器、电子乐器、打击乐器、灯光音响区、乐器零配件

展会规模：观众192014人次

莫斯科乐器展

第16届

2011.9.15-8.18

展会地点：莫斯科

主办单位：莫斯科乐器展览会组委会

展品范围：电声乐器、钢琴、管乐器及打击乐器等

展会规模：展会面积近20000平方米

巴西圣保罗国际乐器展览会（Expomusic 2011）

第28届

2011.9.21-9.25

展会地点：圣保罗

主办单位：FRANCAL展览公司

展品范围：各种乐器、音响及配件、相关媒体及专业刊物

展会规模：展会面积34000平方米，展商200家，观众44600人

伦敦乐器展（London Music Show 2011）

第3届

2011.9.23-9.25

展会地点：伦敦

主办单位：英国乐器协会

展品范围：吉他、弦乐器、电声乐器为主

展会规模：未公布

意大利克雷蒙娜乐器展

（Cremona MondonMusica 2011）

第24届

2011.9.30-10.2

展会地点：克雷蒙娜

主办单位：克雷蒙娜乐器展组委会

展品范围：以提琴等弦乐器为主，兼展弹拨乐器、琴弓、配件、乐谱等

展会规模：展会面积8000平方米

中国（上海）国际乐器展览会（Music China）

第10届

2011.10.11-10.14

展会地点：上海

主办单位：中国乐器协会，上海国际展览中心有限公司，法兰克福（香港）展览公司

展品范围：钢琴、弦乐器、电声乐器、乐器配件、民族乐器、铜管乐器、打击乐器、相关协会媒体、乐谱、音乐书籍等

展会规模：展览面积达78500平方米，展商1419家，海内外观众52186人

日本乐器展

双年展

2011.11.3-11.6

展会地点：横滨

主办单位：日本乐器展览协会

展品范围：钢琴、管乐器、弦乐器、打击乐器、电声乐器、吉他、功放等

展会规模：展商63家，观众24837人

日本弦乐器展

第54届

2011.11.5-11.7

展会地点：东京

主办单位：日本弦乐器制作者协会

展品范围：提琴等弦乐器及配件、制作工具，吉他、曼陀铃、乐谱、箱包

展会规模：观众3500人

职业技能鉴定

2011年中国钢琴调律师状况

2011年中国乐器协会钢琴调律师分会进一步完善和规范了钢琴调律师职业技能培训和考核鉴定工作，钢琴调律师队伍平稳发展。

据中国乐器协会钢琴调律师分会介绍，2011年我国钢琴社会保有量约为500万架，钢琴调律师近万人。从2002年实行钢琴调律师国家职业技能考核制度以来，截止2011年共有3954名钢琴调律师取得各级职业资格证书，其中取得初级技能证书1196人、中级技能证书1237人、高级技能证书1266人、技师证书151人、高级技师证书104人。

2011年又有557名钢琴调律师取得各个级别的国家职业资格证书，比上年增长41.73%，其中，取得高级技师证书8人，技师证书17人，高级技能证书141人，中级技能证书212人，初级技能证书179人，男性381人，占68.4%，女性176人，占31.59%。在北京鉴定站获得证书的有178人（含北京电子科技职业学院、北京联大特教学院应届毕业生35人），广州鉴定站106人，上海鉴定所93人，南京艺术学院流行音乐学院63人，长春大学音乐学院29人，郑州铁路职业技术学院艺术系88人。

按地区划分，共有27个省市的钢琴调律师参加了各级调律师培训考核，其中：河南省（87人）、江苏省（60人）、广东省（50人）、北京市（46人）、山东省（37名）、河北省（30人）取得钢琴调律师各级资格证书的人数较多。另外有5名调律师来自香港地区。

按年龄段划分，2011年取得各级国家职业资格证书的钢琴调律师平均年龄为26.5岁，年龄最小的18岁，最大的59岁。取得初级技能证书的平均年龄25.74岁，中级技能证书的平均年龄23.88岁，高级技能证书的平均年龄28.19岁，技师证书的平均年龄37.64岁，高级技师证书的平均年龄55岁。

2011年钢琴调律师国家职业资格考核鉴定工作呈现以下特点：

1、钢琴调律师职业资格考核标准，特别是实操技术考核的难度不断加大，各级别之间考核标准拉开距离，考核鉴定程序进一步规范。

2、钢琴调律师对是否取消资格证书越来越重视，并且更加重视自身素质的提高。2011年除通过考核取证人数总量有所增加以外，报考高级技能、技师、高级技师的调律师数量比过去有所增加，考生大多来自于琴行和音乐院校，调律师队伍越来越年轻化，拥有高级技能以上的调律师越来越多。

3、拥有钢琴的家庭增强了对钢琴进行定期维护保养的意识，同时对聘请的钢琴调律师是否持证上岗更加重视，对调律师的级别要求也在提高，没有资格证书的调律师越来越不被接受。

4、社会上各种类型的钢琴调律技术培训讲座普遍开展。据了解，2011年在长春和上海都举办了钢琴调律技术讲座，如10月份上海国际乐器展览会期间，上海乐器行业协会邀请了美籍华人黄智炜（美国钢琴调律师协会注册钢琴技师，拥有最高技术证书）作“不用记住拍频数字的钢琴调律法”、“音色处理和音乐会准备工作课程”讲座。2011年吉林省钢琴调律师协会先后组织了8次专业技术讲座，邀请到国内外钢琴调律师专家进行讲课，开阔了吉林省钢琴调律师协会会员视野。受到大家一致好评。

盲人调律师也是钢琴调律师队伍中的重要组成部分。北京盲人职业学校高级教师李任炜介绍：目前，我国受过专业培训的盲人调律师大约有200余人，大多是全盲或者视力低下者，大部分是在接受北京盲校或北京联大特教学院的钢琴调律专业培训后走上工作岗位的，也有少部分是在上海、广州经过短期培训走上岗位的。盲人调律师逐渐被社会认可，他们不仅承担了一些家庭钢琴的维修任务，同时也开始从事音乐会演奏用钢琴维修，如北京奥运会期间，盲人调律师还曾为郎朗的演奏用琴进行过保养，受到郎朗的肯定。20年来，盲人调律师不仅从事钢琴调音的工作，同时通过经验积累，摸索和创造出一套完整的盲人从事钢琴调整的技术规范，打破了“盲人只能调音，不能整理”的传统说法。正常人从事钢琴调整是用眼睛，而盲人进行钢琴调整是通过触觉，为此我们创造了一系列特殊的手段和工具，以保证我们进行钢琴调整时的精准度。经过反复实验，我们取得了成功，现在我们可以自豪的说，除了补漆以外，没有盲人钢琴调律的禁区。盲人调律师一旦上门服务，多以优质的服务和熟练的技术，被客户要求长期负责钢琴的维护保养，有的盲人调律师还被聘到北京著名的钢琴城担任调音师，这些盲人调律师每月可以调整数十台琴，月工资能达到4000～5000元，与正常人的工资不相上下。

2011年钢琴调律师培训考核工作取得了一定成绩，但面对快速发展的钢琴调律市场，还有许多不适应的地方，有些问题亟待改进：

1、北京、广州、上海三个鉴定站目前实行的理论与实操评分标准尚存在差异，亟待统一。

2、调律师报考级时，存在虚报调律年限及高报级别现象，难于监督和控制。

3、各地劳动人事部门在设置钢琴调律考核鉴定点时，钢琴调律师培训考核工作走形式、标准不统一、过多过滥的问题。

4、《中国乐器》杂志“钢琴调律师”栏目有待进一步充实加强。应当让钢琴调律师拥有一块自己的阵地，把这一栏目切实办好。

5、现在掌握三角钢琴调律技术的调律师很少，高级技师的数量也不多，应尽快开办钢琴调律高级班，加强对技师和高级技师的培训考核工作。

6、目前社会上有两个全国性钢琴调律师组织，希望加强两个组织间的协调和统一，最好形成一个整体，让中国的钢琴调律事业真正从“大”向“强”发展。

2011年7月8日中国乐器协会钢琴调律师分会在杭州召开工作会议，中国乐器协会副理事长齐建平，钢琴调律师分会会长冯高昆，副会长陈惠庆、陈重生、王文琦、刘为明，秘书长王耀中，钢琴调律师资考委成员程柏青、林建忠、秦敏静、李陆霈，中国乐器协会副秘书长、福州和声钢琴有限公司副总经理黄苏东以及河南省钢琴调律师学会秘书长阎威、安徽省钢琴调律师协会秘书长王琦以及中国乐器协会综合业务部副主任郭宇宁出席会议。

会上，齐建平副理事长介绍了一年多来全国钢琴调律师国家职业资格考核鉴定的情况，提出了对分会工作的希望和一些急需探讨解决的具体问题，更好地发挥钢琴调律师分会的组织作用。根据形势发展需求，尽快开展钢琴调律师国家职业标准的修订工作，完成考评员培训换证工作，加强对各培训点的师资培训和任职资格评审，进一步统一各鉴定站的技术考核标准，使各项工作更规范。

钢琴调律师分会会长冯高昆重点提出了调律师分会在“十二五”期间的工作设想：

1、要以促进中国钢琴制造业的发展为己任，加强与钢琴企业、琴行和培训学校的互动联系，以其为依托带动中国钢琴生产与销售、售后服务工作质量的提升。

2、应以提升钢琴技师、调律师整体素质和技术水平为宗旨，为中国钢琴企业、琴行和培训学校的人力资源开发及售后服务，提供社会化、标准化的技术人才保障。

3、要以培养队伍，提高业务水平和服务质量为工作主要内容，利用钢琴调律职业技能竞赛，推出更多的行业技术能手，举办售后服务优秀企业及群众满意的售后服务优秀个人的评比活动，从而树立良好的社会形象，提高行业的知名度，完善调律行业自律及各项措施。

4、要与钢琴演艺教育界互动发展，通过与钢琴教育的合作，开展多种形式的钢琴知识科普活动。为拉动钢琴消费市场，扩大钢琴调律人员的就业服务面做出贡献。

5、要在中国乐器协会的领导下，积极做好2013年在中国召开的第18届国际钢琴技师及调律师年会的筹备和组织工作。

（丰元凯）

2011年全国钢琴调律师职业资格考核鉴定情况统计表

鉴定站(所)	鉴定日期	五级/初级技能	四级/中级技能	三级/高级技能	二级/技师	一级/高级技师	合计
北京鉴定站	2011年1月	14					14
	2011年4月（郑州铁路职业技术学院）	1	40	2			43
	2011年4月	4	10	16			30
	2011年6月(长春大学)		2	2			4
	2011年7月	28					28
	2011年7月(长春大学)	2	4	12	2	5	25
	2011年10月	28	22	21			71
	2011年11月（郑州铁路职业技术学院）		42	2	1		45
小计		77	120	55	3	5	260
广州鉴定站	2011年4月	9	18	5			32
	2011年5月			8	6		14
	2011年7月	15					15
	2011年8月	11					11
	2011年10月	7	6	5	1	1	20
	2011年12月	14					14
小计		56	24	18	7	1	106
上海鉴定所	2011年4月	14	3	6			23
	2011年9月				7	2	9
	2011年10月	28	21	12			61
小计		42	24	18	7	2	93
北京电子科技职业学院(毕业生)		4	21				25
北京联合大学特殊教育学院(毕业生)			8	2			10
南京艺术学院流行音乐学院	2011年6月		14	19			33
	2011年10月		1	29			30
小计		4	44	50	0	0	98
2011年合计		179	212	141	17	8	557

2011年通过钢琴调律师国家职业资格考核鉴定名单

北京鉴定站

姓名	性别	证书号	级别
周宝君	男	1158003001100001	一级/高级技师
张会忠	男	1158003001100002	一级/高级技师
费 文	男	1158003001100003	一级/高级技师
吕红枢	男	1158003001100004	一级/高级技师
马向东	男	1158003001100005	一级/高级技师
刘 博	男	1158003001200002	二级/技师
姜文革	男	1158003001200003	二级/技师
李继漯	男	1158003001200011	二级/技师
韩希峰	男	1158003001300026	三级/高级技能
王 楠	女	1158003001300027	三级/高级技能
李 佳	男	1158003001300049	三级/高级技能
姚 波	男	1158003001300050	三级/高级技能
姚 志	男	1158003001300051	三级/高级技能
袁奎鹏	男	1158003001300052	三级/高级技能
李德明	男	1158003001300053	三级/高级技能
姚 强	男	1158003001300054	三级/高级技能
赵昌文	男	1158003001300055	三级/高级技能
张晓康	男	1158003001300056	三级/高级技能
周学媛	女	1158003001300057	三级/高级技能
宋晓东	男	1158003001300058	三级/高级技能
张忠宝	男	1158003001300059	三级/高级技能
平建鑫	男	1158003001300060	三级/高级技能
杜保虎	男	1158003001300073	三级/高级技能
胡永伟	男	1158003001300074	三级/高级技能
逯志锐	男	1158003001300081	三级/高级技能
林忠安	男	1158003001300075	三级/高级技能
刘墨燚	男	1158003001300076	三级/高级技能
孙 鹏	男	1158003001300086	三级/高级技能

姓名	性别	证书号	级别
梁　健	男	1158003001300091	三级/高级技能
吴　琼	女	1158003001300078	三级/高级技能
吕　超	男	1158003001300079	三级/高级技能
史艳军	女	1158003001300084	三级/高级技能
张敬陶	男	1158003001300093	三级/高级技能
赫江江	男	1158003001300094	三级/高级技能
杨雪峰	男	1158003001300092	三级/高级技能
豆乃强	男	1158003001300089	三级/高级技能
韩伟良	男	1158003001300087	三级/高级技能
屈建义	男	1158003001300090	三级/高级技能
李　乐	女	1158003001300085	三级/高级技能
朱海君	男	1158003001300077	三级/高级技能
金东俊	男	1158003001300088	三级/高级技能
谷　鹏	男	1158003001300080	三级/高级技能
孙　进	男	1158003001300095	三级/高级技能
乔　宇	男	1158003001300082	三级/高级技能
耿　哲	男	1158003001300083	三级/高级技能
刘　朴	男	1158003001300011	三级/高级技能
张　炜	男	1158003001300019	三级/高级技能
刘思宇	男	1158003001300021	三级/高级技能
周　捷	男	1158003001300016	三级/高级技能
陈　玺	男	1158003001300013	三级/高级技能
叶　强	男	1158003001300023	三级/高级技能
郭　包	男	1158003001300024	三级/高级技能
冀朋涛	女	1158003001300025	三级/高级技能
孙高峰	男	1158003001300015	三级/高级技能
叶洪亮	男	1158003001300020	三级/高级技能
王英博	男	1158003001300018	三级/高级技能
郑　晶	女	1158003001300022	三级/高级技能
王　婧	女	1158003001300010	三级/高级技能
李建军	男	1158003001300017	三级/高级技能
薄建强	男	1158003001300014	三级/高级技能
李　强	男	1158003001300012	三级/高级技能
王明兴	男	1158003001300003	三级/高级技能
单　林	男	1158003001300002	三级/高级技能

姓名	性别	证书号	级别
刘　爽	女	1158003001400047	四级/中级技能
井春晓	男	1158003001400048	四级/中级技能
徐　烨	男	1158003001400046	四级/中级技能
郭丹丹	女	1158003001400050	四级/中级技能
王　浩	男	1158003001400052	四级/中级技能
王　浩	男	1158003001400053	四级/中级技能
汤峰宁	男	1158003001400051	四级/中级技能
智　建	男	1158003001400044	四级/中级技能
苏文义	男	1158003001400049	四级/中级技能
李春成	男	1158003001400045	四级/中级技能
刘　智	男	1158003001400035	四级/中级技能
吴海佳	男	1158003001400037	四级/中级技能
肖体华	男	1158003001400036	四级/中级技能
李常春	男	1158003001400038	四级/中级技能
杨　戬	男	1158003001400039	四级/中级技能
李樟强	男	1158003001400040	四级/中级技能
李慧鹏	男	1158003001400001	四级/中级技能
王余潮	男	1158003001400002	四级/中级技能
琚俊伟	男	1158003001400003	四级/中级技能
向铎远	男	1158003001400004	四级/中级技能
常丹阳	女	1158003001400005	四级/中级技能
倪世娟	女	1158003001400006	四级/中级技能
秦玲艳	女	1158003001400007	四级/中级技能
赵　娟	女	1158003001400008	四级/中级技能
李慧青	女	1158003001400009	四级/中级技能
李守举	男	1158003001400010	四级/中级技能
孙清璐	女	1158003001400011	四级/中级技能
赵静静	女	1158003001400012	四级/中级技能
赵敏宏	女	1158003001400013	四级/中级技能
朱文君	女	1158003001400014	四级/中级技能
郭丽静	女	1158003001400015	四级/中级技能
刘晓莹	女	1158003001400016	四级/中级技能
周聪聪	女	1158003001400017	四级/中级技能
王雪玲	女	1158003001400018	四级/中级技能
李　锋	女	1158003001400019	四级/中级技能
员　彩	女	1158003001400020	四级/中级技能

姓名	性别	证书号	级别
李　蕊	女	1158003001400021	四级/中级技能
李青霞	女	1158003001400022	四级/中级技能
宋小鸽	女	1158003001400023	四级/中级技能
陈会红	女	1158003001400024	四级/中级技能
王　瑶	女	1158003001400025	四级/中级技能
刘　霞	女	1158003001400026	四级/中级技能
曹玉兰	女	1158003001400027	四级/中级技能
王子轩	女	1158003001400028	四级/中级技能
周寅祥	男	1158003001400029	四级/中级技能
宋会娜	女	1158003001400030	四级/中级技能
宋　正	男	1158003001400031	四级/中级技能
李　博	男	1158003001400032	四级/中级技能
刘　磊	男	1158003001400033	四级/中级技能
管崇明	男	1158003001400034	四级/中级技能
张立峰	男	1158003001400054	四级/中级技能
曹琬铭	女	1158003001400055	四级/中级技能
姚　瑶	女	1158003001400099	四级/中级技能
马晓光	男	1158003001400100	四级/中级技能
武国斌	男	1158003001400101	四级/中级技能
凌　正	男	1158003001400102	四级/中级技能
尹　娟	女	1158003001400124	四级/中级技能
张真真	女	1158003001400125	四级/中级技能
焦稼源	女	1158003001400126	四级/中级技能
薛会民	女	1158003001400127	四级/中级技能
谢雪宁	女	1158003001400128	四级/中级技能
刘晶晶	女	1158003001400129	四级/中级技能
张　雪	女	1158003001400130	四级/中级技能
赵鹭飞	女	1158003001400131	四级/中级技能
范文鑫	女	1158003001400132	四级/中级技能
杜俊丽	女	1158003001400133	四级/中级技能
代素平	女	1158003001400134	四级/中级技能
单四婷	女	1158003001400135	四级/中级技能
胡元元	女	1158003001400136	四级/中级技能
田了了	女	1158003001400137	四级/中级技能
马燕敏	女	1158003001400138	四级/中级技能
孙灵歌	女	1158003001400139	四级/中级技能

姓名	性别	证书号	级别
杨奇凡	男	1158003001400140	四级/中级技能
苗素楠	女	1158003001400141	四级/中级技能
王　豪	男	1158003001400142	四级/中级技能
刘政祎	女	1158003001400143	四级/中级技能
毛　全	男	1158003001400144	四级/中级技能
何　川	男	1158003001400145	四级/中级技能
周　梦	女	1158003001400146	四级/中级技能
杨冰洁	女	1158003001400147	四级/中级技能
张　静	女	1158003001400148	四级/中级技能
方　理	男	1158003001400149	四级/中级技能
罗飞燕	女	1158003001400150	四级/中级技能
詹佳宁	女	1158003001400151	四级/中级技能
罗劲雄	男	1158003001400152	四级/中级技能
柴慧文	女	1158003001400153	四级/中级技能
陈冠中	男	1158003001400154	四级/中级技能
刘　沙	女	1158003001400155	四级/中级技能
陈　纯	女	1158003001400156	四级/中级技能
柴　进	男	1158003001400157	四级/中级技能
刘　威	男	1158003001400158	四级/中级技能
申梦月	女	1158003001400159	四级/中级技能
杨筱玥	女	1158003001400160	四级/中级技能
冯红运	男	1158003001400161	四级/中级技能
韩金伟	男	1158003001400162	四级/中级技能
崔天文	女	1158003001400163	四级/中级技能
席蒙蒙	男	1158003001400164	四级/中级技能
刘军超	男	1158003001400165	四级/中级技能
林国强	男	1158003001400179	四级/中级技能
王馨葵	女	1158003001400187	四级/中级技能
蔚　锦	男	1158003001400186	四级/中级技能
樊海宽	男	1158003001400176	四级/中级技能
王祺昊	男	1158003001400184	四级/中级技能
申　通	男	1158003001400171	四级/中级技能
周　静	女	1158003001400175	四级/中级技能
毛绒舒	女	1158003001400185	四级/中级技能
崔小君	男	1158003001400183	四级/中级技能
林世春	男	1158003001400181	四级/中级技能

姓名	性别	证书号	级别
王玮琨	男	1158003001400169	四级/中级技能
彭占伟	男	1158003001400177	四级/中级技能
师振林	男	1158003001400182	四级/中级技能
赵 奇	男	1158003001400178	四级/中级技能
袁冠发	男	1158003001400173	四级/中级技能
肖建涛	男	1158003001400168	四级/中级技能
张春芳	男	1158003001400172	四级/中级技能
李江华	男	1158003001400180	四级/中级技能
胡 勇	男	1158003001400170	四级/中级技能
高 聪	男	1158003001400166	四级/中级技能
陈 阵	男	1158003001400167	四级/中级技能
翁中云	男	1158003001400174	四级/中级技能
田 寅	男	1158003001500057	五级/初级技能
冯 昊	男	1158003001500053	五级/初级技能
闫乃千	男	1158003001500062	五级/初级技能
王淼鑫	男	1158003001500063	五级/初级技能
王 坤	男	1158003001500051	五级/初级技能
王 黎	男	1158003001500052	五级/初级技能
王文凯	男	1158003001500046	五级/初级技能
安兆飞	男	1158003001500039	五级/初级技能
于亚群	女	1158003001500040	五级/初级技能
李帅苇	女	1158003001500041	五级/初级技能
王 帅	女	1158003001500042	五级/初级技能
董红荣	女	1158003001500043	五级/初级技能
杨婧萱	女	1158003001500044	五级/初级技能
张乐宁	男	1158003001500045	五级/初级技能
赵国强	男	1158003001500047	五级/初级技能
张振宇	男	1158003001500048	五级/初级技能
胡建兵	男	1158003001500049	五级/初级技能
贾佑俊	男	1158003001500050	五级/初级技能
郭 强	男	1158003001500054	五级/初级技能
许 滢	女	1158003001500055	五级/初级技能
莫明伟	男	1158003001500056	五级/初级技能
卢 龙	男	1158003001500058	五级/初级技能
庞 艳	女	1158003001500059	五级/初级技能

姓名	性别	证书号	级别
蔡裕琨	男	1158003001500060	五级/初级技能
王晶晶	女	1158003001500061	五级/初级技能
谷　洁	女	1158003001500064	五级/初级技能
安红梅	女	1158003001500065	五级/初级技能
赵　阳	女	1158003001500066	五级/初级技能
崔　立	男	1158003001500067	五级/初级技能
池星翰	男	1158003001500068	五级/初级技能
沈　超	男	1158003001500121	五级/初级技能
崔　旭	男	1158003001500107	五级/初级技能
康　妍	女	1158003001500097	五级/初级技能
刘腾飞	女	1158003001500105	五级/初级技能
吕　威	女	1158003001500109	五级/初级技能
汪春雷	男	1158003001500110	五级/初级技能
张祎凡	男	1158003001500124	五级/初级技能
王慧杰	女	1158003001500112	五级/初级技能
张博文	男	1158003001500122	五级/初级技能
孔令旭	男	1158003001500099	五级/初级技能
陈东东	男	1158003001500120	五级/初级技能
孙德卿	男	1158003001500108	五级/初级技能
陈永峰	男	1158003001500103	五级/初级技能
阎　杰	男	1158003001500115	五级/初级技能
刘　毅	男	1158003001500123	五级/初级技能
丁天鑫	男	1158003001500098	五级/初级技能
汤海涛	男	1158003001500100	五级/初级技能
孙启利	女	1158003001500101	五级/初级技能
崔鲁宁	男	1158003001500102	五级/初级技能
王　欢	男	1158003001500104	五级/初级技能
赵洪艳	女	1158003001500106	五级/初级技能
王金玉	女	1158003001500111	五级/初级技能
周国庆	男	1158003001500113	五级/初级技能
袁　超	男	1158003001500114	五级/初级技能
汪子涵	男	1158003001500116	五级/初级技能
田　宇	男	1158003001500117	五级/初级技能
吴　琼	女	1158003001500118	五级/初级技能
钟明（文）英	女	1158003001500119	五级/初级技能
唐柏杰	男	1158003001500033	五级/初级技能

姓名	性别	证书号	级别
王文明	男	1158003001500034	五级/初级技能
冯玉林	男	1158003001500031	五级/初级技能
张正煜	男	1158003001500032	五级/初级技能
王 超	男	1158003001500001	五级/初级技能
方 园	女	1158003001500002	五级/初级技能
白 锦	男	1158003001500003	五级/初级技能
刘丽丽	女	1158003001500004	五级/初级技能
王 东	男	1158003001500005	五级/初级技能
赵 琳	女	1158003001500007	五级/初级技能
刘海燕	女	1158003001500008	五级/初级技能
郝 静	女	1158003001500009	五级/初级技能
颜晓兰	女	1158003001500010	五级/初级技能
马甜甜	女	1158003001500011	五级/初级技能
贾永刚	男	1158003001500012	五级/初级技能
陆三军	男	1158003001500013	五级/初级技能
孙章涛	男	1158003001500014	五级/初级技能
王晶华	女	1158003001500015	五级/初级技能
马国龙	男	1158003001500016	五级/初级技能

广州鉴定站

姓　名	性别	证书号	级别
梁锐祥	男	1158003002100002	一级/高级技师
梁鉴辉	男	1158003002200007	二级/技师
蒋明阳	男	1158003002200001	二级/技师
薛卫东	男	1158003002200002	二级/技师
梁日安	男	1158003002200003	二级/技师
梁钊明	男	1158003002200004	二级/技师
袁　飞	男	1158003002200005	二级/技师
李冠龙	男	1158003002200006	二级/技师
肖浩铖	男	1158003002300008	三级/高级技能
林永贤	男	1158003002300006	三级/高级技能
韦海涛	男	1158003002300009	三级/高级技能
曾伟明	男	1158003002300010	三级/高级技能
任剑雄	男	1158003002300011	三级/高级技能
张红霞	女	1158003002300013	三级/高级技能
廖俊燊	男	1158003002300012	三级/高级技能
钟梓琼	男	1158003002300007	三级/高级技能
孙光伟	男	1158003002300014	三级/高级技能
王淑华	女	1158003002300015	三级/高级技能
李　燕	女	1158003002300016	三级/高级技能
李淑苓	女	1158003002300017	三级/高级技能
董相花	女	1158003002300018	三级/高级技能
李崇武	男	1158003002300005	三级/高级技能
詹骏斌	男	1158003002300004	三级/高级技能
彭智健	男	1158003002300003	三级/高级技能
杜　斌	男	1158003002300002	三级/高级技能
陈光达	男	1158003002300001	三级/高级技能
钟天龙	男	1158003002400018	四级/中级技能
何栢雁	男	1158003002400017	四级/中级技能
邓　俊	男	1158003002400016	四级/中级技能
汤伟权	男	1158003002400015	四级/中级技能
李国智	男	1158003002400014	四级/中级技能

姓　名	性别	证书号	级别
蒋林华	男	1158003002400013	四级/中级技能
谢应超	男	1158003002400012	四级/中级技能
张玉龙	男	1158003002400011	四级/中级技能
黄力泉	男	1158003002400010	四级/中级技能
吴云峰	男	1158003002400009	四级/中级技能
李嘉颖	男	1158003002400008	四级/中级技能
叶　亮	男	1158003002400007	四级/中级技能
罗　奇	男	1158003002400006	四级/中级技能
林树养	男	1158003002400005	四级/中级技能
陈学滨	男	1158003002400004	四级/中级技能
陶柏田	男	1158003002400003	四级/中级技能
唐琳琳	女	1158003002400002	四级/中级技能
戴宏军	男	1158003002400001	四级/中级技能
陈承龙	男	1158003002400023	四级/中级技能
陈宇雄	男	1158003002400020	四级/中级技能
林松滨	男	1158003002400019	四级/中级技能
张建华	男	1158003002400022	四级/中级技能
李　兢	男	1158003002400021	四级/中级技能
李　斌	男	1158003002400024	四级/中级技能
韩　冰	男	1158003002500011	五级/初级技能
陈晓杰	男	1158003002500012	五级/初级技能
邓力铭	男	1158003002500013	五级/初级技能
关斯敏	女	1158003002500014	五级/初级技能
侯成龙	男	1158003002500015	五级/初级技能
潘思贤	男	1158003002500016	五级/初级技能
黄　翔	男	1158003002500017	五级/初级技能
黄　耀	男	1158003002500018	五级/初级技能
李奇能	男	1158003002500019	五级/初级技能
任文乐	男	1158003002500020	五级/初级技能
朱　江	男	1158003002500021	五级/初级技能
谭金荣	男	1158003002500022	五级/初级技能
戴　乐	男	1158003002500023	五级/初级技能
张慧祥	男	1158003002500024	五级/初级技能
何　芳	女	1158003002500010	五级/初级技能
徐冠群	男	1158003002500026	五级/初级技能

姓　名	性别	证书号	级别
何展泓	男	1158003002500027	五级/初级技能
黄家敏	女	1158003002500028	五级/初级技能
吴　萍	女	1158003002500029	五级/初级技能
李昱幸	女	1158003002500030	五级/初级技能
张　荣	男	1158003002500031	五级/初级技能
贺　聪	女	1158003002500032	五级/初级技能
李梅花	女	1158003002500033	五级/初级技能
高利军	男	1158003002500034	五级/初级技能
莫艳双	男	1158003002500035	五级/初级技能
朱祥军	男	1158003002500025	五级/初级技能
夏建国	男	1158003002500039	五级/初级技能
彭森祥	男	1158003002500037	五级/初级技能
林进军	男	1158003002500038	五级/初级技能
欧海明	男	1158003002500036	五级/初级技能
张天枫	男	1158003002500040	五级/初级技能
黄翰聪	男	1158003002500042	五级/初级技能
刘建伟	男	1158003002500041	五级/初级技能
艾　伟	男	1158003002500043	五级/初级技能
曹　风	男	1158003002500044	五级/初级技能
陈　晨	男	1158003002500045	五级/初级技能
陈浩文	男	1158003002500046	五级/初级技能
梁健烘	男	1158003002500047	五级/初级技能
路　胜	男	1158003002500048	五级/初级技能
罗油华	男	1158003002500049	五级/初级技能
彭家健	男	1158003002500050	五级/初级技能
沈博文	男	1158003002500051	五级/初级技能
王国群	男	1158003002500052	五级/初级技能
袁萍蔚	女	1158003002500053	五级/初级技能
张榆枫	男	1158003002500054	五级/初级技能
赵继高	男	1158003002500055	五级/初级技能
周振彦	男	1158003002500056	五级/初级技能
朱　勇	男	1158003002500009	五级/初级技能
龚家伟	男	1158003002500008	五级/初级技能
何莲英	女	1158003002500007	五级/初级技能
孙　贝	女	1158003002500006	五级/初级技能
曹　健	男	1158003002500005	五级/初级技能

姓　名	性别	证书号	级别
唐治宇	男	1158003002500004	五级/初级技能
赵日高	男	1158003002500003	五级/初级技能
杨志杰	男	1158003002500002	五级/初级技能
刘　雨	男	1158003002500001	五级/初级技能

上海鉴定所

姓　名	性别	证书号	级别
孙志先	男	1158003001100038	一级/高级技师
王宗富	男	1158003001100039	一级/高级技师
胡新明	男	1158003001200009	二级/技师
顾飞跃	男	1158003001200008	二级/技师
揭珂珂	男	1158003001200006	二级/技师
彭　湃	男	1158003001200007	二级/技师
刘凯勤	男	1158003001200010	二级/技师
王启华	男	1158003001200004	二级/技师
杜志钟	男	1158003001200005	二级/技师
欧阳华清	男	1158003001300063	三级/高级技能
张美娟	女	1158003001300069	三级/高级技能
徐付春	男	1158003001300070	三级/高级技能
施霄鹏	男	1158003001300071	三级/高级技能
柳　杨	男	1158003001300067	三级/高级技能
应春林	女	1158003001300065	三级/高级技能
刘　军	男	1158003001300064	三级/高级技能
胡　浩	男	1158003001300072	三级/高级技能
陈绍俊	男	1158003001300062	三级/高级技能
伍海波	男	1158003001300068	三级/高级技能
潘明丽	女	1158003001300066	三级/高级技能
仇铃杰	男	1158003001300061	三级/高级技能
王晓东	男	1158003001300005	三级/高级技能
汪国俊	男	1158003001300008	三级/高级技能
区　帆	男	1158003001300004	三级/高级技能
孙骏杰	男	1158003001300006	三级/高级技能
张　政	男	1158003001300007	三级/高级技能
杨光永	男	1158003001300009	三级/高级技能
陈禹帆	男	1158003001400041	四级/中级技能
王淑雅	女	1158003001400042	四级/中级技能
董　梁	男	1158003001400043	四级/中级技能
周　彩	女	1158003001400105	四级/中级技能

姓　名	性别	证书号	级别
王大璋	男	1158003001400109	四级/中级技能
赵　伟	男	1158003001400104	四级/中级技能
马　瑞	男	1158003001400106	四级/中级技能
程　思	男	1158003001400118	四级/中级技能
曾　文	男	1158003001400117	四级/中级技能
曲　艺	男	1158003001400119	四级/中级技能
张　伟	男	1158003001400120	四级/中级技能
徐浩翔	男	1158003001400121	四级/中级技能
姚铁营	男	1158003001400122	四级/中级技能
李　林	男	1158003001400123	四级/中级技能
许鑫栋	男	1158003001400108	四级/中级技能
林梓渊	男	1158003001400116	四级/中级技能
吴哲龙	男	1158003001400107	四级/中级技能
高宝财	男	1158003001400115	四级/中级技能
王德宇	男	1158003001400110	四级/中级技能
刘兆勋	男	1158003001400111	四级/中级技能
尹　峰	女	1158003001400112	四级/中级技能
李明锴	男	1158003001400113	四级/中级技能
李　兵	男	1158003001400114	四级/中级技能
汤朝林	男	1158003001400103	四级/中级技能
王开新	男	1158003001500073	五级/初级技能
崔丁燕	女	1158003001500079	五级/初级技能
李海星	男	1158003001500091	五级/初级技能
李　淮	男	1158003001500088	五级/初级技能
杨　毅	男	1158003001500093	五级/初级技能
金　浩	男	1158003001500094	五级/初级技能
庞大考	男	1158003001500095	五级/初级技能
谢绵财	男	1158003001500069	五级/初级技能
林煌基	男	1158003001500090	五级/初级技能
王　博	男	1158003001500077	五级/初级技能
张家勇	男	1158003001500076	五级/初级技能
王　骋	男	1158003001500078	五级/初级技能
杨春平	男	1158003001500074	五级/初级技能
邓龙强	男	1158003001500072	五级/初级技能
全守营	男	1158003001500070	五级/初级技能

姓　名	性别	证书号	级别
李　斌	男	1158003001500080	五级/初级技能
孔　政	男	1158003001500081	五级/初级技能
阚林涛	男	1158003001500082	五级/初级技能
陈　跃	男	1158003001500083	五级/初级技能
刘　霞	女	1158003001500084	五级/初级技能
刘月月	女	1158003001500085	五级/初级技能
刘思佳	男	1158003001500086	五级/初级技能
丁建华	男	1158003001500087	五级/初级技能
顾玉丽	女	1158003001500096	五级/初级技能
许　扬	男	1158003001500071	五级/初级技能
杨　威	男	1158003001500092	五级/初级技能
杨　凯	男	1158003001500089	五级/初级技能
杨守彬	男	1158003001500075	五级/初级技能
黄圣宇	男	1158003001500030	五级/初级技能
徐　烨	男	1158003001500017	五级/初级技能
沈　超	男	1158003001500028	五级/初级技能
顾洁青	女	1158003001500019	五级/初级技能
孙大美	男	1158003001500025	五级/初级技能
李培青	男	1158003001500023	五级/初级技能
吴　倩	女	1158003001500024	五级/初级技能
于　涛	男	1158003001500027	五级/初级技能
孙　洁	女	1158003001500029	五级/初级技能
林宝家	男	1158003001500026	五级/初级技能
吴直信	男	1158003001500020	五级/初级技能
郭红玉	男	1158003001500021	五级/初级技能
吴直沛	男	1158003001500022	五级/初级技能
王永飞	男	1158003001500018	五级/初级技能

北京电子科技职业学院

姓名	性别	证书号	级别
王赛仑	男	1158003001400070	四级/中级技能
王新蕊	女	1158003001400071	四级/中级技能
曹　姝	女	1158003001400072	四级/中级技能
肖　伟	男	1158003001400073	四级/中级技能
焦鹏翰	男	1158003001400074	四级/中级技能
宋东冬	男	1158003001400075	四级/中级技能
陈宏海	男	1158003001400076	四级/中级技能
王　克	男	1158003001400077	四级/中级技能
周　腾	男	1158003001400078	四级/中级技能
孟东旭	女	1158003001400079	四级/中级技能
崔冰轮	女	1158003001400080	四级/中级技能
张　赫	男	1158003001400081	四级/中级技能
李　爽	女	1158003001400082	四级/中级技能
王　洁	女	1158003001400083	四级/中级技能
姚　磊	女	1158003001400084	四级/中级技能
隗小龙	男	1158003001400085	四级/中级技能
王心喆	男	1158003001400086	四级/中级技能
周　腾	女	1158003001400087	四级/中级技能
何海丽	女	1158003001400088	四级/中级技能
赵文乐	女	1158003001400089	四级/中级技能
温　泉	男	1158003001400090	四级/中级技能
朱　楠	男	1158003001500035	五级/初级技能
齐海洋	女	1158003001500036	五级/初级技能
赵雪丹	女	1158003001500037	五级/初级技能
李　辰	男	1158003001500038	五级/初级技能

北京联合大学特殊教育学院

姓名	性别	证书号	级别
郝　沁	女	1158003001300047	三级/高级技能
王　浩	男	1158003001300048	三级/高级技能
佟　俐	女	1158003001400091	四级/中级技能
田玉祥	男	1158003001400092	四级/中级技能
靳圣杰	男	1158003001400093	四级/中级技能
孟　健	男	1158003001400094	四级/中级技能
苏醒辰	男	1158003001400095	四级/中级技能
陈少华	男	1158003001400096	四级/中级技能
陈雪亮	男	1158003001400097	四级/中级技能
宋丹丹	女	1158003001400098	四级/中级技能

南京艺术学院流行音乐学院

姓名	性别	证书号	级别
黄　凯	男	1158003001300028	三级/高级技能
龚丽莎	女	1158003001300029	三级/高级技能
李斯斯	女	1158003001300030	三级/高级技能
杨　岚	女	1158003001300031	三级/高级技能
崔　茜	女	1158003001300032	三级/高级技能
李红立	女	1158003001300033	三级/高级技能
高　宇	男	1158003001300034	三级/高级技能
凌青松	男	1158003001300035	三级/高级技能
潘　博	女	1158003001300036	三级/高级技能
刘　霞	女	1158003001300037	三级/高级技能
陆　瑾	女	1158003001300038	三级/高级技能
朱　栋	男	1158003001300039	三级/高级技能
陈培千	男	1158003001300040	三级/高级技能
徐同鑫	男	1158003001300041	三级/高级技能
王梦婕	女	1158003001300042	三级/高级技能
何其永	男	1158003001300043	三级/高级技能
昌伟伟	男	1158003001300044	三级/高级技能
李小军	男	1158003001300045	三级/高级技能
苏　文	男	1158003001300046	三级/高级技能
陈侃轩	男	1158003001300096	三级/高级技能
陈磊磊	男	1158003001300097	三级/高级技能
陈全悦	女	1158003001300098	三级/高级技能
单方乾	男	1158003001300099	三级/高级技能
房　文	女	1158003001300100	三级/高级技能
高　畅	女	1158003001300101	三级/高级技能
高浩东	男	1158003001300102	三级/高级技能
黄　洁	女	1158003001300103	三级/高级技能
贾　珍	女	1158003001300104	三级/高级技能
李杭航	女	1158003001300105	三级/高级技能
鲁玥含	女	1158003001300106	三级/高级技能
佘静静	女	1158003001300107	三级/高级技能
申　倩	女	1158003001300108	三级/高级技能
石博超	男	1158003001300109	三级/高级技能
孙晓丹	女	1158003001300110	三级/高级技能

姓名	性别	证书号	级别
陶　闻	女	1158003001300111	三级/高级技能
王世萌	男	1158003001300112	三级/高级技能
吴伊伦	女	1158003001300113	三级/高级技能
吴雨霜	女	1158003001300114	三级/高级技能
邢亚捷	女	1158003001300115	三级/高级技能
许　尤	男	1158003001300116	三级/高级技能
杨　杨	女	1158003001300117	三级/高级技能
姚　旭	女	1158003001300118	三级/高级技能
于江辉	男	1158003001300119	三级/高级技能
于晓曈	女	1158003001300120	三级/高级技能
张艺卓	男	1158003001300121	三级/高级技能
赵小芳	女	1158003001300122	三级/高级技能
周　红	男	1158003001300123	三级/高级技能
朱　特	女	1158003001300124	三级/高级技能
孙宝寅	男	1158003001400056	四级/中级技能
杨悕铎	男	1158003001400057	四级/中级技能
季欣玮	女	1158003001400058	四级/中级技能
杨　倩	女	1158003001400059	四级/中级技能
张　妮	女	1158003001400060	四级/中级技能
邢益晨	男	1158003001400061	四级/中级技能
盛红梅	女	1158003001400062	四级/中级技能
孔晓龙	男	1158003001400063	四级/中级技能
王　星	女	1158003001400064	四级/中级技能
周晴晴	女	1158003001400065	四级/中级技能
殷　婕	女	1158003001400066	四级/中级技能
李倩清	女	1158003001400067	四级/中级技能
张　彦	男	1158003001400068	四级/中级技能
刘　博	男	1158003001400069	四级/中级技能
赵少白	男	1158003001400188	四级/中级技能

2011年通过提琴制作师
高级技师国家职业资格考核鉴定名单

2011年9月，提琴制作师首批高级技师国家职业资格考核鉴定按有关规定，经行业推荐、资格认证、专家评审和主管部门批准，有王志明等33人获得高级技师资格证书。

姓名	性别	证书号	级别
王志明	男	1158003001100007	一级/高级技师
胡雪平	男	1158003001100008	一级/高级技师
陈光敞	男	1158003001100019	一级/高级技师
蔡春方	男	1158003001100026	一级/高级技师
于 曼	男	1158003001100014	一级/高级技师
吴祖亮	男	1158003001100034	一级/高级技师
徐申养	男	1158003001100028	一级/高级技师
关尚持	男	1158003001100030	一级/高级技师
陈 劭	男	1158003001100031	一级/高级技师
陈钊明	男	1158003001100033	一级/高级技师
麦素梅	女	1158003001100035	一级/高级技师
谭建华	男	1158003001100037	一级/高级技师
刘庆阳	男	1158003001100018	一级/高级技师
魏崇德	男	1158003001100025	一级/高级技师
朱立军	男	1158003001100022	级/高级技师
华天礽	男	1158003001100020	一级/高级技师
王均宏	男	1158003001100023	一级/高级技师
赵世全	男	1158003001100013	一级/高级技师
单汝通	男	1158003001100016	一级/高级技师
冼保康	男	1158003001100011	一级/高级技师
陈龙根	男	1158003001100021	一级/高级技师
杜文林	男	1158003001100012	一级/高级技师
李伟明	男	1158003001100036	一级/高级技师
陈匡祥	男	1158003001100024	一级/高级技师
马荣弟	男	1158003001100027	一级/高级技师
徐长城	男	1158003001100032	一级/高级技师
张 安	男	1158003001100009	一级/高级技师
姜政一	男	1158003001100029	一级/高级技师

姓名	性别	证书号	级别
郑 荃	男	1158003001100006	一级/高级技师
刘崇余	男	1158003001100010	一级/高级技师
张国良	男	1158003001100015	一级/高级技师
陈 婷	女	1158003001100017	一级/高级技师
徐永成	男	1158003002100001	一级/高级技师

信息检测标准

中国乐器协会信息部2011年工作总结

2011年是我国“十二五发展规划”开局之年，也是21世纪我国重要战略机遇期第二个10年的开启之年。这一年，面对复杂多变的国内外政治经济形势，全国各族人民牢牢抓住科学发展这个主题和加快转变经济发展方式这条主线，取得了社会主义经济建设和社会建设的新成绩，实现了“十二五”时期良好开端。中国乐器协会信息部作为行业的媒体和喉舌，始终密切关注行业发展，以扩大和提高乐器行业在国民经济和社会发展中的影响力为宗旨，努力为政府、行业、企业做好各项信息服务和宣传报导工作，通过多元化发展，努力提升行业信息服务水平！

1、不断推进信息平台建设

协会信息平台主要由《中国乐器》杂志、《中国乐器年鉴》、《中国乐器协会会员通讯录》及“中国乐器协会网”等信息媒体构成。

从2003年1月到2011年4月，《中国乐器》走过了发行百期历程。《中国乐器》作为中国乐器协会的会刊，以“宣传行业、记录行业、服务行业、引导行业”为宗旨，她以独特的视角，见证着中国乐器行业的繁荣和发展过程中的每一历史事件和企业的每一点成功和喜悦。《中国乐器》杂志今天已经成为国内外乐器行业了解行业发展历史、现状、趋势，解读国家相关政策，探索企业发展方向的重要参考依据，从而受到了国内外音乐界与乐器行业的关注和肯定。

自2011年起《中国乐器年鉴》改版为每年出版一卷，受到了广大读者的欢迎。《年鉴》以准确、系统、翔实的资料，记录了2011年度乐器行业的主要事件、重要信息和数据资料。目前，《年鉴》已经逐渐成为全面、系统、连续记载和宣传乐器行业发展成就的主要工具书，是分析形势和了解现状的重要参考资料，同时，也成为了协会向国内外进行交流的载体和窗口。

2011年，中国乐器协会网进行全新改版，全新的中国乐器协会网站已于年底测试上线，新网站的功能不断完善和增强,为会员及广大网友提供更为方便快捷的服务,成为协会与会员、网友沟通交流的重要平台。新版网站在强化发布信息、数据等功能基础上,优化了《中国乐器》、《中国乐器年鉴》电子版的功能,用户可以根据自己不同需求第一时间进行下载和阅读。同时新的网站更注重用户体验，通过友好的界面和人性化的版面设计,用户可对发布的信息发表评论。

2、建立协会信息外联窗口

2011年，信息部继续建立与国外有关音乐乐器机构相互联系的有效机制，在信息上相互传递，在工作上相互合作。对外合作项目除了继续与美国国际音乐制品协会共同组织上海乐器展的NAMM大学课程；《中国乐器》杂志与日本《音乐贸易》、《MMR》等杂志实现互换；向NAMM提供中国乐器年度产业经济数据,纳入《全球乐器报告》编辑工作等工作。除此之外，10月12日，中国乐器协会与欧洲音乐产业联盟（CAFIM）组织会谈及新闻发布会，并签订合作备忘录。双方共同组织知识产权保护工作小组，就乐器行业品牌、商标、专利等知识产权方面的问题建立沟通合作，为双方会员单位和各国同行提供有关协调、咨询和服务。

3、做好信息采集工作

坚持与国家统计局、海关总署及海外媒体广泛合作，全面掌握乐器进出口和规模以上乐器生产企业主要经济指标，动态了解乐器行业宏观经济发展概况，及时将行业及市场信息通过杂志、网站向行业传递发布；通过年度或者是半年度的电话采访，掌握一个时间段的乐器经营生产形势，并写出乐器经济分析报告在杂志和网站上发布；定期对乐器行业发展的各个历史阶段进行较为详细的总结和评述，积极参加行业、企业的各项重大活动，及时跟踪报道。2011年，发布中外行业数据79项、行业信息113条、企业信息192条，海外信息76条。

4、发挥行业内通讯员作用

为了加强乐器行业、企业信息交流与合作，密切协会与会员的沟通，充分发挥行业信息网络的作用，2011年初，中国乐器协会建立特约通讯员队伍，企业通讯员作用进一步发挥，积极承接协会及行业媒体约稿和信息采集、调研任务，收集和反馈有关信息，及时提出改进信息工作的意见和建议，做好本企业信息采集、编写和报送工作。投稿量明显增加，上海民乐一厂、河北秦川琴行、柏斯琴行等单位刊登稿件都在20篇以上。

5、行业内信息整合

2011年，协会信息部按照“合作共赢，资源共享”的指导思想，与音乐教育培训，音乐表演等单位建立起友好合作关系，与《乐器》、《中外乐器信息》等杂志以及“中国乐器网”、“全球乐器网”、“中华乐器网”、“星夜钢琴网”等建立起密切沟通，积极合作，优势互补的关系。与音乐周报合作办好《乐器》专版外，又与中国音协管乐学会合作在《中国乐器》杂志上开设“中国管乐”专栏。

6、积极支持企业品牌建设

协会积极支持企业品牌建设，大力宣传行业知名品牌和优秀企业，2011年继续开展轻工行业（乐器）10强、乐器行业50强评选活动，认真总结行业企业的宝贵经验。在推进名牌战略评选，“中国驰名商标”以及省市名牌产品，著名商标中，及时向有关部门提供企业背景资料，并对入选企业进行宣传报导，以正面宣传应对社会上一些盈利性的评选活动，营造客观公正的市场环境，引导客户理性消费，扩大品牌企业的影响力，有力地促进了乐器行业在社会上整体形象的提高。

国家轻工业乐器信息中心2011年工作总结

2011年初出台的国家“十二五”规划，提出“要将文化产业发展成为国民经济支柱产业”。10月，党的十七届六中全会审议通过了《中共中央关于深化文化体制改革、推动社会主义文化大发展大繁荣若干重大问题的决定》，再次强调“加快发展文化产业、推动文化产业成为国民经济支柱性产业”。文化产业在未来五年内占GDP的比重将由目前的2.5%上升至5%以上，文化产业在国民经济中的地位将会不断强化，产业规模将继续扩大，而产业发展增速也将加快。乐器行业是基于音乐文化产业发展的工业制造业，文化产业的大发展势必为乐器行业发展带来更大机遇，而作为行业传媒机构的乐器信息中心也应在国家文化产业发展过程中焕发勃勃生机，创新发展乐器传媒！

借助国家大力发展文化产业的历史机遇，2011年，乐器信息中心制定完善了中心的“十二五”发展规划，提出了以“刊物出版”、“网站建设”、“综合业务”三大板块为载体的乐器行业信息平台建设计划，要求全体人员围绕乐器行业的产品与技术进步开展工作，挖掘新闻、宣传新品、倡导创新。通过一年的工作实践，信息中心围绕“刊物、网站、综合业务”三个中心平台开展相关工作的思路得到良好贯彻，2011年的立项规划均已完成或按既定时间表进入收尾阶段。

1、科研项目与调查报告工作

（1）《中华人民共和国民族乐器改革研究（1949—2009）》课题立项与结题出书

2011年初，在北京市科委科研资金支持下，乐器信息中心组织专人与行业相关领域专家共同确定并申报了“有关中国传统民族乐器的改革工作”的研究课题项目，并制定了科研成果结集出版计划。一年间，科研小组通过搜集整理各类原始资料、走访专家和亲历者、召开专题座谈研讨会、公开征集相关图文资料等多种方式，对新中国成立至今的中国民族乐器改革与发展工作进行了全面地梳理与总结，对中国民族乐器改革工作存在的必要性、历史功绩、存在问题等给予了较为客观的评价和深入探讨，对新时期的传统民族乐器创新发展提出了有益的探索。此项课题汇编整理形成文字资料20余万字、图片资料200余幅，于2011年12月由中国大百科全书出版社出版发行《中华人民共和国民族乐器改革研究（1949-2009）》一书。

（2）继续对浙江德清钢琴产业、华南乐器工业带、东北乐器产业圈的跟踪调研

在2010年探索开展行业调研工作基础上，2011年乐器信息中心将这一工作引向深入，并采取研究资料、现场走访、实地考察等多种方法对调查对象进行综合研究，在与当地乐器企业、政府部门和质检机构的深入接触中，全面了解和掌握乐器行业重点发展区域的行业现状，并形成走访报告，及时通报行业发展走势。

2、媒体出版与信息建设工作

2011年，信息中心在内部建设上，实施了以“期刊、网络、综合业务”的三位一体为基础的业务结构调整，在经营模式上，探索开展与结构调整相适应的“三足鼎立”经营模式。通过对宣传推广业务的分解策划与整体实施，力求为客户提供全面的信息咨询与宣传推广服务，逐步提升行业媒体的服务水平与社会影响力。

（1）信息中心常规工作完成情况

①期刊工作：全年经营出版《乐器》杂志96000册，制作发行内部刊物《中外乐器信息》36000册。与专业技术组织、会议组委会等合作，在期刊中制作推出“科技论文特辑”、“音乐节特别报道”等主题策划，按照国家新闻出版法律法规规范期刊出版工作，坚持刊物在推广乐器技术领域的窗口作用，扩大期刊的社会知名度。

②网络工作：“中国乐器信息网”2011新版上线，开设“新产品”、“海外资讯”等新栏目，由专职编辑负责栏目管理与更新，开展网上的乐器新品与企业品牌推广、电子期刊定向投递业务等，扩大乐器传媒的信息覆盖面，提升信息传播速度。

③综合业务：★组织编写《中华人民共和国民族乐器改革研究（1949-2009）》一书，联系出版发行，筹备课题鉴定与图书推介会。★主办“第九届（广州）国际专业音响灯光乐器展览会”，其中乐器行业展馆面积达1.8万平方米，展商252家，比上年增长64%，国内外专业观众数量总计35128名，同比增长37%。★主持召开“民族乐器改革发展专家研讨会”，与科研课题相结合开展专家研讨。★组织开展信息媒体业务知识、乐器演奏基本技法、音乐艺术基础理论等相关学科的集中讲座与学习课程。★参与乐器制造企业、乐器经营单位、音乐艺术机构的宣传报道与推广策划等工作。

（2）信息化建设情况

①2011年，乐器信息中心扩充发展网络信息平台，与网络技术公司共同完成“中国乐器信息网”升级改造任务，合理网站布局，增加查询服务功能，严格行业论坛的备案管理。

②更新《中国乐器制造商数据库》、《中国乐器商业数据库》、《乐器相关资源数据库》等信息资源管理，制作《乐器研制技术资料库》，开发《中国乐器业年度专利技术与新品库》。

作为中国乐器行业专业从事信息技术服务的传媒机构，国家轻工业乐器信息中心要抓住国家推进文化产业发展的有利时机，深度挖掘乐器产业、新闻媒体与文化创意产业的相互联系，积极探索开发与乐器产业发展相关的文化项目与创意推广，以行业信息媒体的平台，拓展行业信息服务领域与深度，增加服务项目，提升服务水平，提升乐器信息中心的品牌辐射力与文化推广价值。

国家轻工业乐器质量监督检测中心 2011年工作总结

在检测中心全体职工的共同努力下，检测中心已按2011年初制定的工作计划基本完成了全年度工作任务，顺利完成全年各项经济指标。具体情况如下。

一、产品质量检测工作

2011年，检测中心共检测各类乐器产品320件，向社会出具《检测报告》300份，同比2010年度检测数量增加近40%。主要完成了对北京星海钢琴集团有限公司前三季度钢琴、管乐器以及民族乐器等各类产品的质量检测，检测结果良好，各项指标合格率达99%；并对其产品质量状况进行分析、总结，及时与星海公司进行密切沟通。另外，完成了对上海、江苏、浙江等地区的钢琴产品以及对河北地区民族乐器产品的现场抽样检测；其中，在针对浙江省德清地区40余家钢琴企业的专项检测中，我们还邀请到了我国著名钢琴演奏家进行了针对每台产品的主观鉴定和现场点评，受到参检企业的广泛好评。9月份，检测中心联合中国乐器协会共同组织完成了“2011年度中国西管乐器制作比赛”活动。此外，检测中心还将在年底前完成对星海公司第四季度、东北、山东、广东以及福建等地的钢琴产品现场检测工作。

二、实验室资质及运行情况

3月份，检测中心完成了国家认监委实验室资质认定/计量认证的复评审工作；8月份，接受了中国合格评定委员会（CNAS）对乐器检测中心获证后的首次监督＋扩项评审。以上两次评审结果良好，实验室体系运行状况平稳、正常。

三、科研项目完成情况

随着“十二五”规划内容的逐步落实，北京市科委、控股公司和一轻研究院各级领导及乐器所领导对科研工作非常重视，同时对检测中心的科研投入力度不断加大；结合《乐器有害物质限值》国家标准实施进程的不断加快，检测中心对所涉及到的相关检测设施、环境条件情况也进行了及时跟进。通过前期进行的大量考察和调研，6月份检测中心与上海科绿特环境科技有限公司签订了总金额为76.5万元设备设施建造、采购合同。此次采购的设备设施主要有15M3 VOC检测环境实验舱、气象色谱仪、分光光度仪等大型设备以及配套所需的各类设备。同时检测中心已对现有实验室环境进行了总体规划，建造环境已准备完成。届时，我中心将成为我国乐器行业唯一拥有可满足乐器产品有害物质释放量检测手段的实验室。为检测中心在全行业权威地位及品质的提升奠定了坚实的基础。

四、信息化建设情况

检测中心继续加强职能观念转变，提高服务意识以满足市场经济需要，广泛开拓思路，年初开始进行了中心网站重建，增加服务内容，开设专业版块进行广泛的质量意识宣传、网上技术交流、凡经我中心检测合格的产品，进行实时播报等服务功能。目前，网站运行状况良好，这种形式也得到了全国乐器行业各类企业的认可和好评。

国家轻工业乐器质量监督检测中心（广州站）2011年工作总结

2011年，是我检测中心成立10周年。在检测中心的全体人员同心协力下，将各项工作有序的完成。如委托检测、监督检测、出口产品商检和新产品检测等等。检测工作都是数量多，时间紧的情况下完成的。另外，我们还负责标准化的一系列工作。

一、检测工作

1．周期检测方面：为配合珠江集团公司产品的开发和对质量的控制，使产品检验能覆盖整个产品系列，今年钢琴的周期检测每月3台，全年共周期检测立式和三角钢琴及击弦机30台。

2．新产品检测方面：今年珠江集团公司开发的新产品KA系列和京珠系列增多，新产品的检验也随之增多，全年共检测41台。

3．配件检测方面：为配合珠江集团集团公司的新产品开发和新材料的开发应用，进行盐雾试验、琴弦拉力试验，为技术改造和技术创新提供可靠的数据。全年完成检测报告共23份

4．监督检测方面：根据广州市质量技术监督局2011年的监督抽查计划，我们对钢琴、吉它、提琴系列（特别新标准的）、管乐等产品进行监督抽查，按时完成抽检任务，提交检测报告共22份。

5．产品验证方面：受广州罗曼士琴弦公司委托，对其企业标准做产品验证的工作。

6．进出口检验方面：进出口检验时间十分紧，一贯是加班加点的积极做好进出口检验检疫局委托的出口乐器检测工作，不影响产品出口。

二、标准的制定、修订、审查工作

我中心主持完成了《吉他弦》、《提琴弦》、《琴弦通用技术条件》3项行业标准的制定、修订和1项广州市企业乐器产品备案标准审查工作。

在标准制、修订工作方面，我中心成立了标准起草工作组，负责标准文本的起草、编制、数据试验、验证等诸项工作。同时我中心还会同全国乐器标准化中心广泛收集广州琴弦厂、广州罗曼士乐器制造有限公司等主要琴弦生产厂家生产的提琴弦产品进行测试和验证，并收集国内主要提琴弦生产厂的企业标准进行分析对比，对标准中的产品分类、技术要求、测试方法、检验规则及标志、包装、运输、贮存进行逐一讨论和研究，编写出标准草案，公开征求业内各方面意见，并根据目前国内琴弦生产的实际情况，以及相关的法律法规要求，对标准草案进行修改，提出标准送审稿。

在标准审查工作方面，我中心组织具有丰富经验乐器专家和技术人员成立标准审查组，对广州市罗曼士乐器制造有限公司产品企业标准《吉他琴弦》的各项技术指标以及有关规定要求进行了审查并提出修改意见，使该标准顺利通过广州市标准备案。

三、职业技能培训、鉴定工作

为了进一步做好职业技能培训和鉴定工作，今年我们做了如下工作：

1．按计划完成全年两期的技能鉴定工作，做好资格审核工作，组织做好考试、改卷、成绩计算、网站成绩上传、成绩及鉴定材料上报等工作。

2．按计划完成全年两期技能培训工作，今年招生工作开设了网上咨询，效果明显，两期的招生人数均超过了场地的极限。

3．按计划进行全年3期的钢琴调律师培训教学工作。

4．临时增加8月珠江钢琴经销商培训和12月珠江钢琴技能提高班培训。

5．继续做好培训教学和学员管理工作，特别是定期对学员宿舍进行防火、安全、卫生监督检查，发现问题，及时进行整改，防止事故发生。加强对学员的管理。

四、2012年的工作计划

继续做好为各企业公司的产品质量检测工作。在进行周期检测的基础上，严格把好质量关，促使各产品注重产品质量，使产品质量更上一个台阶。

做好省、市术技监督局的定期质量监督检验工作。

充分调动人员和积极性，加强标准学习和检测训练，熟练检测技能，使更多人员掌握更多的检测方法。

积极开发国家标准、行业标准制修订工作。

全国乐器标准化技术委员会 2011年工作总结

2011年11月,全国乐器标准化技术委员会在广东珠海召开年度工作会议。本次年度会议的主要内容是：1.2011年乐器标委会年度工作总结；2.审议秘书处提出调整委员职务、增补和解聘委员的建议；3.通报2011年乐器标准工作完成情况和2012年乐器标准工作重点；4.审定19项乐器行业标准。

现将有关情况报告如下。

一、2011年全国乐器标委会主要完成以下工作

一是完成了国家标准委、国家工信部、中轻联等有关部门下达的26项乐器标准项目（附件1）。2011年全国乐器标准化技术委员会共完成制修订乐器各级、各类标准26项，其中制定国家标准2项，行业标准9项；修订行业标准15项（附件2）。共有12家单位、51人次参加了上述标准项目的制修订工作。分别为：武汉艾立卡电子有限公司、北京乐器研究所、广州珠江钢琴集团股份有限公司、国家轻工业乐器质量监督检测中心（广州）、福州和声钢琴集团有限公司、上海民族乐器一厂、得理电子（珠海）有限公司、得理电子（深圳）有限公司、得理电子（上海）有限公司、北京管乐器厂、天津津宝乐器有限公司、河北金音乐器集团有限公司等。目前已完成7项标准报批工作，其余19项正处在报批阶段。全国乐器标委会秘书处作为协调单位参加了上述标准全部阶段的各项工作。另根据国家标准委《2011年国家标准项目立项指南》的要求和工作部署，秘书处依据已形成的《乐器标准体系》，在对行业现状进行了分析并在广泛征求行业意见后，向国家标准化主管部门申报了2012年国家、行业标准制定的项目计划，共计13项（附件3）。主要涉及通用基础、方法、产品标准，包括：乐器基础类标准1项；方法类标准1项；提琴类标准5项；钢琴类标准1项；电鸣乐器类标准4项；气鸣乐器类标准1项。这些标准项目计划如得到标准化主管部门批准，将主要由广州珠江钢琴集团股份有限公司、国家轻工业乐器质量监督检测中心（广州）、武汉艾立卡电子有限公司、宁波森隆乐器股份有限公司、上海邦加琴业有限公司、吟飞科技（江苏）有限公司、江苏天鹅乐器有限公司、江苏奇美乐器有限公司、北京乐器研究所等单位分别承担起草工作，并于2012年底前完成标准起草、数据验证和报批工作。

二是按照国家工信部、中轻联关于“全面清理行业标准及开展行业标准复审工作的要求”的部署，继续对乐器行业标准项目进行全面梳理。在2010年对乐器行业标准进行复审时，共清理出有48项行业标准的标龄距今在5年以上，乐器标委会对这48项行业进行分析和征求行业意见后，提出11项乐器行业标准为继续有效，修订37项乐器行业标准的复审结论，并已在2010和2011年完成了31项乐器行业标准的修订工作，余下6项已在2011年提出了申报并已获批准。乐器标委会将按照上级要求，继续做好本专业行业标准的复审工作，力争将乐器行业标准的标龄控制在5年以下。

三是根据工作需要及加强乐器标委会的自身建设，并依据国家标准委《全国专业标准化技术委会管理规定》和《全国乐器标准化技术委员会章程》的有关规定，经中国乐器协会、全国乐器标准化技术委员会共同协商及全国乐器标委会主任委员、秘书长办公会议研究，秘书处提出对部分委员进行调整、增补和解聘方案的建议，该调整、增补和解聘方案已在本年度工作会议上提交全体委员审议通过。

四是全国乐器标委会在本年度（7月、11月）组织开展了两次有较大范围的活动，分批次对今年列入计划的26项国家、行业标准进行了审定，委员参加活动的出席率达到了75.6%。

二、2011年完成乐器各项国家、行业标准制修订情况

1.完成《乐器有害物质限量》国家标准的制定

《乐器有害物质限量》国家标准的制定具有广泛的针对性和重要意义，该标准明确了乐器产品对环境、健康、贸易等领域的要求。标准中所确定的内容是必要的，符合乐器行业和使用实际，具有可操作性。为了完成该项标准的起草和制定工作，乐器标委会会同起草工作组在咨询有关专家和相关单位的支持下，做了大量的数据实验和先后召开了五次会议进行了实证，分别对该标准所表述的各项内容进行了充分的论证和修改，并最终达成一致，得到了行业认可。经乐器标委会和各委员审定通过的该项标准，体现了乐器行业对社会、对保护消费者利益是认真负责的。

2.《电鸣乐器类》标准的制定和修订

完成《电鸣乐器类》共7项，其中制定国家标准1项，制定行业标准5项，修订1项 。电鸣乐器作为乐器行业重要组成，上世纪80年代开始已在我国普遍应用，但目前在我国乐器标准体系框架中，电鸣乐器门类标准列项已有30多项，而已形成标准文本的不过5、6项。因此加快制定电鸣乐器标准，填补我国此类标准缺失和解决无标准可依的现状，是今后乐器标委会工作的重要任务。

3.《民族气鸣乐器类》行业标准的修订

根据国家对标龄在5年以上应进行复审的工作部署，目前乐器标委会已完成了对经过复审需要修订的5项《民族气鸣类乐器》行业标准的审定和报批工作。

4.《西管乐器类》行业标准的制修订

完成《西管乐器类》标准的制修订共12项，其中修订基础通用标准2项、产品标准7项，制定产品标准3项。通过12项西管乐器基础标准和产品标准的制修订，不但增加了符合现阶段实际生产和使用要求以及质量指标，解决了标准滞后的问题，并补齐了西管乐器系列标准中中、低音类产品标准的空缺。

5.《钢琴弦》行业标准

目前，乐器行业尚没有钢琴专用的钢丝弦标准，更没有对钢琴弦具体的性能要求，而国外也没有一个相应的标准，造成了产品交收无标可依的局面。制定本标准，不但能解决进口钢琴弦商检的问题，对国内钢琴弦的生产具有指导意义，同时亦填补了乐器标准体系中乐器零部件产品标准的空白。

三、2011年乐器标委会财务状况（见秘书处设置单位财务报表）

附件1：2011年度乐器标准制修订项目名称表

附件2：2011年完成乐器行业制修订标准项目汇总表

附件3：2012年拟申报乐器行业标准制修订项目计划表

附件1：2011年度乐器标准制修订项目名称表

序号	项目名称	标准级别	标准性质	标准类别	制定修订
1	乐器有害物质限量	国家	推荐	基础	制定
2	电鸣乐器压缩与扩展类音效装置通用技术条件	国家	推荐	基础	制定
3	民族气鸣乐器通用技术条件	行业	推荐	基础	修订
4	唇振动气鸣乐器通用技术条件	行业	推荐	基础	修订
5	簧管气鸣乐器通用技术条件	行业	推荐	基础	修订
6	电鸣乐器用效果器通用技术条件	行业	推荐	基础	制定
7	键盘乐器用音音箱	行业	推荐	产品	制定
8	电子鼓用音箱	行业	推荐	产品	制定
9	电鸣乐器放音设备 多功能音箱	行业	推荐	产品	制定
10	电鸣乐器放音设备 吉他音箱	行业	推荐	产品	制定
11	电子钢琴	行业	推荐	产品	修订
12	笛子	行业	推荐	产品	修订
13	笙	行业	推荐	产品	修订
14	箫	行业	推荐	产品	修订
15	唢呐	行业	推荐	产品	修订
16	小号	行业	推荐	产品	修订
17	园号	行业	推荐	产品	修订
18	长号	行业	推荐	产品	制定
19	中音号	行业	推荐	产品	制定
20	低音号	行业	推荐	产品	制定
21	长笛 短笛	行业	推荐	产品	修订
22	单簧管	行业	推荐	产品	修订
23	高音双簧管	行业	推荐	产品	修订
24	低音双簧管	行业	推荐	产品	修订
25	萨克斯风	行业	推荐	产品	修订
26	钢琴弦	行业	推荐	辅助	制定

附件2：2011年完成乐器行业制修订标准项目汇总表

标准类别	国家标准	行业标准	合计制修订数
基础、方法标准	2	6	8
产品标准	——	18	18
总计	2	24	26

附件3：2011年～2012年拟申报乐器国家、行业标准制修订项目计划表

序号	项目名称	标准级别	标准性质	标准类别	制定修订
1	乐器声学品质评价方法	国家	推荐	基础	制定
2	乐器音乐信号采集规范	国家	推荐	基础	制定
3	提琴弓通用技术条件制定	行业	推荐	基础	修订
4	4/4小提琴	行业	推荐	产品	修订
5	4/4大提琴	行业	推荐	产品	修订
6	4/4小提琴弓	行业	推荐	产品	修订
7	4/4大提琴弓	行业	推荐	产品	修订
8	钢琴击弦机	行业	推荐	产品	修订
9	电子管风琴	行业	推荐	产品	制定
10	电鸣乐器电声性能测量方法	行业	推荐	产品	制定
11	电鸣乐器电源适配器通用技术条件	行业	推荐	产品	制定
12	电鸣乐器放音设备 踏板控制器通用技术条件	行业	推荐	产品	制定
13	半音阶口琴	行业	推荐	产品	制定
14	口风琴	行业	推荐	产品	修订
15	手风琴通用技术条件	行业	推荐	基础	修订
16	爵士鼓	行业	推荐	产品	修订
17	吉他	行业	推荐	产品	修订
18	电吉他	行业	推荐	产品	修订

《中华人民共和国国家、行业标准（轻工）目录》乐器部分

国家标准

序号	标准编号及年代号	标准名称
1	GB/T 10159—2008	钢琴
2	GB/T 12105—2007	电子琴通用技术条件
3	GB/T 12106—2007	电子琴的环境试验要求和试验方法
4	GB/T 23146—2008	十二平均律的频率与音分的计算
5	GB/T 23151—2008	乐器产品使用说明的编制原则
6	GB/T 23173—2008	乐器分类

序号	标准编号及年代号	标准名称
7	GB/T 25454—2010	电鸣乐器均衡类音效装置通用技术条件
8	GB/T 25455—2010	电鸣乐器放音设备 设备音乐性能评价规范
9	GB/T 25456—2010	钢琴用毡
10	GB/T 25457—2010	钢琴弦轴板

行业标准

序号	标准编号及年代号	标准名称
1	QB/T 1153—2006	吉他
2	QB/T 1207.1—2011	民族弦鸣乐器通用技术条件
3	QB/T 1207.2—2011	琵琶
4	QB/T 1207.3—2011	筝
5	QB/T 1207.4—2011	阮
6	QB/T 1207.5—2011	三弦
7	QB/T 1207.6—2011	月琴
8	QB/T 1207.7—2011	京胡
9	QB/T 1207.8—2011	二胡
10	QB/T 1298—2006	手风琴通用技术条件
11	QB/T 1299—2011	口琴
12	QB/T 1477—2003	电子钢琴
13	QB/T 1657.1—2002	唇振动气鸣乐器通用技术条件
14	QB/T 1657.2—2002	小号
15	QB/T 1657.3—2002	圆号
16	QB/T 1657.4—2002	长号
17	QB/T 1657.5—2002	中音号
18	QB/T 1657.6—2002	低音号
19	QB/T 1658.1—2002	簧管气鸣乐器通用技术条件
20	QB/T1658.2—2002	长笛 短笛
21	QB/T 1658.3—2002	单簧管
22	QB/T 1658.4—2002	高音双簧管
23	QB/T 1658.5—2002	低音双簧管
24	QB/T 1658.6—2002	萨克斯管
25	QB/T 1817—2010	琴弦通用技术条件
26	QB/T 1818—2010	提琴弦
27	QB/T 1947.1—1994	民族气鸣乐器通用技术条件
28	QB/T 1947.2—1994	笛子

序号	标准编号及年代号	标准名称
29	QB/T 1947.3—1994	笙
30	QB/T 1947.4—1994	箫
31	QB/T 1947.5—1994	唢呐
32	QB/T 1948—2011	柳琴
33	QB/T 1949—2011	扬琴
34	QB/T 1984—2010	风琴
35	QB/T 1985—2010	风琴音簧
36	QB 2100—2007	十二平均律音名标注方法
37	QB/T 2167—2003	4/4小提琴
38	QB/T 2168—2003	4/4小提琴弓
39	QB/T 2169—2006	电吉他
40	QB/T 2175.1—2009	响铜体鸣乐器通用技术条件
41	QB/T2175.2—2009	虎音锣
42	QB/T 2175.3—2009	武锣
43	QB/T 2175.4—2009	苏锣
44	QB/T 2175.5—2009	手锣
45	QB/T 2175.6—12009	抄锣
46	QB/T 2175.7—2009	水镲
47	QB/T 2175.8—2009	吊镲
48	QB/T 2175.9—2009	军镲
49	QB/T 2279—2004	钢琴击弦机
50	QB/T 2417—2011	校音器
51	QB/T 2444—2010	钢琴零部件名称
52	QB/T 2587—2003	4/4大提琴
53	QB/T 2607—2003	提琴弓通用技术条件
54	QB/T 2663—2004	4/4大提琴弓
55	QB/T 2740—2005	口风琴
56	QB/T 4131—2010	键盘乐器键宽尺寸系列
57	QB/T 2838—2006	爵士鼓
58	QB/T 2841—2007	乐器调音装置准确度级判定
59	QB/T 2916—2007	自由低音手风琴
60	QB/T 2978—2008	钢琴音板
61	QB/T 2979—2008	乐器用材 钢琴锯材
62	QB/T 4014—2010	电子鼓通用技术条件
63	QB/T 4015—2010	MIDI键盘通用技术条件
64	QB/T 4016—2010	中提琴弓

序号	标准编号及年代号	标准名称
65	QB/T 4017—2010	倍大提琴弓
66	QB/T 4018—2010	倍大提琴
67	QB/T 4019—2010	中提琴
68	QB/T 4129—2010	吉他弦
69	QB/T 4130—2010	竖笛
70	QB/T 4181—2011	古琴
71	QB/T 4220—2011	乐器用材 提琴锯材

全国乐器标准化技术委员会秘书处 提供

名牌产品

乐器产品获中国驰名商标，国家、省（市）级名牌产品、著名商标名录

<table>
<tr><th colspan="2">分类</th><th>品牌(商标)名称</th><th>企业名称</th><th>产品类别</th></tr>
<tr><td colspan="2" rowspan="4">中国名牌产品</td><td>珠江</td><td>广州珠江钢琴集团股份有限公司</td><td>钢琴</td></tr>
<tr><td>星海</td><td>北京星海钢琴集团有限公司</td><td>钢琴</td></tr>
<tr><td>Nordiska</td><td>营口东北钢琴（集团）公司</td><td>钢琴</td></tr>
<tr><td>HAILUN</td><td>海伦钢琴股份有限公司</td><td>钢琴</td></tr>
<tr><td colspan="2" rowspan="11">中国驰名商标</td><td>珠江</td><td>广州珠江钢琴集团股份有限公司</td><td>钢琴</td></tr>
<tr><td>星海XINGHAI及图</td><td>北京星海钢琴集团有限公司</td><td>钢琴</td></tr>
<tr><td>津宝及图</td><td>天津津宝乐器有限公司</td><td>爵士鼓、军鼓、萨克斯</td></tr>
<tr><td>Taishan</td><td>山东泰山管乐器有限公司</td><td>管乐器</td></tr>
<tr><td>嘉德威</td><td>杭州嘉德威钢琴有限公司</td><td>钢琴</td></tr>
<tr><td>金杯及图</td><td>江阴市金杯乐器有限公司</td><td>手风琴、簧（管）乐器等</td></tr>
<tr><td>凤灵fitness及图</td><td>泰兴凤灵乐器有限公司</td><td>小提琴、中提琴等</td></tr>
<tr><td>ORIENT</td><td>宁波森隆乐器股份有限公司</td><td>钢琴配件</td></tr>
<tr><td>YAMAHA及图</td><td>雅马哈株式会社</td><td>钢琴</td></tr>
<tr><td>奇美</td><td>江苏奇美乐器有限公司</td><td>竖笛、口风琴、口琴</td></tr>
<tr><td>鹦鹉YINGWU及图</td><td>天津鹦鹉乐器有限公司</td><td>手风琴、提琴</td></tr>
<tr><td rowspan="12">省(市)名牌产品</td><td rowspan="4">上海市</td><td>施特劳斯</td><td>上海钢琴有限公司</td><td>钢琴</td></tr>
<tr><td>敦煌牌</td><td>上海民族乐器一厂</td><td>古筝、二胡、琵琶</td></tr>
<tr><td>海曼</td><td>上海中雅钢琴有限公司</td><td>钢琴</td></tr>
<tr><td>华星</td><td>上海华新电子电器总厂</td><td>电子琴</td></tr>
<tr><td rowspan="4">天津市</td><td>津宝</td><td>天津津宝乐器有限公司</td><td>爵士鼓、西管乐器</td></tr>
<tr><td>鹦鹉</td><td>天津鹦鹉乐器有限公司</td><td>手风琴</td></tr>
<tr><td>雅乐</td><td>天津华韵乐器有限公司</td><td>脚踏风琴、手风琴</td></tr>
<tr><td>Singer's day</td><td>天津圣迪乐器有限公司</td><td>萨克斯、小号</td></tr>
<tr><td rowspan="4">江苏省</td><td>润韵</td><td>扬州天韵琴筝有限公司</td><td>古筝</td></tr>
<tr><td>碧泉</td><td>扬州市正声民族乐器厂</td><td>古筝</td></tr>
<tr><td>凤灵</td><td>泰兴凤灵乐器有限公司</td><td>吉他、提琴系列产品</td></tr>
<tr><td>奇美</td><td>江苏奇美乐器有限公司</td><td>竖笛、口风琴、口琴</td></tr>
</table>

分类		品牌(商标)名称	企业名称	产品类别
省(市)名牌产品	江苏省	摩德利	南京摩德利钢琴有限公司	钢琴
		天鹅	江苏天鹅乐器有限公司	琴笛
		雅韵	扬州龙凤琴筝有限公司	古筝
		凤韵	扬州龙凤琴筝有限公司	古筝
		大风	江苏大风乐器有限公司	古筝
		蜜蜂	江苏东方乐器有限公司	口琴
		英杰	扬中市华联手风琴有限公司	手风琴
		虎丘	苏州民族乐器一厂有限公司	二胡
	广东省	珠江	广州珠江钢琴集团股份有限公司	钢琴
		恺撒堡	广州珠江钢琴集团股份有限公司	钢琴
		里特米勒	广州珠江钢琴集团股份有限公司	钢琴
		Blue Diamond	广州保嘉乐器制造厂有限公司	鼓乐
		星臣starsun	四会市华声乐器有限公司	吉他
		红棉	广州珠江钢琴集团股份有限公司	提琴
		Ayalea	揭阳市长城乐器有限公司	吉他
		杜鹃花	揭阳市长城乐器有限公司	吉他
		美得理 MEDELI	得理电子（深圳）有限公司	电子琴
	河北省	JY	河北金音乐器制造集团有限公司	西管乐器
		乐海	乐海乐器有限责任公司	民族乐器
		月坛	饶阳北方民族乐器制造有限公司	二胡
		成乐	饶阳成乐民族乐器有限责任公司	扬琴
	山东省	金斯波格	烟台金斯波格钢琴有限公司	钢琴
		SEJUNG（世正）	青岛世正乐器有限公司	钢琴
		仙乐	百灵乐器公司	电吉他
		飞灵	潍坊惠好乐器有限公司	电吉他
	湖北省	TOYAMA(托雅玛)	宜昌金宝乐器制造有限公司	钢琴
		艾立卡	武汉艾立卡电子有限公司	电声器件
	福建省	HARMONY（哈曼尼）	福州和声钢琴有限公司	钢琴
	河南省	中州	开封中原民族乐器有限公司	古筝
省(市)著名商标	上海市	施特劳斯	上海钢琴有限公司	钢琴
		海曼	上海中雅钢琴有限公司	钢琴
		敦煌	上海民族乐器一厂	民族乐器
	天津市	津宝	天津津宝乐器有限公司	军鼓、爵士鼓、萨克斯
		鹦鹉	天津鹦鹉乐器有限公司	手风琴、提琴
		雅乐	天津市雅乐尔乐器有限公司	风琴

<table>
<tr><th colspan="2">分类</th><th>品牌(商标)名称</th><th>企业名称</th><th>产品类别</th></tr>
<tr><td rowspan="20">省(市)著名商标</td><td rowspan="6">江苏省</td><td>摩德利</td><td>南京摩德利钢琴有限公司</td><td>钢琴</td></tr>
<tr><td>天鹅及图</td><td>江苏天鹅乐器有限公司</td><td>口琴、口风琴、竖笛等</td></tr>
<tr><td>凤灵及图</td><td>泰兴凤灵乐器有限公司</td><td>小提琴、吉他、大提琴等</td></tr>
<tr><td>奇美</td><td>江苏奇美乐器有限公司</td><td>手风琴、钢琴、口琴等</td></tr>
<tr><td>雅韵</td><td>扬州龙凤琴筝有限公司</td><td>打击乐器、胡琴、筝等</td></tr>
<tr><td>虎丘</td><td>苏州民族乐器一厂有限公司</td><td>二胡</td></tr>
<tr><td rowspan="2">广东省</td><td>珠江</td><td>广州珠江钢琴集团股份有限公司</td><td>长笛、小号、萨克斯</td></tr>
<tr><td>吉声</td><td>广州吉声琴业有限公司</td><td>吉他</td></tr>
<tr><td rowspan="5">河北省</td><td>JY</td><td>河北金音乐器制造集团有限公司</td><td>管乐器</td></tr>
<tr><td>成乐</td><td>饶阳成乐民族乐器有限责任公司</td><td>扬琴</td></tr>
<tr><td>月坛</td><td>北方民族乐器制造有限公司</td><td>二胡</td></tr>
<tr><td>秦川</td><td>河北秦川文体乐器有限公司</td><td>琴行</td></tr>
<tr><td>乐海</td><td>乐海乐器有限责任公司</td><td>民族乐器</td></tr>
<tr><td rowspan="2">山东省</td><td>KINGSBURG及图</td><td>烟台金斯波格钢琴有限公司</td><td>钢琴</td></tr>
<tr><td>仙乐及图</td><td>昌乐百灵乐器有限公司</td><td>吉他</td></tr>
<tr><td rowspan="2">浙江省</td><td>HAILUN</td><td>海伦钢琴股份有限公司</td><td>钢琴</td></tr>
<tr><td>嘉德威</td><td>杭州嘉德威钢琴有限公司</td><td>钢琴</td></tr>
<tr><td>湖北省</td><td>芳鸥</td><td>武汉市海平乐器制造有限公司</td><td>铜锣</td></tr>
<tr><td>福建省</td><td>HARMONY （哈曼尼）</td><td>福州和声钢琴有限公司</td><td>钢琴</td></tr>
<tr><td>河南省</td><td>中州</td><td>开封中原民族乐器有限公司</td><td>古筝、琵琶</td></tr>
</table>

注：中国名牌战略推进委员会2008年第3号公告，2005、2006、2007年公布的中国名牌产品，有效期满后不再继续使用。“中国名牌”评选机制待完善后再议定。

地方协会

上海市乐器行业协会2011年总结

一、协会在2011年年初和年中分别召开行业年会和理事会议各一次，对协会工作提出意见和建议

二、积极为会员单位和行业服务

1、构建服务企业平台。秉承为企业服务的宗旨，作为协会的首要工作之一,帮助上海民族乐器一厂创建品牌工作。

2，为了配合上海钢琴有限公司扩大钢琴的销售市场和份额，协会网络部帮助上海钢琴有限公司创建了钢琴直销网站工作, 在最短的时间完成网站的建设并拿出一套完整的网络推广方案，受到公司领导的好评。

3、协会指导和帮助企业参加上海市有关方面组织的企业诚信创建活动。

4、承担接待消费者对乐器质量的投诉工作，维护乐器市场正常秩序。

三、 继续协助中国乐器协会办好中国（上海）国际乐器展览会

组织协会会员单位如柏斯琴行、上海民族乐器厂、上海钢琴有限公司、玛珂琴业有限公司、上海口琴总厂和上海国光口琴厂等单位积极参展，以求扩大影响，抢占市场。

四、抓好钢琴调律师的鉴定工作，为企业发展培养专业人才

今年开展了1次钢琴调律师技师的鉴定工作，有8名二级技师、2名高级技师通过。开展了2次调律师的鉴定工作，有52名初级调律师、28名中级调律师、19名高级调律师通过。其次是受上海市劳动和社会保障局委托对上海地区钢琴调律师进行鉴定，共进行6批鉴定工作，有85名初级调律师、37名中级调律师、29名高级调律师通过。

五、积极组织全国行业性的钢琴调律师技术讲座的大型活动

在2011年10月12日组织了钢琴调律师技术讲座，并邀请了美国钢琴调律师协会的注册钢琴技师，进行钢琴调音和整音的技术讲座。

六、适应市场需求，协会成立了“艺术培训中心”

针对上海儿童和中老年艺术培训市场的发展现状，协会专门做了大量的调研工作，发现在这个市场中有需求。在杨浦区提篮桥街道文化中心的配合下，深入社区，宣传乐器乐理知识，介绍乐器保养知识，开展艺术培训工作。在支持群众文艺活动等方面迈出了新的步伐，受到社区居民的欢迎，也进一步扩大了乐器协会在群众中的影响。

七、为了推动口琴行业的发展和影响，协会协助中华口琴会举办“口琴进入中国”90周年纪念活动，并多次联系演出场地，提供口琴会举办各种活动

八、 参加上海市工经联举办的行业协会工作发展专题讨论

九、 协会党支部继续开展“争先创优”活动和党风廉政建设，并和上级党委签订了廉政建设条约，监督党员干部遵纪守法、勤政为民

近年来，协会党支部开展了“党务公开”活动，制定了工作规划，取得了初步成效。今年七一是建党90周年，协会参加了市工经联举办的庆祝纪念等活动，上海民族乐器一厂的演出受到了一致好评。今年协会工会工作也取得了进展。上海民族乐器一厂陈民杰同志被评为全国轻工财贸系统工会先进工作者，这是上级领导对协会工作的肯定。

广东省乐器协会2011年工作总结

2011年，广东乐器制造业乘着省委、省政府打造广东省文化强省战略的东风继续强劲发展。广东乐器制造业在原有基础与规模的优势上，在产业升级战略的推动下，抢占先机，厚积薄发，大步向前，继续保留在国内的排头兵优势。截至11月，广东乐器制造业实现工业总产值62.85亿元，同比增长27.68%，占全国乐器制造业规模以上企业工业总产值的28.97%，继续位居全国首位。

广东省乐器协会始终不遗余力地推动行业发展，引导企业走有序、健康、可持续发展之路。在开展活动中注重承担社会责任，活动的宗旨：紧密围绕党的方针与政策，做好企业与政府的桥梁作用，服务社会、服务企业，在建设文化强省的进程中发挥乐器制造业的作用。

2011年协会的主要工作如下。

一、开展职业技能竞赛，提高乐器行业整体制作水平

1、成功举办“2011年广东省提琴制作职业技能竞赛”

2010年我会圆满完成广东省政府交给的全省性钢琴调律技能竞赛，得到政府与各界的好评，荣获大赛组委会授予的“2010年广东省职业技能大赛先进集体”荣誉称号。2011年广东省政府又将提琴竞赛列入全省性的竞赛项目，我会再次承接省政府交给的第二个全省性乐器制造业技能工种（提琴制作）技能竞赛项目。广东是高端提琴制作强省，在国际提琴制作比赛中的获奖数位居全国第一，且占全国在国际获奖总数的35%。广东省政府将提琴制作列入2011年省级竞赛项目，对弘扬我省提琴文化、传承提琴制作技艺，提升提琴制作师水平，推动产业升级，提高我省提琴制作在国际、国内的影响力将起着不可低估的作用。在组织策划落实该项目过程中，协会精心策划、认真筹备、广泛宣传、严谨组织，开发题库、组织专家认真研究技能竞赛切入点，对技能竞赛指标反复论证使其达到合理性科学性，在做好充分准备的基础上，使竞赛圆满顺利进行。在开展该项活动时，协会发挥各种社会资源的作用，投入大量人力、物力、财力，历经近一年时间集中人力做好该项工作。为了通过竞赛真正推动行业的发展，我会聘请了国内外享有盛誉的、具备国际标准级的5位提琴制作专家及6位提琴演奏家担任评委。该竞赛属首次按照技师标准。本次共有30名选手、62把提琴作品参加竞赛。第一名选手按程序申报授予“广东省五一劳动奖章”称号；总成绩前三名选手获得广东省人力资源和社会保障厅颁发的“广东省技术能手”荣誉证书；前五名选手获得广东省总工会、广东省人力资源和社会保障厅、广东省经济和信息化委员会、广东省科学技术厅颁发“广东省职工经济技术创新能手”荣誉证书；前九名选手获得竞赛组委会颁发的“广东省优秀提琴制作师”荣誉证书。14名双科合格者获得广东省人力资源和社会保障厅发给的《提琴制作工二级/技师职业资格证书》。这14位同志是我省首批取得政府部门颁发的提琴制作工种技师资格证书者。

该活动于12月14-16日在广州圆满举行，得到社会各界的充分肯定与高度评价。该次活动按照国际竞赛标准，既为提琴制作者提供了国际标准的交流切磋平台，也为日后广东申办国际性的提琴制作竞赛夯实了基础、积累了经验。

2、出色完成广东省政府交给的“2010年广东省钢琴调律职业技能决赛”任务，于2011年获组委会的表彰

2010年是广东省的竞赛年，结合广东发展的需要，广东省政府选择了28个工种开展全省性的技能竞赛，广东省钢琴调律职业技能决赛由我会具体承办。这一竞赛史无前例，规模大、覆盖面广、标准高，有广泛的社会影响力，为广东省乐器制造业转型升级注入了润滑剂，为乐器制造业挖掘人才、储备人才，加快推动了广东乐器业技术人材队伍的建设。为了鼓励为竞赛做出突出贡献的单位与个人，2011年6月广东省竞赛组委会召开表彰大会，表彰出色完成政府交给的竞赛任务的集体与个人。我会因出色完成钢琴调律决赛任务，大赛组委会授予我会“2010年广东省职业技能大赛先进集体”荣誉称号；我会常务副会长李爱群是该次竞赛的总负责人、星海音乐学院乐器工艺系主任梁锐祥是该次活动的技术总监，因他们尽心尽职、用高度的社会责任感来主持这一工作，有序推进钢琴调律决赛的进行，保障了竞赛工作的顺利实施，为钢琴调律竞赛做出了突出成绩，大赛组委会授予他们“2010年广东省职业技能大赛先进个人”荣誉称号。

在建设文化强省的今天，广东省政府十分重视文化产业的发展，连续两年，选择乐器制造业的职业工种作为全省性的竞赛项目，我会责无旁贷地主动接受任务，充分发挥行业协会的作用，向政府交出满意的答卷。通过连续两年在全省范围内开展乐器制作工种职业技能竞赛，达到了经济转型产业升级的目的，推动了行业发展。激发了乐器制造业员工的创新活力及技艺水平和文化艺术修养，进一步巩固和提升了广东乐器制造强省在国内国际的地位，使广东制作的乐器产品更具艺术内涵，缩短广东高端乐器与国际著名高端乐器品牌的差距。

二、向政府谏言，使乐器制造业技术职称申报得以恢复，稳定人才队伍建设

广东乐器制造业技术人员职称历史上纳入工艺美术系列，随着各种体制的改革，这一行业的技术职称申报中断了二十余年。我会深入行业调查，向政府部门反映这一情况，并请求恢复这一行业技术人员的职称申报，得到了政府部门的支持。广东省人力资源和社会保障厅给予了书面批复，下发了《关于恢复乐器设计专业技术资格评审工作的通知》（粤人社发【2011】83号文），使中断了二十多年的这一职称在2011年终于启动。经我会推荐、个人申报、单位同意、所在地人事部门审核、专家委员会评审通过、广东省人力资源和社会保障厅批准，我省朱明江等11位行业技术、学科带头人被破格认定为高级乐器设计师。2011年我会受委托受理这一资格系列的申报工作。共有104人申报乐器设计这一系列职称资格，其中申报高级13人，中级30人，助理级61人。

这对储备乐器制造人才，稳定乐器制造人才队伍，调动乐器制作人才的积极性，鼓励乐器制作技术人员创新，加快乐器制造业的转型升级，促进乐器制造业的繁荣与发展有着积极的推动作用。

随着乐器行业职称评审工作的恢复开展，加快对乐器制作人才的培养，为广东乐器制造业的后续发展储备了人才、夯实了基础。

三、了解政府政策，助推企业发展

广东省是文化强省，在实施建设文化强省的战略中，省委、省政府制定了《广东省文化产业振兴规划（2010-2015年）》，根据这一规划，广东省外经贸厅、广东省委宣传部、广东省文化厅、广东省广电局、广东省新闻出版局为支持广东省文化产品和文化服务出口。下发了《2010-2015年广东省文化出口重点企业和重点项目指导目录》，乐器被列入指导目录之内，乐器产业是文化产业不可缺的重要组成部分。广东省委、省政府每年拨出2亿多专项经费扶持文化产业的发展。我会得知这一政策后，及时将文件精神传达给各乐器企业，鼓励企业主动与所在地文化、宣传部门联系，按文件要求认真做好申报工作。经企业申报、省相关部门严格审查，进入《2010-2011年广东省文化出口重点企业和重点项目》乐器制造企业共有6家、乐器产品项目有2个。被列入广东省文化出口重点企业和重点项目的将得到广东省有关文化出口促进政策的支持与奖励，并取得广东省向国家相关部门推荐为国家级文化出口重点企业和重点项目评选资格。广州珠江钢琴集团同时获得广东省2011年文化产业基金的奖励。

四、坚持不懈地宣传广东的乐器制造业，突出提琴制作业，扩大社会影响力

《广东乐器世界》十多年来始终坚持宣传广东乐器制造业，使广东一直保持乐器制造大省、强省的地位。2011年乐器工业总产值占全国的30%。广东的提琴达到国际先进水平，在国际上有很高的影响力。为了推广宣传提琴文化，该刊物拿出了大量版面，集中人力，撰写了大量与提琴有关的报道文章，扩大了我省提琴在国际、国内的知名度与影响力。

2011年5月24日，时任常务副省长朱小丹得知我省提琴制作师在国际赛场上披金摘银时欣喜万分，亲切会见了我省部分提琴制作师，对他们在国际上所取得的成绩表示充分的肯定与衷心的祝贺。在畅谈我省高档提琴制作业的发展状况时，他鼓励我省提琴制作师要在改革开放中自强不息、刻苦钻研、敢于挑战，努力提高我省提琴制作在国际上的地位；勉励提琴制作师要继续传承提琴技艺、传播提琴文化，再创辉煌！表示支持乐器制作业的发展。我会利用《广东乐器世界》这一宣传阵地，报道这一鼓舞人心的消息，使全行业人心得以振奋，许多企业与行业技术骨干表示要为建设文化强省努力工作。

报道广东国际获奖提琴在武汉的展出。我省的提琴制作水平名扬各地，湖北省副省长段轮一主动邀请著名提琴制作师朱明江及导师梁国辉与学生于2011年5月13、14日将师徒三代在国际上获奖的10把提琴作品到武汉展出。这一展览由武汉市文化局主办，段轮一副省长、武汉市委宣传部长朱毅等出席开幕式并为该次活动剪彩。真可称之为“名家出南粤，名琴亮江城”。

协会在《广东乐器世界》上，对此次展览进行大篇幅的宣传，呼吁广东省有关部门重视乐器产业，为广东创建乐器强省营造更好的可持续发展空间。

五、积极培育乐器民族品牌，提升高端乐器高附加值

在我会呼吁下，广东省名牌产品评价中心逐渐将乐器列入每年的省名牌产品目录中，我会每年积极向省名牌产品评价中心推荐优秀乐器种类列入当年目录，建议优质产品申报省名牌产品，2011年琴弦、提琴、钢琴列入当年的省名牌评价目录中。在我会的推荐下我省乐器名牌产品数量居全国之最。

六、巩固广东省乐器制造业的宣传阵地，办好《广东乐器世界》及广东省乐器国际电子商务平台，提升广东乐器制造业的国内国际影响力

1、协会主办的《广东乐器世界》已有15个年头，刊物在社会上有一定的知名度，在读者中有着良好的口碑，受众面较广，已成为宣传乐器制造业的好平台。编辑部人员以高度的责任心与社会责任感认真做好每期的编辑工作，选择我省乐器制造业重点优秀企业与优质产品作为宣传对象，为企业直接创造社会效益和间接创造经济效益。

2、广东省乐器国际电子商务平台 www.chinamusicindustry.com.cn由广东省乐器协会主办，于2006年开通，快捷迅速地传递乐器制造业的重大活动与重要新闻，是全行业获取信息的主要渠道，点击率逐年上升。通过这一平台我们及时发布信息，减少了文山会海，提高办事效率。协会举办的活动，都在这一平台上公布，参加者可以在这一平台上直接报名，活动结果也在这一平台给予公布。

2011年在这一平台上继续开辟“技能竞赛”专栏，加大力度宣传钢琴调律、提琴制作工种竞赛事宜。并将协会与星海音乐学院乐工系共同组织资深提琴制作专家所开发的提琴竞赛考试复习大纲上传至该网址，使广大提琴制作者便捷的获取学习资料；在竞赛结束后，在该网址上用大量空间宣传评委及获奖选手，大力宣传先进，鼓励先进，在行业中树立起学先进的热潮。

七、为《技行天下》栏目推荐高技能人才作为宣传对象

广东省政府为宣传高技能人才、鼓励以技能创业，于2011年12月在广东电视台新闻频道开设《技行天下》栏目。由省人社厅组织市地、各行业协会推荐各行业的领军人物、典型人物作为播出对象，我会积极向省人社厅推荐了9位乐器制造行业的优秀人才作为该栏目的播出对象。经省人力资源和社会保障厅的选定，国际提琴制作大师朱明江作为该节目首播对象，其事迹已于2011年12月17日在广东电视新闻台播出。朱明江同志的成长经历、成功经验播出后，在业内引起良好的反响，大大鼓舞人心，提高了乐器制作业的社会地位。

八、引导企业注重社会责任，推广普及艺术教育

广东在经济高速发展的同时，也十分注重文化艺术水平的建设。我省之所以成为乐器制造大省、强省，离不开我省文化产业政策的不断推进。我会一直秉承服务社会、服务企业、服务政府的办会宗旨。在做好政府与企业的桥梁时，不忘肩负着社会责任，在我们主办的刊物与网络平台上大力宣传参与公益事业的企业，主张“慈善成为社会的时尚”。在我会不断宣传下，越来越多的乐器企业参与社会公益事业，主动承担社会责任，尽企业所能推广艺术教育。2011年珠江钢琴集团举办全国青少年钢琴大赛，博兰斯勒钢琴（广州）有限公司“欧米勒钢琴公开赛”在全国进行，广州市雄声提琴制作有限公司资助广东少儿小提琴教育学会举办的少儿小提琴演奏比赛等等。这些竞赛活动不仅推广了艺术文化，推动艺术教育的发展；给器乐学习者也提供了展示才华的舞台，对专业人才的成长起着积极的推动作用。

昌乐县乐器行业协会2011年工作总结

昌乐县乐器行业协会成立于2001年，现有会员单位106家。主要工作任务是：提供产品研发、技术创新、电子商务及物流、创业辅导、人员培训等相关服务。现有工作人员62名，其中高级职称11名，中级职称24名，中级职称以上的专业技术人员占总人数的56%。

2011年，面对国外低迷的经济形势，协会以创建山东省优质电声乐器生产基地活动为载体，引导企业规范管理，严格质量标准，加强质量控制，提升产品质量。各企业积极响应，加强质量管理，以良好的产品来赢得客户，并于同年7月顺利通过省质量兴省工作领导小组专家的现场评审，我县被授予“创建山东省优质电声乐器生产基地”的荣誉、基地龙头公司——潍坊惠好乐器有限公司被授予“创建山东省优质产品生产基地龙头骨干企业”的荣誉。

2011年协会进一步完善、规范行业竞争行为，加强信息技术交流、产品研发检测、市场分析、网络推广销售、物流运输、宣传郚部乐器品牌等服务功能。协会与中国乐器协会、山东大学、山东师范大学、山东艺术学院建立了长期合作关系，科研力量较强，在科研开发基础条件、科研队伍状况、研究开发成果转化应用、推动本行业科技进步等方面均占有一定优势。2011年，研发新产品16项，实施技术改造50多项，提供行业信息1000多条。聘请专家授课20余次，培训人员达10000多人次，促进了产业的健康发展。协会还帮助部分乐器企业进行了ISO9000、14000、18000三个体系认证以及计量体系、标准化良好行为、采样认可、采标标志四个标准的申报培训工作，提升了企业管理和产品质量管理水平。昌乐百灵乐器有限公司的“仙乐”牌吉他商标在协会的帮助下被认定为“山东省著名商标”。

随着郚部乐器产业的不断发展，协会提供有关服务项目越来越受到乐器企业的欢迎。去年为100多家乐器企业提供各类服务10000余次。新建的电声乐器产业发展中心，通过解决技术、研发、销售、人才等方面的问题，使企业得到持续发展。建设的电子商务及物流平台、产品研发平台、展览展示平台，为乐器企业提供以下服务：

1、网络及物流服务平台。根据郚部乐器产业集群的现状，以电子商务门户配合网店销售的平台模式最为适合，主要建设分以下几大模块，门户模块：包含资讯、视频展播、售后服务。网店模块：分类、产品展示、售前导购、支付、购物车、物流查询、搜索优化等。但现在没有统一的网络平台，只能进行网上推广，不能实现网上交易，迫切需要建立一个完善的网络交易平台，物流方面没有建立完善的物流网络。依靠物流公司的时候比较多，需要建立一个专业的物流网络，实现网上推广、交易、物流一体化，增加服务能力，解决企业困难。

2、产品研发平台：主要进行电声乐器新产品及配件产品的研制生产，并定期到企业进行技术指导、培训技术人员，解决每个企业因为投资比较大无法解决的产品研发问题，为各企业研发专利产品提供技术支持。

3、展览展示平台，主要为乐器企业提供产品展览、展示平台，把每个企业的产品集中进行展示，同时负责组织各企业参加上海、德国法兰克福等国内外知名乐器展览会，进一步提高产品知名度。下一步的发展设想是：

进一步做大做强中国电声乐器产业基地，拓展发展空间，规划新增乐器产业园面积1000多亩，由原来的生产吉他产品为主向全部乐器产品延伸，膨胀乐器产业规模，提高乐器产业运行质量，努力打造成为集乐器制造、乐器配件加工、乐器相关配套、商贸物流于一体的全国最大的电声乐器产业基地。重点支持发展3个知名品牌和培养发展20家在国内外具有较高知名度的重点骨干企业。

营口市乐器协会2011年工作总结

2011年对于我们营口乐器人来说，是个不平凡的一年。是“十二五”期间营口乐器振兴的起步之年，是营口乐器具有里程碑的一年，值得铭记的一年。在这一年里，我们乐器产业成为市人大、市政协高度关注的行业，也成为市政府重点发展、支持的行业。在经信委的领导下，2011年营口乐器协会主要做了以下工作：

1、乐器产业园区自2010年7月建设以来，已有13户乐器企业入驻乐器产业园，其中：有 10户企业已开工建设，有的厂房已经封顶。有2户企业建筑设计已完毕正在办理开工前的相关手续；经过我们招商引资，南京和沈阳的两户乐器企业也落户乐器产业园，华阳乐器已开工建设，奥芬巴赫乐器正在办理开工前的手续。预计年底前将有5户企业单体厂房竣工，可搬入生产。截止目前，乐器产业园东区已全部布满企业。13户企业占地面积近12万平方米，建筑面积近9平方米，总投资额近2.5亿元人民币。

2、为了乐器行业发展，我们积极恢复国家轻工乐器质量监督检测营口站（即辽宁省乐器产品质量检测站）的资质和职能，为乐器产品质量提供保证。我们先后到市人社局确定了乐检站的事业单位编制人员和财政差额拨款，到市技术监督局协调恢复乐检站的资质。8月份和委领导及乐器协会负责人一起到中国乐器协会和国家轻工业乐器质量监督检测中心（国家乐检站）拜访，协调恢复营口乐检站的相关事宜，征得中国乐器协会和国家乐检站的支持。同时乐器检测站的托管单位东北钢琴（集团）在用房十分紧张的情况下，腾出房间恢复乐器站的各个检测室，为乐检站的建立打下坚实的基础。

3、以乐器检测站为依托积极申请省级工业产业集群公共检测平台建设专项资金的支持，为恢复乐检站工作取得省财政的扶持，同时充分和省经信委行业处沟通，请省经信委行业处领导为营口乐器发展多宣传。

4、为了扩大营口乐器的影响，争取市人大、市政协对营口乐器发展，特别是乐器产业园建设的关注和支持，我们撰写了《关于促进我市乐器产业集群发展的建议》。市政协作为重要题案，提交到市“两会”。我们还接待了市人大代表和政协委员对我市乐器企业、乐器产业园进行实地的考察，使市人大代表和市政协委员对我市乐器的现状有充分的认识，增加了发展我市乐器产业的紧迫感和必要性。我们还邀请市级各新闻单位对乐器产业园建设进行深入报道，向全社会充分展示我市发展中的乐器产业的崭新风貌。

5、针对乐器企业规模小、资金困难的实际情况，为扶持企业快速发展，我们在委领导的领导下，反复同市中小企业担保中心沟通，同市商业银行协调。为了让担保公司、银行了解乐器行业的发展现状，我们邀请其深入企业现场，到乐器产业园施工现场考察，使其充分理解企业的难处，了解企业做大做强乐器的信心。为了减少担保公司、银行的顾虑和担心，我们组织企业采用企业联保、互保方式取得银行贷款1270万元。为了拓宽企业的融资渠道，经协调招商银行同意乐器企业采用联保、互保方式，无需担保直接取得贷款近3000万元，替企业节省担保费用。有效的缓解了企业资金困难，为企业发展注入了活力。

6、组织乐器企业参加“2011中国（上海）国际乐器展览会”。为展示营口乐器企业的整体形象，扩大营口乐器行业知名度，提高市场竞争力。同时，通过与全球知名品牌及国内龙头企业同场展示，让企业看到了自己的不足和前进的方向，为自己的发展创造了商机，也为来年的经营打下了良好的基础。在市委、市政府及市经信委的领导下，精心组织了12户企业参加此次盛会，并对参展企业进行补贴，企业参展共获得政府补贴36.3万元，远远大于去年的补贴力度。参加展会的各乐器企业纷纷拿出自己的看家本领，拿质量最好、样式最新、技术含量高的产品参展，主要产品有：立式钢琴、三角钢琴、大中小提琴、贝司、琴榄、乐器箱包、乐器饰品等，参展产品近200件。

展会期间，我市各乐器企业充分展示自己乐器的特点，有针对性的开展营销活动，各地乐器经销商也纷纷到展位来洽谈、采购。截至展会结束，营口展团共签订钢琴17190台（其中立式钢琴14636

台，三角钢琴2554台），提琴2700支（其中小提琴2000支，中提琴300支，大提琴400支），总金额为1.6亿元人民币。特别是以高炜副市长率领的营口党政领导来到展会现场看望我市各乐器企业后，营口的乐器企业欢欣鼓舞，在整个展会引起轰动，各经销商、配套商对营口政府能前来参加展会看望乐器企业非常羡慕，纷纷前来洽谈产品包销、零部件配套事宜。

展会期间，市领导还与中国乐器协会的安志理事长进行了亲切会谈。市领导也介绍了我市建设乐器产业园的情况、下一步发展我市乐器行业的设想及希望中国乐器协会对我市的乐器发展给予更多指导。中国乐器协会对我市组织企业参加2011中国（上海）国际乐器展览会表示赞赏，并希望营口乐器行业在营口市委、市政府的大力扶持下做精、做大、做强。

7、为了解国内乐器行业先进发展经验，到江浙一带乐器发展较快的地区进行考察学习。10月9日～13日，借参加2011年中国（上海）国际乐器展览会之机，乐器协会参加由市政府高炜副市长率领的营口乐器考察团，对浙江省湖州市德清县洛舍镇的钢琴规模化、产业化情况进行考察；到宁波市参观中国-海伦钢琴股份有限公司，学习乐器企业的先进经验和做法，对我们有很大的启发和教育。特别是到南京由我市乐器人组建的乐博乐器有限公司参观时，听到家乡人对营口乐器发展的企盼时，我们心潮澎湃，激动的心情久久不能平静。

回来后，考察团针国内外特别是南方乐器产业发展的情况，结合我市乐器产业的现状，提出了颇具份量的考察报告。市委、市政府领导十分重视，专门召开各相关部门参加的乐器产业发展论证会，决定要重点发展乐器产业。并得到省政府领导的高度关注。

8、按照市政府主要领导的指示精神，借鉴其它省市扶持乐器产业发展的政策和经验，结合营口乐器发展的实际状况，编写《营口乐器产业振兴战略实施意见》，建设“中国乐器之都”、打造“中国钢琴制造业强市”为目标，全力推进乐器产业集群建设，使我市的乐器产业成为省支持的重点产业之一。目前这一《实施意见》以呈交政府预审，待各部门研究后报省政府，使之成为省级实施意见。

9、组织乐器企业于8月25日参加由文化部、国家广播电影电视总局、国家新闻出版总署和东北三省人民政府共同主办，沈阳市人民政府承办的第四届东北文化产业博览会。

营口乐器作为我市文化行业的支柱性产业，是我市、我省及至东北三省唯一的特色产业，此次参会以我市文化发展为主线，重点以营口乐器为主，8户具有代表性的乐器企业参展。主要有钢琴（三角钢琴和概念立式钢琴）、大中小提琴、贝司、古筝等200多件乐器精品。营口产的乐器在营口展区一亮相立刻引起轰动，各兄弟省、市的参展人员纷纷围拢过来询问性能、价格。各家新闻媒体和网站将营口钢琴作为此届文博会的主要看点加以报道，大会组委会将营口钢琴作为代表我省的特色文化产品加以推介。乐器现场销售额近40万元。营口优乐提琴制作中心的优乐牌小提琴，营口海顿乐器制造（营口）有限公司的东方明珠牌钢琴，格林希尔乐器（营口）有限公司的格林希尔钢琴获得大会优秀参展产品奖，市经信委获得最佳支持奖。营口乐器成为第四届东北文化产业博览会上一道亮丽的风景线。

10、根据市委、市政府的统一部署，按照市文化产业发展领导小组的会议精神，积极将乐器产业编入《营口市文化产品制造及信息服务业“十二五”发展规划》，使之成为我市文化产业的支柱性产业，并列入我市文化产业“十二五”期间重点扶持的产业，列入我省“十二五”期间文化产业振兴纲要。通过市委宣传部积极申报2011年度辽宁省文化产业发展专项资金。同时根据乐器产业园的情况，申报辽宁省扶持文化产业发展贷款补贴专项资金，成为省重点考察的项目。经过我们努力，营口乐器产业项目成为辽宁省“十二五”期间重点发展的文化项目之一。

11、为了更好地宣传营口乐器，我们以乐器协会的名义与辽河老街开发公司协商，在我市的旅游景点“明清一条街”上设立乐器展销中心，组织乐器企业去宣传、销售自己的产品。

2012
中国乐器年鉴
CHINA MUSICAL
INSTRUMENT YEARBOOK

海外信息篇之一：全球乐器与音响制品行业225强

2010年全球乐器与音响制品行业225强综述

2009年，全球经济经历了一场惊涛骇浪，似乎全世界都处于经济崩溃边缘的时刻，全球乐器及音响制品行业却在2010年打了一场漂亮的翻身仗，全年销售收入197亿美元，较2009年增长7.8%。这样的好成绩要归功于两个方面：库存重建及消费需求扩大。尽管2010年乐器行业交出了一份令人满意的答卷，但大家心中更期待的是建立一个长期稳定的市场。全球经济沿着复苏轨道继续前行，但对于行业来说，仍面临种种不确定因素：谨慎的消费者、生产能力过剩、电子商务的价格竞争。但我们还是要感谢大衰退终于过去了。

乐器行业的逆转之势虽亦不可挡，但呈现出两面性。消极一面，背负在消费者、公司甚至是国家肩上的大量债务负担需要时间慢慢消化，不可能一蹴而就。积极一面，乐器行业在过去经历过类似的低迷时期，反弹力度必定会更加强劲。

尽管每个国家的情况各不相同，但在过去的30多个月里，都经历了大致相同，犹如过山车般的经济情况。2008年底的那场金融危机给快速发展的市场带来了“急刹车”，决策者、企业家以及消费者在悬崖面前惊慌失措。2009年初恐慌消退，经济的“世界末日”并没有到来。松了口气后让位给调整成本结构的艰巨任务和销售的降低，在调整过程中，出现了裁员、关闭工厂、降低库存等很多不愉快的局面。事实上，有些企业的倒闭是对在适应困难环境下工业技能的肯定。欣喜的是，2010年，我们看到企业逐步走出阴霾，重拾信心与决心。

全球乐器与音响制品行业225强包括了乐器制造商、音像公司以及经销商，而他们都是为音乐艺术领域而服务的。总的来说，各个企业间的关系就像一个复杂的产业。在这里，尽管短暂的经济困难尚不致影响到世界乐器制造商的需求，但能维持多久？榜单中大多制造商都将其产品销往全球各个国家，以致从阿富汗到扎伊尔。通过不断的总结生产经验以及制定更高效的营销模式，年复一年使产品更加便宜。举个例子，尽管原材料、劳动力、运输成本不断增长，但四年来，吉他的销售价格几乎没有上浮。因此，消费者比以往更愿意选择高品质的乐器。造成这一局面的原因要归功于数千人的辛勤劳作、个人创造力以及运用新技术和分配资源的高效。

每年的225强榜单都不会发生太大的变化。自我们开始做这个榜单以来，Yamaha、Roland、Harman以及Kawai一直盘踞在前四位，其地位牢不可破。然而，我们不能被表面现象所蒙蔽。忽略榜单中企业名称以及销售数据的变化，你会发现近年来一些公司的状态动荡不定。例如Yamaha公司，看中了中国大陆钢琴市场的无限潜力，已将生产基地由台湾转入中国大陆；Harman公司也做了类似的投资，以稳固其在巴西和印度这两个新兴市场的位置；Blue麦克风公司在市场上推出了一种全新的USB麦克风，以抢占基于计算机的录音市场；很多基于iPad的应用软件正在被开发，为了适应不断变化的科技以及消费者的需求，制造商做了大量的努力以确保竞争力，这些例子只是其中的一部分。换句话说，尽管入榜公司的名称没有太大变化，但隐藏在名称下的“真面孔”不断地被重新界定，那些不具备创新力的公司无疑将被225强榜单所遗弃。

就像足球赛、跑马、美国赛车冠军联盟，甚至政治选举那样，人们习惯于被具有竞争性的各类比赛所吸引。正如我们本能地放慢车速观察发生在高速公路上的车祸一样，我们热衷于判断孰赢谁输。作为反映行业情况的一张成绩单，225强榜单正满足了人们这一迫切需求，谁排名提前了，谁落后了，谁出局了，一目了然。销售数据为那些长期的肩并肩的对手提供了一个竞技的标尺。例如Fender和

Gibson、Shure与Sennheiser、Steinway与Yamaha，以及其他很多类似的情况。这些竞争带动着企业的创新，同时也在行业发展的过程中扮演了助推手的重要角色。当然，由于他们的出现也使得我们的文章更具可读性。

在225强榜单中已经能看到广泛而成熟的合作关系，大多数225强企业与至少一家入榜企业有着生意往来，折射出了全球企业间已建立了相互依存的关系。例如，世界各地的顶级制造商纷纷和Kanda Shokai公司合作，以打开日本市场的大门推广自己的产品，；Remo公司为很多中国打击乐制造商提供鼓皮，与此同时，这些公司生产的不同品牌的鼓又在全球范围内销售；金山集团是一家以OEM为主的电子生产商，为一些知名的音响品牌提供配件；很多零售商并不知道世界上大多数鼓的硬件是由台湾公司负责制造的。以上例子充分证明了一个观点：没有人可以独自完成所有的事情。

2005年GarageBand软件（一款苹果电脑编写的数码音乐创作软件）问世以来，苹果公司卖出了2000万台多轨录音系统，销量全球第一。由于GarageBand软件带来的收益无法量化，并且音乐并不是苹果公司的核心业务，因此我们并没有把苹果公司列入统计对象中。作为主要DJ设备供应商，Pioneer和Denon理论上应纳入统计范围，然而他们销售收入中有十亿美元是与DJ设备无关的，因此很难得到一个准确的相关数据。总而言之，我们尽可能统计所有的销售数据，排除缺少数据的局限性，相信225强榜单仍然是乐器行业的宝贵“快照”。

榜单中一部分企业主营业务不同于我们定义的传统乐器行业的概念，或者说毫不相干。例如，Sennheiser生产的耳套式耳机被用于通讯设备、家用音响以及广播设备等领域；Roland还生产专业的电脑打印机；Crown为影院音响设备提供扩音器；Yamaha生产了很多家用电器。在进行榜单统计时，我们尽可能不把非乐器产品的销售收入计算在内，但如果不能精确区分出非乐器销售收入，则只能将其全部计算在内。

2010年列入统计的国家和地区乐器市场销售收入共计158亿美元，但225强榜单中的销售收入共计197亿美元，两者相差较大。造成误差的其中一个原因就是将非乐器收入也统计在榜单中。另一个原因则是销售收入的重复计算。以金山集团为例，2010年销售收入1.88亿美元，其收益的大部分来自于旗下生产的产品，这其中相当一部分产品又被榜单中其他企业进行再销售，最终，这两次销售的收入均被统计在225强的总销售收入中，造成数据的重复计算。再如，Peavey扩音器的销售收入被计算在Peavey公司的年度销售收入之中，但同时也被计算在榜单中销售Peavey扩音器的经销商的销售收入之中，造成重复计算。因此，在缺少行之有效的方法解决统计中重复计算的问题之前，我们所能做的就是维持现状，统计企业的总销售收入。估计，因重复计算大约会增加35%的总销售收入。

关于225强榜单的统计工作有几点需要说明：首先，该榜单统计的数据是根据2010年度或最后一个财政年度各企业的报表或评估。其次，统计的数据来源于不同渠道：榜单中有21家上市公司，它们的销售情况有案可查。一些欧洲公司尤其是法国、英国和意大利的公司公告，使我们能够获取详细的销售数据。如果没有公告的公司，我们则参考企业提交的数据以及相关协会提供的数据，进行综合评估汇总统计。为了便于比较，销售数据均转换为美元后进行统计和计算。

（高萍 编译自：美国《音乐贸易》2011 No.12）

1、2010年全球乐器与音响制品行业225强国家和地区分布情况

排名		国家和地区	公司数量		销售收入（美元）		
2010年	2009年		2010年	2009年	2010年	2009年	同比%
1	1	日本	27	27	8124437519	7636703239	6.39
2	2	美国	82	79	5431831450	4975626000	9.17
3	3	德国	16	17	1552021000	1355668000	14.48
4	4	中国内地	23	24	760698587	745797865	2.00
5	5	中国香港	4	4	565200000	503209458	12.32
6	6	中国台湾	11	10	519557000	476062317	9.14
7	7	加拿大	6	6	474450000	434792000	9.12
8	8	韩国	5	5	408968000	380094871	7.60
9	9	意大利	7	7	281819000	292360000	-3.61
10	10	法国	4	4	273632000	267100000	2.45
11	16	瑞典	4	3	222540000	88500000	151.46
12	12	澳大利亚	4	4	201466005	183565000	9.75
13	11	英国	6	7	136297000	234242000	-41.81
14	14	丹麦	1	1	135000000	97000000	39.18
15	13	巴西	3	4	118550000	98913000	19.85
16	17	俄罗斯	3	3	91800000	86925000	5.61
17	15	瑞士	2	2	90050000	89800000	0.28
18	20	阿根廷	2	2	55650000	49579269	12.24
19	19	比利时	1	1	51695000	52750000	-2.00
20	18	西班牙	3	3	47050000	53903546	-12.71
21	21	菲律宾	1	1	36500000	34550000	5.64
22	24	墨西哥	1	1	26400000	26000000	1.54
23	22	捷克	2	2	26375000	30000000	-12.08
24	25	以色列	1	1	25220000	20950000	20.38
25	26	印度	1	1	22150000	19870000	11.47
26	23	奥地利	1	2	16200000	26150000	-38.05
27	28	智利	1	1	15200000	12650000	20.16
28	27	泰国	1	1	13850000	12900000	7.36
29	30	波兰	1	1	13275000	11250000	18.00
30	29	挪威	1	1	11500000	11975000	-3.97

2、2010年全球乐器与音响制品行业225强名录

排名		公司名称	销售收入（美元）	员工数	负责人	国家和地区
2009年	2008年					
1	1	YAMAHA CORPORATION	4496280000	26816	Misuru Umemura	JAPAN
2	2	ROLAND CORPORATION	1020140000	2750	Hidekazu Tanaka	JAPAN
3	3	KAWAI MUSICAL INSTRUMENTS MFG. Co.LTD.	762753000	2975	Hirotaka Kawai	JAPAN
4	6	SENNHEISER ELECTRONIC	637454000	2200	Jorg Sennheiser	GERMANY
5	4	FENDER MUSICAL INSTRUMENTS	625000000	2800	Larry Thomas	USA
6	5	HARMAN PROFESSIONAL	522736000	1575	Dinesh C. Paliwal	USA
7	7	SHURE INC.	425000000	2375	Sandy LaMantia	USA
8	8	STEINWAY MUSICAL INSTRUMENTS	318000000	1680	Sandy Sweeney	USA
9	11	AUDIO-TECHNICA CORPORATION	295000000	530	Kazuo Matsushita	JAPAN
10	10	功学社乐器股份有限公司	293000000	4050	梁钦贵	中国台湾
11	12	JAM INDUSTRIES	285000000	455	Martin Golden	CANADA
12	13	AVID TECH.(M-AudioDigidesign)	282669000	515	Garry Greenfield	USA
13	9	GIBSON GUITAR CORP.	275000000	2775	Henry E. Juskiewicz	USA
14	46	NUMARK INDUSTRIES	235000000	292	John O'Donnell	USA
15	14	THE MUSIC GROUP	220000000	3500	Uli Behringer	GERMANY
16	19	柏斯琴行有限公司	217950000	2950	吴天延	中国香港
17	17	YAMANO MUSIC COMPANY LTD.	205000000	618	Masamitsu Yamano	JAPAN
18	15	金山工业公司	187000000	1300	罗仲荣	中国香港
19	18	PEAVEY ELECTRONICS CORP.	185000000	541	Hadley Peavey	USA
20	16	KORG INC.	180000000	300	Seiki Kato	JAPAN
21	20	HAL LEONARD CORPORATION	160220000	414	Keith Mardak	USA
22	25	CASIO ELECTRONIC MUSICAL INSTRUMENTS	158000000	N/A	Kazuo Kashio	JAPAN
23	93	MRH/LUTHMAN/4SOUND	157000000	415	Peo Persson	SWEDEN
24	23	广州珠江钢琴集团股份有限公司	156000000	2800	王润培	中国内地
25	22	LOUD TECHNOLOGIES	155000000	468	Mark Graham	USA
26	21	HOSHINO GAKKI CO. LTD.	153500000	175	Yoshihiro Hoshino	JAPAN
27	24	AUSTRALIAN MUSIC GROUP	150000000	625	Hohn Helme	AUSTRALIA
28	29	D'ADDARIO & COMPANY	141000000	1025	James D'Addario	USA
29	27	SAMICK MUSICAL INSTRUMENTS COMPANY LIMITED	135268000	3000	Jong Sup Kim	SOUTH KOREA
30	33	TCI GROUP	135000000	376	Anders Fauerskov	DENMARK
31	31	SOUND HOUSE INC.	132000000	150	Rick Nakajima	JAPAN
32	26	YOUNG CHANG AKKI LTD.	131000000	2650	Chang-HwanSuh	SOUTH KOREA

排名		公司名称	销售收入（美元）	员工数	负责人	国家和地区
2009年	2008年					
33	28	ALGAM	128682000	232	Gerard Garneier	FRANCE
34	30	通利琴行有限公司	115000000	500	李敬章	中国香港
35	35	ESP CO. LTD.	97000000	700	Masatoshi Chuma	JAPAN
36	36	QSC AUDIO	95000000	350	Joe Pham	USA
37	34	GEWA MUSIC GMBH	88500000	265	Hans Peter Messener	GERMANY
38	39	宁波音王集团有限公司	87500000	2400	王祥贵	中国内地
39	40	MARTIN GUITAR COMPANY	87250000	772	Christian F. Martin IV	USA
40	44	PEARL MUSICAL INSTRUMENTS CO. LTD.	85000000	650	Masani Yanagisawa	JAPAN
41	41	HOHNER MUSIK INSTRUMENTE GMBH&CO.KG	84834000	325	Stefan Althoff	GERMANY
42	42	北京星海钢琴集团有限公司	84000000	3800	赵惠臣	中国内地
43	37	MUSIK MEYER GROUP	82500000	200	Matthias Meyer	GERMANY
44	43	AXL MUSICAL INSTRUMENTS	82000000	1680	Alan Liu	USA
45	47	CORT MUSICAL INSTRUMENT CO. LTD.	81000000	2600	Young H. Park	SOUTH KOREA
46	38	LINE 6	80000000	271	Mike Muench	USA
47	45	MUSIK HUG AG	79500000	330	Erica Hug	SWITZERLAND
48	49	SAMSON TECHNOLOGIES CORP.	79000000	130	Scott Goodman	USA
49	60	KYORITSU CORP.	78126000	108	Shinichi Suzuki	JAPAN
50	48	PROEL SPA	73800000	145	Fabrizio Sorbi	ITALY
51	52	BUFFET CRAMPON GROUP	69500000	250	Antoine Beaussant	FRANCE
52	51	ALFRED PUBLISHING COMPANY	69000000	175	Ron Manus	USA
53	55	FIRST ACT	68000000	223	Mark Izen	USA
54	53	ROLAND MEINL MUSIKINSTRUMENTE GMBH	67000000	200	Reinhold Meinl	GERMANY
55	58	ERNIE BALL / MUSIC MAN	66750000	418	Sterling Ball	USA
56	65	TAYLOR GUITAR	66000000	709	Kurt Listug	USA
57	57	YORKVILLE SOUND	64500000	280	Steve Long	CANADA
58	54	HERMES	63500000	225	Alberto Kremerman	USA
59	64	ZOOM CORPORATION	63467000	55	Masahiro Lijima	JAPAN
60	59	A&T TRADE	62000000	320	Aleksey Kurochkin	RUSSIA
61	63	ADAM HALL GMBH	57700000	125	David Kirby	GERMANY
62	56	MONZINO SPA	56491000	103	Antorio Monzino	ITALY
63	95	PRO SHOWS	55300000	69	H.Martellotta&V.de Souza	BRAZIL
64	61	BEYERDYNAMIC	53000000	300	Fred R. Beyer	GERMANY

排名		公司名称	销售收入（美元）	员工数	负责人	国家和地区
2009年	2008年					
65	69	宏寰贸易股份有限公司	52635000	50	陈少宏	中国台湾
66	68	AVEDIS ZILDJIAN COMPANY	51850000	135	Craigie Zildjian	USA
67	67	EMD MUSIC GROUP	51695000	138	Leonardo Baldocci	BELGIUM
68	62	THE RAPCO HORIZON COMPANY	51250000	500	Dale Williams	USA
69	66	PRIMA GAKKI CO. LTD.	48700000	100	Hitoshi Ohashi	JAPAN
70	74	TROPICAL MUSIC GROUP	48000000	23	Oscar Mederos	USA
71	73	REM0 INC.	47500000	154	Brock Kaericher	USA
72	84	STANTON GROUP	47000000	85	Tim Dorwart	USA
73	77	EKO GROUP	46500000	100	Stelvio Lorenzetti	ITALY
74	78	C.BECHSTEIN PIANO FOR TEFABRIK AG	46267000	360	Karl Schulze	GERMANY
75	83	浙江东方琴业有限公司	46000000	1200	罗森鹤	中国内地
76	76	NONAKA BOEKI CO. LTD.	45500000	100	John Nonaka	JAPAN
77	75	COSMOS CORP.	45450000	85	Kwankil Min	SOUTH KOREA
78	92	得理电子有限公司	45250000	1000	郑刚	中国香港
79	70	KANDA SHOKAI CORPORATION	45000000	75	Tsutomu Yokoyama	JAPAN
80	87	STAMER GROUP	44600000	185	Hans & Lothar Stamer	GERMANY
81	82	GODIN GUITAR COMPANY	44500000	385	Robert Godin	CANADA
82	71	TASCAM(PRO AUDIO)	44250000	110	Yuji Hanabusa	JAPAN
83	80	SF MARKETING	44000000	125	Sol Fleising	CANADA
84	85	SUZUKI MUSICAL INSTRUMENT MFG. CO.LTD.	43000000	170	Manji Suzuki	JAPAN
85	79	VANDOREN S.A.	43000000	200	Bernard Vandoren	FRANCE
86	86	SKB CORPORATION	42000000	350	Dave Sanderson	USA
87	72	MOGAR MUSIC S.P.A.	41670000	60	Carlo Bonami	ITALY
88	94	上海知音琴行有限公司	41500000	225	朱文玉	中国内地
89	88	KONIG & MEYER	41000000	150	Gabriela Konig	GERMANY
90	50	世正乐器有限公司	40000000	1200	朴章浩	中国内地
91	91	EM NORDIC AB	39500000	110	Benny Englund	SWEDEN
92	90	WARWICK GMBH & CO.-MUSIC EQUIPMENT	39000000	70	Hans-Peter Wilfer	GERMANY
93	97	高琳乐器制造有限公司	38500000	75	吴懋仁	中国台湾
94	81	HANSER MUSIC GROUP	38000000	80	Jack Hanser	USA
95	98	G.A. YUPANGCO & CO.	36500000	280	Philip Yupangco	PHILIPPINES
96	105	ROYAL INSTRUMENTS	36000000	140	Rene Moura	BRAZIL
97	96	MARSHALL AMPLIFICATION PLC	35991000	160	Dr. Jim Marshall	U.K

排名		公司名称	销售收入（美元）	员工数	负责人	国家和地区
2009年	2008年					
98	107	宁波海伦乐器制品有限公司	35000000	1200	陈海伦	中国内地
99	109	THE MUSIC PEOPLE	34000000	50	James Hennessey	USA
100	100	B&S MUSIK GMBH	33000000	245	Gerhard Meinl	GERMANY
101	106	DUNLOP MFG.	32500000	242	James Dunlop	USA
102	99	HENRI SELMER ET CIE.	32450000	475	Patrick Selmer	FRANCE
103	103	PAUL REED SMITH GUITARS	32000000	249	Paul Reed Smith	USA
104	104	ViC FIRTH INC.	31695000	135	Vic Firth	USA
105	N	PRESONUS AUDIO ELECTRONICS	31000000	67	Jim Odom	USA
106	101	HARRIS-TELLER INC.	29755000	63	Michael Harris	USA
107	115	TEVELAM S.R.L	29500000	48	Hugo Martellotta	ARGENTINA
108	118	GCI GROUP	27750000	36	Alan & Artie Cabasso	USA
109	123	GRAND GLOBE鼓厂	27550000	432	Tony Huang	中国台湾
110	108	GHS / R0CKTRON	27500000	108	Russell S. McFee	USA
111	125	PRIDE MUSIC	27250000	60	Lucio Grossman	BRAZIL
112	89	M. CASALE BAUER SPA	27000000	20	Patrizia Bauer	ITALY
113	129	EMINENCE SPEAKER LLC.	26705000	151	Chris Rose	USA
114	102	DRUM WORKSHOP INC.	26500000	113	Chris Lombardi	USA
115	110	CASA VEERKAMP S.A. DE C.V.	26400000	125	Gerhardt Veerkamp	MEXICO
116	134	SOUND TECHNOLOGY PLC	26350000	45	David Marshall	U.K.
117	137	河北金音乐器制造有限公司	26250000	2100	陈学孔	中国内地
118	117	TODOMUSICA S.A.	26150000	90	Rafael Pedace	ARGENTINA
119	121	NADY SYSTEMS	26000000	77	John Nady	USA
120	127	SABIAN LTD.	25900000	125	Andy Zildjian	CANADA
121	133	RBX INTERNATIONAL CO.LTD.	25220000	117	Yoel Brand	ISRAEL
122	139	SCHIMMEL PIANOFORTEFABRIC	25066000	175	Hannes Schimmel Vogel	GERMANY
123	113	ARMADILLO ENTERPRISES	25000000	45	Elliott Rubinson	USA
124	124	ELECTRO-HARMONIX	24950000	67	Mike Matthews	USA
125	128	ARAI & CO. INC.	24700000	53	Shrio Arai	JAPAN
126	111	GLOBAL&CO.INC.	24250000	55	Kazu Matsuda	JAPAN
127	116	B-52 PRO AUDIO	24000000	115	Eli El-Kiss	USA
128	135	全域股份有限公司	23522000	404	王敏烈	中国台湾
129	136	M&M MERCHANDISERS INC.	23000000	80	Marty Stenzler	USA
130	131	TKL PRODUCTS CORPORATION	23000000	75	Thomas Dougherty	USA
131	130	天津津宝乐器有限公司	22988000	1700	刘明	中国内地

排名		公司名称	销售收入（美元）	员工数	负责人	国家和地区
2009年	2008年					
132	114	MORIDAIRA MUSICAL INSTRUMENTS CO. LTD.	22750000	45	Tamio Minagawa	JAPAN
133	141	SARA-TRANS GROUP	22150000	600	Jasbeer Singh	INDIA
134	120	ZEN-ON MUSIC CO. LTD.	22000000	118	Noriyuki Honma	JAPAN
135	122	SCHECTER GUITAR RESEARCH	21790000	39	Michael Ciravolo	USA
136	148	PIANODISC	21500000	152	Gary& Kirk Burgett	USA
137	155	AMERICAN DJ INC.	21250000	95	Charles Davies	USA
138	143	深圳市帕思高电子有限公司	21150000	125	林俊杰	中国内地
139	119	JOHN HORNBY SKEWES & COMPANY LTD.	20761000	80	Dennis Drumm	U.K.
140	144	雅歌乐器企业股份有限公司	20500000	500	廖明幸	中国台湾
141	201	FATAR S.R.L.	20458000	100	L.Rangni	ITALY
142	132	EASTMAN MUSIC COMPANY	20250000	62	Qian Ni	USA
143	138	WHIRLWIND AUDIO	20000000	150	Michael Laiacona	USA
144	153	CELESTION	19500000	50	Brian Li	U.K.
145	205	TAKAMINE GAKKI SEISAKUSHO CO. LTD.	19480519	95	Hayami Tate	JAPAN
146	157	MAPES PLANO STRING COMPANY	19450000	128	William L. Schaff	USA
147	191	FISHMAN TRANDUCERS	19084450	63	Larry Fishman	USA
148	154	泰兴凤灵乐器有限公司	18775000	1300	李书	中国内地
149	150	AUSTRALIS MUSIC GROUP PTY. LTD.	18525000	29	Trevor Morrow	AUSTRALIA
150	149	THE MUSIC LINK	18500000	40	Steve Patrino	USA
151	112	EQUIPSON S.A.	18400000	49	Jose Vila Ortiz	SPAIN
152	145	ALLEN ORGAN COMPANY	18350000	237	Steve Markowitz	USA
153	140	HHB COMMUNICATIONS LTD.	18000000	48	Ian Jones	U.K.
154	168	RANE CORPORATION	17900000	102	George Sheppard	USA
155	181	ST.LOUIS MUSIC	17500000	47	Mark Ragin	USA
156	178	广东四会市华声乐器有限公司	17400000	2000	黄炳金	中国
157	N	BLUE MICORPHONES	17250000	45	John Maier	USA
158	170	MAKEMUSIC! INC.	17150000	100	Jeff Koch	USA
159	147	BBE SOUND / G&L	17000000	50	John McLaren	USA
160	184	秋长全丰音乐用品厂	16800000	760	蔡经纬	中国内地
161	171	CARVIN CORP.	16750000	112	Carson Kieset	USA
162	174	LTM	16700000	54	Victor Yakubovskiy	RUSSIA
163	176	AUSTRALASIAN MUSIC SUPPLIES PTY LTD	16650000	45	Kevin Hague	AUSTRALIA

排名		公司名称	销售收入（美元）	员工数	负责人	国家和地区
2009年	2008年					
164	172	广州保嘉乐器制造厂有限公司	16600000	1500	邢宝嘉	中国内地
165	158	乐盟国际股份有限公司	16560000	46	蔡志强	中国内地
166	161	RICKENBACKER INTERNATIONAL	16550000	90	John C. Hall	USA
167	177	CALZONE / ANVIL CASE CO.	16500000	75	Joseph E. Calzone III	USA
168	152	FERNANDES CO. LTD	16400000	40	Shigeki Saito	JAPAN
169	182	CLAVIA DIGITAL MUSIC INSTRUMENTS	16300000	26	Hans Nordelius	SWEDEN
170	169	CMI MUSIC&AUDIO	16291005	34	Drago Trojkovic	AUSTRALIA
171	192	SHIMRO	16250000	152	Won Jung Kim	SOUTH KOREA
172	165	THOMASTIK-INFELD GMBH	16200000	190	Peter Infeld	AUSTRIA
173	164	IAG国际音响集团	16150000	165	Bernard Chang	中国内地
174	159	RENNERLOUIS GMBH	16100000	100	Frank Gerbert	GERMANY
175	175	允有兴业股份有限公司	16050000	300	N/A	中国台湾
176	146	ABLETON	16000000	119	Gerhard Behles	GERMANY
177	162	天津金雅佳乐器有限公司	15970000	300	侯新宇	中国内地
178	156	VISCOUNT INTERNATIONAL	15900000	100	Loriana Galanti	ITALY
179	180	FUJIGEN INC.	15750000	120	Yuichiro Yokouchi	JAPAN
180	151	PETROF	15700000	200	Zuzana Petrof	CZECH REPUBLIC
181	166	STENTOR MUSIC CO. LTD.	15695000	31	Michael C. Doughty	U.K.
182	173	COMMUNITY PROFESSIONAL	15500000	85	Bruce Howze	USA
183	167	CHARLES DUMONT & SON	15457000	42	Charles J. Dumont	USA
184	203	AUDIOMUSICA S.A.	15200000	110	Armando Gotelli	CHILE
185	160	SEYMOUR DUNCAN/D-TAR	14900000	120	Cathy Carter Duncan	USA
186	189	武汉艾立卡电子有限公司	14730587	350	张鉴堂	中国内地
187	190	CONNOLLY MUSIC COMPANY	14600000	28	John M. Connolly III	USA
188	188	MANUFACTURAS ALHAMBRA S.L.	14500000	115	Jose Maria Vilaplana	SPAIN
189	194	KIKUTANI MUSIC CO. LTD.	14191000	25	Toshi Kikutani	JAPAN
190	195	广州市大铃乐器制造有限公司	14175000	300	N/A	中国内地
191	179	ENRIQUE KELLER S.A	14150000	85	Jorge Keller	SPAIN
192	186	RODGERS INSTRUMENTS LLC	14000000	110	Ikutaro Kakehashi	USA
193	199	TYCOON MUSIC CO.LTD.	13850000	156	Stephen Yu	THAILAND
194	211	国巧乐器木器厂	13775000	425	蔡经茂	中国台湾
195	163	SUZUKI CORP.	13750000	18	Howard Feldman	USA
196	202	冠舟企业有限公司	13725000	500	陈国瑶	中国台湾
197	212	深圳市蔚科电子科技开发有限公司	13700000	400	徐建	中国内地
198	216	吟飞电子（上海）有限公司	13600000	400	赵平	中国内地

排名		公司名称	销售收入（美元）	员工数	负责人	国家和地区
2009年	2008年					
199	196	WAVES INC.	13550000	35	Gilad Keren	USA
200	193	MESA BOOGIE	13500000	98	Randall Smith	USA
201	213	聊城山石麦尔乐器有限公司	13400000	250	刘树广	中国内地
202	214	MEGA MUSIC SP. Z.O.O;	13275000	35	Dariusz Adamowicz	POLAND
203	200	ARSENAL MUSIC	13100000	56	Vlasimir Cherepanov	RUSSIA
204	183	CHESBRO MUSIC	12500000	50	Vanetta Wilson	USA
205	204	赤城胡义乐器有限公司	12450000	125	胡义春	中国内地
206	N	CARL FISCHER MUSIC	12250000	42	Hayden Connor	USA
207	197	FOSTEX COMPANY	12200000	32	Tad Takahashi	JAPAN
208	185	LYON & HEALY HARPS	12150000	134	Antonio Forero	USA
209	206	WESTHEIMER CORP.	12000000	14	Jack Westheimer	USA
210	187	MEL BAY PUBLISHING	11900000	51	Bryndon Bay	USA
211	198	GETZEN COMPANY	11895000	88	Thomas R. Getzen	USA
212	219	UNIVERSAL PERCUSSIONLNC.	11775000	38	Thomas W. Shelley	USA
213	218	EMG	11750000	91	Robert A. Turner	USA
214	210	LYDROMMET AS	11500000	20	Christian Wille	NORWAY
215	215	NEIL A. KJOS MUSIC COMPANY	11000000	70	Neil A. Kjos. Jr.	USA
216	209	AMATI-DENAK S.R.O.	10675000	200	Vaclav Hnilicka	CZECH REPUBLIC
217	N	ANGEL实业公司	10650000	125	Frank Yang	中国台湾
218	224	PAISTE HOLDING AG	10550000	75	Erik Paiste	SWITZERLAND
219	N	MARK OF THE UNICORN	10500000	25	Robert Nathaniel	USA
220	208	LARRIVEE GUITARS	10550000	75	Jean Larrivee	CANADA
221	N	CORDOBA MUSIC GROUP	10250000	27	Tim Miklaucic	USA
222	N	GROUP ONE	10000000	15	Jack Kelly	USA
223	N	PETERSON ELECTRO-MUSICAL PRODUCTS	9750000	52	Scott Peterson	USA
224	N	PROPELLERHEAD SOFTWARE	9740000	40	Ernst Nathorst	SWEDEN
225	223	TAY-E乐器有限公司	9650000	100	Chen Ell Chiang	中国台湾

3、2010年全球乐器与音响制品行业225强中国内地乐器企业名录

排名		公司名称	销售收入（美元）	员工数	负责人
2010年	2009年				
24	23	广州珠江钢琴集团股份有限公司	156000000	2800	王润培
38	39	宁波音王集团有限公司	87500000	2400	王祥贵
42	42	北京星海钢琴集团有限公司	84000000	3800	赵惠臣
75	83	浙江东方琴业有限公司	46000000	1200	罗森鹤
88	94	上海知音琴行有限公司	41500000	225	朱文玉
90	50	世正乐器有限公司	40000000	1200	朴章浩
98	107	宁波海伦乐器制品有限公司	35000000	1200	陈海伦
117	137	河北金音乐器制造有限公司	26250000	2100	陈学孔
131	130	天津津宝乐器有限公司	22988000	1700	刘明
138	143	深圳市帕思高电子有限公司	21150000	125	林俊杰
148	154	泰兴凤灵乐器有限公司	18775000	1300	李书
156	178	广东四会市华声乐器有限公司	17400000	2000	黄炳金
160	184	秋长全丰音乐用品厂	16800000	760	蔡经纬
164	172	广州保嘉乐器制造厂有限公司	16600000	1500	邢宝嘉
165	158	乐盟国际股份有限公司	16560000	46	蔡志强
173	164	IAG国际音响集团	16150000	165	Bernard Chang
177	162	天津金雅佳乐器有限公司	15970000	300	侯新宇
186	189	武汉艾立卡电子有限公司	14730587	350	张鉴堂
190	195	广州市大铃乐器制造有限公司	14175000	300	N/A
197	212	深圳市蔚科电子科技开发有限公司	13700000	400	徐建
198	216	吟飞电子（上海）有限公司	13600000	400	赵平
201	213	聊城山石麦尔乐器有限公司	13400000	250	刘树广
205	204	赤城胡义乐器有限公司	12450000	125	胡义春

4、2010年全球乐器与音响制品行业225强中国香港乐器企业名录

排名		公司名称	销售收入（美元）	员工数	负责人
2010年	2009年				
16	19	柏斯琴行有限公司	217950000	2950	吴天延
18	15	金山工业公司	187000000	1300	罗仲荣
34	30	通利琴行有限公司	115000000	500	李敬章
78	92	得理电子有限公司	45250000	1000	郑刚

5、2010年全球乐器与音响制品行业225强中国台湾乐器企业名录

排名		公司名称	销售收入（美元）	员工数	负责人
2010年	2009年				
10	10	功学社乐器股份有限公司	293000000	4050	梁钦贵
65	69	宏寰贸易股份有限公司	52635000	50	陈少宏
93	97	高琳乐器制造有限公司	38500000	75	吴懋仁
109	123	GRAND GLOBE鼓厂	27550000	432	Tony Huang
128	135	全域股份有限公司	23522000	404	王敏烈
140	144	雅歌乐器企业股份有限公司	20500000	500	廖明幸
175	175	允有兴业股份有限公司	16050000	300	N/A
194	211	国巧乐器木器厂	13775000	425	蔡经茂
196	202	冠舟企业有限公司	13725000	500	陈国瑶
217	N	ANGEL实业公司	10650000	125	Frank Yang
225	223	TAY-E乐器有限公司	9650000	100	Chen Ell Chiang

海外信息篇之二：全球乐器市场评估

2010年全球主要乐器市场评估报告

“音乐制品”这个术语是个宽泛的概念，不同人有不同的定义和理解。该报告中所指的音乐制品包括电子及声学弦乐器、管乐器、键盘乐器、打击乐器、功放、录音设备、音乐软件、计算机终端、乐谱以及各类相关产品的配件。报告中涉及的数据及评论主要来自世界贸易组织的数据库，各国行业协会的统计资料、上市公司公开报表。在二十多年前，世贸组织就为各类产品制定了统一代码，为报告获取全球进出口数据提供了便捷条件，数据的精确度大大提升。通过监控贸易流向，我们能更精准的评估当地市场规模。如我们能够准确的统计到中国吉他和音源扩大器出口到丹麦的数量以及美国生产的吉他出口到日本的数量。仅仅以上两个例子，足以证明我们统计的数据可高度精确的评估全球乐器市场规模。

本报告囊括了37个国家和地区的乐器市场，约占世界人口的72%。为便于比较，按2010年12月31日当日汇率，将各国的销售收入统一转换为美元后进行统计。由于中东、中亚以及非洲等国家没有建立规模化的销售网络以及乐器销量过于微少，不具备统计价值，因此该报告中没有纳入这些国家。

2010年，印度乐器销售收入增长16.7%，与此同时，爱尔兰遭遇了19.1%的全面下滑。不同的文化背景、经济情况以及人口结构决定了各个国家乐器市场会有所不同，从中我们很难找出其共同点。然而，数据绝对是衡量各国乐器市场发展走势的标尺。

毫无疑问，决定销售收入的一个最主要因素就是国家的经济实力。全球人均乐器消费为3.54美元。然而，由于各个国家的经济繁荣程度不同，其民众的乐器消费能力大相径庭。在美国，人均GNP为46802.36美元，人均乐器消费20.40美元。在贫穷落后的印度，人均乐器消费仅有0.06美元。两个统计数据的天壤之别并不难理解。诸如印度尼西亚、印度以及土耳其这些发展中国家，其自给农民占人口总数的比重较大，他们用于音乐的可支配时间和支出少之又少。与此同时，乐器销售网络以及音乐教育体系也尚不完善。相反，在发达国家，多数人有足够的可支配收入以及闲暇时间用于享受音乐带来的欢乐。琴行、广告、各类音乐活动以及音乐教育已经形成了一个完整成熟的系统。因此，不难看出人均乐器消费与收入水平间的关系。

乐器市场的销售情况与国家当前经济情况有着紧密联系。坏消息往往直接影响销售数据。在爱尔兰和英国，房地产危机及银行体系的崩溃，使这两个国家的乐器销售也遭受了前所未有的重创。在过去的18个月里，我们看到爱尔兰和英国一些主要的零售商相继破产，经销商们认为市场还需要几年的时间才能完全复苏。希腊公布的财政困难也直接导致了乐器市场的举步维艰。

幸运的是，各类好消息也能带来令人振奋的销售数据。“金砖四国”巴西、俄罗斯、印度、中国的经济快速增长，同时这四国的乐器市场也是蓬勃发展。尤其是中国、印度和巴西，尽管这三个国家乐器行业起步水平较低，但其销售收入预示着未来几年的无限潜力。

尽管各个国家都在想方设法吸引一些老龄顾客，但乐器的主要消费群体仍然是年轻人，并主要集中在12至30岁。事实证明，一个国家的人口结构也决定了其乐器市场的消费水平和未来潜力。在下面的表格中，我们列出了各个国家人口的平均年龄。尽管过去三年里，由于经济发生天翻地覆的变化，在某种程度上转移了人口结构对乐器市场的影响。但凭经验估计，平均年龄较低的国家的乐器市场至少还有10年的增长空间。

美国乐器销售收入一直领跑于其他国家，其原因部分归功于较强的经济实力，然而人口结构也起到了至关重要的作用。美国人口平均年龄36.9岁，相对于多数西欧国家和日本，其平均年龄超过40岁，显然美国主要乐器消费群体的比重较大，发展空间也较大。西欧和日本已处于老龄化阶段，人口出生率低，因此，不难看出这些国家的乐器市场在今后十年的发展必然有所限制。正如一位意大利经销商所说“越来越多的年轻人选择当丁克，我们非常担心今后消费者来自哪里。”日本政府预测在今后的8～10年，人口总数将开始减少，一些音乐院校已经感受到在校注册生数量的减少。

文化差异和其对乐器行业发展产生的影响难以被量化。但它又对行业的发展起到一定的作用。在美国，公立学校里广泛开展音乐课程，为乐器市场培育了大量的潜在消费群体。因此，美国的乐器市场已经非常规范和成熟；类似的，如键盘教学在日本和韩国普及度较高，这两国的乐器行业发展较快，市场繁荣；又如欧洲各国，已经开办了许多专业音乐院校培养音乐人才。因此，除非一些不可预期的事件，否则音乐人口比例不会发生大的改变。

对于一些新兴国家的情况却有些不同，尤其是中国。中国和音乐的关系发生的深刻变化，相信没有任何国家能比及。在三十年前，贝多芬和西方古典音乐不被大众所接受。但如今，中国人也已经开始接受西方音乐，并在上海等大城市设立了专业的音乐院校。今天，中国已成为世界最大的钢琴市场，年销量20万架，也是音乐的重要中心。当下，流行、摇滚、R&B等各种音乐形式在中国大受欢迎，就连一些主流媒体也大篇幅的报道本国的前卫乐手或乐队，诸如走朋克路线的Rustic乐队。相信中国的乐器行业在今后还会有显著增长。

（高萍 编译自：美国《音乐贸易》2011 No.12）

2010年全球主要国家及地区乐器产销概况

排序	国家（地区）	乐器销售额（万美元）	较2009年增长（%）	人均乐器消费（美元/人）	占全球份额（%）	平均年龄（岁）	人口总数（人）	GNP（亿美元）	人均GNP（美元/人）	GNP增长（%）
1	美国	639000	8.2	20.4	40.3	36.9	313232044	146600	46802.36	2.9
2	日本	215000	1.4	17	13.6	44.6	126475664	43100	34077.7	4
3	德国	98000	-0.9	12.03	6.2	44.3	81471834	29400	36086.09	3.5
4	中国内地	97700	4.7	0.73	6.1	35.8	1336718015	109000	8154.3	7.4
5	法国	75500	5.2	11.56	4.8	39.8	65312249	21450	32842.23	1.5
6	加拿大	69000	4.5	20.28	4.5	40.7	34030589	13301	39085.42	3
7	英国	57800	-7.9	9.22	3.6	39.8	62698362	21730	34658	1.3
8	澳大利亚	36000	9.4	16.54	2.4	37.8	21766711	8820	40520.59	2.8
9	意大利	27500	-5.2	4.51	1.9	43.7	61016804	17740	29073.96	1.3
10	韩国	27300	0.7	5.6	1.7	38.6	48754657	14590	29925.35	-1.8
11	巴西	25000	19	1.23	1.6	28.9	203429773	21720	10676.9	7.5
12	俄罗斯	20800	5.2	1.5	1.3	38.5	138739892	22230	16022.79	4
13	荷兰	18000	1.7	10.68	1.1	40.8	16847007	6769	40179.24	1.8
14	墨西哥	15900	3.2	1.4	1	26.7	113724226	15670	13778.95	7
15	比利时	15000	0	14.38	0.9	42.9	10431477	3943	37799.06	2
16	中国香港	12700	7.6	17.83	0.8	42.8	7122508	3258	45742.31	6.5
17	瑞士	12400	3.9	16.23	0.8	41.6	7639961	3245	42474.04	2.5
18	西班牙	11990	-13.6	2.56	0.8	40.8	46754784	13690	29280.43	-0.1
19	中国台湾	9770	7.7	4.23	0.6	38	23071779	8218	35619.27	10.8

排序	国家（地区）	乐器销售额（万美元）	较2009年增长（%）	人均乐器消费（美元/人）	占全球份额（%）	平均年龄（岁）	人口总数（人）	GNP（亿美元）	人均GNP（美元/人）	GNP增长（%）
20	阿根廷	9320	11.4	2.23	0.6	31	41769726	5960	14268.71	7.4
21	奥地利	9310	0.9	11.23	0.6	42.6	8217280	3320	40402.66	1.9
22	瑞典	9210	2.9	10.13	0.6	41.7	9088728	3547	39026.36	5.4
23	丹麦	8100	3.8	14.65	0.5	40.7	5529888	2017	36474.52	2
24	印度	7700	16.7	0.06	0.5	25.9	1189172906	40600	3414.14	4.7
25	芬兰	7150	3.9	13.6	0.5	42.8	5259250	1860	35366.26	3.2
26	挪威	7100	2.6	15.13	0.4	39.7	4691849	2553	54413.52	0.4
27	菲律宾	6900	2.8	0.68	0.4	22.7	101833938	3514	3450.72	7.3
28	新加坡	5410	8.4	11.39	0.3	39.6	4740737	2911	61403.95	14.1
29	波兰	5100	8.3	1.33	0.3	38.6	38441588	7213	18763.53	3.8
30	以色列	5100	15.9	6.82	0.3	29.3	7473052	2194	29358.82	4.6
31	捷克	4780	3.5	4.69	0.3	40.8	10190213	2613	25642.25	2.4
32	智利	4100	7.3	2.43	0.3	31.7	16888760	2579	15270.51	5.2
33	葡萄牙	2300	-9.1	2.14	0.1	39.7	10760305	2470	22954.74	1.4
34	爱尔兰	2220	-19.1	4.71	0.1	34.5	4670976	1723	36887.37	-1.1
35	希腊	2200	-12	2.04	0.1	42.7	10760136	3187	29618.58	-4.4
36	土耳其	2050	5.1	0.26	0.1	28.6	78785548	9605	12191.32	8.2
37	印度尼西亚	1850	7.6	0.08	0.1	27.9	245613043	10030	4083.66	3.3

译者注：本表数据主要源于世界贸易组织产品进出口情况数据库

中国乐器规模以上企业（年销售收入500万人民币以上）销售收入为215.30亿元人民币，合33.64亿美元。

海外信息篇之三：美国乐器市场

2011年美国乐器市场调查报告

自2009年走出金融危机低谷后，音乐制品行业销售缓慢复苏。2011年，音乐制品销售额增长3.7%，市场零售额预计为66.3亿美元。从行业历程看，这一发展速度相对平稳，但和6年前高峰期相比销售依然低迷。过去12个月，行业发展保持相对稳定势头，市场信心进一步增强。业内认为，行业最低谷时期“已告终结”。

附表数据反映了过去一年音乐制品销售状况。受众多因素影响，各门类产品表现各异：流行音乐备受追捧，使得声学吉他销售看涨，舞蹈音乐走红，带动了相关DJ制品稳定增长，而日本东北部地震也减缓了高科技键盘乐器和数码钢琴销售；因琴行资金限制，库存积压和市场消费偏好转移，声学钢琴销售受到一定影响。总体而言，行业销售很大程度受整体经济形势和人口结构两大关键因素制约。

从人口结构来看，年龄在12岁-30岁之间的年轻群体收入状况决定着不少音乐制品的消费状况。如果该年龄段人口结构逐渐变化，行业销售也会随之改变。经济数据表明，过去几年，这一重要客户群年龄结构令人堪忧：18岁-30岁年轻人失业率几近全美平均失业率9%的两倍，大学毕业生赶上了30年来就业最困难时期。统计部门报告显示，由于失业率居高不下，过去三年该年龄段人群实际收入下降约9个百分点。报告还显示，12岁—30岁人口的数量增长缓慢，过去5年仅仅增长0.9%，达8800万人。在客户数量没有显著增加的“相对静止”背景下，2011年度行业的综合表现值得肯定。

GDP涵盖商品、服务等各个领域，统计范围广泛，是反映一国国民经济的最佳综合指标，不会像行业指标那样会异常波动。如2009年音乐制品行业剧烈下挫17%，而同期GDP仅下降3.8%；2011年，音乐制品行业发展速度又较同期GDP增速高出两倍左右。

如果音乐制品销售仅靠经济和人口两大指标来反映，那么预测行业未来发展会相对容易。但是，层出不穷的新技术和新产品开发往往出人意料。2011年，音乐制品销售显著增长的一个强劲动力源自夏威夷四弦琴和DJ控制台这两大未曾预料的音乐制品门类。很难想象并再找出和这两种音乐制品不同的乐器：一类是技术含量低，纯民间乐器的夏威夷四弦琴，另一种是高档设备，使用者能在电脑上安装软件予以操作。两类产品均引起乐器制造商的注意，销售增速非同寻常。

两种如此不同的产品获得广泛认可，一方面反映出行业分散的本性，另一方面映衬出美国公民文化的多样性。异军突起的夏威夷四弦琴和DJ控制台代表了崭露头角的新产品，但并非所有产品都能进入增长序列。微处理器和软件属计算机产业的重要组成部分，这些因素也对提升音乐制品收入起到重要拉动作用，促进音乐制品总收入增长20%。

本报告统计的各类制品在多样环境下面临着不同的市场机遇。如校园乐器零售商的生意取决于美国教育政策走向；苹果、微软等操作系统的每一次改进升级都会决定某种软件的发展；房地产价格的起起伏伏会明显体现出钢琴销售状况；而登上流行乐榜单的曲目会带动吉他爱好者的兴趣。

弦乐器

弦乐器及相关产品增长8.2%，达15.4亿美元，反映出经济整体走势和吉他持续受市场看好。该产品门类尽管总体上受益于市场向好发展，但增幅高低不等。声学吉他是该门类“大赢家”，销量增长9.2%，销售增长15.5%，因市场消费偏好转向高档乐器，高档吉他增幅尤为显著，零售价增长8.1%，价格高于1500美元的声学吉他零售增幅近20%，达48085把。产自亚洲的低成本吉他也带动了市场销售；相反，电吉他销售相对平稳，销量仅增长0.9%。声学吉他销量占整个市场份额52.5%，在过去十年中所占比例最高（2007年，声学吉他销量所占比重为47%）。

流行音乐体现在声学吉他的销售变化中。试从产品角度解释，由于产品功能改变，声学吉他音效更佳，其扩音和功放系统的质量提高，销售额不断提升，目前声学吉他销售大大超过电吉他。

电吉他销售速度降低对相关联产品带来负面影响。功放销售下滑5.1%。中国制造的低成本功放也给产品平均价格造成压力。

吉他音箱--这种小的效果器设备继续保持上升销售势头：吉他爱好者愿换换品位尝试新的音色，另外小的效果器也属于用户“冲动型购买”的产品。

尽管吉他销售低于2005年的峰值时期，2011年销售表现令人鼓舞。声学吉他的入门级价格销量增长9%，表明吉他依旧是广受消费者青睐的乐器。高档价位吉他受热捧也说明，吉他爱好者总对产品有着更新需求。

由于吉他爱好者连带使用音响和录音相关产品，吉他销售一定程度也带动了其他行业增长。

打击乐器

套鼓销售下降被琴槌、鼓棒、镲片和手鼓制品销售增长所抵消，综合来看打击乐器销售增长1.1%。套鼓销售下降受制于经济因素影响。就像零售商所反馈的，往往高价产品销售更难。某些“乐器原声主义者”认为，电声乐器不应成为其他任何声学乐器的替代品，声学套鼓受电声套鼓影响较大。

此外，打击乐器制品配件销售增长缓慢而稳定，反映出琴槌、镲片、鼓棒和打击类配件用户数量不断增加。

家用键盘乐器（含声学和数码钢琴、便携式键盘）

2011年，钢琴市场各门类产品“表现各异”。钢琴平均销售价格增长3.6%（很大程度归因于中国货币人民币升值），声学钢琴销量下滑6.2%，降至41054台；数码钢琴销售销量增长1.9%，销售额增长13%，一定程度上抵消了声学钢琴下滑。如果不是因2011年日本地震影响造成供应困难，数码钢琴销售会更好。

房地产下降，失业率高，消费不确定性等影响了钢琴市场发展，这些因素也对其他和家电、家具等相关的家居用品销售带来很大影响。当前，融资有限是影响钢琴销售的最直接因素。库存产品积压，资金成本较高或难以融资，制约了许多经销商保持库存。钢琴市场规模较小，使制造商和经销商难以找到双方均能接受的融资平衡点。

校园乐器

虽然受各州捉襟见肘和窘困的财政预算问题困扰，但2011年度校园乐器市场逐步恢复。市场销售因地区而异，全国范围来看，木管乐器、铜管乐器和弦类乐器2011年度增长7.5%，零售总额达5.716亿美元。上述门类乐器的超强表现得益于经济状况不断改善，消费信心增强，客观上推动了价位更高的小号销售增长。同样，州、市两级财政状况改善，为单位团体类乐器市场复苏注入活力。

从人类本性而非经济或政府政策分析，或许更富有指向性意义：校园乐器活动能深入家长内心并引起其重视，从而引导孩子们学习乐器，有效丰富他们的生活。基于这种人性中固有的美好情怀，可以肯定地说，校园乐器会继续保持良好发展势头。

弦乐器增速27%的销售收益表明，校园乐器正从公立学校向越来越多的私立学校拓展。制造和销售商家均表示，私立学校弦乐活动不断发展，这一点也得到美国弦乐教师协会佐证；另外，家长们更倾向于购买来自中国成本低廉的小提琴和中提琴，进一步推动了该乐器门类市场销售增长。

乐器配件

乐器配件销售价格一般低于100美元，乐器配件毫无疑问是行业“抗衰退力”最强的产品。多年数据显示，在经济较困难时期，当消费者不太愿买乐器或其他大件产品时，往往选择购买配件。有证据表明自2008年底经济衰退以来，对利润较为敏感的大小经销商，都在琴行开辟出专门空间展示乐器配件产品。

电声乐器

不少合成器、表演型键盘、电子鼓在日本生产。2011年，由于新产品转型，加之日本东北部地震，许多电声乐器关键部件运送受阻，电声乐器销售下滑2个百分点。到该年年底，生产水平得以恢复，订单推迟情况才有所缓解。

电声乐器行业面临的又一个问题是缺乏有活力的新品，看看苹果平板电脑如何挤压普通笔记本电脑份额就知道，消费者往往对技术“革命性”产品带有强烈偏好。2011年，电声类乐器的价格、质量、表现力等都保持在相对稳定的水平。

教堂/家用风琴

对于风琴市场，2011年销售降低15.1%，仍为困难的一年。和钢琴行业一样，家用风琴销售一直受到各类经济因素影响，零售商推销风琴的积极性不高，也是销售下降的原因。

此外，受经济衰退影响，信徒捐赠减少，加之宗教音乐模式变化也成为教堂风琴市场份额下降的原因，教堂在弥撒中一般使用现代音乐设施，购买风琴的兴趣不大。

便携式键盘

2011年，便携式键盘销售下滑16%，造成这种局面更多的是“天意”而非“人为”：雅马哈和卡西欧两大工厂因日本东北部地震，生产一度中断，致使在乐器销售关键的第四季度下单困难重重，随着局势好转，销售会随着供应趋稳而逐步恢复正常。

（常杰 编译自美国《音乐贸易》2012年第4期）

2007～2011年美国吉他市场概况

	2011年销量	同比%	2010年销量	同比%	2009年销量	同比%	2008年销量	同比%	2007年销量	同比%
声学吉他										
200美元以下	641000	9.00%	588211	13.10%	520201	-3.10%	537000	2.00%	526600	-15.30%
201-500美元	124000	8.60%	114220	-7.40%	123357	-20.70%	155500	2.20%	152140	-8.00%
501-1500美元	79200	18.20%	67000	3.90%	64461	-19.60%	80200	-8.50%	87650	1.40%
1500美元以上	22885	15.00%	19900	14.60%	17361	-26.90%	23750	-8.30%	25900	-8.50%
声学电吉他										
200美元以下	132300	-2.10%	135200	-6.7	144947	-18.10%	177000	1.10%	175010	-9.00%
201-500美元	195000	11.40%	175000	12.80%	155187	-34.50%	237000	-10.60%	265200	-5.30%
501-1500美元	92000	14.60%	80300	21.80%	65936	-18.60%	81000	-7.00%	87100	-0.90%
1500美元以上	25200	20.00%	21000	14.80%	18288	-29.90%	26100	-8.10%	28400	0.30%
声学吉他小计	1311585	9.20%	1200831	8.20%	1109738	-15.80%	1317550	-2.30%	1348000	-9.50%
电吉他										
200美元以下	418250	-2.30%	428250	0.70%	425117	-13.80%	493000	-0.60%	496000	-4.80%
201-600美元	332500	3.90%	319877	4.40%	306253	-22.50%	395000	-7.70%	428000	1.10%
601-1250美元	116200	5.40%	110250	-0.90%	111272	-24.30%	147000	-5.00%	154800	19.90%
1251-2000美元	19900	3.40%	19250	6.90%	18005	-28.60%	25200	-6.70%	27000	12.40%
2000美元以上	11200	3.50%	10820	3.30%	10477	-29.70%	14900	-6.30%	15900	5.90%
空体电吉他										
200-500美元	26250	-11.90%	29800	-13.40%	34412	3.70%	33200	-15.10%	39100	-16.00%
500美元以上	12800	23.60%	10355	1.70%	10177	-63.00%	27500	-11.60%	31100	21.90%
电吉他小计	937100	0.90%	928602	1.40%	915713		1135800		1191900	

	2011年销量	同比%	2010年销量	同比%	2009年销量	同比%	2008年销量	同比%	2007年销量	同比%
电贝斯										
250美元以下	116000	-1.90%	118233	-6.20%	126093	-20.20%	158000	-1.40%	160200	-1.20%
251-500美元	74200	-2.50%	76122	2.40%	74353	-23.30%	97000	-4.00%	101000	3.50%
501-1000美元	53200	7.20%	49622	11.30%	44597	-23.10%	58000	-7.90%	63000	16.60%
1000美元以上	4100	5.10%	3900	27.00%	3072	-6.90%	3300	-15.40%	3900	29.90%
电贝斯	247500	-0.20%	247877	-0.90%	248115	-21.60%	316300	-3.60%	328100	3.60%
吉他总计	2496185	5.00%	2377310	4.60%	2273566	-10.40%	2769650	-3.40%	2868000	-4.10%

2007～2011年美国声学钢琴市场概况

	2011年销量	同比%	2010年销量	同比%	2009年销量	同比%	2008年销量	同比%	2007年销量	同比%
按型号划分										
立式钢琴										
44″ 以下′	4966	-20.20%	6255	57%	3955	-30.58%	5697	-21%	7249	-32%
44″ -47″	15225	-4.70%	15977	59%	10017	-41%	16977	4.30%	16275	-14%
工作室用琴	5259	1.60%	5177	-13%	5955	-28.89%	8374	2.60%	8157	-21%
自动演奏钢琴	425	-6.60%	455	40%	325	-21.31%	413	-13.10%	475	-19%
立式钢琴小计	25875	-7.00%	27834	37%	20252	-33.46%	30435	-5.40%	32156	-21%
三角钢琴										
5′ 以下	1977	-19.50%	2455	24.30%	1974	-50.14%	3959	-11.80%	4484	-27%
5′ -5′ 5″	3825	-7.00%	4115	18.70%	3466	-44.19%	6210	-15.20%	7321	-29%
5′ 6″ -5′ 10″	1966	-11.30%	2217	18.10%	1877	-37.41%	2999	-21.20%	3850	-12%
5′ 11″ -6′ 4″	1575	-6.60%	1687	27.20%	1326	-45.99%	2455	-18.50%	3012	6.20%
6′ 5″ -7′ 10″	1058	-8.60%	1158	53.30%	755	-54.68%	1666	-32.50%	2467	11%
7′ 11″ 及以上	1153	20.70%	955	50.30%	635	-37.13%	1010	-4.30%	1055	3.30%
自动演奏钢琴	3625	8.00%	3357	20.90%	2775	-49.06%	5448	-34.50%	8191	-14%
三角钢琴小计	15179	-4.80%	15944	24.40%	12808	-46.06%	23747	-21.90%	30380	-17%
声学钢琴总计	41054	-6.20%	43778	32.42%	33060	-38.98%	54182	-13.40%	62536	-18.70%

	2011年销量	同比%	2010年销量	同比%	2009年销量	同比%	2008年销量	同比%	2007年销量	同比%
按单价划分										
三角钢琴										
10000美元以下	3215	4.80%	3067	3.79%	2955	-43.98%	5275	2.90%	5125	-40%
10000美元以上	11964	-7.10%	12877	30.69%	9853	-46.66%	18472	-26.90%	25255	-10%
立式钢琴										
4000美元以下	16266	-17.30%	19679	38.05%	14255	-21.86%	18244	-7%	19616	-27%
4000美元以上	9609	17.80%	8155	35.98%	5997	-50.81%	12191	-2.80%	12540	-6%

2007～2011年美国声学钢琴主要进口来源国

	2011年销量	同比%	2010年销量	同比%	2009年销量	同比%	2008年销量	同比%	2007年销量	同比%
立式钢琴										
中国	10309	-13.30%	11885	69.80%	6999	-28.00%	9721	-13.30%	11208	-15%
印尼	5292	-18.60%	6504	52.00%	4277	-44.31%	7680	37%	5574	-34%
日本	4743	11.50%	4255	32.10%	3221	-25.01%	4295	-8.70%	4702	-3.70%
三角钢琴										
中国	4048	0.60%	4025	46.10%	2755	-41.83%	4736	-43%	8237	-29%
印尼	4211	-6.70%	4515	35.70%	3325	-53.65%	7173	25%	5710	-26%
日本	4625	-6.70%	4955	44.80%	3420	-50.38%	6893	-4.30%	7202	-19%
美国	1400	9.80%	1275	1.50%	1255	-34.81%	1925	-15%	2268	-13%

2011年美国乐器市场零售概览

（金额单位：美元）

年份	销量	同比%	批发额	零售额	同比%	平均单价
吉他						
声学吉他						
2011年	1311585	9.20%	323856694	483368200	15.50%	369
2010年	1200831	8.20%	280455000	418589000	6.90%	349
2009年	1109000	-15.77%	262253000	391423000	-17.21%	353
2008年	1317550	-2.30%	312042390	472791500	-8.20%	359
2007年	1348000	-9.50%	345007000	514936000	-6.10%	382
2006年	1490260	-9.70%	367438000	548415000	2.20%	367
2005年	7657074	2.00%	359521000	536599000	10.90%	325

年份	销量	同比%	批发额	零售额	同比%	平均单价
2004年	1618700	38.60%	324274000	483991000	16.70%	299
2003年	1168237	20.00%	289377000	415142000	-6.30%	355
2002年	973522	14.90%	260647000	443172000	0.50%	465
电吉他						
2011年	1200831	2.10%	302574178	451603250	7.40%	381
2010年	1176479	1.10%	281675000	420411000	-2.10%	357
2009年	1163000	-19.85%	287646000	429323000	-24.20%	369
2008年	1452100	-4.50%	376630464	566361600	-5.90%	390
2007年	1520000	1.30%	403286000	601920000	6.90%	396
2006年	1501000	-9.50%	382154000	562875000	-8.30%	380
2005年	1658648	-1.50%	416735000	621993000	15.40%	375
2004年	1683970	43.50%	361043000	538870000	10.40%	320
2003年	1173314	21.00%	305920000	488119000	2.10%	416
2002年	969103	8.20%	267536000	477885000	-0.70%	538
吉他总计						
2011年	2512416	5.70%	626430872	934971450	11.40%	372
2010年	2377310	0.046	562130000	839000000	0.022	353
2009年	2273000	-0.1791	549900000	820746000	-0.2102	361
2008年	2769650	-3.40%	691036812	1039153100	-7.00%	375
2007年	2868000	-4.10%	748293000	1116856000	0.50%	389
2006年	2991260	-9.60%	749593000	1111290000	-4.10%	372
2005年	3309722	0.20%	776256000	1158592000	13.30%	350
2004年	3302670	41.00%	686317000	1022861000	13.30%	309
2003年	2341551	20.50%	595297000	903261000	-1.90%	386
2002年	1942625	11.40%	528183000	921057000	-0.13%	529
注1：声学吉他类含班卓琴、曼陀林、冬不拉及其他声学弦乐器，不含夏威夷四弦琴						
注2：电吉他类含电贝斯						
功放						
2011年	890000	-1.30%	141732500	218050000	-5.10%	245
2010年	901400	3.20%	149407000	229857000	-9.20%	255
2009年	873200	-20.33%	164598200	253228000	-25.47%	290
2008年	1096000	-1.40%	220844000	339760000	-9.90%	310
2007年	1112000	1.80%	245029000	376968000	4.60%	339
2006年	1092000	-12.00%	234234000	360360000	-9.20%	330
2005年	1240921	-3.00%	258111000	397094000	6.70%	320

年份	销量	同比%	批发额	零售额	同比%	平均单价
2004年	1279300	31.30%	241979000	372276000	9.80%	291
2003年	974000	18.00%	220318000	338952000	-5.60%	348
2002年	825120	7.90%	225000000	359000000	-0.60%	435
			钢 琴			
三角钢琴						
2011年	11554	-8.20%	98035000	175375000	0.20%	15179
2010年	12587	25.50%	97977000	174959000	36.20%	13900
2009年	10033	-45.17%	71916000	128422000	-48.18%	12800
2008年	18299	-17.50%	138789924	247839150	18.50%	13544
2007年	22189	-17.60%	170234000	303989000	-5.10%	13700
2006年	26935	-23.50%	179313000	320203000	-19.90%	11887
2005年	35211	8.80%	224077000	400137000	12.60%	11364
2004年	32377	3.00%	202634000	355499000	-1.70%	10980
2003年	31433	2.10%	207862000	361500000	-6.80%	11500
2002年	30776	9.70%	223699000	387777000	2.30%	12599
2001年	28064	-16%	218996000	378864000	-15.90%	13500
立式钢琴						
2011年	25450	-7.00%	65408000	115358000	2.80%	4533
2010年	27379	37.40%	63984000	112253000	54.80%	4100
2009年	19927	-33.63%	41344000	72534000	-37.49%	3640
2008年	30022	-5.20%	66140121	116035300	-3.10%	3865
2007年	31681	-20.50%	68259000	119754000	-7.20%	3780
2006年	39862	-17.80%	73571000	129073000	14.20%	3237
2005年	48527	-1.90%	85747000	150433000	1.70%	3100
2004年	49453	-12.30%	85761000	147864000	15.60%	2990
2003年	56401	5.90%	100771000	175255000	-3.20%	3107
2002年	53266	4.60%	104684000	181104000	4.30%	3399
2001年	50923	-16.00%	100347000	173647000	-22%	3409
自动演奏钢琴						
2011年	4050	6.20%	36089000	64559000	16.00%	15940
2010年	3812	23.00%	31166000	55655000	32.90%	14600
2009年	3100	-47.11%	23436000	41850000	-48.26%	13500
2008年	5861	-32.40%	45293808	80881800	-33.20%	13800
2007年	8666	-14.30%	67844000	121150000	-8.70%	13980
2006年	10169	-13.70%	74286000	132654000	-10.30%	13044

年份	销量	同比%	批发额	零售额	同比%	平均单价
2005年	11780	0.90%	82822000	147897000	4.10%	12555
2004年	11670	22.50%	79598000	142140000	26.20%	12180
2003年	9530	-0.20%	62925000	112595000	-9.30%	11815
2002年	9550	0.80%	68500000	124150000	-6.40%	13000
2001年	9470	-17%	71433000	132580000	-17%	14000
钢琴销售总计						
2011年	41054	-6.20%	199532000	355292000	3.60%	8654
2010年	43778	32.40%	193128000	342868000	41%	7832
2009年	33060	-38.98%	136697000	242806680	-45.41%	7344
2008年	54182	-13.40%	250223853	444756250	18.40%	8209
2007年	62536	-18.80%	306338000	544894000	-64%	8713
2006年	76966	-19.40%	327170000	581930000	16.60%	7560
2005年	95518	2.20%	392647000	698469000	8.20%	7312
2004年	93500	-4.00%	367993000	645503000	-0.60%	6903
2003年	97364	4.00%	371558000	649350000	-6.30%	6669
2002年	93592	5.80%	396883000	693031000	1.10%	7404
2001年	88457	-16%	390776000	685091000	17.70%	7744
数码钢琴						
2011年	120200	1.90%	87986400	146644000	13.00%	1220
2010年	118000	15.70%	77880000	129800000	29.90%	1100
2009年	102000	-16.97%	59976000	99960000	-17.64%	980
2008年	122850	1.80%	72825480	121375800	-1.30%	988
2007年	120620	-3.50%	73819000	123032000	14.40%	1020
2006年	125000	-13.20%	86250000	143750000	16.80%	1150
2005年	144000	20.80%	103680000	172800000	4.60%	1200
2004年	119240	43.10%	99088000	165147000	10.00%	1385
2003年	83300	3.80%	90330000	149000000	-2.20%	1788
2002年	80200	-7%	103605000	152380000	-6.10%	1900
2001年	81619	-5.20%	110185000	162421000	2.50%	1990
校园乐器						
铜管乐器						
2011年	225741	4.40%	108027000	196394000	5.10%	870
2010年	216315	3.30%	102787000	186886000	-1.10%	864
2009年	209500	-11.90%	103957000	189012000	-15.89%	902
2008年	237800	-0.40%	123596550	224721000	-4.00%	945

年份	销量	同比%	批发额	零售额	同比%	平均单价
2007年	238800	8.10%	128713000	234024000	11.50%	980
2006年	220950	4.50%	115446000	209902000	5.60%	949
2005年	211400	-6.70%	109293000	198716000	-2.60%	940
2004年	226595	7.50%	112164000	203935000	-1.90%	900
2003年	210836	-3.30%	114381000	207967000	-3.10%	986
2002年	217930	-7.50%	119255000	214660000	-9.30%	984
木管乐器						
2011年	352462	1.30%	147343000	267871000	2.80%	760
2010年	348022	-3.10%	143312000	260567000	-1.90%	749
2009年	359300	-8.19%	146162000	265749000	-7.61%	740
2008年	391347	4.70%	158202025	287640045	1.90%	735
2007年	373800	1.70%	155220000	282219000	2.40%	755
2006年	367580	2.00%	151626000	275685000	1.50%	750
2005年	360282	-2.20%	149408000	271652000	5.50%	754
2004年	368336	7.20%	141606000	257466000	-4.50%	699
2003年	343714	0.43%	148171000	269402000	10.80%	784
2002年	345191	-5.50%	167801000	302042000	-7.60%	874
弦乐器						
2011年	370200	24.80%	59046000	107358000	27.40%	290
2010年	296610	1.90%	46330000	84237000	3.60%	284
2009年	290845	-16.70%	44714000	81299000	-16.70%	280
2008年	350850	-16.70%	36277890	65959800	-19.70%	188
2007年	421074	2.90%	45160000	82109000	5.60%	195
2006年	409131	1.60%	42754000	77734000	13.60%	189
2005年	382331	11.00%	37633000	68425000	12.90%	178
2004年	341016	-4.50%	32822000	58677000	3.20%	170
2003年	357089	-2.90%	31816000	57848000	-7.50%	162
校园乐器总计						
2011年	948403	0.102	314416000	571623000	7.50%	603
2010年	860947	0.20%	292430000	531691000	-0.80%	618
2009年	859645	-12.28%	294833625	536061137	-12.12%	624
2008年	979997	-5.20%	318076465	578320845	-3.30%	590
2007年	1033674	3.60%	329093000	598352000	6.20%	579
2006年	997661	2.40%	309826000	563321000	4.50%	564
2005年	954013	4.10%	296336000	538793000	3.40%	553
2004年	935947	2.60%	286336000	521078000	2.60%	556

年份	销量	同比%	批发额	零售额	同比%	平均单价
2003年	911639	4.00%	294368000	535217000	-7.60%	532
			电声乐器			
键盘合成器						
2011年	84500	-4.20%	70595525	103512500	-2.20%	1225
2010年	88200	19.50%	72182000	105840000	8.70%	1200
2009年	73779	-7.27%	66418807	97388280	-17.29%	1320
2008年	79560	4.00%	80304682	117748800	-3.20%	1480
2007年	76523	-3.80%	82980000	121671000	5.50%	1590
2006年	79530	11.30%	78647000	115315000	3.10%	1449
2005年	71460	9.50%	76271000	117834000	3.90%	1565
2004年	65240	-0.50%	73199000	107646000	3.30%	1650
2003年	65555	2.50%	70890000	104250000	0.30%	1590
键盘控制器						
2011年	94000	-6.00%	12116412	17766000	-8.90%	189
2010年	100000	34.20%	13299000	19500000	19.00%	195
2009年	74500	-15.34%	11177000	16390000	-13.37%	220
2008年	88000	11.40%	12903440	18920000	4.60%	215
2007年	79000	6.80%	12338062	18091000	45.50%	229
2006年	74000	421.00%	8478000	12432000	22%	168
2005年	14200	184.00%	6972000	10224000	127%	720
2004年	5000	-20.60%	3150000	4500000	-52.40%	900
2003年	6300	5.00%	6615000	9450000	5.10%	1500
电钢琴、专业管风琴						
2011年	15900	3.20%	19410402	28461000	7.10%	1790
2010年	15400	-4.90%	18117000	26565000	-7.90%	1725
2009年	16200	-18.18%	19666152	28836000	-19.09%	1780
2008年	19800	-8.40%	24306480	35640000	-12.80%	1800
2007年	21620	-18.40%	27867000	40861000	-8.20%	1890
2006年	26500	-19.70%	30362000	44520000	-27.00%	1680
2005年	33000	-8.30%	41636000	61050000	-16.40%	1850
2004年	36800	-0.70%	51133000	73048000	-8.40%	1985
2003年	37072	25.00%	55793000	79705000	16.90%	2150
电子鼓						
2011年	n/a	n/a	31781200	46600000	-3.90%	n/a
2010年	n/a	n/a	33077000	48500000	3.60%	n/a

年份	销量	同比%	批发额	零售额	同比%	平均单价
2009年	n/a	n/a	31938060	46830000	-16.00%	n/a
2008年	n/a	n/a	38022741	55751819	2.10%	n/a
2007年	n/a	n/a	37240000	54605000	5.20%	n/a
2006年	n/a	n/a	35399000	51906000	5.50%	n/a
2005年	n/a	n/a	33554000	49200000	11.10%	n/a
2004年	n/a	n/a	30996000	44280000	7.30%	n/a
2003年	n/a	n/a	29000000	41255000	2.10%	n/a
电声乐器销售总计						
2011年	n/a	n/a	151244763	221791500	-1.90%	n/a
2010年	n/a	n/a	142364000	226070000	14.10%	n/a
2009年	n/a	n/a	135073292	198054680	-16.82%	n/a
2008年	n/a	n/a	162385066	238101269	-3.10%	n/a
2007年	n/a	n/a	167632000	245794000	4.00%	n/a
2006年	n/a	n/a	161117000	236243000	-3.20%	n/a
2005年	n/a	n/a	166588000	244265000	1.00%	n/a
2004年	n/a	n/a	166830000	241756000	-7.40%	n/a
2003年	n/a	n/a	180498000	261020000	0.10%	n/a
打击乐器						
套鼓						
2011年	174000	-3.20%	67755600	102660000	-2.40%	590
2010年	179800	7.00%	69420000	105183000	6.10%	585
2009年	168000	-15.80%	65419200	99120000	-19.74%	590
2008年	199520	-10.20%	81511901	123502880	18.30%	619
2007年	222300	-18.00%	99768000	151164000	-9.80%	680
2006年	271167	-3.80%	110603000	167587000	-3.30%	617
2005年	281878	5.10%	114414000	173355000	7.90%	615
2004年	268200	24.30%	107636000	160657000	11.40%	599
2003年	215800	4.10%	96500000	144154000	1.10%	668
2002年	207275	11.00%	96300000	142546000	6.00%	687
鼓（含支架、踏板、相关零件等）						
2011年	n/a	n/a	41881004	63456067	2.50%	n/a
2010年	n/a	n/a	40859000	61908000	6.00%	n/a
2009年	n/a	n/a	38546713	58404111	-12.70%	n/a
2008年	n/a	n/a	44154311	66900471	-6.00%	n/a
2007年	n/a	n/a	46972000	71170000	-7.00%	n/a

年份	销量	同比%	批发额	零售额	同比%	平均单价
2006年	n/a	n/a	50508000	76527000	0.90%	n/a
2005年	n/a	n/a	39399000	75769000	9.10%	n/a
2004年	n/a	n/a	36174000	69450000	6.40%	n/a
2003年	n/a	n/a	33425000	65300000	2.80%	n/a
2002年	n/a	n/a	32500000	63500000	5.30%	n/a
教学用打击乐器（含行进打击乐器、槌棒、工具等）						
2011年	n/a	n/a	35796968	54237830	1.50%	n/a
2010年	n/a	n/a	36342000	55063000	-1.00%	n/a
2009年	n/a	n/a	36709191	55619986	-7.00%	n/a
2008年	n/a	n/a	39472248	59806437	-1.00%	n/a
2007年	n/a	n/a	39870000	60410000	3.30%	n/a
2006年	n/a	n/a	38597000	58480000	5.10%	n/a
2005年	n/a	n/a	36689400	55590000	9.00%	n/a
2004年	n/a	n/a	34170000	51000000	2.50%	n/a
2003年	n/a	n/a	34845000	49780000	1.10%	n/a
2002年	n/a	n/a	34100000	49250000	-0.90%	n/a
镲片						
2011年	n/a	n/a	47214199	71536665	2.00%	n/a
2010年	n/a	n/a	46288000	70133000	3.50%	n/a
2009年	n/a	n/a	44723121	67762305	-9.50%	n/a
2008年	n/a	n/a	49417814	74875475	-6.00%	n/a
2007年	n/a	n/a	52572000	79654000	-2.00%	n/a
2006年	n/a	n/a	53645000	87280000	6.60%	n/a
2005年	n/a	n/a	41936000	76248000	8.00%	n/a
2004年	n/a	n/a	38830000	70600000	9.00%	n/a
2003年	n/a	n/a	35785000	64770000	2.00%	n/a
2002年	n/a	n/a	35085000	63500000	4.40%	n/a
鼓槌和槌棒						
2011年	n/a	n/a	61125744	92614764	3.00%	n/a
2010年	n/a	n/a	59345000	89917000	1.00%	n/a
2009年	n/a	n/a	58757805	89026977	-4.50%	n/a
2008年	n/a	n/a	61526497	93221966	1.10%	n/a
2007年	n/a	n/a	60857000	92207000	6.00%	n/a
2006年	n/a	n/a	57412000	86988000	6.90%	n/a
2005年	n/a	n/a	41500000	81373000	12.00%	n/a
2004年	n/a	n/a	37054000	72655000	13.00%	n/a

年份	销量	同比%	批发额	零售额	同比%	平均单价
2003年	n/a	n/a	32385000	64297000	8.00%	n/a
2002年	n/a	n/a	29990000	59535000	8.00%	n/a
2001年	n/a	n/a	27701000	55125000	4.00%	n/a
2000年	n/a	n/a	26620000	52974000	9.00%	n/a
手鼓						
2011年	n/a	n/a	23201258	36827393	4.00%	n/a
2010年	n/a	n/a	22308000	35410000	9.00%	n/a
2009年	n/a	n/a	20466882	32487115	-12.00%	n/a
2008年	n/a	n/a	23257821	36917176	-5.00%	n/a
2007年	n/a	n/a	24481000	38860000	-9.00%	n/a
2006年	n/a	n/a	26903000	42703000	-2.00%	n/a
2005年	n/a	n/a	27452000	43575000	5.00%	n/a
2004年	n/a	n/a	26975000	41500000	3.20%	n/a
2003年	n/a	n/a	26130000	40200000	2.60%	n/a
2002年	n/a	n/a	25455000	39200000	0.80%	n/a
2001年	n/a	n/a	25243000	38875000	-5.00%	n/a
2000年	n/a	n/a	26582000	40937000	9.00%	n/a
鼓皮						
2011年	n/a	n/a	40145093	63722370	4.00%	n/a
2010年	n/a	n/a	38601000	61271000	0.05	n/a
2009年	n/a	n/a	36762906	58353818	-8.00%	n/a
2008年	n/a	n/a	39959680	63428064	-5.00%	n/a
2007年	n/a	n/a	42062000	66766000	-1.00%	n/a
2006年	n/a	n/a	42487000	67440000	1.00%	n/a
2005年	n/a	n/a	42067000	66773000	5.50%	n/a
2004年	n/a	n/a	46836000	63292000	6.30%	n/a
2003年	n/a	n/a	37206000	59530000	3.00%	n/a
2002年	n/a	n/a	36125000	57800000	5.30%	n/a
2001年	n/a	n/a	34296000	54875000	3.90%	n/a
2000年	n/a	n/a	32581000	52782000	11.00%	n/a
打击乐器总计						
2011年	n/a	n/a	225930738	461083138	5.80%	n/a
2010年	n/a	n/a	313166000	478888000	3.90%	n/a
2009年	n/a	n/a	301385819	460774313	-11.16%	n/a
2008年	n/a	n/a	339300272	518652468	-7.40%	n/a
2007年	n/a	n/a	366585000	560234000	-3.60%	n/a

年份	销量	同比%	批发额	零售额	同比%	平均单价
2006年	n/a	n/a	380155000	580999000	1.40%	n/a
2005年	n/a	n/a	343458000	572684000	8.20%	n/a
2004年	n/a	n/a	338033000	529149000	8.40%	n/a
2003年	n/a	n/a	296276000	488031000	2.70%	n/a
2002年	n/a	n/a	289555000	475331000	4.60%	n/a
2001年	n/a	n/a	260166000	454074000	-1.00%	n/a
2000年	n/a	n/a	277200000	458385000	9.90%	n/a

注："n/a"表示数据不适用、无统计

2011年度美国乐器、音响供应商100强分析

2011年，美国乐器、音响100强销售增速达7%，与音乐制品行业发展速度基本一致。附表数据反映出上榜企业的平均水平，一些企业销售增速异常突出，另一些则不尽如人意。每家企业在推动技术进步、满足消费需求、应对汇率变化、劳动成本上升、环境保护等诸多方面均做出了卓越努力，在前进的道路中谱写了一个个催人奋进的故事。2011年，经济因素对各公司经营业绩发挥了决定性作用，这一点较往年更为突出。

音乐制品行业自肇始于2008年底的金融危机爆发以来迎来强劲挑战，无论高科技还是传统型，区域性还是跨国经营，大大小小的公司无一例外"逆风前进"。当华尔街陷入低谷时，经济一片萧条，乐器零售商被迫清理库存，消费者削减了在市场上被归为"耐用商品"（包括多种门类音乐制品）的开支，这种行为最终形成的结局就是销售急剧下滑，企业无一幸免。

幸运的是2011年，经济自然的内生修复力开始发力，4年来首次迎来需求上涨。从各项指标看，恢复略显乏力，虽未达到2005-2006年的巅峰时期，但起码是一种进步，行业销售经过两年恢复休整有所好转，抱怨牢骚已销声匿迹。

尽管经济形势较为波动，但100强供应商将持续创新开发新产品，提升其内在价值让乐器焕发出更大魅力。此次榜单量化反映出总计28000多名员工的上榜企业规模和预计收入，仅从销售数据看和往年相比没有大的变化。而从质的角度分析，经济困境反而促进各公司加紧技术升级和产品创新，一定意义上逆势推动了行业发展进步。

举例来说，过去12个月，中国劳动成本上涨近30%，中国的人民币升值进一步推高了原材料价格，但这些增加的成本并未体现在产品零售价格中。这一"几近完美"的出色表现得益于工厂生产效率提高及分销效率改善。各大公司技术人员在不懈努力提升电子设备存储容量和处理速度，使其成为性能优良的效果处理器、键盘录音系统和乐器功放，客观上提升了音乐制品的技术性能。

每年100强供应商榜单都不会出现大的变化。芬达乐器、雅马哈和哈曼音响都牢牢锁定榜单前三甲，其余上榜的公司也在业内耳熟能详。然而随着时间推移，榜单也不时会出现不少"戏剧性"变化。自1993年本刊首次发布排行榜以来，已有33家公司因兼并破产或效益下滑从榜单消失，与此同时新公司不断递补。让人称奇的是，尽管本轮金融危机遭遇"战后最严重经济下滑"，但对供应商排名影响甚微，榜单排名几乎没有什么变化，2011年，没有一家公司因收购或兼并从榜单消失。同时，银行信贷紧缩也抑制了新公司诞生数量，今年排名中，仅有Blue麦克风公司和PreSonus音响公司两家新入围者。

榜单的相对稳定性，也从另一个侧面反映出100强企业家具备卓著的管理才能。管理人员较为娴熟地把握了两条原则：1、永远不要退出经营；2、永远记住第1条。2011年，行业没有发生大的波动，也在一定程度上说明管理者找到了应对需求下降的有效之策。

另对数字做一说明。100强供应商主要按照音乐制品公司在美国的销售额进行排名。除本土公司外，本刊还选取了一些跨国公司在美国的分公司或营销代表机构。因此像美国本土的施坦威、芬达以及Peavey公司等均包括其全球业务收入，而对日本雅马哈、罗兰这样的跨国公司，仅统计其在美国市场的销售收入。

在美国音乐制品行业调查中，我们预计美国乐器和音响市场零售总额为66亿美元，但为何仅100强供应商的销售额就达73亿美元--这还不包括没有上榜的数百家其他公司？答案从两方面考虑：首先，销售数据很大一部分包括出口，像美国施坦威、芬达、Peavey、马丁公司收入的很大一部分来自美国之外。此外，像特洛普和赫尔姆斯公司只经营出口业务；第二，像雅马哈、哈曼公司等不少大公司的销售收入来源包括非乐器行业，如音响和其他消费

电子产品。因无法准确划分并统计这些公司的非乐器收入；第三，榜单统计的各公司销售收入可能出现重复计算。如Ernie琴弦公司卖给下家达维特公司乐器配件后，如果达维特公司再转卖给另一家公司时，也会算作达维特公司收入，所以同样一笔琴弦收入可能出现重复计算。在统计整体市场状况时，两者收支相抵；而在分类叠加统计时则会重复计算，造成榜单销售数据“膨胀”。

在这样一份拥有各类公司的名录中，不禁让人提出疑问：“到底何为音乐制品公司”？从基础层面看，它既包括生产各类乐器及配件的公司，也涵盖生产音响、扩音器、录音设备的大公司。另外，话筒、DJ产品生产公司也声称属于“音乐制品”行业。如果按照该定义，GarageBand是使用最广的音乐录音软件，那么发明该软件的“苹果”公司是否属于音乐制品行业？过去，本刊在归纳公司类别时，往往看其产品是否依赖于特定的乐器经销渠道。而现在界限越来越模糊，像百思买和亚马逊这样的大型百货商店也辟有专区经销乐器产品。电脑制作商是否属于音乐制品公司？那么和iphone相关的公司呢？这些均有待于讨论，但为便于统计，符合条件且主营业务收入源于乐器渠道的公司均被纳入榜单。

在一个产品门类多、销售渠道分散的行业里，要想精确收集和分析数据并非易事。统计数据中，我们承认会有部分假设和估算，虽可能受到读者质疑，但只要合理运用统计方法，也不失为一种描绘行业发展轨迹的有效策略。

（常杰 编译自美国《音乐贸易》2012第4期）

2011年美国音乐制品行业前100强供应商名录

名次	公司名称	预计收入（单位：美元）	员工人数	首席执行官
1	芬达乐器集团	700884000	2800	Larry Thomas
2	哈曼音响	613282000	1875	Dinesh C.Paliwal
3	雅马哈美国分公司※	538860000	429	Takuya Nakata
4	Shure Inc.	427000000	2350	Sandy LaMantia
5	施坦威乐器集团	346200000	1750	Michael Sweeney
6	Jam Industries	290000000	460	Martin Golden
7	吉普森吉他公司	285000000	2600	Henry E.Juszkiewicz
8	Avid Pro Audio	275000000	575	Garry Greenfield
9	Numark Industries	251450000	310	John O'Donnell
10	Peavey Electronic Group	185000000	447	Hartley Peavey
11	Loud Technologies	165000000	187	Mark Graham
12	Hal Leonard	163750000	439	Keith Mardak
13	D'Addario&Company	158060000	1125	James D'Addario
14	Sennheiser Electronic Group	150000000	122	Greg Beebe
15	罗兰美国分公司	135000000	150	Chris Bristol
16	QSC Audio	105000000	376	Joe Pham
17	马丁吉他公司	100400000	883	Christian F.Martin IV
18	Samson Technologies Corp.	91000000	135	Jack Knight

名次	公司名称	预计收入（单位：美元）	员工人数	首席执行官
19	卡西欧美国分公司	85500000	180	S.Itoh
20	泰勒吉他公司	85400000	721	Kurt Listug
21	First Act	80000000	223	Mark Izen
22	Line 6	77500000	285	Mike Muench
23	英国Korg美国分公司※	72000000	100	Joe Castronovo
24	Ernie Ball	71500000	441	Sterling Ball
25	Alfred Publishing Company	69750000	229	Ron Manus
26	Hoshino USA	67500000	101	Bill Reim
27	Yorkville Sound	67250000	295	Steve Long
28	Music Group USA	65000000	56	Uli Behringer
29	Hermes Music	63500000	225	Alberto Kreimerman
30	The Papcohorizon Company	60500000	582	Dale Williams
31	Audio-Technica※	59500000	99	Phil Cajka
32	卡瓦依钢琴美国分公司※	57000000	66	Naoki Mori
33	Tropical Music Group	51000000	22	Oscar Mederos
34	Avedis Zildjian Company	49050000	115	Craigie Zildjian
35	Godin吉他公司	48950000	385	Robert Godin
36	Remo	48500000	144	Brock Kaericher
37	Presonus Audio Electronics	47740000	83	Jim Odom
38	SKB Corporation	47000000	355	Dave Sanderson
39	SF Marketing	44000000	125	Sol Fleising
40	Hanser Music Group	39500000	89	Jack Hanser
41	The Music People	39000000	54	James Hennessey
42	功学社美国分公司※	38700000	65	Tabor Stamper
43	Pearl Corporation	36550000	77	Terry West
44	Dunlop Manufacuering	36500000	251	James Dunlop
45	TCI Group America※	36000000	55	Anders Fauerskov
46	Paul Reed Smith Guitars	34556000	260	Paul Reed Smith
47	Hohner Inc※	34000000	54	Clay Edwards
48	Vic Firth Inc	32645000	160	Vic Firth
49	Eminence Speaker LLC	30120000	130	Chris Rose
50	Drum Workshop	28500000	104	Chris Lombardi
51	Harris-Teller	28177985	65	Michael Harris
52	Armadillo Enterprises	27500000	48	Elliott Rubinson
53	法国布菲管乐器美国分公司※	27175000	20	Antonine Beaussant

名次	公司名称	预计收入（单位：美元）	员工人数	首席执行官
54	Eastman Music Company	27100000	70	Qian Ni
55	Electro-Harmonix	27000000	75	Mike Matthews
56	韩国三益美国分公司※	26500000	30	Baik Lee
57	Sabian Ltd.	26250000	125	Andy Zildjian
58	Gemini Sound	26100000	40	Alan and Artie Cabasso
59	GHS/Rocktron	26000000	86	Russell S.McFee
60	PianoDisk	24775000	157	Gary Burgett/Kirt Burgett
61	TKL Products Corporation	24500000	80	Thomas Dougherty
62	ESP USA※	24425000	42	Matt Masciandaro
63	M&M Merchandiser Inc	24125000	85	Marty Stenzler
64	Nady Systems	24000000	65	John Nady
65	Tascam※	22500000	20	Norio Tamura
66	Fishman Tranducers	22240781	67	Larry Fishman
67	American DJ	22000000	55	Charles Davies
68	Schecter Guitar Research※	21000000	42	Michael Ciravolo
69	Whirlwind Audio	20250000	117	Michael Laiacona
70	ST.Louis Music	20000000	48	Mark Ragin
71	Blue Microphones	19750000	40	John Maier
72	Mapes Piano Strings Company	19500000	120	William L.Schaff
73	The Music Link	19200000	40	Steve Patrino
74	Rane Corporation	18500000	102	George Sheppard
75	Carvin Corp	17541000	88	Carson Kiesel
76	Dansr Inc.	17000000	23	Michael Skinner
77	Allen Organ Company	16750000	179	Steve Markowitz
78	Rickenbacker International LLC	16500000	90	John C.Hall
79	Calzone/Anvil Case Co.	16250000	77	Joseph E.Calzone Ⅲ
80	Make Music Inc	15854000	100	Karen van Lith
81	Connolly Music Company	15750000	24	John M.Connolly Ⅲ
82	Community Professional	15500000	85	Bruce Howze
83	韩国英昌美国分公司	15250000	27	Chang Hwan Suh
84	Seymour Duncan	15200000	120	Cathy Duncan
85	Charles Dumont Sons	14950000	40	Charles J.Dumont
86	Mesa Boogie	14900000	113	Randall Smith
87	Rodgers Instruments LLC	13750000	76	Ikutaro Kakehashi
88	EMG Pickups	13500000	100	Robert A.Turner

名次	公司名称	预计收入（单位：美元）	员工人数	首席执行官
89	Waves Inc	13250000	19	Gilad Keren
90	Chesbro Music	13000000	50	Vanetta Chesbro Wilson
91	Cordoba Music Group	12250000	26	Tim Miklaucic
92	Neil A.Kjos Music Company	12150000	70	Neil A.Kjos,Jr.
93	Getzen Company	12000000	88	Thomas R.Getzen
94	Mel Bay Publishing	11750000	65	Bryndon Bay
95	Universal Percussion	11539000	36	Thomas W.Shelley
96	Carl Fischer	11500000	25	Sonya Kim
97	Westheimer Corp	11250000	10	Jack Westheimer
98	Lyon&Healy Harps	11000000	124	Antonio Forero
99	Mark of the Unicorn	10500000	33	Robert Nathaniel
100	Peterson Electro-Musical Products	10000000	50	Scott Peterson

注：※为外国在美设立的分公司。

海外信息篇之四：日本乐器市场

1995年～2011年日本国产乐器销售实绩

编者按：根据（日本）全国乐器制造协会、经济产业省和财务省相关数据，《日本音乐贸易》于每年4月例行公布上年度日本乐器生产、国内销售、乐器进出口数据。所统计乐器分钢琴、风琴、弦乐器、管乐器、打击乐器、教学乐器、电声乐器等。本刊经整理编译，供广大读者参考。

类别 / 年份	声学钢琴总计		立式钢琴		三角钢琴		电钢琴		电风琴	
	数量	金额（千日元）	数量	金额（千日元）	数量	金额（千日元）	数量	金额（千日元）	数量	金额（千日元）
1995	167500	58733000	137552	36326000	29948	22405000	217452	25949000	55556	16736000
1996	153425	55640000	123879	33342000	29546	22297000	245168	28705000	51922	15677000
1997	162046	58350000	130225	33823000	31821	24527000	284437	32222000	45751	14563000
1998	155830	56566000	122678	29982000	33152	26583000	277142	32484000	42056	17671000
1999	138451	54178000	105384	28417000	33067	25761000	248759	26249000	37101	12989000
2000	133772	52372000	98442	24325000	35330	28047000	252466	25309000	32653	10372000
2001	117779	44726000	87474	21024000	30305	23702000	240062	22715000	27751	8704000
2002	112785	43325000	81923	19552000	30862	23773000	263707	21611000	27705	7549000
2003	117294	42835000	85306	19218000	31988	23617000	233902	19545000	21647	4526000
2004	115007	40850000	84065	17524000	30942	23326000	209582	17662000	34295	11948000
2005	116173	40132000	84285	17100000	31888	23032000	199881	16302000	25581	7729000
2006	128784	40545000	97476	17712000	31308	22833000	168423	15370000	16054	5215000
2007	128041	41296000	97406	17495000	30635	23801000	176123	15704000	15993	4800000
2008	131900	36547000	103945	15991000	27955	20556000	189251	16302000	16600	4825000
2009	97799	24781000	82962	12433000	14837	12348000	156657	13022000	14180	3860000
2010	119276	26515000	100315	12402000	18961	14113000	180021	14423000	14630	3597000
2011	44159	23555000					160204	15568000		

类别 / 年份	各类电子键盘总计		电子键盘		键盘集音器		小型电子键盘		管乐器合计	
	数量	金额（千日元）	数量	金额（千日元）	数量	金额（千日元）	数量	金额（千日元）	数量	金额（千日元）
1995	1158585	32976000	1015011	22048000	143574	10928000	335034	1592000	257950	15932000
1996	890159	28351000	743319	18069000	146840	10282000	305234	1684000	290968	17118000
1997	1048781	32118000	902740	21702000	146041	10416000	138786	806000	264833	17714000
1998	918248	30839000	790129	20768000	128119	10071000	184819	1004000	280127	19917000
1999	848422	25661000	729767	16777000	118655	8884000			283462	19726000
2000	608588	19616000	495330	10571000	113258	9045000			274055	18692000

类别／年份	各类电子键盘总计		电子键盘		键盘集音器		小型电子键盘		管乐器合计	
	数量	金额（千日元）	数量	金额（千日元）	数量	金额（千日元）	数量	金额（千日元）	数量	金额（千日元）
2001	525647	17670000	396769	8029000	128878	9641000			257750	18637000
2002	294084	14601000	174771	4918000	119313	9683000			257831	18503000
2003	246006	12167000	114076	2794000	131930	9373000			268424	20196000
2004	274010	13133000	129030	2750000	144980	10383000			269301	21140000
2005	261949	13782000							251349	20622000
2006	266626	13453000							264255	22333000
2007	226370	12671000							277890	24077000
2008	224284	11965000							235229	22372000
2009	218156	7079000							212679	18183000
2010	197125	7723000							204098	18278000
2011	127331	6737000							169874	17050000

注：1999年及以后发布的关于电子键盘的各类数据中不包括小型电子键盘数据，该类别数据不再统计。2005年起，电子键盘和键盘集音器等两个类别（均不含小型电子键盘）调整后列入“各类电子键盘总计”中。

类别／年份	木管乐器		铜管乐器		吉他总计		声学吉他		电吉他	
	数量	金额（千日元）	数量	金额（千日元）	数量	金额（千日元）	数量	金额（千日元）	数量	金额（千日元）
1995	179068	10957000	78882	4977000	411461	10324000	94487	2457000	316974	7867000
1996	191452	5059000	99516	5526000	422849	11190000	116709	2602000	306140	8588000
1997	194732	12197000	70101	5523000	445362	11265000	151625	3108000	293737	8157000
1998	201094	13387000	79033	6530000	475831	12282000	167882	3272000	307949	9010000
1999	197832	13075000	85630	6651000	413953	10759000	154380	3152000	259573	7607000
2000	187075	11996000	86980	6696000	348418	9431000	139286	3167000	209132	6264000
2001	171405	11810000	86345	6827000	271591	7624000	108160	2555000	163431	5069000
2002					241703	7177000				
2003					247963	7334000				
2004					236272	7326000				
2005					266594	8657000				
2003					295072	8514000				
2007					323410	9616000				
2008					309427	9291000				
2009					216998	6571000				
2010					215621	6091000				
2011					254794	6684000				

注：2002年起目录分类有变动，木管乐器、铜管乐器、声学吉他和电吉他的数据不再单列，列入“管乐器总计”、“吉他总计”。

1999年～2011年日本全国乐器产销量统计

编者按：2010年起，“统计基准”发生改变，统计中扣除了“KD生产”和“中介贸易”的统计数据。表中灰色标出的2010，是根据2009年之前的统计基准数据得出。另外，小计中，增加了“其他”一栏项目，指用于参展、展示、试验研究、报废等个人使用之外的用途。

（注：KD生产，指先将零部件送到海外工场，再加工组装成成品的生产模式；中介贸易：指从海外生产厂出品后，直接销售到日本国之外的市场，即制品实物不经过日本。）

品目		类别	年度	海外产量	国内产量	总产量	销售						库存量
							出口		内销		销售总计		
							数量	金额(千日元)	数量	金额(千日元)	数量	金额(千日元)	
声学乐器	钢琴	总计	1999	4309	134895	139204	91738	25486445	47982	26700734	13972	52187179	10432
			2000	6196	136396	142592	92679	27206329	47270	26315061	139949	53521390	14314
			2001	12082	118735	130817	88402	2384325	41936	23303110	130338	47146360	14755
			2002	14964	107589	122553	89258	24943400	37879	21557776	127137	46501176	10169
			2003	17023	116553	133576	96978	25564726	37356	21230153	134334	46794879	9249
			2004	17206	11555	132756	101814	27329710	31199	17638861	133013	44968571	8971
			2005	14383	121520	135903	10546	28057605	29309	16766395	134455	44824000	10399
			2006	17777	132480	150257	121355	29428196	28788	16706698	150143	46134894	10470
			2007	22966	133139	156105	129415	31935716	27029	16336800	156444	48272516	10115
			2008	24737	139726	164463	139385	29609913	22553	13835609	161938	43445522	12632
			2009	17816	97952	115768	99361	17183037	20132	11982490	119493	29165527	9173
			2010	32607	118909	151516	133488	22398389	16356	10385457	149844	32783846	10340
			2010	1836	41483	43319	26496	13269060	16356	10358457	42852	23627517	10340
			2011	5714	37632	43346	26003	13033003	18164	10528472	44167	23561475	3064
		立式钢琴	1999	4093	101777	105870	69083	10040097	37568	16381542	106651	26421639	8297
			2000	5436	100356	105792	66195	8770132	37835	16488562	104030	25258694	11303
			2001	10405	86928	97333	65520	8633473	32973	14190181	98493	22823654	10138
			2002	12451	79349	91800	65277	9165048	28622	12538228	93899	21703276	8018
			2003	13394	84285	97679	71339	9844558	27478	11763619	98817	21608177	6747
			2004	14635	83427	98062	75469	10269774	22996	9752559	98465	20022333	6326
			2005	9488	89463	98951	76069	10344765	21388	9074880	97457	19419645	7806
			2006	13391	100461	113852	93047	11910751	20983	9021326	114030	20932077	7593
			2007	19284	102234	121518	102721	14142355	18821	8161477	121542	22303832	7564
			2008	20852	110710	131562	113456	13982543	15998	6858993	129454	20841536	9668
			2009	15773	83240	99013	87653	9570375	14521	6224943	102174	15795318	6779

品目		类别	年度	海外产量	国内产量	总产量	销售						库存量
							出口		内销		销售总计		
							数量	金额（千日元）	数量	金额（千日元）	数量	金额（千日元）	
声学乐器	钢琴		2010	28944	100576	129520	115799	11994525	11672	5199443	127471	17193968	8393
			2010	1811	27245	29056	16570	5243423	11672	5187443	28242	10430866	8393
			2011	5486	23512	28998	16275	5094925	13366	5204755	29641	10299680	1635
		三角钢琴	1999	216	33118	33334	22655	15446348	10414	10319192	33069	25765540	2135
			2000	760	36040	36800	26484	18436197	9435	9826499	35919	28262696	3011
			2001	1677	31807	33484	22882	15209777	8963	9112929	31845	24322706	4617
			2002	2513	28240	30753	23981	15778352	9257	9019548	33238	24797900	2151
			2003	3629	32268	35897	25639	15720168	9878	9466534	35517	25186702	2502
			2004	2571	32123	34694	26345	17059936	8203	7886302	34548	24946238	2645
			2005	4895	32057	36952	29077	17712840	7921	7691515	36998	25404355	2593
			2006	4386	32019	36405	28308	17517445	7805	7685372	36113	25202817	2877
			2007	3682	30905	34587	26694	17793361	8208	8475323	34902	25968684	2551
			2008	3885	29016	32901	25929	15627370	6555	6976616	32484	22603986	2964
			2009	2043	14712	16755	11708	7612662	5611	5757547	17319	13370209	2394
			2010	3663	18333	21996	17689	10403864	4684	5186014	22373	15589878	1947
			2010	25	14238	14263	9926	8025637	4684	5171014	14610	13196651	1947
			2011	228	14120	14348	9728	7938078	4798	5323717	14526	13261795	1429
	弦乐器	总计	1999	329129	132951	462080	226096	3180824	233509	5150717	459605	8331541	31990
			2000	408925	138631	547556	322881	3487693	200812	4973011	523693	8460704	48326
			2001	508624	108544	617168	478117	4589903	157527	3533986	635644	8123889	42803
			2002	540053	104727	644780	517985	5074073	140756	3354359	658741	8428432	27465
			2003	569097	98572	667669	551075	5131457	109320	3111270	660395	8242727	27372
			2004	592466	84248	676714	580580	5000454	99183	2804105	679763	7804559	22800
			2005	517966	84039	602005	507459	4566525	95833	2721767	603292	7288292	20348
			2006	508960	108852	617812	505110	5325928	102845	6301359	607955	11627287	36337
			2007	577791	116561	694352	574746	5953037	113668	6655128	688414	12608165	40489
			2008	554118	251978	806096	698797	6527369	97619	3012100	796416	9539469	39876
			2009	713433	57944	771377	667333	5267344	86142	2246633	753475	7513977	64319
			2010	795037	47215	842252	772112	5595797	68270	1864113	840382	7459910	29395
			2010	80361	47215	127576	57436	520767	68270	1864113	125706	2384880	29395
			2011	86106	47186	133292	56517	770771	78868	2173028	135385	2943799	25693
		吉他	1999	328152	28759	356911	201205	2671160	152387	2662869	353592	5334029	20728
			2000	406662	40684	447346	300427	2984911	125289	2489134	425716	5474045	34322

品目	类别	年度	海外产量	国内产量	总产量	销售						库存量
						出口		内销		销售总计		
						数量	金额（千日元）	数量	金额（千日元）	数量	金额（千日元）	
声学乐器 弦乐器	吉他	2001	503675	39111	542786	465481	4227394	96846	1825865	562327	6053259	29050
		2002	535783	37153	572941	50613	4688610	83142	1723538	589272	6412148	14682
		2003	562290	33472	595762	538270	4728025	55613	1220186	593883	5948211	16283
		2004	587968	26461	614429	568323	4592249	49335	1152829	617658	5745078	12403
		2005	509413	33783	543196	492006	4049296	53069	1168987	545075	5218283	11017
		2006	487328	48045	535373	485509	4322548	44946	1006256	530455	5328804	15455
		2007	511795	60596	572391	516298	4842344	55550	1316861	571848	6159205	15439
		2008	501585	199399	700984	633933	5852407	54725	1769244	688658	7621651	28291
		2009	670372	9637	680009	627268	4844108	41849	1098572	669117	5942680	46305
		2010	738791	4338	743129	715998	5159471	27790	850356	743788	6009827	9124
		2010	24115	4338	28453	1322	84441	27790	850356	29112	934797	9124
		2011	61175	8469	69644	23974	522111	41502	1270323	65476	1792434	12980
	大正琴	1999		33358			33327	854122	33327	854122	854122	3336
		2000		35188	35188			35670	1074513	35670	1074513	2965
		2001	48	27012	27060			27528	819335	27528	819335	2017
		2002		24722	24722			24910	747668	24910	747668	1146
		2003	1565	23504	25069	5	118	25471	846992	25476	847110	976
		2004	738791	17223	17223	22	572	17475	522085	17497	522657	512
		2005		14722	14722	5	103	14697	467082	14702	467185	558
		2006		17809	17809	9	453	17553	535245	17562	535698	924
		2007	1894	12978	14872	75	1285	14708	469788	14783	471073	941
		2008	1482	9695	11177			10673	426102	10673	426102	1557
		2009	788	7742	8530			9390	353714	9390	353714	1132
		2010	960	5709	6669			7037	275143	7037	275143	560
		2010	960	5709	6669			7037	275143	7037	275143	560
		2011	866	5492	6358	12	234	6547	252354	6559	252588	441
	其他弦乐器	1999	977	70834	71811	24891	509664	47795	1633726	72686	2143390	7926
		2000	2263	62759	65022	22454	502782	39853	1409364	62307	1912146	11039
		2001	4901	42421	47322	12636	362509	33153	888786	45789	1251295	11736
		2002	4270	42847	47117	11855	385463	32704	883153	44559	1268616	11636
		2003	5242	41596	46838	12800	403314	28236	1044092	41036	1447406	10113
		2004	4498	40564	45062	12235	407633	32373	1129191	44608	1536824	9885
		2005	8553	35534	44087	15448	517126	28067	1085698	43515	1602824	8773

品目	类别		年度	海外产量	国内产量	总产量	销售						库存量
							出口		内销		销售总计		
							数量	金额(千日元)	数量	金额(千日元)	数量	金额(千日元)	
声学乐器	弦乐器	其他弦乐器	2006	9420	32877	42297	14091	494047	24804	816058	38895	1310105	11308
			2007	51176	33267	84443	53722	597708	25946	901379	79668	1499087	14928
			2008	51051	42884	93935	64864	674962	32221	816754	97085	1491716	10028
			2009	42273	40565	82838	40065	423236	34903	794347	74968	1217583	16882
			2010	55286	37168	92454	56114	426326	33443	738614	89557	1174940	19711
			2010	55286	37168	92454	56114	426326	33443	738614	89557	1174940	19711
			2011	24065	33225	57290	32531	248426	30819	650351	63350	898777	12272
	管乐器	总计	1999	2337	269496	271833	212320	12554538	67247	6908091	279567	19462629	27334
			2000	2621	274566	277187	206031	12189801	64807	6791919	270838	18981720	33680
			2001	1227	256873	258100	193775	12433179	60387	6518022	254162	18951201	37511
			2002	3332	259697	263029	194448	12078441	62949	6685858	257397	18764299	47253
			2003	5569	283143	288712	226078	14128942	62415	6940251	288493	21069193	47766
			2004	4086	283837	287923	231744	14726826	66381	7388848	298125	22115674	38205
			2005	3442	289529	292971	219212	14376697	70484	7675891	289696	22052588	41519
			2006	9869	296056	305925	237873	15516783	74627	8744852	312500	24261635	43601
			2007	89833	311926	401759	328696	19789494	76889	9165017	405585	28954511	39602
			2008	80702	326964	407666	328039	18993157	71459	8999111	399498	27992268	48483
			2009	175126	191589	366715	265264	14048634	61132	7602264	326396	21650898	89638
			2010	176670	108028	284698	274954	14125669	57800	7380064	332754	21505733	41917
			2010	176670	108028	284698	274954	14125669	57800	7380064	332754	21505733	41917
			2011	50915	116612	167527	115953	9460478	56900	7932726	172853	17393204	22808
		木管乐器	1999	1737	184399	186136	149450	7881524	44212	4889130	193662	12770654	17225
			2000	2276	185712	187988	140832	7425280	42795	4828145	183627	12253425	21566
			2001	796	168827	169623	129047	7557555	38498	4517240	167545	12074795	23539
			2002	2785	174900	177685	135439	7806934	40943	4650250	176382	12457384	28981
			2003	4453	201914	206367	163855	9435579	40076	4868408	203931	14303987	31716
			2004	3801	200904	204705	167146	9848249	43835	5246909	210981	15095158	26122
			2005	3262	204180	207442	156730	9362511	46875	5512453	203605	14874964	29892
			2006	9051	207759	216810	174742	10198210	51597	6532338	226339	16730548	28917
			2007	67186	216925	284111	231833	12942464	52691	6781619	284524	19724083	28343
			2008	76828	223934	300762	244277	12807856	48742	6740487	293019	19548343	36597
			2009	95573	142876	238449	178930	8823661	42273	5677971	221203	14501632	54800
			2010	125921	81820	207741	195905	9488804	39664	5415127	235569	14903931	27307

品目		类别	年度	海外产量	国内产量	总产量	销售						库存量
							出口		内销		销售总计		
							数量	金额（千日元）	数量	金额（千日元）	数量	金额（千日元）	
声学乐器	管乐器		2010	125921	81820	207741	195905	9488804	39664	5415127	235569	14903931	27307
			2011	31473	84799	116272	82493	6281776	38426	5625370	120919	11907146	14934
		笛子	1999	1574	96942	98516	79212	3319320	26293	2754289	105505	6073609	7875
			2000	2224	101046	103270	74638	3289100	24855	2760558	99493	6049658	11632
			2001	671	90577	91248	68225	3389393	22063	2556311	90288	5945704	12487
			2002	2124	94605	96729	74755	3665239	21610	2497288	96365	6162527	16025
			2003	3674	114567	118241	94936	4302299	21299	2648265	116235	6950564	18317
			2004	3146	111369	114515	96521	4312575	22353	2793965	118874	7106540	14640
			2005	2510	114449	116959	91282	4244030	22226	2736076	113508	6980106	18074
			2006	5115	106873	111988	93774	4018605	25163	3476469	118937	7495074	11391
			2007	33071	111658	144729	121097	4943316	25515	3536847	146612	8480163	9194
			2008	42764	109850	152614	121688	4623221	23823	3607581	145511	8230802	16813
			2009	75064	45236	120300	89505	2980194	21938	3220312	111443	6200506	25541
			2010	70418	28305	98723	91013	3116841	21064	3259854	112077	6376695	12473
			2010	70418	28305	98723	91013	3116841	21064	3259854	112077	6376695	12473
			2011	6759	40732	47491	28424	1697855	20033	3318186	48457	5016041	5315
		黑管	1999	142	35528	35670	28692	1008736	8273	763372	36965	1772108	4119
			2000	49	33176	33225	25061	913078	7527	723531	32588	1636609	4756
			2001	153	27389	27542	19006	823899	6944	664251	25950	1488150	6348
			2002	346	26692	27038	20181	946762	6881	617636	27062	1564398	7289
			2003	166	29859	30025	24776	1181444	6815	653226	31591	1834670	5723
			2004	24	30565	30589	22053	1162982	7505	748564	30558	1911546	5754
			2005	4	31488	31492	22772	1162367	7905	759451	30677	1921318	6569
			2006	18	36234	36216	25052	1283667	7470	724713	32522	2008380	10263
			2007	12306	35972	48278	43245	1879072	7635	741765	50880	2620837	7661
			2008	21226	36985	58211	53850	2113552	7115	719001	60965	2832553	4907
			2009	11299	39438	50737	35110	1347685	6161	515725	41271	1863410	14373
			2010	23174	18534	41708	43807	1549835	6094	482265	49901	2032100	6200
			2010	23174	18534	41708	43807	1549835	6094	482265	49901	2032100	6200
			2011	10714	13429	24143	18319	936578	6046	527573	24365	1464151	5184
		萨克斯	1999	23	51531	51554	41479	3504656	9260	1270884	50739	4775540	5061
			2000	3	50968	50971	41072	3175991	9984	1229000	51056	4404991	4976
			2001	17	50367	50350	41742	3291750	9089	1195675	50831	4487425	4495

品目		类别	年度	海外产量	国内产量	总产量	销售						库存量
							出口		内销		销售总计		
							数量	金额(千日元)	数量	金额(千日元)	数量	金额(千日元)	
声学乐器	管乐器	萨克斯	2002	307	53200	53507	40431	3136313	12029	1434253	52460	4570566	5542
			2003	595	56938	57533	44059	3881820	11487	1453890	55546	5335710	7542
			2004	607	57494	58101	47474	4291288	12744	1560167	60218	5851455	5425
			2005	747	57113	57860	42570	3862495	15662	1863685	58232	5726180	5053
			2006	3965	64013	67978	55819	4806062	18368	2173455	74137	6979517	7182
			2007	21807	68222	90029	67100	5945230	18695	2235938	85795	8181168	11416
			2008	12849	75862	88711	68432	5875477	16974	2150378	85406	8025855	14721
			2009	9206	55618	64824	52831	4206050	13389	1661777	66220	5867827	13956
			2010	32326	31654	63980	58146	4424914	11786	1463947	69932	5888861	8004
			2010	32326	31654	63980	58146	4424914	11786	1463947	69932	5888861	8004
			2011	13994	26850	40844	32698	3240909	11773	1603910	44471	4844819	3722
		其他木管乐器	1999	2	398	396	67	49812	386	100585	453	149397	170
			2000		522	522	61	47111	429	115056	490	162167	202
			2001	11	494	483	74	52513	402	101003	476	153516	209
			2002	8	403	411	72	58620	423	101073	495	159693	125
			2003	18	550	568	84	70016	475	113027	559	183043	134
			2004	24	1476	1500	98	81404	1233	144213	1331	225617	303
			2005	1	1130	1131	106	93619	1082	153241	1188	246860	196
			2006	11	639	628	97	89876	596	157701	693	247577	81
			2007	2	1073	1075	391	174846	846	267069	1237	441915	72
			2008	11	1237	1226	307	195606	830	263527	1137	459133	156
			2009	4	2584	2588	1484	289732	785	280157	2269	569889	930
			2010	3	3327	3330	2939	397214	720	209061	3659	606275	630
			2010	3	3327	3330	2939	397214	720	209061	3659	606275	630
			2011	6	3788	3794	3052	406434	574	175701	3626	582135	713
		铜管乐器	1999	600	85097	85697	6287	4673014	23035	2018961	85905	6691975	10109
			2000	345	88854	89199	65199	4764521	22012	1963774	87211	6728295	12114
			2001	431	88046	88477	64728	4875624	21889	2000782	86617	6876406	13972
			2002	547	84797	85344	59009	4271507	22006	2035608	81015	6307115	18272
			2003	1116	81229	82345	62223	4693363	22339	2071843	84562	6765206	16050
			2004	285	82933	83218	64598	4878577	22546	2141939	87144	7020516	12083
			2005	180	85349	85529	62482	5014186	23609	2163438	86091	7177624	11627
			2006	818	88297	89115	63131	5318573	2303	2212514	86161	7531087	14684

品目		类别	年度	海外产量	国内产量	总产量	销售						库存量
							出口		内销		销售总计		
							数量	金额（千日元）	数量	金额（千日元）	数量	金额（千日元）	
声学乐器	管乐器	铜管乐器	2007	22647	95001	117648	96863	684703	24198	2383398	121061	9230428	11259
			2008	3874	103030	106904	83762	6185301	22717	2258624	106479	8443925	11886
			2009	79553	48713	128266	86334	5224973	18859	1924293	105193	7149266	34838
			2010	50749	26208	76957	79049	4636865	18136	1964937	97185	6601802	14610
			2010	50749	26208	76957	79049	4636865	18136	1964937	97185	6601802	14610
			2011	19442	31813	51255	33460	3178702	18474	2307356	51934	5486058	7874
		小号类	1999	299	41727	42026	28932	1003022	13373	734088	42305	1737110	4499
			2000	78	41660	41738	28248	908999	12439	688130	40687	1597129	5564
			2001	215	43807	44022	30528	1132815	11896	654889	42424	1787704	7162
			2002	185	45404	45589	32246	1232168	11708	620732	43954	1852900	8792
			2003	496	43184	43680	31197	1281805	11994	673679	43191	1955484	9281
			2004	73	41721	41794	31803	1308710	11853	675885	43656	1984595	7419
			2005	243	41453	41696	30917	1397943	13163	765133	44080	2163076	5119
			2006	851	43905	44756	30546	1497229	12589	766856	43135	2264085	6809
			2007	14616	47574	62190	51688	2218697	13295	853162	64983	3071859	4016
			2008	3334	52122	55456	41878	1802752	12260	772310	54138	2575062	5536
			2009	52686	19701	72387	48049	1816462	10129	659256	58178	2475718	20077
			2010	26544	16725	43269	45687	1648603	9550	688425	55237	2337028	8109
			2010	26544	16725	43269	45687	1648603	9550	688425	55237	2337028	8109
			2011	7328	11952	19280	10749	739339	9851	830136	20600	1569475	2550
		长号	1999	146	12953	13099	9033	478329	3888	344276	12921	822605	1814
			2000	111	13917	14028	9644	476521	3931	349338	13575	825859	2256
			2001	145	13495	13640	9455	476867	3948	349494	13403	826361	2491
			2002	188	12578	12766	7669	415279	4292	462075	11961	877354	3279
			2003	288	12772	13060	9491	540170	4154	383763	13645	923933	2694
			2004	204	13601	13805	10312	628254	4278	386469	14590	1014723	1909
			2005	6	14526	14520	9029	547239	4705	433999	13734	981238	2699
			2006	7	14029	14022	9726	590417	4617	423423	14343	1013840	2411
			2007	8046	16258	24304	19662	971738	4831	462264	24493	1434002	2216
			2008	560	19647	20207	16093	823475	4593	435975	20686	1259450	1737
			2009	21757	8239	29996	21121	1040578	3667	372037	24788	1412615	6945
			2010	8789	7483	16272	16026	726747	3807	450732	19833	1177479	3384
			2010	8789	7483	16272	16026	726747	3807	450732	19833	1177479	3384

品目		类别	年度	海外产量	国内产量	总产量	销售						库存量
							出口		内销		销售总计		
							数量	金额(千日元)	数量	金额(千日元)	数量	金额(千日元)	
声学乐器	管乐器		2011	4223	6933	11156	7123	475101	3836	518408	10959	993509	1763
		其他铜管乐器	1999	155	30417	30572	24905	3191663	5774	940597	30679	4132260	3796
			2000	156	33277	33433	27307	3379001	5642	926306	32949	4305307	4294
			2001	71	30744	30815	24745	3265942	6045	996399	30790	4262341	4319
			2002	174	26815	26989	19094	2624060	6006	952801	25100	3576861	6201
			2003	332	25273	25605	21535	2871388	6191	1014401	27726	3885789	4075
			2004	8	27611	27619	22483	2941613	6415	1079585	28898	4021198	2755
			2005	57	29370	29313	22536	3069004	5741	964306	28277	4033310	3809
			2006	26	30363	30337	22859	3230927	5824	1022235	28683	4253162	5464
			2007	15	31169	31154	25513	3656595	6072	1067972	31585	4724567	5027
			2008	20	31261	31241	25791	3559074	5864	1050339	31655	4609413	4613
			2009	5110	20773	25883	17164	2367933	5063	893000	22227	3260933	7816
			2010	15416	2000	17416	17336	2261515	4779	825780	22115	3087295	3117
			2010	15416	2000	17416	17336	2261515	4779	825780	22115	3087295	3117
			2011	7891	12928	20819	15588	1964262	4787	958812	20375	2923074	3561
	打击乐器	总计	1999	20547	376070	396617	122636	2632030	261575	5710806	384211	8342836	98906
			2000	62364	338762	401126	196864	3791814	188242	5503351	385106	9295165	124783
			2001	85784	316067	401851	191040	4042589	229534	5307114	420574	9349703	110597
			2002	115086	319058	434144	220908	4392393	206061	5241015	426969	9633409	72901
			2003	184420	300593	485013	297236	4373738	211088	4660150	508324	9034188	73270
			2004	242660	277799	520459	357065	4932408	171951	4066898	529016	8999306	69167
			2005	451185	275100	726285	596917	4938146	370044	3310137	966961	8248283	75173
			2006	256352	279217	535569	365209	5415767	164067	3829035	529276	9244802	61631
			2007	264872	243167	508039	368976	5612886	133032	3357329	502008	8970215	62043
			2008	157506	380752	538258	395495	6450444	121688	3122942	517183	9573386	84421
			2009	111055	245267	356322	259479	4050757	107112	3083578	366591	7134335	61912
			2010	129077	291270	420347	310395	3742423	109362	2992116	419757	6734539	48547
			2010	129077	291270	420347	310395	3742423	109362	2992116	419757	6734539	48547
			2011	38940	158813	197753	72241	1791303	113318	3686132	185559	5477435	41459
		音乐会鼓	1999	310	15475	15165	8589	285298	6662	398837	15251	684135	1708
			2000	107	17743	17850	11416	311839	6667	388646	18083	700485	1610
			2001	7845	19663	27508	19938	414029	5707	379167	25645	793196	3466
			2002	4972	15480	20452	14371	338208	5181	329206	19552	667414	1564

品目		类别	年度	海外产量	国内产量	总产量	销售						库存量
							出口		内销		销售总计		
							数量	金额（千日元）	数量	金额（千日元）	数量	金额（千日元）	
声学乐器	打击乐器	音乐会鼓	2003	1088	4502	5590	1658	210725	4395	282124	6053	492849	1366
			2004	2206	3417	5623	399	86402	5479	306525	5878	392927	1189
			2005	2308	3546	5854	420	89748	5291	281638	5711	371386	1907
			2006	3054	2303	5357	362	71842	4665	263545	5027	335387	2113
			2007	3186	3315	6501	1541	265281	5640	281152	7181	546433	1627
			2008	3735	4391	8126	2504	382573	4882	284316	7386	666889	1759
			2009	2728	2673	5401	886	145460	4649	249859	5535	395319	1764
			2010	3604	2832	6436	1534	248255	4918	271896	6452	520151	1637
			2010	3604	2832	6436	1534	248255	4918	271896	6452	520151	1637
			2011	3760	2960	6720	1170	187097	5209	262746	6379	449843	1871
		行进鼓	1999	257	24567	24310	7192	134411	17353	271122	24545	405533	2515
			2000	40	28781	28741	7568	166306	20717	307874	28285	474180	3080
			2001	16	25093	25077	8432	178433	16053	269576	24485	448009	3661
			2002	5505	19067	24572	6341	135184	15970	25876	22311	393944	6295
			2003	1649	24941	26590	15168	231834	17670	245333	32838	477167	6503
			2004	4672	30012	34684	22195	330284	15942	249381	38137	579665	4528
			2005	4210	27729	31939	17982	272540	13608	220119	31590	492659	4879
			2006	5640	29477	35117	18796	293212	13073	211938	31869	50515	8609
			2007	5456	23970	29426	18424	321786	12228	198952	30652	520738	7390
			2008	4343	24012	28355	19277	313252	9759	174622	29036	487874	5348
			2009	4523	17147	21670	10540	205880	10478	146168	21018	352048	5097
			2010	5089	19344	24433	13032	217170	11878	172020	24910	389190	4684
			2010	5089	19344	24433	13032	217170	11878	172020	24910	389190	4684
			2011	4511	18666	23177	11875	197514	11625	176823	23500	374337	4550
		爵士鼓	1999	20017	158977	178994	96484	1512283	73623	1510202	170107	3022485	28891
			2000	58933	174983	233916	167256	2464103	61613	1230841	228869	3694944	35241
			2001	76447	140782	217229	154448	2553271	66530	1160053	220978	3713324	38666
			2002	104074	150689	254763	189662	3053434	69575	1117172	259237	4170606	39276
			2003	181751	146003	327754	270223	3048150	68457	1096208	338680	4144358	32458
			2004	235341	130757	366098	316470	3462119	60099	938839	376569	4400958	29736
			2005	225014	140951	365965	311084	3596780	55374	776845	366458	4373625	22066
			2006	237397	141976	379373	327708	4039620	49013	676047	376721	4715667	24313
			2007	228076	161534	389610	330366	4081980	50106	674405	380472	4756385	35166

品目		类别	年度	海外产量	国内产量	总产量	销售						库存量
							出口		内销		销售总计		
							数量	金额（千日元）	数量	金额（千日元）	数量	金额（千日元）	
声学乐器	打击乐器	爵士鼓	2008	121076	297928	419004	356011	4720021	43978	581409	399989	5301430	55604
			2009	84264	182043	266307	233576	2754154	42483	526501	276059	3280655	33979
			2010	103861	219553	323414	279725	2581666	42667	497180	322392	3078846	31051
			2010	103861	219553	323414	279725	2581666	42667	497180	322392	3078846	31051
			2011	18607	78454	97061	44114	604497	41568	495325	85682	1099822	24035
		其他打击乐器	1999	1057	145538	146595	11	134938	137864	2343008	137875	2477946	62354
			2000	3343	82210	85553		176745	70088	2399152	70091	2575897	80277
			2001	1510	98063	99573	16	246528	114728	2378826	114744	2625354	60017
			2002	532	100262	100794	1218	229665	90567	2502896	91785	2732561	21985
			2003	38	92718	92680	1530	160964	94755	2029607	96285	2190571	29746
			2004	441	81449	81890	8688	210647	67952	1586297	76640	1796944	30428
			2005	219654	74198	293852	258994	240298	275192	1103220	534186	1343518	42458
			2006	9343	76364	85707	9327	221767	77618	1794054	86945	2015821	22854
			2007	27556	26278	53834	10133	48022	44897	1334454	55030	1382476	14131
			2008	27729	26672	54401	8088	50982	44534	1202355	52622	1253337	18047
			2009	12057	23998	36055	7398	45948	29629	1320445	37027	1366393	17425
			2010	16332	26397	42729	9629	32751	32653	1219684	42282	1252435	7992
			2010	16332	26397	42729	9629	32751	32653	1219684	42282	1252435	7992
			2011	11670	36368	48038	9132	52525	38027	1936397	47159	1988922	8105
		立奏用木琴	1999	49	6474	6523	3353	468918	4344	634746	7697	1103664	1057
			2000	18	7873	7891	4061	587558	4286	626167		1213725	1489
			2001	13	7943	7956	4031	588546	3962	626069	7993	1214615	1452
			2002	9	7454	7463	3661	555478	3783	608705	7444	1164183	1421
			2003	21	7763	7784	4299	664101	377	588870	8069	1252971	1256
			2004	32	8580	8612	4794	778384	3673	599725	8467	1378109	1389
			2005	3	7809	7812	4271	685577	3308	554650	7579	1240227	1666
			2006	332	6818	7150	4452	724277	2954	530443	7406	1254720	1034
			2007	2	8260	8258	5230	841902	2940	509894	8170	1351796	1119
			2008	12	8667	8655	5733	929570	2703	528205	8436	1457775	1372
			2009	3	7233	7230	4804	860215	2496	501141	7300	1361356	1302
			2010	8	6182	6174	3674	618025	2498	493265	6172	1111290	1304
			2010	8	6182	6174	3674	618025	2498	493265	6172	1111290	1304
			2011	3	6333	6330	4185	713283	2261	465619	6446	1178902	1207

品目		类别	年度	海外产量	国内产量	总产量	销售						库存量
							出口		内销		销售总计		
							数量	金额（千日元）	数量	金额（千日元）	数量	金额（千日元）	
声学乐器	打击乐器	桌用木琴	1999		13224	13224	4558	53926	11878	64135	16436	118061	441
			2000		18192	18192	4506	53667	14872	74009	19378	127676	706
			2001		17378	17378	2777	32493	13806	65756	16583	98249	1501
			2002		15734	15734	3606	43502	13165	55366	16771	98868	366
			2003		16058	16058	3022	36065	14354	59615	17376	95680	352
			2004		14189	14189	2896	34574	11207	48832	14103	83406	396
			2005		12385	12385	2819	33501	9989	50375	12808	83876	921
			2006		13928	13928	3006	37213	9914	48325	12920	85538	1426
			2007		11386	11386	2276	28711	9446	49931	11722	78642	1086
			2008		10905	10905	2646	34401	8592	48552	11238	82953	757
			2009	6887	2724	9611	1510	19606	7966	46382	9476	65988	874
			2010		9538	9538	1918	23909	7721	43231	9639	67140	770
			2010		9538	9538	1918	23909	7721	43231	9639	67140	770
			2011		8844	8844	1405	17721	7593	41608	8998	59329	604
		立奏钟琴	1999	10	4889	4879	133	15644	4876	394803	5009	410447	883
			2000	3	5036	5039	59	7746	4848	408711	4907	416457	1015
			2001	15	4354	4339	97	12096	4408	369366	4505	381462	849
			2002	6	4462	4456	155	15535	3920	313449	4075	328984	1193
			2003	51	3346	3295	94	8038	3478	290670	3572	298708	824
			2004	32	6341	6309	79	11057	6084	294680	6163	305737	925
			2005	4	2742	2738	42	4662	2869	252349	2911	257011	589
			2006	131	2654	2785	68	8074	2673	242899	2741	250973	513
			2007		2509	2509	56	12232	2502	228207	2558	240439	465
			2008	39	2614	2653	31	4110	2457	231545	2488	235655	639
			2009	1	7075	7074	63	9340	7147	247564	7210	256904	783
			2010	1	2091	2090	53	10026	2142	221697	2195	231723	398
			2010	1	2091	2090	53	10026	2142	221697	2195	231723	398
			2011	395	2265	2660	60	12518	2482	240669	2542	253187	600
		桌用钟琴	1999	1	6926	6927	2916	26612	4975	93953	7291	120565	1057
			2000		3944	3944	1995	23850	5151	67951	7146	91801	1365
			2001		2791	2791	1301	17193	4340	58301	5641	75494	985
			2002		5910	5910	1894	21387	3900	55461	5794	76848	801
			2003		5262	5262	1242	13861	4209	68023	5451	81884	765

品目	类别		年度	海外产量	国内产量	总产量	销售						库存量
							出口		内销		销售总计		
							数量	金额(千日元)	数量	金额(千日元)	数量	金额(千日元)	
声学乐器	打击乐器	桌用钟琴	2004		3054	3054	1544	18941	1515	42619	3059	61560	576
			2005		5740	5740	1305	15040	4413	70941	5718	85981	687
			2006	455	5697	6152	1490	19762	4157	61784	5647	81546	769
			2007	600	5915	6515	950	12972	5273	80334	6223	93306	1059
			2008	596	5563	6159	1205	15535	4783	71938	5988	87473	895
			2009	600	2374	2974	702	10154	2264	45518	2966	55672	688
			2010	200	5333	5533	830	10621	4885	73143	5715	83764	711
			2010	200	5333	5533	830	10621	4885	73143	5715	83764	711
			2011		4923	4923	300	6148	4553	66945	4853	73093	487
	校园乐器	总计	1999	924887	4607360	5532247	3031674	884739	2441440	4845901	5473114	5730640	1348982
			2000	1331812	4839011	6170823	3428222	860221	274882	5199147	6177042	6059368	1275865
			2001	1385726	4803747	6189473	3331378	859366	2539166	4908802	5870544	5768168	1584112
			2002	951484	3858219	4809703	2726520	785729	2037947	3144509	4764467	3930238	1755793
			2003	585399	4751762	5337161	3282695	995204	2354424	4072443	5637119	5067647	1497291
			2004	963591	4403793	5367384	3354618	1019482	2213880	3979483	5568498	4998965	1286620
			2005	969105	4697818	5666923	3384147	917100	2277584	4164791	5661731	5081891	1315905
			2006	1348291	4649331	5997622	3783180	1021154	2152484	4078420	5935664	5099574	1377570
			2007	1461102	4640712	6101814	3916589	1091856	2168998	4080742	6085587	5172598	1402634
			2008	1437358	4720496	6157854	3886763	1057971	2142018	4158017	6028781	5215988	1530164
			2009	3807765	1615774	5153539	3338626	861008	1959475	3351670	5298101	4212678	1684342
			2010	1953093	3849553	5802646	4010158	1451248	1877464	2471787	5887622	3923035	1543584
			2010	1752894	3849553	5602447	3809959	1413154	1877464	2471787	5687423	3884941	1543584
			2011	618714	2756336	3375050	1430646	667494	1920907	3106693	3351553	3774187	1399609
		口琴	1999	82106	630214	712320	19883	153154	462680	656118	661510	809272	281995
			2000	52277	817141	869418	203660	175755	639964	879654	843624	1055409	312924
			2001	82825	698464	781289	190389	143172	549088	787912	739477	931084	325035
			2002	208367	578614	786981	215686	168709	503469	610027	719155	778736	338645
			2003	59；946	557458	617404	173833	153556	441249	590267	615082	743823	350139
			2004	5979	552239	558218	186549	187465	350632	548019	537181	735484	343004
			2005	116409	471934	588343	253966	187955	360260	524629	614226	712584	341566
			2006	60758	462149	522907	251276	227976	295618	516699	546894	744675	306673
			2007	66761	554957	621718	297299	256321	320140	529998	617439	786319	311046
			2008	53096	524823	577919	268709	259951	291995	484867	560704	744818	327259

品目		类别	年度	海外产量	国内产量	总产量	销售						库存量
							出口		内销		销售总计		
							数量	金额(千日元)	数量	金额(千日元)	数量	金额(千日元)	
声学乐器	校园乐器	口琴	2009	54276	417101	471377	254491	241079	259288	476939	513779	718018	285058
			2010	70384	717378	797762	551970	278948	232445	456074	784415	735022	298300
			2010	42395	727378	769773	523981	271178	232445	456074	756426	727252	298300
			2011	59249	426958	486207	273030	276499	244549	499271	517579	775770	266076
		键盘口琴	1999	20801	958691	979492	48088	75503	892203	2547511	940291	2623014	245746
			2000	10576	937403	947979	33934	57654	951834	2710672	985768	2768326	208636
			2001	25988	950428	976416	41336	59661	921545	2593549	962881	2653210	222160
			2002	36667	549710	586377	1958	5591	539990	1319400	541948	1324991	238382
			2003	92211	944652	1036863	145759	237484	918371	2284354	1064130	2521838	236459
			2004	96295	874558	970853	124595	195329	895747	2284491	1020342	2479820	205999
			2005	2967	949707	979377	57009	93523	937997	2445249	995006	2538772	186045
			2006	37613	942768	980381	61268	96694	931856	2408177	993124	2504871	166996
			2007	50716	925153	975869	47692	84414	917084	2383882	964776	2468296	186042
			2008	53790	1015991	1069781	49822	82773	976681	2557638	1026503	2640411	229185
			2009	763505	267799	1031304	43273	60444	831911	1891246	875184	1951690	385239
			2010	566420	252643	819063	44681	565826	801971	1253148	846652	1818974	313869
			2010	560210	252643	812853	38471	552585	801971	1253148	840442	1805733	313869
			2011	560369	321667	882036	13802	34150	838420	1684450	852222	1718600	339747
		手风琴	1999	750	10141	10891	648	26009	10561	501169	11209	527178	4173
			2000	928	10120	11048	450	18198	10030	469437	10480	487635	4741
			2001	722	8169	8891	145	6241	9229	431534	9374	437775	4258
			2002	716	7790	8506	404	15932	7938	363830	8342	379762	4421
			2003	498	6126	6624	191	6735	7182	339054	7373	345789	3821
			2004	565	6454	7019	460	19652	6757	324300	7217	343952	3723
			2005	589	6979	7568	201	6815	6946	325114	7147	331929	4173
			2006	238	6276	6514	175	6206	6306	308736	6481	314942	4207
			2007	298	6262	6560	169	8246	5906	302762	6075	311008	4670
			2008	325	5540	5865	66	2504	5704	292412	5770	294916	4757
			2009	44	3473	3517	82	2481	4108	225085	4190	227566	4038
			2010	50	1780	1830			1729	109776	1726	109776	588
			2010	50	1780	1830			1729	109776	1726	109776	588
			2011	181	5026	5207	71	38650	4780	265430	4851	304080	4699

品目	类别	年度	海外产量	国内产量	总产量	销售						库存量
						出口		内销		销售总计		
						数量	金额（千日元）	数量	金额（千日元）	数量	金额（千日元）	
声学乐器 校园乐器	录音设备	1999	821230	3008314	3829544	2784108	630073	1075996	1141103	3860104	1771176	817068
		2000	1268031	3074347	4342378	3190178	608614	1146992	1139384	4337170	1747998	749564
		2001	1276191	3146686	4422877	3099508	650292	1059304	1095807	4158812	1746099	1032659
		2002	705734	2722105	3427839	2508472	595497	98655	851252	3495022	1446749	1174345
		2003	432744	3243526	3676270	2962912	597429	987622	858768	3950534	1456197	906872
		2004	860752	2970542	3831294	3043014	617036	960744	822673	4003758	1439709	733894
		2005	822437	3269198	4091635	3072971	628807	972381	869799	4045352	1498606	784121
		2006	1249682	3238138	4487820	3470461	690278	918704	844808	4389165	1535086	899694
		2007	1343327	3154340	4497667	3571429	742875	925868	864100	4497297	1606975	900876
		2008	1330147	3174142	4504289	3568166	712743	867638	823100	4435804	1535843	968963
		2009	2989940	957401	3947341	3040780	557004	864168	758400	3904948	1315404	1010007
		2010	1316239	2867752	4183991	3413507	606474	841319	652789	4254826	1259263	930827
		2010	1150239	2867752	4017991	3247507	589391	841319	652789	4088826	1242180	930827
		2011	1085	2002685	2001600	1143743	318195	833158	657542	1976901	975737	789087
电声乐器	合计	1999	1438887	1897426	3336313	2067955	63789862	1223049	45949516	3291004	109739378	302325
		2000	1272042	1583958	2856000	1813397	57087338	917031	3944263	2730428	96529968	362856
		2001	1119097	1260879	2379976	1656024	54672095	787254	35011612	2443278	89683707	207966
		2002	1070478	1166395	2236873	1598924	54634623	655038	30396663	2253962	85031286	160003
		2003	1868571	1184321	3052892	2354430	66355147	677504	27306298	3031934	93661445	175913
		2004	2034705	1038903	3073608	2373577	70132400	713855	34570414	3087432	104752814	153063
		2005	2066976	1024168	3091144	2432660	68241316	638574	29957110	3071234	98198426	175123
		2006	1946933	1040660	2987593	2384098	72501672	592951	23008843	2977049	95510515	198784
		2007	2126296	1159029	3285325	2624184	83206579	648943	24498240	3273127	107704819	199229
		2008	2063160	1126018	3189178	2493979	79038078	675620	27779696	3169599	106817774	200154
		2009	1992216	615932	2608148	1984819	51528662	636336	24951864	2621155	76480526	194330
		2010	2123657	273515	2397172	1796751	44617274	633245	24511388	2429996	69128662	108420
		2010	618800	273515	892315	291894	16831668	633245	24511388	925139	41343056	108420
		2011	776865	318900	1095765	417477	25773613	668645	25239082	1086122	51012695	132397
	电吉他	1999	126261	222139	348400	88928	2962640	198873	7842153	287801	10804793	25686
		2000	85407	174004	259411	117588	3079834	139892	6618212	25748	9698046	28110
		2001	142557	142348	284905	181644	3806863	103674	5892952	285318	9699815	26810
		2002	196669	128078	324747	243057	4681517	86000	5287555	329057	9969072	21950
		2003	197635	152958	350590	253676	4901019	92435	5242835	346111	10143854	25694

品目	类别	年度	海外产量	国内产量	总产量	销售						库存量
						出口		内销		销售总计		
						数量	金额（千日元）	数量	金额（千日元）	数量	金额（千日元）	
电声乐器	电吉他	2004	195642	131241	326883	255908	5035031	78056	5693450	333964	10728481	18361
		2005	197377	151526	348903	252087	4884141	103030	6666196	355117	11550337	15066
		2006	156585	162418	319003	214000	5293186	981	6500449	312100	11793635	23901
		2007	162172	174921	337093	249081	6015998	91341	6345085	340422	12361083	20249
		2008	150990	169462	320452	212383	4313647	104438	6895516	316821	11209163	23058
		2009	135219	111081	246300	165022	3695707	83074	6152989	248096	9848696	24736
		2010	133082	112311	245393	141766	2821773	102628	6153144	244394	8974917	16415
		2010	25049	112311	137360	33733	1685443	102628	6153144	136361	7838587	16415
		2011	106997	122537	229534	103286	7332827	123358	7102349	226644	144351176	18055
	电风琴	1999	247	40142	40389	10283	2186094	29054	11106651	39337	13292745	4166
		2000	31	32452	32483	8304	1164064	24687	9004214	32991	10168278	3808
		2001	258	27155	27413	8760	1191955	20035	7350125	28795	8542080	2400
		2002	98	30878	30976	5776	944374	24377	6759532	30153	7703906	3262
		2003	229	32590	32819	7366	825646	25546	49568	32912	5782446	3776
		2004	393	36304	36697	6656	1055109	30994	11313648	37650	12368757	1841
		2005	878	26814	27692	6191	702859	21751	7332185	27942	8035044	1943
		2006	1041	17726	18767	4870	618794	15001	4950841	19871	5569635	1872
		2007	726	17048	17774	3131	512955	14815	4378283	17946	4891238	1669
		2008	837	17718	18555	4104	715491	14675	4305454	18779	5020945	1522
		2009	1981	13963	15944	3204	486902	12727	3531736	15931	4018638	1510
		2010	2365	14566	16931	5262	710383	11431	3135066	16693	3845449	1551
		2010	58	14566	14624	2955	517412	11431	3135066	14386	3652478	1551
		2011	52	10456	10508	1148	286826	10201	2619432	11349	2906258	725
	电钢琴	1999	84701	228782	313483	176500	17526472	137017	14920070	313517	32446542	25652
		2000	77460	213864	291324	169219	14856536	129386	13340052	298605	28196588	18993
		2001	101294	227071	328365	180504	15058686	140814	13067264	321318	2812595	29087
		2002	113600	215336	328936	19681	17824262	136076	11846885	332886	29671147	21103
		2003	134101	207149	341250	194324	17417943	144432	11123919	338756	28541862	24031
		2004	165017	211611	376628	214697	19018687	163926	11057750	378623	30076437	18502
		2005	191250	206034	397284	228464	18679018	167014	10287659	395478	28966677	20849
		2006	229216	168531	397747	230106	18619483	162477	9985556	392583	28605039	26893
		2007	329962	185886	515848	307922	22957512	197605	11771211	505527	34728723	37686
		2008	332800	192908	525708	351043	24928640	178908	10787911	529951	35716551	33466

品目	类别	年度	海外产量	国内产量	总产量	销售						库存量
						出口		内销		销售总计		
						数量	金额（千日元）	数量	金额（千日元）	数量	金额（千日元）	
电声乐器	电钢琴	2009	381573	66456	448029	271104	16290878	184304	9979969	455408	26270847	26343
		2010	445405	73777	519182	345031	19483213	170313	10594234	515344	30077447	27213
		2010	159861	72777	233641	59490	5255342	170313	10594234	229803	15849576	27213
		2011	154589	66100	220689	55119	3836994	169079	10489505	224198	14326499	23646
	电子键盘	1999	448042	533229	981271	552536	12869493	408248	5975321	960784	18844814	74948
		2000	476541	298252	774793	470474	10118206	320458	5019992	790932	15138198	58786
		2001	380172	204252	584424	334531	8869964	267988	4401914	602519	13271878	54327
		2002	357504	143352	500856	289682	7278093	221678	3220952	511360	10499045	29980
		2003	1164944	156806	1321750	1054749	19524989	255752	3295170	1310501	22820159	41113
		2004	1307919	145663	1453582	1179279	2017035	288014	3161663	1467293	23332013	27104
		2005	1213674	147875	1361549	1154664	17388185	198802	2190166	1353466	19578351	32829
		2006	1161877	133746	1295623	1118338	20475154	186851	1981020	1305189	22456174	22351
		2007	1198220	177229	1375449	1134508	19541855	224572	2275703	1359080	21817558	38996
		2008	1151194	179837	1331031	1091076	17499265	243658	2378043	1334734	19877308	34603
		2009	1110984	13330	1124314	896737	12167175	224901	2052275	1121638	14219450	35918
		2010	1320799	18316	1339115	1138038	14030804	201297	1763196	1339335	15794000	17835
		2010	221693	18316	240009	38932	2100288	201297	1763196	240229	3863484	17835
		2011	183349	15183	198532	10304	1585626	185948	1717252	196252	3302878	20115
	便携式电子键盘	1999	623094	34968	658062	509397	2742073	170581	408568	679978	3150641	11662
		2000	357701	42973	400674	257494	1726743	134757	435665	392251	2162408	20084
		2001	244201	33201	277402	155299	1310071	133789	300412	289088	1610483	8392
		2002	170679	17580	188259	102186	896139	89209	248027	191395	1144166	5299
		2003	146588	8624	155212	77665	635581	80277	212710	157942	848291	2569
		2004	136109	22395	158504	71336	598468	87745	898047	159081	1496515	4151
		2005	153778	28597	182375	92583	728165	86743	905226	179326	1633391	7180
		2006	138619	36324	174943	86138	605797	78341	740720	164479	1346517	14838
		2007	80080	35747	115827	54981	598711	73220	696609	128201	1295320	5264
		2008	85372	19905	105277	37123	580732	69145	499233	106268	1079965	4273
		2009	78275	849	79124	13967	195364	65581	435813	79548	631177	3849
		2010	87088	630	87718			87888	159592	87888	159592	58
		2010	87088	630	87718			87888	159592	87888	159592	58
		2011	84455	904	85359	48	2244	85747	464151	85795	466395	2485

品目	类别	年度	海外产量	国内产量	总产量	销售						库存量
						出口		内销		销售总计		
						数量	金额（千日元）	数量	金额（千日元）	数量	金额（千日元）	
电声乐器	键盘拾音器	1999	213	113848	114061	97202	6872541	19697	1952188	116899	8824729	9302
		2000	1780	108114	109894	96760	7495787	14946	1431841	111706	8927628	8823
		2001	12947	128554	141501	121792	8925447	16666	1506784	138458	10432231	9984
		2002	31686	106844	138530	125292	9317260	14296	1187703	139588	10504963	7615
		2003	1807	96113	97920	89635	7943977	8846	873494	98481	8817471	5700
		2004	2648	101503	104151	93848	8273802	8706	794341	102554	9068143	7153
		2005	8054	89877	97931	88433	8019046	9109	805154	97542	8824200	7539
		2006	21062	89939	111001	97511	7811327	10417	813750	107928	8625077	10964
		2007	34180	75445	109625	98728	9094499	11407	784471	110135	9878970	10051
		2008	41701	65348	107049	95438	7913062	10925	818535	106363	8731597	9661
		2009	45934	20018	65952	57162	3797894	11276	795200	68438	4593094	8175
		2010	45444	37764	83208	68039	4362658	12125	768738	80164	5131396	11153
		2010	35574	37764	73338	58169	4064740	12125	768738	70294	4833478	11153
		2011	33567	35301	68868	57484	4509620	11158	822141	68642	5331761	11018
	其他电声乐器	1999	46306	556139	602445	385596	9247780	221558	3136243	607154	12384023	113389
		2000	134493	547558	682051	416345	9105668	120917	3061707	537262	12167375	191267
		2001	8186	375588	457448	417683	6081954	77130	2082983	494813	8164937	48834
		2002	35212	399411	434623	362937	4719331	60943	1438958	423880	6158289	49888
		2003	54398	273055	327453	279650	4771775	47235	1186263	326885	5958038	44600
		2004	31395	176062	207457	172931	3953475	28598	1145778	201529	5099253	43406
		2005	38426	132596	171022	141172	3873388	23519	1303714	164691	5177102	39828
		2006	51903	206682	258585	231291	4468011	27694	1504106	258985	5972117	59530
		2007	47937	221195	269132	258988	5312663	23081	1624047	282069	6936710	32683
		2008	65671	148056	213727	180961	4377912	20202	1458915	201163	5836827	37457
		2009	50538	130204	180742	153502	3117184	24924	1465704	178426	4582888	43715
		2010	6691	13708	20399	51694	2703013	16980	1278500	68674	3981513	11690
		2010	6691	13708	20399	51694	2703013	16980	1278500	68674	3981513	11690
		2011	117116	24835	141951	89402	2192836	47152	1334848	136554	3527684	23414
	乐器用功放	1999	110023	168179	278202	247513	9382769	38021	608322	285534	9991091	37521
		2000	138629	166741	305370	277213	9540500	31988	530947	309201	10071447	32985
		2001	155808	122710	278518	255811	9427155	27158	409178	282969	9836333	28132
		2002	165030	124916	289946	273184	8973647	22459	407051	295643	9380698	20906
		2003	168869	257029	425898	397365	10334217	22981	415107	420346	10749324	28430

品目	类别	年度	海外产量	国内产量	总产量	销售						库存量
						出口		内销		销售总计		
						数量	金额(千日元)	数量	金额(千日元)	数量	金额(千日元)	
电声乐器	乐器用功放	2004	195582	214124	409706	378922	12077478	27816	505737	406738	12583215	32545
		2005	263539	240849	504388	469066	13966514	28606	466810	497672	14433324	49889
		2006	198842	235415	434257	407345	15118800	29612	476201	436957	15595001	47085
		2007	285945	281278	567223	521496	19684086	30366	589931	551862	20274017	61812
		2008	234595	332784	567379	521851	18709329	33669	636089	555520	19345418	56114
		2009	187712	260031	447743	424121	11777558	29549	538178	453670	12315736	50084
		2010	82783	2443	85226	46921	505430	30583	658918	77504	1164348	22505
		2010	82783	2443	85226	46921	505430	30583	658918	77504	1164348	22505
		2011	96740	43584	140324	100686	6026640	36002	689404	136688	6716044	32939
总合计		1999	2720096	7418906	10139002	5752419	108528438	4275596	95317717	10028015	203846155	1819983
		2000	3083959	7312063	10396022	6060078	104633446	4167690	88272864	10227768	192906310	1859828
		2001	3112540	6865467	9978007	5938748	100462210	3816363	78614966	9755111	179077176	1997799
		2002	2695401	5816242	8511643	5348053	101928528	3141083	70412268	8489136	172340796	2073682
		2003	3230079	6735281	9965360	6808502	116566319	3452474	67343634	10260976	183909953	1830919
		2004	3854714	6204438	10059152	6999405	123202692	3296729	70467781	10296134	193670473	1578905
		2005	4023057	6492179	10515236	7245545	121104315	3482028	64609581	10727573	185713896	1638502
		2006	4088182	6506831	10595013	7396834	129226910	3115986	62685210	10512820	191912120	1728429
		2007	4542860	6604621	11147481	7942620	147612346	3168664	64100984	11111284	211713330	1754117
		2008	4317581	6945944	11263525	7942469	141692898	3130957	60907475	11073426	202600373	1915734
		2009	6817411	2854462	9671873	6614888	92946084	2870329	53218499	9485217	146164583	2103714
		2010	5210141	4688490	9898631	7297858	91930800	2762497	49604925	10060355	141535725	1782203
		2010	2759638	4611064	7370702	4771134	49902741	2762497	49577925	7533631	99480666	1782203
		2011	1577254	3435480	5012734	2118856	51511421	2856802	52666133	4975658	104177554	1625030

2011年日本乐器出口国家及地区概况

（金额单位：千日元 重量单位：公斤）

国家及地区	立式钢琴		三角钢琴		键盘弦乐器		弓弦乐器		吉他和其他弦乐器		铜管乐器	
	数量	金额	数量	金额	数量	金额	数量	金额	数量	金额	数量	金额
韩国	2499	405798	640	459826			18	259	673	16724	345	45168
中国内地	46199	4024142	2426	137432	126	7689	1	464	23	7041	439	53342
中国台湾	4110	322593	647	353224					170	10370	171	20964
蒙古	3	1054	7	13129					1	1000	11	1539
中国香港	3761	750797	202	144928			37	4918	141	11637	206	25742
越南	7515	675725	279	106355	23	522	10	223	1978	1186		
泰国	1601	272515	90	77077					750	16999	577	82150
新加坡	2721	569908	271	176881			22	442	116	9413	382	65129
马来西亚	5900	405380	170	84927			1	400	48	4144	68	7101
菲律宾	928	42673	156	40148					112	216	2	267
印度尼西亚	2939	287234	264	107122					4	604	12	457
柬埔寨	2	408	2	965								
缅甸			1	2594					493	1513		
印度	48	13932	9	7330							3	599
斯里兰卡	509	22431	7	2193					1320	2149		
马尔代夫												
尼泊尔												
伊朗	73	11829	2	800								
巴林												
沙特阿拉伯												
科威特	7	2772	1	789								
卡塔尔												
以色列	526	41655	31	19360					140	7505	28	2743
约旦												
叙利亚												
黎巴嫩	292	23514	39	13178								
阿拉伯酋长国	233	58727	158	151253			20	660	2	219	242	20795
阿塞拜疆			1	684								
哈萨克			2	2321								
吉尔吉斯斯坦												
冰岛							1	36000				

国家及地区	立式钢琴		三角钢琴		键盘弦乐器		弓弦乐器		吉他和其他弦乐器		铜管乐器	
	数量	金额	数量	金额	数量	金额	数量	金额	数量	金额	数量	金额
挪威	38	10690	13	12725							15	2005
瑞典							1	1000				
丹麦	46	12432	34	27418					32	1741		
英国	1575	319263	375	333101			1	1000	1215	5039	798	93568
爱尔兰	358	39601	29	10946								
荷兰	753	117002	43	30550					4415	226390		
比利时	769	123107	101	72159					24	937		
法国	1164	316788	581	589629					141	4037	1831	175491
摩纳哥												
安道尔	2	463										
德国	1620	552339	1533	1564657	4	2480	3	1243	148	35579	6463	562491
瑞士			1	210	1	3990			2	666		
葡萄牙	150	22593	20	19249								
西班牙	614	96330	101	69153					64	1441	29	4738
意大利	1669	220617	320	229195			5	650	34	5200	13	3274
芬兰	219	70065	38	39416					7	506	38	3741
波兰	14	1420	1	456								
俄罗斯	36	15857	82	92557					50	1803	107	9900
奥地利	15	3155										
匈牙利	33	1665	11	2720								
塞尔维亚												
希腊	247	31301								4	560	
罗马尼亚												
保加利亚												
塞浦路斯	27	6040	2	1371								
土耳其	7	1125	4	5404								
爱沙尼亚	9	1105										
拉脱维亚			7	6196								
立陶宛												
乌克兰												
白俄罗斯												
克罗地亚	7	2289	5	3457								
斯洛文尼亚	88	20422	14	12949								
捷克									2	660		

国家及地区	立式钢琴		三角钢琴		键盘弦乐器		弓弦乐器		吉他和其他弦乐器		铜管乐器	
	数量	金额	数量	金额	数量	金额	数量	金额	数量	金额	数量	金额
斯洛伐克									6	875		
加拿大	2417	497282	509	400314			1	30000	1025	59613	876	104905
美国	6811	1476378	3398	2572897			519	12219	7731	281267	18039	1626839
墨西哥	31	5910	34	36073							227	20367
危地马拉												
尼加拉瓜			2	12246								
巴拿马	3	1172	16	18416							1293	127942
F.W.Indies	1	424										
哥伦比亚	3	668	2	990							19	3019
委内瑞拉											20	7393
厄瓜多尔	15	785							26	1555	6	527
秘鲁	1	236	1	444					663	663	3	244
智利			1	480					154	7787		
巴西	52	14937	134	121521					346	19124	310	25629
巴拉圭												
阿根廷	5	1217	13	8571					36	2213		
摩洛哥	16	2020										
埃及												
塞内加尔												
加纳												
尼日利亚			3	230								
肯尼亚	71	4896	4	975								
留尼旺岛												
南非	5	1693	53	46091					2	362	35	4538
澳大利亚	3566	719748	574	479950			9	426	337	15269	922	07231
巴布亚新几内亚												
新西兰	333	48831	24	15117					69	5156	6	563
萨摩亚群岛												
斐济												
新喀里多尼亚												
波利尼西亚	3	881	3	1585								
关岛	2	889										
总计	102661	12696733	13491	9978934	154	14681	649	89904	21604	769163	33536	3200886

国家及地区	其他管乐器		鼓		其他打击乐器		电子键盘乐器		电吉他		其他电子乐器	
	数量	金额	数量	金额	数量	金额	数量	金额	数量	金额	数量	金额
韩国	59556	867966	604	20784	6618	34526	2451	216164	823	49359	302	20610
中国内地	12648	222852	269	16444	228	20013	1648	134965	695	35431	2355	27107
中国台湾	70760	217703	134	8212	532	46387	946	74233	796	41490	73	3358
蒙古	14	5173	5	484	4	313	2	250				
中国香港	11726	239835	131	18513	971	16869	1163	111831	1298	90197	662	52163
越南	1250	1844					2012	21255			46	1058
泰国	11358	44194	453	22613	104	19303	499	50734	699	34003	104	4467
新加坡	8430	103548	330	18513	261	10859	1550	143759	757	38247	124	6001
马来西亚	2450	10624	160	5008	41	1722	174	34330	200	12473	24	2041
菲律宾	1975	1819	14	585		488	284	29769	701	6688		
印度尼西亚	84	1542	36	1162	1		185	28361	116	2732		
柬埔寨	513	770					1	350				
缅甸												
印度	7	310	10	2186			363	43132	83	5918	192	9599
斯里兰卡					12	720	1421	11684	35	280		
马尔代夫									11	880		
尼泊尔											20	1068
伊朗	1911	2188					181	11352	13	1001	8	1200
巴林			3	962					14	1141		
沙特阿拉伯	228	348					15	1899			2	296
科威特			1	2000	1	800	26	4208				
卡塔尔			8	280			2	357				
以色列	5931	16513	157	3932	14	678	543	51475	192	10985	94	5586
约旦			5	2860	1	800						
叙利亚											14	448
黎巴嫩	12	698					60	7273	22	1989	79	2185
阿拉伯酋长国	3333	22405	122	10704	36	6680	933	93993	195	13706	193	7402
阿塞拜疆												
哈萨克	1	490										
吉尔吉斯斯坦			3	290								
冰岛									6	327	4	500
挪威	2150	7265	9	465	3	786			203	12792		
瑞典	8467	36140	158	3951			1542	50582	271	18853	18	468
丹麦	1673	7556					2429	209298	13	1046	629	30282
英国	88839	261645	524	17928	5124	13791	7005	576451	769	52573	1060	52718

国家及地区	其他管乐器		鼓		其他打击乐器		电子键盘乐器		电吉他		其他电子乐器	
	数量	金额	数量	金额	数量	金额	数量	金额	数量	金额	数量	金额
爱尔兰												
荷兰	3855	58277	263	8153	267	20294	5693	381116	9091	295359	2703	60064
比利时	1459	8866					1970	167177	2	316	1290	59147
法国	27833	396860	1292	45314	407	67670	12061	537809	787	50606	450	20362
摩纳哥	5053	2112										
安道尔	380	488										
德国	101701	1527241	3704	106047	518	82162	20724	1896130	3799	250872	3076	123037
瑞士	5008	82408	87	2957			1675	134751	163	12491	156	8747
葡萄牙	12	1954			5	235	54	1947				
西班牙	14035	36350	43	1137			1113	63162	543	38619	178	8959
意大利	56182	86623	441	12344	22	1660	2349	98014	1364	100504	496	12850
芬兰	4934	38742	263	7453	12	1700	138	16046	468	24574	15	636
波兰	5010	9034					343	16041	33	2277	102	2482
俄罗斯	8259	50686	337	9136	5	667	1094	69509	1603	51180	102	4267
奥地利	2807	7810	45	1558					92	5800		
匈牙利	3265	33693					496	46615			135	4230
塞尔维亚							206	15296	12	898	8	208
希腊	671	4068					293	16821	11	818	11	243
罗马尼亚	1	374	18	694			312	5937	12	807		
保加利亚							83	7465				
塞浦路斯	1	246					23	1424	8	608		
土耳其	65	9069					138	9062	205	14318	34	1065
爱沙尼亚	306	334							55	3093		
拉脱维亚			33	1305			81	5770	57	3656		
立陶宛									13	611		
乌克兰	555	439					40	2277	96	4862		
白俄罗斯												
克罗地亚									10	788		
斯洛文尼亚	4	2711							81	3988		
捷克	11107	9637					215	7583			12	308
斯洛伐克	584	1153										
加拿大	46016	181377	1685	55384	1824	40234	5474	378570	473	37767	989	43677
美国	153991	1673962	15041	419432	8563	396732	37951	2840723	26193	1144833	8234	264773
墨西哥	6329	24232	189	5218	8	4134	848	88594	74	5089	50	1230
危地马拉												

国家及地区	其他管乐器		鼓		其他打击乐器		电子键盘乐器		电吉他		其他电子乐器	
	数量	金额	数量	金额	数量	金额	数量	金额	数量	金额	数量	金额
尼加拉瓜												
巴拿马	7199	171452	406	23377	111	18526	380	45621	11	866	5	661
F.W.Indies												
哥伦比亚	24	3014			2	525						
委内瑞拉	22	14183	20	3795	19	3436			1			
厄瓜多尔	10	2008							63	2338		
秘鲁	1400	421					1759	31391	599	1534	1	268
智利	1441	1256	9	363			746	49917	170	11631	26	676
巴西	23648	93909	16	867			2702	254778	192	13244	576	25719
巴拉圭	168	245										
阿根廷	4453	8632	10	203			966	24657	390	19145	36	824
摩洛哥												
埃及							17	1830				
塞内加尔												
加纳							24	349				
尼日利亚	1	250					583	1992	88	231	89	558
肯尼亚												
留尼旺岛							17	1719				
南非	2374	12404	133	6096	2	361	577	64009	90	7623	49	1998
澳大利亚	9595	171667	417	16678	2571	17993	3976	373050	1510	90702	646	32313
巴布亚新几内亚											5	640
新西兰	759	4429	8	272	1	233	199	17436	136	8463	8	923
萨摩亚群岛							1	378				
斐济							2	366				
新喀里多尼亚	1091	705										
波利尼西亚							4	701				
关岛												
总计	804924	6806749	27596	873805	28288	831297	130762	9583738	56407	2642921	25485	909422

国家及地区	八音盒		乐器弦		钢琴零配件		弦乐器零配件		电子乐器零配件		其他零配件	
	数量	金额	重量	金额	重量	金额	重量	金额	重量	金额	重量	金额
韩国	4458	4340	5	462	232	1425	261	3163	1780	11665	4063	34066
中国内地	1049	3167	250	472	4442493	2345980	6089	49470	418014	760943	148400	1476182
中国台湾	774	3945	953	2352	12945	38325	248	2143	3063	11380	2095	24171
蒙古												
中国香港	22200	17198	126	1020	1050	7404	5337	25902	17806	102786	20710	186190
越南					1496	3257	83	1338				
泰国	484	411	324	3391	48	209	186	1310	264	2434	2774	11563
新加坡	640	320	23	525	285	1317			1335	6186	2574	10152
马来西亚	24500	2192			50	595	20	492	143	563	2477	9612
菲律宾			93	1217	1033	1979	42	229	1423	3927		
印度尼西亚			6274	13333	3356471	2382958	9610	35476	177769	672815	369905	2766090
柬埔寨											10	240
缅甸												
印度							438	1448	195	903	315	349
斯里兰卡												
马尔代夫												
尼泊尔												
伊朗									88	231		
巴林												
沙特阿拉伯												
科威特												
卡塔尔									25	209		
以色列									411	1838	43	1190
约旦												
叙利亚												
黎巴嫩									45	332		
阿拉伯酋长国			1248	2086					821	1408	232	1504
阿塞拜疆												
哈萨克												
吉尔吉斯斯坦												
冰岛												
挪威									51	614	7	252
瑞典							171	2267	513	3292	41	2347
丹麦	8	800			236	1814	36	443	2018	8766	44	464
英国					1201	813	245	3330	6981	27497	555	14312

国家及地区	八音盒		乐器弦		钢琴零配件		弦乐器零配件		电子乐器零配件		其他零配件	
	数量	金额	重量	金额	重量	金额	重量	金额	重量	金额	重量	金额
爱尔兰												
荷兰							207	2648	7331	27410	1082	6780
比利时									2490	7962		
法国			1155	52184	62	800	591	4703	5643	28203	1347	29480
摩纳哥												
安道尔												
德国	2991	1466	484	5187	21931	61357	524	4523	37552	149098	10855	147779
瑞士							9	1667	834	2769	364	1329
葡萄牙									31	235		
西班牙							449	9640	756	8085	159	4100
意大利					141	1365	287	3976	111442	351619	2940	13684
芬兰							34	392	558	4645	851	2660
波兰							46	466	96	884		
俄罗斯			1008	1208	37	407	57	530	1685	15118	1661	7576
奥地利					518	4175					15	1008
匈牙利									153	735		
塞尔维亚												
希腊							123	1361	45	257		
罗马尼亚											120	526
保加利亚												
塞浦路斯												
土耳其									45	873	315	500
爱沙尼亚												
拉脱维亚									30	233	180	655
立陶宛												
乌克兰									198	1575		
白俄罗斯							140	1183	24	245		
克罗地亚												
斯洛文尼亚											6	290
捷克							106	1713	257	3083		
斯洛伐克							100	823	42	486		
加拿大					207	1266	378	11984	5043	20291	1397	13774
美国	975	1866	3520	34149	22949	79792	14384	166052	138466	740006	97671	348530
墨西哥							911	13205	407	4324	76	1221
危地马拉									53	1041		

国家及地区	八音盒		乐器弦		钢琴零配件		弦乐器零配件		电子乐器零配件		其他零配件	
	数量	金额	重量	金额	重量	金额	重量	金额	重量	金额	重量	金额
尼加拉瓜												
巴拿马									80	539	1135	10093
F.W.Indies												
哥伦比亚												
委内瑞拉												
厄瓜多尔									5	244		
秘鲁												
智利									315	1575		
巴西					914	701			5030	30008	102	4571
巴拉圭												
阿根廷									856	6282		
摩洛哥												
埃及												
塞内加尔									42	285		
加纳												
尼日利亚											4870	1218
肯尼亚												
留尼旺岛												
南非					34	372			94	318		
澳大利亚	1700	1165			1733	2250	339	2716	6947	29122	1526	16867
巴布亚新几内亚												
新西兰			2	607					121	560	285	618
萨摩亚群岛												
斐济												
新喀里多尼亚												
波利尼西亚												
关岛												
总计	59779	36870	15465	118193	7866066	4938561	41451	354593	959416	3055899	681202	5151943

2011年日本乐器进口国家及地区概况

（金额单位：千日元 重量单位：公斤）

国家及地区	立式钢琴		三角钢琴		键盘弦乐器		弓弦乐器		吉他		其他弦乐器		铜管乐器	
	数量	金额	数量	金额	数量	金额	数量	金额	数量	金额	数量	金额	数量	金额
韩国									567	11060			4	1236
中国内地	1046	126395	160	48166	1630	3373	21802	206484	158480	913931	78512	237307	12479	114056
中国台湾			1	257			60	1101	24	1359	1935	3704	5829	210022
中国香港														
越南	417	40421	17	6156					120	5232	5027	16524	264	2040
泰国														
新加坡									11	224				
马来西亚									12	707				
菲律宾														
印度尼西亚	5905	848810	299	102505					18201	95972	748	5090		
缅甸														
印度											101	441	145	5153
巴基斯坦											310	2610		
斯里兰卡														
尼泊尔														
以色列													9	494
格鲁吉亚			1	5222										
挪威							1	271					1	345
瑞典									61	1188	130	1173	2	291
丹麦									2	1084				
英国					2	984	292	67021	33	17780	7	1800	52	13852
爱尔兰														
荷兰			1	2912	1	288	44	3987	3	1069	37	2214	17	3788
比利时							196	19183	1	287	1	264		
卢森堡													27	2718
法国	2	934	13	16750	5	853	701	136591	16	4951	79	18006	296	63730
德国	193	150432	192	684784	3	857	4179	386580	56	25283	626	55811	1738	524914
瑞士							29	10599			5	3223	182	80744
葡萄牙							1	743						
西班牙							4	1370	3210	203724	1	552	13	1372
意大利	1	360	8	30522	5	1733	704	474255	14	5337	547	128725	3	884
芬兰									10	2930	5	2755		

国家及地区	立式钢琴		三角钢琴		键盘弦乐器		弓弦乐器		吉他		其他弦乐器		铜管乐器	
	数量	金额	数量	金额	数量	金额	数量	金额	数量	金额	数量	金额	数量	金额
波兰							19	1947	21	1826			1	245
俄罗斯													32	5288
奥地利	1	5369	26	114163			7	3982	1	611			16	6157
匈牙利							205	22428			1	581		
塞尔维亚									3	261				
罗马尼亚							1998	39148	395	1828				
保加利亚							280	16474					1	285
土耳其														
爱沙尼亚			2	3212										
克罗地亚														
斯洛文尼亚					1	2008								
捷克	181	75375	76	88385			1027	35267	223	14245			53	9178
斯洛伐克							9	250	1	214				
加拿大							3	1706	791	18379				
美国	15	5567	41	73664	3	5292	221	37945	9984	1151571	2901	183803	4018	501091
墨西哥									4156	71197	91	1865		
伯利兹														
特里尼达与多巴哥														
委内瑞拉														
秘鲁														
玻利维亚									19	471	85			
智利												1634		
巴西									16	2538	12	1291		
阿根廷														
埃及														
塞内加尔														
几内亚														
科特迪瓦														
加纳														
马里														
南非														
澳大利亚									85	15515				
新西兰														
总计	7761	1253663	837	1176698	1650	15388	31782	1467332	196516	2570774	91161	669373	25182	1547883

国家及地区	风琴		手风琴		口琴		其他管乐器		鼓		电子键盘乐器		电吉他	
	数量	金额	数量	金额	数量	金额	数量	金额	数量	金额	数量	金额	数量	金额
韩国							856	1486	140665	47159	1081	6856	22007	438084
中国内地			185261	152177	254982	79530	348930	171367	1372706	416357	538268	3551634	251459	1681668
中国台湾							64458	174685	119684	253718	280	4269		
中国香港											160	298	5	298
越南							9264	28837	19597	5238	10560	9958	9841	43978
泰国							48	900	37074	83303				
新加坡													1	411
马来西亚														
菲律宾													2200	29796
印度尼西亚			430400	354007			1006438	714837	16982	38991	90678	2930566	60106	725282
缅甸									1506	372				
印度									51140	21908			343	5358
巴基斯坦									1930	1287				
斯里兰卡														
尼泊尔									6715	2296				
以色列														
格鲁吉亚														
挪威														
瑞典							12	255	2359	6842	1126	109917		
丹麦									275	1096				
英国	2	1199					92	9401	1	435	4	3446	29	6396
爱尔兰							650	314					1	206
荷兰			1	221			285	3477	223	34311	15	7423	18	3419
比利时							2	262	125	935				
卢森堡							2	1647						
法国	9	34735	2	514			13531	1704775	247	2123	14	2871	4	862
德国	552	3742	3968	9026	67958	50293	2697	228767	25119	82846	389	35672	1126	103123
瑞士	1	15930					296	10416	3137	33828			2	849
葡萄牙														
西班牙	1	14831							4474	19267			22	716
意大利	3	47014	309	51089			37	7202	558	3503	125	27164	4	365
芬兰													36	3880
波兰													36	3465
俄罗斯														
奥地利							28	3002	54	6133				

国家及地区	风琴		手风琴		口琴		其他管乐器		鼓		电子键盘乐器		电吉他	
	数量	金额	数量	金额	数量	金额	数量	金额	数量	金额	数量	金额	数量	金额
匈牙利														
塞尔维亚														
罗马尼亚														
保加利亚														
土耳其									3687	32859				
爱沙尼亚														
克罗地亚													2	209
斯洛文尼亚														
捷克			539	1445			71	18367					102	7492
斯洛伐克														
加拿大			1	259			1	237	23412	129584			720	41620
美国	1	8461					2791	309222	67751	498687	320	52108	37499	3518699
墨西哥									1333	1099			7951	207531
伯利兹									4	264				
特里尼达与多巴哥									96	1831				
委内瑞拉													1	231
秘鲁							12989	2457	927	204				
玻利维亚							172	477						
智利							2	304	700	257				
巴西									1785	5150				
阿根廷														
埃及									87	865				
塞内加尔									7300	862				
几内亚									190	2385				
科特迪瓦									550	2759				
加纳									14346	1539				
马里									273	1514				
南非														
澳大利亚									36	2083	1	278		
新西兰														
总计	569	125912	620481	568738	322940	129823	1463580	3392694	1927048	1743890	643021	6742460	393515	6823938

国家及地区	其他电子乐器		八音盒		乐器用弦		钢琴零配件		弦乐器零配件		电子乐器零配件		节拍器、音叉	
	数量	金额	重量	金额	重量	金额	重量	金额	重量	金额	重量	金额	重量	金额
韩国	1	285			4860	12684	5458	31378	3124	20940	25874	103133		
中国内地	59400	812344	666701	136909	33793	67931	154638	166637	268807	203696	598108	764422	34130	198599
中国台湾	5972	60880			552	11722	2398	3488	71293	51874	31479	57479		
中国香港									279	525	943	3315		
越南	2132	9437	2793	1172					19333	23382			29208	137793
泰国									2735	8387				
新加坡			446	1711							8	614		
马来西亚	144	1579					73436	30287			1424	9821		
菲律宾									38	318	1442	4947		
印度尼西亚	7349	65236			500	4520	2380702	1018646	18	1353	1348460	716954		
缅甸														
印度									2148	10989	62	256		
巴基斯坦														
斯里兰卡									270	272				
尼泊尔														
以色列														
格鲁吉亚														
挪威														
瑞典	62	3408			38	2312					309	3704		
丹麦					323	36378			4	831	368	4868		
英国	1	210	9	5786	3278	26038			587	33574	156	3743	54	943
爱尔兰														
荷兰	2	663	2	567					131	2073	204	1096		
比利时					14	614			6	6296				
卢森堡														
法国	6	1289	1	578	2091	37792			640	173788	4	941		
德国	68	4666	798	11979	6362	269765	6406	42230	5589	158399	9198	56121	2875	17247
瑞士			3664	106259	5	379			76	45667	45	1430		
葡萄牙														
西班牙									69	1211	1524	726		
意大利	77	10918	214	733	2424	28252			810	40718	13098	24355		
芬兰	1	253							188	2041	213	2504		
波兰					5	344			70	595				
俄罗斯											35	944		

国家及地区	其他电子乐器		八音盒		乐器用弦		钢琴零配件		弦乐器零配件		电子乐器零配件		节拍器、音叉	
	数量	金额	重量	金额	重量	金额	重量	金额	重量	金额	重量	金额	重量	金额
奥地利					2372	254062	88	1051	21	1019				
匈牙利														
塞尔维亚									2	240				
罗马尼亚														
保加利亚									141	5050				
土耳其														
爱沙尼亚														
克罗地亚	1	253												
斯洛文尼亚									334	6085				
捷克					6	430			26	3498	20	324		
斯洛伐克					15	1914			49	306	10	327		
加拿大					55	638			1723	27468	384	3938		
美国	302	23516	184	39921	1500646	1038985	28383	16206	15399	156654	119695	685240	971	13323
墨西哥					17276	120095			79	1022	265	4318		
伯利兹														
特里尼达与多巴哥														
委内瑞拉														
秘鲁														
玻利维亚														
智利														
巴西					16	4340			171	45334				
阿根廷														
埃及														
塞内加尔														
几内亚														
科特迪瓦														
加纳														
马里														
南非														
澳大利亚									29	249	57	833		
新西兰											28	716		
总计	75518	994937	674812	305615	224631	1919195	2651509	1309923	394189	1033854	2153413	2457069	67238	367905

海外信息篇之五：各国乐器市场概述

2011年各国乐器市场概述

【编者按：美国国际音乐制品协会发布《2012 NAMM全球乐器报告》，报告较为全面回顾总结了2011年世界主要国家（以字母为序）乐器行业发展概况，敬请关注。】

（注：本文图表中，数据单位K：千；M：百万。）

阿根廷

去年阿根廷乐器行业取得了积极进展，但由于影响进出口的政策出现变化，致使积极进展预计难以继续下去。以下是由美国驻布宜诺斯艾利斯的大使馆总结的阿根廷当前控制进口的五个程序性措施：

阿根廷控制进口的五个程序性措施

阿根廷仍然是美国向拉丁美洲出口的主要市场。但是，因为阿根廷政府实施了更多的管制程序，阿根廷进口商要想向国内进口货物必须完成这些管制程序，最近所有国家向阿根廷出口货物都受到了控制，变得更加困难。本报告总结了阿根廷政府的若干管制措施，美国公司要想进入阿根廷市场，不得不重视上述管制措施。对于拟向阿根廷出口货物的准出口商们来说，重要的是必须确认他们的阿根廷客户已经满足以下条件：一）获得必须的进口许可证；二）必要情况下，获得非自动进口许可证；三）取得购买外汇的许可，以便在将进口货物运到阿根廷之前支付货款。

措施一：进口许可证的申请程序

自2012年2月1日起，阿根廷要求所有进口商必须向阿根廷税务与海关总局（Argentine Tax and Customs Authority）提出申请并获得批准从海外进口产品。每项进口交易都要求提供一份《进口意向保证书》（DJAI），该保证书需经阿根廷税务与海关总局进行审查。申请程序的时间规定为15日，但许多申请因为审查的原因而被无限期延迟。阿根廷公司或个人如果没有海关代理公司执照来处理自己的进口业务，必须聘请阿根廷海关代理公司，通过名为MARIA的在线海关系统来进行《进口意向保证书》的备案。申请进口的商品必须在阿根廷税务与海关总局在《进口意向保证书》上签署“Salida”（意即批准进口）后180日内到达阿根廷。欲了解有关《进口意向保证书》的详细信息，请访问以下网站：

http://www.buyusainfo.net/docs/x_9655141.pdf

措施二：非自动进口许可证的申请程序

阿根廷政府要求许多进口产品必须获得非自动进口许可证才能进入该国。2011年，需要非自动进口许可证（NAIL）的商品清单上的货物由400种扩大到598种（按海关《协调编码制度》分类）。对阿根廷进口商来说，长时间的延迟再普通不过了，因为他们在出口商运输货物之前，必须向阿根廷经济与生产部提供详细的申请资料并获得批准。一旦拿到非自动进口许可证，它的有效期只有60天。欲了解申请非自动进口许可证的详细信息，请访问以下网站：

http://export.gov/argentina/doingbusinessinargentina/exportingtoargentina/index.asp

措施三：购买美元的申请

为维护外汇储备，阿根廷政府开始极大地限制向在海外提供服务的外国公司汇寄或支付服务款项，或购买外汇支付进口货款。2011年10月，AFIP

实施了一项管制措施，要求在用阿根廷比索购买美元或其它外汇前必须先提出申请。2012年2月1日实施这项措施之后，要求在进口货物之前需向DJAI进行备案。因此，进口公司在获得购买外汇许可权和购买外汇支付进口货款之前，必须向AFIP提供DJAI。AFIP将根据个人或公司的收入情况、申请购买外汇的数额、以及外汇的使用目的等，对每份申请进行评估。这项评估程序最近变得更加严格，有更多的公司报告称他们无法从AFIP取得所需的购买外汇许可权。

2011年10月27日，阿根廷保险监管机构发布了36.162号决议，要求"在当地注册的那些控制所有投资和现金等价物的保险公司必须位于阿根廷国内"，包括在国外以美元名义购买的政府债券。出口货物的硬通货收入（包括货物收入与服务收入）必须在当地外汇市场转换成在阿根廷比索。2011年11月，阿根廷政府取消了以前向碳氢化合物和采矿业出口产品发放的例外规定。上述公司现在必须将他们的收入在当地外汇市场上转换成比索。对于临时进口产品的再出口或向阿根廷外贸区出口产品所得的收入则不适用上述要求。在阿根廷国内购买美元的困难有日益增大的趋势，因为阿根廷政府努力想使国民"使用比索"。关于外汇管制的详细信息，请参阅年度报告《国家商业指南－阿根廷》一文中的"投资环境陈述"一章，网址如下：
http://export.gov/argentina/doingbusinessinargentina/argentinacountrycommercialguide/investmentclimate/index.asp

措施四：其它信息及海关要求

进口时，某些产品（例如如书籍、电子产品和玩具）要求进行额外检查或测试。上述要求变换频繁，因此建议出口商把可能延迟的运货时间和销售价格计算在内。如欲了解当前措施的更新情况，请与美国商业服务中心（U.S. Commercial Service）联系。另外，2012年3月20日，AFIP第3304号决议生效，该项决议对进口货物的检验、补助和检查引入新的要求。由于用于执行进口货物检查新制度的许多程序尚不清楚，一旦第3304号决议的执行详细完全清楚后，驻阿根廷布宜诺斯艾利斯的美国商业服务机构将在其网站的"出口到阿根廷"栏目中贴出专门的文件，以记录第3304号决议的执行情况，网站地址如下：
http://export.gov/argentina/doingbusinessinargentina/exportingtoargentina/index.asp.

措施五：非官方障碍

在美国驻阿根廷大使馆联系人的报告、阿根廷媒体的报道中以及世界贸易组织理事会（WTO Council for Trade in Goods）联合声明中所引用内容的另一个关注点是，阿根廷政府为平衡其进口货物，要求进口商必须出口同一金额的出口货物。这项政策旨在增加阿根廷的贸易盈余，平衡阿根廷银行的外汇流。

还有一个广泛报道，称金融机构所使用的比索对美元的官方汇率与黑市中的汇率具有很大差别，即存在黑市汇率。由于报道称黑市汇率为官方汇率的140%左右。出口商可能发现很难找到阿根廷买家，这是绝大多数阿根廷人在以官方汇率兑换外汇时面临的困难。

在阿根廷做生产的其它信息，参见以下网址：
http://export.gov/argentina/doingbusinessinargentina/index.asp

下表是根据从国际贸易中心（ITC）网站上的进出口数据制作的。由美国驻阿根廷布宜诺斯艾利斯大使馆进行评论。

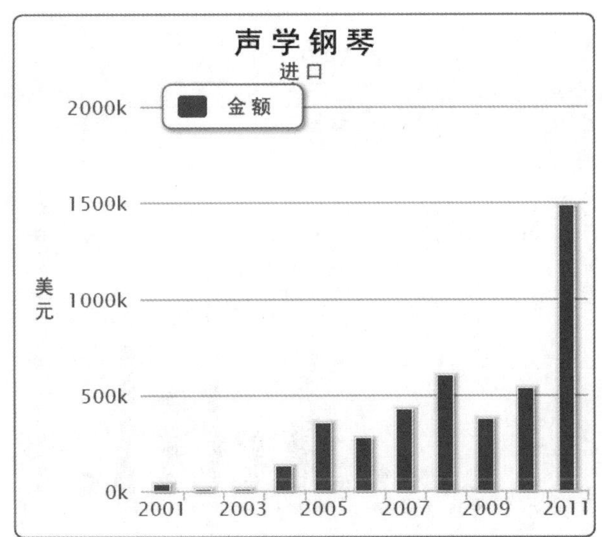
声学钢琴
进口
金额
2000k
1500k
1000k
500k
0k
美元
2001
2003
2005
2007
2009
2011

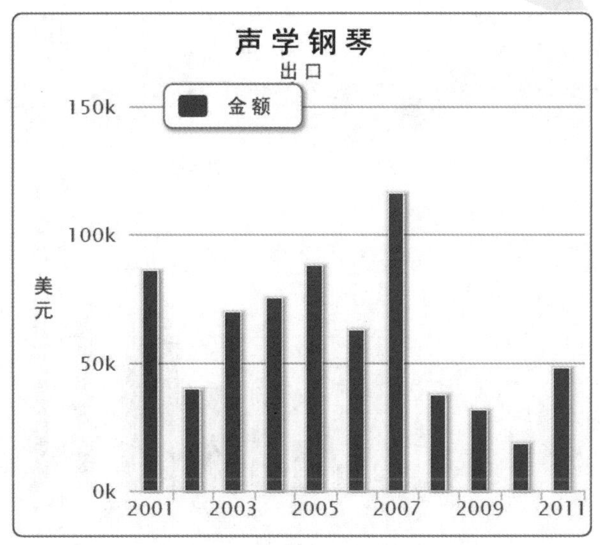
声学钢琴
出口
金额
150k
100k
50k
0k
美元
2001
2003
2005
2007
2009
2011

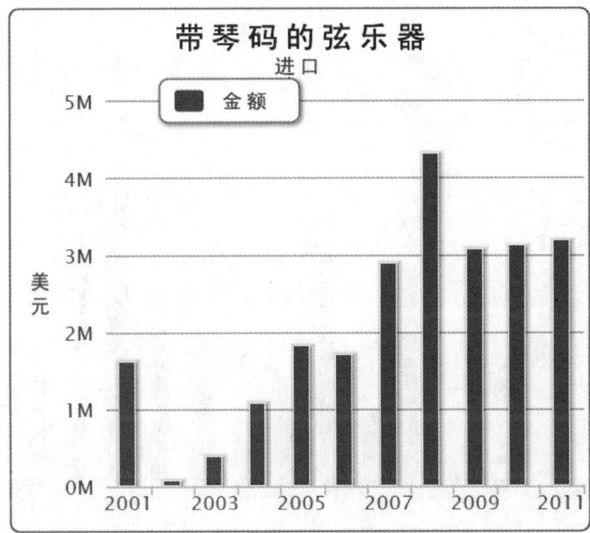
带琴码的弦乐器
进口
金额
5M
4M
3M
2M
1M
0M
美元
2001
2003
2005
2007
2009
2011

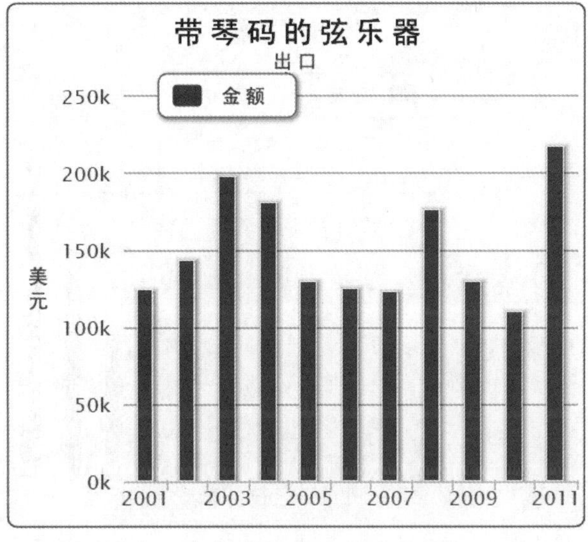
带琴码的弦乐器
出口
金额
250k
200k
150k
100k
50k
0k
美元
2001
2003
2005
2007
2009
2011

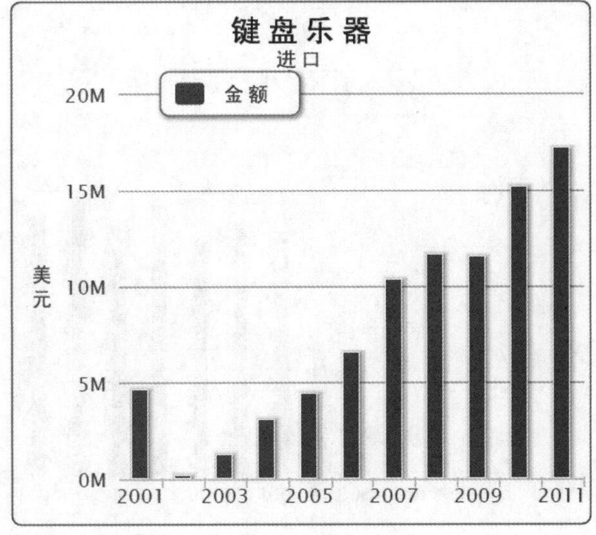
键盘乐器
进口
金额
20M
15M
10M
5M
0M
美元
2001
2003
2005
2007
2009
2011

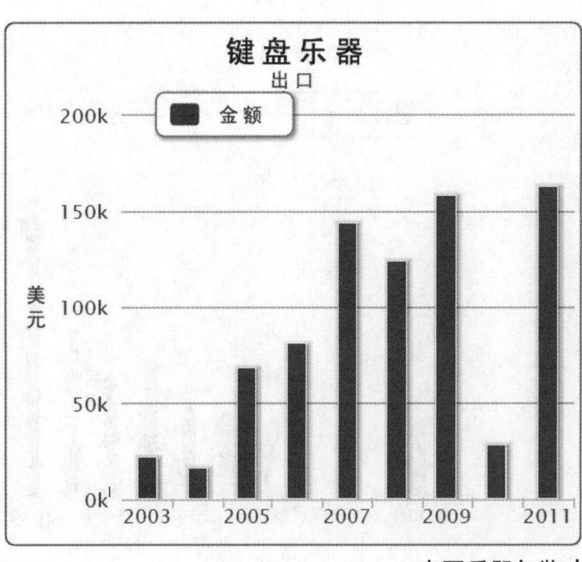
键盘乐器
出口
金额
200k
150k
100k
50k
0k
美元
2003
2005
2007
2009
2011

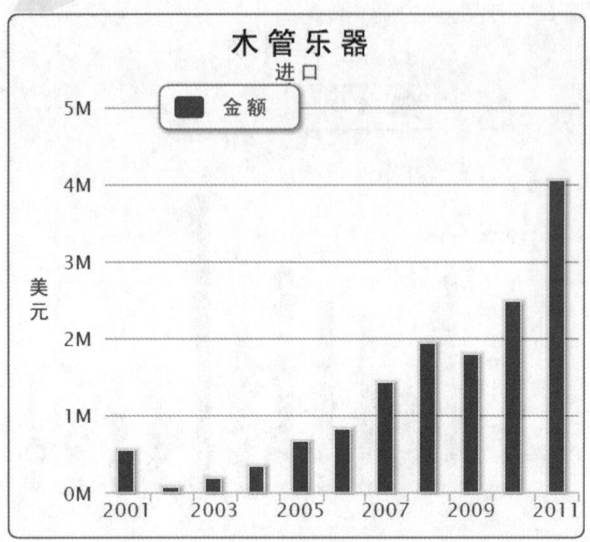
木管乐器
进口
金额
美元
5M
4M
3M
2M
1M
0M
2001
2003
2005
2007
2009
2011

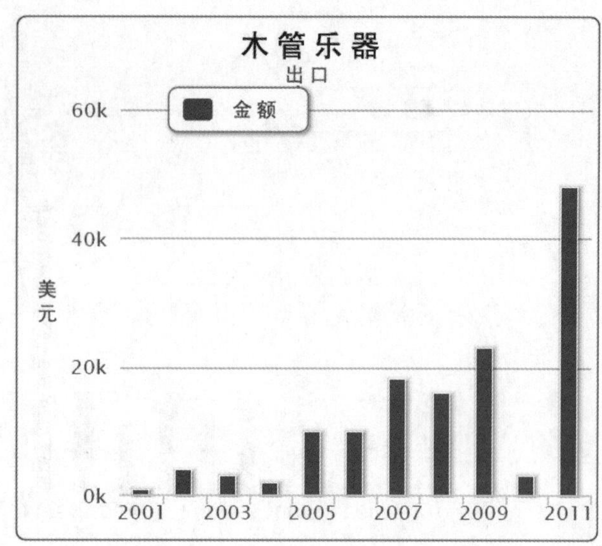
木管乐器
出口
金额
美元
60k
40k
20k
0k
2001
2003
2005
2007
2009
2011

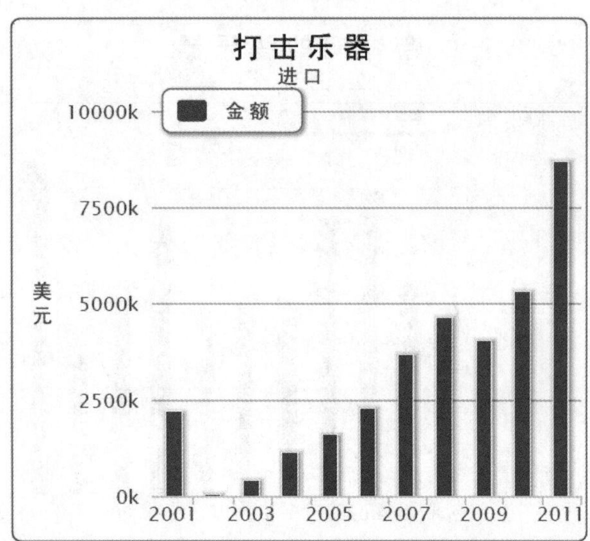
打击乐器
进口
金额
美元
10000k
7500k
5000k
2500k
0k
2001
2003
2005
2007
2009
2011

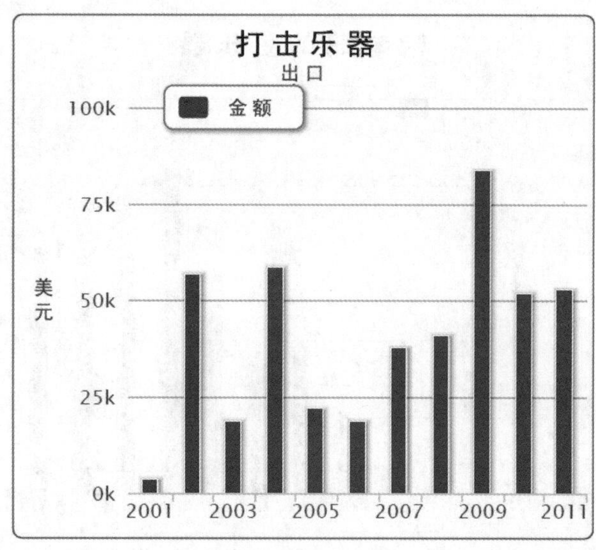
打击乐器
出口
金额
美元
100k
75k
50k
25k
0k
2001
2003
2005
2007
2009
2011

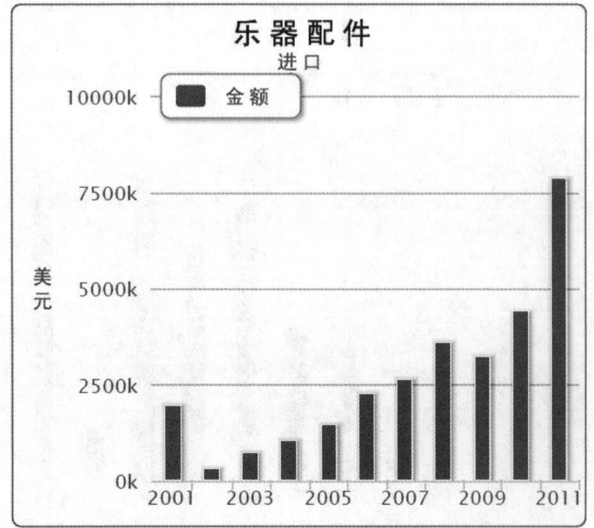
乐器配件
进口
金额
美元
10000k
7500k
5000k
2500k
0k
2001
2003
2005
2007
2009
2011

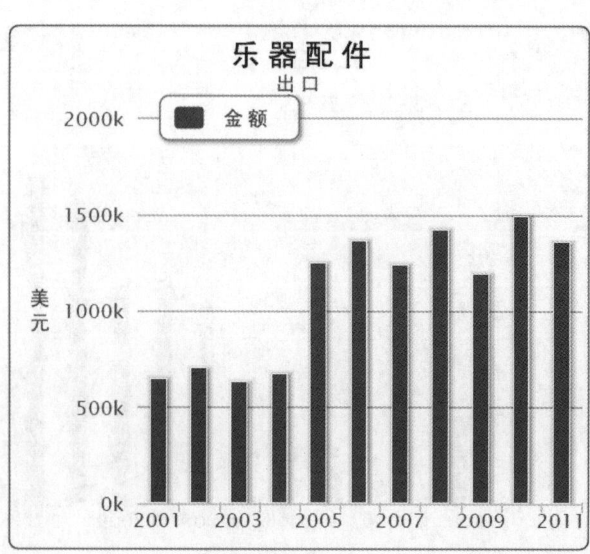
乐器配件
出口
金额
美元
2000k
1500k
1000k
500k
0k
2001
2003
2005
2007
2009
2011

澳大利亚

2011年澳大利亚进口下降，2011年最终进口结果更像是该行业在2004年行情的重现，比任何时候更象2004年：2011年数量降低14%，下降到1876000件（2004年，该数量为1877000件）。而进口金额降低3%，下降到22530万美元（回归到2004年的水平，2004年的进口金额为22290万美元）。现实是，过去18个月左右（2010年下半年进口行情也很差）这使该行业在过去七年的市场增长功亏一篑。

我们了解到，对北美和欧洲的许多同行来说，这也不是什么新鲜事，幸运的是，我们尽所能地维持了进口数量，并比其他许多市场维持的时间更长。对于澳大利亚来说，“上述现象是如何发生的？”答案很直接，人们停止了购买。但要回答“为什么”，则较为困难一些。

不管以何种方式度量，特别是用全球金融危机以后所采取的任何方式来度量，澳大利亚经济仍是健康发展，以我们的所见所闻，客户放弃购买的程度实在难以理解，特别是以传统标准来衡量的话，更难理解。仅举以下数据为例：

通货膨胀率：通货膨胀率维持在2.5%左右，并已逐步下降（尽管主要由于天气原因推动食品价格上升）。

失业率：失业率在5%左右徘徊，并在2011年年中以前出现下降。

利息率：尽管2011年利息率有所上升，然而澳大利亚储备银行利息率仍维持在4.25%以下，从历史上说还是很低的。

政府债务：与世界其它许多国家不同，澳大利亚政府债务维持在低水平（只有国内生产总值的9%）。全球金融危机之前，澳大利亚政府具有很大的盈余。政府计划在2012年至2013年度实现预算盈余。

外汇汇率：自从三十年前澳元实现浮动汇率之后，澳元的国际购买力比任何时候都大。总体来说，这意味着客户可以以较低价格进口货物，比如乐器。

正常情况下，上述经济环境将给予客户积极信心，但2011年情况不同，客户对市场信心大跌。关于澳大利亚客户出现什么问题的牵强解释如下：

澳大利亚错过了全球性深度经济萧条。由于躲过了这一枪，作为一个社会，我们似乎放大了大家对救援的集体惋惜；但结果呢，我们还必须更加慎重地考虑金融风险。在全球金融危机中，政府鼓励我们多花费；但是，现在面临像希腊、爱尔兰、意大利和西班牙国内金融政策失败的威胁，以及美元复苏的困境，我们不愿意再大肆挥霍。结果，澳大利亚居民的存款是以往的10倍。考虑到存得越多，就意味着花得相应越少，这就是我们的零售业务出现困境的核心原因。

失去信心不仅仅是国际问题的影响。做为一个国家，我们也对政府失去了信心。中心问题是我们在2007年换了三个首相（包括在政党‘政变’被解职的一位）。总体来说，新首相和她的内阁并不是太受人们支持，也不受反对党领导的欢迎。因此我们觉得这种选择实际上是根本没有选择，只是吞噬了社会的信心。

除此之外的另一个原因是大量新的税费，包括烟尘排放税、对采矿业征收的新税种，加上养老金计划和医疗保健计划所征收税金的改变。总之，（经济）环境的不稳定性和不确定性，是澳大利亚所从未经历过的。

所有这些都对零售业环境（包括乐器行业）产生影响，因而绝大多数零售行业面临与乐器产品类似的问题。结果是只有很少几个乐器产品在2011年保持了增长的记录。但这些产品并不包括电子琴、铜管乐器、吉它和声音模块，这些几乎都不是乐器行业中被视为支柱产品的乐器。

通过对比，过去一年中受影响最大的乐器产品为吉它（下降5%，以数量计）、打击乐器（下降将近30%，以数量计）、弦乐器（下降15%）和扩音设备（下降了近8%）。这些主要乐器产品的销售损失使得进口乐器产品的数量比2009年的高峰时期下降了19%，进口额降低了12%。总之，在不到24个月的时间内，乐器进口数量减少了400000件，创下了记录，要想达到预期的零售额，还存在2200万美元或5500万美元左右的差额。

上述销售损失的绝大部分源于客户缺乏消费信心和客户储蓄的增加。然而，另外还有一个主要原因就是增加了对国内产业的影响。由客户直接从海外购买的货物数量巨大，这是由于美元的价值走高而导致了这种购买方式。但是，还有其它一些因素也有影响。在一个人口有2200万的国度里，一件从澳大利亚分销商处专门订购的产品很可能在美国位于存货供给线上。

从客户角度看，这种做法可以极大降低成本，因为这些进口货物不征收产品与服务税，通过快递服务商UPS、Fedex和DHL快递货物的国际运输费用的费率也比从墨尔本或悉尼运送货物的国内运输费用费率低很多。

由澳大利亚分销商进口的货物还要征收数量很大的成本费用，而当以消费者进口上述货物时是不征收上述费用的。上述的产品与服务税还要加上10%的关税，以及与担保、运输、遵守电磁产品规范和消费者保护相关的各种费用，不一而足。本地商业（包括所有零售行业）承受着巨大的价格劣势。结果，从分销商到零售商的销售渠道正承受着压力。这也是乐器产品所面临的压力，本地零售商在市场上维护信誉变得有些困难。澳大利亚政府对零售业务的审查还没有发生任何改变，但控制无法控制的事情是非常困难的。

此时，业务部门的压力主要来自于消费者信心的丧失，消费者倾向于储蓄而不是消费。但是，在未来的某个时候，消费者的信心将恢复，消费者也会打开他们的钱包。

然后，我们将见证澳大利亚乐器零售行业最好的重组在未来获得成功，以及在全球化的零售行业中获得成功。这便是国内乐器行业所面临的持续性挑战：全球化零售业务新的客户模式在几十年后才能形成。这就需要有新的零售结构和新的思维。价格、物流和供应链管理、评定和服务成为有外来竞争者（不是当地竞争者，甚至不是来自于同一大陆，而是来自世界任何地方）参与的环境中取得成功的关键因素。

下表是在澳大利亚统计局（ABS）和澳大利亚乐器协会（AMA）所收集进口数据的基础上绘制的。评注者：澳大利亚乐器协会执行官Ian Harvey。

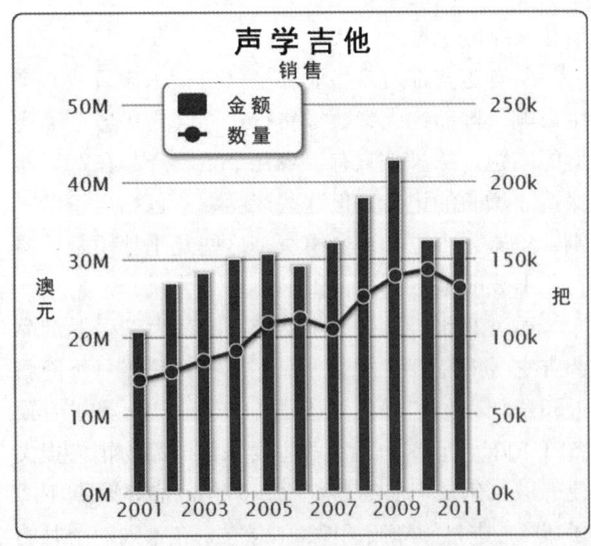

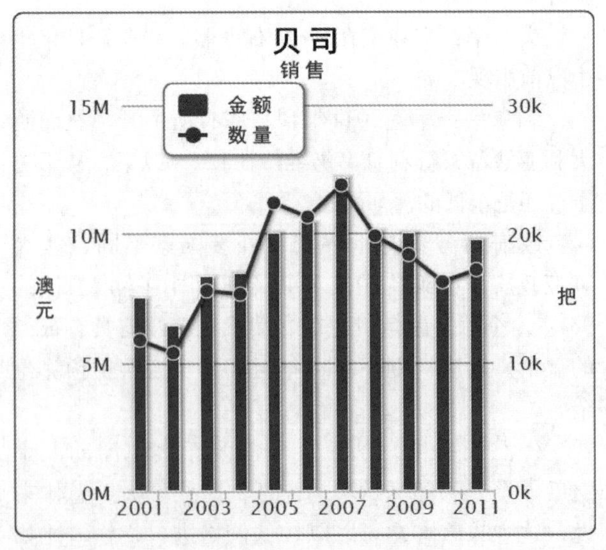

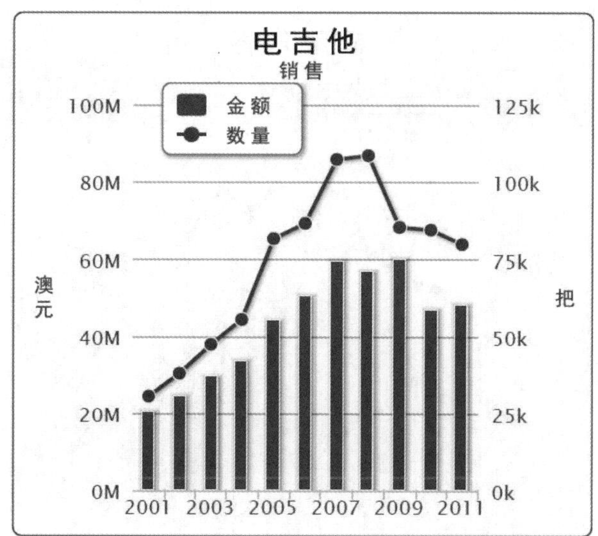
电吉他
销售
金额
数量
100M
80M
60M
40M
20M
0M
澳元
125k
100k
75k
50k
25k
0k
把
2001 2003 2005 2007 2009 2011

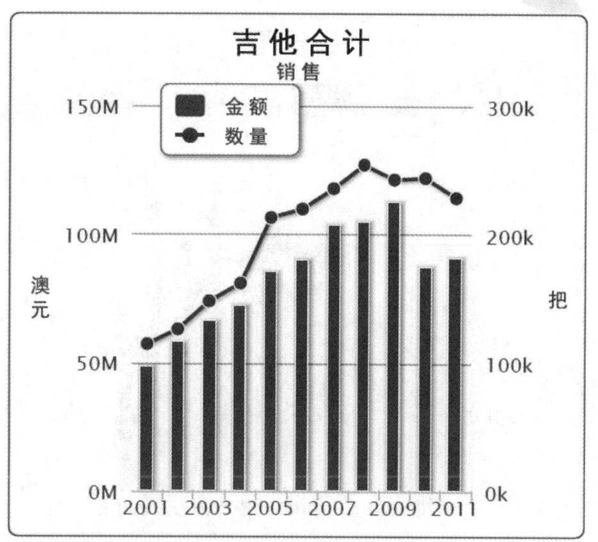
吉他合计
销售
金额
数量
150M
100M
50M
0M
澳元
300k
200k
100k
0k
把
2001 2003 2005 2007 2009 2011

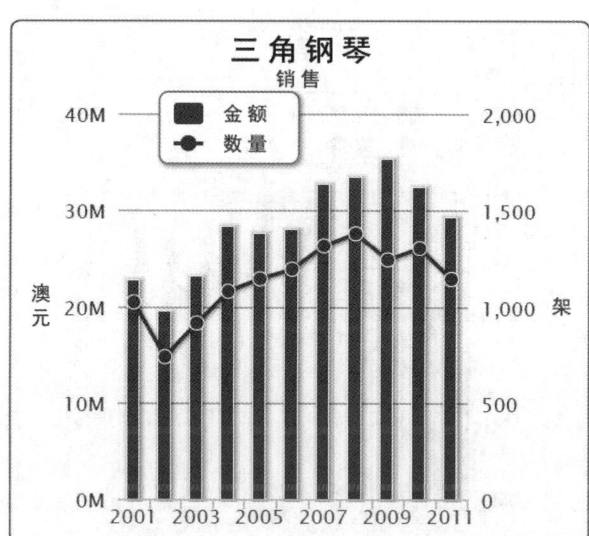
三角钢琴
销售
金额
数量
40M
30M
20M
10M
0M
澳元
2,000
1,500
1,000
500
0
架
2001 2003 2005 2007 2009 2011

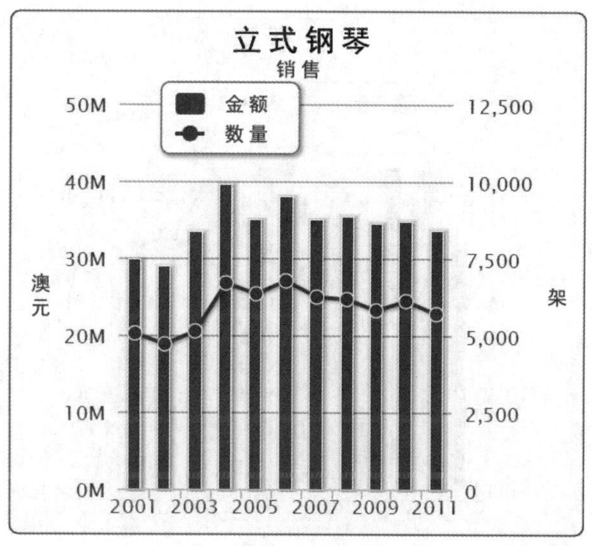
立式钢琴
销售
金额
数量
50M
40M
30M
20M
10M
0M
澳元
12,500
10,000
7,500
5,000
2,500
0
架
2001 2003 2005 2007 2009 2011

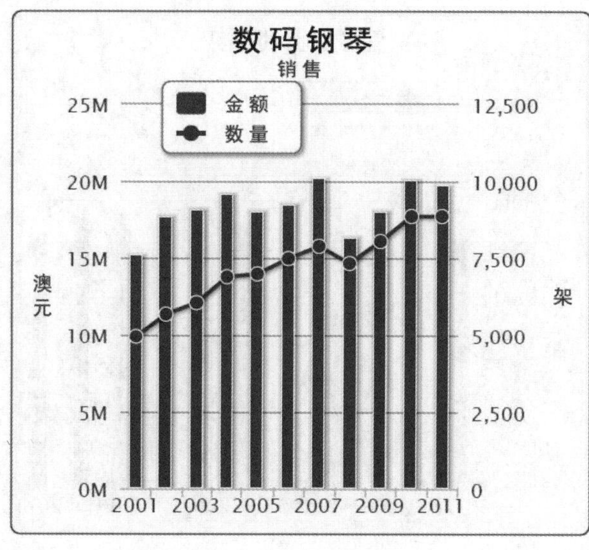
数码钢琴
销售
金额
数量
25M
20M
15M
10M
5M
0M
澳元
12,500
10,000
7,500
5,000
2,500
0
架
2001 2003 2005 2007 2009 2011

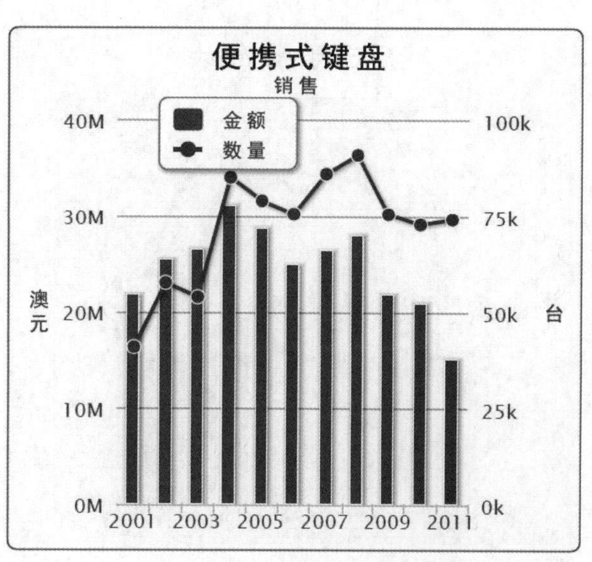
便携式键盘
销售
金额
数量
40M
30M
20M
10M
0M
澳元
100k
75k
50k
25k
0k
台
2001 2003 2005 2007 2009 2011

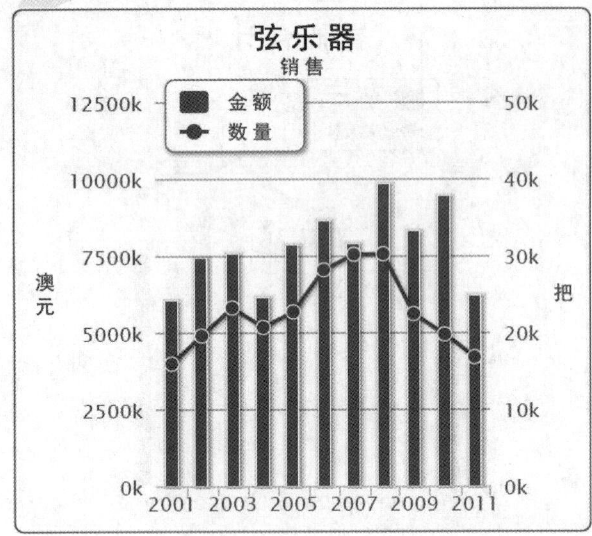
弦乐器
销售
金额
数量
12500k
10000k
7500k
5000k
2500k
0k
50k
40k
30k
20k
10k
0k
澳元
把
2001 2003 2005 2007 2009 2011

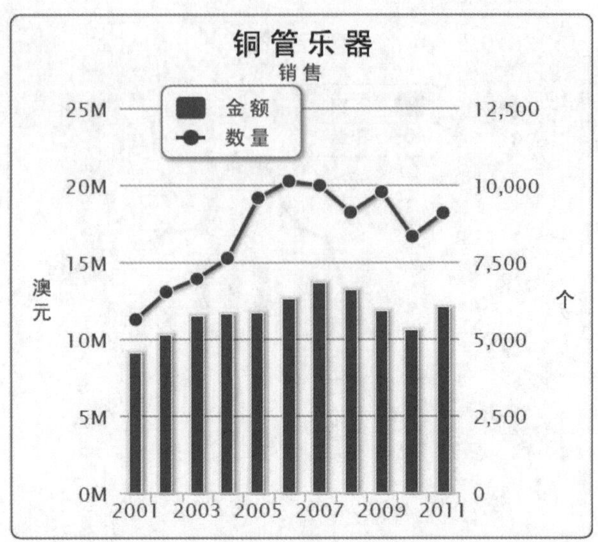
铜管乐器
销售
金额
数量
25M
20M
15M
10M
5M
0M
12,500
10,000
7,500
5,000
2,500
0
澳元
个
2001 2003 2005 2007 2009 2011

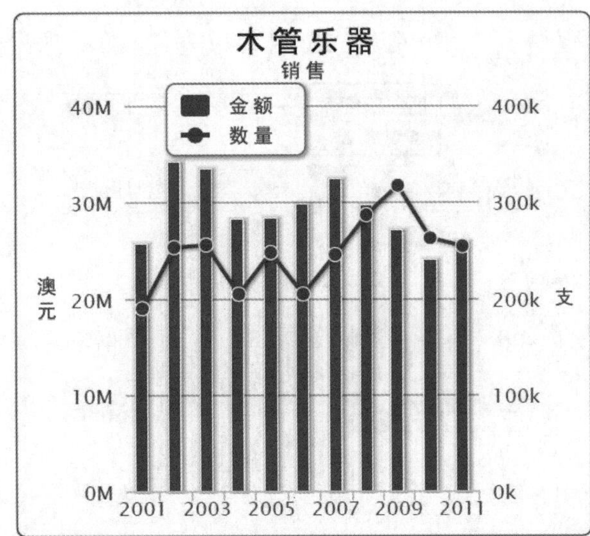
木管乐器
销售
金额
数量
40M
30M
20M
10M
0M
400k
300k
200k
100k
0k
澳元
支
2001 2003 2005 2007 2009 2011

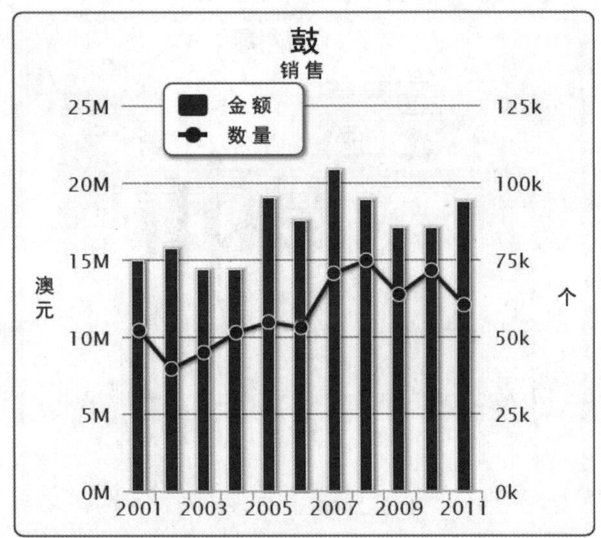
鼓
销售
金额
数量
25M
20M
15M
10M
5M
0M
125k
100k
75k
50k
25k
0k
澳元
个
2001 2003 2005 2007 2009 2011

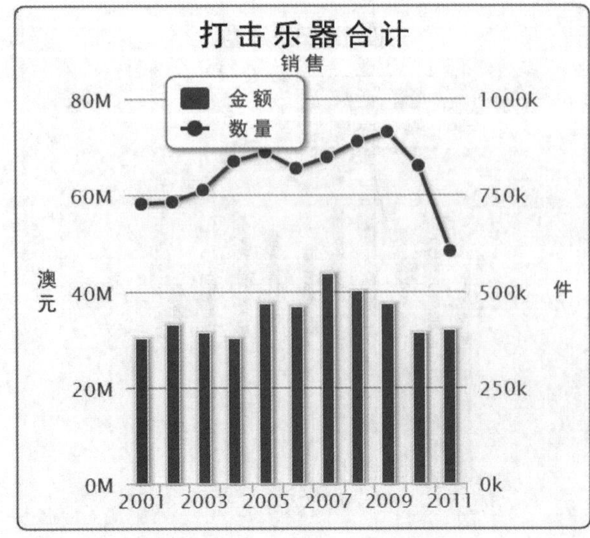
打击乐器合计
销售
金额
数量
80M
60M
40M
20M
0M
1000k
750k
500k
250k
0k
澳元
件
2001 2003 2005 2007 2009 2011

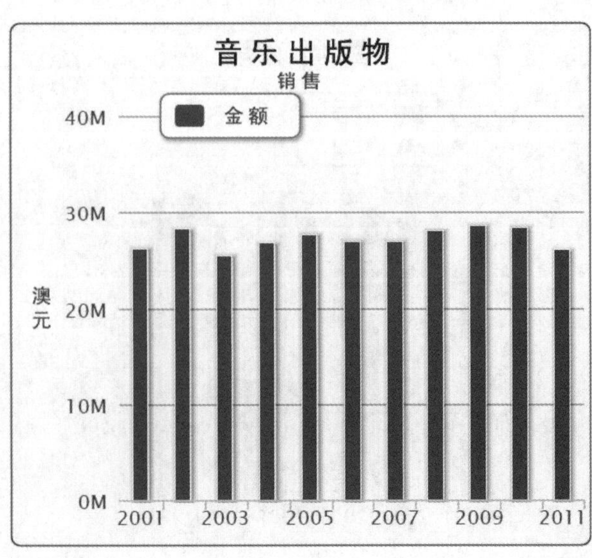
音乐出版物
销售
金额
40M
30M
20M
10M
0M
澳元
2001 2003 2005 2007 2009 2011

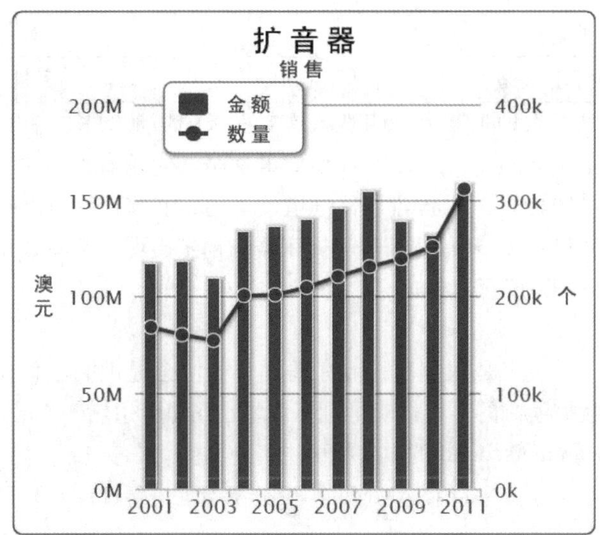

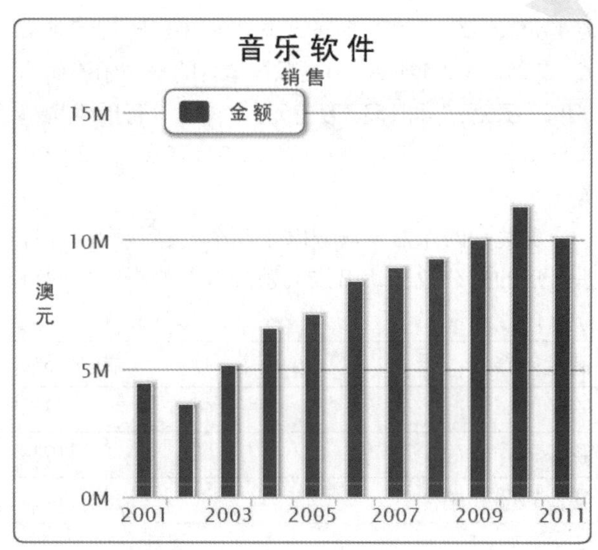

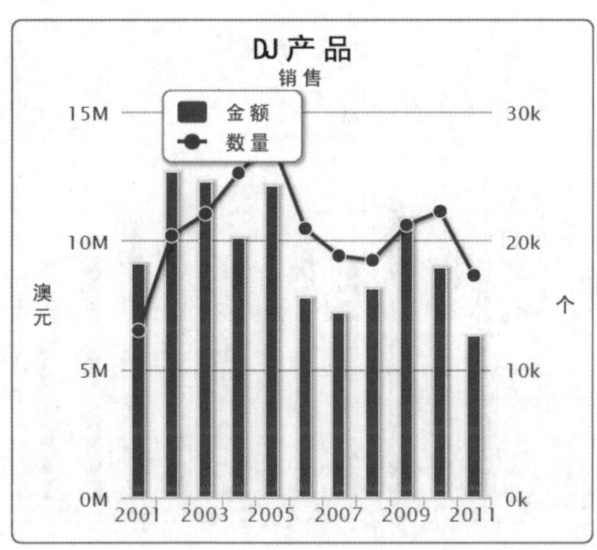

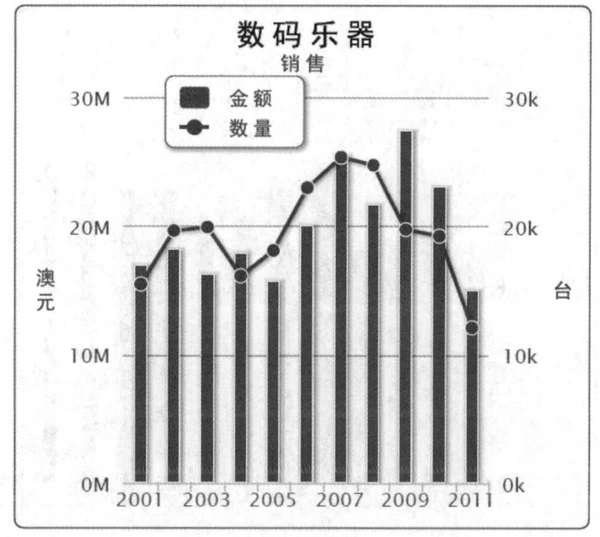

奥地利

报道称奥地利乐器市场连续六年实现了销售增长。2010年总销售额为11120万欧元（14900万美元），比2009年增长了2%。但是，销售额的些许增长并不足以阻止名品琴行的关闭。在第三个年头，音乐琴行的总量有稍许下降，2010年有8家音乐琴行倒闭。音乐琴行的总数下降到217家。一个积极的迹象是，员工总数量从2009年的652人增加到2010年的667人，增加了2%。

奥地利乐器琴行分为三类：A类乐器琴行占总量的16%，年销售额超过110万欧元（148万美元）。B类乐器琴行占总数的14%，年销售额在35万到110万欧元之间（46.9万至148万美元之间）。最后，C类琴行占乐器琴行总量的70%，年销售额不到35万欧元（46.9万美元）。

2010年每个乐器琴行的平均年销售额为49.3万欧元（66.1万美元），比2009年增长1.9%。A、B类乐器琴行的平均年销售额为112.67万欧元（151万美元），C类琴行的平均年销售额为21.46万欧元（28.6

万美元）。A、B类琴行的平均年销售额比2009年增长了2.2%（2009年A、B类乐器琴行的平均销售额为110.29万欧元，即153.3万美元）。C类琴行的平均销售额增长2.1%，平均销售额为21.025万欧元（29.2万美元）。

奥地利的乐器市场分以下几个产品种类（每种乐器后的百分数反映出该类乐器店占整个市场的百分比）。

键盘乐器	33%
管乐器	23%
弦乐器	17%
其他乐器和辅件	11%
扩音产品	9%
打击乐器	7%

以上六种乐器中，四类乐器实现了销售量增长。打击乐器的增长最大，为9%；其次是其它乐器和辅件（增长8%）、键盘乐器（增长3%）和扩音产品（增长1%），只有弦乐器和管乐器的销量出现了下降，分别下降了2%和1%。

下表是根据奥地利乐器零售商协会提供的零售数据绘制的。根据奥地利乐器零售商协会主席Otmar Hammerschmidt的零售摘要进行解释。

（由NAMM的研究分析专家进行评注。）

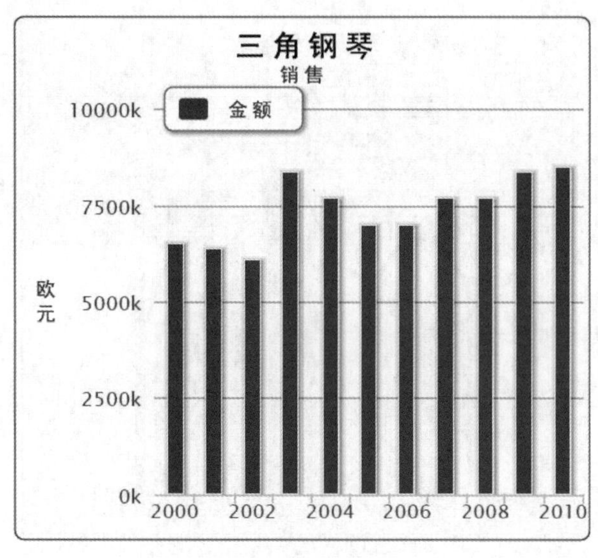

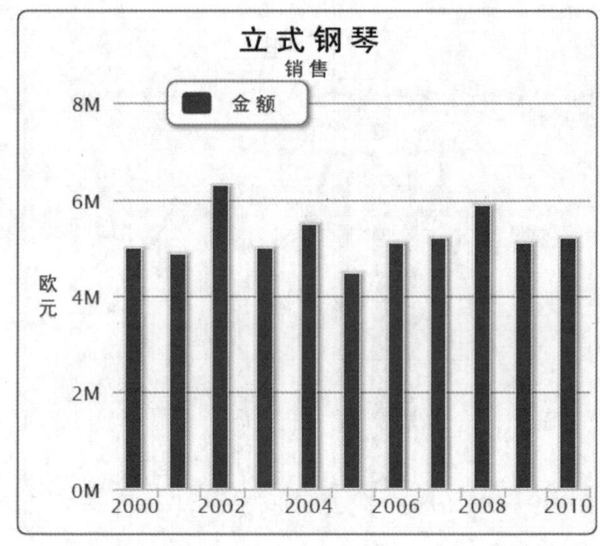

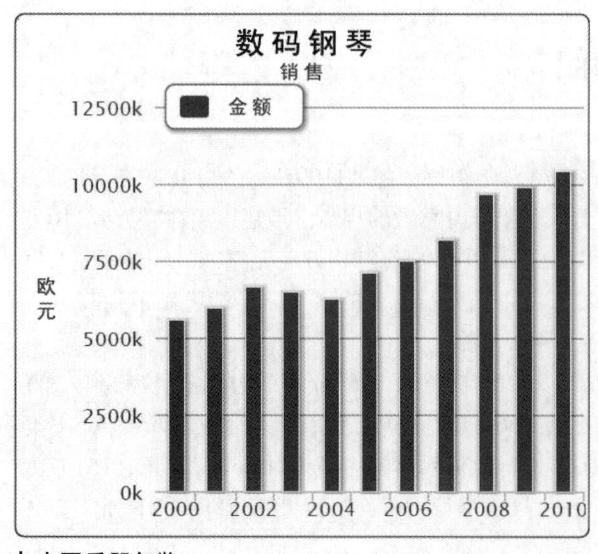

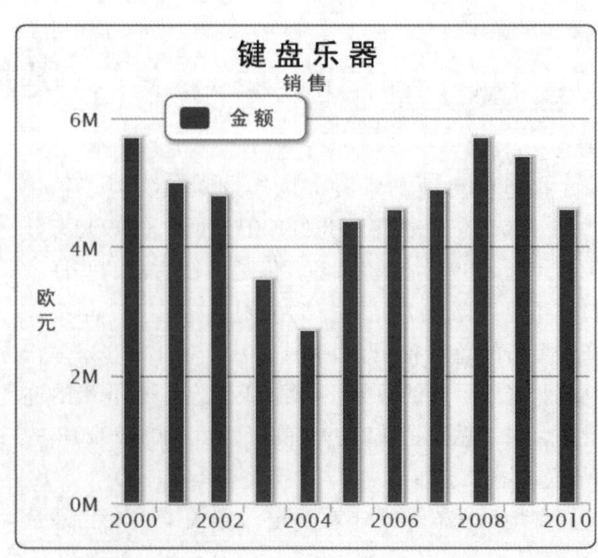

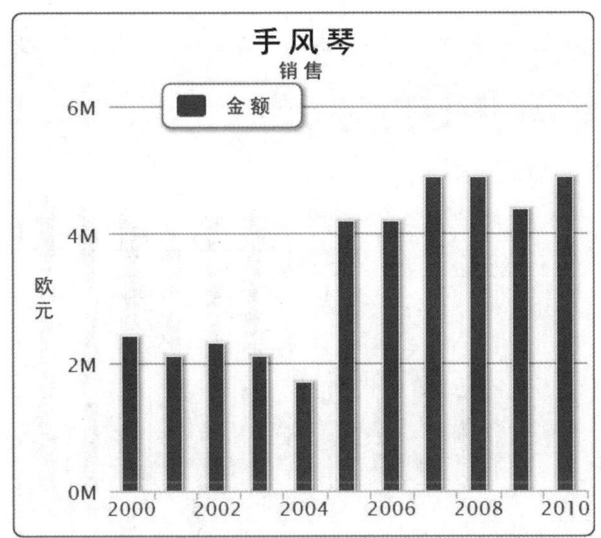
手风琴
销售
金额
欧元
6M
4M
2M
0M
2000
2002
2004
2006
2008
2010

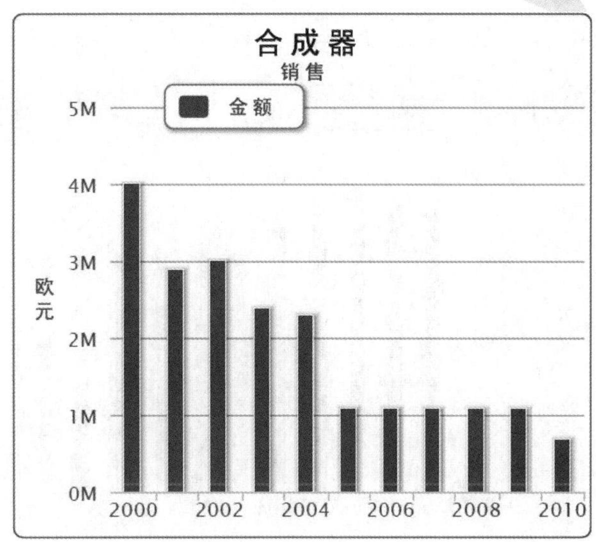
合成器
销售
金额
欧元
5M
4M
3M
2M
1M
0M
2000
2002
2004
2006
2008
2010

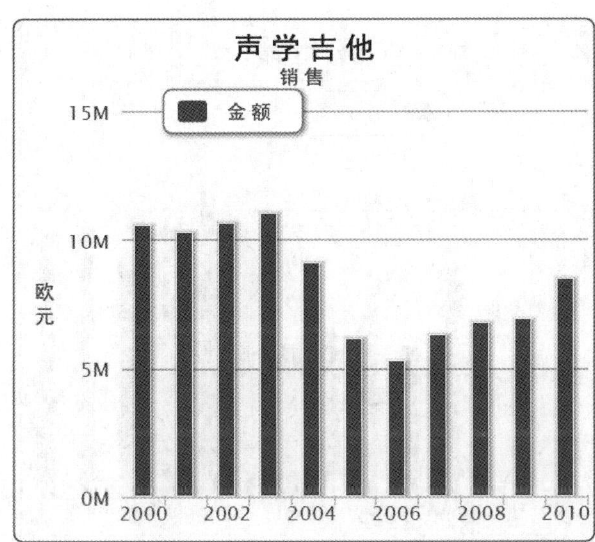
声学吉他
销售
金额
欧元
15M
10M
5M
0M
2000
2002
2004
2006
2008
2010

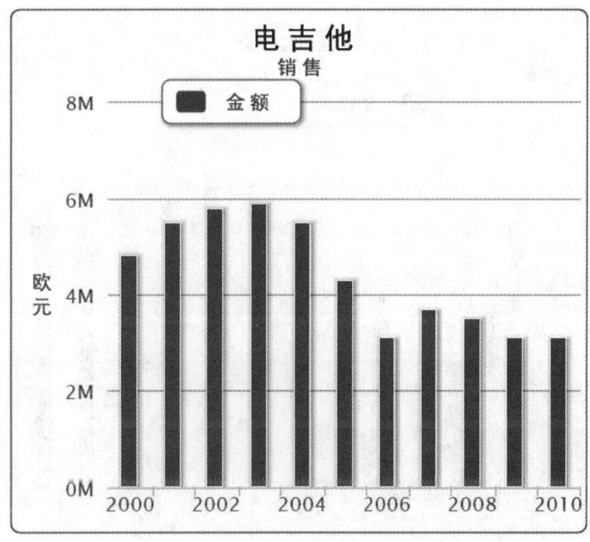
电吉他
销售
金额
欧元
8M
6M
4M
2M
0M
2000
2002
2004
2006
2008
2010

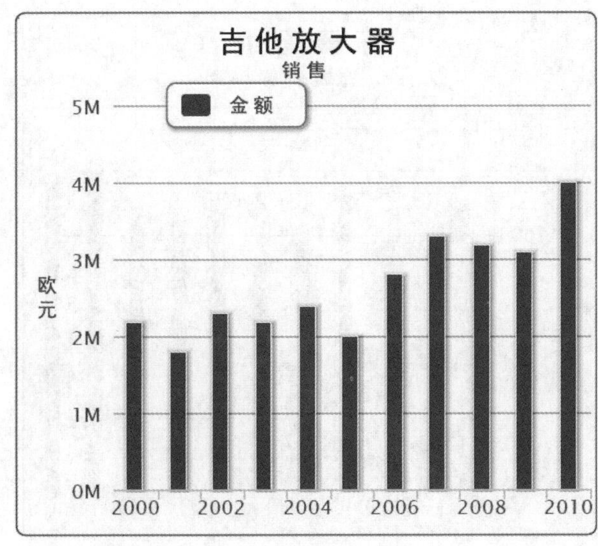
吉他放大器
销售
金额
欧元
5M
4M
3M
2M
1M
0M
2000
2002
2004
2006
2008
2010

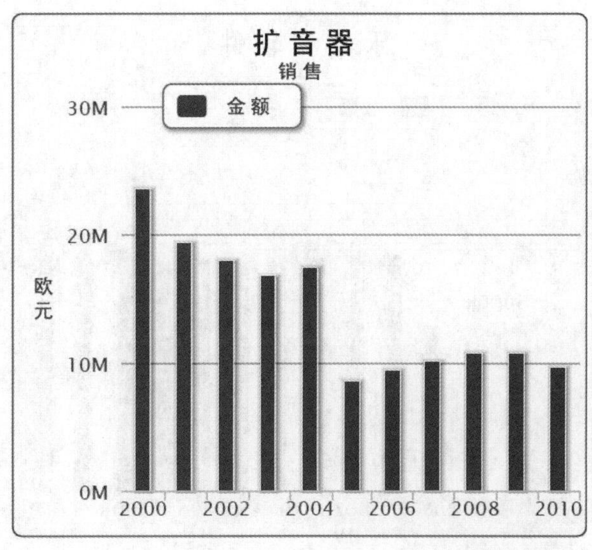
扩音器
销售
金额
欧元
30M
20M
10M
0M
2000
2002
2004
2006
2008
2010

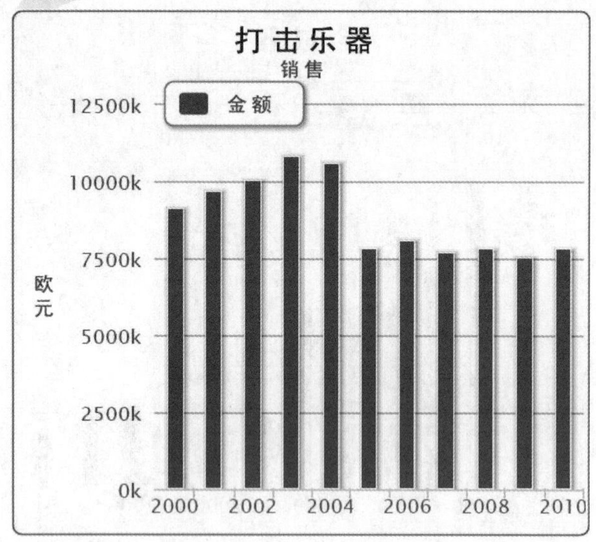
打击乐器
销售
金额
12500k
10000k
7500k
5000k
2500k
0k
欧元
2000
2002
2004
2006
2008
2010

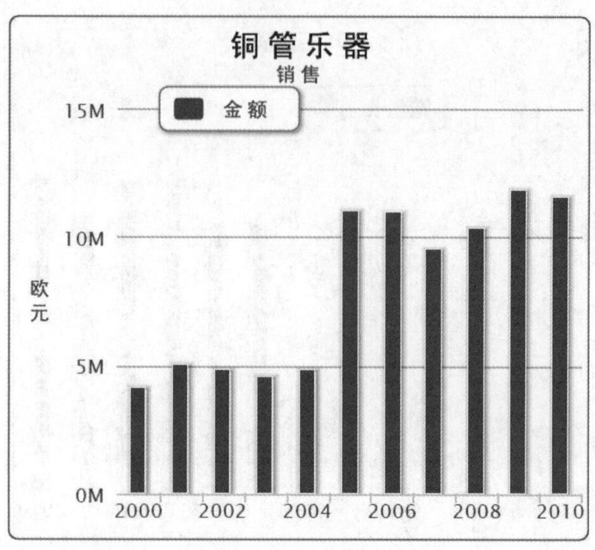
铜管乐器
销售
金额
15M
10M
5M
0M
欧元
2000
2002
2004
2006
2008
2010

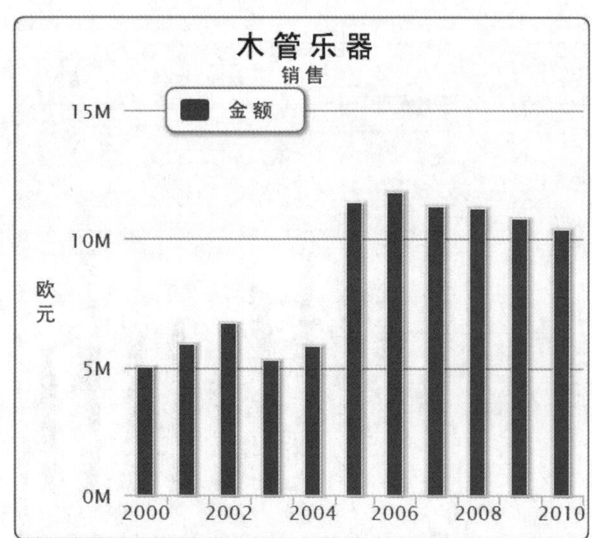
木管乐器
销售
金额
15M
10M
5M
0M
欧元
2000
2002
2004
2006
2008
2010

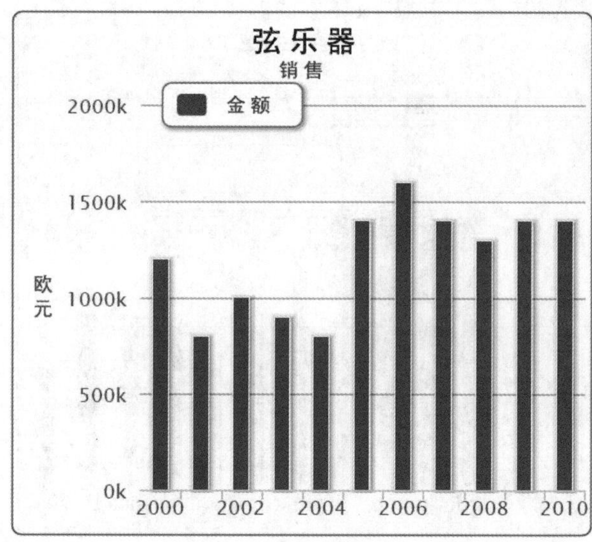
弦乐器
销售
金额
2000k
1500k
1000k
500k
0k
欧元
2000
2002
2004
2006
2008
2010

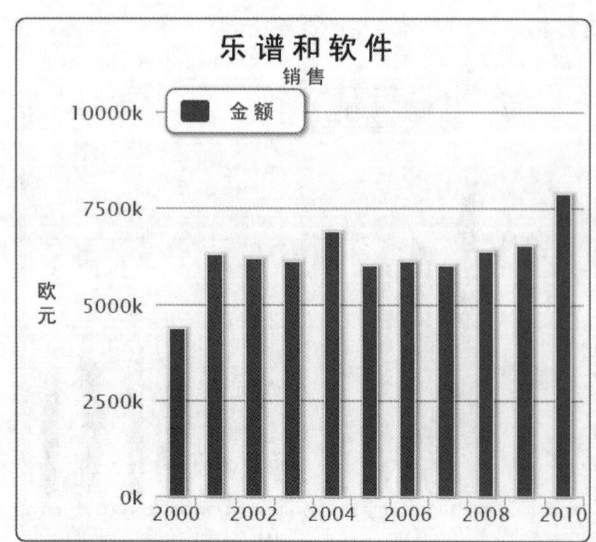
乐谱和软件
销售
金额
10000k
7500k
5000k
2500k
0k
欧元
2000
2002
2004
2006
2008
2010

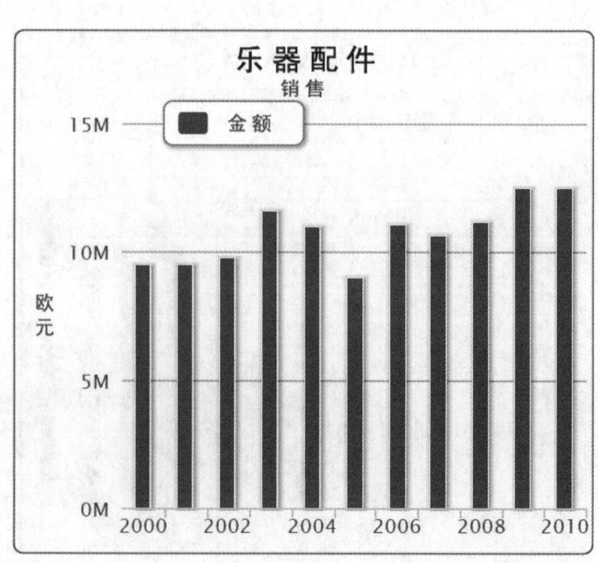
乐器配件
销售
金额
15M
10M
5M
0M
欧元
2000
2002
2004
2006
2008
2010

巴西

基础设施

当2008年发生金融危机时，许多全球性的大公司开始改变他们对发展中国家的看法。巴西也不例外，全球性的大公司开始向巴西的分销商施压，要求他们增加营销投资并产生更大需求。直到今天还是如此，这种情况同样也反映在库存设施和销售团队上。

《外交事务》杂志五月-六月期的一篇文章描述了2012年巴西的乐器市场。该篇文章的标题为“商品销售减速、神奇时刻结束”，总结了对商品消费的依赖程度。对于世界媒体来说，《外交事务》杂志在巴西全国有非常大的发行量。

城市集团（Citigroup）的首席分析师威勒姆•布提尔（Willem Buiter）在一篇关于巴西、中国、俄罗斯和印度等新兴市场的文章中这样写道：“世界经济增长的前景正在恶化，反映出欧元区的经济危机和新兴市场经济增长的减速”，他同时指出，该份报告重点关注2012年至2013年的市场前景。

2012年至2013年的发展趋势

2012年巴西零售业市场发生了显著的变化。随着国际市场（尤其是美洲市场）的发展趋势，巴西的主要连锁店在虚拟店铺方面投入了大量资金。由专业杂志《拉丁美洲乐器与市场》所做的调查表明，巴西42%的乐器商店称他们愿意在2012年和2013年对技术方面进行投资，以建立他们的在线乐器商店。

另一个因素是主要零售商持续的直接进口行为。这种直接的进口行为使他们在供应进口产品方面实现了自给自足，并且刺激了分销商和制造厂商们开始营建他们自己的销售店，从而能够扩展他们产品的分销活动。有理由相信这种模式在2013年及其后将会更好的确立起来。

对于零售商来说，产品价格也有所下降，使得乐器进口商在价格政策和提高竞争力方面获得有利的位置。

在过去的三年中，许多跨国公司多次评估在巴西开设子公司。另外，在专业乐器领域，除了在当地开设办事机构以外（尤其是美国公司与德国公司），已经成功完成了多次收购项目。

但是，对于许多外国公司来说，最大的障碍是不了解巴西的税务系统及零售规则。对于娱乐行业来说，这一点是千真万确的，在巴西举办奥运会和世界杯之前，还有许多障碍需要克服。

巴西利亚尔兑美元的汇率

自2012年1月起，巴西利亚尔贬值了20%。这种汇率变化也导致了零售商的发展出现了减速，同时在该国的分销商当中引入了一项新的价格政策。经济专家解释说，巴西利亚尔兑美元的最低汇率应当为一美元兑1.90利亚尔。

下表是根据巴西商业发展、工业和贸易局及巴西贸易部所提供的进口数据绘制的。由《拉丁美洲乐器与市场》杂志总裁进行评注。

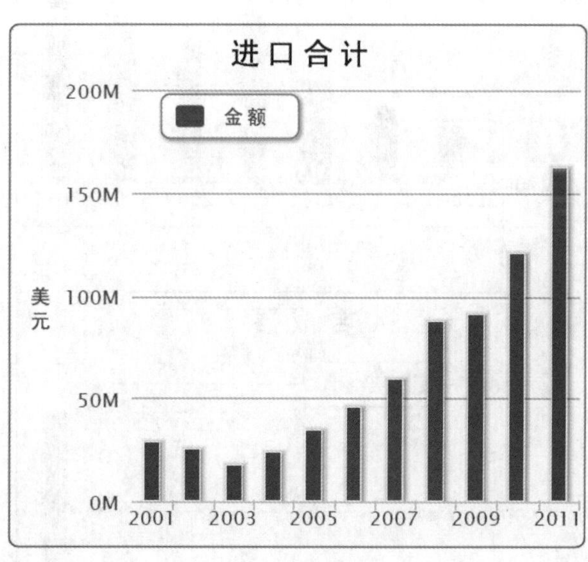

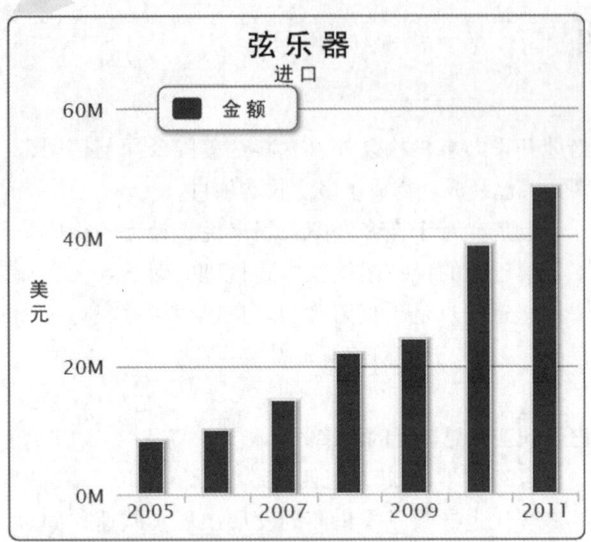
弦乐器
进口
金额
60M
40M
20M
0M
美元
2005
2007
2009
2011

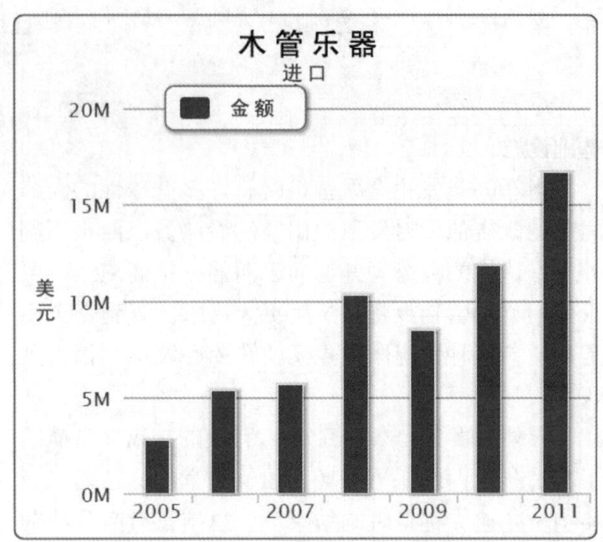
木管乐器
进口
金额
20M
15M
10M
5M
0M
美元
2005
2007
2009
2011

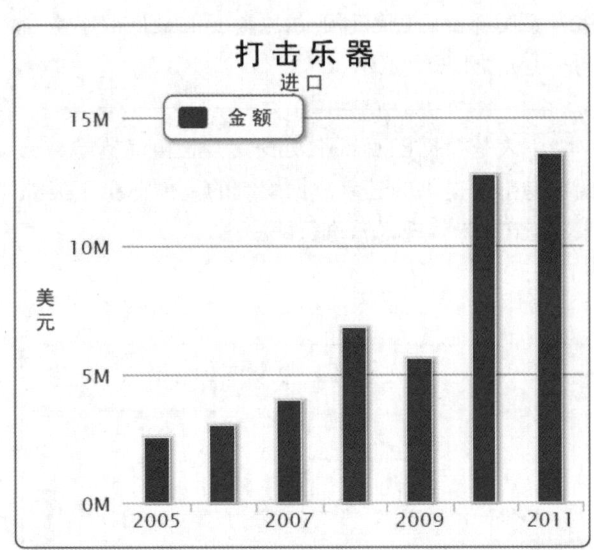
打击乐器
进口
金额
15M
10M
5M
0M
美元
2005
2007
2009
2011

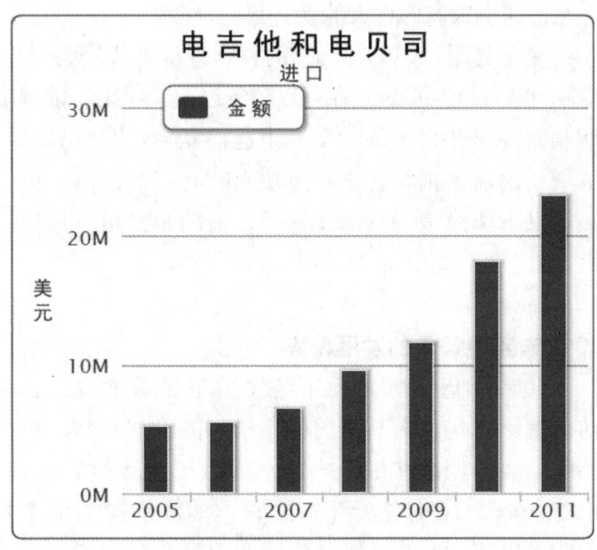
电吉他和电贝司
进口
金额
30M
20M
10M
0M
美元
2005
2007
2009
2011

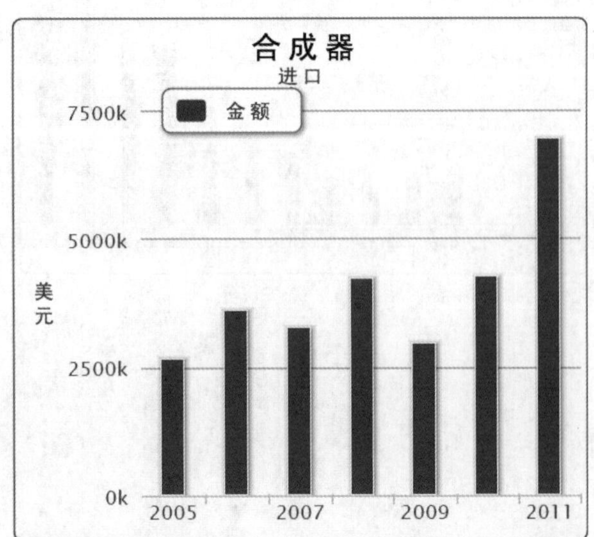
合成器
进口
金额
7500k
5000k
2500k
0k
美元
2005
2007
2009
2011

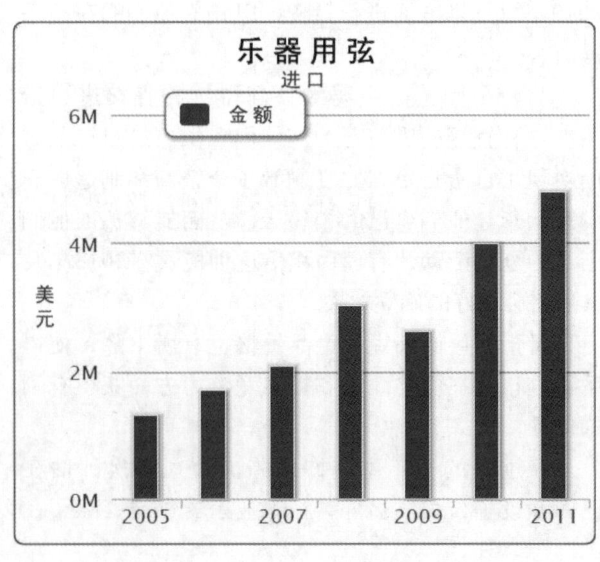
乐器用弦
进口
金额
6M
4M
2M
0M
美元
2005
2007
2009
2011

加拿大

当2008年经济萧条的余震继续在全球蔓延时，加拿大的经济在2011年表现良好。在许多关键性经济指标中，加拿大得分甚高，除德国外，加拿大胜过七国集团（G7）中的其他几个国家。2011年，加拿大的国内生产总值（GDP）增长了2.2%，只比2010年略低，国内生产总值的持续增长表明加拿大从经济萧条中得以强劲的复苏，尽管2011年最后一个季度国内生产总值的增长低于0.4%。2012年的经济情况逆势上扬，根据加拿大商会的预测，到2012年底，国内生产总值将增长2%。加拿大在其他关键性指标中也表现抢眼，比如失业率，从2010年的8%下降到当前的7.4%，联邦债务也是七国集团中最低的。

加拿大相对强劲的经济发展也反映在音乐产品行业的现状中，经历了2009年令人失望的经济下滑后，乐器行业开始见证巨大的增长。2010年（取得统计数据的最后一年）增长了4.5%，加拿大乐器产品的销售额从去年同期的66000万美元升至69000万美元。而且与经济萧条前相比，销售仍然处于很低的水平，销售的增长显示在经济萧条之后，乐器行业开始了积极的发展势头，这使行业内观察人士感到谨慎的乐观。

尽管出现这种积极的势头，但是不得不注意在某些关键的乐器产品领域出现了损失。数据显示键盘乐器、打击乐器和弓弦乐器仍受到2008年经济萧条余震影响。从上表数据可观察到，损失最小的是架子鼓和立式钢琴。但勿庸置疑的失望是，上述数据会让人们产生误解。尽管面临一些重大的损失，乐器在加拿大的总销售量仍然十分强劲。吉他和电子吉他市场（这两个市场就像是乐器行业内的面包和奶油）去年大幅增长。同时，市场对主要乐器产品三角钢琴的需求也得到显著增长。

重要的是，加拿大人继续展示出他们对乐器独特的热情。虽然人口只有三千多万人（34766764人），2010年，加拿大的乐器市场乐器销售份额占全球音乐产品市场4.5%的份额，与该国的人口不成比例。而且，去年加拿大人在音乐上的人均消费为20.28美元，第一次超过了美国人，继续在全球名列榜首。加拿大对于全球音乐市场具有一定的影响力，加拿大国民对于音乐具有深深的眷爱，似乎能够承受住严峻的经济形势。加拿大是发达国家中人口增长率最高的国家，而且该国经济在经历了2008年的经济萧条之后，显示出强劲的复苏势头。加拿大市场为乐器行业的增长和发展提供了许多机遇。

据说，加拿大音乐产品市场的前景一片光明。但是，在做出光明预测的同时，附上一份警告也非

产品/进口产品	进口额的变化（%）	进口量的变化（%）
吉他	4.96	1.55
铜管乐器	-10.26	-4.58
架子鼓	-5.98	-16.22
电子吉他	11.72	0.16
平台式钢琴	12.79	- 3.55
键盘乐器	-11.39	-3.58
打击乐器	-12.44	4.53
打印乐谱	-8.25	-3.31
弓弦乐器	-16.71	-8.26
直立式竖琴	-3.65	-10.66
木管乐器	-7.95	-11.01

常重要。虽然加拿大的乐器市场恢复良好，但必须注意到未来的市场增长可能取决于该行业对关键性人口发展趋势的适应能力。因为在美国，从“婴儿潮”时期出生的人已经长大，并且在未来几年成为影响消费需求的关键因素。依此类推，高移民率意味着许多新的加拿大消费者来自海外。因此，乐器行业在加拿大市场的持续成功取决于它与新兴市场的结合能力。

下表是根据加拿大统计局和加拿大乐器协会（MIAC）所提供的进口数据绘制而成的，由加拿大乐器协会执行总监予以评注。

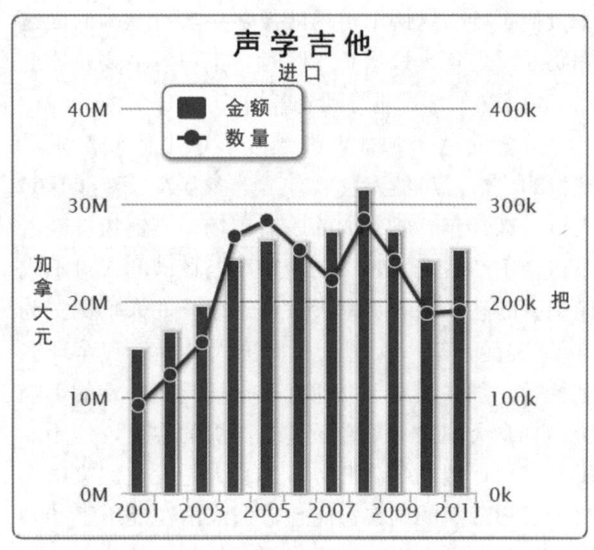

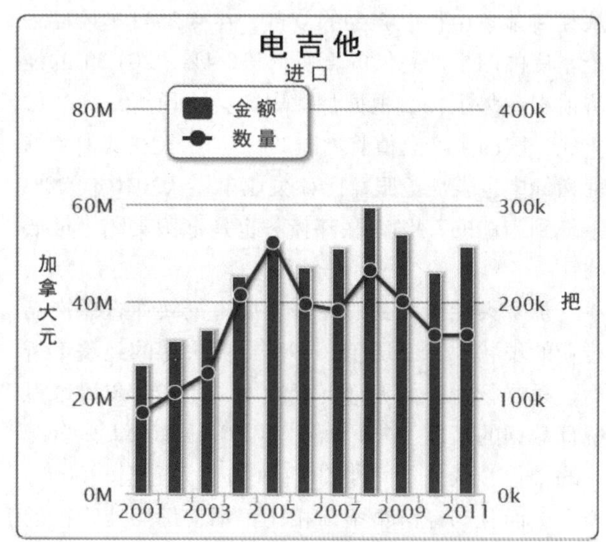

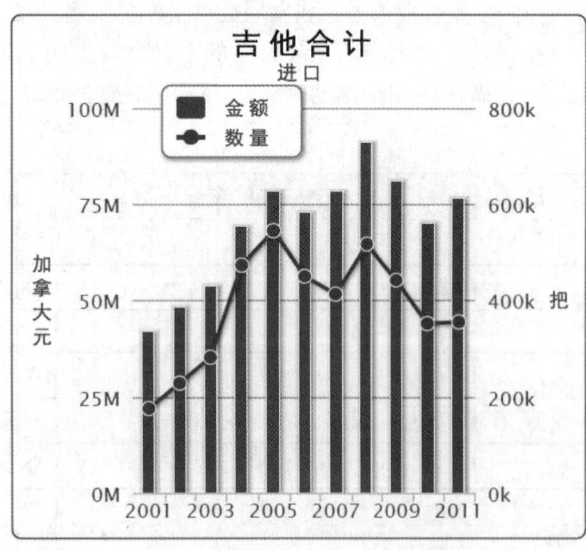

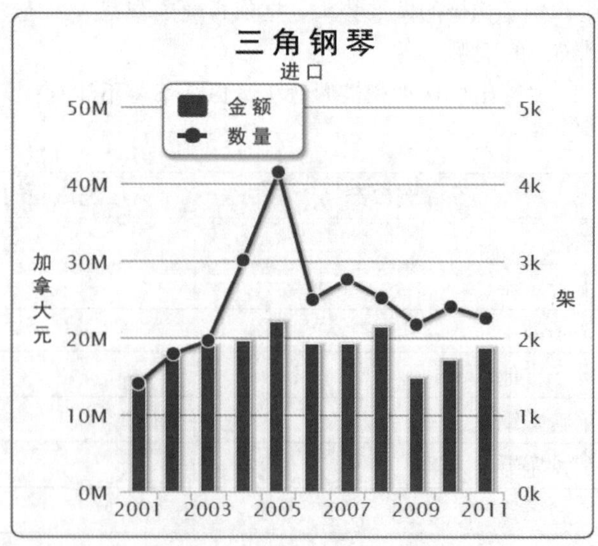

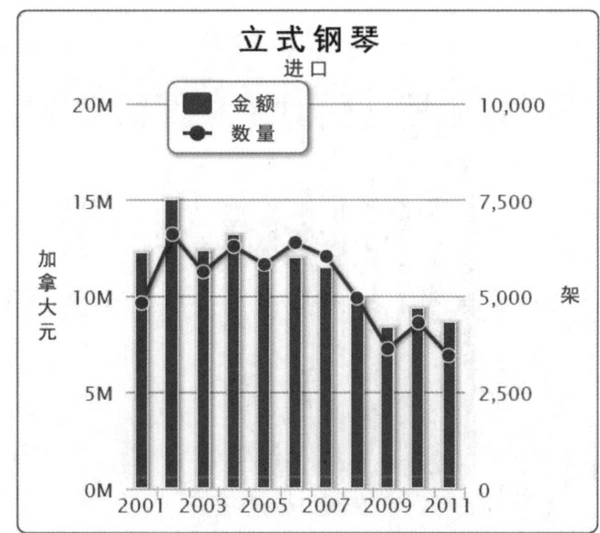
立式钢琴
进口
金额
数量
20M
15M
10M
5M
0M
10,000
7,500
5,000
2,500
0
加拿大元
架
2001 2003 2005 2007 2009 2011

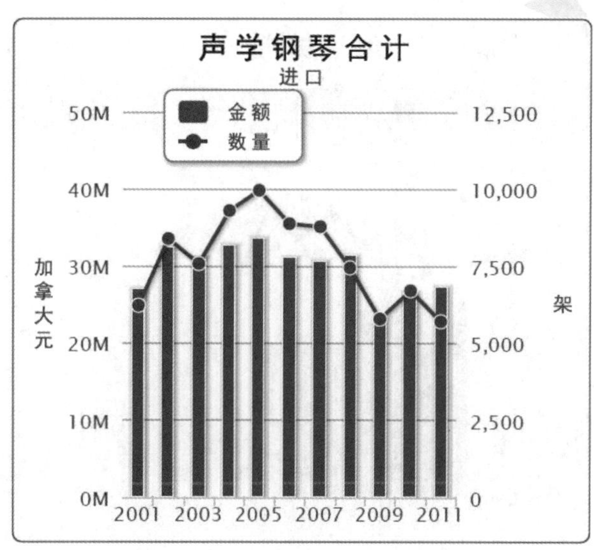
声学钢琴合计
进口
金额
数量
50M
40M
30M
20M
10M
0M
12,500
10,000
7,500
5,000
2,500
0
加拿大元
架
2001 2003 2005 2007 2009 2011

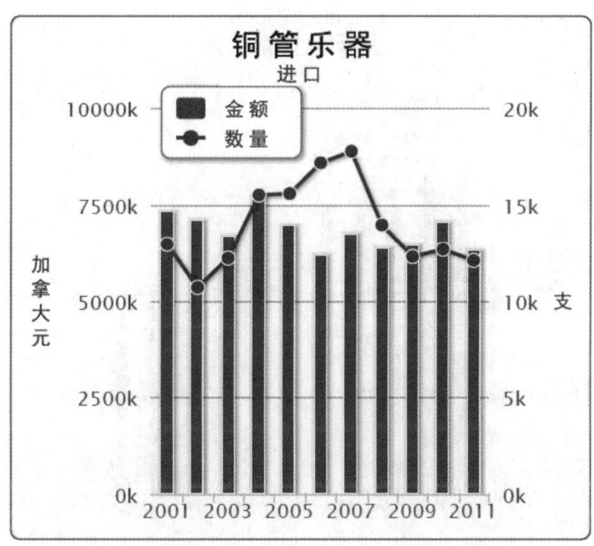
铜管乐器
进口
金额
数量
10000k
7500k
5000k
2500k
0k
20k
15k
10k
5k
0k
加拿大元
支
2001 2003 2005 2007 2009 2011

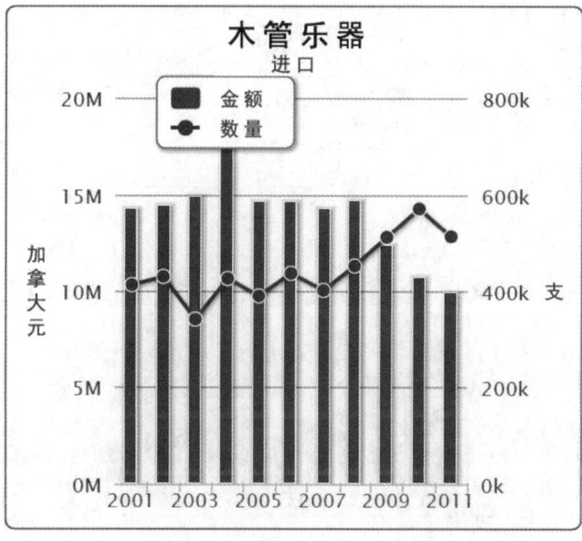
木管乐器
进口
金额
数量
20M
15M
10M
5M
0M
800k
600k
400k
200k
0k
加拿大元
支
2001 2003 2005 2007 2009 2011

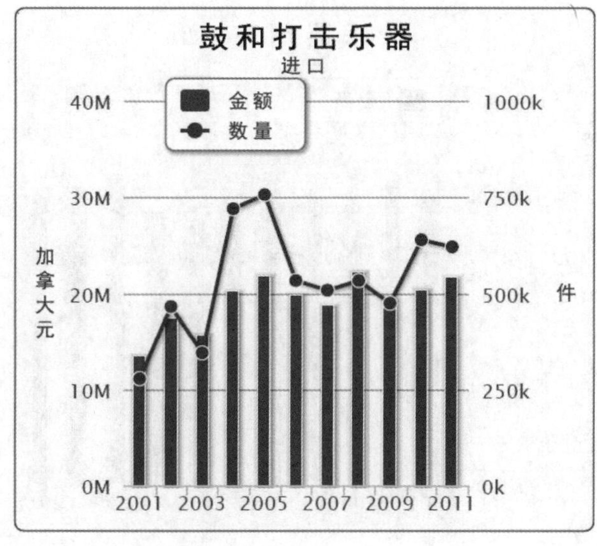
鼓和打击乐器
进口
金额
数量
40M
30M
20M
10M
0M
1000k
750k
500k
250k
0k
加拿大元
件
2001 2003 2005 2007 2009 2011

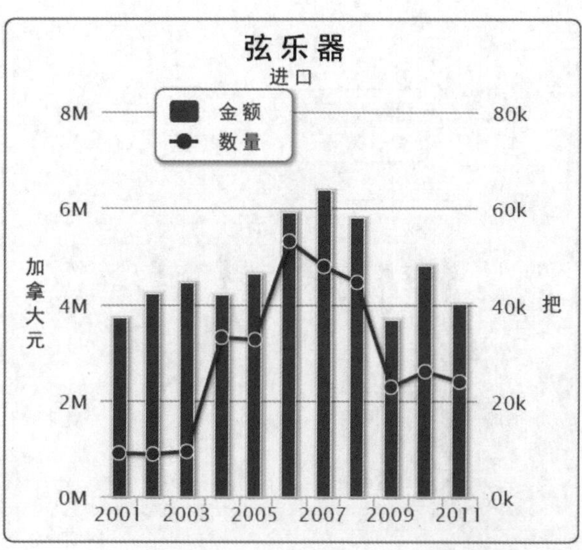
弦乐器
进口
金额
数量
8M
6M
4M
2M
0M
80k
60k
40k
20k
0k
加拿大元
把
2001 2003 2005 2007 2009 2011

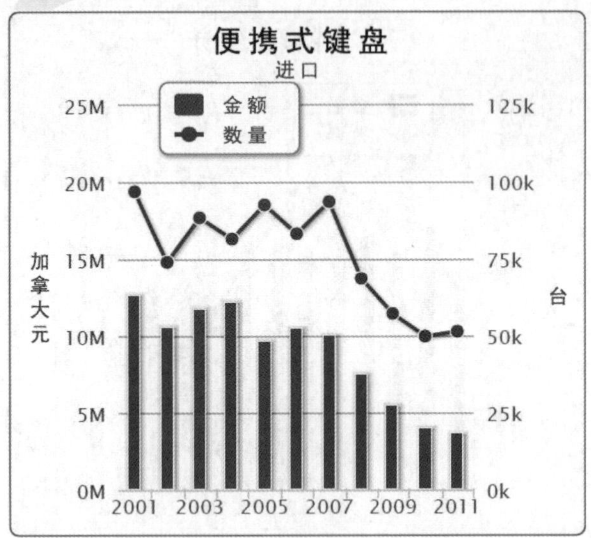
便携式键盘
进口
金额
数量
加拿大元
台
25M
20M
15M
10M
5M
0M
125k
100k
75k
50k
25k
0k
2001 2003 2005 2007 2009 2011

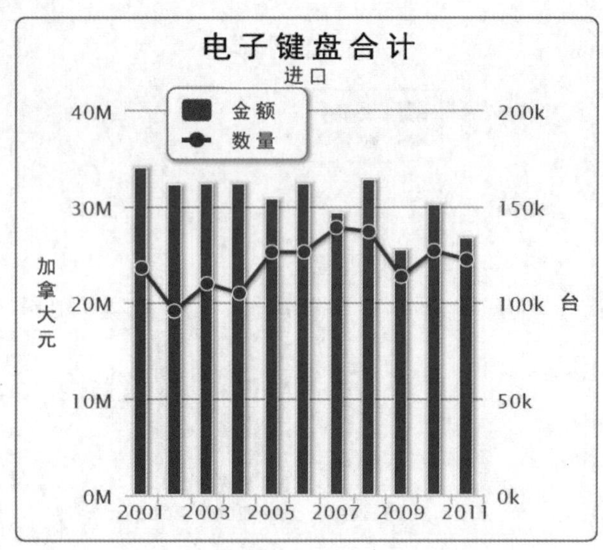
电子键盘合计
进口
金额
数量
加拿大元
台
40M
30M
20M
10M
0M
200k
150k
100k
50k
0k
2001 2003 2005 2007 2009 2011

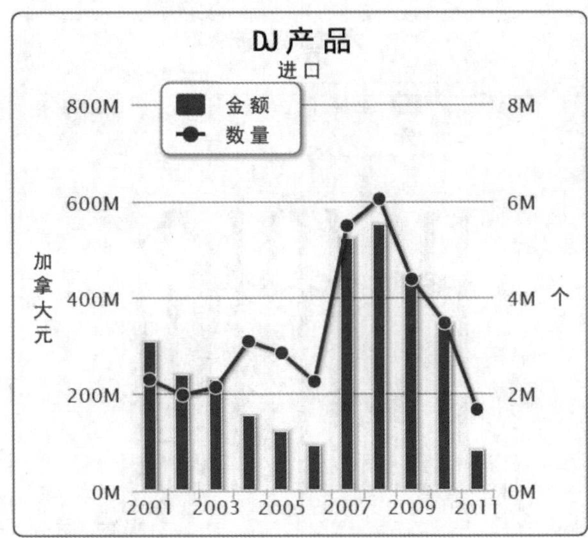
DJ产品
进口
金额
数量
加拿大元
个
800M
600M
400M
200M
0M
8M
6M
4M
2M
0M
2001 2003 2005 2007 2009 2011

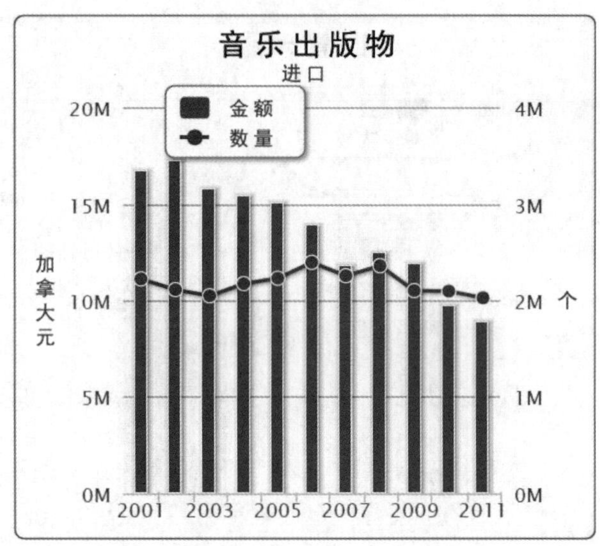
音乐出版物
进口
金额
数量
加拿大元
个
20M
15M
10M
5M
0M
4M
3M
2M
1M
0M
2001 2003 2005 2007 2009 2011

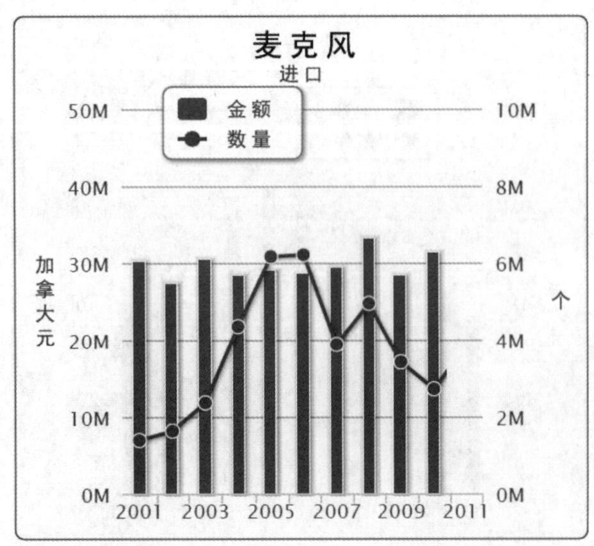
麦克风
进口
金额
数量
加拿大元
个
50M
40M
30M
20M
10M
0M
10M
8M
6M
4M
2M
0M
2001 2003 2005 2007 2009 2011

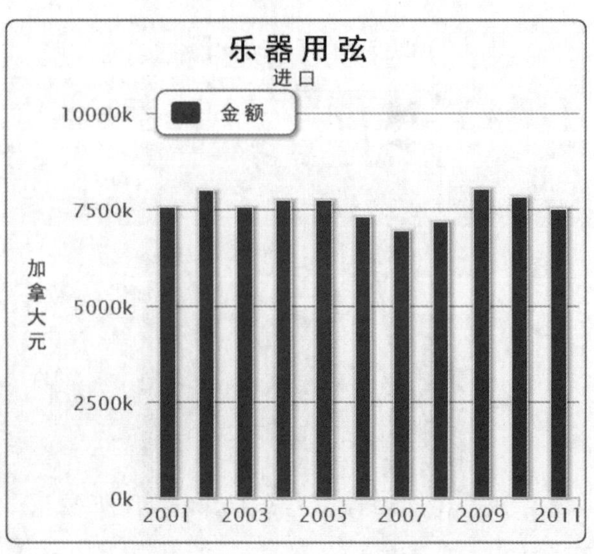
乐器用弦
进口
金额
加拿大元
10000k
7500k
5000k
2500k
0k
2001 2003 2005 2007 2009 2011

芬兰

以下图表数据来源于国际贸易中心（ITC）网站

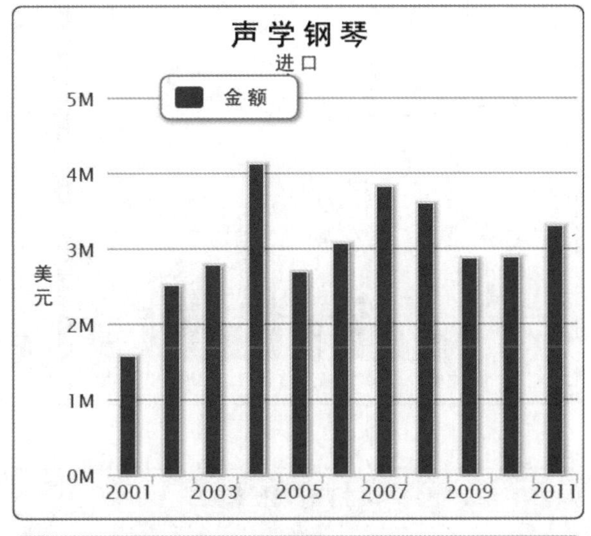

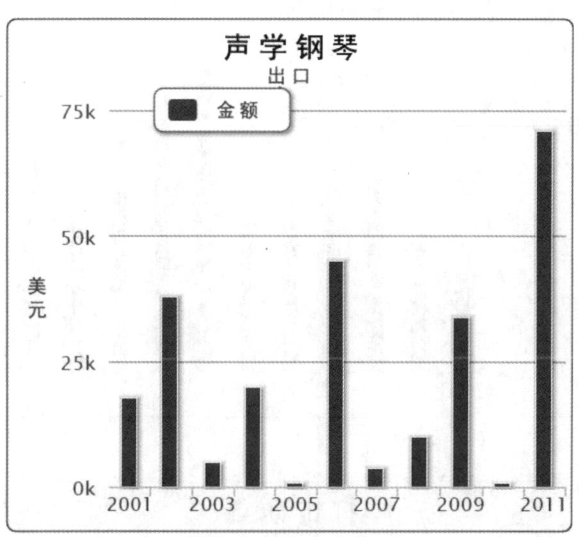

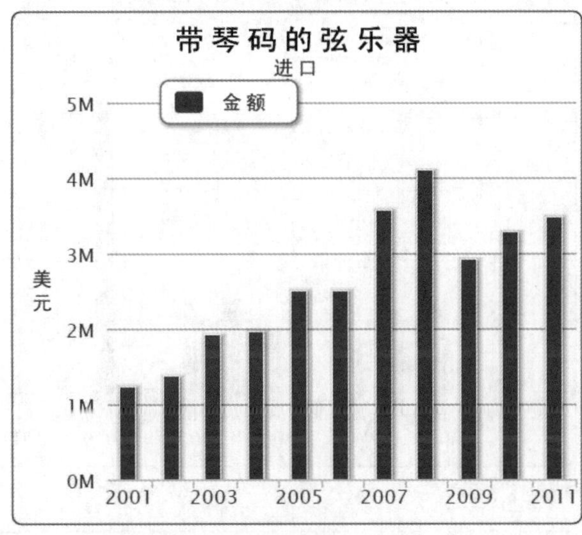

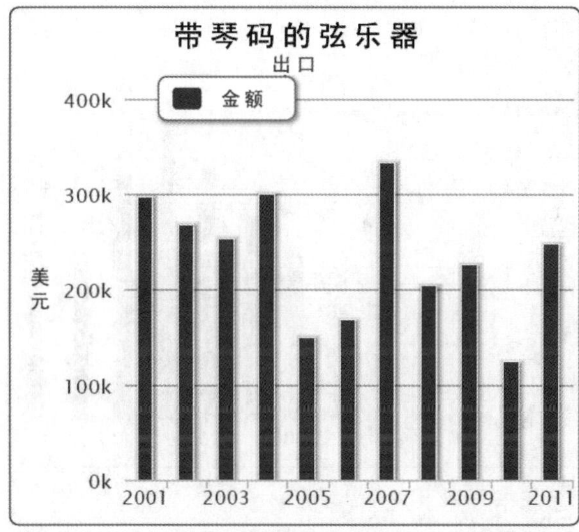

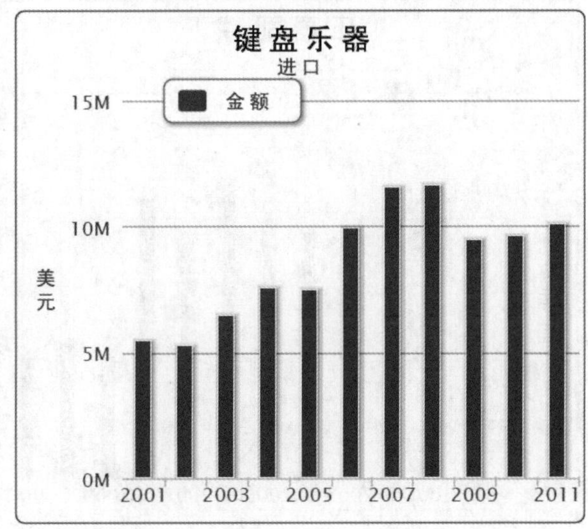

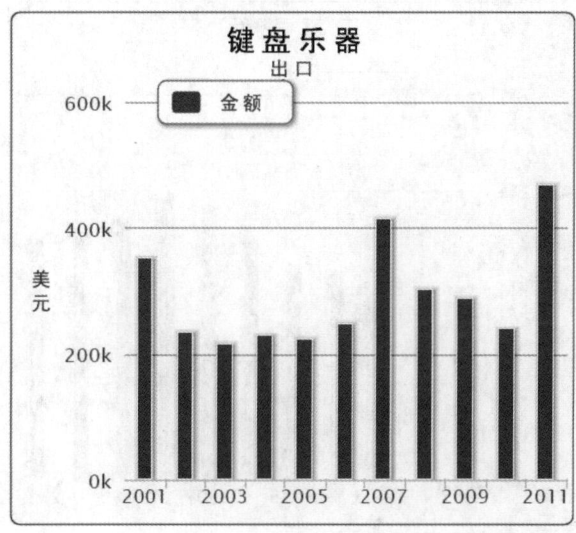

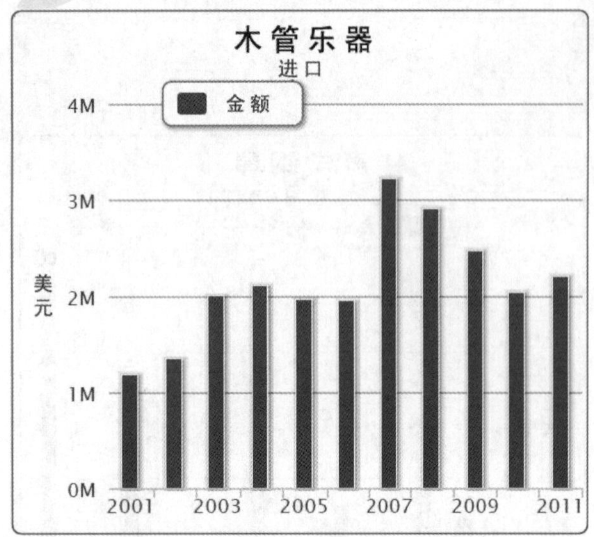
木管乐器
进口
金额
美元
4M
3M
2M
1M
0M
2001
2003
2005
2007
2009
2011

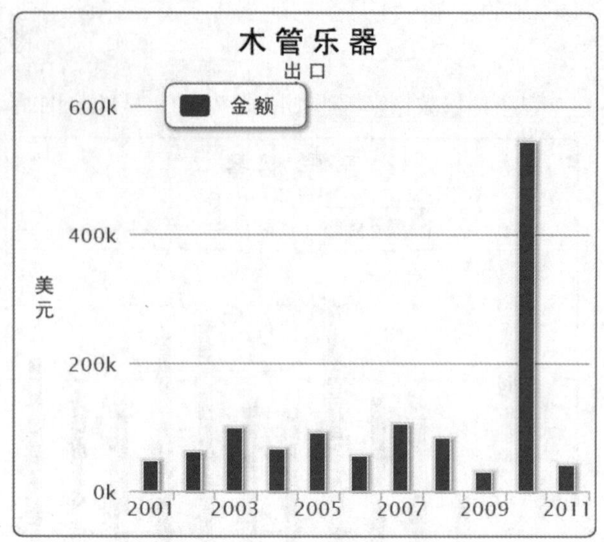
木管乐器
出口
金额
美元
600k
400k
200k
0k
2001
2003
2005
2007
2009
2011

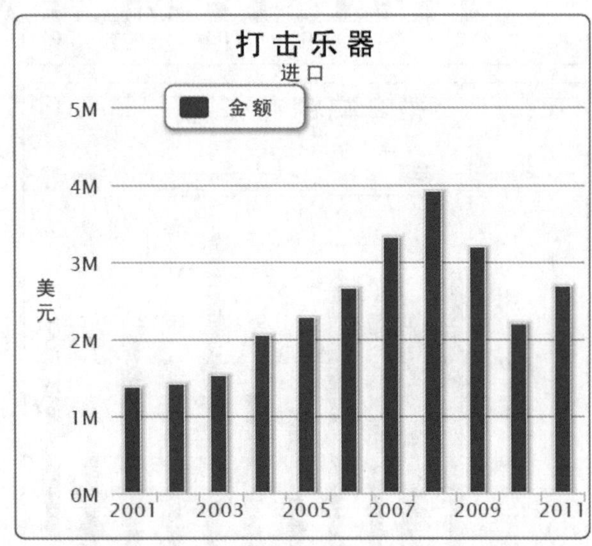
打击乐器
进口
金额
美元
5M
4M
3M
2M
1M
0M
2001
2003
2005
2007
2009
2011

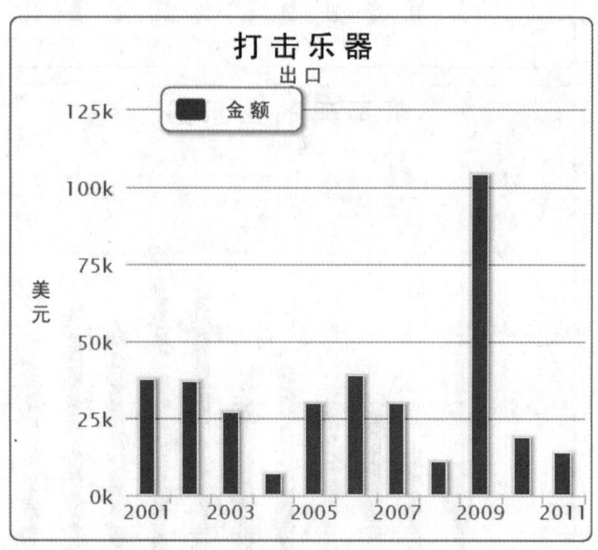
打击乐器
出口
金额
美元
125k
100k
75k
50k
25k
0k
2001
2003
2005
2007
2009
2011

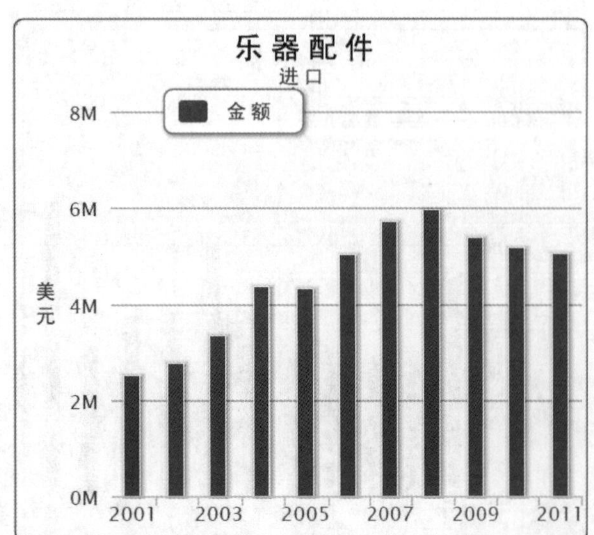
乐器配件
进口
金额
美元
8M
6M
4M
2M
0M
2001
2003
2005
2007
2009
2011

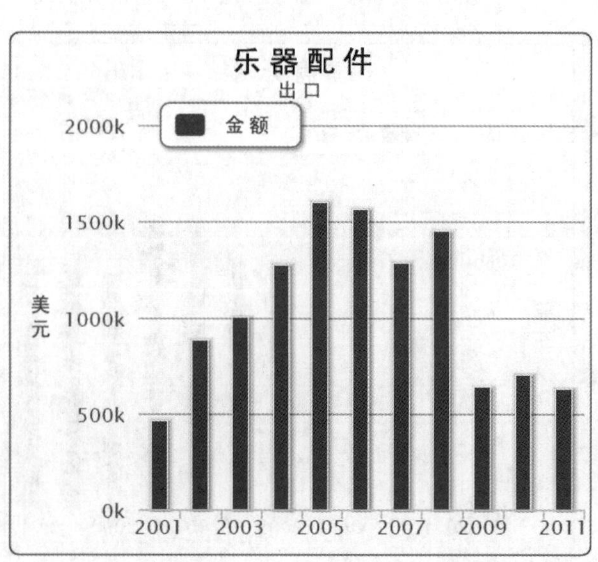
乐器配件
出口
金额
美元
2000k
1500k
1000k
500k
0k
2001
2003
2005
2007
2009
2011

德国

2011年 – 恢复期 – 但尚未达到前一年的水平

经历了2010年的一段巩固期，2011年，德国乐器制造商成功将销售额增加了6%，但也不足以补偿2009年出现的销售额大幅下降。

乐器制造行业大约有1600家乐器制造商，雇佣了大约6400名员工来制造乐器，乐器销售额达到了65000万至70000万欧元。

上述销售额几乎一半来自于德国最大的23家乐器制造公司，这23家公司每家公司的员工都在50人以上。根据最初的统计数字，上述23家公司在2011年的销售额增长了6.4%，达到30500万欧元，创下了记录。销售额的增长主要来自于海外订单下乐器产品销售额的增长（销售额的增长率为9.9%）。国内的乐器产品销售额则几乎持平（下降了0.2%）。而出口对上述23家乐器公司的销售额的贡献率为68%。与其它地区的市场相比，面对欧元区的乐器产品出口稍弱，只增长了4%（而出口到其它地区的乐器产品增长了14%）。全部出口乐器的38%流向了欧元区，而余下的乐器产品则出口到了其他海外市场。

对外贸易的不断变化：出口强劲增长，进口停滞

乐器的对外贸易存在明显的变化。在那些曾经创造了记录的年份里，贸易顺差达到了15000万欧元，而2010年的贸易逆差则达到了3200万欧元。由于2011年出口实现了两位数的增长，而进口只有小幅度的增长，因此我们又见证了600万欧元的小额贸易顺差。德国乐器进出口贸易总额约有5亿欧元。

2011年，两个最重要的进口乐器制造国的出口量出现下降，从中国进口的乐器下降了5.5%，而从日本进口的乐器下降了7%。印尼代替日本成为第二大进口乐器生产国，进口乐器实现了强劲的增长，增长率达到19%。从美国进口的乐器增长了12.5%。其中，28.7%的进口乐器来自中国，15.1%的乐器来自印尼，12.4%的产品来自日本，9%的进口乐器来自美国。

德国乐器向许多国家和地区出口，名单可以列出长长的一串。法国是德国乐器出口的第一大目的地国，德国对法国的乐器出口增长了22%，德国对美国的出口与以前持平（以欧元计，如果以美元计，则增长了4.7%），德国对日本的出口大幅度下降。德国对俄罗斯、波兰、比利时、英国和对中国的乐器出口实现了强劲的增长。德国乐器总出口量的12.9%出口到法国、出口到奥地利和美国的乐器均占总量的8%，出口到荷兰、日本和瑞士的乐器各占总量的6%，向中国、英国和意大利出口的乐器各占总量的4%，向比利时、西班牙、波兰和俄罗斯出口乐器各占总量的3%至4%。

许多种类的产品都实现了强劲的出口增长

许多种类的产品都从上述的出口增长中获益。钢琴的零部件和辅件增长了24%，三角钢琴增长了17%，打击乐器和木管乐器以及电子乐器的零部件和辅件各增长16%，电子乐器增长10.5%，钢琴、弦乐器和口琴的零部件和辅件各增长6%。弦乐器的琴弦增长4.5%，手风琴和铜管乐器则与以前持平，小提琴和其它弦乐器增长6%。

2012年积极的预期

如果不再次发生全球性的金融危机的话，德国2012年的乐器出口可望保持持续的小幅度增长。如果今年按计划走的话，也许能够达到2009年金融危机前的水平。国内乐器市场和出口市场可能会达到平衡。

国内乐器市场维持在一个相对较高的水平。由于德国人口变化和公众消减开支等原因，乐器销售的增长预计可能停止。另外，由于德国乐器产品市场规模较大，德国仍然是乐器出口国很有吸引力的出口市场，尤其相对于出口乐器产品价格较低的一些亚洲国家来说，尤为如此。

出口统计数据显示，德国出口产品在经济增长强劲和人口不断增长的国家里获得了成功。在这些市场中，我们发现，与“发达”的西方工业国家相反，人们购买力的增长超过了平均水平。

以优质产品为依托，以持续开放的新兴国家和地区为市场定位，并不断地调整分销与生产战

略，这些是德国乐器制造商们未来做出重大决择的关键。

下表是根据德国乐器制造商协会（BDMH）提供的国内生产数据和出口数据绘制的，由德国乐器制造商协会的温福莱德•鲍姆巴齐（Winfried Baumbach）进行评注。

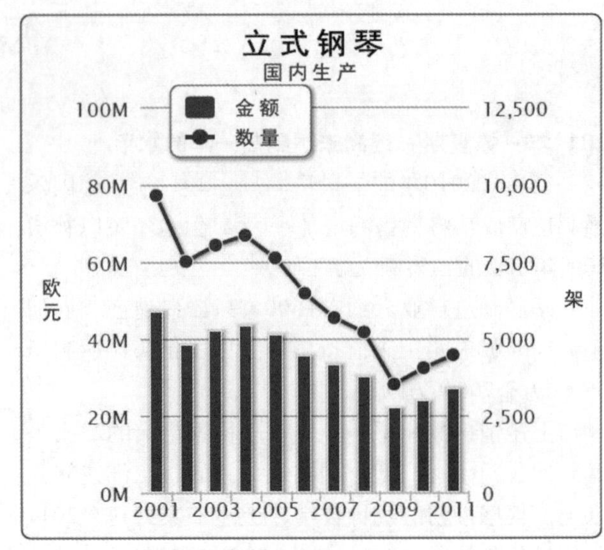

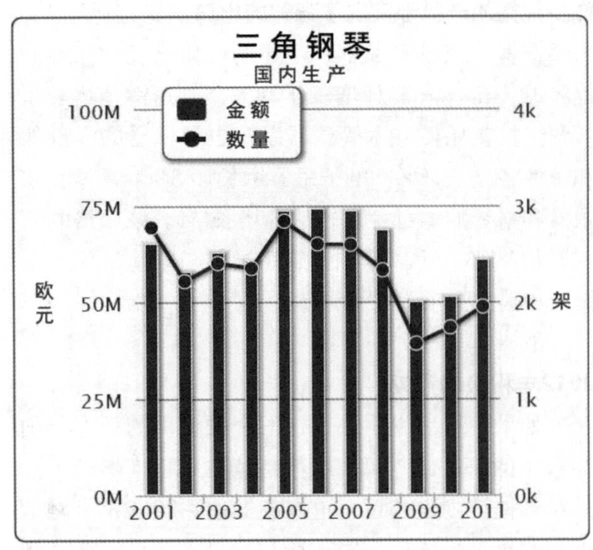

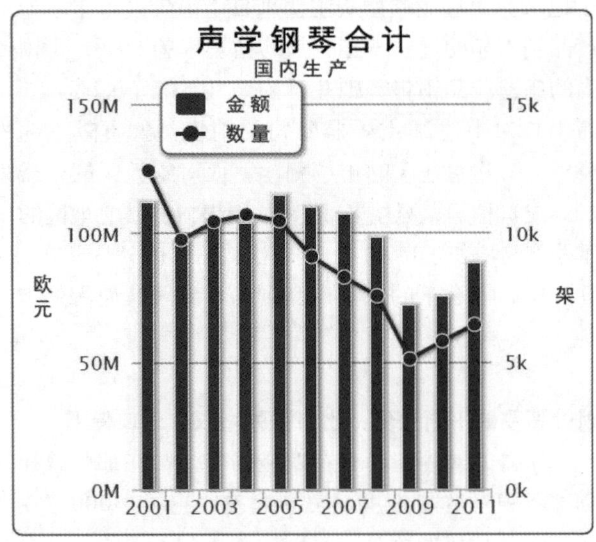

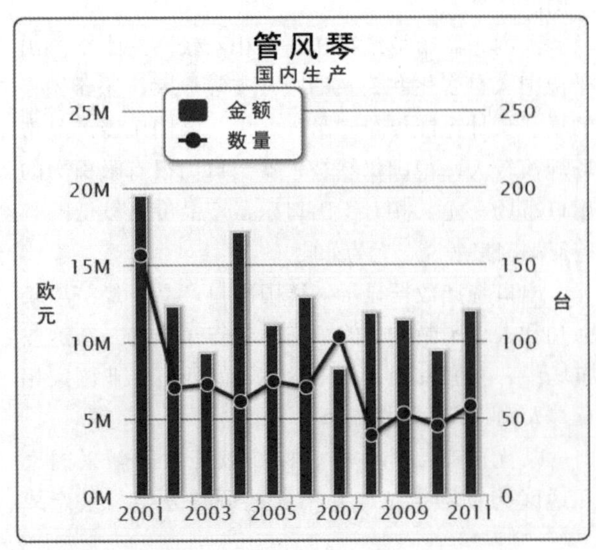

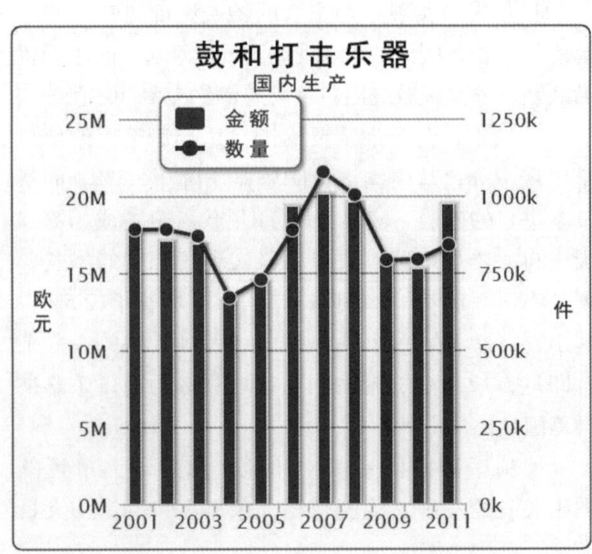

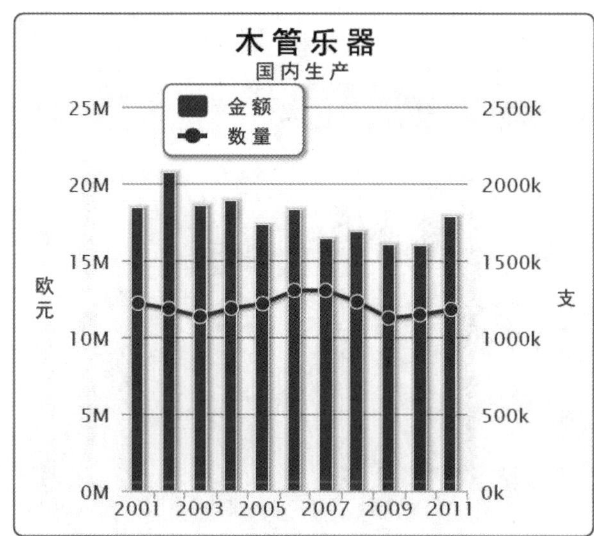
木管乐器
国内生产
金额
数量
欧元
支
25M
20M
15M
10M
5M
0M
2500k
2000k
1500k
1000k
500k
0k
2001 2003 2005 2007 2009 2011

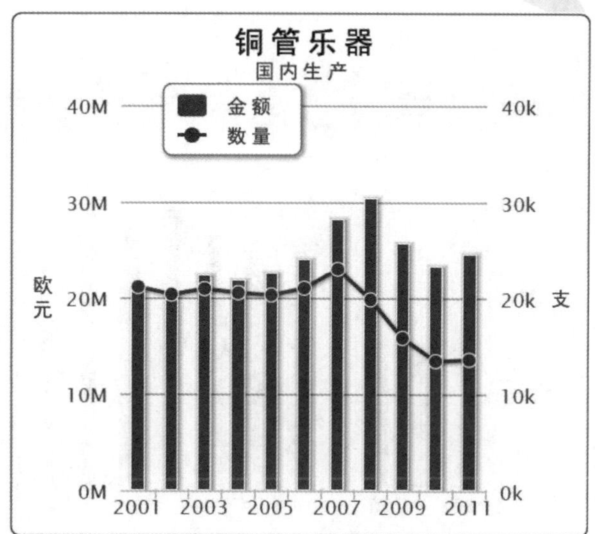
铜管乐器
国内生产
金额
数量
欧元
支
40M
30M
20M
10M
0M
40k
30k
20k
10k
0k
2001 2003 2005 2007 2009 2011

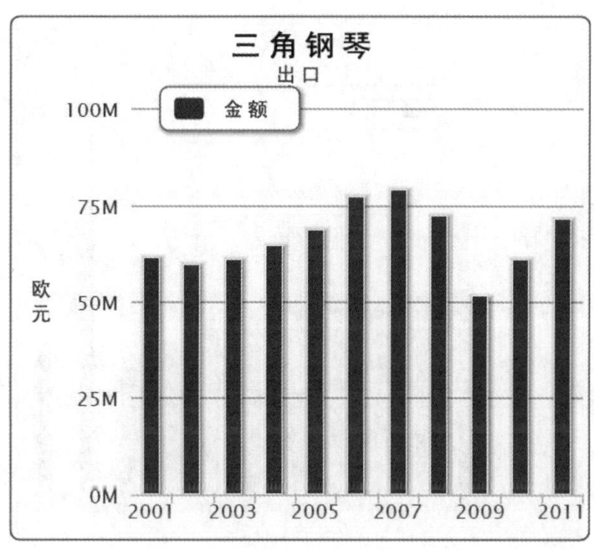
三角钢琴
出口
金额
欧元
100M
75M
50M
25M
0M
2001 2003 2005 2007 2009 2011

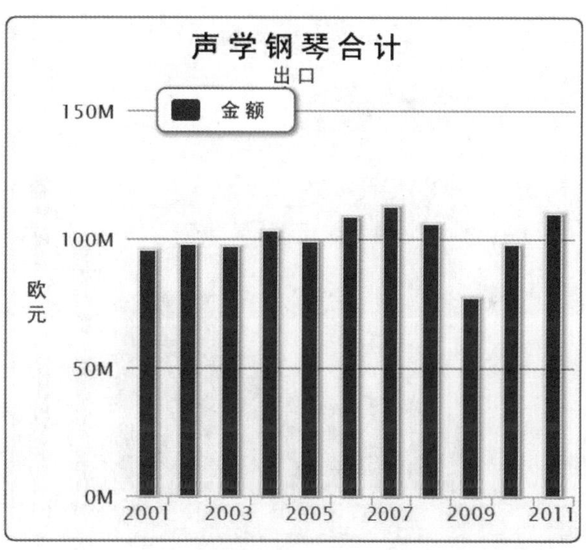
声学钢琴合计
出口
金额
欧元
150M
100M
50M
0M
2001 2003 2005 2007 2009 2011

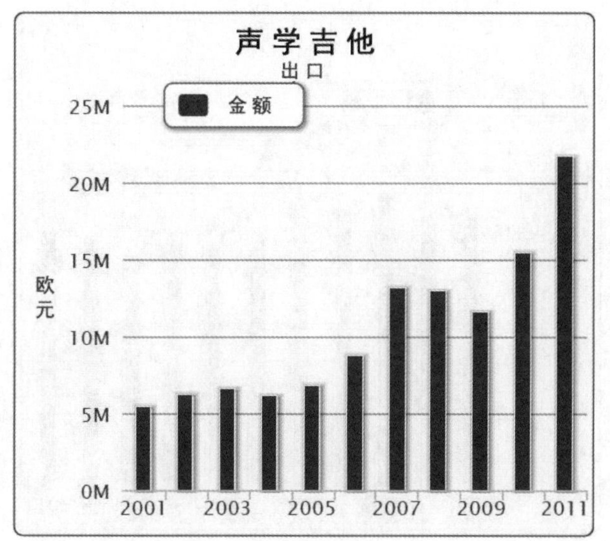
声学吉他
出口
金额
欧元
25M
20M
15M
10M
5M
0M
2001 2003 2005 2007 2009 2011

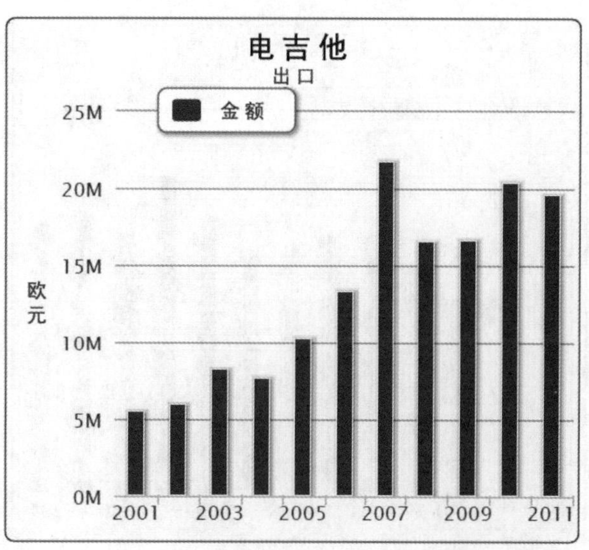
电吉他
出口
金额
欧元
25M
20M
15M
10M
5M
0M
2001 2003 2005 2007 2009 2011

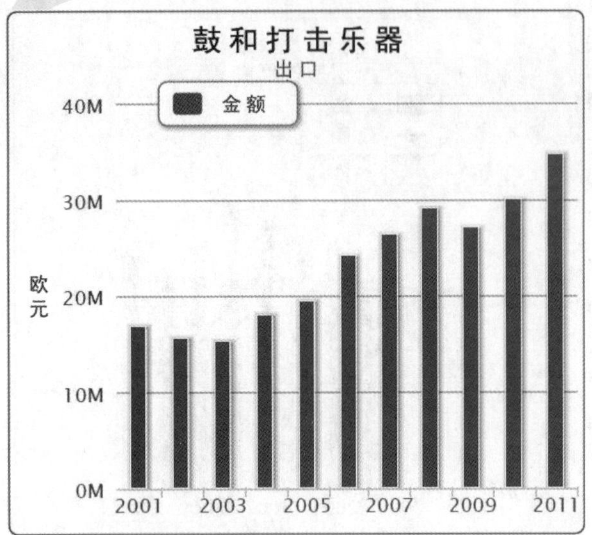
鼓和打击乐器
出口
金额
欧元
40M
30M
20M
10M
0M
2001
2003
2005
2007
2009
2011

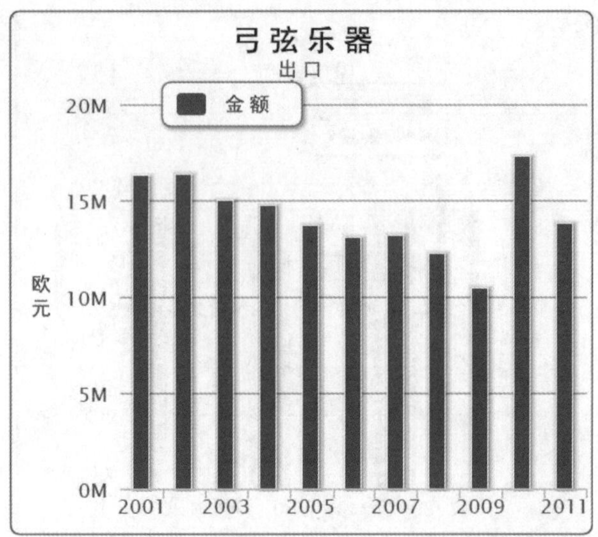
弓弦乐器
出口
金额
欧元
20M
15M
10M
5M
0M
2001
2003
2005
2007
2009
2011

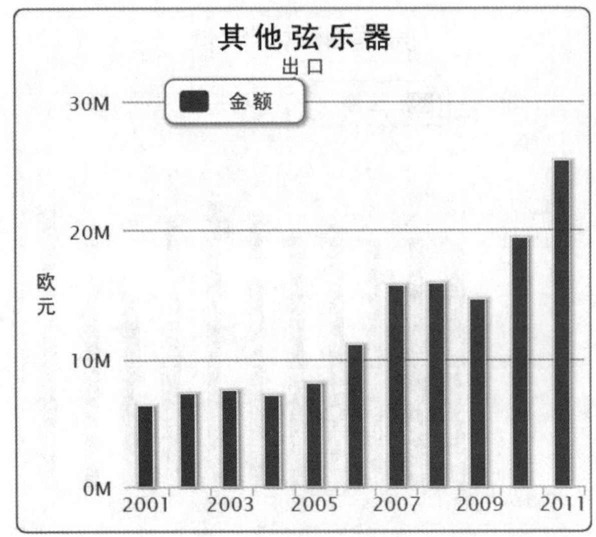
其他弦乐器
出口
金额
欧元
30M
20M
10M
0M
2001
2003
2005
2007
2009
2011

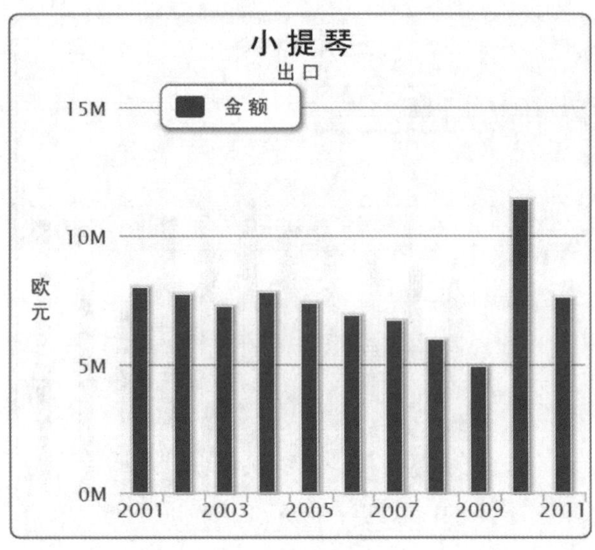
小提琴
出口
金额
欧元
15M
10M
5M
0M
2001
2003
2005
2007
2009
2011

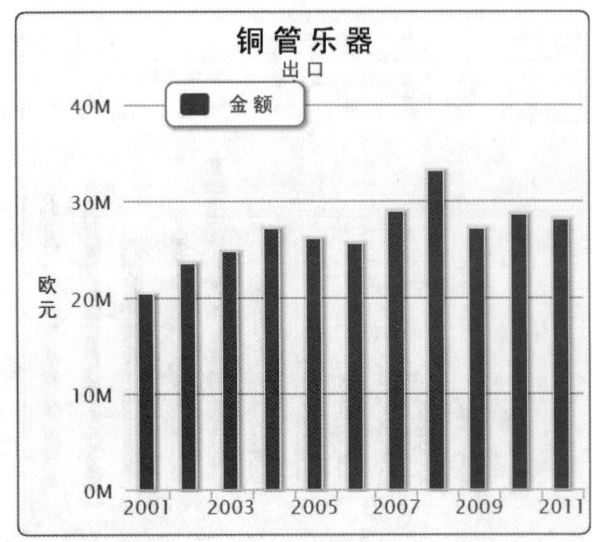
铜管乐器
出口
金额
欧元
40M
30M
20M
10M
0M
2001
2003
2005
2007
2009
2011

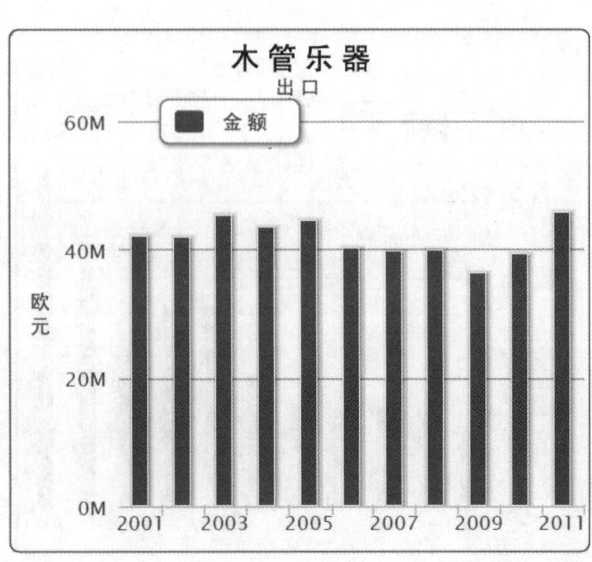
木管乐器
出口
金额
欧元
60M
40M
20M
0M
2001
2003
2005
2007
2009
2011

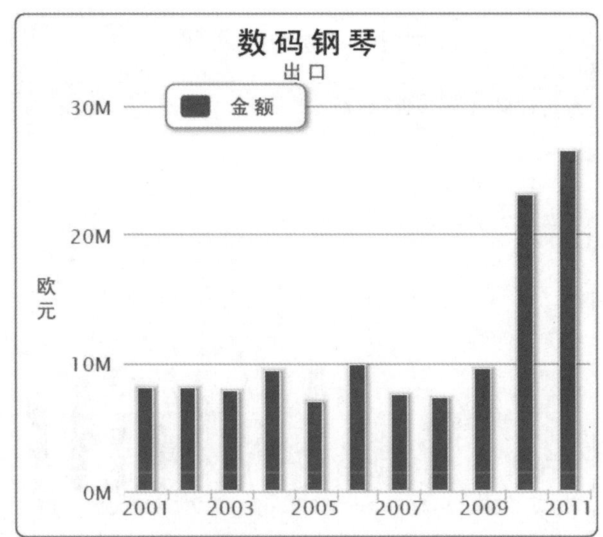
数码钢琴
出口
金额
30M
20M
10M
0M
欧元
2001
2003
2005
2007
2009
2011

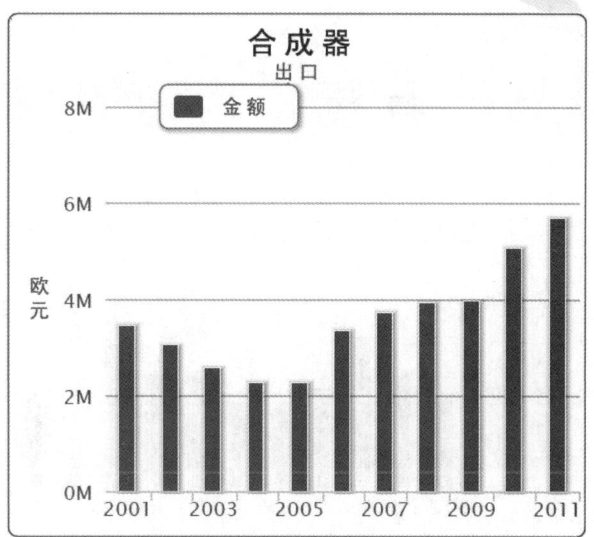
合成器
出口
金额
8M
6M
4M
2M
0M
欧元
2001
2003
2005
2007
2009
2011

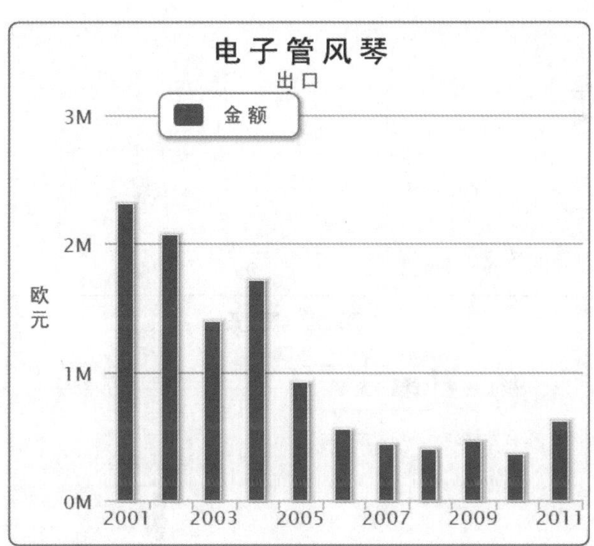
电子管风琴
出口
金额
3M
2M
1M
0M
欧元
2001
2003
2005
2007
2009
2011

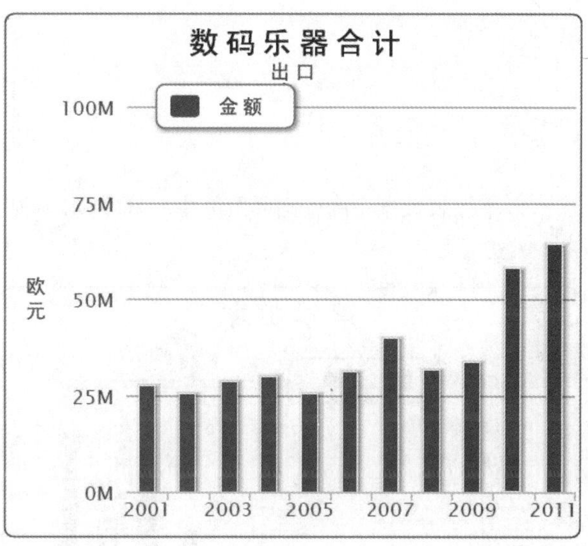
数码乐器合计
出口
金额
100M
75M
50M
25M
0M
欧元
2001
2003
2005
2007
2009
2011

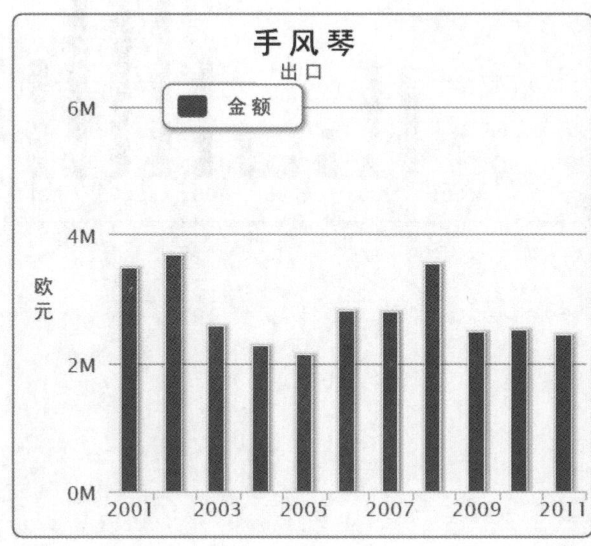
手风琴
出口
金额
6M
4M
2M
0M
欧元
2001
2003
2005
2007
2009
2011

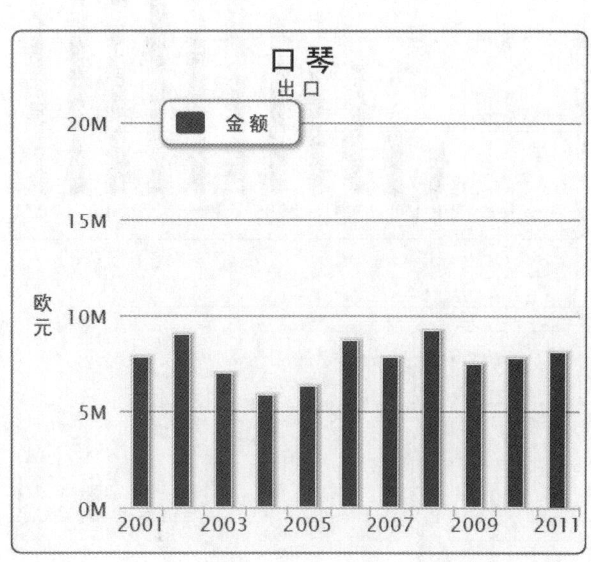
口琴
出口
金额
20M
15M
10M
5M
0M
欧元
2001
2003
2005
2007
2009
2011

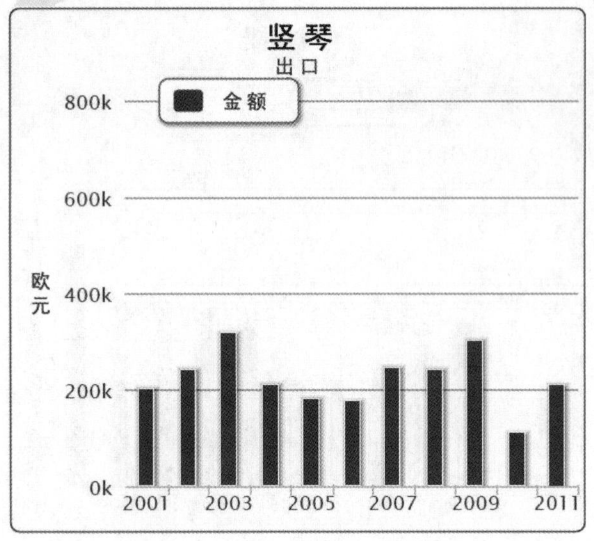

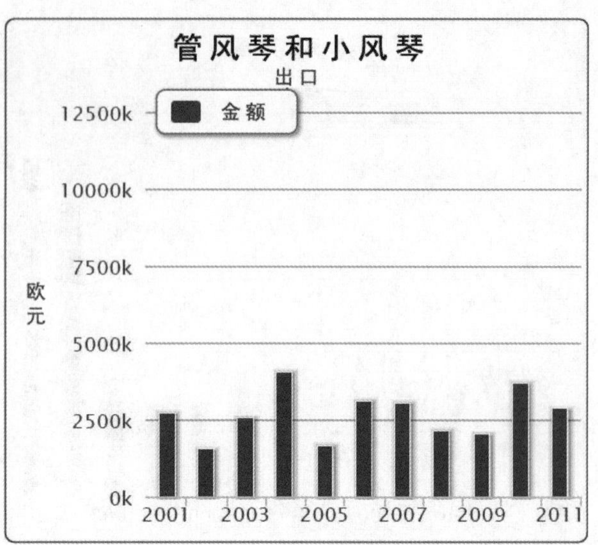

印度

以下图表数据来源于国际贸易中心（ITC）网站

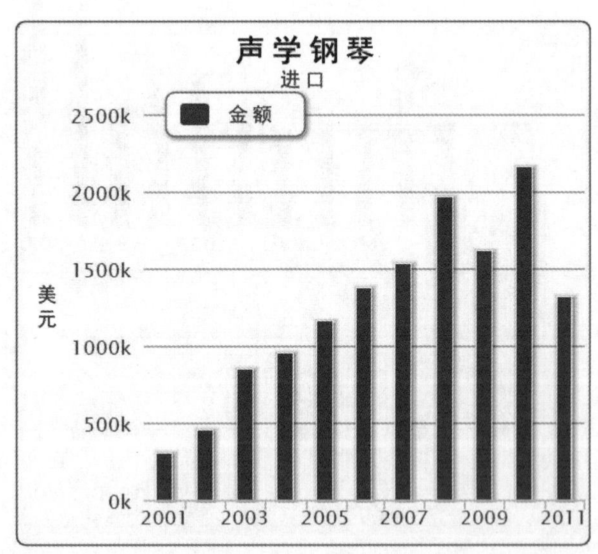

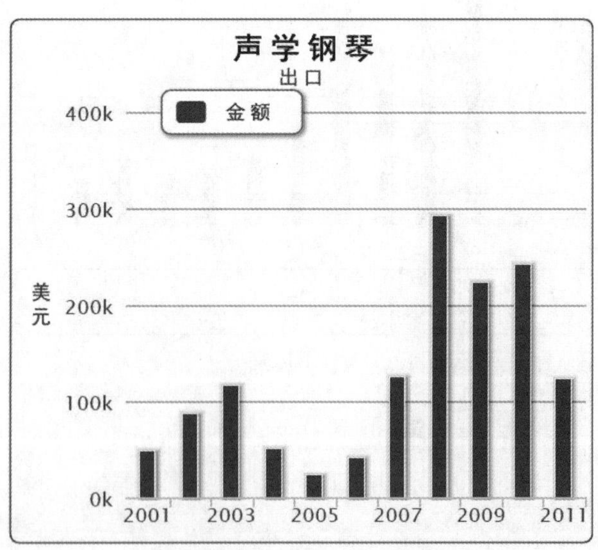

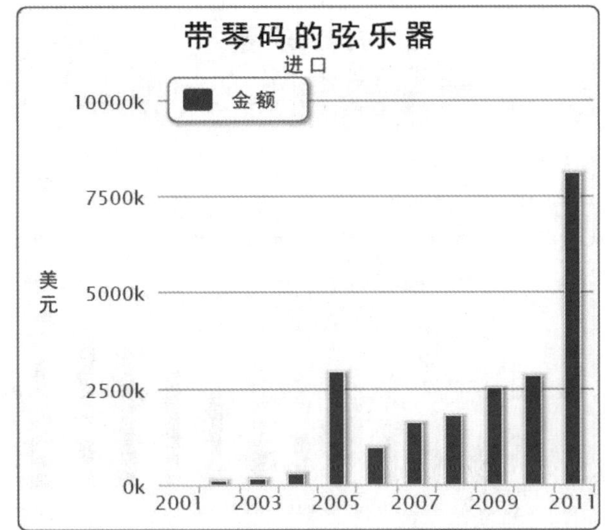
带琴码的弦乐器
进口
金额
美元
10000k
7500k
5000k
2500k
0k
2001
2003
2005
2007
2009
2011

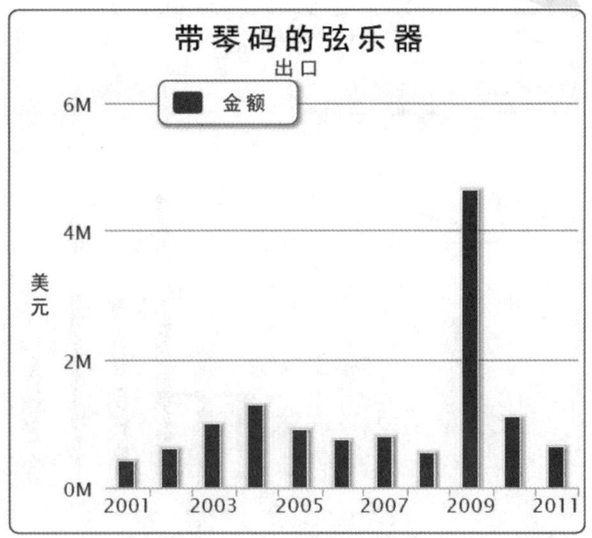
带琴码的弦乐器
出口
金额
美元
6M
4M
2M
0M
2001
2003
2005
2007
2009
2011

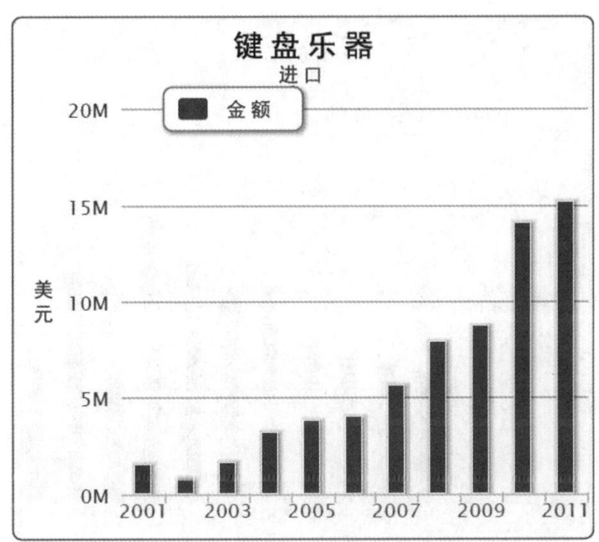
键盘乐器
进口
金额
美元
20M
15M
10M
5M
0M
2001
2003
2005
2007
2009
2011

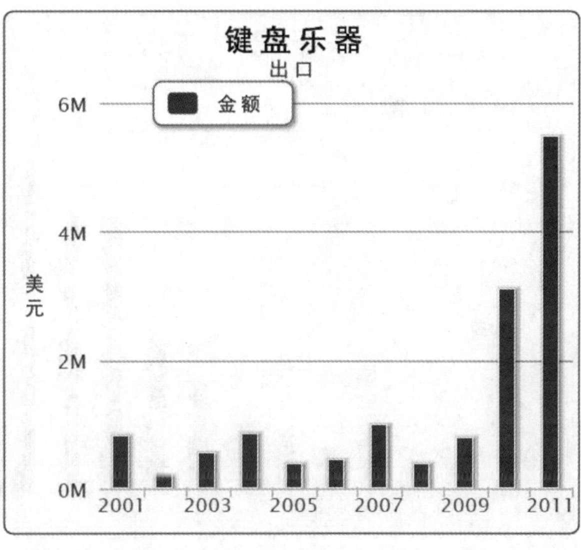
键盘乐器
出口
金额
美元
6M
4M
2M
0M
2001
2003
2005
2007
2009
2011

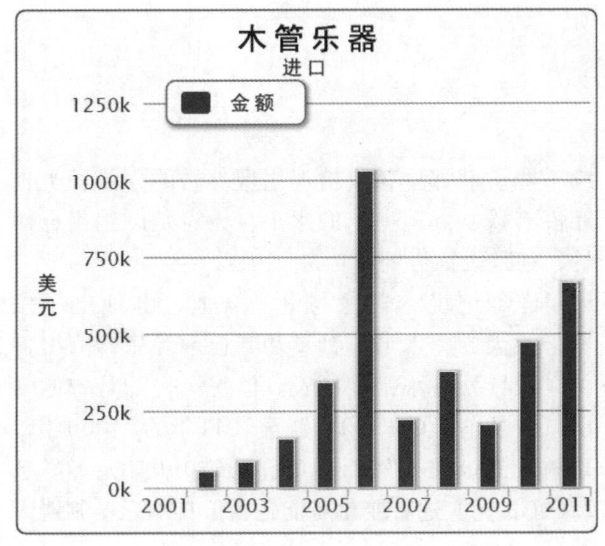
木管乐器
进口
金额
美元
1250k
1000k
750k
500k
250k
0k
2001
2003
2005
2007
2009
2011

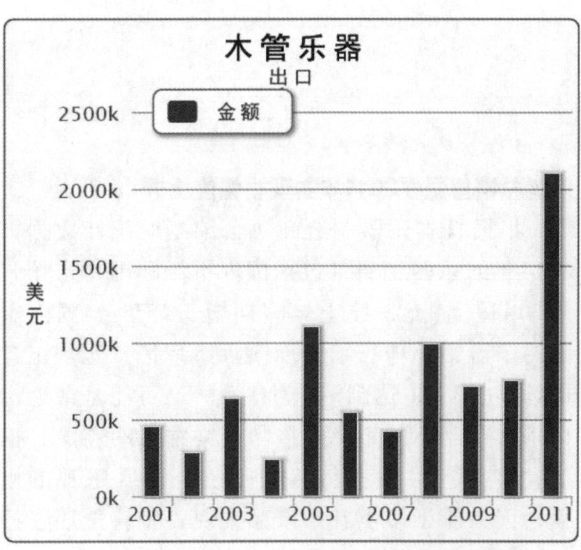
木管乐器
出口
金额
美元
2500k
2000k
1500k
1000k
500k
0k
2001
2003
2005
2007
2009
2011

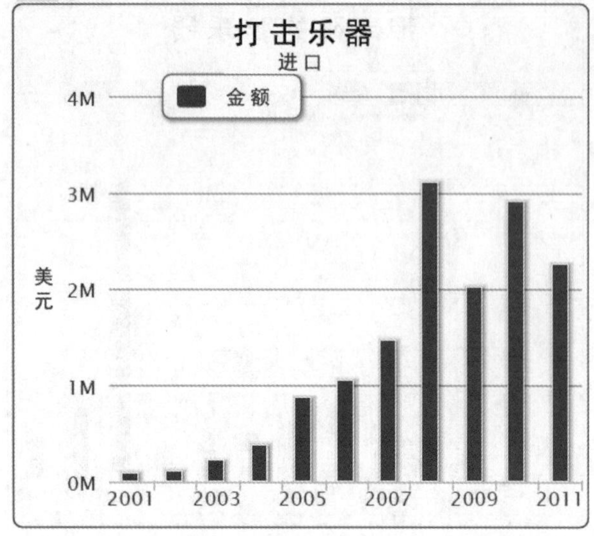

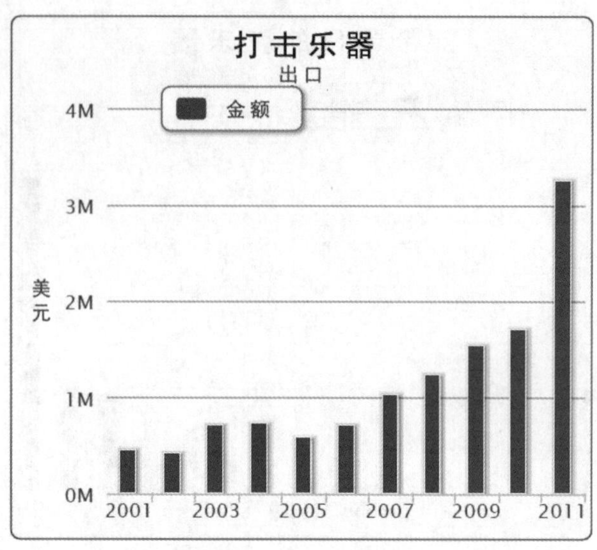

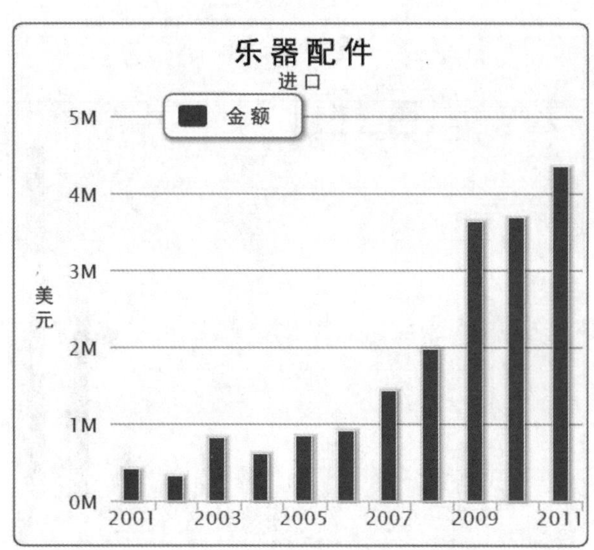

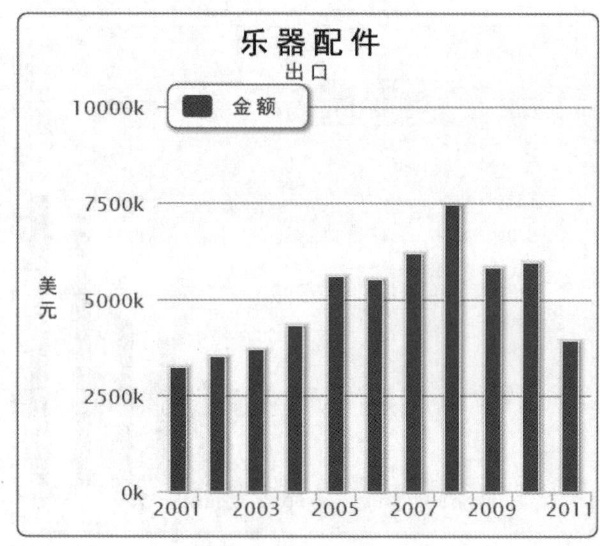

日本

乐器总销售量在2011年实现小幅度上升

根据日本乐器制造商协会编制的统计数据，2011年的乐器销售（包括国内市场和出口市场）为1041亿日元，比上年同期增长4.7%。国内市场的乐器销售增长了6%，达到527亿日元，出口市场增长3%，达到919亿日元。这可能是最近出口乐器产品不断下降的趋势最终结束的迹象；但是，音乐产品业务仍然处于一个谨慎乐观的水平，因为对于多类音乐产品来说，销售量还在持续下降。而那些销售情况出现好转的乐器种类也还没有恢复到前一年的水平（无论是以销售金额计，还是以销售量计）。

详细地说，吉他与电子吉他、其他电子乐器、放大器、木琴、钟琴和其他木管乐器的出口（以量计）有小幅度增长。值得一提的是吉他的出口量从前年的1300件跃至2011年的24000件，是前者的18倍；然而，单价从64000日元下降到22000日元。这种变化可能是由于日本乐器制造商协会编制数据的方法发生变化，从而使乐器制造商所发布的报告让人感到困惑所导致的。同样的情形也出现在其它的电子乐器和放大器上。对于这些类的乐器来说，出口数量大幅度增长，但乐器单价出现了不可预测的波动。

立式钢琴、三角钢琴、小号、音乐会用架子鼓、其他打击乐器、口琴、键盘式口琴、手风琴、电子吉他、其他电子乐器和放大器的国内销售大幅度上涨。去年，日本市场经销商销售了123000把吉他和36000件放大器。无论是以数量计还是以金额计，这都是近十年来增幅最大的一次，销售数量增长了20%，销售金额增长了18%。去年，动画片K-ON！激起了许多人对电子吉他的兴趣。而且这种趋势有望持续下去，因为流行女子组合AKB48的一首新歌的特征就是吉他为主，而且今年年初就会发行。

立式钢琴的进口量出现大幅度下降，下降了58%，下降到7800架。雅玛哈（Yamaha）和Kawai钢琴均在印尼设有生产基地，因而印尼成为主要的钢琴出口商，共出口钢琴5905架，比前一年增长87%。三角钢琴和吉他的进口也大幅度地增加，2011年，共进口了837架三角钢琴（比前年增长了36%）吉他共进口197000件，增长47%。电子吉他在日本市场共销售394000件，创下了新的记录，但是，平均单价仅为17300日元，这就意味着进口型乐器对于乐器销售的增长做出了比较大的贡献。

乐器零售商在2011年仍然保持谨慎

报道称乐器零售商在本年度仍然感觉到了持续的经济压力。一些零售商指出，当前消费者的消极态度是由2011年3月份发生在日本东北部的地震和海啸导致的，由于日本东北部受灾区主要工业制造基地都受到了严重的破坏，加上泰国9月份水灾的影响，导致产品供应短缺。然而，许多人将销售停滞归因于政治和经济前景不明朗，认为这是主要原因。

各类乐器产品的销售结果显示，钢琴类乐器的销售重新恢复到强劲增长。据报道销售业绩增加的零售商数量是近三年来增加最多的一次。成人音乐教学工作室在过去十年来稳定扩大。原声乐器（包括小提琴）的良好销售业绩表明，原声乐器是音乐制造商最喜爱的成年乐器产品。因为日本一首最流行的歌曲以吉他为主要特征，所以吉他的销售仍然良好。零售商报告称吉他在妇女和青少年中掀起了很大的学习音乐的兴趣。

面向学校的稳固的市场销售业绩，以及乐器在音乐教习工作室中业余选手之间日益流行，支撑了木管乐器和铜管乐器在去年良好的销售业绩。

自然灾害再一次印证了音乐在日本的重要作用

自从日本东北部发生破坏性自然灾害一年之后，日本音乐行业三月份采访了岩手县、宫城县和福岛县里的17位乐器零售商。很高兴地看到那些受灾严重的地区有如此之高的热情来重建他们的商业业务，并给予当地音乐制造商和学校大力的支持。行业内的许多供应商也以各种各样的方式对他们提供了支持，从产品运输到充盈存货，再到长期付款计划等。

一些位于沿海地区的乐器零售商被迫关门歇业，但是灾害也让我们看到了音乐的巨大力量和作用。当海啸和洪水彻底毁坏了乐器零售商的船只、乐器和仓库时，他们是感到那么地无助。许多零售商认为除非人们恢复到正常生活，否则再也不会有音乐了。但是，两个月到三个月之后，音乐学校的学生们开始返回课堂。很明显父母喜欢让他们的孩子们去上音乐课。因为音乐在困难时期给予了他们微笑。为了支持他们的音乐活动，音乐经销商们免费向当地学校提供乐器维修和恢复服务，也免费向他们提供平时需要购买的个人使用的乐器辅件。

“学校音乐复兴”基金会（网址：http://www.schoolmusicrevival.org）是由板本龙一（Ryuichi Sakamoto）发起的，旨在向受灾地区的1800家学校提供支持，向他们提供乐器维修和更换服务，这项服务不仅面向学生，同时也服务于当地的乐器销售商店。截止2011年4月13日，日本国内和国际上的音乐组织和个人共向该基金会捐助了8000万日元，用于由当地的乐器分销商向学校提供所需的技术性服务。

我们希望借此机会向世界各国所有为日本和日本人民进行祈祷、提供帮助和做出其他贡献的人们表达我们最深厚的谢意。

下表是根据日本乐器协会（JMIA）、日本经产省METI）和日本财务省海关所提供的数据进行绘制的，由日本音乐行业协会印刷出版，并由日本音乐行业协会总裁Masaru Sawano予以评注。

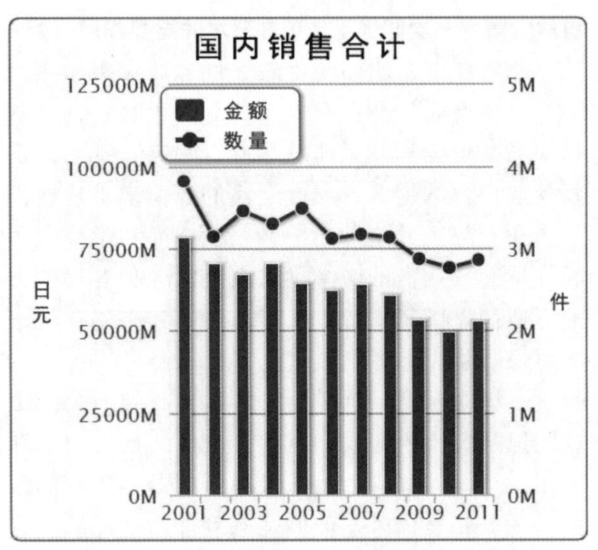

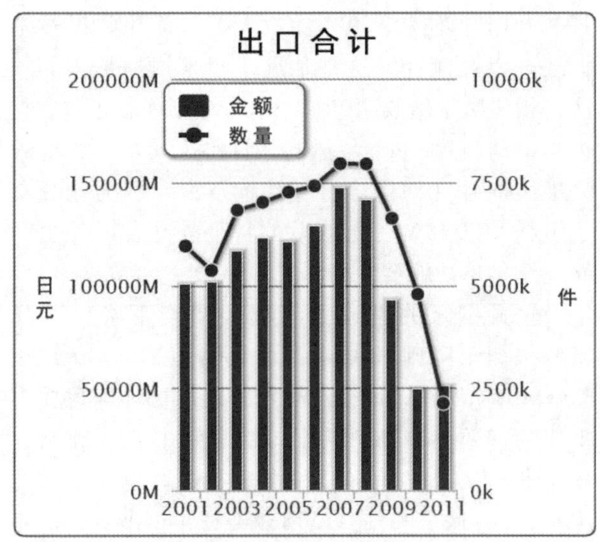

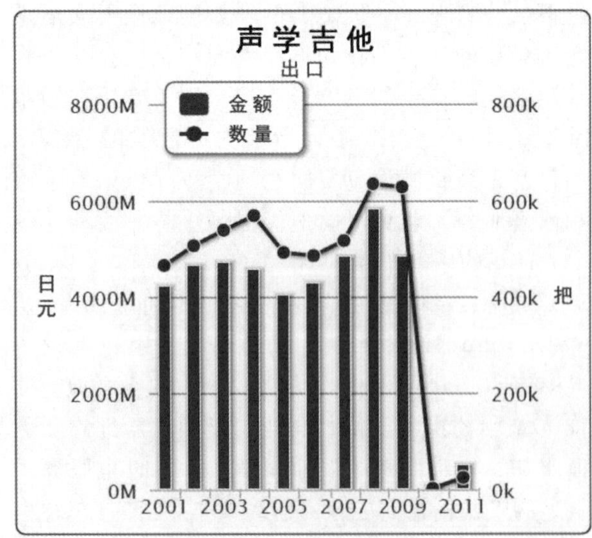

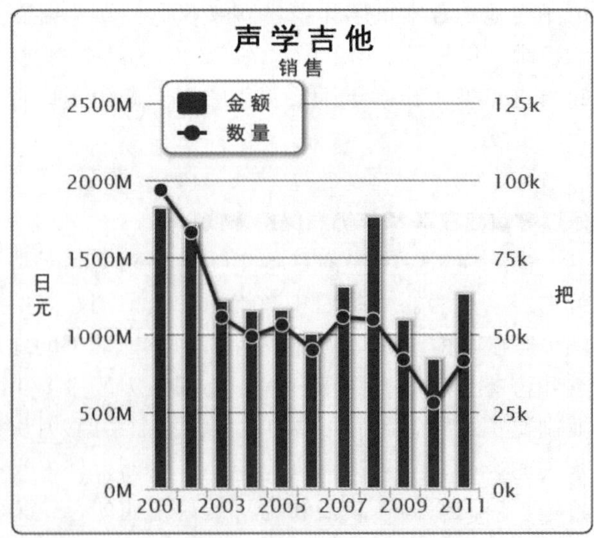

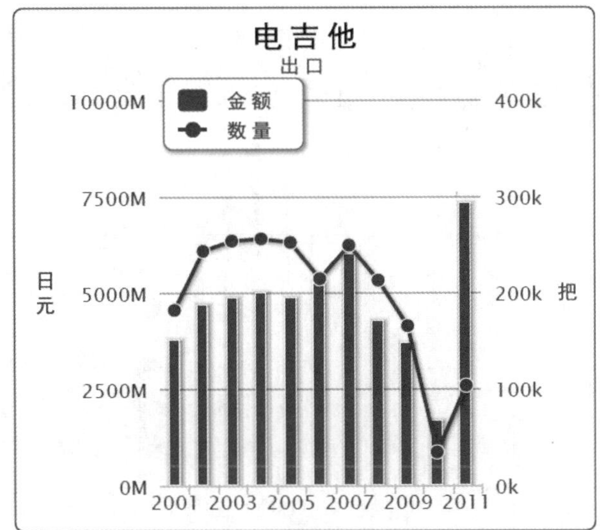
电吉他
出口
金额
数量
10000M
7500M
5000M
2500M
0M
日元
400k
300k
200k
100k
0k
把
2001 2003 2005 2007 2009 2011

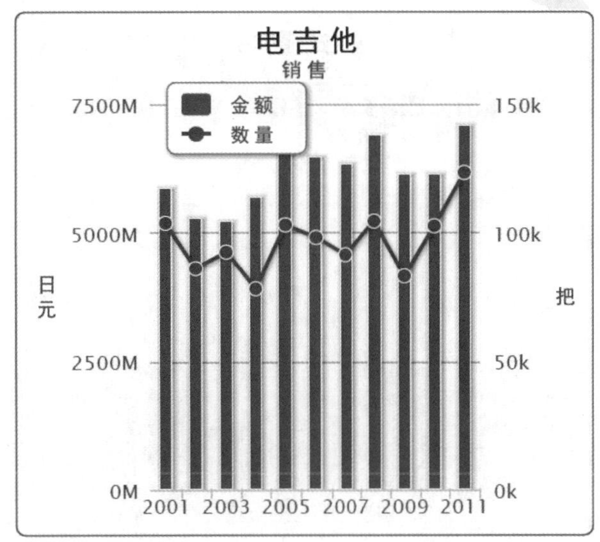
电吉他
销售
金额
数量
7500M
5000M
2500M
0M
日元
150k
100k
50k
0k
把
2001 2003 2005 2007 2009 2011

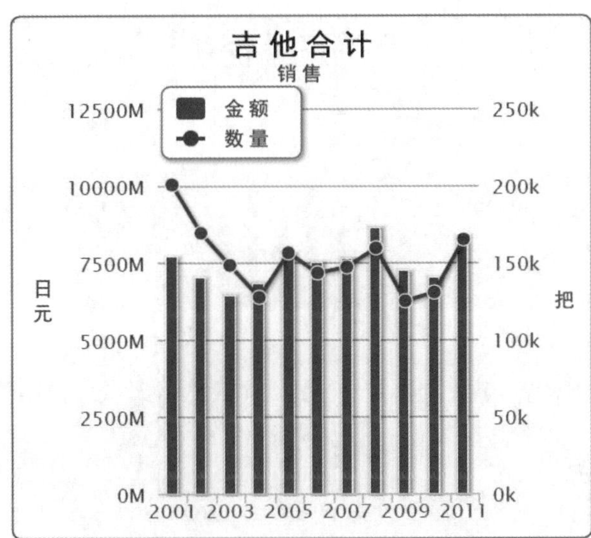
吉他合计
销售
金额
数量
12500M
10000M
7500M
5000M
2500M
0M
日元
250k
200k
150k
100k
50k
0k
把
2001 2003 2005 2007 2009 2011

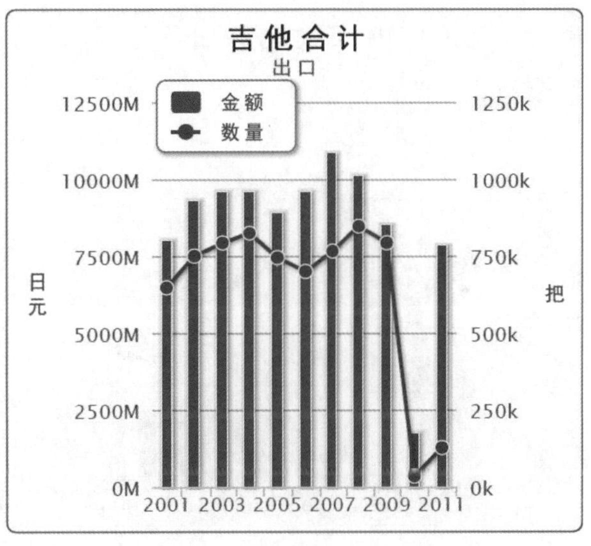
吉他合计
出口
金额
数量
12500M
10000M
7500M
5000M
2500M
0M
日元
1250k
1000k
750k
500k
250k
0k
把
2001 2003 2005 2007 2009 2011

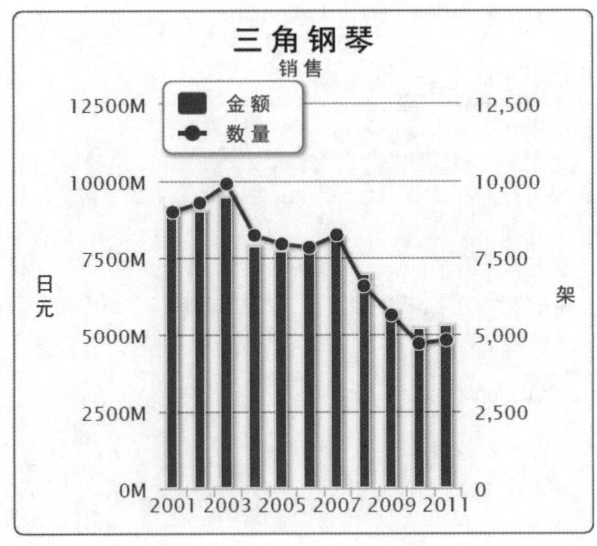
三角钢琴
销售
金额
数量
12500M
10000M
7500M
5000M
2500M
0M
日元
12,500
10,000
7,500
5,000
2,500
0
架
2001 2003 2005 2007 2009 2011

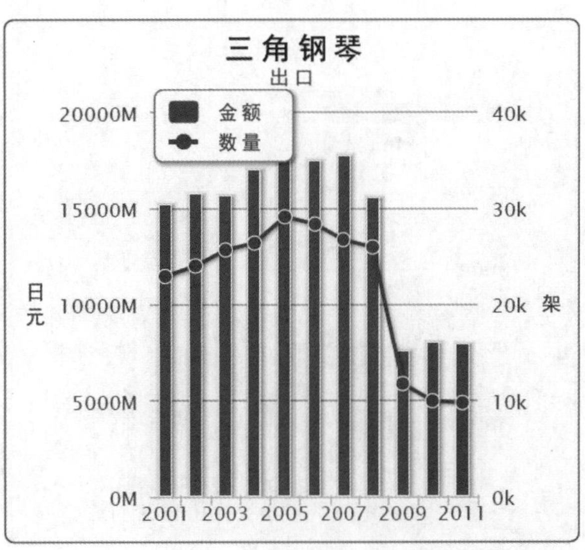
三角钢琴
出口
金额
数量
20000M
15000M
10000M
5000M
0M
日元
40k
30k
20k
10k
0k
架
2001 2003 2005 2007 2009 2011

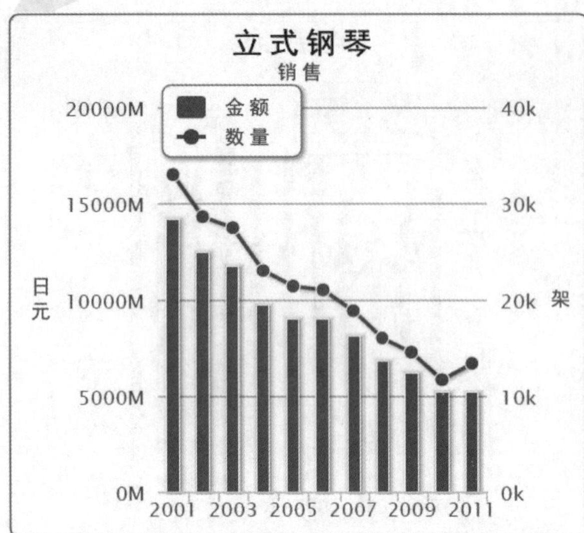
立式钢琴
销售
金额
数量
20000M
15000M
10000M
5000M
0M
日元
40k
30k
20k
10k
0k
架
2001 2003 2005 2007 2009 2011

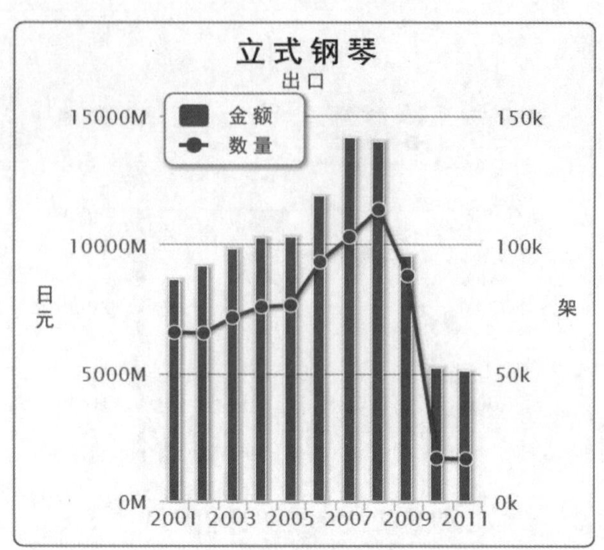
立式钢琴
出口
金额
数量
15000M
10000M
5000M
0M
日元
150k
100k
50k
0k
架
2001 2003 2005 2007 2009 2011

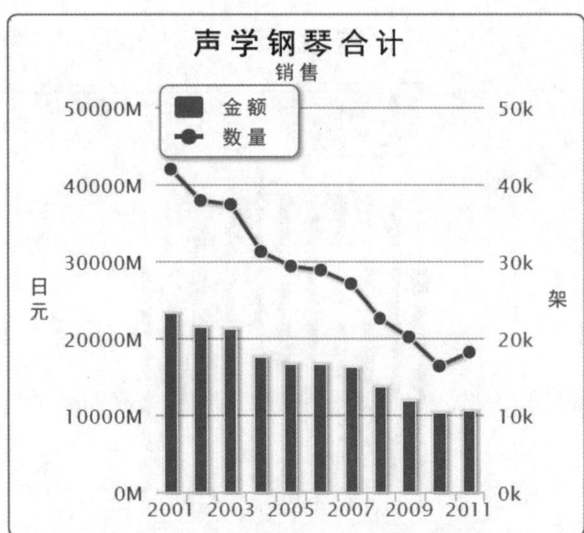
声学钢琴合计
销售
金额
数量
50000M
40000M
30000M
20000M
10000M
0M
日元
50k
40k
30k
20k
10k
0k
架
2001 2003 2005 2007 2009 2011

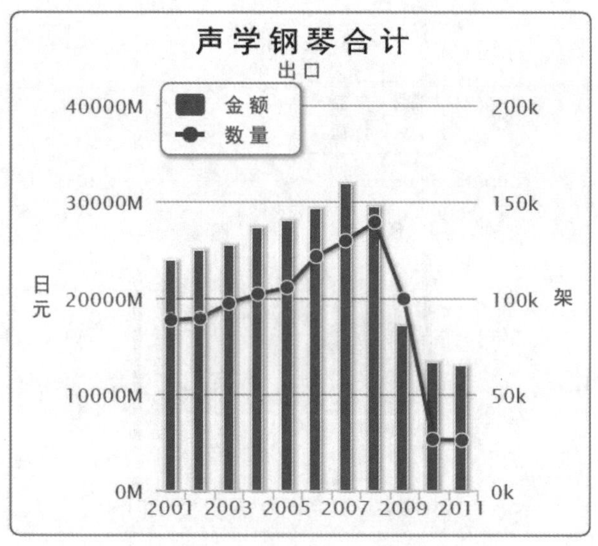
声学钢琴合计
出口
金额
数量
40000M
30000M
20000M
10000M
0M
日元
200k
150k
100k
50k
0k
架
2001 2003 2005 2007 2009 2011

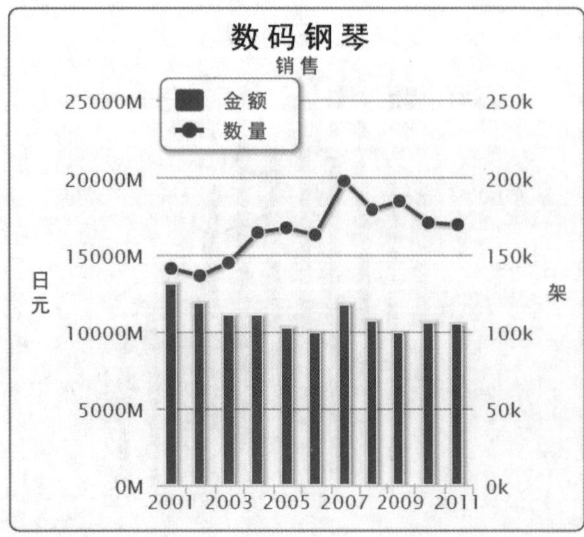
数码钢琴
销售
金额
数量
25000M
20000M
15000M
10000M
5000M
0M
日元
250k
200k
150k
100k
50k
0k
架
2001 2003 2005 2007 2009 2011

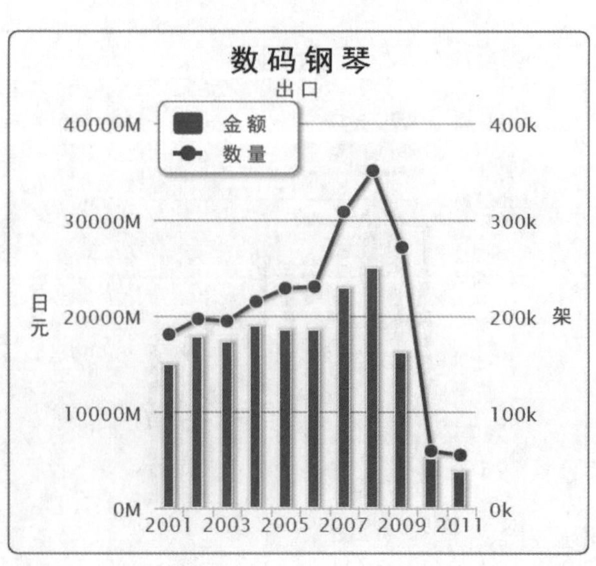
数码钢琴
出口
金额
数量
40000M
30000M
20000M
10000M
0M
日元
400k
300k
200k
100k
0k
架
2001 2003 2005 2007 2009 2011

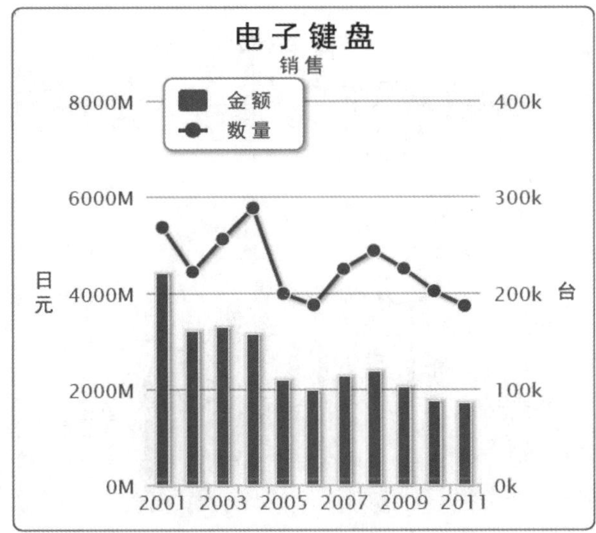
电子键盘
销售
金额
数量
8000M
6000M
4000M
2000M
0M
日元
400k
300k
200k
100k
0k
台
2001 2003 2005 2007 2009 2011

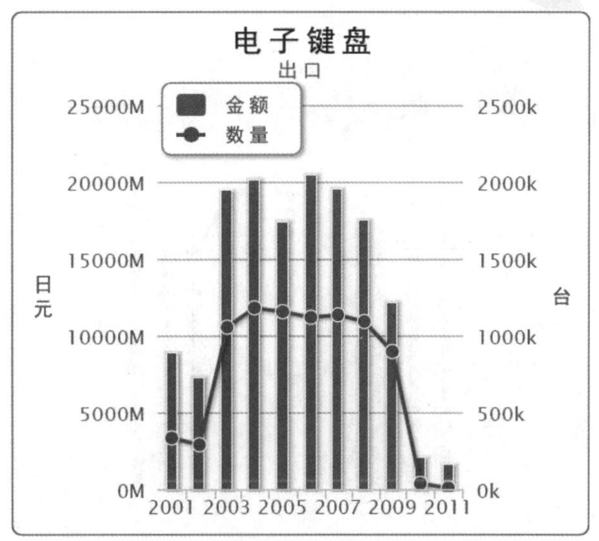
电子键盘
出口
金额
数量
25000M
20000M
15000M
10000M
5000M
0M
日元
2500k
2000k
1500k
1000k
500k
0k
台
2001 2003 2005 2007 2009 2011

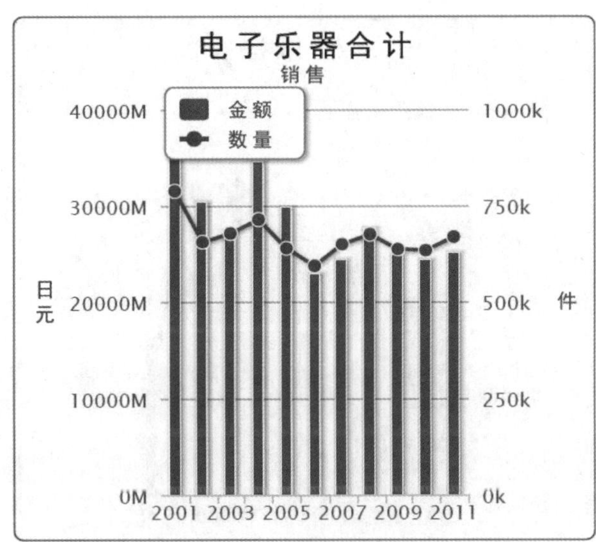
电子乐器合计
销售
金额
数量
40000M
30000M
20000M
10000M
0M
日元
1000k
750k
500k
250k
0k
件
2001 2003 2005 2007 2009 2011

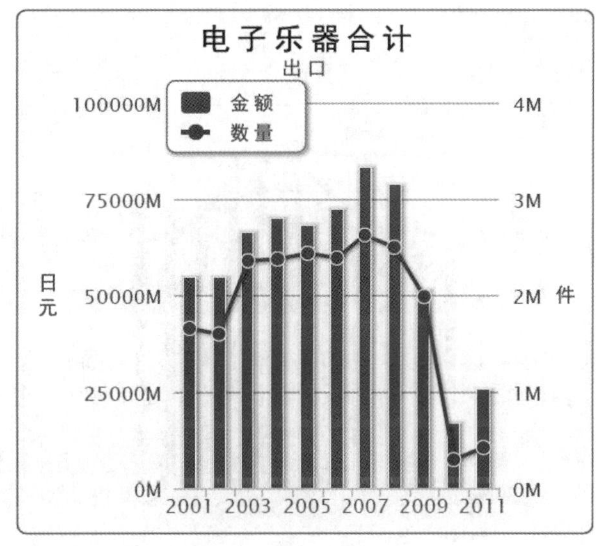
电子乐器合计
出口
金额
数量
100000M
75000M
50000M
25000M
0M
日元
4M
3M
2M
1M
0M
件
2001 2003 2005 2007 2009 2011

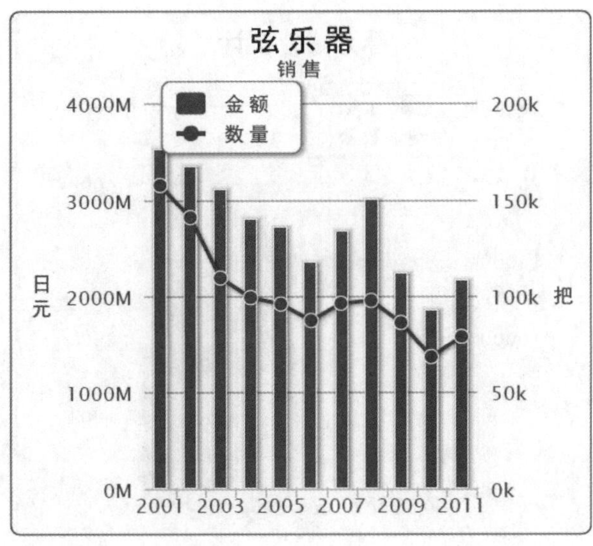
弦乐器
销售
金额
数量
4000M
3000M
2000M
1000M
0M
日元
200k
150k
100k
50k
0k
把
2001 2003 2005 2007 2009 2011

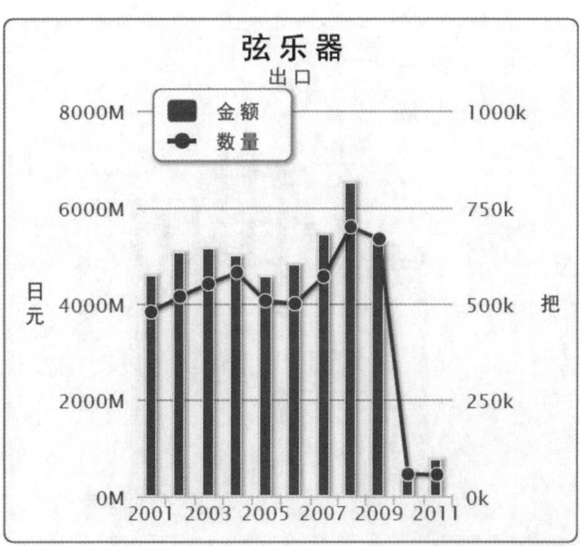
弦乐器
出口
金额
数量
8000M
6000M
4000M
2000M
0M
日元
1000k
750k
500k
250k
0k
把
2001 2003 2005 2007 2009 2011

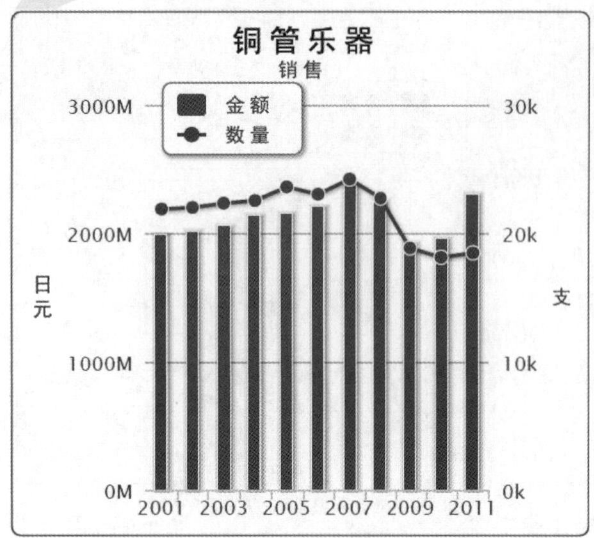
铜管乐器
销售
金额
数量
3000M
2000M
1000M
0M
日元
30k
20k
10k
0k
支
2001 2003 2005 2007 2009 2011

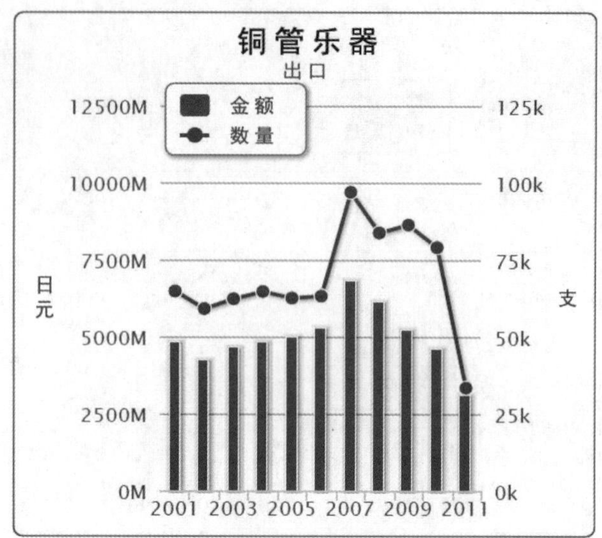
铜管乐器
出口
金额
数量
12500M
10000M
7500M
5000M
2500M
0M
日元
125k
100k
75k
50k
25k
0k
支
2001 2003 2005 2007 2009 2011

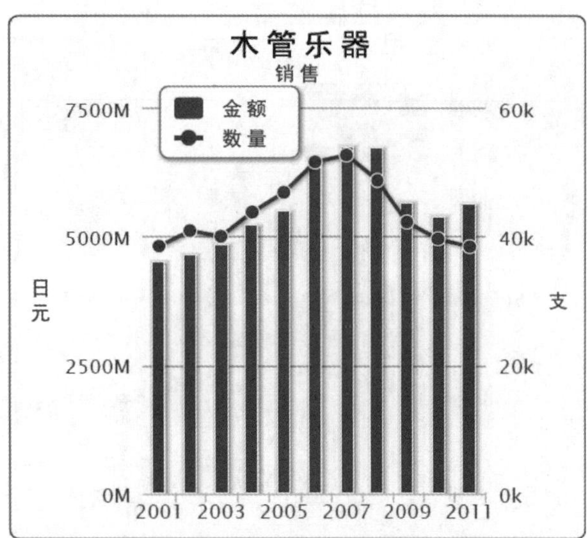
木管乐器
销售
金额
数量
7500M
5000M
2500M
0M
日元
60k
40k
20k
0k
支
2001 2003 2005 2007 2009 2011

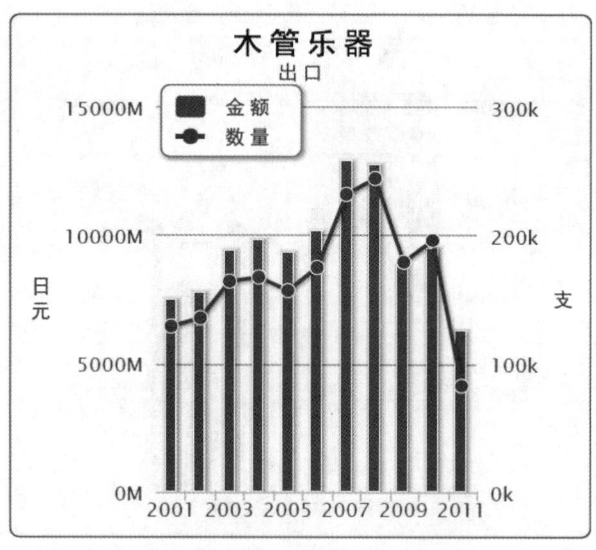
木管乐器
出口
金额
数量
15000M
10000M
5000M
0M
日元
300k
200k
100k
0k
支
2001 2003 2005 2007 2009 2011

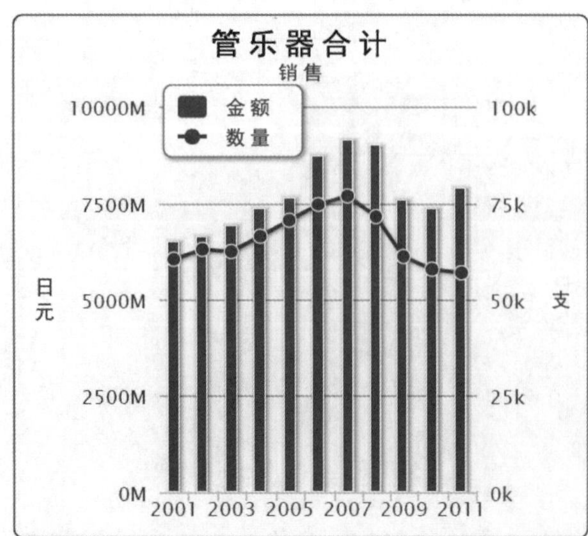
管乐器合计
销售
金额
数量
10000M
7500M
5000M
2500M
0M
日元
100k
75k
50k
25k
0k
支
2001 2003 2005 2007 2009 2011

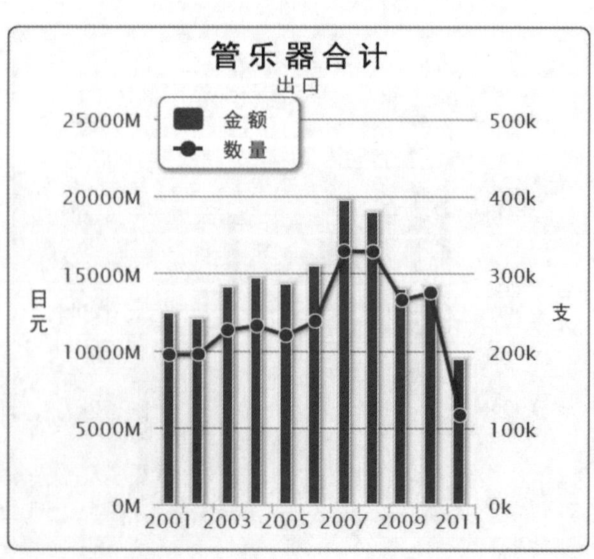
管乐器合计
出口
金额
数量
25000M
20000M
15000M
10000M
5000M
0M
日元
500k
400k
300k
200k
100k
0k
支
2001 2003 2005 2007 2009 2011

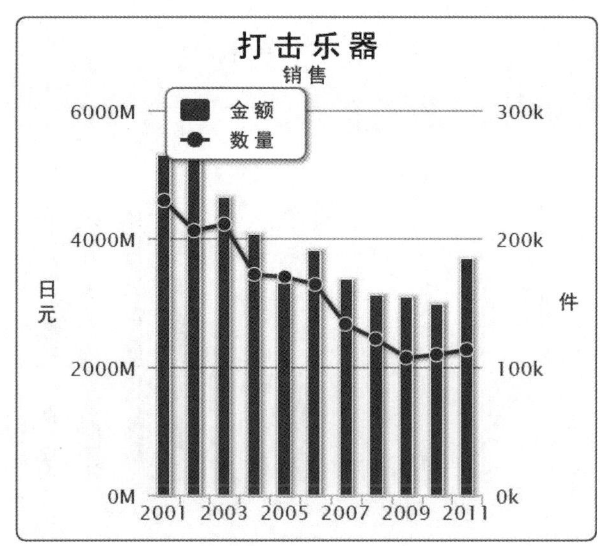

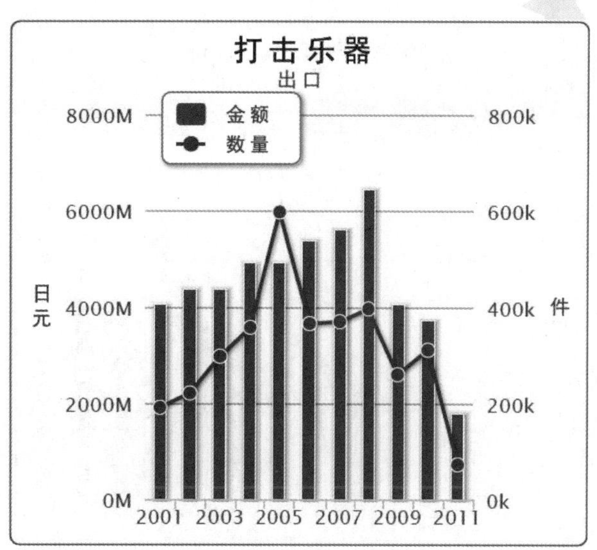

墨西哥

以下图表数据来源于国际贸易中心（ITC）网站

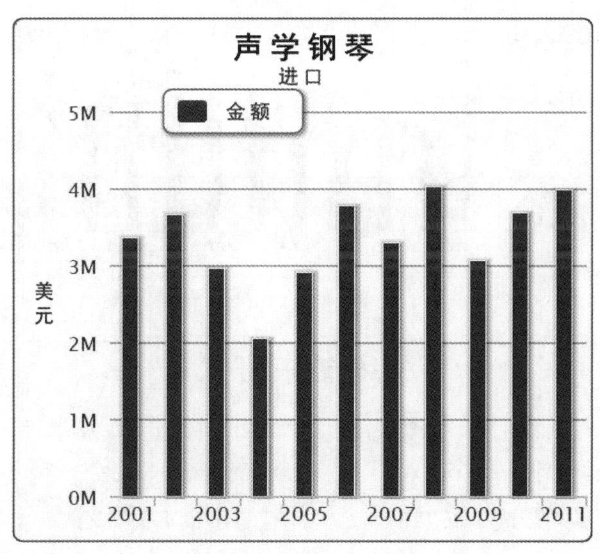

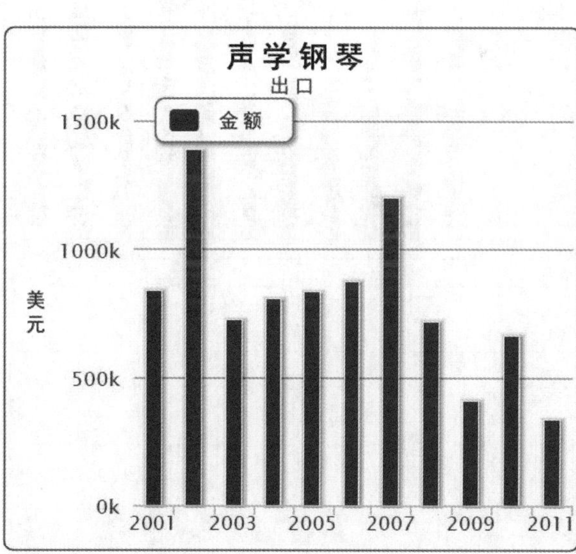

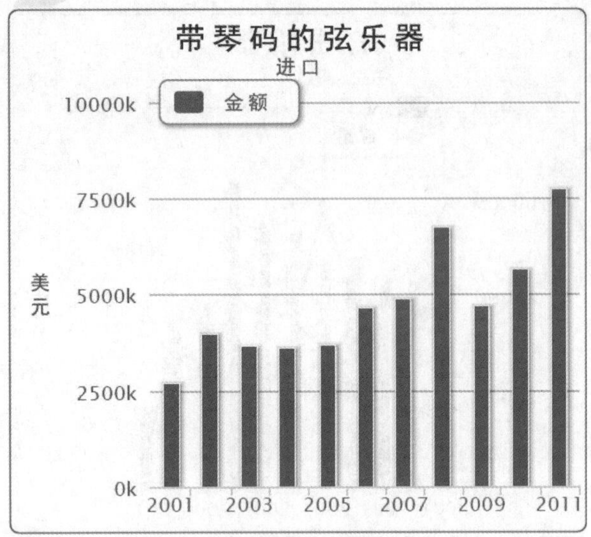
带琴码的弦乐器
进口
金额
美元
10000k
7500k
5000k
2500k
0k
2001 2003 2005 2007 2009 2011

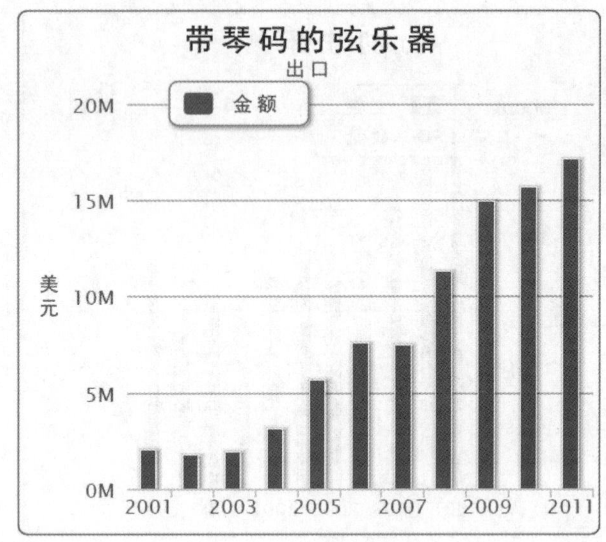
带琴码的弦乐器
出口
金额
美元
20M
15M
10M
5M
0M
2001 2003 2005 2007 2009 2011

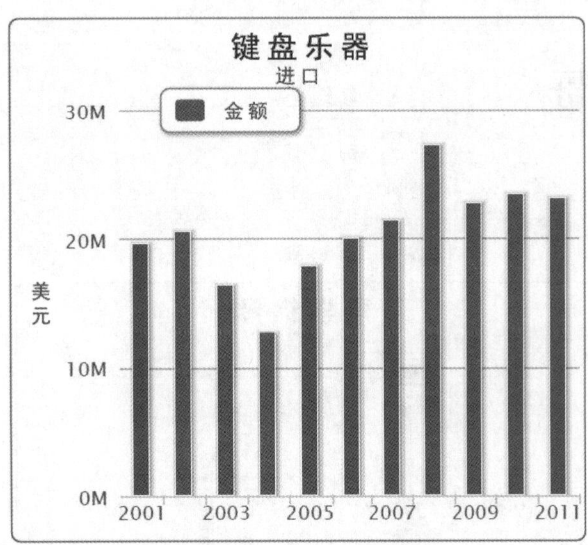
键盘乐器
进口
金额
美元
30M
20M
10M
0M
2001 2003 2005 2007 2009 2011

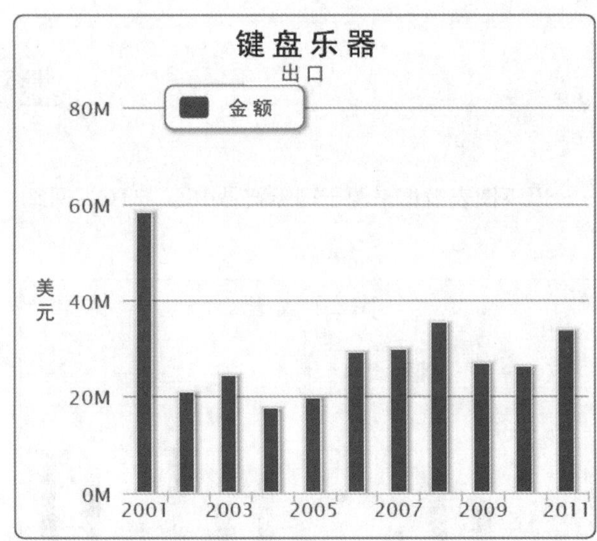
键盘乐器
出口
金额
美元
80M
60M
40M
20M
0M
2001 2003 2005 2007 2009 2011

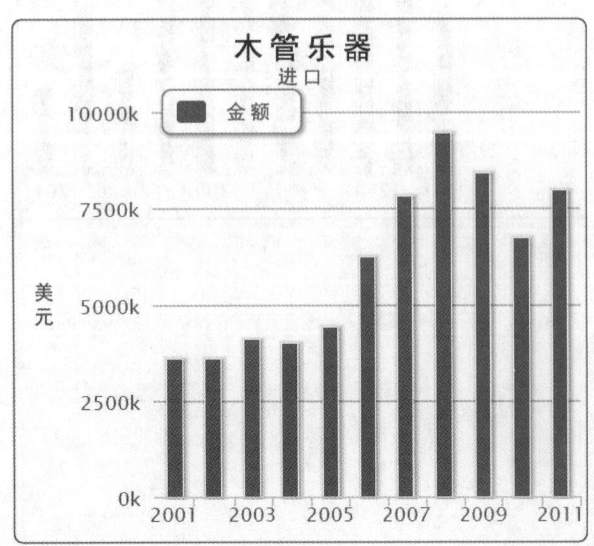
木管乐器
进口
金额
美元
10000k
7500k
5000k
2500k
0k
2001 2003 2005 2007 2009 2011

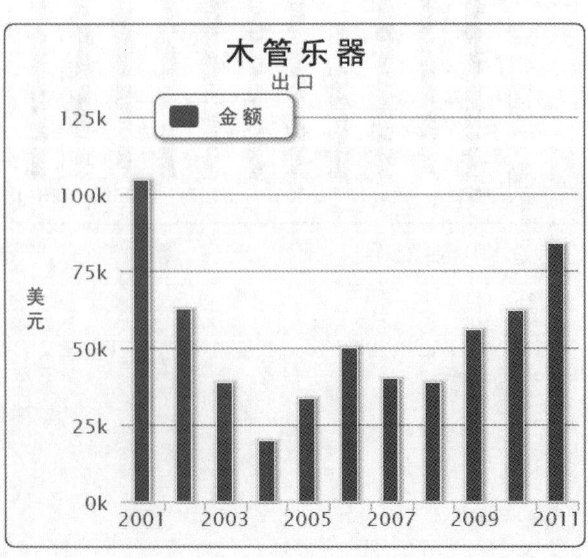
木管乐器
出口
金额
美元
125k
100k
75k
50k
25k
0k
2001 2003 2005 2007 2009 2011

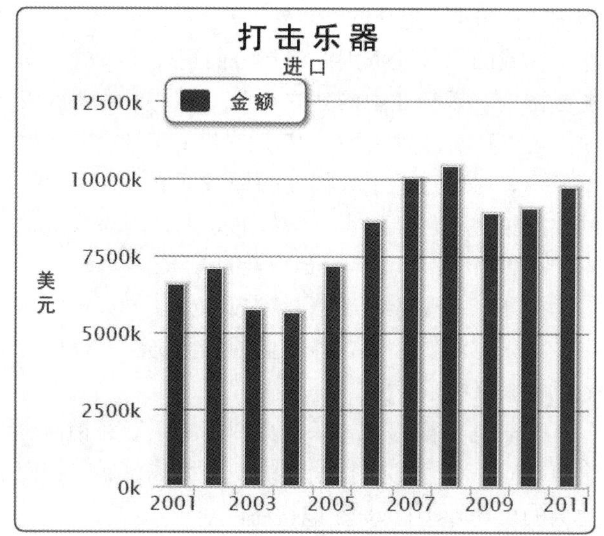

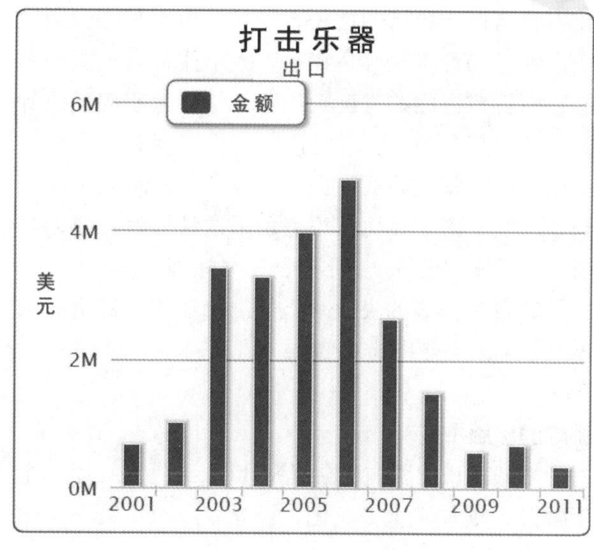

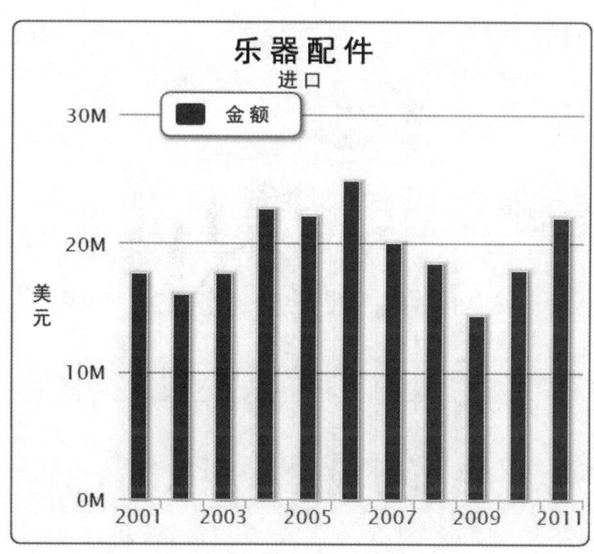

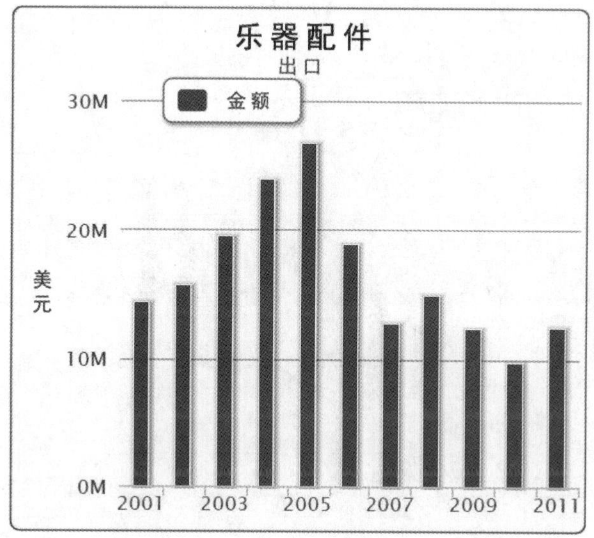

挪威

政府组织系统：君主立宪制，议会民主制。截止2012年1月1日，居住人口为4986000人。挪威本地的土著人为萨米族，挪威有五个少数民族，这是在挪威长期的交往中形成的。挪威货币为克朗（Kroner），截至2012年1月，一欧元兑换7.75克朗，一美元兑换5.88克朗。

2011年欧洲的经济危机更加严重，全球经济增长的疲软也影响到了挪威经济。许多循环式出口产品的价格在去年某几个季度出现下跌；同时，油价仍然维持在很高价位，这对挪威产生了很大影响。2011年传统货物的出口增长率接近零增长。

无论挪威经济是否避开了新一轮的衰退（业内许多同行都已经历过），挪威经济在很大程度上依靠国内的需求，因为外部需求的增长很微弱。因为内需可以通过货币政策和财政政策进行刺激。与其它许多国家相比，挪威由于人口老龄化原因，部分需求从中央政策转移到家庭中，这有可能对家庭消费和家庭投资带来强劲的增长，而且人口的高增长率也有助于经济的增长。同时，由于在许多国家中出现了房价下跌且负债很高，个体家庭也深受影响，而挪威国内的情况则不同。尽管大家都关注到家庭产权债务率是如此之高，一旦出现利息率水平上调，许多家庭将面临支付困境，但同时必须注意到，与其它国家相比，正是由于这种借款，成为当前和以后挪威经济良好形势的部分原因。

2011年挪威的失业率仍然维持在相当稳定的水平（年末的失业率为3.3%）。

挪威的出版市场

挪威乐谱出版商协会（NVFF）最近开启了一个新阶段，更加注重专业化，设立了一个由受到法律培训的全职员工组成的办事处。

挪威的出版业务因经济形势而遭受了下跌（与挪威国内音乐行业中的其它行业一样），由挪威表演描述权利学会（TONO）最近提供的统计资料和数据显示，尽管遭受了大幅度的经济下滑，音乐产品的实际销售量仍然取得了很好的效果，因为数字音乐产品的销售弥补了乐器销售量的下降。

另外，乐谱销量仍然保持在高位。

对于充满变化的乐器行业，我们仍然有理由对它的未来保持乐观。

下表是根据挪威音乐协会、挪威乐器经销商协会（GfM）提供的数据绘制的，由挪威乐器经销商协会的Jo Bergerskogen予以评注。

声学吉他
进口
金额
数量
40M 30M 20M 10M 0M
挪威币
200k 150k 100k 50k 0k
把
2003 2005 2007 2009 2011

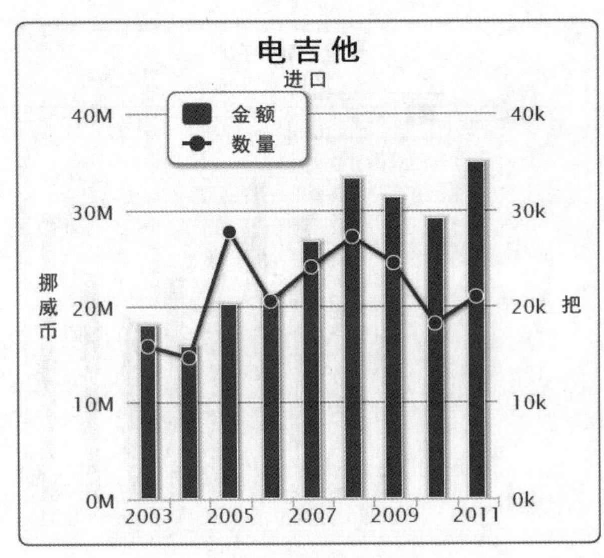

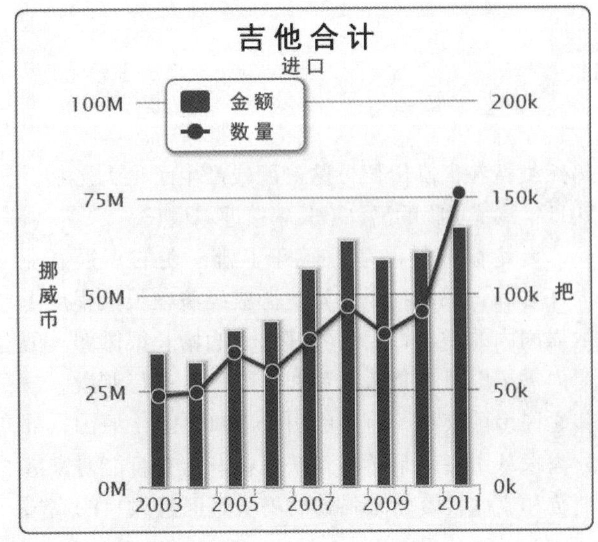

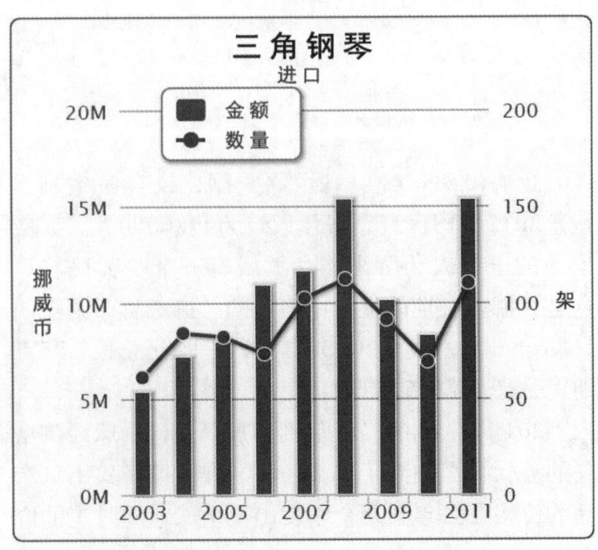

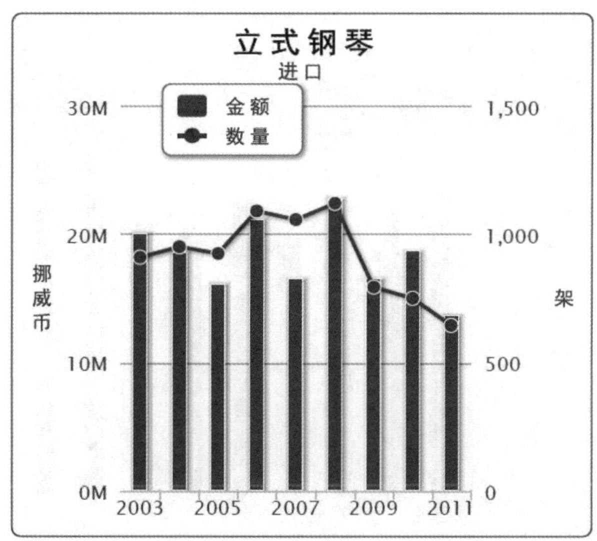
立式钢琴
进口
金额
数量
30M
20M
10M
0M
挪威币
1,500
1,000
500
0
架
2003
2005
2007
2009
2011

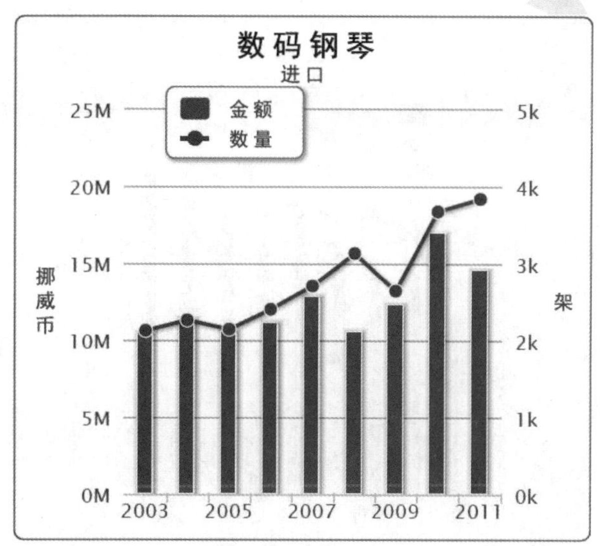
数码钢琴
进口
金额
数量
25M
20M
15M
10M
5M
0M
挪威币
5k
4k
3k
2k
1k
0k
架
2003
2005
2007
2009
2011

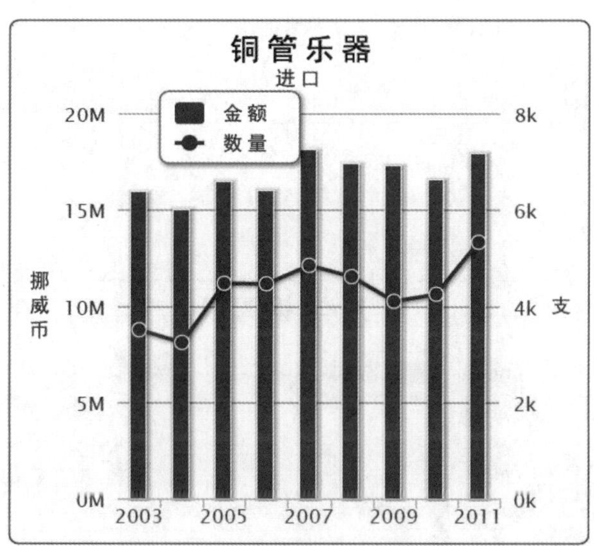
铜管乐器
进口
金额
数量
20M
15M
10M
5M
0M
挪威币
8k
6k
4k
2k
0k
支
2003
2005
2007
2009
2011

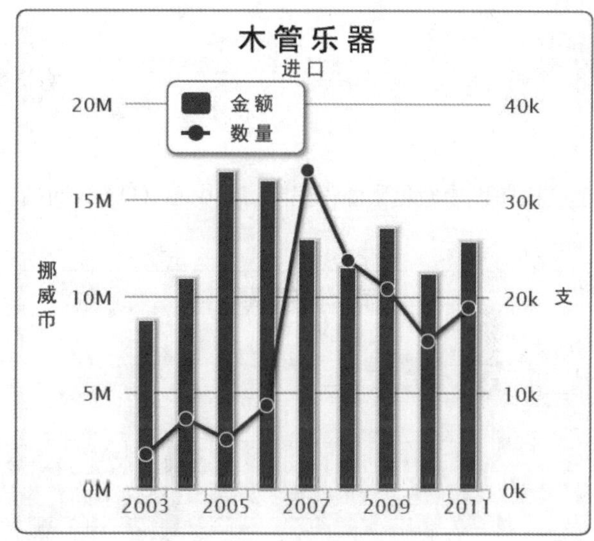
木管乐器
进口
金额
数量
20M
15M
10M
5M
0M
挪威币
40k
30k
20k
10k
0k
支
2003
2005
2007
2009
2011

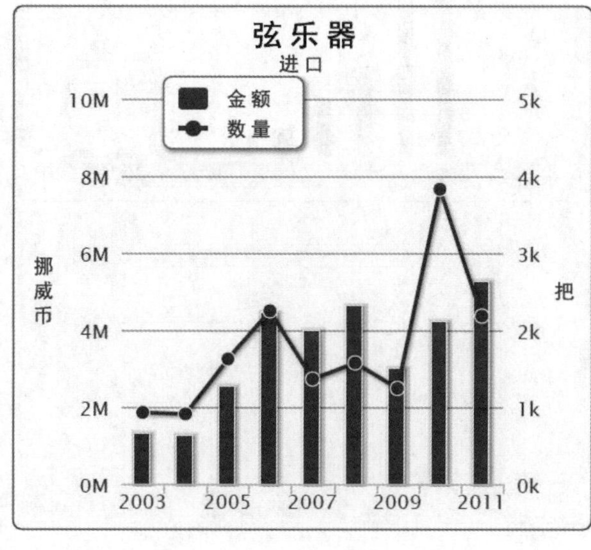
弦乐器
进口
金额
数量
10M
8M
6M
4M
2M
0M
挪威币
5k
4k
3k
2k
1k
0k
把
2003
2005
2007
2009
2011

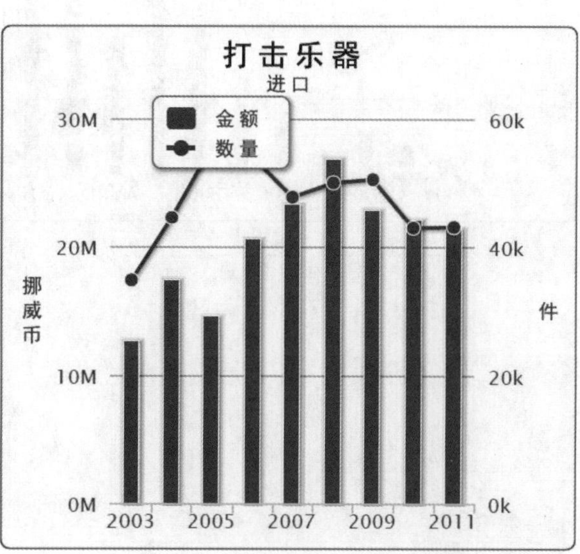
打击乐器
进口
金额
数量
30M
20M
10M
0M
挪威币
60k
40k
20k
0k
件
2003
2005
2007
2009
2011

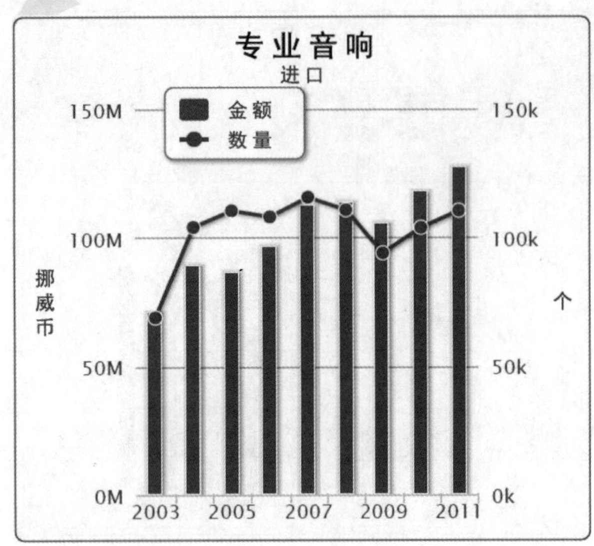

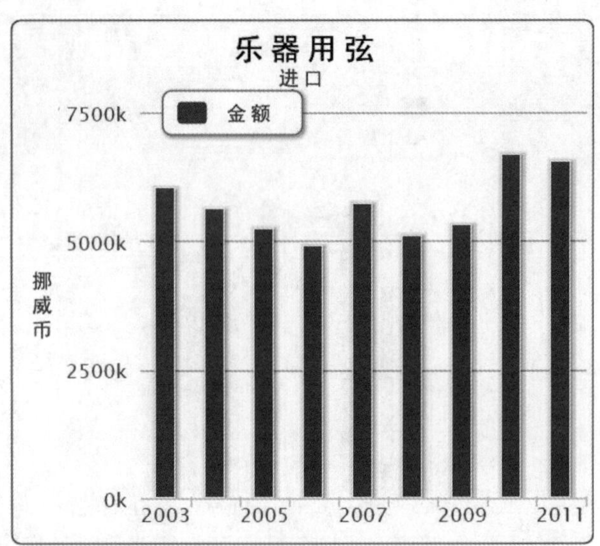

俄罗斯

以下图表数据来源于国际贸易中心（ITC）网站

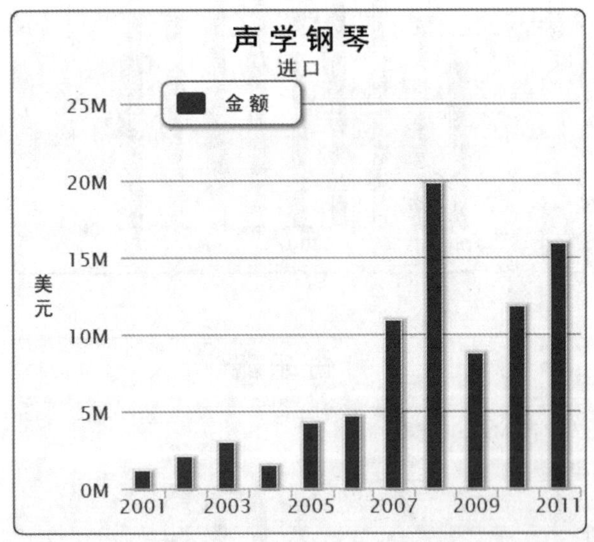

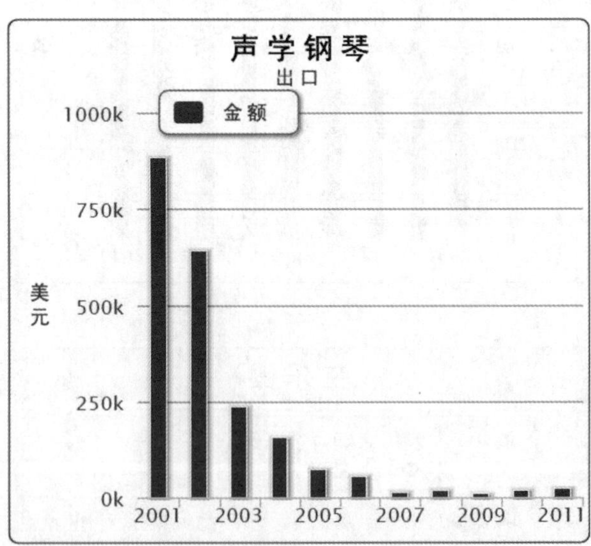

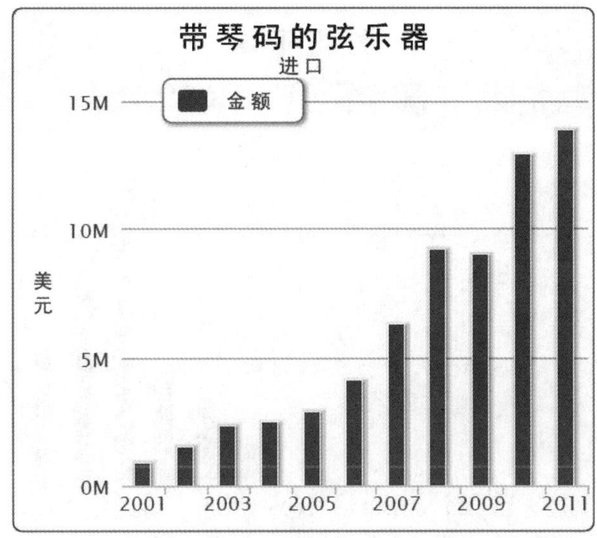
带琴码的弦乐器
进口
金额
美元
15M
10M
5M
0M
2001
2003
2005
2007
2009
2011

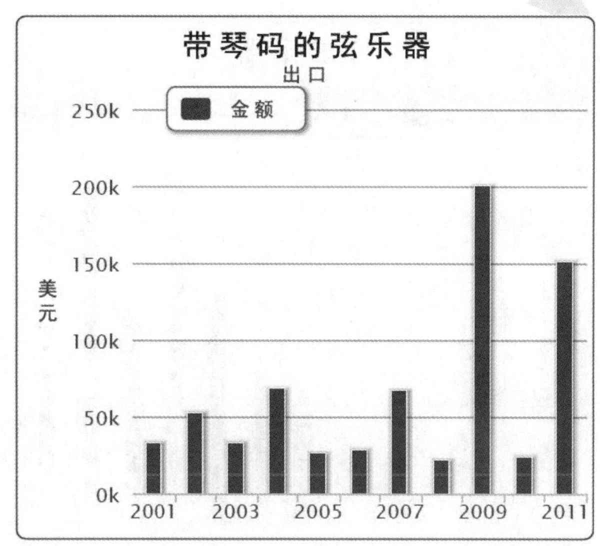
带琴码的弦乐器
出口
金额
美元
250k
200k
150k
100k
50k
0k
2001
2003
2005
2007
2009
2011

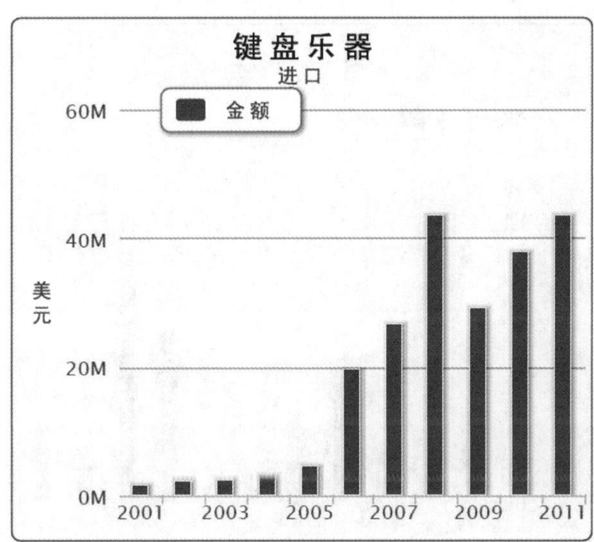
键盘乐器
进口
金额
美元
60M
40M
20M
0M
2001
2003
2005
2007
2009
2011

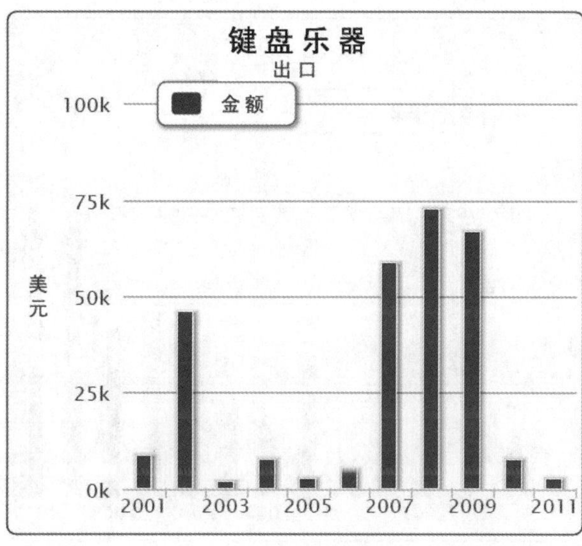
键盘乐器
出口
金额
美元
100k
75k
50k
25k
0k
2001
2003
2005
2007
2009
2011

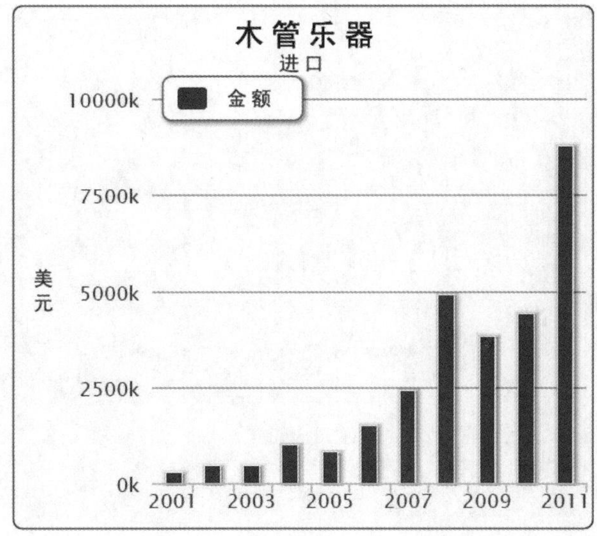
木管乐器
进口
金额
美元
10000k
7500k
5000k
2500k
0k
2001
2003
2005
2007
2009
2011

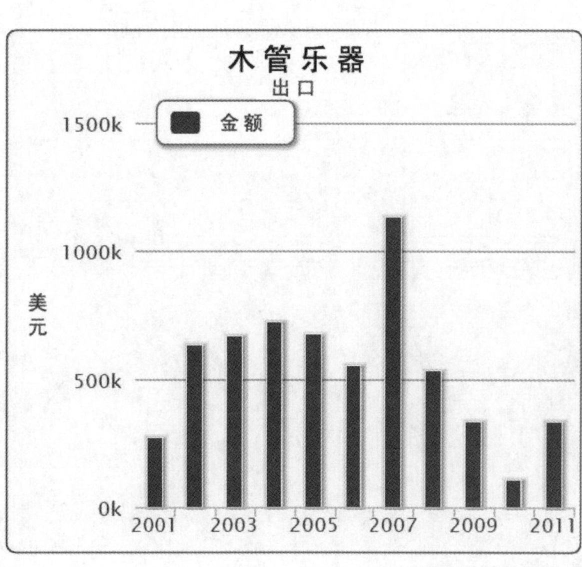
木管乐器
出口
金额
美元
1500k
1000k
500k
0k
2001
2003
2005
2007
2009
2011

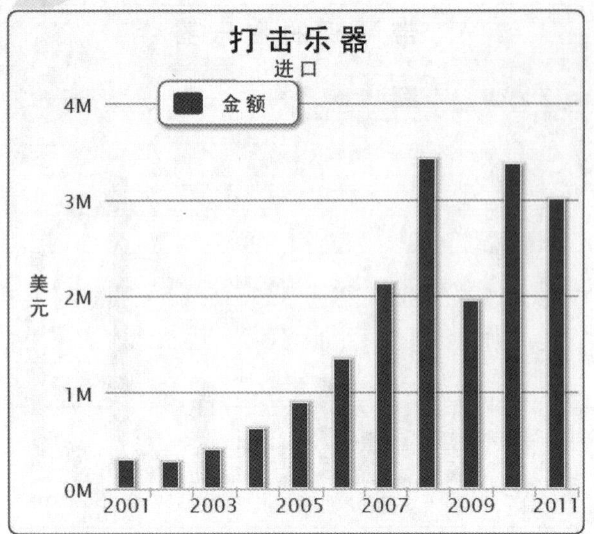
打击乐器
进口
金额
美元
4M
3M
2M
1M
0M
2001
2003
2005
2007
2009
2011

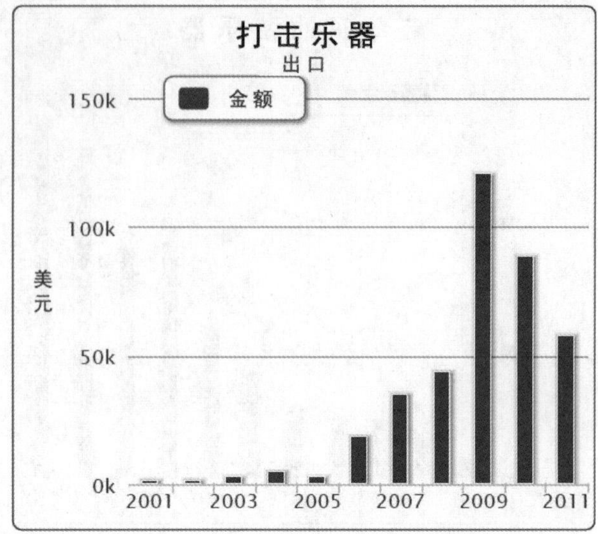
打击乐器
出口
金额
美元
150k
100k
50k
0k
2001
2003
2005
2007
2009
2011

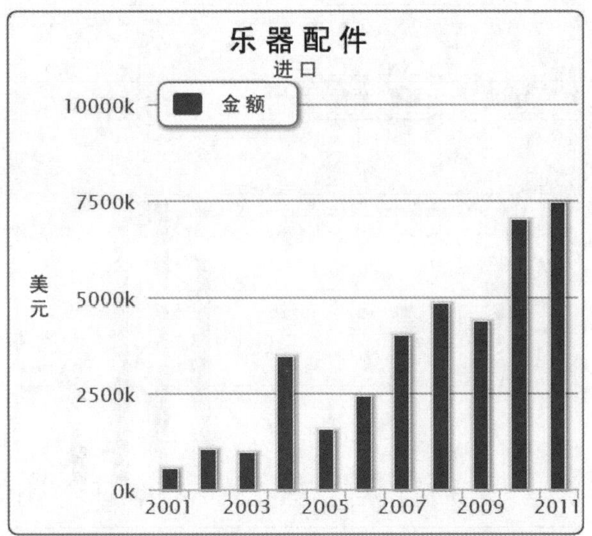
乐器配件
进口
金额
美元
10000k
7500k
5000k
2500k
0k
2001
2003
2005
2007
2009
2011

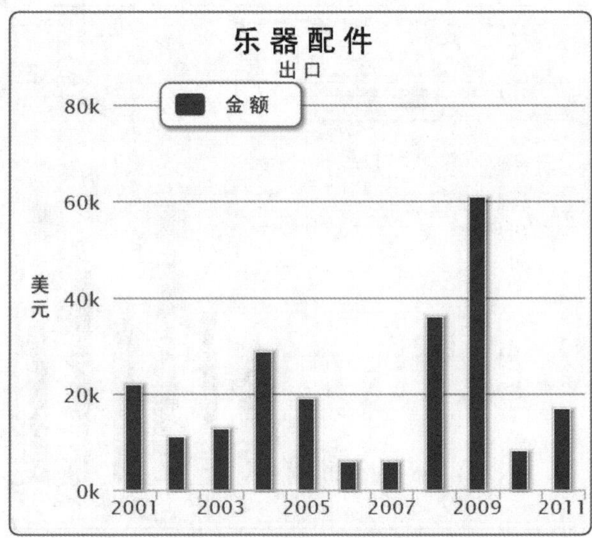
乐器配件
出口
金额
美元
80k
60k
40k
20k
0k
2001
2003
2005
2007
2009
2011

韩国

以下图表数据来源于国际贸易中心（ITC）网站

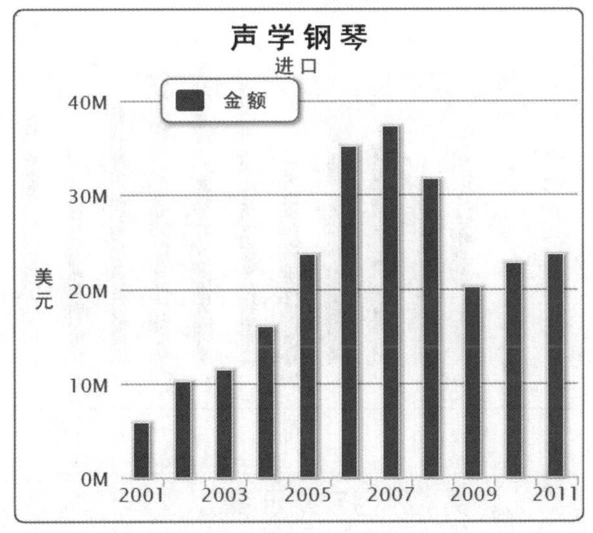

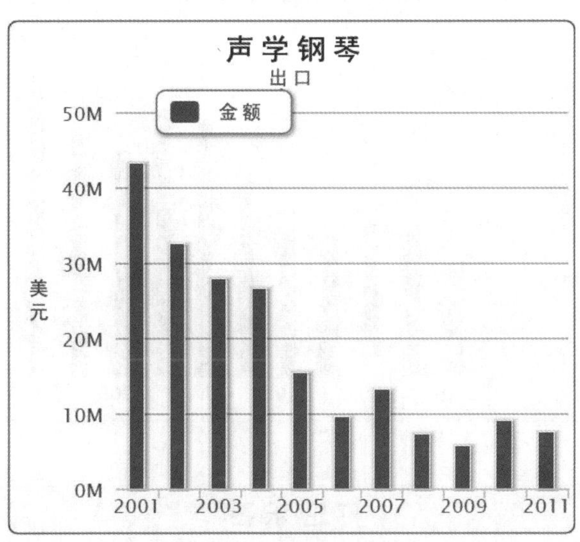

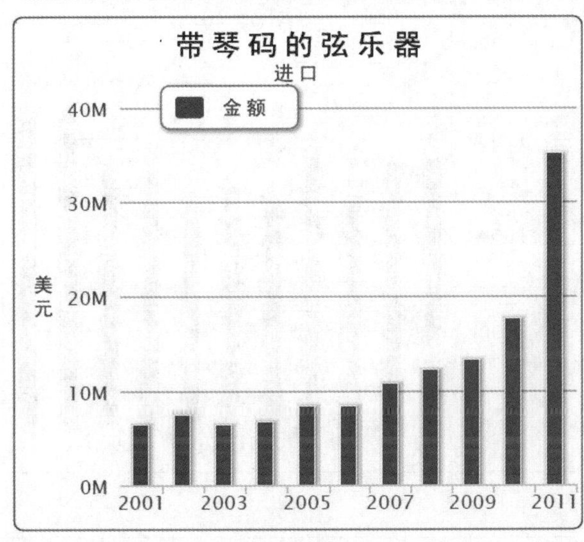

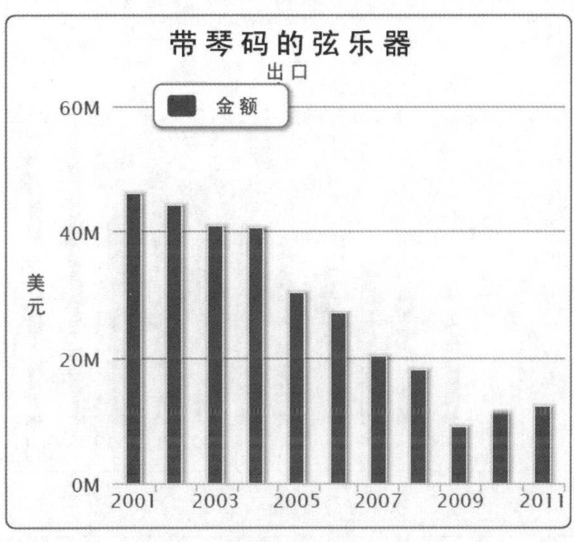

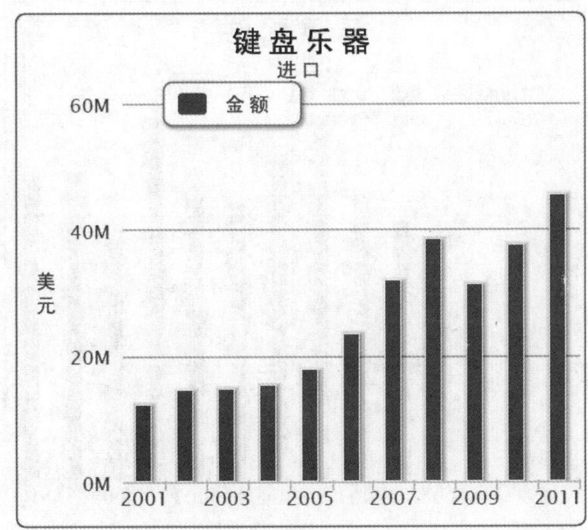

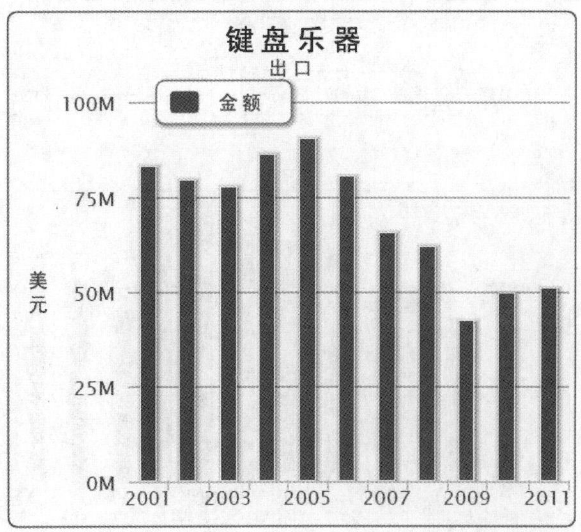

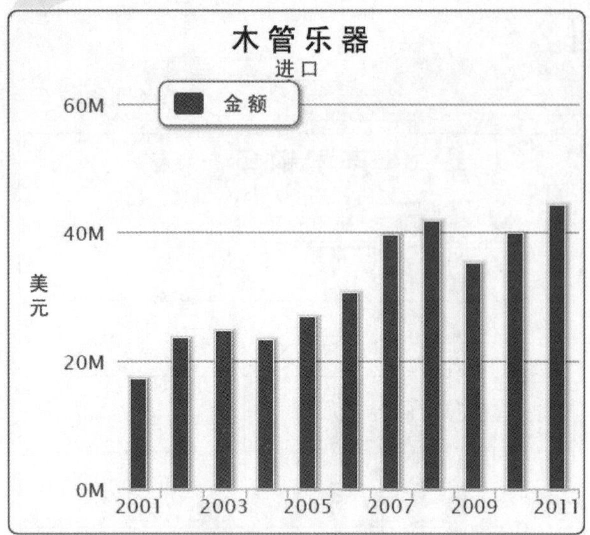
木管乐器
进口
金额
美元
60M
40M
20M
0M
2001
2003
2005
2007
2009
2011

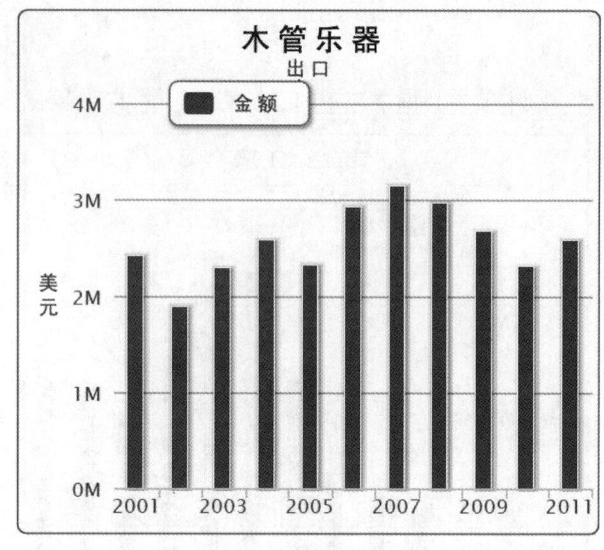
木管乐器
出口
金额
美元
4M
3M
2M
1M
0M
2001
2003
2005
2007
2009
2011

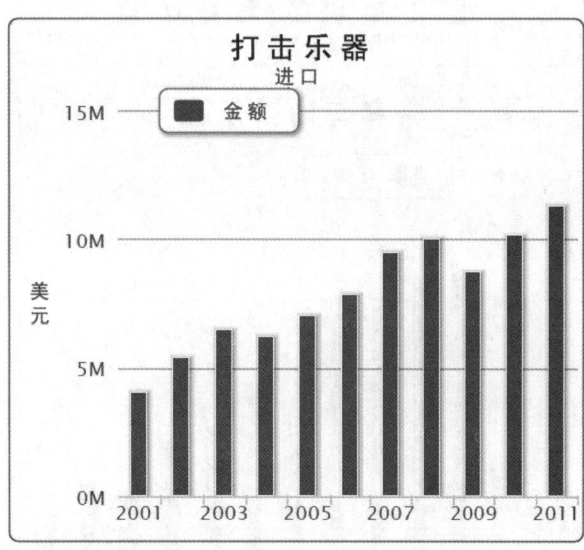
打击乐器
进口
金额
美元
15M
10M
5M
0M
2001
2003
2005
2007
2009
2011

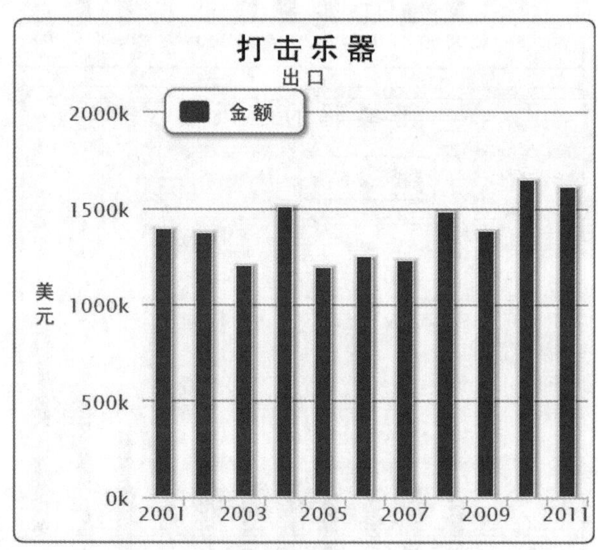
打击乐器
出口
金额
美元
2000k
1500k
1000k
500k
0k
2001
2003
2005
2007
2009
2011

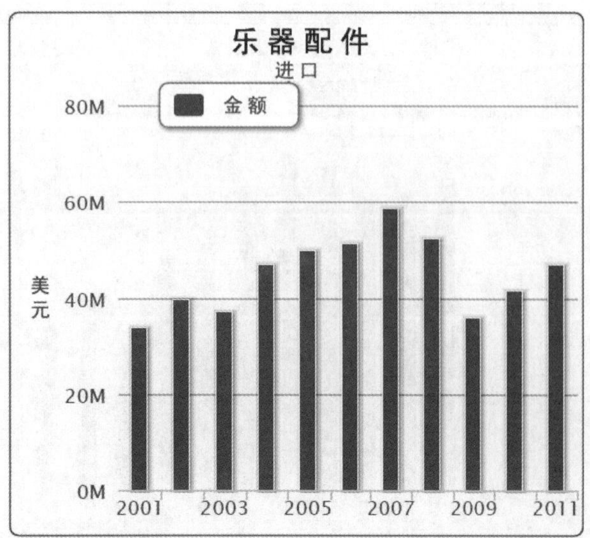
乐器配件
进口
金额
美元
80M
60M
40M
20M
0M
2001
2003
2005
2007
2009
2011

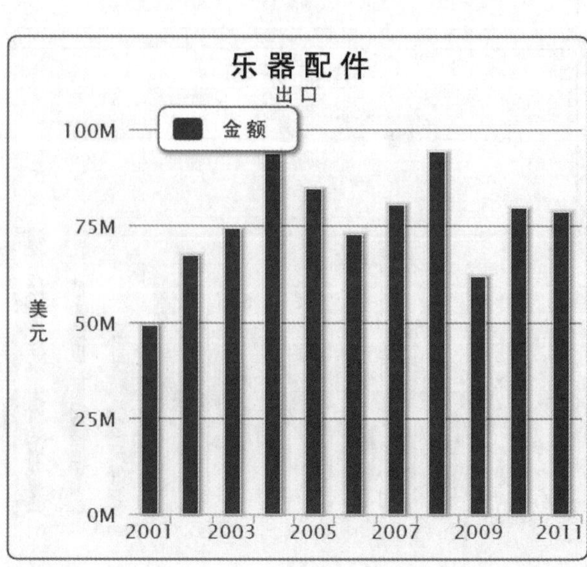
乐器配件
出口
金额
美元
100M
75M
50M
25M
0M
2001
2003
2005
2007
2009
2011

西班牙

西班牙市场的乐器总销售量仍然受欧元区严重经济危机的影响，而且西班牙经济在各个领域均遭受了国内消费大幅度下滑的困境。

与2010年相比，2011年预计下跌了大约15%，西班牙国内需求有望在2012年开始恢复。

由于经济危机而导致了消费的下滑，再加上国外客户通过网络进行销售的案例大幅增加，当前形势变得更加关键。从很大程度上说，这种网络销售价格比西班牙国内乐器销售店的销售价格低很多。通过西班牙国外网络渠道进行销售的乐器占销售总量的百分比预计为25%。

遗憾的是，由于零售业务无法与上述价格低廉、经济灵活的网络销售进行竞争，零售业务数量不断增加的大门已经关闭。

下表是根据西班牙乐器协会提供的数据绘制而成的，由西班牙乐器协会的授权代表兼Caprice S.L.的执行总监胡安格·雷科斯予以评注。

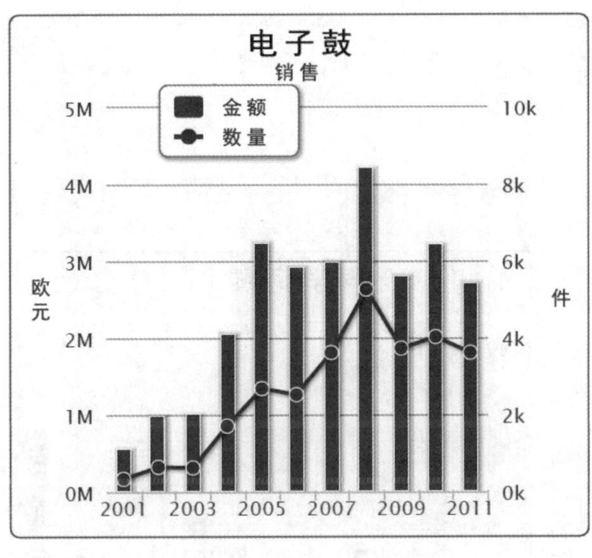

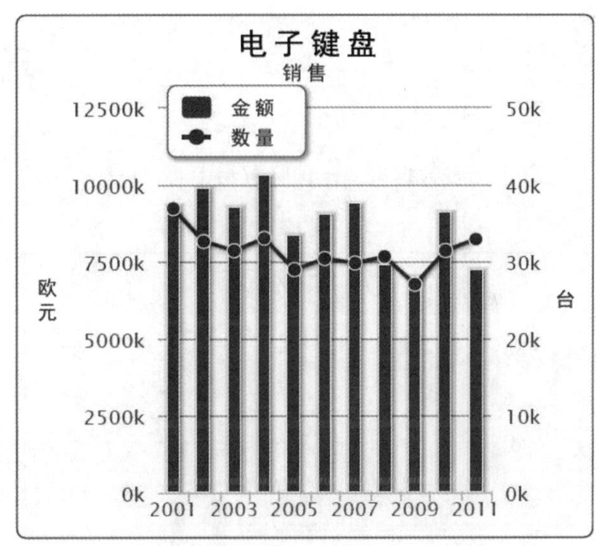

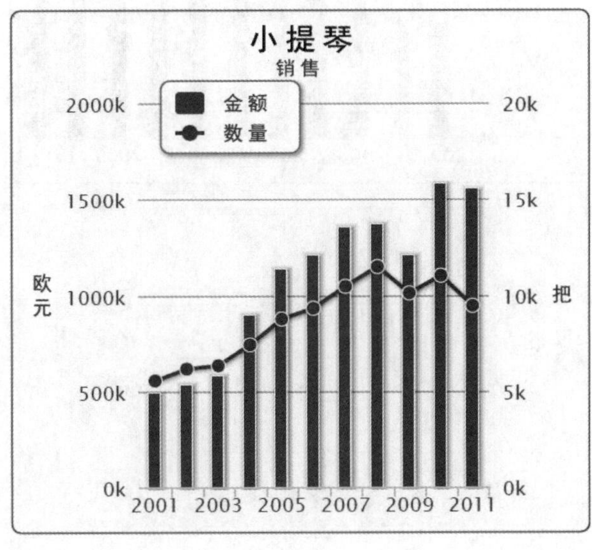

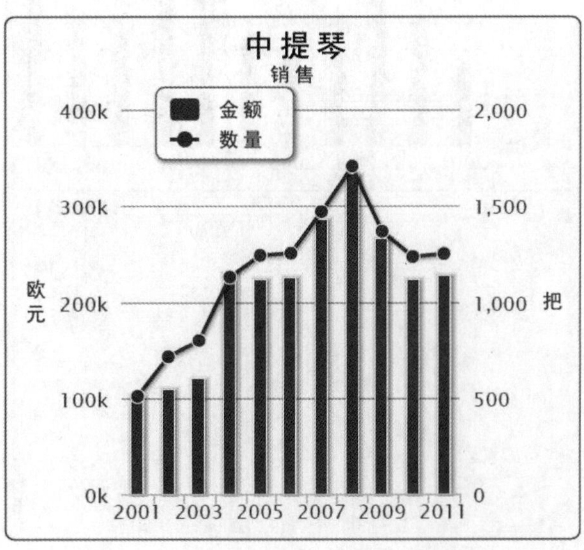

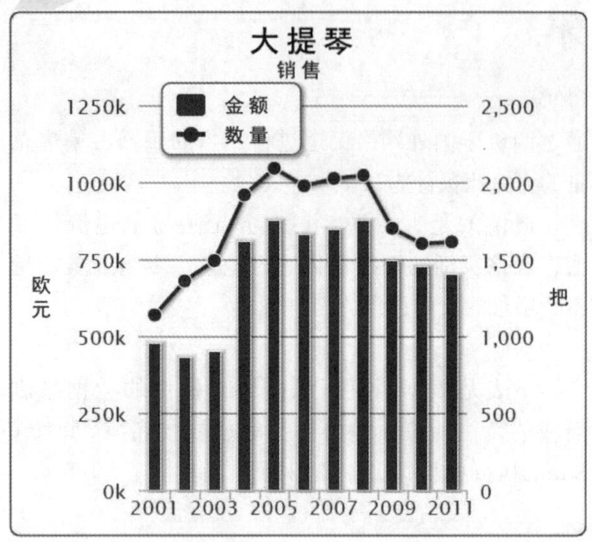

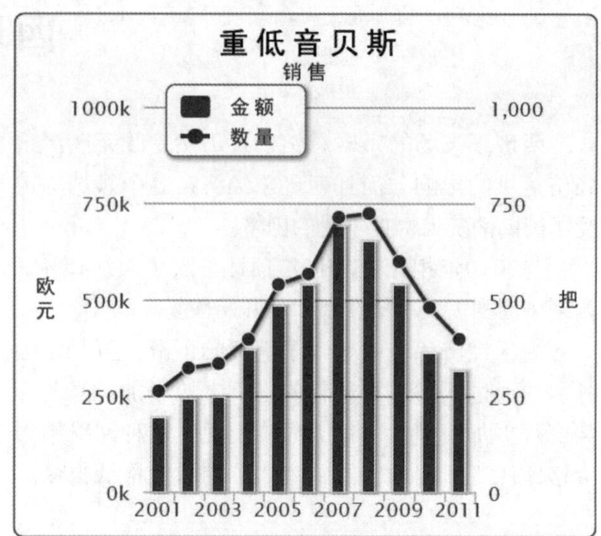

瑞典

以下图表数据来源于国际贸易中心（ITC）网站

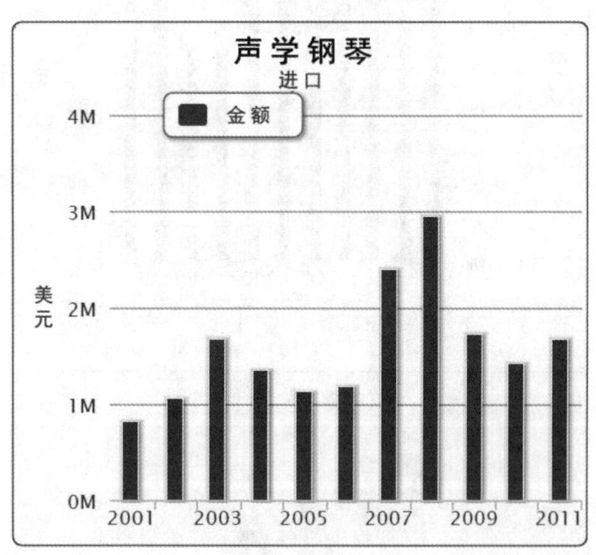

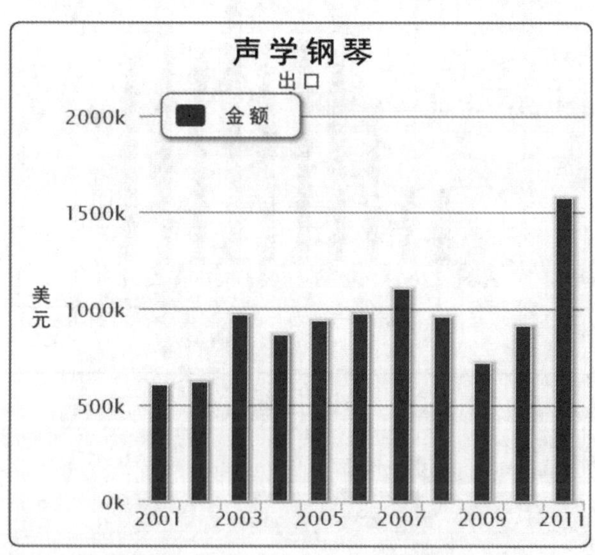

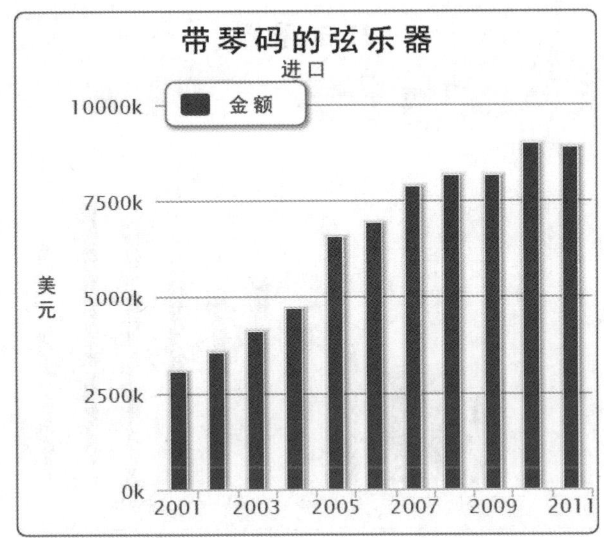
带琴码的弦乐器
进口
金额
10000k
7500k
5000k
2500k
0k
美元
2001
2003
2005
2007
2009
2011

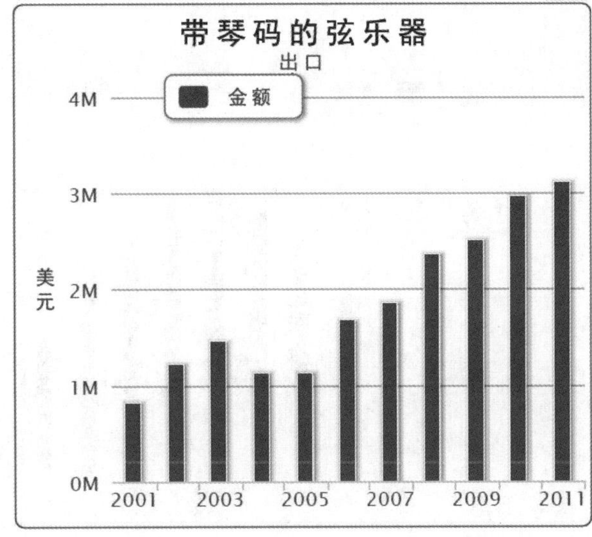
带琴码的弦乐器
出口
金额
4M
3M
2M
1M
0M
美元
2001
2003
2005
2007
2009
2011

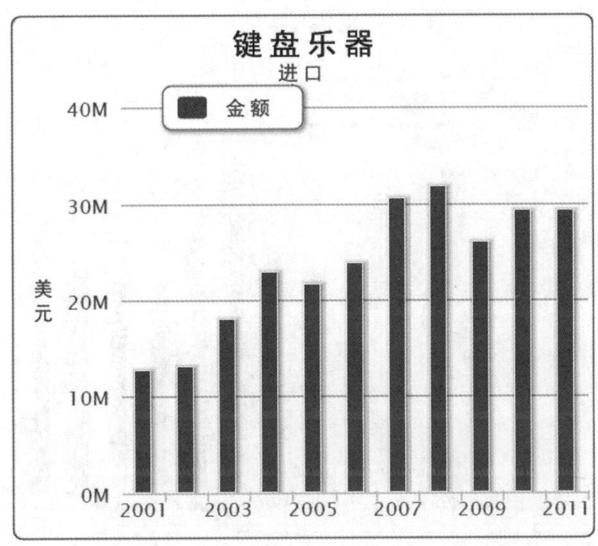
键盘乐器
进口
金额
40M
30M
20M
10M
0M
美元
2001
2003
2005
2007
2009
2011

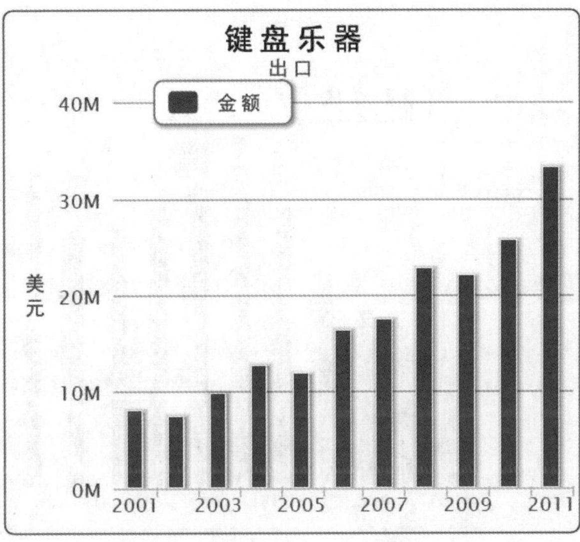
键盘乐器
出口
金额
40M
30M
20M
10M
0M
美元
2001
2003
2005
2007
2009
2011

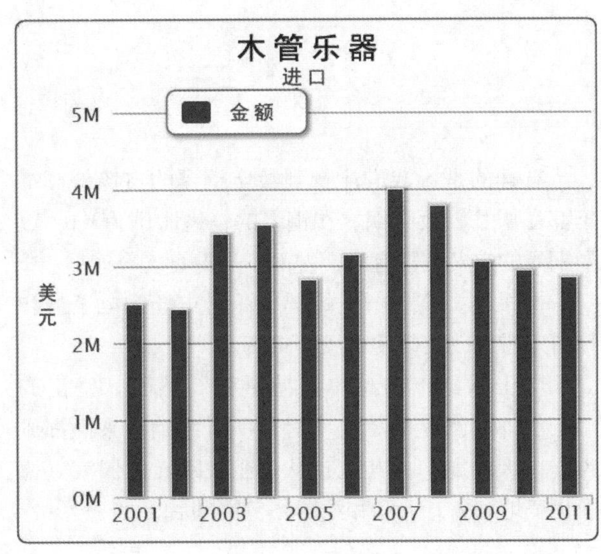
木管乐器
进口
金额
5M
4M
3M
2M
1M
0M
美元
2001
2003
2005
2007
2009
2011

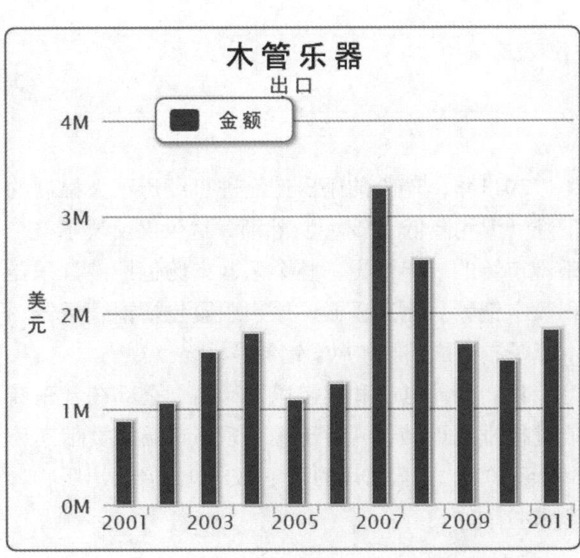
木管乐器
出口
金额
4M
3M
2M
1M
0M
美元
2001
2003
2005
2007
2009
2011

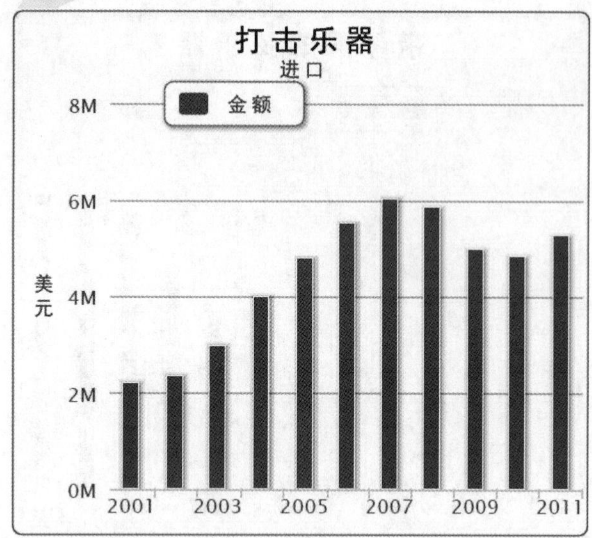

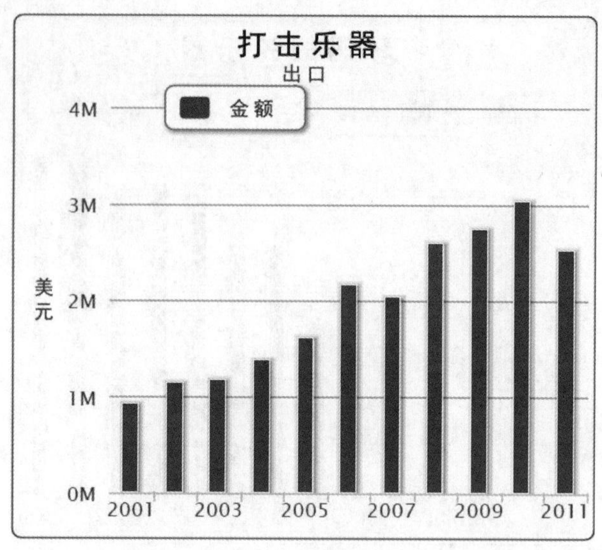

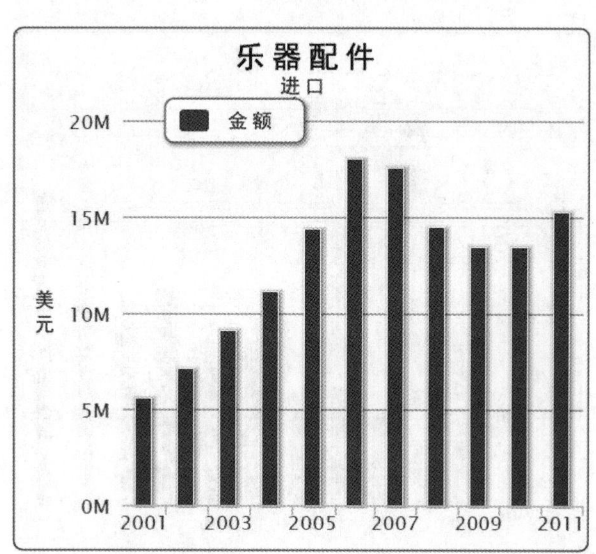

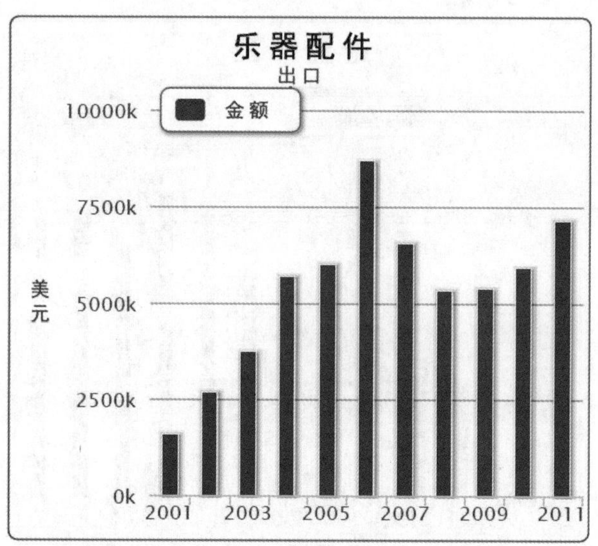

瑞士

2011年，瑞士的乐器产品进口经历了大幅度的下降（大约降低了5%）。然而，这仅仅反映了整个乐器市场的一半情况，整个乐器市场包括键盘乐器和数字钢琴、原声乐器，原声乐器包括铜管乐器、木管乐器、弦乐器和声学钢琴等。

我们预计电子和数字乐器产品（全部在音乐商店进行排他性销售）对于整个乐器市场的贡献率为35%到40%。乐器市场的余下部分包括音乐出版物和音乐书籍。

有趣的是，我们注意到数字钢琴的市场份额每年都在增长。数字钢琴和钢琴的销售比例为3:1。数字钢琴的定义是具有88个键而不是键盘。

据报道，实现增长的其它乐器市场为电子鼓和打击乐器，以及数字手风琴市场。

瑞士乐器市场总体保持平稳。然而，坚挺的瑞士法郎与欧元的兑换率对于所有经销商来说都成为一个大问题，尤其是自从瑞士被欧元区国家（德国、奥地利、意大利和法国）包围以后。

下表是根据瑞士联邦统计局所提供的进口数据以及Roland Switzerland总裁兼Suissemusic for International Relations and CAFIM授权代表迈克尔·霍伊泽（Michael Heuser）个人研究所提供的数据绘制而成的，由迈克尔·霍伊泽予以评注。

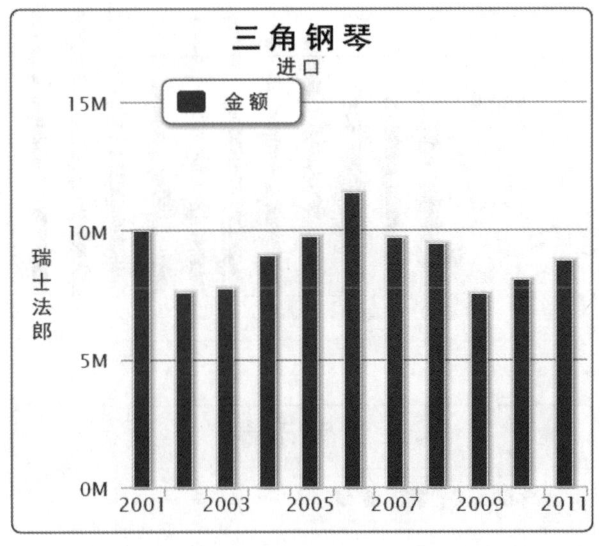

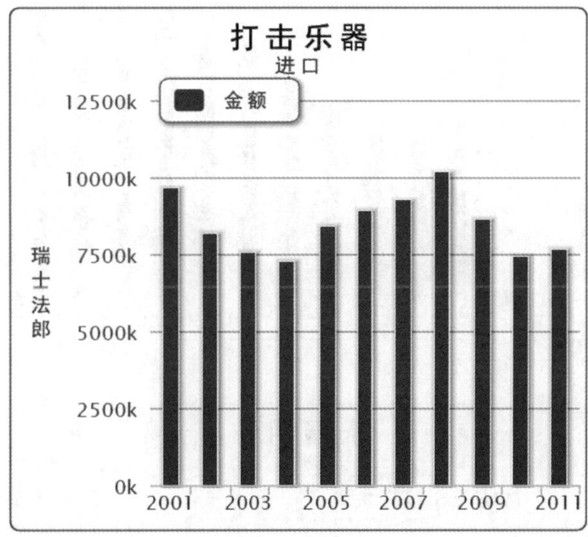

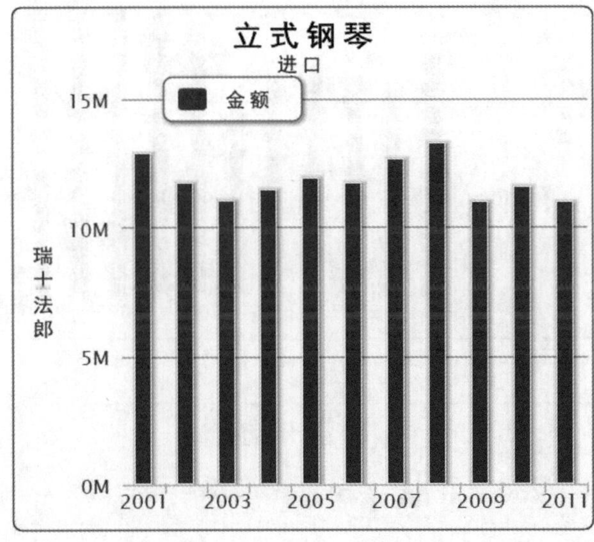

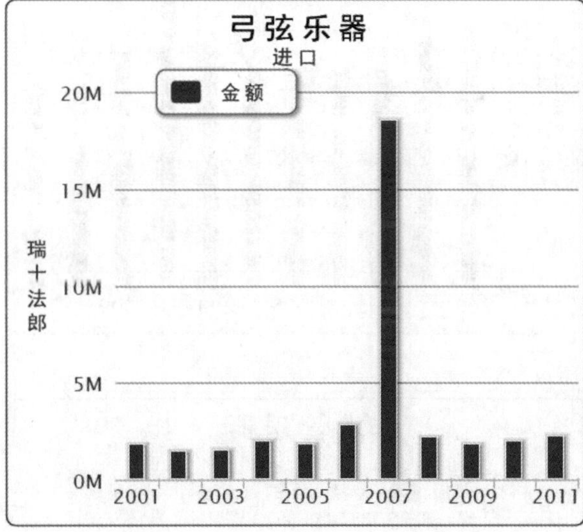

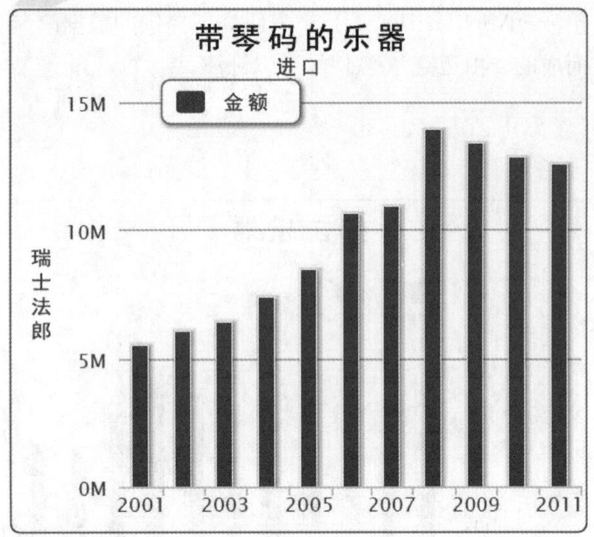
带琴码的乐器
进口
金额
15M
10M
5M
0M
瑞士法郎
2001
2003
2005
2007
2009
2011

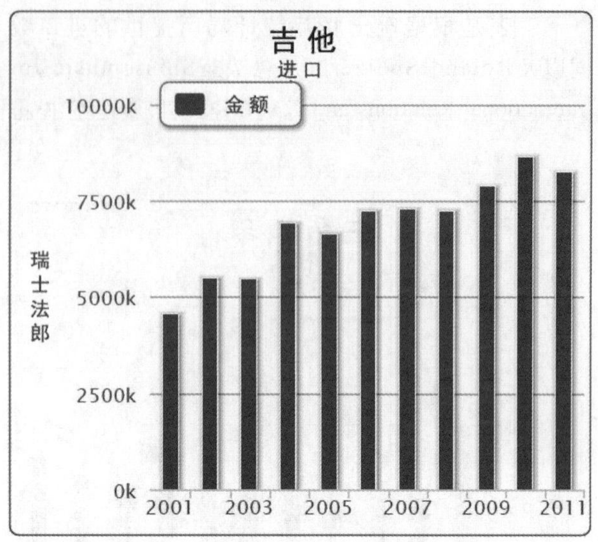
吉他
进口
金额
10000k
7500k
5000k
2500k
0k
瑞士法郎
2001
2003
2005
2007
2009
2011

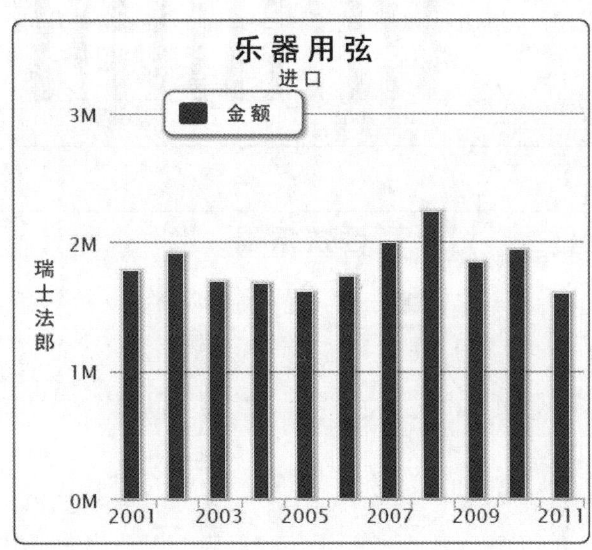
乐器用弦
进口
金额
3M
2M
1M
0M
瑞士法郎
2001
2003
2005
2007
2009
2011

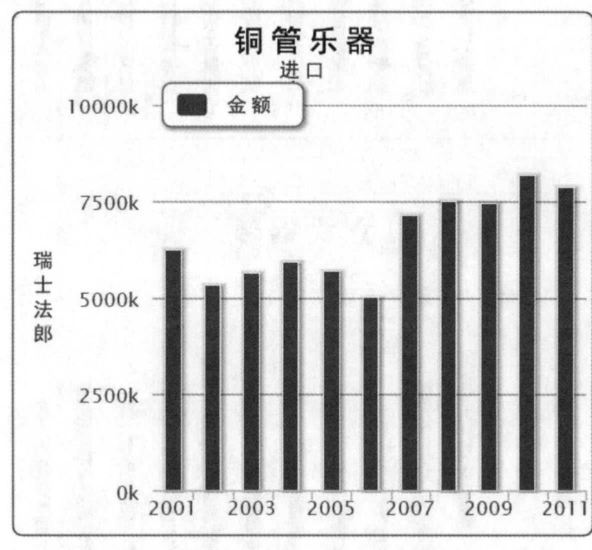
铜管乐器
进口
金额
10000k
7500k
5000k
2500k
0k
瑞士法郎
2001
2003
2005
2007
2009
2011

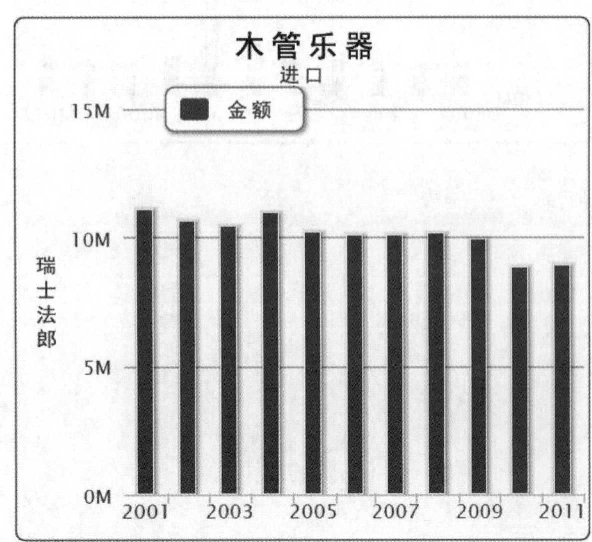
木管乐器
进口
金额
15M
10M
5M
0M
瑞士法郎
2001
2003
2005
2007
2009
2011

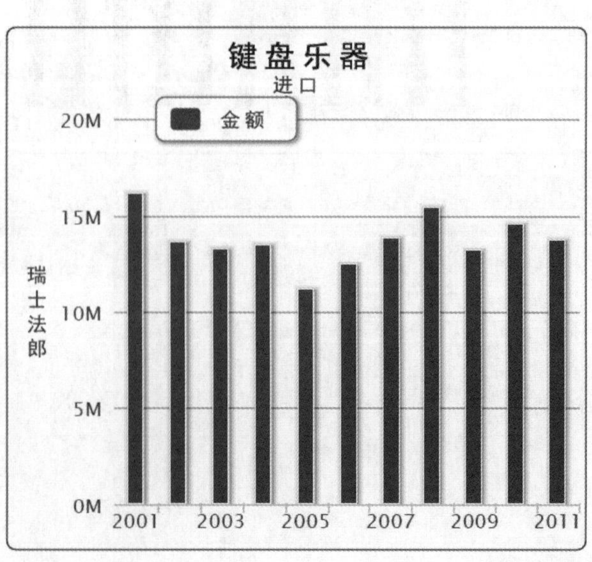
键盘乐器
进口
金额
20M
15M
10M
5M
0M
瑞士法郎
2001
2003
2005
2007
2009
2011

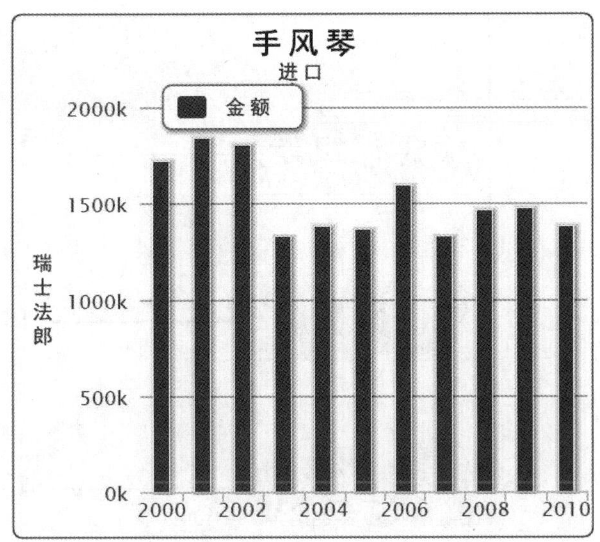
手风琴
进口
金额
2000k
1500k
1000k
500k
0k
瑞士法郎
2000
2002
2004
2006
2008
2010

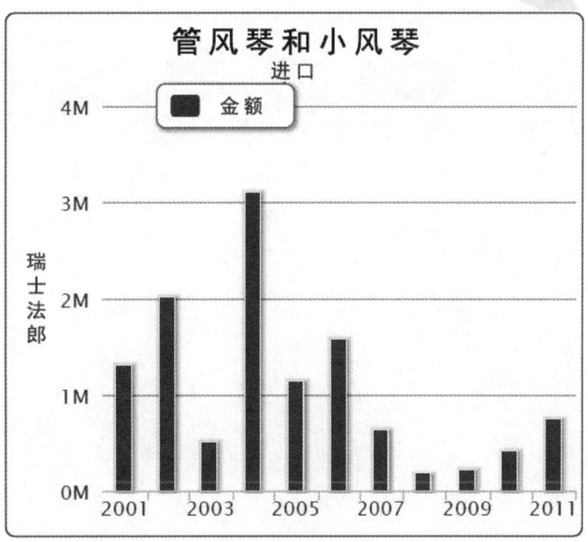
管风琴和小风琴
进口
金额
4M
3M
2M
1M
0M
瑞士法郎
2001
2003
2005
2007
2009
2011

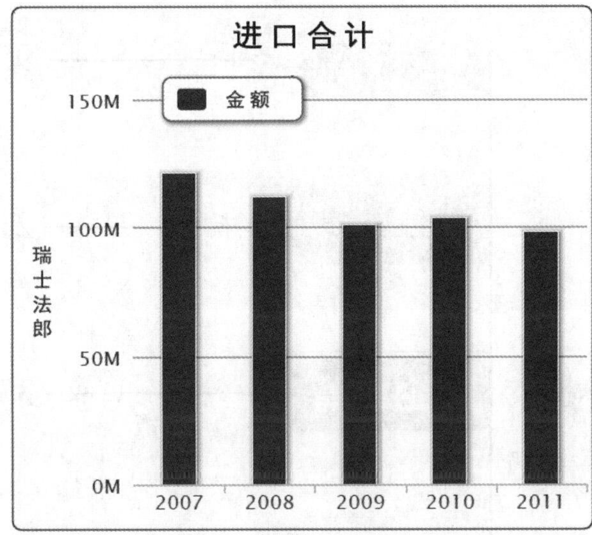
进口合计
金额
150M
100M
50M
0M
瑞士法郎
2007
2008
2009
2010
2011

2012
中国乐器年鉴
CHINA MUSICAL
INSTRUMENT YEARBOOK

广州珠江钢琴集团股份有限公司

2011年是“十二五”规划的开局之年，珠江钢琴集团全面贯彻落实科学发展观，以全球视野和战略思维应对复杂多变的市场环境，促进企业又好又快发展。

1、技术创新硕果累累，产品结构不断优化。2011年，在钢琴重要零部件制造技术上和新产品开发方面均取得重大突破，完成新产品开发 62款，包括恺撒堡KA（艺术家）系列以及珠江、里特米勒、京珠等自主品牌的中高档琴新产品，推动我司产品结构的优化升级，不断提升珠江钢琴的品质水平和市场竞争力。2011年，公司获得专利授权10项，参与制定国家或行业标准2项，目前公司共拥有专利50多项，参与制定国家或行业标准20多项，拥有技术秘密近300项，大大增强了产品的市场竞争力。公司以市场为导向，产品结构不断优化，中高档产品销售比重大幅增长，恺撒堡销售同比增长45.19%；三大系列销量同比增长49.70%；三角琴销量同比增长33.39%。

2、加大品牌升级力度，品牌建设成效显著。2011年，公司组建了独立生产车间，以更高端的品牌定位成功研制出恺撒堡艺术家(KA)系列钢琴，打响品牌升级战略中响亮的一枪。KA系列钢琴由国际著名的钢琴设计制作大师托马先生主持设计，由欧洲资深钢琴制作技师史蒂芬•默勒进行全过程监制，装配过程完全按照欧洲顶级钢琴的工艺流程设置和进行质量控制，全部产品由史蒂芬•默勒进行成品检验并签字，为公司高端发展增添了强大后劲。同时，公司成功举办了第二届“珠江•恺撒堡”全国青少年钢琴大赛，在全国引起热烈反响，决赛评委包括刘诗昆、维阿杜等近30位国内外钢琴大师、教育家，参赛人数超过1万人，并吸引了韩国、加拿大等国外音乐爱好者参赛，该项赛事已经成为国内评委规格最高、规模最大、影响力最强、组织最好的钢琴赛事之一，大大提升公司高端品牌形象。此外，恺撒堡钢琴成为众多大型活动用琴，如中国音乐金钟奖指定用琴、2011年中央电视台元宵晚会、2011年深圳世界大学生运动会开幕式等，品牌影响力持续提升。

3、战略项目有序推进，新兴产业日渐成熟。公司IPO上市项目、北京珠江钢琴公司项目、增城募投项目等顺利推进，珠江钢琴艺术中心形成较为成熟的运作模式，设有社区分支机构并与星海音乐学院、少年宫等机构长期合作，同时还在探索与专业音乐、艺术院校合作开办附属学历院校、培训学校；另外公司与广州电视台签订了战略合作协议，开拓文艺娱乐市场，实现主业延伸的多样化。数码乐器公司——广州艾莱森电子有限公司2011年研发并投产多款数码钢琴新产品，国内经销商数量达到120个，2011年销量同比增长67.81%，销售收入同比增长51.76%，产品和品牌逐步得到了市场认可。

4、注重社会责任，促进企业长期可持续发展。公司关爱员工，致力于建设幸福企业。公司组织了多种形式的文娱活动，如才艺展示、“幸福珠江、劳动创造”暨“庆五一”员工茶话会、摄影培训和采风、企业文化征文、观看音乐会、交友联谊会等等，建立了职工图书室，不断丰富职工业余文化生活。同时，2011年公司投入300多万元，开展对广东贫困地区茂名电白县和从化4个贫困村的帮扶工作，通过文艺演出下乡、成立“助学教育基金”、购买中巴开通公交线路、采用股份制模式建设山瑞养殖基地、集资架设桥梁等创新帮扶方式，帮助村集体经济发展和贫困村民脱困，塑造公司良好社会形象。

北京星海钢琴集团有限公司

2011年是星海钢琴集团实施“十二五”规划的第一年，也是星海面对国际国内市场紧缩，原材料及能源价格上涨，劳动力工资水平持续提升等诸多制约企业发展因素而奋勇拼搏的一年。为了应对国内外乐器市场的竞争激烈，星海公司以市场开拓为龙头，以技术进步为精髓，以强化内部管理为主线，使公司主要经济运营指标呈现出平稳发展的态势。

一、广泛传播品牌 带动市场扩展

2011年结合一轻系统“营销年”活动，星海公司不断丰富、创新市场宣传内容和形式，从唯一性、专业性、公益性、普及性等层面塑造星海品牌形象，拉动国内外市场。

星海公司紧紧抓住成为钢琴制造行业唯一“中华老字号”企业这一契机，在上海国际乐器展会上，大力弘扬星海的历史、文化和企业实力。特别是以“传承与创新”为参展主题，突出星海“中华老字号”特色，掀起了阵阵“星海潮”。

公司还独具匠心地创办了“星海体验之旅”活动，邀请全国各地的145名业务员、老师到星海工业园参观访问，践行了“走进星海、触摸星海、感知星海”的活动精髓。

为了突出品牌推广的专业特点，在4场地区性钢琴产品推介会上，聘请钢琴演奏家现场讲课、现场指导、现场演奏。与音乐家的零距离接触激发了音乐爱好者的热情，星海品牌也深深地根植于钢琴爱好者的心中。

投身公益事业映出了星海钢琴集团的社会形象，也为星海品牌赢得了可贵的美誉。2011年星海公司与国家大剧院签署了长期合作协议，星海钢琴、星海管乐、星海民乐作为唯一指定演奏乐器将参与国家大剧院所有公益演出。挤身国家大剧院舞台，是企业实力的体现，也是星海乐器品质、形象的展示。

重拳打造星海品牌形象，精心赋予星海品牌新的内涵，带动了星海产品国内市场的进一步扩展。2011年公司新增经销客户25家，新建星海专卖店5家，星海钢琴商城吸纳加盟店10家，公司万元以上钢琴销量突破3000架，比去年增长了40%。

国际市场上，星海公司充分利用网络资源，定期向潜在客户发送电子邮件，介绍企业发展状况、宣传产品特色，新开发了比利时、土耳其、马来西亚、伊朗等国家的5家客户，并经常向老客户了解市场动态，收集、提炼国际乐器市场信息。2011年钢琴成品及散件出口数量比上年同期增长了0.5%，出口销售额增长了8.9%。。

二、技术持续进步 提升市场竞争力

“以市场需求为出发点和落脚点，提高产品科学化水平，依靠创新提升市场竞争力。”这是技术工作的核心。

2011年，公司各单位紧紧围绕市场这个核心，大力研制新产品、改进生产工艺、选用新型材料，不断提升产品的市场竞争能力。技术研发中心推出的HS-32 、HS-25 、HS-21三个型号的“海德”立式钢琴，搭载了20余项升级、创新技术。新型“NU”系列立式钢琴，在沿用卡瓦依钢琴工艺设计基础上，采用了真空铸造铁板，使音准稳定性大幅度提升。“唐卡.帝王”三角钢琴、“豹纹”立式钢琴打破了传统钢琴黑白基调的色彩禁锢，集现代艺术、个性张扬特点为一身，在上海国际乐器展览会上两架钢琴“一炮走红”吸引了众多参观者。

三、加强质量管理 高品质产品支撑市场

为了打造出高品质产品支撑市场，星海对生产过程的监控越来越严格，原材料、半成品、终端产品时时处处追求零缺陷。首先，做好供应商管理，将生产中原材料出现的质量问题与供应商考核紧密结合在一起，奖优罚劣。第二，有针对性地重点控制影响钢琴质量水平提升的10种关键原材料和半成品的质量，做到不合格材料不接收、不投产。第三，加强生产过程质量状态的监控，严格监督各个生产工序的工艺执行情况，维护工艺纪律的严肃性与权威性；增加对生产过程中关键质量数据的采集，通过过程统计分析方法，找出质量水平异常状态变化规律，做到早发现，早解决，提高了质量问题的预防能力。

四、加强人力资源管理 稳固企业根基

为了把握好“人”这个企业发展的关键，星海公司坚持以人才培养为主线，先后开展了人力资源管理、企业管理、财务培训、市场营销培训、班组长培训、专业人才继续教育等多项培训，参加培训的职工达500人次。人才培训开阔了各级管理人员的眼界，传播了先进的管理理念。

“安全第一、预防为主、综合治理”是安全生产工作的指导方针，一年来，星海以实施安全标准化活动为抓手，抓安全培训，抓基础管理，抓隐患整改，推进了安全标准化达标企业项目的实施进程，一举获得了《安全生产标准化二级企业》证书。

五、发挥职能作用 确保市场供应

为了保证市场供应，生产组织上，星海坚持“小批量，多品种，以销定产”的原则，根据市场

变化及时调整生产节奏。首先，参照库存情况不断强化原材料月采购计划精确性管理，要求供应商100%履行合同准时供货，业务员严格监督供应商的履约情况，对履约率、供货及时率进行考核，根据考核结果实行末尾淘汰。其次，在企业内部协调生产计划的执行，化解各种矛盾，确保原材料、半成品、成品物流畅通。

功学社（天津）商贸有限公司

功学社的自有品牌中，以鼓乐美派司Mapex和管乐杰普特Jupiter发展为重点。乐架赫尔克里士Hercules、吉他华登Walden、打击乐器Majestic美杰士等品牌也都有大幅度成长的可喜成绩。除自有品牌外，功学社一直致力于结合世界各地合作伙伴打造全球化品牌，于中国地区建立垂直整合的服务系统，共同建立优质的音乐服务网络。Combo类长期代理的国际品牌Remo、Vic Firth销售成长外，与Zildjian公司达成的中国地区独家代理的合作项目，也交了一份满意的成绩单。管乐整合策略也让我们取得Vandoren弯德林、爱乐斯Aulos等独家代理权，并达到了双方期待的目标。

功学社在2011年中注重业务的聚焦、价值链的增值、产业链的延伸及人的发展与培养。

业务范围的专业度及聚焦度更进一步地摆上功学社目标，不仅在业务方面、营销方面、还有整个后勤团队。订单处境、应收账款、库存管理等日常工作，批发和零售全部电子上线，流程改善，真正做到后方支持前线。价值链增值的考虑中，一方面着手于对基本的产品质量、产品销售、产品服务及辅助的开发、采购、企业基础设施及人力资源管理，另外更重视经销商及客户的感受。结合更好的服务于经销商与终端消费者，我们做了产业链的延伸。公司治理已由原有家庭模式逐渐改变为董事会模式的现代企业治理，在开放式的环境下，从人治发展到制治。大家至上而下的为完成共同目标，持续为贡献于学校和社会而努力。目标的完成最终依靠的是大家的信念、精神和文化，强大的团队也拥有着强烈的信念去坚持。

上海艾克斯尔乐器音响有限公司（原上海超拨乐器有限公司）

上海艾克斯尔乐器音响有限公司是一家集钢琴、吉他、音响、管乐等乐器研发、生产、贸易为一体的综合型进出口大企业。旗下拥有PALATINO、RECORDINGKING、VHT、JOHNSON等自有优势乐器品牌并经营如FENDER、CORT、SCHIMMEL、RENNER等诸多国际一线知名乐器品牌。在上海、苏州、宁波等多地设立生产基地，年产钢琴9100架、吉他45万支、音响28万台、管乐近万支。2011年度世界乐器音响225强排名第44位。

作为一家世界级的大型乐器企业，上海艾克斯尔乐器音响有限公司立足于意识创新和精细加工，坚持以服务赢市场，用激情创未来。通过不懈努力，2011年，艾克斯尔赢取第一个FENDER品牌在中国制造的订单，给中国的吉他爱好者带来了高性价比的世界级产品。同年，经过严格筛选和多轮谈判，世界顶级钢琴击弦机品牌选择与艾克斯尔合作在中国建立工厂，完成对德国原装零部件的组装和销售工作。这一举措不仅让中国市场赢取了专业的击弦机加工技术，也同时为消费者提供了具有更高性价比的钢琴产品。

2011年，上海艾克斯尔乐器音响有限公司开始逐步加大对中国市场的关注和投入，先后举办了意大利浪漫派钢琴家Gabriele Leporatti、德国钢琴公主Katharina Treutler等多名钢琴家的15场钢琴巡演；在上海音乐学院和德国科隆音乐学院的大力支持下开展了“中国第三届PALATINO杯钢琴比赛”；同时，公司还积极参加各种形式的音乐节以及政府组织的各类活动，为音乐爱好者提供优质的服务。

通过数字化和信息化管理，结合创新的营销模式，艾克斯尔不断规范管理，并从中受益。2011年内销公司销售较前一年增长52%，还新开办了位于宁波的民谣吉他工厂，以满足更多的订单需求。

形成良好的社会效应将成为艾克斯尔人未来发展的新使命。公司在工业生产上不断追求进步，向社会提供更多就业岗位；积极与业界专家接触，创新产品类型，迎合不同消费者的需求；保持与音乐界知名艺人、教育家等进行长期合作，推广音乐文化。我们期望通过艾克斯尔人激情的感染和真诚的态度，让艾克斯尔成为中国乐器爱好者身边不可或缺的朋友！

河北金音乐器集团有限公司

2011年，金音乐器集团面对全球性金融危机和复杂多变的贸易形势，抢抓机遇，迎难而上，经全体员工共同努力，取得了可喜的成绩。实现销售收入同比增长23%。并带动了周边乐器生产企业60多家，从业人员4000多人，有力激发了当地的文化创造活力，形成了区域特色文化产业群。同时，金音乐器集团被列入河北省文化产业振兴纲要，成为全省重点扶持的文化产业龙头企业。一年来主要抓了以下工作：

1、及时调整经营方针。在重点抓好国内市场的同时，继续加强国际合作，推动产业升级。我公司始终瞄准世界科技前沿，2011年通过扩大与国际大型公司合作，引进国际上最先进的技术设备，最大限度地改进工艺、提高生产效率和技术水平，基本实现了数控流水线自动化加工生产，使产品规范化、标准化，加快了公司向规模化、系列化、国际化的发展步伐。大力开拓国际市场，从而使当年自营出口量增长了8%。

2、坚持自主创新，适时调整产品结构。在历经OEM外向型企业成功转型后，不断进行独立自主品牌研发创新，以企业技术中心为依托，根据客户的需求又开发了30余种新规格产品，并在产品配置上进行创新，增加了中、高档产品产量、增加了技术含量、扩大了名牌效应，加大了国内外市场销售力度和强化了自主品牌知名度，提高了市场抗风险能力。在产品创新的同时，同时取得CE、ROHS等多项产品认证和SGS检测，为以欧盟为重点的国际贸易提供了通行证。一系列的举措使金音公司国内国际市场占有份额不断扩大，自营出口额也连年递增。

3、加大投入，不断上新项目。为进一步提升企业的发展后劲，公司创建了生产一代、贮备一代、研制一代的生产格局。每年都拿出销售收入的5%~7%进行投入，不断上新项目，先后对乐器抛光、模具制造、产品改型等关键工序进行重大改进。2011年在各级政府的大力支持下，加大投入，新上了中国.武强国际乐器文化产业基地项目，现已建成厂房80000平方米，5家乐器企业入驻，多家企业已签协议准备入驻。该项目受到中央、省市多位领导莅临视察和高度评价。到2013年建成并正式运营后，将实现产品研发、生产销售、仓储物流、世界分销于一体的现代化集散市场。将汇集乐器产业人流、物流、资金流，加快乐器产业的国际化和多元化发展步伐。

4、加强企业管理，制定新战略，不断引进人才。为了跟上21世纪音乐文化产业的前进步伐，应对信息时代、网络社会和知识经济的挑战，金音集团新引进了18名专业人才，充实到各重要岗位，发挥了关键作用。公司制定了全新的战略：在区域经济、国内、国际市场运营三大版块齐头并进，与国内外同行强强联合，构筑起一个具有国际竞争力的研发、生产、销售与服务体系，实现生产现代化、管理规范化、运营国际化、规模集团化；全力打造新型企业文化，以创造艺术人生为宗旨，努力转型成为创造艺术生活方式的公司，而不仅仅是乐器生产销售商。

目前，金音集团正在认真落实周国芳董事长提出的“抓创新，促突破，抓落实，保发展”的十二字方针，全面进军音乐文化产业，大踏步地向集乐器生产、音乐教育和音乐文化经营于一体的音乐产业集团迈进。

美得理电子（深圳）有限公司

2011年对于美得理而言是一个充满机遇与挑战并存的一年，更是收获的一年。在2011年度，公司充分利用资金和人才优势，不断加大研发投入力度，努力掌握关键核心技术，大力推进传统技术、在稳步发展传统电子键盘乐器的同时，电子打击乐产品也得到了很大的提升。公司秉承“诚信，务实，进取，创新”的经营理念，不断挑战自我，超越自我，2011年度完成国内亿元的销售业绩，这是一个值得欣喜的里程碑，也是美得理走向辉煌的基石。

自2008年公司制定并实施了美得理和魔鲨双品牌战略以来，销售业绩持续增长，介于美得理品牌大力度的推广及自身产品的优越品质，使传统的美得理电子琴、电钢琴键盘乐器进一步得到提升；魔鲨品牌系列电鼓，通过一系列的推广活动，在短短的几年内迅速被广大消费者所认知，且良好的性价比获得了消费者的喜爱。在产品上，美得理于2011年推出了高端电子琴A800，采用了自主研发芯片，产品一经面世，便受到了广泛好评，此产品获多项国家专利，这表明了社会各界对美得理自主研发以及对民族品牌的认可。美得理电钢琴系列产品已经成为教育装备的砥柱产品，广泛应用在各种音乐教育培训事业中，有着优异的口碑及知名度。魔鲨则于2011年推出了全新系列电鼓产品，此系列产品应用了许多新技术，新材料，在性价比上比原系列有更大的提高，使得魔鲨电鼓成为市场上最热销的品牌。美得理公司不断推陈出新的同时，还在各地建立维修服务站，为用户提供全方位的服务，承诺让客户“买得称心，用得放心。”

一个企业的发展离不开其所处的社会大背景，MEDELI积极投身国家教育事业，开办美得理音乐教室超过3000间，赞助、主办十多个省电子琴师资培训活动，并在多省市的政府采购中中标。与此同时，各项由MEDELI发起的活动也是如火如荼的进行着，除主办了多个省、市“美得理杯”电子琴独奏、合奏大赛之外。与中国打击乐协会、中国鼓手联合会合作MUZA魔鲨杯全国鼓手大赛更是广受好评，成为社会热门话题。

2011年初，美得理续签中国鼓坛极具实力的五位鼓手，作为我公司魔鲨电鼓形象代言人；荣获中国轻工（乐器）十强企业；被评为中国教育装备优秀供应商；被评为中国乐器行业50强；被评为产品质量信得过单位。

美得理荣誉的背后是其诚信，务实，进取，创新的精神，公司将会在今后的发展中，继续发扬这种精神，再创新的辉煌。

天津市津宝乐器有限公司

回顾2011年，天津市津宝乐器有限公司在社会各界的关心下，在相关部门的支持下实现了全年销售收入3.88亿元，利润 3000万元，税金 3000余万元，员工人均收入2600元/月的喜人成绩。2011年所在区被国家商务部确定为乐器出口示范基地，津宝公司作为基地的龙头企业，为基地搭建了三个公共服务平台，为基地内企业更好的服务，也为我区经济增长出一份力。2011年国际经济形式复杂多变，在对国内外市场充分调研的基础上提出了：科技兴厂、主打国际市场、提高国内市场占有率，建立一个以研发、制造、贸易、物流、教学、演出、工业旅游等一套完整的产业链，以乐器制造为主导，以文化产业为依托的公司发展规划。

1、科技强企

创新是企业生存发展的第一内在动力。本着这一原则，我们始终坚持以科技创新、质量创新、管理创新作为促进公司发展的三条定律。津宝乐器积极开发新产品、改进工艺、引进新设备。2011年，公司申请专利达80项，成果转化率近46%。

2、主打国际市场

2011年，国际市场跌宕起伏，在这种经济形势下，我公司抢抓机遇，抓住国际市场，扩大出口，出口额开创新高，扭转了金融危机带来的不利影响，经济发展朝着正确的轨道良好发展。2011年公司投入大量人力和资金组成国际营销团队，调整国际营销策略、方法，争取更大的商机。

3、贯彻清洁生产法，尽企业之责

推行环境经营的先进理念，从公司的可持续发展大局出发，增强公司上下环保责任意识，充分认识到“保护环境就是保护生产力，改善环境就是发展生产力”，实施清洁生产，节能减排，改善环境。为此公司投资 500万元，引进先进的电镀自动流水线，投资520万元改造污水处理车间，现已投入使用，污水由原来的二级标准现已达到国家一级标准，提高资源利用率。

4、完善产业链

2011年公司被认定为国家乐器出口基地。为此，公司已经做了详细规划，并已按计划逐步实施。3年内完成以研发、制造、贸易、物流、教学、演出、工业旅游等一套完整的产业链，形成二、三产业互补互促的局面，科研成果为公司带来相关经济利益，也为公司制造业提供坚实保证；高质量的制造业带动贸易、物流、教学、演出、工业旅游的繁荣，教学、演出、工业旅游的繁荣，同时扩大市场占有率，旅游业又会带动相关产业的发展。公司预测产业链的形成将解决近万人的就业问题，将带来巨大的社会效益，公司利润也将成倍增长。

我国十二五发展规划关于振兴文化产业的政策中提出：加强文化产业基地和区域性特色文化产业群建设。我们要抓住这一契机，发挥我们公司的优势，支持宝坻其他乐器企业的发展，为做强宝坻乐器产业作出应有的贡献。

江苏凤灵乐器集团

2011年，世界经济形势不断恶化、欧洲主权债务危机继续加深，国内经济运行下行压力增大，乐器行业也面临着重重困难。江苏凤灵乐器集团迎难而上、调整产品结构、改变营销战略，保持平稳较快增长。继续在同行业处于领先地位。

1、经济稳步增长

集团坚持走外向型经济的路子，并不断扩大内销体系，内外并举调整结构、双轮驱动。一是调整经营方针，坚持由保外贸向扩内需转型，将凤灵乐器国内销售量增加到20%—30%；二是坚持推广，普及科技型乐器产品，努力提高高附加值及科技含量产品的销售额，向中、高档产品扩产升级，中、高档乐器的产销量10%以上。同时加大技术改造的力度，投入近千万元，引进乐器专业机械设备，不断提升凤灵乐器产品档次，为发展提供技术支撑。2011年集团完成总销售产值3.98亿元，利税 3820 万元。比去年增长15%，为当地新增就业岗位 950 多个，为职工增加福利 500 多万元，捐助各项社会公益事业费用达 200 多万元，在国家文化部、中国轻工业联合会、中国乐器协会的大力支持和精心指导下，集团的发展始终处于良性循环的好态势。

2、文化活跃发展

文化是凤灵集团的灵魂，近年来公司坚持把文化发展放在重要位置来抓。每年都举办各类大型和多种形式的文化活动，走出了一条有特色的文化产业之路。提升了公司人文形象，扩大了提琴产业对外的影响，展示提琴文化魅力，提升提琴文化的核心竞争力、为和谐幸福社会建设作出了较大贡献。2011年与中央电视台3套、15套联合举办了CCTV凤灵杯小提琴大奖赛；2011年4月举办了“2011’江苏凤灵提琴文化旅游节”；2011年 8月在杭州举行了“凤灵”杯全国青少年小提琴大奖赛；2011年10月与南京市政府共同举行了青奥会1000天倒计时演出活动。

3、品牌提升形象

凤灵集团一直重视产品质量，秉持“品质让顾客满意，服务让客人感动”的经营理念，建立健全了“人人把关，层层把关”的质量管理制度，坚决杜绝不合格产品，坚决捍卫凤灵“中国驰名商标”品牌，通过不懈努力，使凤灵品牌深入人心，赢得了国内外客户的广泛赞誉。2011年集团确立打造国际品牌的观念，从“凤灵乐器”走向“凤灵文化”，从“凤灵制造”走向“凤灵创造”，将已取得的“国家文化产业示范基地”、“中国驰名商标”等一系列“国”字号的品牌荣誉，全面整合升华，形成系统效应，成为家喻户晓的凤灵文化品牌。

现在，凤灵集团正在加快转型升级步伐，二次产业再创辉煌，为打造中国乐城，为中国乐器产业的发展，为建设美好幸福的和谐社会作出更大的贡献。

森鹤乐器股份有限公司

2011年对森鹤乐器股份有限公司来说是面对严峻挑战的一年。国际多变的金融环境，以及持续发展的欧债危机和国内宏观调控等复杂的经济形势，公司在董事长罗森鹤的正确领导下，根据行业的发展实际和竞争激烈的市场情况，及时采取果断决策、科学应对措施，取得了令人鼓舞的成绩。2011年公司实现销售产值2.8亿元，利润4000多万元，上缴税金2000多万元。2011年公司被评为“中国乐器行业50强”企业；宁波市工业创新技术创新示范企业；宁波市和谐企业创建先进单位；宁波市绿色环保模范工厂；宁波市安全生产达标企业；慈溪市二十强企业；慈溪市纳税大户；慈溪市科技进步二等奖；慈溪市“十一五”节能降耗工作先进单位；慈溪市森林单位；森林慈溪建设先进单位等荣誉；

回顾2011年度本公司一年来的工作情况：

1、公司加强企业管理，加大挖掘内部潜力，强化营销策略，调整生产布局，改善生产工艺，提高产品质量，降低产品成本，确保企业经济效益的提升。

2、积极开展科技创新，推动科技进步，提高企业综合竞争实力。

为了更好地开展科技创新，提高企业的核心竞争力，公司与全国乐器标准化中心共同组建“全国乐器标准化中心实验室”，同时与南京林业大学及相关科研院校进行科技合作，积极开展产学研工作。与德国雷诺公司合作开发钢琴击弦机和弦槌。2011年企业用于研发项目的投入共计858.6多万元,用于内部技改投入费用1500多万元。顺利通过了慈溪市企业效益工程的考核验收。

3、公司积极开展知识产权保护工作。2011年度公司申报专利13项，其中发明专利6项，实用新型专利7项。获得批准并授权的实用新型专利10项。

4、公司高度重视标准化管理，积极参与国家标准及行业标准的制修订工作，2011年3月公司在广州参加了由全国乐器标准化技术委员会组织召开的关于《乐器有害物质限量》国家标准研讨会议，公司正朝着创行业标杆及国际一流行业企业的目标稳步发展。

5、公司十分重视环境保护和低碳节能。2011年公司引进溴化锂项目，对废木屑进行收集利用，加工形成生物质固体燃料，通过燃烧实现生物质能源再生。该项目的实施，企业每年可节电200多万度，既节约了电力资源的使用，也实现了生产环境的改善和循环经济的发展，降低了对环境的污染，促进企业经济效益的提高。

柏斯音乐集团

2011年美国《音乐贸易》杂志公布“2010年全球乐器与音响制品供应商225强”的榜单上，柏斯音乐集团荣登第16位，柏斯音乐集团在世界范围内产生了巨大的轰动效应，企业实力和产品质量均获得世界认可。

2011年，走过了25个年头的柏斯音乐集团，从生产走向研发设计、从零售走向教育培训，业务覆盖面越来越广，承担的企业责任也越来越重。在不断发展的过程中，柏斯始终坚持“推广音乐文化、培育音乐人才”的企业宗旨，努力践行“勇于创新、积极进取、追求完美”的经营理念，形成了今天集生产、销售、教学、研发为一体的综合性乐器公司。如今，有着多达91家连锁门店，500多个经销商，业务覆盖全国26个省市和地区，产品远销国内外。

早在2006年，宜昌市委市政府就将柏斯在宜昌的发展纳入了宜昌市“十一五”规划，省市领导的高度重视和深切关怀让柏斯坚定了信心，迅速发展壮大，并制定出建设“中国第一、世界一流”钢琴基地的发展目标，力图将宜昌打造成为“时尚钢琴音乐城”。为了尽快地实现这一构想，柏斯音乐集团紧紧遵循国家、所在地区宜昌市以及中国乐器行业“十二五”发展规划的精神，根据企业自身的发展布局，量身定制了自己的“十二五”发展规划，而且在“十二五”开局之年就开展了一系列重大活动，在提升企业自身实力的同时，也为促进中国文化事业的发展贡献了自己的力量。

2011年8月，柏斯在宜昌剧院举办了自主研发的民族品牌“长江”钢琴的揭牌仪式；

2011年1 0月，柏斯携旗下十余个钢琴品牌完美亮相第十届中国（上海）国际乐器展览会，向超过96个国家和地区的音乐爱好者展现中国品牌的国际品质。除此之外，柏斯还先后参加了中国国际妇幼婴童产业展览会暨轻工精品展览会、第七届中国国际专利与名牌博览会、第二届中国宁夏国际文化艺术旅游博览会等众多展会；

与此同时，柏斯还先后举办了多项国内外音乐赛事、钢琴展演等活动，例如：“亚洲青少年音乐比赛”、“KAWAI亚洲钢琴比赛”等，特别是2011年11月，柏斯音乐集团与中国音乐家协会高校音乐联盟联合举办的第一届中国宜昌长江钢琴音乐节，在中国乐器界掀起了钢琴音乐的热潮。来自国内外音乐界著名的音乐名家、大师，高校领导、专家学者200余人，演出嘉宾100余人，共计20000余人次参与到此次音乐活动中，音乐节的成功举办对乐器界的发展产生深远的影响。

柏斯在宜昌的发展也引起省市及国家重要领导

的高度关注，原中央政治局委员、国务院副总理吴仪，全国人大常委会副委员长、民建中央主席陈昌智，中央委员、全国人大环境与资源保护委员会副主任委员罗清泉，中国侨联副主席王永乐等领导先后来到宜昌，视察宜昌钢琴基地，并对宜昌钢琴基地未来的发展提出了指导性的建议。国内著名的文化名家以及著名企业家也纷纷到宜昌钢琴生产基地参观，对宜昌能有如此大规模的钢琴生产基地赞不绝口。未来，柏斯将不断超越自我、突破创新，不断发挥一个企业应有的企业社会责任，为中国钢琴制造业的发展贡献更多的力量。

上海民族乐器一厂

2011年，党的十七届六中全会为文化产业带来了新的发展机遇。上海市、区各级领导多次来到上海民族乐器一厂进行调研，坚定了企业发展民族乐器制造业的信心和责任感。良好的市场环境与政策支持，推动了企业跃上新台阶和转型发展的步伐。

2011年，上海民族乐器一厂在新时期、新环境、新形势下，以“创新”为核心开展各项工作，销售收入同比增长15.7%,利润同比增长33.5%，各项经济指标再创历史新高。敦煌牌商标获得国家商务部认定的“中华老字号”称号，民族乐器制作技艺被文化部认定为国家级非物质文化遗产，各项工作稳中有进，保持了良好的发展势头。

2011年，企业继续实践文化营销战略，借助国内、国际颇具影响力的文化交流平台，提高文化营销的力度和深度，提升“敦煌”品牌的社会影响力。策划、协办了中国古筝艺术周、香港第二届国际古筝比赛、第六届全国青少年打击乐比赛、“敦煌杯”首届全国青少年琵琶大赛、“敦煌杯”首届网络民族器乐大赛等民乐赛事，发现和培育出一批优秀的民乐演奏人才；赞助了陆春龄九十华诞专场音乐会、第三届徐汇金秋民乐节、第十三届中国上海国际艺术节“演出交易会”等民乐演出，扩大敦煌品牌的辐射面；组织人员赴北京、大连、成都，以及美国、德国、印尼参加展览活动，提高品牌文化的关注度；敦煌艺校开展了民乐知识进校园活动，在本市30所小学普及民乐；敦煌新语乐队赴法国参加上海文化月活动，在乌兹别克斯坦赢得第八届“东方之韵”国际音乐节金奖，带动中国民乐文化走向世界。

为了整合市场资源，保障消费者的合法权益，2011年4月，上海民族乐器一厂在网上开通了企业的直销商城——敦煌乐器旗舰店，这也是民族乐器生产厂家的首个大型网上直销商城。网上商城为消费者和厂家搭建了快速、高效的信息平台，加快了市场信息的双向流动，带动了企业销售业绩的增长。

2011年，上海民族乐器一厂根据市场走向，依靠先进的理念和领先的产品研发能力，不断创新产品。在上海国际乐器展上推出了精品版、巨型版、纪念版、群芳争妍版、民族风情版等近40件新品民族乐器。无论是产品规格、外观装饰还是工艺技术都有不同程度的突破和创新，凸显出传统与现代相辅相成的百花齐放的特色。其中，“吉祥如意”建党90周年纪念版二胡、“花样年华”旗袍二胡、多声弦制筝、巨型马头琴等新品颇受瞩目。

2011年，上海民族乐器一厂紧抓我国发展的重要战略机遇期，在转变经济发展方式上取得新进展，在深化改革上实现新的突破。

海伦钢琴股份有限公司

成立于2001年的海伦钢琴从一个规模较小配件厂发展至产值超过3亿元的知名品牌，以其惊人的速度、一流的品质，传奇般地崛起于文化底蕴深厚的、有着对外商贸悠久历史的中国宁波，作为“中国造”进入了欧洲的主流市场，打入了北美的大片商行，跻身于久负盛名的欧美品牌行列之中，令世人刮目相看，赞叹不已。

一、树立品牌活动，打响“海伦之旅”

2011年3月，“海伦之旅-赵晓生大师班、音乐会全国巡演”系列活动第二季全面启动，此活动去年已经演出了六十余场，覆盖全国。赵晓生是中国著名的作曲家、钢琴家，在国内外有着广泛影响。

2011年3月21日，首场活动在宁波大学成功举行、4月15日，到广西首府南宁、5月21日在美丽的北方边境城市丹东、7月份到河北保定、山东滨州、临沂和莱芜等、9月21日在美丽的新疆、11月24日在湖北古城襄阳市等，12月4日在大连举行了2011年的第三十场音乐会。

二、优异业绩，奠定行业地位

1、2011年5月18日，公司举行生产扩建项目开工奠基仪式暨奥地利“文德隆”百年品牌传承签约仪式，“文德隆”成为海伦钢琴旗下的第二品牌。

海伦钢琴扩建项目占地面积65亩，将建成集研制开发、生产销售于一体的新厂区5万多平方米，投产后，每年将新增钢琴生产能力1.75万架，届时年钢琴总产量将达到5万架。

2、海伦钢琴全球代言人、北京旅游形象大使的瑞典钢琴家罗伯特•威尔斯被选入进行拍摄北京宣传片，海伦钢琴也登上万里长城和北京天坛进行拍摄。

3、2011北美国际钢琴市场测评揭晓，中国海伦钢琴荣登“北美市场消费者使用钢琴”最高级别，这是中国钢琴品牌首次进入该级别，也是中国钢琴品牌迄今在北美市场获得的最高荣誉。

4、2010年10月11日：中国（上海）国际乐器展览会上，海伦钢琴CF系列新产品、水晶系列以及为国际品牌加工产品、新设计的HAILUN 286超九尺音乐会专用三角钢琴吸引了众多观众的目光，受到了多位专业音乐家和钢琴家的好评。2011年11月9日：海伦钢琴首次在人民大会堂展现了她完美的风采。

三、不负众望，出色完成多项重任

海伦钢琴良好的品牌形象及产品的卓越品质，2011年先后承担了各类演奏会和赛事专用琴，例如：著名钢琴家克莱德曼上海钢琴演奏会；北京电视台春节联欢晚会；宁波(北仑)波兰文化节之肖邦钢琴曲专场演奏会；中央电视台《小崔说事》栏目法国圣马可童声合唱团专访；第八届音乐金钟奖合唱比赛；北京首都师范大学庆祝中国共产党成立九十周年大型音乐会；第八届星星火炬中国青少年艺术英才推选活动的全国总决赛；江苏省苏州大学艺术学院“第三届全国高校音乐学钢琴专业教师演奏邀请赛”；上海市青少年钢琴大赛暨第二届海伦希望之星评选。

海伦钢琴将依靠上市契机，继续挖掘产品价值链条，依托强大的资本效应，顺势而上谋求新的跨越。

吟飞科技（江苏）有限公司

2011年吟飞科技（江苏）有限公司继续完善各项管理制度，秉承优秀的企业传统，不断发扬“诚信、勤奋、合作、奉献”的企业精神。公司从质量管理入手，在生产现场严格采用6S管理方法，贯彻ISO9001-2008质量管理体系标准，不断完善质量保证体系，使产品质量更加稳定。同时，公司在人力资源管理上进一步完善，注重人才的引进、培养和考核，努力提高员工的专业素质和综合能力。公司通过各方面管理工作的不断完善，提高了公司整体的运营效率，从而全面提升了企业的管理水平。

在技术创新和新产品的研发工作方面。2011年公司研发了新一代电子乐器音源集成电路，依靠先进的电子技术和自主创新能力，不断地研发和生产适合消费者需要的各类电子乐器产品。并针对国内外电子乐器市场发展形势的不断变化，对数码电钢琴、电子鼓和双排键电子琴等产品的市场情况进行了调研。根据不同的市场需求，运用先进技术研发出了多款适合于普及教育，有较高的性能价格比，极具市场竞争力的电子乐器投放市场，给公司带来了良好的经济效益，还确立了吟飞公司在国内电子乐器生产企业中的重要地位。特别是在开发新款高端双排键电子琴方面取得重大成果。

在技术引进、设备改造和提高企业生产能力方面。公司继续以目前市场需求为导向，下了很大的功夫对现有的部分生产设备进行了改造，并新添置了更先进的专业设备。通过以上各项改进措施，使公司的生产效率和产品质量有了明显提高。赢得了国内、外用户的青睐与好评，保持了产销两旺的发展势头。

在音乐产品的推广和音乐教育的普及工作方面。由中国教育学会音乐教育分会主办、中国教育学会音乐教育分会高师电子键盘乐器学术委员会承办、吟飞艺术中心协办的“第二届全国高师数码钢琴学术研讨会”在常州成功举行，来自厦门大学、华东师大、重庆师大、首都师大、上海师大音乐学院、武汉音乐学院、福建师大、温州大学等全国18所高等院校的几十位教授、老师参加了本次学术研讨会。本次研讨会主要围绕数码钢琴学科建设和发展、数码钢琴教学经验、数码钢琴教材建设等主题进行。与会老师介绍了各自在数码钢琴教育领域的实践和经验，就实际教学工作中遇到的问题进行探讨，对数码钢琴集体课教学、数码钢琴即兴伴奏等教学方法展开讨论。

为进一步促进音乐教育事业的发展和做好音乐教育的普及工作，公司为上海音乐家协会电子键盘专业委员会艺术团、天津音乐学院“高继勇音乐中心”、常州市新桥中学赠送了一批单、双排键电子琴、数码电钢琴和数码电子鼓，为其开设专业课和音乐教育提供便利。

为了充分展示企业文化和公司形象宣传企业品牌和产品，了解国内、外客户的需求，公司参加了2011年的美国NAMM SHOW、法兰克福乐器展和中国（上海）国际乐器展览会等国际性乐器展会。公司已连续十年参加中国（上海）国际乐器展览会，通过展览会把企业文化、品牌形象及产品等方面得到了较好地展示，提升了吟飞科技（江苏）有限公司及“吟飞”品牌的知名度及产品的影响力。并依靠自身产品结构调整和技术创新，增强了“吟飞”品牌在国、内外的市场效竞争力。在过去的一年中，公司先后在山西、内蒙古、广东、云南、湖南、山东、河北、河南、新疆、贵州、重庆、江西、陕西、福建、黑龙江、辽宁等省（市区）的几十个城市举办“吟飞”新产品展示会、双排键教学交流活动、音乐会和艺术沙龙等推广活动。为了解马来西亚双排键电子琴市场的现状和客户对双排键电子琴的要求，公司对马来西亚电子乐器市场进行了考察，并和DEE MUSIC STUDIO公司共同在吉隆坡、怡保、槟城举办三场音乐会及电子管风琴交流会。通过在马来西亚的推广活动，充分展示了中国“吟飞”电子乐器体现音乐的魅力。

我们将一如既往地为中国音乐教育事业作出贡献，始终把满足用户需求作为企业的目标，充分发挥自身优势，加快企业国际化的步伐，把“吟飞”打造成为中国电子乐器民族第一品牌。

杭州嘉德威钢琴有限公司

杭州嘉德威钢琴有限公司旗下拥有嘉德威、威士顿等多个自主品牌。公司先后获评“中国驰名商标”、“中国企业产品创新设计奖”、“中国乐器行业强势公司”等诸多荣誉。公司参与起草了《钢琴》国家标准、《钢琴弦轴板》国家标准。

嘉德威2011年技术投资1000万元，不断将最新技术运用到新产品上，接连推出多款时尚个性的概念钢琴，彰显了嘉德威的技术实力。

2011年嘉德威在钢琴产量上更上一层楼，销售方面不仅国内、国外都稳步增长，为嘉德威创造着一个又一个佳绩。

嘉德威在2011年主要的工作及获得的荣誉

1、2011年2月，第二届“嘉德威”杯全国青少年钢琴大赛圆满落下帷幕，得到了全国各地的热烈响应和支持，成为行业内极具权威、影响力的钢琴赛事。

2、2011年10月，在“琴动中华”首届中国钢琴行业颁奖盛典上，嘉德威钢琴凭借优秀的市场综合表现能力、领先的技术水平、稳定的产品性能、以及强烈的客户服务意识、先进的服务理念一举囊括五项大奖。

3、嘉德威对影视投资不遗余力，继支持赞助电影《80后》，2011年11月，嘉德威又和电视剧《花开半夏》倾情合作，用完美的嘉德威钢琴演绎浪漫的电视情节。

4、嘉德威凭借在海外市场的良好表现，大力推进文化产品和服务出口。2011年12月，被浙江省商务厅、省文化厅、省广电局和省出版局联合认定为2011-2012年度浙江省文化出口重点企业。

5、嘉德威一直秉承“钢琴专家”的理念，严格按照技术标准进行生产，嘉德威钢琴品牌的影响力不断扩大。2012年1月，浙江省教育技术中心、浙江省教学仪器设备行业协会、浙江省教学仪器标准化技术委员会经过严格的审核，将杭州嘉德威钢琴有限公司评为“2011年度技术标准工作先进企业”。

2011年，嘉德威斥资4亿元、占地8.5万平方米，打造全世界最具创意的钢琴产业园已然竣工入驻。配备全世界最先进的钢琴生产设备，年产能可达万。

嘉德威专门开辟钢琴博物馆和钢琴文化旅游基地。这是国内乐器界第一个以“钢琴”为主题的工业旅游园区、综合钢琴文化景区。目前已接待了一批又一批的参观者，未来将每年接待数万游客。嘉德威美轮美奂的音乐厅也成为众多品牌活动的最佳场所，嘉德威将成为社会名流大型音乐沙龙的至臻首选。

嘉德威正以矫健的步伐，用“卓越品质，世界名牌”的目标，书写着辉煌。

上海欧亚钢琴乐器有限公司

上海欧亚钢琴乐器有限公司自2000年建立以来，一直保持着良好、稳定、快速的发展势头。2011年，公司在各部门的配合协作和所有员工的共同努力下，各方面工作都取得了显著的成绩，实现了突破性发展。在2011年公司以提升产品质量为核心，通过加强钢琴生产和制作技艺的不断完善和对专业型人才的挖掘和培养，以及在突破市场营销和提升经销商售后服务、终端销售能力等方面上的不断努力，使公司整体实力进入到一个新的阶段。

企业之本，品质为先

2011年，德国门德尔松钢琴公司派遣高级工程师Damian Kolanek先生、 detlefkrolikowski 先生轮流到上海进行技术指导，对生产技术进行全面升级，每道工序都严格按照德国技术标准进行操作，使产品质量获得了很大程度的提升；同年公司也对车间基础设施进行了改进升级，以保证车间恒温恒湿的生产环境，从而使得每架钢琴的音色和触感更加完美。

品牌战略，创新之路

自主创新战略为公司增强了市场竞争能力。继“飞机”概念琴和“中国馆”概念琴之后，2011年又研制了一款“飞碟”概念琴，它新颖独特的设计理念和外观特点，在展会上一经亮相就好评如潮，当场被加拿大一家博物馆收藏。同时公司开发的LP-92AA-125-K 和LP-99AA-131-K两款新立式琴也在市场上大获成功。

市场战略，内外兼修

2011年，面对错综复杂不断变化的市场环境，公司在市场营销战略上也进行了不断的完善，“内外兼修”的战略思想使得公司取得了不俗的成绩。年销售业绩同比上升了20%；被中国乐器协会授予“中国乐器行业50强”称号；被中国消费者报社评为“优质服务先进单位。

1、公司在3月份扩建了3000平方米的生产面积，并增设了大量数控生产设备，在提升产品质量的同时也大大提升了产量，从而保证了以稳定的产量满足日益扩大的市场需求。

2、扩大销售队伍，并不定期对所有销售人员进行专业性的培训，从而提升销售人员的专业知识和业务能力；同时公司组建了一支专业的售后服务团队，以帮助经销商能够在最短时间内快速、有效地解决消费者的售后问题。

3、2011年公司参加了两次国际性乐器展会：德国法拉克福乐器展和上海国际乐器展，所展出的产品不论是设计风格、外观、音质还是手感都获得了专业人士和乐器爱好者的一致好评，吸引了大量的欧洲客户，现场签下了大量的订单，这是对公司产品和品牌最好的认可。

文化战略，以人为本

文化是企业运行之道，员工是企业生存和发展的根本。

2011年公司对内部员工进行了多次培训，以提升员工自身的综合素质和能力，并派遣优秀员工去德国进行学习深造。同时公司在2011年共3次组织员工集体外出旅行，让所有员工在紧张的工作之余身心都能够得到充分的放松，也加强了员工的团结互助意识和企业凝聚力。

武汉艾立卡电子有限公司

2011年，是艾立卡公司第三个五年规划的开局之年，也是全球经济处于大动荡、大调整、大变革的一年，各方面的原因导致国内的很多供应商交货期和产品质量不稳定，加上人民币汇率浮动幅度较大，生产企业成本上涨，出口型企业都面临着巨大的困难。我们对所面临的困难做了充分准备，按照“国家文化出口重点企业”和“国家文化产业示范基地”的要求经营好企业。2011年虽然出口额较去年略有下降，但国内贸易取得了新进展，并在标准编制、无形资产等方面取得了新成绩，企业保持了稳健的发展。

国内贸易方面，为扩大品牌知名度，2011年艾立卡加大了国内市场的宣传力度，先后在吉他中国网站、现代乐手杂志、芬奇（FURCH）中文网站、指弹中国网站上发布广告，参加指弹音乐节，并聘请国内著名吉他手代言。同时艾立卡在产品系列的配备上改变了原来产品单一、系列贫乏、产品“含金量”缺乏的劣势。目前高、中、低档产品齐全，既稳定了老客户，又吸引了新客户，2011年国内贸易销售额取得了29%的增长。

标准编制工作方面，2011年，艾立卡作为主要起草单位起草完成了两项国家标准、多个行业标准。起草完成了由全国标委会下达的国家标准《乐器有害物质限量》，该标准在测试技术上有较大的突破，在国内外第一次提出体积承载率概念并给出使用方法。同时完成了国家标准《电鸣乐器压缩与扩展类音效装置通用技术条件》，这两项国家标准在2011年7月通过审定，形成报批稿，报送国家标准管理部门待批。在完成国家标准起草工作的同时，作为主要起草单位起草制定行业标准《电鸣乐器放音设备 多功能音箱》、《电鸣乐器放音设备 电吉他用音箱》，以及与得理电子有限公司合作编制的《电鸣乐器用效果器通用技术条件》。这三项行业标准在2011年11月通过审定，形成报批稿，报送国家标准管理部门待批。

无形资产方面，2011年艾立卡取得1项发明专利《电鸣乐器延时类音效装置技术参数的测量方法》，2项计算机软件著作权《用于效果器产品的基于数字信号处理器BD3201的音效处理软件V1.0》、《用于音响产品的基于数字信号处理器BD3201的音效处理软件V1.0》，2项外观设计专利，2项实用新型专利。

此外，在2011年底，艾立卡做出了一项重要决定：申请上市，并随即成立了上市办公室作为上市工作的日常办事机构。2011年12月20日，武汉市东西湖区促进企业上市融资工作办公室发(2011)2号文件，将我司列入了东西湖区内上市后备企业名单。

2012年将是充满挑战的一年，艾立卡将坚持“科技与文化结合，技术与音乐结合”，积极创新，迎接各种挑战，为促进中国乐器行业的发展，促进国内外文化事业的发展与繁荣做出新的贡献！

广州红棉吉它有限公司

2011年，是广州红棉吉它有限公司高速、高质发展的一年。在过去的一年里，广州红棉吉它有限公司（下简称红棉吉它）牢牢把握国家大力发展文化产业、促进文化产业升级的政策导向，以全球布局及相关多元化现代企业集团的战略目标谋划企业的发展，通过实施品牌战略、创新驱动战略、人才强企战略、国际化经营战略，实现了“双推进、双达标、双提升”的目标。凭借着红棉吉它的技术和品牌优势，红棉吉它被认定为“2010-2011年度广东省重点文化出口企业”、“2011年度中国乐器行业50强企业”。

一、科技创新主导 提高竞争实力

红棉吉它致力于自主创新，通过不断加大技术研发资金的投入，持续提升企业自主创新能力，加快企业经济发展方式转变，走优质高效的科学发展之路，并取得了明显的效果。2011年，红棉吉它投入技术创新资金近300多万元，配置了激光打标机和激光切割机等先进生产设备，开发新产品近40款，包括22款个性化产品和高端系列产品；申请专利5项，其中《光敏漆对木吉它静电喷涂的系统及其喷涂方法》已取得实用新型专利证书并获得中国轻工业联合会科技进步奖，该项技术是吉它生产工艺的变革，它提升了业态的整体发展水平，为吉它制造业作出了卓越的贡献。

二、致力营销创新 铸造乐器名牌

2011年，受欧债危机的影响，国际乐器销售市场下滑，对企业造成不少的冲击，对此，我公司及时调整经营策略，积极拓展国际新兴市场，同时，加大国内市场的拓展力度，减少对出口市场的依赖，着力推进八大业务的开展，形成新的经济增长点。同时公司注重自主品牌的创新和提升,并与广州路通社文化传播有限公司进行合作，对红棉品牌进行全面策划，建立VIS视觉系统，打造全新的品牌形象。此外,我们积极参与美国NAMM、德国法兰克福乐器展等国际乐器展会，通过加强与国内外同行的竞技和交流，不断提升红棉乐器的内涵和影响力。2011年红棉吉它销售额同比上升8%，突显了红棉乐器的市场、品牌、技术实力。

三、实施人才发展战略，打照专业人才队伍

企业的发展，人才是关键。为了实现红棉乐器三年内成为世界最大吉它产业基地、行业最好的研发基地目标，红棉吉它不断加大人才战略实施力度，与国家重点职业培训学校合作办学，建立红棉乐器专业班，每年招收100名学生进行专业培训，为企业发展提供专业人才；此外出资鼓励员工参加各种业务培训班，包括组织骨干到国外先进制造企业考察学习,开拓视野，提升综合素质，打造复合型人才，同时也为员工规划职业生涯提供了更多发展的渠道。今年我公司参与专业培训的员工达到100多人次，并有36人考取了工艺美术师的资格证书。

四、建立新的产业基地，提升可持续发展能力

近年来，红棉吉它以国家扶持文化产业发展为导向，以全球视野谋划企业的发展，以科学发展观积极推进产业布局和产品结构的调整，促进产业升级转型，提升综合竞争实力。2011年，红棉吉它投资1.5亿元人民币在广东河源高新技术开发区筹建新的生产基地和组建国内领先的吉他、提琴研发中心。通过实施异地升级改造，不断提升红棉吉它的品牌影响力和综合竞争实力，扩大企业的出口额和市场占有率，使红棉吉它成为最具国际竞争力的中国乐器企业和最具国际影响力的民族品牌。

江苏奇美乐器有限公司

2011年，江苏奇美乐器有限公司在所有奇美人共同努力下，取得了辉煌的成就，硕果累累。

2011年5月，奇美商标被认定为“中国驰名商标”， 奇美牌竖笛、口风琴、口琴连续十年被授予“江苏省名牌产品”称号，“奇美”商标连续十三年被认定为“江苏省著名商标”。同时，奇美公司注重品牌建设，提倡科技创新，加快企业转型升级，提升企业内部管理，在全体员工的共同努力下，2011年，奇美牌口风琴又荣获“江苏省高新技术产品”，奇美公司荣获“江苏省民营科技企业”、“2011年度中国乐器行业50强”，总经理张龙贵被中国乐器协会授予“2011年度中国乐器行业优秀人物”荣誉称号。

2011年，奇美牌竖笛、木笛、口风琴国内品牌市场占有份额达到85%左右，产销量居全球第一，奇美牌系列口琴产销量已跃居国内品牌市场前列。产品不仅畅销国内市场，还远销美国、日本、德国、英国、印尼、法国、瑞士、马来西亚、新加坡、澳大利亚、加拿大等多个国家和地区，深受国内外中小学生及专业演奏家的欢迎。

截至到2011年底，奇美公司拥有“奇美”主商标、副商标及防御商标共计五十多件。在国内注册“奇美”主商标的基础上，英文“QI MEI”等商标在美国、日本、俄罗斯等三十多个国家注册成功，并在主商标下注册了小博士、小伙伴、小黄莺、亲情树等二十多件副商标。奇美牌木质竖笛浸蜡的加工工艺等两项专利荣获国家专利局授予的发明专利，木质浸蜡装置、贝司口琴木质琴格、口琴塑盒联接件、口风琴琴键上的Do、Re、Mi、竖笛托把等8项荣获实用新型专利，奇美牌竖笛、口琴、口风琴等15项乐器产品荣获外观设计专利。

2011年，江苏奇美乐器有限公司与德国乐器企业进行技术合作，在原有奇美牌、钻石牌乐器产品的基础上，研发生产中老年人用于学习与演奏的夕阳红牌系列竖笛、木笛、口风琴、口琴。2011年6月，江苏奇美乐器有限公司赞助10多万元给杭州市刀茅巷小学用于重建口琴博物馆、同时资助人民币50万元给在马来西亚吉隆坡举办的第九届亚太口琴节，确保亚太口琴节能够成功举办。为扩大国内外市场，公司从2011年开始投资3000万元创建两条新的生产任务线，提升产业能力，提高产业效率。公司拥有自营进出口权，目前正积极创建江苏省高新技术企业，着手组建江苏奇美乐器集团。

河北乐海乐器有限责任公司

河北乐海乐器有限责任公司创建于1985年，经过20多年的发展，现已成为我国北方民族乐器制造行业的龙头企业，民族乐器行业标准的起草单位，自2006年以来连续被中国乐器协会评选为“中国乐器行业强势公司”、“中国乐器行业50强”。

2011年乐海公司继续发扬“创新、超越”的企业精神，坚持“专业化、标准化、规模化、市场化”的发展道路，使企业得到更加稳步的发展，公司的销量、产值再创新高。

借“十二五”国家大力发展文化产业之契机，在省市县各级领导的支持下，以乐海公司为主导，成立了肃宁县民族乐器产业园区，为下一步河北省委省政府建立河北肃宁乐器集团打下坚实的基础。

在品牌宣传与保护方面，公司积极的申报中国驰名商标，通过该驰名商标的认定不仅是对乐海产品的认可，乐海牌商标将进一步得到强有力的保护。

在产品质量方面，公司始终坚持三检原则，实施员工质量考核手册，提高了全体员工的质量管理意识；通过管理人员深入基层实践，进行全面监控，加大现场的监督力度，严格控制管理。通过健全完善工艺技术创新体系，不断引进新设备、新的工艺，改进产品生产工艺，提高产品生产效率，提升产品质量，并申请了多项国家专利。

2011年由我公司作为主要起草单位，起草修订了《扬琴》、《京胡》、《三弦》3项乐器行业标准，参与修订的其他8项乐器行业标准，于2011年正式实施。

在产品研发、科技创新方面，公司与中央音乐学院、中国音乐学院、天津音乐学院、中国化工大学等高等学府以及北京乐器研究所等研发机构紧密合作，取得了多项研发成果，并已申请国家专利。

公司全体员工将继续以弘扬民族传统文化作为光荣的使命与责任，用激情、智慧和坚毅，在2011年的基础上再上一个新的台阶，让“乐海”更精彩。

天津圣迪乐器有限公司

乐器行业国内外市场瞬息万变、市场竞争日趋激烈、原材辅料价格不确定、员工收入等人力运营成本不断增加，给企业的发展造成越来越多的不利因素。要想在这个环境中生存，企业必须要提高自身的抗风险能力，要在危机中抓机遇、求发展。

一、内抓现场、外抓市场，加大技术开发力度、增强市场竞争力

坚持以市场需求为导向，确定了以产品开发谋求企业持续发展的主线，重点加强人才、市场、研发等各项工作的落实。以人为本，充分发挥公司每一个人的聪明才智，齐心协力积极进取，确保完善各项工作。在新产品研发工作中，公司根据不同群体乐器演奏发展的需要，引进技术人才，改进生产技术，生产出了符合市场需要以及适应不同群体乐器演奏发展需求的新产品。使圣迪乐器再创新高，不断推出质优价美的乐器产品，使公司乐器产品在市场上具有强大的竞争能力。

公司从新布置生产工序，调整优化生产环节，新购置、特制一批先进通用设备和专用设备，增强了公司技术骨干的积极性，提高了劳动效率和产品质量。

公司上下全员参与，把好质量关，建立完善质量保障体系。提高全体员工的质量管理意识，坚持完善三检制度，实施员工质量考核管理手册，确保了产品每个部件的质量。

推进开发新产品力度，继续完善技术创新体系，继续走引进、消化、吸收国外先进技术的道路，加速产品结构款式调整，提高市场竞争能力，不断攻克技术难题，成功开发了GS系列管乐器，加快生产进度，使公司产品接近或达到了国际同类产品的水平。

在改善劳动强度和生产工艺、设备技术改造和节能降耗等方面都形成了自己独特的技术方案。创造自主知识产权，公司目前拥有的专利总数已达50多项，成果转化率已达到90%。公司制定了知识产权发展规划，每年都有几项新的专利诞生，对公司发展起到了巨大的促进作用。

二、打造圣迪品牌，牢固树立品牌意识

目前、圣迪品牌已被评为“天津市著名商标”“天津名牌产品”，继续坚持“以质量促品牌，以产品促品牌，以文化促品牌，以服务促品牌”的宗旨，坚持以质量为中心，通过各种渠道不断加大广告宣传力度，以优质的质量确保客户的信誉度，以新颖的产品款式确保品牌的先进性，以健全优质的服务确保品牌的持久性，提高了品牌的知名度，为争创中国驰名商标打下基础。

三、加强团队建设、树立公司文化，努力营造圣迪新景象

树立科学发展观，讲究经营之道，培养公司精

神，塑造公司形象，优化公司内外环境，全力打造具有自身特色的公司文化，为圣迪快速发展提供动力和保证。继续通过国内外各大乐器展会来提升圣迪品牌的市场影响力，同时加强和教育系统进行合作，共同搭建中国管乐器的发展平台。根据公司实际情况，继续加强公司乐队的培训计划，通过开展各种形式的培训和文化活动，来调动员工的积极性、主动性和创造性，为圣迪创造一个崭新的新景象。

我们坚信，只要不断增强产品质量和技术创新，提高公司的核心竞争力，同时实行科学管理，树立品牌意识，创新经营思路，圣迪公司一定持续、稳定地向前发展。

成都川雅木业有限公司

作为中国乐器声学材料和部件的龙头企业，2011年川雅木业以经营高档钢琴音板、肋木、琴键板、背架云杉“四大件”为特色优势，吉它音板为配套；通过扩产能，投技改，抓管理，促服务，在做实做强企业上狠下功夫，销售收入比前年增涨24%，产品供不应求，企业取得快速发展。主要做法是：首先，更加注重乐器材新资源投资开发和采购，形成了以北美、中国西部和东北、俄罗斯“金三角”供应格局，为企业长远发展奠定原料基础；其次，为满足专业环境和技术领先要求，扩建恒温恒湿厂房和大力改造关键重点技术装备，使更胜任制造高端和可靠的专业产品；第三，规范木材的大气干燥、人工干燥，认真执行EMC储存静置、工艺流程、品质控制和企业综合管理，着力选培优秀专业人才充实关键岗位，踏实有效开展基础和基层、现场和日常管理；第四，积极实施名牌战略，“川雅”作为“四川名牌”被顺利通过复审后，相继获评“四川省著名商标”和“中国乐器行业50强”。

受欧债务危机影响，2011年我国经济面临下行压力，潜在经营风险也在增加，市场形势很不乐观；乐器市场竞争十分激烈，加剧了行业洗牌。而乐器材资源十分短缺，价格波动大，供应转向调整明显，企业成本不可控和不确定因素增多。因此，川雅基于如下三个基本认识下开展工作，即：中国乐器行业缺乏强大、稳定和成熟的乐器木材供应体系；中国乐器产业没有持续可靠的资源支撑，资源稀缺必然市场紧张，无木不稳加剧产销动荡；木材及其产品品质工作越复杂困难，企业风险与机会越多。川雅木业以建设“中国乐器材料研发基地”为目标，以重点发展西加云杉(Sitka Spruce)，稳定中国西部云杉（West Spruce），欧洲云杉(Europe Spruce)作为补充；以钢琴“四大件” 为主导产品，吉它音板为补充，结合木材资源能力、制造能力与战略客户合作能力三个方位考虑问题，来稳健推进企业生产经营活动。

基于上述，川雅看到在中国成为世界乐器制造中心和乐器生产强国化的道路上，应用世界上最好的云杉（Spruce）木材资源，生产高档钢琴用的高端实木配件产品是行业发展的内在要求和必然趋势；选用名贵上等木材，以严苛的传统干燥和加工工艺制造的名牌配件，已是所有未来钢琴企业的最佳选择。因此川雅自2011年初就坚决实施了以生产制造高端实木音板和实木琴键板为特色的工艺、技术、装备、环境、产能扩建改造，使能达到德国和日本同行的制造能力和水平，出品最好产品，让行业用户不必辛苦到国外，就能轻松够买到使用最好的木材制作的稳定可靠、更优性价比的名牌配件，就能够制造世界一流的高档钢琴产品！

一年以来，川雅始终脚踏实地，认认真真，持之以恒管好企业，以专业化精神制作技术过硬的产品，真诚与用户的交流、合作和服务；继续深化成本、效率和品质管理，大幅增加木材进口储备；大力提升产品科技含量、专业化制造力和配件保障力来满足用户的核心需求，超前主动替用户分忧解难，致力与客户共创竞争力，共同进步，共谋发展。

江苏天鹅乐器有限公司

近年来，公司紧紧围绕“专业化、品牌化、国际化”的发展战略目标，按照“品格、品质、品牌”三品合一的经营理念，大力开展“创新、创优、创效”等活动，以开放性、前瞻性、多元性的思维统筹发展，取得了多年持续产销两旺的业绩，在百舸争流的乐器市场中屡获殊荣。2011年公司获得“江苏省诚信单位”、“江苏省民营企业”、“江苏省AAA级信用企业”等殊荣，“天鹅”牌商标连续四届获得“江苏省著名商标”，连续五届获得“江苏省名牌产品”，半音阶系列口琴荣获“江苏省高新技术产品”。天鹅商标今年4月又被国家工商总局商标局认定为“中国驰名商标”。多年来，连续被中国乐器协会评为“中国乐器行业强势公司”和“中国乐器行业50强企业”。

一、在产品结构创新上下功夫，开发适合市场需求的新产品

在每年的上海国际乐器展览会上，公司推出的新产品总能吸人眼球，聚集在展区里的人群除了乐器制造商，经销商、音乐爱好者外，还有口琴演奏家、教育家。惊奇多变的各种造型、光彩耀目的外观设计，得到了国内外客户的认可，使近年来产品供不应求。中、高档口琴市场成为企业发展的新亮点。在产品开发上不断创新，以“精心设计、精工制作、精细管理、精益求精”的“四精”精神为理念，积极贯彻立足自我、借助外力这一方针，努力构筑技术优势，建立完善的激励创新机制，设立员工考核奖励机制，从而调动大家的创造性和积极性，开发出具有国际先进水平的新产品。

二、在管理模式创新上下功夫，凝聚广大员工的心

在市场管理上，公司积极推进名牌战略，建立了现代的质量管理体系，推进名牌兴企、质量兴企、科技兴企的方针，建立了完善的销售网络，并与国际上一些大客户建立了双赢的长期战略合作关系。2011年销售业绩上升了20%。

在企业管理中，最难的就是凝聚人心，实行人性化的管理。在管理的过程中，公司充分了解员工情感的变化规律、尊重关心员工，通过记住员工的生日，解决员工的工作、生活中的困难等，让员工感受到企业的温暖，营造先进企业文化，从而达到凝聚人心，用他们的聪明才智为企业的发展出谋划策。

三、在技术改造上下功夫，全面提升企业技术装备

在管理创新的同时，公司进行了必要的技术改造，2011年公司投入100多万元添置了冲床10多台，电脑刨簧车2台，调音仪30多台及注塑机2台。为了缓解目前产品严重供不应求的状况，我们在江苏泰兴、河南镇平等地投资兴办了口琴分厂，利用当地劳动力富余的优势，解决了钉压簧、调音工序技术人员严重短缺的压力，为进一步占领市场打下了坚实的基础。

四、在品牌战略上下功夫，更大范围提升品牌知名度

市场竞争就是品牌竞争，如果一个好的品牌，不但在价格上占优势，而且在市场占有率上更有优势。当“天鹅”商标被认定为中国驰名商标后，公司利用电视、电台、报纸以及国家级杂志等媒体进行全方位进行宣传，不断提升品牌的知名度，让天鹅产品走进千家万户，创造一个家喻户晓的民族品牌，为乐器行业的经济建设作出应有的贡献。

南京舒曼钢琴制造有限公司（原南京摩德利钢琴有限公司）

2011年是舒曼钢琴制造有限公司平稳快速发展的一年。在这一年里，制造行业面临种种困境，尤其是原材料价格和劳动成本的继续上涨，市场竞争不断加剧，舒曼钢琴逆势而上，通过不懈努力，持续创新，超额完成了公司预定的经济计划指标，生产和销售方面持续保持平稳发展势头，取得令人满意的成绩。公司始终保持规模适中的战略目标，追求产品品质的特色和优秀，企业效益的最大化。

在品牌战略方面：舒曼钢琴始终坚持品牌战略发展，加大品牌宣传力度，打造世界知名品牌，在国内外的报纸杂志上宣传舒曼钢琴品牌，目前舒曼品牌已在世界近50个国家进行独立知识产权注册，舒曼产品远销欧洲、北美、南美、中东等，建立了国外舒曼钢琴专卖网络，在过去的一年里，公司投资建设了新的中英文网站，同时加大网络各平台的品牌宣传推广，提高舒曼、摩德利钢琴品牌知名度。与此同时，公司赞助举办了如：拉赫玛尼诺夫钢琴大赛中国赛区比赛等钢琴比赛和宣传推广活动，意在促进中国与国际之间的高端音乐艺术交流，并为中国青少年走向国际舞台提供更多途径。

在市场战略方面：在国内，舒曼钢琴逐渐调整营销策略，成功使产品代理商从省级代理商逐渐转变为地区经销商代理，直至取消省级代理，使公司不管在产品销售或售后服务质量方面都有显著提高。在国外，舒曼钢琴加强完善市场代理经销管理秩序，参加国际乐器展，推广品牌，推陈出新，使舒曼钢琴在当下国际经济形势严峻的情况下，出口销量依然骄人。同时舒曼钢琴开始参加国内外大型政府招标项目，使得舒曼钢琴的市场占有率大幅度提高。

在生产与销售方面：面临国内外经济通货膨胀严重的形势，公司2011年依然实现了钢琴总销量8132架，其中立式钢琴7562架、三角钢琴570架，超预算生产目标。舒曼钢琴的品质和销售额都呈增长态势，充分体现了舒曼钢琴的活力、潜力和实力。

在人才管理以及科技创新方面：加强团队建设，提高专业技能，弘扬企业文化，深化科技创新。舒曼钢琴十分注重科研基础设施和科研经费以及人才培养的投入。2010年舒曼公司相继投入了1000多万元专门用于钢琴生产设备的改进、专业人员的引进以及内部员工的培训。2011年公司在引进外来高级专业人员的同时，专门从德国聘请专业钢琴大师定期到公司对内部员工进行指导培训，努力为员工创造个人快速发展渠道。另外公司积极鼓励员工参加专业等级考试，整体提高员工素质和技能。舒曼钢琴的员工队伍的一直保持平稳，从而为企业的管理和发展奠定了坚实的基础。

2012年，舒曼钢琴将继续努力，以更高的目标，更好的品质、更严格的监管、更优质的服务，打造品质一流的钢琴，为中国钢琴行业的发展做出更多的贡献。

河北秦川文体乐器有限公司

2011年，世界经济形势复杂严峻，我国经济增长面临世界经济环境低迷和国内政策环境趋向紧缩的双重压力。面对这样的经济环境，河北秦川文体乐器有限公司苦练内功，扎实基础管理，在管理创新上寻求突破，全面并超额完成了年初制定的各项经营任务。

一、以管理创新为抓手，实现管理的历史性突破

1、提练出了企业使命、愿景、核心价值观等，明确了全体员工共同遵守的价值准则。

2、制定了企业未来五年发展战略。

3、成功引进绩效增长模式。调动了员工的积极性，让员工分享管理创新的成果。

4、调整内部组织架构，成立乐器销售公司，实行区域管理。设大客户部，负责团购、批发和招投标业务。设立市场运营部，提高企业的营销策划能力。

5、加强培训，建立学习型组织。公司先后外派高管15人次参加了企业管理课程；选派8人赴京学习《绩效增长模式》，掌握了有效的工具和方法。同时加强内部培训，提高员工综合素质。

6、加强企业文化建设，关心员工生活和成长。公司工会举办了迎春联欢会、员工生日会、文体活动、摄影、歌咏、演讲比赛等。健全了党、团、工会组织。

2011年，公司还制订了员工关怀计划。在“五险”的基础上，又开设了员工公积金账户，连续两次为员工普调工资，体现了公司的关怀。

二、经营业绩取得历史性突破，企业品牌形象日益提升

2011年，天津区域、石家庄区域、学校以及投标和批发业务都创造了历史最好水平，有的区域完成全年计划的142.93%；有的比去年增长了27.8%；为完成公司年度经营目标提供了保证，公司整体经营仍保持两位数增长。

三、大力实施品牌战略，企业社会形象得到进一步提升

1、2011年，公司完成了ISO9000认证审核评审工作和河北省著名商标的申报工作。公司还成为了石家庄市文化产业协会团体会员。2011年再度跻身中国乐器行业50强。

2、通过企业内刊、网站及媒体多渠道进行宣传，荣获中国乐器协会授予的2011年度信息工作先进集体称号。

3、广泛开展社会音乐活动，培育市场，宣传企业，服务社会。公司先后组织举办、协办或承办了国内外演奏家音乐会、各类赛事、讲座等数十项大型活动，培育了乐器市场，提升了企业形象，为当

地文化事业的发展做出了贡献。

2012年，公司将继续坚持经营与管理创新，通过全面绩效管理的落地和工作流程的完善挖掘内部潜力。进一步拓展市场，提高市场占有份额，确保公司未来五年发展战略目标的实现。

北京华东乐器有限公司

1988年创建的华东乐器享誉国内外，年产提琴23万把,此外还有贝司、吉他、二胡等，年销售8000万元，年纳税400余万元，转移农民就业近千人。公司销售网络遍布美国、德国、日本等40多个国家和我国台湾地区，成为北方地区最大的小提琴生产基地。

2009年公司建成全国第一家提琴体验馆和规模化展览厅、音乐厅，自从体验馆、展览厅、音乐厅建成后，全国及世界各地的演奏家及喜爱小提琴的人士慕名而来，他们在体验馆里，不但亲眼目睹了小提琴的制作工序及流程，还能在公司的展厅里参观曾获得过国际制作奖的小提琴及各种不同种类、风格的乐器，聆听到由中央音乐学院老师现场拉奏美妙动听的小提琴曲。2010年7月市委书记刘淇和市长郭金龙及其他市委领导亲自到华东乐器调研考察，给予充分肯定和大力支持。

平谷以其丰富的文化积淀和特有的音乐产业优势，提出打造首都音乐文化园区，构建中国乐谷的雄伟蓝图。中国乐谷的提出，丰富了首都文化创意产业的内涵，弥补了音乐文化产业的缺失，创设了以音乐产业集聚、音乐主题休闲为一体的创新园区。

2010年11月，作为市级文化创意产业集聚区，中国乐谷得到市政府授牌。中国乐谷正式写入了北京市政府工作报告，并纳入了“十二五”规划。

北京华东乐器有限公司的提琴制造是中国乐谷特色产业区的龙头企业。

采取多种形式，严把质量关

为了加速企业的发展，公司十分重视职工的培训。提琴生产对员工的技术要求很高，每道工序配备专业的检测人员进行检测。产品完成后，公司每月聘请专业的提琴演奏师来公司进行试奏，对提琴的音色和音质提出意见，并加以改进。公司还组织职工到其他企业参观学习。

公司2003年以来，连年被评为乐器强势公司、乐器行业50强、守信企业。2010年5月，公司参加中国首届国际提琴制作大赛，参赛的7把提琴全部进入前50名，获得第五名的最好成绩。同年7月，我公司又参加了美国第十九届国际提琴比赛，公司的小提琴获得比赛的音质银奖。

创建企业文化，树立名牌意识

为树立企业形象，提升企业在乐器行业的知名度，创立华蕴名牌效益，公司每年都参加乐器行业的展览会，以便让更多的经销商了解企业现状。如国内每年在北京、上海、广州、西安等地举办的乐器展览会，以及德国法兰克福国际乐器展，美国NAMM展等，每次会后所签的订单都在500万元以上。“华蕴”品牌在社会各阶层人士中留下了深刻的印象。

另外，公司还通过多种途径邀请乐器演奏方面的专家、学者来企业参观指导，以树立公司在乐器行业的良好形象。如西班牙克斯欧乐团来平谷演出，用公司生产的提琴演奏世界提琴曲，受到专家好评。北京市心连心艺术团、中国歌剧舞剧院首席小提琴演奏家张航、中国音乐学院师生来公司演出，中央音乐学院的200多名学生和教师认真参观了提琴制作工艺，实际感受和掌握了提琴的发声原理，扩大了企业的影响。

加强职工的思想教育，积极参加公益事业

公司非常重视对员工进行爱国主义思想教育，鼓励员工积极、广泛地参与社会公益事业。同时企业也拿出一定的资金为文化教育事业贡献力量，如无偿捐给平谷第三小学小提琴15万元，帮助东高村小学、南念头小学、大旺务小学建立提琴室，免费提供小提琴合计23万元，为东高村镇各个大队文化站，文化室提供二胡等价值人民币20多万元等。公司连年被评为平谷区文明单位，北京市工商联文明单位，刘云东总经理也获得了“中国乐器行业新闻人物”“京郊农村自主创业先进个人”“首批北京市有突出贡献的实用人才”光荣称号。

浙江天目琴行有限公司

2011年是浙江天目有限公司走过的第19个年头，天目琴行用坚实的脚步继续印证着“商、学、赏”三位一体的经营理念，在实践中对“以商养学、以学促商、以赏兴业”进行着诠释。

商——创新营销，优化管理

乐器销售是天目琴行经营的基础。2011年在国内经济平稳、快速发展的大环境下，天目琴行以创新化营销，与厂家联合举办罗兰中国行杭州站电声演示会等一系列乐器推广活动。天目打破传统的单一性营销方式，通过举办高品质音乐赛事，将品牌形象植入活动，增加天目琴行这一品牌的受众群体。第二届德中同行-欧米勒钢琴公开赛浙江赛区选拔赛、杭州市侨联成立50周年系列活动启动仪式暨“天目琴行杯”侨界合唱比赛、卡西欧大奖赛弹唱大赛浙江赛区选拔赛等一系列赛事的举办，充分扩大天目琴行知名度，挖掘了一大群潜在消费人群。

创新化的营销方式，不断优化的管理体制，浙江天目琴行有限公司顺利荣获“浙江省著名商标”。

学——创意课程、精品服务

课程设置是培训中不可或缺的一环。雅马哈音乐中心针对2岁半、3周岁、4-5岁儿童开办的音乐启蒙课程，让孩子在聆听、演唱、熟悉键盘的过程中，感受音乐魅力，在孩子初次体验音乐的过程中，打下深入学习钢琴的基础。

在培训行业不断成熟的过程中，家长对培训机构的挑选余地也不断扩大。如何在竞争日益激烈的培训行业中继续保持业内的领先，天目人意识到了精品服务的重要性。天目艺校每一位教师在保证课程质量的同时，积极与家长沟通，搭建学校和家庭的互动桥梁，解决学生学习中的问题。

赏——音乐传播、回馈社会

普及音乐教育与传播音乐文化不可割裂。在打造精品培训服务的同时，天目人积极传播着音乐文化。天目琴行先后赞助了“大学之声”新年音乐会、宝荣•天目新年音乐会、香港杭州提琴艺术沙龙冷餐会等音乐活动。天目琴行因此有幸成为杭州市市民体验点、杭州国际交流日体验点、第三届杭州品质展全城联展点，为不同人群提供感受音乐文化的平台。

最值得一提的是由天目琴行全程策划的“2011杭州国际钢琴文化周”系列活动，200余年历史的古钢琴、限量版的红色法拉利钢琴，成功聚焦了媒体镁光灯。国际著名演奏家徐周希，旅美钢琴家、教育家茅为蕙大师班讲座更是吸引了本地媒体大篇幅报道。精彩的活动让文化周活动顺利入选杭州品质行业点评文娱活动“年度活动”，天目也被评为2011“建行杯”文化新浙商“文化产业创新奖”单位。

业内的肯定、社会的嘉许是对浙江天目琴行有限公司“商、学、赏”三位一体理念的肯定。2011年度全省侨联先进个人单位、杭州市第八届消费者信得过单位、2011浙商最具投资价值企业、2011浙商新锐品牌单位……荣誉属于过去，天目人将继续以饱满的精神迎接2012带来的挑战。

烟台博斯纳钢琴制造有限公司

2011年，面对严峻的国内外经济形势和低迷的国内外市场，烟台博斯纳钢琴制造有限公司积极采取了严控产品质量、结合市场需求和盈利能力快速投入新产品、扩大国内市场销售等各种应对措施，抢抓机遇，克服困难，奋发进取，各项工作得以明显进步，主要经济指标突破了徘徊局面，得到了新的提高。其中钢琴总产量同比增长21.5%；销售收入同比增长17%；出口增长29%。这些成绩的取得，让博斯纳钢琴公司在激烈残酷的市场竞争中得以历练与成长。

2011年，公司突出抓了三个转变：一是生产、经营结构的转变：从以外销为主尽快向以内销为主的转变，以应对世界经济危机和国际风云的突变；二是从任意的多品种、小批量向合理的少品种、多批量的生产经营转变，以更好地发挥现有的生产能力，提高生产效率，尽快扩大生产经营规模；三是从附加值低向附加值高的产品转变，以克服生产成本的刚性增长，尽快增加经济效益。

在以上的三个转变中，公司重点作好第一个转变的实施工作。进一步加大国内市场的开发力度、加快国内市场的开发进度。以经营能力强、市场信誉好的经销商为龙头，以大带小，以点带面，拓展市场网络范围，密实市场网络结点。

2011年在巩固老客户的基础上，又增加了上海、沈阳、长沙、抚顺等十余个城市新的代理商。

2011年，公司进一步巩固了与德国贝希斯坦钢琴公司的合作。双方的合作范围已经拓展到技术指导、产品升级、市场开发和贸易往来。从而扩大了公司的市场范围，丰富了产品结构，提升了产品质量，特别是三角琴的技术档次和水平。

2011年，公司成功举办了博斯纳钢琴问世140周年纪念庆典活动。2011年7月1日是博斯纳创建、问世140周年纪念日，公司经过精心策划与筹备，成功地举办了大型的、国际性的博斯纳钢琴问世一百四十周年的纪念庆典活动。中国乐器协会、烟台市政府领导，国内外钢琴艺术家、媒体朋友以及广大的博斯纳国内外经销商、供应商齐聚烟台，共同分享了博斯纳钢琴140年悠久历史所折射的厚重的文化底蕴以及超凡的艺术价值，共同分享了成功的喜悦与感动。

2011年，公司参加了上海国际乐器展。从参展的产品质量水平，到展位的形象设计，从对客户的接待、洽谈到客户的订货、合作，烟台博斯纳钢琴在此次展会上取得了丰硕的成果，博得了钢琴演奏家、国内外钢琴经销商、以及钢琴爱好者的高度赞扬。

另外，公司还成功举办了第二十届博斯纳杯美国钢琴公开赛中国赛区的比赛。同时还邀请了国内外著名钢琴演奏家在烟台举办了多场钢琴音乐会。

2011年，博斯纳品牌被评为山东省著名商标。

2011年，对于博斯纳来说是成长与进步的一年，风雨的洗礼和砥石的磨砺将会让他变得更为强大。

福州和声钢琴有限公司

2011年和声钢琴公司坚持不断创新、持续改进、稳中发展的道路。通过“新和声、新形象、新产品”的打造，在复杂严峻的环境中取得了社会效应和经济效益的双丰收。2011年和声公司全年产销量和利税均比上年增长10%以上。

通过一年来持续的整改，和声公司面貌焕然一新。在国内率先实现了钢琴全部工序全面实现恒温恒湿生产，有效地控制了钢琴制造过程中空气环境中的相对湿度，极大地改善了生产条件和环境面貌，大大增强了和声钢琴的稳定性和耐候性；按照欧洲高端钢琴的标准建立了“音板静置养生房”，保证了每一片音板的烘干、静置，确保音板的最佳弹性和稳定性，真正做到音板“养生”；新建环保式双组份喷漆流水线、整体喷房油漆工序；增添数控音源雕刻设备等，和声公司在提高钢琴品质的同时，更加注重产品的标准化和环保性。

通过不断创新、持续改进，和声公司稳中发展。2011年，公司再次被中国乐器协会评为“中国乐器行业50强（钢琴制造业10强）”；哈曼尼R版系列钢琴荣获由中国轻工联合会和中国乐器协会联合颁发的“中国轻工精品展精品奖”。

和声钢琴公司充分发挥“文化产业示范基地”作用，积极投身于音乐文化活动、文化教育事业和社会公益事业。2011年“福建省音协哈曼尼钢琴艺术交流中心”、“中央音乐学院鼓浪屿钢琴学校教学实训基地”、“福建艺术职业学院学生创业孵化基地”、“福州大学至诚学院教学实践基地”、“茅为蕙钢琴艺术中心”相继在和声公司挂牌成立，推动了音乐教育事业的发展；组织了“和声钢琴鸣盛世——茅为蕙慈善钢琴演奏会”系列活动、“郎朗•百名琴童百台哈曼尼钢琴齐奏会”系列活动、“哈曼尼钢琴之夜——杨鸣师生音乐会”、“庆六一•中央音乐学院鼓浪屿钢琴学校和声钢琴社会实践活动”等大型音乐文化活动；参与福建省音乐考级活动，哈曼尼钢琴连续十几年被指定为福建省考级专用钢琴；连续四年向中央音乐学院鼓浪屿钢琴学校颁发“哈曼尼奖教奖学金”；向福建省残联、关工委捐赠总价值十四万元的“哈曼尼”精品三角钢琴和立式钢琴。和声公司积极地用社会音乐和公益慈善活动来繁荣中国的文化事业，构建和谐社会。

和声公司发挥“创新型试点企业”作用，坚持在保持欧式传统制琴工艺的同时，不断自主创新。2011年和声公司获得国家知识产权局批准的实用新型专利为6项。迄今为止，公司共获得国家实用新型专利18项，外观设计专利9项，共计27项专利。是中国钢琴制造企业中获得最多国家专利的企业之一。2011年，和声公司相继研发了“哈曼尼”HG-120J等多款立式钢琴和HG-153R等多款精品三角钢琴。欧洲传统制琴工艺与现代科技完美结合的产品深受消费者的喜爱，促进了和声钢琴的销量。

通过坚持不断创新、持续改进、稳中发展的道路，和声公司2011年实现了社会效益和经济效益的双丰收，品牌继续提升，产销量突破历史最高水平，达到新的高度。和声将坚定不移地坚持精品钢琴、品质为先，循序渐进发展产量的方针。和声要做越来越精、越来越好的钢琴，为中国音乐文化事业的发展做出贡献。

扬州天韵琴筝有限公司

扬州天韵琴筝有限公司始建于2002年8月，地处仪征市刘集镇盘古工业园，占地面积20余亩，厂房建筑面积9000m^2，现有员工126人，其中工艺美术师、助理工艺美术师、工艺美术员等专业技术人员近40人。公司古筝年生产能力70000余台，古琴年生产能力3000余张，是目前国内专业生产琴筝的骨干企业之一，产品畅销全国各地，并走进欧美、东南亚及港、澳、台等一些国家和地区，国内指定经销商400余家，得到了国内外琴筝专家和学者的认可，赢得了广大琴筝爱好者的青睐，在行业中具有较高的声誉。其琴筝生产规模、生产能力、销售总额和上交利税逐年递增，企业健康有序地发展，市场占有率约为10%，连续五年位居江苏省同行业第一，全国同行业第二。

扬州天韵琴筝有限公司现为中国乐器协会理事单位，全国乐器标准化技术委员会委员单位，中国演艺设备技术协会会员单位，扬州市古筝协会副会长单位。

十年铸一剑，扬州天韵琴筝有限公司始终以弘扬琴筝艺术，传承民族文化为宗旨，坚持高起点，高品位，努力打造琴筝中国领袖型品牌——“润韵”、“天籁”、“泠泠堂”。坚持把立足点放在提高科技含量，注重产品质量，大力开发绿色新品，增强服务意识；坚持琴材精拣，做工精细，品相优雅，音质纯正，走琴筝乐器工艺化之路。集传统古筝工艺制作之精华，汇古城扬州漆器、雕刻、玉石、彩绘等传统工艺的艺术风格和特点，融民族乐器制作与工艺美术为一体，形成具有扬州工艺特色的民族乐器精品。

公司生产的“润韵”牌古筝先后被认定为“扬州市名牌产品”、“扬州市知名商标”、“江苏省名牌产品”、“江苏省著名商标”；“天籁”牌古筝被认定为“扬州市名牌产品”、“扬州市知名商标”，目前正申报“江苏省名牌产品”；

2011年，被评为“江苏省质量信用等级A级企业”；

连续被评为“中国乐器行业五十强”；

公司受全国乐器标准化技术委员会之托，担任“古琴”民族弦鸣乐器行业标准的执笔起草制订工作，同时参与“古筝”、“琵琶”、“二胡”等10种民族弦鸣乐器行业标准的修订工作，这11个行业标准已经国家标准化委员会审核批准。

公司注重技术创新，不断进行技术改造和新产品研发，先后与北京乐器研究所、中国音乐学院、上海音乐学院、南京艺术学院、扬州艺术学院、天津群众艺术馆等院校和艺术单位建立合作关系，通过聘请著名琴筝艺术专家、艺术大师担任技术、艺术顾问，加强指导，共同研制开发，生产出近20个系列200款琴筝精品投放市场。公司陆续投入近千万元资金，精心打造“泠泠堂”古琴生产流水线，成立“泠泠堂”古琴分公司，聘请扬州市非物质文化遗产古琴艺术传承代表人，扬州青年琴家张峰先生担纲文化、技术总监，专职从事古琴艺术的传承、研发、推广、制作、培训、普及和销售的工作。

公司在重视企业生产经营和经济效益的同时，努力提高企业的社会效益。

公司在仪征、扬州两地开办三个古琴、古筝培训基地，培训琴筝师资队伍，培养青少年琴筝爱好人才，其中常年培训古筝学员逾千人，同时协助全国各地经销商推广资助培训活动，并先后在扬州、江苏徐州、广东惠州等地举办“泠泠堂——琴系广陵”古琴艺术培训、雅集近20期，参加培训、雅集、讲座的来自全国各地的古琴爱好者共计500人次。

公司积极参加公益活动。多次举办专场音乐会，为支持社会公益事业先后提供100多万元资金，被中华慈善总会，中国民族器乐学会授予“2008年支援四川灾区抗震救灾公益活动最佳贡献奖”，李同志也获得“慈善公益活动最佳贡献奖”。

江阴金杯安琪乐器有限公司

2011年对于金杯乐器是机遇与挑战，荣耀与压力并存的一年。公司紧紧围绕奋斗目标，抓机遇、求发展，全体员工齐心协力，顽强进取，全年产销保持稳步增长，出口贸易总额较2010年同比增长8%，利润总额同比上升10%，全年经济效益较去年增长11%。企业产销规模、经济效益、生产销售保持了健康、稳定、和谐的发展态势。

2011年面对更严峻的国内外市场挑战，公司将以更高的标准和要求打造金杯的品牌，塑造一流的产品，营造行业新的景象，真正缔造中国手风琴行业第一品牌。2011年主要围绕以下四方面落实企业各项工作。

一、以产品质量和产量为基石，确保企业行业领先地位

2011年整个手风琴市场迎来了近10年最好的销售趋势，无论是内贸和外贸都呈现了供不应求的局面。在这样的大好形势下，公司始终确保产品质量在在国内同行业中领先，确保产品品质在消费者口中给予好评。公司始终坚持严格规范每一道生产工序，精心操作，坚持自检、互检、专检原则，以保证产品的质量和产量双丰收。2011年企业产品综合定位：50%生产中档产品，30%发展中高档产品，20%生产中低档产品。这样企业才能稳步发展，确保行业领先的地位。

二、以中国驰名商标为新起点，坚持企业品牌发展战略

公司坚持“以质量促品牌、以产品促品牌、以服务促品牌、以文化促品牌”的“四以”品牌观来发展自身。2011年，公司进一步从硬件设施，软件设施，管理模式，企业文化等多方面严格按照现代企业高标准去落实，维护企业外在声誉，塑造企业内部形象。公司致力于高新技术产品的研发，通过采用新技术、新工艺、新材料等，大大增加产品的功能和附加值，从而创造市场新的需求，满足客户新的需要。公司始终将“中国驰名商标”的荣誉作为企业发展的新起点，严格贯彻落实品牌发展战略，确保金杯手风琴在国内外市场的占有率和影响力。

三、以平稳安全和谐为宗旨，加快企业服务专业化步伐

企业始终坚持“以人为本”的发展理念，确保全体员工的经济收入平稳并逐年提高。2011年公司员工人均收入提升10%，真正做到劳有所得，劳有所获。坚持平稳安全和谐为公司发展的总信念，加快以江阴公司为主要生产渠道，淮安公司为支撑渠道，外厂生产为合作渠道，服务外包为开拓渠道的多元化发展格局。

四、以文化产业和教育为载体，提升企业的综合竞争力

企业在做好生产经营的同时，积极抓住有利时机，发展文化和教育产业。公司开创了地方企业办学的新典范，成立了南京艺术学院苏南生源基地，申港文化产业基地等来扩大文化产业的规模和声誉。2011年在中国乐器协会的大力支持下，同意在江阴创办中国手风琴簧片研发基地，此基地的建立将促进和提升国内手风琴的综合品质。同时公司也与著名意大利手风琴企业携手合作，利用意大利厂商先进的技术支持和管理理念来更好的促进金杯品牌的长远发展。

我们坚信，只要企业通过科学管理，品牌推广，创新经营，企业一定能面对各种压力，走出一条具有鲜明个性和特色的企业发展之路！

天津华韵乐器有限公司

天津华韵乐器有限公司是国内外驰名的鹦鹉牌手风琴生产基地，在手风琴等乐器制作方面凝聚着深厚的历史和文化底蕴。2011年，公司继续坚持在传承中发展，在发展中创新的经营理念，使产品在国内同行业中保持生产规模、产品质量、技术创新、市场占有率“四个领先”的水平，年度产量、销售收入、利税总额等主要经济指标又迈上了一个新的台阶，被中国乐器协会评为2011年度“中国乐器行业50强"企业。回顾过去一年的工作业绩主要表现在以下四个方面：

1、抓投入，扩规模。2011年，公司面对产品供不应求的市场形势，为进一步做优、做大、做强鹦鹉牌手风琴，把加快企业发展作为主攻目标，制定了增加投入蓄后劲，扩大规模促发展的工作原则。全年新增固定资产投资1200多万元，扩建生产车间1600平方米，购置数控自动设备16台，合音滚丝自动焊机10台，对手风琴琴箱与合声槽等车间进行设备更新改造。与技术改造前相比，每年新增产量6500台，新增销售收入1000万元，新增利税260万元，实现了可持续发展。

2、抓管理，保质量。为不断提升鹦鹉牌手风琴在国内外市场的知名度、信誉度和美誉度，公司把“优质的产品、合理的价格、良好的服务、崇高的信誉”作为永恒的目标，致力于“专一精品、专长技术、专业能级”的打造，完善了一系列品牌管理体制，严把材料使用关、生产工艺关、质量检验关、售后服务关，在企业内部建立了“下序是上序用户、车间是班组用户、客户是全厂用户”的质量管理体系，确保产品质量。2011年12月，“鹦鹉”商标被国家工商行政管理总局认定为“中国驰名商标”。

3、抓创新，出精品。2011年，公司坚持以市场为导向，以科技进步为支撑，坚持以加大技改投入为动力，以研制开发精品为切入点，不断改进生产工艺，研制开发新产品，做到生产一代，研发一代，储备一代，使产品不断推陈出新。在已获得国家知识产权局3项《实用新型专利证书》的基础上，2011年又获4项“实用新型专利”。公司已完成手风琴开发研制从8BS到120BS等十几种规格系列化产品，满足了从少年到老年、从大众到大师的多层面市场需求。2011年8月，鹦鹉牌手风琴荣获中国轻工业联合会、中国乐器协会颁发的“中国轻工精品展精品奖”。

4、抓营销，拓市场。2011年，公司继续坚持以不断提高客户满意度为目标，把搞好售后服务视为企业长远发展之本。在营销策略上紧紧抓住国内外两个市场，巩固提高国内市场，积极拓展国外市场，使产品产销两旺。面对竞争激烈和日趋完善的市场经济形势，公司不断强化服务意识，健全服务体系，在全国300多个销售网点实行热情周到的服务，并积极踊跃地参加了国际国内举办的乐器展销会，大力宣传公司产品，提高品牌知名度，扩大市场占有份额，使公司产品不仅畅销大江南北全国各地，而且远销国外十几个国家，深受国内外广大用户的亲睐与好评。

河北省怀来锣厂

2011年是公司CHANG（张）镲片品牌正式代替原有“派士（PULSE）”品牌同时进军国内外市场的第一年。这一年全体员工紧紧围绕公司奋斗目标，抓机遇、求发展，齐心协力，顽强进取，各方面工作都取得显著成绩。这一年，也是公司面临新的市场压力攻艰克难的一年。

一、生产研发方面

过去一年，工厂邀请多位“CHANG”牌镲全国签约艺术家到厂交流产品问题。生产部门力挑重担，进行了大量的改良试验，改良了响铜镲片中的铜锡配比配方，除了使镲片的质量更加稳定外，声音也更加符合各种音乐的风格。同时，工厂还引进了先进的电炉设备，在热熔铜锭的时候温度更加恒定，使得成品镲片音色更加稳定，并且解决了以前煤炉杂质过多镲片容易出现砂眼的问题。2011年，生产部门还研发出了蘑菇镲、云镲等新产品。

二、市场宣传方面

过去一年，工厂加大了“CHANG”镲片品牌的市场宣传，除新签几位国内知名鼓手成为“CHANG”镲片签约艺术家外。还同全国几家比较有名的LIVE HOUSE,演出场地成为合作伙伴。这些都为“CHANG”镲的品牌宣传起到了很大的推动作用。

三、销售方面

2011年，镲片的销量完成销售收入3500 万元，比上年增加 20 %；利税突破500 万元，比上年增长 25 %。

2011年，公司虽然做了大量的工作，取得了可喜的成绩，但是面对复杂的市场环境，仍有很长的路要走，公司将更加努力把“CHANG”镲这个品牌打造成让越来越多乐手认可的民族品牌。

上海玛珂琴业有限公司

“百年公爵”这是上海玛珂琴业有限公司创立伊始的宗旨，历经十数年公爵人始终没有动摇过，即便是在最糟糕的经济危机之下，本有机会全身而退，但执着的公爵人从未动摇心中的信念。2011是进入金融危机的第四个年头，公司的松江厂房也面临拆迁，在去与留的抉择中总公司高层毫不犹豫的选择了坚守，这是对同行以及世人的最好证明。

经过多方推敲对比，公司最终选定位于风景秀丽的淀山湖畔的七十余亩地块为新厂址。新工厂一期工程设计年产能15000台，首期投资七千万元，厂房完全按现代化钢琴生产工艺流程规范标准设计，各工序原则上无缝对接，办公室完全符合现代化多功能的商务办公要求，生活区各项生活设施齐全。总之，新厂区设施规划集功能、效率、人性化于一体，布局合理、环境优雅、节能环保。目前新厂区主体工程已经基本完工，不日即可进入到绿化、装修、及设备安装阶段，在不久的将来，一座崭新的现代化钢琴工业园区将屹立于淀山湖畔。

除了新厂区的建设工作以外，公司本年度在供、产、销、人、财、物各环节更是步步为营：

一是，狠抓供应源头，对原、辅材料严格把控，除了日常的入库检查之外，公司派巡检专员到各主要供应厂家驻地巡检，在生产流程中及时发现并解决问题，从而在源头上杜绝质量隐患。

二是，设计并投放市场的几款新品均获得不俗的业绩。公司调整定位，升级部分高端产品，丰富各项配置，例如配置天然乌木黑键、采用实木键盘、使用原装进口缓降器等等，经过一系列的升级动作之后，公爵钢琴的性价比不断提升，从而也得到了市场的认可与回应，全年销售钢琴11279台，其中立式8485台、三角2794台，共出口钢琴3742台，其中立式2766台、三角976台。

在大环境不是十分景气的前提下公司取得以上成果实属不易，超出了了年初制定的目标任务，落实了公司的稳中求进的发展战略。

三是，销售方面除了正常的营销活动外，本年度重点建设营销服务网络，加强对各环节服务人员的理念、技能、工作态度等全方面培训，逐渐树立良好的口碑，从而提升品牌核心竞争力。

四是，公司积极培养和储备各方面人才，严控资金流、统筹兼顾、合理利用物资，做到节能环保，而使公司在各方面都处在科学调配、和谐发展的状态。

2011对于“公爵”来说是一个不平凡的一年，是“公爵”钢琴的发展史上承上启下的关键一年，因为这一年“公爵人”全方位出击，为下一次腾飞打下坚实基础 。

回到起点，“百年公爵”仍旧是我们孜孜以求的目标。

执着的“公爵人”将一如既往的沿着目标方向前行，本着“同心、同行、同赢”的理念，携手广大有志之士，插上梦想的翅膀，必将自由翱翔！公爵钢琴 让生命每一次感动！

2012
中国乐器年鉴
CHINA MUSICAL
INSTRUMENT YEARBOOK

（按姓氏笔画排序）

王国振

上海民族乐器一厂 厂长

上海民族乐器一厂厂长王国振是一名创新与实干精神并举的优秀企业家。他运用销售、生产、管理的蓝海战术，带领员工在日益激烈的市场竞争中开辟出一条独具特色的发展路径，让“敦煌”老字号品牌焕发出新的活力。

2011年，党的十七届六中全会通过了推动社会主义文化大发展大繁荣的相关政策，为民族乐器制造企业带来重大的发展机遇。上海市委书记俞正声、副市长艾宝俊等领导相继来到上海民族乐器一厂进行考察指导，对企业的转型发展寄予希望。面对优越的市场条件与政策环境，王国振带领全体员工创新求变、敢为人先，深入挖掘民乐市场，实现年销售额同比增长15.7%，年利润同比增长33.5%，良好的经济走势令人鼓舞。

2011年，王国振继续带领员工实践文化营销战略，敦煌品牌的社会影响力再度升级。在人民大会堂开幕的中国古筝艺术周、评委阵容史无前例的“敦煌杯”首届全国青少年琵琶大赛等活动，彰显“敦煌”专业、高端的品牌形象；敦煌艺术学校走进上海市30所小学普及民乐知识，推广民乐文化中创造社会价值；“敦煌新语”乐队赴法国参加上海文化月活动，在乌兹别克斯坦赢得第八届“东方之韵”国际音乐节金奖。

在商业模式上，创新依旧是王国振倡导的主旋律。凭着对市场敏锐的洞察力，上海民族乐器一厂于2011年4月在网上开通了企业的直销商城——敦煌乐器旗舰店，这是一个销售产品、宣传品牌、沟通客户的新阵营，一经推出，立即得到消费者的热烈回应，收到了良好的效果。

在产品的研发上，王国振致力于打造有竞争力的文化产品。2011年，王国振带领员工在上海国际乐器展上推出了近40款新品乐器。这些乐器在产品规格、外观装饰、工艺技术上实现了突破和创新，不仅吸引了众多民乐演奏名家、乐器同行，以及消费者前来展位参观欣赏，也成为媒体竞相报道的新闻热点。

在人才培养上，王国振坚持用文化和艺术理念打造员工队伍，要求每一个员工必须具有高技能、高素质。一方面，他继续引进各大高校的研究生、本科生充实到相关岗位。另一方面，他加强对中高级工的培训，并多次为员工提供与民乐演奏名家、教育家面对面交流的平台，充分激发员工的智慧与潜能，从而提升企业的竞争能力。

如今，王国振的影响力已经成为一种感召力，激发员工转变思维方式，不断思考和学习，用创新和实干精神突破自己，在岗位上实现理想和价值。

韦凯元

新跨乐（北京）艺术有限公司 董事长

作为刚刚进入乐器行业的新人，两年来，韦凯元在努力向每一位前辈同行学习的同时，也在行业内不断推广全新的互联网音乐学习技术和模式，当icanmusic Piano(我可乐 钢琴)钢琴快速学习客户端上线后，他带领新跨乐团队，展开了全面的技术改进、用户体验研究、商业合作、渠道拓展和品牌推广等项工作，在在线音乐教育这个蓝海市场上，初步打造形成了一个完整的商业模式。他所进行的诸多开创性的工作，正在赢得越来越多乐器、音乐教育专业人士的认可。新跨乐的前途也越来越走向宽广。

他组建了国内最出色的音乐教学软件开发以及教学视频编导制作团队，新跨乐所开发的“乐谱转换引擎”、虚拟互动学习功能以及已超过5000分钟的乐器视频课程，被以苛刻著称的日本专家称赞为全世界最好的技术和课程产品之一，同时获得中国最大的创业大赛“黑马大赛”教育组冠军。目前，新跨乐正在扩大团队，开发全新的2.0版软件和e-learning云学习系统，课程视频也越来越融合乐趣元素，并创造性地改变了传统的课程设计，以“让用户快速建立成就感”为核心，不断进行课程创新。

韦凯元以他个人高效、透明的做事风格，也逐渐赢得了更多音乐教育大家的认同，越来越多的海内外专家正与新跨乐合作开发新的音乐和乐器课程。

新跨乐还积极拓展与乐器厂商多种形式的销售

合作。如与卡西欧开展钢琴学习联名卡合作，双方软硬件结合，逐步摸索普及电钢琴的创新模式，已有超过5千名用户采用icanmusic学习卡西欧电钢琴。很多用户因为icanmusic，选择购买了电钢琴产品。最近双方又推出为卡西欧“300万琴友提供1.5亿钢琴学习基金”的项目，已迅速在老用户中获得了热烈反响。

韦凯元还积极从非音乐行业跨界引入各种合作，比如与电脑厂商、电视厂商、化妆品厂商合作展开产品植入和捆绑增值服务。因为在线音乐教育模式无限宽广的空间，使所有厂商都愿意与音乐结缘，把家庭音乐教育服务纳入到本身的产品系列中。这个工作是传统乐器行业前所未有的。

目前，新跨乐正积极寻找国内的琴行、音乐教育机构展开全方位的“音乐学习卡”市场推广合作，以线上线下结合的模式，互利共赢，已有多家著名琴行响应号召，韦凯元希望与各位同仁一道，全方位激活乐器和音乐学习的蓝海市场。

刘云东

北京华东乐器有限公司 总经理

华东乐器公司创建于1988年，如今年产小提琴23万把，还生产制作贝司、吉他、二胡等各种乐器，年销售8000万元，每年纳税400余万元，还为近千名农民工解决了就业难的问题。公司生产的提琴90%以上自行出口，销售于美国、加拿大、德国、英国、日本等40多个国家和地区，现成为北方地区最大的提琴生产基地。在刘云东领导下，华东乐器公司发挥龙头企业的带动作用，相继建立了三个分公司、一个培训机构，带动手工作坊50余家，生产加工点遍布北京、天津、河北的许多乡镇。

刘云东十分重视文化教育事业的发展，坚持捐资助学。2007年以来，年年献爱心。先后捐助平谷区第三小学价值15万元的小提琴，帮助东高村小学、南埝头小学、大旺务小学建立了提琴教室，提供小提琴价值共计23万元;为东高村镇各村文化站提供小提琴、二胡等价值20多万元。他每年拿出2万元，资助刘家店镇和东高村镇的6名贫困大学生，并且帮助他们完成学业。每年的教师节也要为不同的学校捐资助学。

刘云东深知企业的发展离不开每一名员工的辛勤劳动，每当员工遇到困难，他总是无私帮助他们，每年职工子女考取大学本科，他就拿出1000元作为奖励，这已经设订为公司的奖惩条例里。

刘云东，特别重用人才，他的理念是用人不疑，疑人不用。刘艳霞是刘云东破格录取的一名员工，她既没有很高的学历又没有扎实的工作经验，可是刘云东却把重要的会计工作交给了她。刘云东曾在采访中说：每个人在迈出第一步时都需要有人指引，如果每位经理在招用人才时，都想招用有工作经验、资历高深的人，而不选择踏实肯干的新人，同时自己也会痛失人才，与其这样，倒不如选择他（她）们，同时也给自己一个机会。给他们机会就是给华东机会，给他希望就是给华东希望。果不其然，刘艳霞不负重任，凭借自己踏实肯干，不断进取的工作精神，真的胜任了会计这份工作，从此也开始了她的会计生涯，扎根于华东。刘云东的精湛队伍里像她这样的员工不止一人，而就是这样的一支队伍成就了华东的未来。

刘云东，他视职工为亲人，帮助他们战胜困难，挺过重重难关。就在前段时间，员工刘艳霞由于身体不适，刘云东劝其到医院进行检查，结果确诊为恶性淋巴瘤三期，知其家庭困难，刘云东却毫不犹豫的拿出5万元送她到北京医院进行救治，并组织员工爱心捐款，积极呼吁社会各方面力量，对刘艳霞实施爱心救助，又筹得2万多元。耿艳江是公司里的一名老员工，不幸患有强直性脊柱炎，急需手术治疗，情急之下，刘云东又拿出了3万元帮助他渡过难关，从而让他重新站了起来。

刘云东总是想人之所想，急人之所急。在他的带领下每位员工都团结一心，努力工作，亲如一家，形成一种强大的力量，就是这股力量推动华东乐器不断的发展、壮大，华东的明天将会冲击整个世界。

刘为明

浙江天目琴行有限公司 总经理

浙江天目琴行有限公司由刘为明创立于1992年，是集乐器销售、音乐教学、艺术传播为一体的文化产业机构，他提出的“以商养学、以学促商、以赏兴业”的经营理念，被全国同行纷纷效仿。公司经营国内外各类品牌乐器，品种多达3000余种，公司营业面积达12600m2,公司目前已在全国设立了50多家连锁分行，经营业绩和综合实力都位于全国琴行前列。他于1998年由杭州教委批准正式创办成立了天目艺术专修学校，在销售乐器的同时办起了音乐培训。时至今日，天目艺术专修学校已成为覆盖全省60多个教学点，累计培训音乐学员60万人次的蜚声行业内外的知名学校。

2011年10月19日，由刘为明带头承担开发任务的浙江省职业技能鉴定中心钢琴调律师职业技能鉴定题库、《鉴定指南》通过专家审核。刘为明带领编审小组不分昼夜、不辞辛苦、日夜兼程的对题库进行长达三个月的研究和探讨，为题库和《鉴定指南》的开发做出了巨大的贡献。

作为中国乐器协会琴行分会副会长以及钢琴调律师分会副会长，刘为明承担了更多的社会责任，所创办的天目琴行的信誉和规模也让他主动承担起了向社会普及音乐教育、营造大市场的责任。近几年，邀请国内外著名音乐演奏及教育家，来杭进行演出和讲座，使更多的人懂得欣赏音乐艺术，为杭州的文化建设作出了贡献，也树立和提升了企业形象。2011年刘为明带领天目琴行先后主承协办了各类活动三十余场，由区政府、市文创办主办，天目琴行承办的2011杭州国际钢琴文化周系列活动在举办期间得到了省和市领导的关注和肯定；2011宝荣•天目新年音乐会、杭州国际交流日、中国乐器协会琴行分会一届四次理事会议、第二届德中同行-欧米勒钢琴公开赛浙江赛区选拔赛、杭州市侨联成立50周年系列活动启动仪式暨“天目琴行杯”侨界合唱比赛、理查德•克莱德曼百名琴童齐奏会、第二届全国小提琴（业余）优秀选手展演、2011“珠江•恺撒堡”全国青少年钢琴大赛浙江赛区、2011中国杭州文化创意产业博览会之2011杭州国际钢琴文化周系列活动、第三届杭州市生活品质展全城联展、卡西欧大奖赛弹唱大赛浙江赛区选拔赛等一系列活动都实实在在地为浙江省精神文明建设和创建文化大省做出了贡献。

在刘为明的带领以及天目琴行所有员工的不懈努力下，公司在各个领域都表现出色，得到了社会各界的支持和赞赏。所获荣誉不计其数：05年到09年连续五年被评为中国乐器行业强势公司；浙江省著名商标；杭州市著名商标；第二届“我心目中的杭州品牌”；浙江省爱心助残先进单位；杭州市首批文化产业先进单位；杭州市企业信用等级AAA级单位；杭州市诚信民营企业；杭州生活品质总点评年度区块；杭州市第八届消费者信得过单位；中国乐器行业五十强；2011浙商最具投资价值企业、浙商新锐品牌等。

刘为明获得过中国乐器行业优秀人物；中国乐器行业新闻人物；杭州市“文艺突出贡献奖”；杭州市非公有制经济人士“优秀社会主义事业建设者”；杭州市关爱员工的优秀企业家；杭州市文化创意产业十大风云人物；浙商年度生活家等称号。

刘运斌

天津市津宝乐器有限公司 总经理

刘运斌，天津市津宝乐器有限公司总经理，中国乐器协会打击乐器专业委员会会长，天津市政协委员，天津市工商业联合会常委，天津市青年联合会委员，天津市青年企业家协会副会长，宝坻区政协常委，宝坻区工商业联合会副会长等职务。

刘运斌自2002年担任天津市津宝乐器有限公司总经理以来，在区委、区政府和相关部门的关怀下，公司坚持科学发展观，与时俱进、开拓创新，强化管理，企业的经济效益快速上升。2011年在国际金融危机形势不利的情况下，实现销售收入3.4亿，纳税2749万元。

作为总经理，刘运斌始终坚持开拓进取、创新求实，倡导创新研发提品质，关爱生命抓安全，厚植文化造氛围，走出了公司跨越式发展之路。

一、坚持“以人为本”的经营理念，全面提高员工的整体素质

公司早在2001年就确定了建立学习型企业的目标，制定全年培训计划，按时对员工进行全方位素质提高的培训，特别是车、磨、铣、刨、钳、焊技术含量较高的工种，公司每年都要采取内培或外培方式对员工进行培训，并要求技术工人持证上岗。通过培训，在企业上下形成了浓厚的学习氛围，员工素质不断提高，工作热情更加高涨，工作效率明显增强。在管理上，实行“以法治人、以理服人，以情感人”的

精细化管理举措，奉行“愉快的心情就是生产力”；在用人方面，遵循“能者上、平者让、庸者下、劣者汰”的原则，激励员工大胆提出合理化建议，从而培养和造就了一支综合能力强、能打硬仗的高素质员工队伍，为实现公司的愿景目标奠定了基础，更为企业的发展壮大奠定了坚实的人才基础。

二、创新研发提品质，创中国产品国际品牌

刘运斌在公司内部营造一种崇尚质量的企业文化，以顾客为关注焦点，树立顾客至上的观念。教育员工以下道工序为顾客，努力为下序提供优质的半制成品或零部件，并在操作过程中严格按照工艺文件要求作业；坚持预防为主的思想，消除不良质量隐患，使作业现场的全过程得到控制；提高全员质量意识，开展“顾客在我心中，质量在我手中”的职业道德教育活动，创导实事求是、一丝不苟、精益求精的工作作风；严格工艺纪律，引导工人按工艺操作，不隐瞒任何缺陷和质量问题；树立主人翁的精神，积极为顾客提供优质产品。一切围绕客户，千方百计让消费者满意，同时，瞄准国际驰名品牌，赶超世界乐器顶尖企业。

三、立足安全观，积极开展安全文化建设

刘运斌在实现企业优化升级的同时，不忘职工的工作与生活。根据不同车间的作业环境，公司为各部门提供了适合其工作的保护措施。两年来公司投资200万元安装大型除尘设备，为职工提供了良好的工作空间。为方便员工就医，公司专门成立了医务室，各车间还配备了医药箱，并且每年免费组织特殊工种职工到区医院进行体检。为强化安全生产，避免工伤事故的发生，公司在每周一期的《津宝周报》上专门设立了“安全生产”栏目，对员工进行安全生产知识的教育。

四、关爱员工、厚植企业文化

随着企业的不断发展壮大，近几年公司已安排下岗失业人员、复员军人、失地农民、大中专毕业生等近1500余人。公司设有四个食堂、宿舍楼、娱乐场所，定期组织各种文娱活动。定期组织职工运动会、讲演会、联欢会，使职工的文化体育活动丰富多彩，增强了企业的凝聚力、向心力，营造了健康向上、活泼和谐的企业文化。

为解决员工的后顾之忧，企业大力宣传、鼓励员工参加养老、医疗、工伤等社会保险，及时足额缴纳各项保险费用，真正做到了“想员工所想”，解决了员工的后顾之忧。

五、回报社会，为政府分忧

刘运斌在领导企业快速发展的同时，不忘回报社会。无论作为企业经营者还是政协委员，一直把社会责任作为自己应尽义务。为中国人民解放军三军仪仗队捐赠乐器组建50人乐队一个，为5.12汶川大地震积极捐现金30万元，为天津市癌症研究所捐现金50万元，为公安消防宝坻支队捐款捐物折合人民币近30万元，支援地方部队建设。2011年为四川音乐学院音乐教育系、沈阳音乐学院南校区、南昌大学、四川北川中学、上海控江中学、西藏自治区昌都地区江达县第一初级中学等捐款捐物达100余万元等。无论在“抗震救灾”，“抗洪抢险”；还是支援贫困地区，帮师助教；拥军优属，扶危助残，他的行为均受到社会各界的广泛赞誉。天津市津宝乐器有限公司2011年被国家商务部命名为乐器出口基地，刘运斌正在带领津宝乐器2000余名员工在中国乐器行业走出一条新型工业化又好又快的发展道路。

宋从甲

河北乐海乐器有限责任公司 总经理

宋从甲自从事民族乐器制作以来，已有三十余载，在民族乐器的制作与经营中，他始终坚持“诚实守信、创新发展”的经营理念，以弘扬民族传统文化、推动民族乐器行业发展为己任，带领企业不断向新的高峰攀登。

宋从甲不断寻求企业发展的新突破。在宋从甲的不懈努力下，乐海牌商标被国家工商行政管理总局认定为“中国驰名商标”，乐海牌产品连续两届被评选为“河北省名牌产品”，企业自2006年起连续被中国乐器协会评选为“中国乐器行业强势公司”、“中国乐器行业50强”等荣誉称号。

创新是企业发展的动力源泉，宋从甲针对企业的实际情况，提出了“管理创新、观念创新、产品创新”的理念，以新观念和新工艺为导向，充分调动全体员工的积极性，充分激发全体员工的创造性，使全体员工都参与到企业的创新里，对民族乐器生产工艺等进行大刀阔斧的改革，吸取其他行业的先进技术，结合本行业的实际情况，进行了大量的改革，取得了多项成果，并申请国家专利多项。

在人才的引进上，宋从甲始终坚持“以人为本”的用人理念，陆续引进企业管理、财务、设计、机械、音乐、销售等一批专业人才以及在乐器制作方面的专业制作人才，充实了企业的人才队伍，增强企业的核心竞争力。同时，宋从甲还大胆启用新人，为新人提供发展的机会和平台，强化员工的技能培训，提高企业制作队伍的整体技能水平。

在宋从甲的带领下，乐海公司的全体员工正以饱满的热情，为公司向更宏伟的目标迈进。

吴天延

柏斯音乐集团 总裁

“我们要建中国最大的钢琴生产基地，我们要做世界顶级钢琴品质”这是柏斯音乐集团总裁吴天延经常挂在嘴边的一句话。

作为柏斯音乐集团的创始人，吴天延的一生都充满着挑战和突破。1986年，吴天延以3万元起家，在香港九龙创办了第一家柏斯琴行门店，至今已经在全国拥有91家柏斯门店，500多个经销商，销售网络覆盖全国26个省市和地区，并在上海和宜昌拥有两个大的钢琴生产基地，生产的钢琴远销国内外。2011年，吴天延更是紧紧遵循国家、所在地区宜昌市以及中国乐器行业“十二五”发展规划的精神，根据企业自身的发展布局，为柏斯量身定制了柏斯自己的“十二五”发展规划，即通过生产、销售、教育、活动这四个方面的工作推动柏斯全面发展，到“十二五”末，柏斯将努力实现钢琴产量8万台、在内地和香港的分店达到100家、钢琴总销量达到20亿人民币、公司进入全球乐器与音响制品供应商前15强的宏伟目标。

除了更好的推动企业整体发展水平，吴天延还不遗余力的投入钢琴新品设计研发，不惜重金邀请德国、奥地利、日本、韩国等多个国家的高级钢琴技师亲临指导钢琴研发、设计及组装等工序。2011年8月，柏斯成功推出了自主研发的民族品牌“长江”钢琴，还在10月份的中国（上海）国际乐器展览会上，将“长江”钢琴推向世界，在展会上的众多国际乐器品牌中，“长江”钢琴的品质广受好评！同时，“长江”钢琴一经面世，便得到专业肯定，在第七届中国国际专利与名牌博览会上获得了“特别金奖”、“创新奖”等8项殊荣。

近年来，柏斯取得的成绩有目共睹，在众多荣耀的光圈下，柏斯始终坚持“推广音乐文化，培育音乐人才”的宗旨，充分发挥企业的社会责任。在吴天延的倡导下，柏斯音乐集团积极参与国内外音乐文化事业，主办或赞助众多大型文艺演出、赛事及社会公益活动。如：亚洲规模赛事“TOYAMA亚洲青少年音乐比赛”，“KAWAI亚洲钢琴比赛”等。在宜昌本土，吴天延也积极投身于各项音乐文化活动中，培育音乐文化发展的肥沃土壤。2011年，在宜昌市政府主办的“钢琴进社区、进校园”活动中，柏斯共免费提供200台“长江”钢琴送入宜昌市各个街道、社区、群艺馆，受到了宜昌市民的高度赞扬。柏斯音乐集团还与三峡大学艺术学院共同举办了“柏斯璀璨之星”钢琴比赛，为音乐专业学员们提供了一个交流切磋的平台，截至目前，这项比赛已经连续开展了两届，获得了无数音乐学子的热情欢迎。同年11月，吴天延还率领柏斯音乐集团与中国音乐家协会高校音乐联盟联合举办了第一届中国宜昌长江钢琴音乐节。此次音乐节共邀请了国内音乐界著名的音乐名家、大师，高校领导、专家学者，200余人，演出嘉宾100余人，为宜昌乃至全国的音乐爱好者带来了一场音乐文化盛宴。第一届中国宜昌长江钢琴音乐节共吸引20000余人次参与其中，为推动中国音乐文化事业的发展贡献出了自己的力量。

张龙贵

江苏奇美乐器有限公司 总经理

张龙贵自1980年创办江苏奇美乐器有限公司至今，一直坚持以人为本、科技创新的理念，坚持为顾客创造价值、为员工创造财富、为社会创造效益、为未来创造环境的企业宗旨，不断艰苦创业，开拓进取。2011年，在张龙贵和全体奇美员工的共同努力下，奇美商标被国家工商行政管理总局认定为“中国驰名商标”，奇美牌竖笛、口风琴、口琴连续十年被江苏省名牌战略推进委员会授予“江苏省名牌产品”称号，“奇美”商标连续十三年被江苏省工商行政管理局认定为“江苏省著名商标”。

张龙贵认为，要搞好一个企业，经营管理、改进技术领域以及团结员工是非常重要的，所以张龙贵在奇美竖笛、口风琴、口琴品牌市场份额占有率名列前茅的基础上，围绕夯实管理基础，严抓产品质量，加快产品的创新和转型升级。2004年和2008年，奇美公司先后承担口风琴行业标准起草单位和竖笛行业标准起草单位，这两项标准的实施，不仅让奇美赢得了市场，也赢得了荣誉。2011年公司参加教育部一家单位的竖笛和口风琴的采购招标，招标单位的评审专家组看到他们是国家行业标准制定企业后，产品的中 标率达到100%。同年，在张龙贵和全体人员的努力下，奇美公司又荣获江苏省民营科技企业，奇美牌口风琴系列产品也荣获江苏省高新技术产品称号，这让张龙贵更加坚定了将奇美打造成世界竖笛、口风琴、口琴专业生产基地的信念和决心。

张龙贵坚持系统的品牌战略，坚持“自有品牌为主，OEM贴牌为辅”的品牌营销决策。近年来，奇美公司拥有“奇美”主商标、副商标及防御商标共计五十多件。在国内注册“奇美”主商标的基础上，英文“QI MEI”商标在美国、日本、俄罗斯等十多个国家注册成功，并在主商标下注册了小博士、小伙伴、小黄莺、亲情树等副商标。张龙贵热心积极投入社会公益事业，2011年12月，张龙贵为马来西亚第九届亚太口琴节资助人民币共计30万元。公司每年投入40万元开展对全国重要城市音乐教师的培训班和比赛，通过培训和比赛，使得各地音乐老师能够更好地掌握竖笛、口风琴、口琴的教学方法和教学技巧，更好地运用到实践音乐教学课堂中去。奇美乐器成为国内外中小学生音乐课使用的学具，张龙贵为我国及世界基础音乐教育和综合素质教育献出了自己的绵薄之力。

张龙贵总是把员工的利益放在第一位，奇美公司女职工比较多，他非常关注女职工权益以及外地女工工作、生活中遇到的困难，坚持要求工会发挥民主监督和协调作用以及在保护女职工权益方面展开工作。他要求公司管理人员对待员工就要像对待自己的兄弟姐妹一样，客观公正地处理好工作中出现的问题。

张龙贵说：“我相信，在全体奇美人的共同努力下，奇美公司一定能达到世界乐器的制造水平，打造成世界竖笛、口风琴、口琴的专业生产基地,创造成世界品牌！”

陈学孔

河北金音乐器集团有限公司 总经理

陈学孔具有开放性思维，全球化视野。始终坚持以“内抓管理，外抢市场，以质量为根本，以信誉求生存，以创新求发展”为宗旨，带领全体员工发扬“团结、拼搏、敬业、创新”的企业精神，使企业不断做大做强，公司现已发展成为全国最大的西管乐器生产基地、吉他研发基地。生产的西洋管弦乐器畅销国内市场外，80%以上出口欧美、日、韩等五十几个国家和地区。2011年销售收入同比增长23%。企业连续多年被评为“中国乐器行业强势公司”、“全国轻工业绩效先进单位”、“全国文化出口重点企业”和“国家文化产业示范单位”，他本人连续多年被评为“中国乐器行业优秀人物”，先后获得“河北省劳动模范”、“河北省十大经济风云人物”等荣誉称号。

他坚持抓管理促发展，一是强化全员培训，常年坚持较为系统的培训计划。对中层以上负责人和新老员工根据具体情况，采取“送出去，请进来”的办法，进行较为系统的理论、技能、操作、管理等多方位的培训，从而全面提升了企业的核心竞争力。在管理层开展了“绩效考核奖励办法”，同时开展全员性提“合理化”建议活动，对成效突出者给予奖励。从而极大地调动了员工的积极性和主人翁责任感。二是加强信息化管理。去年投资50万元对2003年建立的ERP软件进行升级，对产、供、销、财务、仓储、人力资源管理等全面实施信息化管理，加强了预期控制，提高了工作效率。三是重新整合销售服务体系。结合公司特点，分为内销、外贸、自营出口三大块，内销在原来代理商基础上，又对全国辐射区域重新划区分片，实行集中管理，分片开发，重点扶持，使公司改制后销售额大幅增长。

他在当前世界性金融危机带来的诸多不利影响下，抢抓机遇，加大国内外先进技术引进力度，不断提高西管乐器产品质量，产品与国际水平接轨。他倾力抓紧在美国布鲁克林大学合办乐器研究所，大力关注与多所院校合作的研发项目，以获得省级认定的企业技术中心为依托，及时将研发成果转化为生产力，同时聘请了美国长笛演奏制作大师约翰逊.兰迪为顾问定期来公司进行现场技术指导，不断提高“金音”品牌产品的内在品质和科技含量，成功申报了32项专利，其中有多项填补了全国乐器行业的空白。

他不断投入技术改造。近几年，每年拿出销售收入5%~7%的资金，先后建成了吉他静电喷漆自动生产线、提琴静电喷漆自动生产线、乐器表面处理生产线。引进德国握威吉他、美国肯尼基萨克斯等先进生产技术和工艺，购置了CNC加工中心等大批专用设备，对乐器抛光、模具制造、产品改型等关键技术工艺和工装刀具进行重大改进，实现了乐器加工自动化与传统工艺的有机结合。这些技术改进均取得了良好效果，为企业持续发展增添了后劲。

他具有超前理念和创新意识，全力打造新型企业文化，以创造艺术人生为宗旨，努力把企业转型成为艺术生活方式的公司。基于这一思想，在地方政府的大力支持下，2011年由他牵头，与国内外知名的吉华、盖瓦、托曼、施坦威等公司合作，投资20.2亿元，新上了“中国·武强国际乐器文化产业基地”项目，已于当年6月16日奠基动工。

陈学孔带领金音集团正在全面进军音乐文化产业，大踏步地向集乐器生产、音乐教育和音乐文化经营于一体的音乐产业集团迈进。他的理想就是让金音的乐曲响彻世界的每个角落。

陈海伦

海伦钢琴股份有限公司 董事长

陈海伦70年代初进入当地模具企业做学徒，1986年担任宁波北仑钢琴配套厂厂长，用了几年的时间将钢琴配件做到了国内领先水平。2001年成立宁波海伦乐器制品有限公司，2008年完成股份制改造。

陈海伦热爱中国钢琴制造事业、要“为中国人制造世界一流钢琴”的愿望支持着海伦钢琴这个中国民族品牌发展与兴盛。成立于2001年的海伦钢琴从一个小配件厂发展至产值超过3亿元的知名品牌，以其惊人的速度、一流的品质，作为“中国造”进入了欧洲的主流市场，打入了北美的大片商行，跻身于久负盛名的欧美品牌行列之中，令世人刮目相看，赞叹不已。

技术研发 精铸一流品质

陈海伦以他模具行家出身的独特眼光，在原钢琴零配件生产的基础上，引进日本五轴联动CMC加工中心等专用设备，自行研制国际上最顶级钻头、红外线双工位数控钻孔设备，组建了国际领先水平的码克生产流水线，实现了全程数据化管理，从而创造性地以高精度现代化生产模式取代了传统的手工工艺。之后成立了钢琴制造工程技术中心，致力于系列钢琴的研制开发，引进国内外设计、调律等技术人才，以及生产、测试等先进专业设备。该中心成功研制出立式钢琴HL123，三角钢琴HL178等系列钢琴，被国家轻工业质量检测中心认定为钢琴音色检测样琴，获得法国“金音叉”奖等多个奖项。

品牌创新 中国强音奏响世界

陈海伦一直希望有中国的钢琴品牌，站在世界顶级的钢琴舞台，这也正是陈海伦用自己的名字组成海伦钢琴的初衷。

陈海伦凭借着独特创新意识，经过长期的积累与创新，带领企业打造了自主品牌——“HAILUN”牌钢琴，先后被评为“中国名牌产品”、“国家文化出口重点企业”和“国家文化出口重点项目”，拥有31项专利技术，其中发明专利2项。目前已经成功地开发了30多款系列产品，国内一、二线城市和部分区县级城市都有海伦钢琴经销店。在国际市场上，海伦钢琴出口到美国、日本、奥地利、德国、南非等多个国家和地区，产品深受海外广大消费者的青睐。

打造的自主品牌HAILUN钢琴在国内外市场良好发展的同时，2011年5月，有着百年历史的奥地利‘文德隆’家族钢琴由海伦公司以“一美元”成功收购，正式成为海伦公司继HAILUN品牌的第二个自主品牌。目前，海伦钢琴除了了两大自主品牌，与欧洲著名钢琴制造商捷克佩卓夫（PETROF）钢琴公司、德国贝希斯坦（C.BECHSTEIN）钢琴公司有深度技术合作关系。

爱心关怀 努力回报社会

企业蓬勃发展的同时，陈海伦不忘回报社会，安置农民工、下岗工、残疾人、复员军人就业，并开展多层次、多形式的培训，提高劳动者的就业能力。

陈海伦还积极参与素质教育、艺术教育事业，赠送给全国各个专业音乐院校钢琴用于日常教学和音乐厅表演，另外还积极投身公共公益慈善事业。

李建宁

广州珠江钢琴集团股份有限公司 总经理

李建宁现任广州珠江钢琴集团股份有限公司副董事长、总经理，在2011年的生产经营工作中，李建宁按照集团董事会的统一部署，坚持以人为本、以客为尊的企业价值观和基于顾客导向的持续改进的企业方针，勇于创新、迎难而上、真抓实干，带领全体员工加快了珠江钢琴产业结构升级步伐，大力推进自主创新，不断调整经营策略，提升科学管理水平，使公司2011年的各项经济指标均有较快增长。其业绩主要体现在：

1、圆满完成各项经济指标。2011年珠江钢琴总产量增长15.97%；总销量增长14.74%，圆满完成钢琴产销十万台的预定目标；实现营业收入11.73亿元，比增19.45%；实现利润总额增长24.64%。钢琴国内、外销量分别增长15.16%和11.9%，内销资金回笼增长17.37%。

2、产业结构进一步优化。珠江钢琴目前已经形成了三大主业结构，为进一步做强做大珠江钢琴，大力推进体制创新、产业布局及新兴产业发展工作。一是推动了珠江钢琴上市工作顺利开展；二是北京区域总部顺利落成，成为了企业开拓北方市场的主要力量；三是稳步推进了增城珠江钢琴国家文化产业示范基地建设；四是不断加大数码乐器产业的研发投入和营销推广力度，数码钢琴产业发展强劲。2011年，广州艾茉森电子科技公司研发并投产了多款数码钢琴新产品，产品畅销国内外，销量同比增长67.81%，销售收入同比增长51.76%，产品和品牌得到了市场认可；五是音乐文化产业初具规模。珠江钢琴艺术中心已形成较为成熟的运作模式，设有社区分支机构并与星海音乐学院、少年宫等机构长期合作，盈利能力和品牌影响力大幅提升。

3、产品销售结构持续优化。坚持贯彻“坚持顾客导向的持续改进”的企业理念，为满足消费者的需要，带领珠江钢琴上下员工不断策划推出中高档钢琴新产品，加大产品推介力度，加强网络布局，满足了国内日益增长中高档钢琴消费需求，增强了珠江钢琴集团产品盈利能力，实现了销售业绩的稳步增长。其中，恺撒堡钢琴同比增长44.46%，三大系列同比增长49.7%，三角琴同比增长39.07%；京珠钢琴同比增长89.98%。恺撒堡、三大系列及三角钢琴等中高档新产品成为了珠江钢琴集团的主导产品，销售结构得到优化，拉动了企业效益和发展质量大幅提升。

4、自主创新成果累累。重视自主创新工作，进一步加大了集团在研发方面的投入，并取得了累累硕果。2011年开发新产品共57款，包括恺撒堡KD（德国造）系列、KA（艺术家）系列，PTR三大系列新增花式琴、京珠系列新增花式琴、GP275高档奢侈品钢琴等。其中，KD系列钢琴凸显“欧洲制造”这一特点，采用更多的欧洲进口材料制作，整个装配过程全部在德国工厂完成，由德国技师按照欧洲演奏会级钢琴的工艺要求进行制作和控制；恺撒堡KA艺术家系列钢琴经试产并投放市场，质量水准获得经销商高度好评，为企业高端发展奠定强大后劲。

5、企业品牌形象进一步提升。加大宣传力度和营销创新，使企业品牌形象不断提升。两年一届的珠江恺撒堡全国青少年钢琴大赛在全国引起热烈反响；珠江钢琴多次出现在大型活动的舞台上，奏响民族最强音，如中央电视台2011元宵晚会、2011年深圳世界大学生运动会开幕式、国务院办公厅庆祝中国共产党成立90周年歌咏大会、第八届中国音乐金钟奖等，获得各部委领导以及中外钢琴家高度赞誉，品牌影响力逐年提升。

在珠江钢琴领导班子和全体员工的共同努力下，2011年珠江钢琴不仅在技术、品牌、效益、管理等方面取得了好成绩，也获得了政府部门和权威机构的高度认可，先后获得了广州市首届政府质量奖、广东省标准创新贡献奖、广东省企业文化建设十佳先进单位、广东省自主创新100强企业、广东省最具核心竞争力企业等荣誉。

李爱群

广东省乐器协会常务副会长、秘书长

李爱群现任广东省乐器协会常务副会长、秘书长，《广东乐器世界》总编。广东省乐器协会一直以来坚持以服务为宗旨，作为常务副会长的她带领协会的工作人员，为推动广东乐器制造业健康快速的发展，做了大量的具体工作。即使是面对严峻的形势及繁重的工作任务，以其女性独有的细腻与坚韧，加以十足的魄力，求真务实，有条不紊地开展工作，为行业做了大量的服务工作，赢得行业同仁对她的肯定与尊重。

一、坚持服务为本，情系广东乐器发展

广东省乐器协会的工作宗旨是将服务功能最大化。一直以来，她主动深入基层，亲自深入企业了解详细情况，掌握第一手资料，为行业的发展提出了战略思路。为了宣传本省乐器品牌，她克服各种困难，成功创办了本省乐器行业唯一一本行业专刊——《广东乐器世界》及广东省乐器电子商务平台http://www.chinamusicindustry.com.cn，成功打造广东乐器制造业的宣传阵地，将相关资讯传播到海内外，迅速提升广东的乐器品牌效应。

广东的乐器制造业在国内外有口皆碑，国外众多乐器品牌都首选广东企业为其贴牌加工。她认为这种代工模式虽然在短期内能加快提高广东的乐器制作工艺，提升企业管理水平，但也会因此限制了自主品牌、自主知识产权的培育。为此，她多次向企业宣传，建立自主品牌的重要性，使本省乐器企业自主品牌逐年扩大。同时，她主动向省政府建言，汇报广东乐器产业状况，希望政府能支持企业加快培育广东省名牌乐器产品，这一建言得到时任省领导的批示，要求相关部门要发挥行业协会在培育名牌实施带动的效应。此后，每一年均有乐器种类被列入广东省名牌产品评价目录，至今广东省乐器品牌中有七个荣获“广东省名牌产品”称号。

广东乐器制造专业技术人员职称申报中断了二十多年，使广东的乐器制作从业人员无法享受政府应有的政策，影响了对人才的培养、挖掘、储备。她历时两年深入调查，向广东省人力资源和社会保障厅反映行业人才状况及发展前景，建议恢复乐器设计专业人员技术职称的申报工作，这一建议被广东省人力资源和社会保障厅采纳，于2010年破格审核通过了11位同志为高级乐器设计师，2011年开通了乐器设计专业的职称申报，共有 97人（其中助理级61人、中级25人、高级11人）通过申报、评审、审核，获得了艺术设计系列乐器设计专业技术职称。大大调动了广大乐器制作人员的积极性，为乐器制作业的发展储备了人才。这一职称的恢复申报，得到业内的一致喝彩！

二、搭建竞赛平台，选拔高端人才

为了提高一线工人的理论知识与技能水平，让员工有归宿感，她主动与政府沟通，2008年、2010年与2011年分别承办了政府交给的钢琴调律与提琴制作技能竞赛项目，在这三次竞赛中该同志负责策划、组织、落实；组织专家小组开发题库、认真研究技能竞赛切入点、对技能竞赛指标反复论证，达到合理性与科学性。在各位评委及各界的大力支持下，使竞赛打下了扎实的基础并圆满顺利进行。2010年钢琴调律技能竞赛被列入广东省的一类竞赛项目，此次活动规模大、规格高、覆盖面广，她作为竞赛的主要负责人，广泛征求意见，虚心听取评委的建议，走访相关部门与院校，按政府规定制定各项竞赛规则，经实施可行。参加此次竞赛的人数为300人，由各地人社局推荐参加决赛的选手有82人，其中26人获得技师（钢琴调修）技能资格证。2011年的提琴制作被列入广东省二类技能竞赛项目，此次竞赛的参赛选手有14人获得技师（提琴制作）技能资格证，3人获得“广东省技术能手”，5人获“广东省职工经济技术创新能手”，9人获得“广东省优秀提琴制作师”荣誉称号，1人获得广东省总工会授予的“广东省五一劳动奖章”。

三、主动承担社会责任，热心公益事业

为响应中央各部委关于广泛开展“三下乡”活动和教育部在高校中普及高雅艺术活动的号召，该同志联合校、企组织艺术团队下乡演出，到广宁与河源开展题为“高雅艺术进乡村、进高校”的文艺演出，组织企业与高校的艺术团队在广州特意为千名孤儿进羊城作专场演出，在她的主动沟通与协调下，这些活动都得到高校与多家企业的支持与配合，让经济较落后的地区人群享受音乐的快乐。在协会经济来源并不丰裕的条件下，秘书处主动多次资助贫困学生帮助贫苦家庭。

无论是大企业还是小企业、无论是个人还是集体，她一视同仁，总是将会员的事情当作自己的事情来做，及时给企业提供各种信息，使企业得到直接与间接的经济效益。在服务于政府时，如实反映行业情况，大胆向政府建言，使行业的发展得到政府的支持。在服务于个人时，哪怕是最小的事她都亲力亲为，使个人的问题得到解决。她不怕困难、勇于挑战，主动承当推动行业发展的“重担”，视企业与行业的发展为己任，出色完成本职工作，推动了行业的发展。

范廷国

吟飞科技（江苏）有限公司 总经理

范廷国于1993年创办吟飞公司以来，在企业从小到大、从大到强的发展进程中，以其先进的理念和敏锐的市场洞察力制定完善周密的发展战略规划，不断推进企业管理、品牌建设、市场开发，促进音乐教育事业的发展，推动企业快速发展。

在范廷国多年的亲力带领下，公司从1993年初主要从事音源集成电路的开发、生产和销售；1995年作为国内唯一具有电子乐器音源集成电路构件开发能力的公司，开始依靠先进的电子技术和自主创新能力生产电子乐器整机，从此开始了“吟飞”品牌的塑造历程；1998年，公司运用当时掌握的国际水准PCM数字意愿技术不断地研发、生产和销售适合消费者需要的各类电子乐器产品。通过近20年的发展，公司目前占地面积4万多平方米，厂房面积6万多平方米，现有员工1000多人，其中工程技术人员和音乐专业人才100多人，职业技术工人500多人。年生产电子乐器总产量40多万台套，其中80%左右销往国外。“吟飞”公司已连续两年被中国乐器协会授予“中国乐器行业强势企业”和“中国乐器行业50强企业”称号，公司也是“江苏省高新技术企业”、“中国教育装备行业协会会员”、“江苏省教学仪器设备行业协会会员”，并连续多年被美国《音乐贸易》杂志列入全球乐器与音响制品225强行列。“吟飞”商标被认定为“江苏省著名商标”，“常州市知名商标”等荣誉。

在企业管理方面，范廷国带领公司领导班子首先从质量管理入手，在生产现场严格采用6S管理方法，坚决认真贯彻ISO9001-2008质量管理体系标准，不断完善质量保证体系，并将其始终贯穿于整个生产和质量控制过程中。他以身作则，深入生产一线，协助员工解决问题，不断改进。发扬“诚信、勤奋、合作、奉献”的企业精神，为企业的快速发展奠定了坚实的基础。其次，在技术引进和设备改造方面，公司以目前市场需求为导向，狠抓技术引进、设备改造工作来提高企业生产能力。先后申请了十多项实用新型和发明专利技术，稳定产品质量，降低产品成本，提高企业生产效率，并对现有的部分生产设备进行了改造，新添置了更先进的专业设备。通过不断地改进措施，使公司的生产效率和产品质量有了明显提高。凭借工艺精湛、造型美观、音色逼真、质量稳定、性价比高等产品优势赢得了国内、外用户的青睐与好评。在引进优秀人才方面，加强研发中心的科研力量，吸收更多的科技人员加入到研发中心。公司继续与国内一些著名音乐院校（如：上海音乐学院、天津音乐学院、广州星海音乐学院等）进行合作，并从这些专业院校中逐步引进专业人才，使研发中心成为国内一流的电子乐器研发中心。

在做好音乐教育的普及工作方面，公司在范廷国的领导下做了许多工作。如：每两年举办一届“吟飞”全国双排键比赛；每年在全国几十个重要城市举办“吟飞” 双排键教学交流活动；为上海音乐家协会电子键盘专业委员会艺术团提供了“吟飞”单排键电子琴和双排键电子琴用于教学，支持天津音乐学院键盘系双排键电子琴教研室主任、研究生导师高继勇开办的“高继勇音乐中心”；给常州市新桥中学赠送了一批数码电钢琴和数码电子鼓，开设专业课等等。

在展示公司形象，宣传企业品牌和产品方面，公司每年在全国几十个重要城市举办“吟飞”新产品展示会、音乐会和艺术沙龙等推广活动。并连续多年参加了美国NAMM SHOW、法兰克福乐器展和中国（上海）国际乐器展览会等国际性乐器展会。中国（上海）国际乐器展览会更是连续参加了十年。通过每年国内外一系列的活动把企业文化、品牌形象及产品等方面得到了较好的展示，提升了吟飞科技（江苏）有限公司及“吟飞”品牌的知名度及产品的影响力。

范廷国为员工创造了温暖而又舒适的工作生活环境，每一个细节都凝聚了他的真情和关爱。他更为企业的快速发展出谋划策、亲历亲为，为把“吟飞”打造成为中国电子乐器民族第一品牌作出自己的贡献。

秦川

河北秦川文体乐器有限公司 总经理

什么样的企业领导决定什么样的企业命运。一个强大的公司都会有一个好带头人，领导的思想融入公司后，企业的文化，企业员工认可，公司的运转就会越来越好。而秦川正是这样一个敢于创新，带领企业不断走向辉煌的好带头人，也是敢做行业先导的优秀企业家。

2011年，面对不利的外部环境，作为公司总经理的秦川清醒地认识到，环境对每个企业都是公平的，在同等的条件下，要想实现超越，途径只有一个，那就是创新。于是，在他的组织下，公司着手制定了企业未来五年发展规划。为了更好地实施规划，他又带队赴京学习并引进了全新的全面绩效管理模式，对公司组织架构大胆进行了重新调整。同时，他还与各级员工一起挖掘、提练与创新，明确了新的企业使命、愿景、核心价值观等。在组织上、制度上和思想上为实现企业的战略目标打下了坚实的基础。

在不断学习与实践中，秦川深刻认识到，管理理论的发展，即对人的认识有了升华，提出人是最重要的资源，最宝贵的财富。建立以人为本的管理工程和机制，是时代的要求，也是企业成功的关键。因此，公司采取了系统培训，提升员工的素质和能力；加强企业文化建设，练“内功”，添动力；实施员工关怀计划，包括关心员工的成长与生活等三项措施，保持了员工队伍稳定，为实现企业发展战略目标提供了人力资源保证。

俗话说没有远虑必有近忧，作为企业的决策者，秦川始终把培育市场视为企业可持续发展的重要保证。每年都投入大量资源用于开展各类社会性音乐活动。仅2011年就举办了数十场大型活动。同时与河北电视台联合开办了《秦川音乐时间》栏目、扩大学校规模、增加教学网、开办老年音乐班等等。有效地培育了市场，为企业长期稳定的发展打下了基础，同时也为当地文化事业的繁荣与发展做出了贡献。

勇于承担社会责任，为促进行业的发展而努力。2011年，作为副会长的秦川还积极参加河北省企业风险防范促进会交流和论坛活动，并在论坛上发表了题为“承担社会责任 共建和谐社会”的主题演讲。在上海乐器展NAMM “如何操作”培训课程中，秦川应邀作了“如何整合与运作琴行销售、音乐教学资源”的讲座，将本企业的管理及运作经验毫无保留地介绍给了业内同仁。2011年，秦川还当选石家庄市文化产业协会常务理事、副秘书长，为促进本地文化产业的发展做了大量工作；同年，作为河北省音乐家协会吉他艺术委员会会长，组织召开了河北省音乐家协会吉他艺术委员会第二届理事扩大会议，为促进全省吉他艺术事业的发展做出了自己的努力。

盛子斐

得理集团 副总裁

盛子斐任得理集团副总裁，在中国乐器协会任副理事长，并连续两届当选为中国乐器协会电鸣乐器分会会长。

在中国乐器协会的正确指导和大力帮助下，在电鸣乐器分会各副会长和各会员单位的积极支持下，整个分会已成为一个团结而有生气的集体。分会活动形式多样，有集中、有分散，少而精，且每一项活动紧扣有利于企业发展和行业发展的主题。在2011年有三项重要的活动和工作，一项是协助中国乐器协会和全国乐器标准化技术委员会在珠海召开标准化工作年会和十二项乐器标准审定会，协会与标委会主要领导以及珠海市、区的有关领导出席，会议开得很成功。第二项是利用在珠海召开年会和在得理乐器（珠海）公司参观的机会召开了电鸣乐器企业管理经验交流会，由得理和艾立卡两家公司的领导作了主题发言，两家企业的管理理念和管理方法各有特色，都取得了很大成就。以上两项活动合在一起搞，精炼又高效，赢得协会和标委会领导以及众多委员和会员的一致好评。第三项工作是电鸣乐器标准化工作，在全国乐器标委会指导下启动对电鸣乐器专业标准化体系的修改，完成了5项电鸣乐器行业标准的制定并通过了审定；2011年11月成立了乐器行业首个标准化工作组，即“全国乐器标准化技术委员会电鸣乐器标准制修订工作组”，它将发动更多的电鸣乐器企业和专家来参与标准的制定和修订工作，也利于同国际电子乐器标准化的组织和专家们沟通与合作。

得理集团自1983年由郑刚先生创立起已走过了近三十年的历程，盛子斐全力辅佐新一代领导，经过两代人的努力已建立起实力雄厚的两大产业，一个是新兴的IT产业，一个是传统的乐器产业。目前集团已拥有一家乐器外销公司，一家内销公司，一家软件研发公司，一家芯片研发公司，还建立了一个规模很大的整机设计和制造工业园地。正因为有了这样的布局合理，结构完善，资源充足和管理先进的组织架构，所以集团乐器产业在这坚实的基础上能得以迅猛的发展。在技术方面，公司已具备数字音频合成技术及其相关集成电路设计技术、数字音频效果处理技术、数字音乐制作技术等核心技术。在生产和质量方面的水平和能力已在行业内公认首位。在销售方面，公司的产品已销往五大洲，在国内，“美得理”已是全国重要的民族品牌。MEDELI电子乐器的销售额连年增长已达十几年之久，2011年仍保持两位数的增长。

公司的社会责任体现在各个方面，对政府一贯依法纳税；对消费者建立了完善的质保和售后服务体系，每月检查投诉率、处理及时率和处理有效率；对职工实施人性化管理，长年来工资发放决不推迟一天，社保医保决不少报一个人，宿舍、食堂、运动娱乐设施、园地绿化和乐器培训中心充满了人性化，使员工流失率长期控制在5%以内；对供应商以诚相待，按时付款；在公益事业方面，珠海公司成立了“得理青年志愿服务队” 常年为社会服务；公司一次性给四川灾区的小学投资建设校舍、赠送学生宿舍家具和赠送乐器，公司长期资助一批四川灾区贫困中学生上中学和上大学的一切费用，还资助珠海2个小学、1个中学和4个大学的贫困学生；而“郑刚-李竹林清华励学金”已持续资助了6年，并将继续下去。

黄苏东

福州和声钢琴有限公司 副总经理

黄苏东从1995年开始从事乐器行业工作，现任福州和声钢琴有限公司副总经理、中国乐器协会副秘书长、全国乐器标准化技术委员会委员，在国家支持文化产业大繁荣、大发展的背景下，黄苏东在2011年更加积极热情地投身到促进乐器行业的服务工作中，取得较好的成绩及荣誉，被中国乐器协会评选为“2011年度乐器行业优秀人物”。

黄苏东在和声公司辛勤耕耘16年。在工作上，认真贯彻执行公司制定的经营方针，认真协助总经理工作。坚持主张走和声自主创新的道路，利用自己在大学所学的知识，为和声公司的产品创新做了许多有益的工作，使和声公司产品在短短的几年里不断创新，形成具有和声特色的精品钢琴体系，深受市场欢迎。迄今为止，和声公司共拥有国家专利技术27项，其中实用新型专利18项、外观设计专利9项。

同时，他积极提倡在恒温恒湿的环境中生产钢琴，在他和经营班子的共同努力下，和声公司率先在钢琴行业内实现钢琴生产全过程恒温恒湿的环境控制，从而极大地提升了“哈曼尼”钢琴的稳定性和耐候性。黄苏东多年来一直重视钢琴品质管理，在他的积极倡导和努力下，和声公司在2001年就通过了ISO9001质量管理体系认证。他率领团队认真执行ISO的规程，严格控制产品的品质。从2007年坚持连续五年召开公司“3.15”品质工作会议，始终把品质管理与客户服务管理紧密结合，使客户满意率逐年提高。公司在创新、生产、品质、销售、服务等方面实现良性循环。

这些年来，黄苏东在积极地为社会文化事业贡献自己的力量。他策划许多大型的展览活动；策划和声公司与中央音乐学院鼓浪屿钢琴学校强强联合，在该校设立“哈曼尼奖教奖学金”，奖励在国际大赛中获奖的选手和指导教师，在和声公司建立“中央音乐学院鼓浪屿钢琴学校教学实训基地”，每年“六一节”该校师生到公司参观实践，举办演奏活动；策划与福州大学校企合作，建立教学实践基地，为福州大学音乐系开设“钢琴调律技术”课程；策划与沈阳音乐学院乐器工艺系开展产学研合作，该校研究生到和声公司开展实习及课题研究等教学科研活动，等等。

2011年6月黄苏东积极参与中国乐器协会钢琴调律师分会代表团出席在台北召开的“第17届国际钢琴技师调律师年会”活动及2013年在中国杭州举办的“第18届国际钢琴技师调律师年会”筹备工作。积极参加全国乐器标委会组织的制（修）订多项乐器的国家标准及行业标准的工作。黄苏东是中国乐器协会的各种活动积极参与者和支持者。他表示，将更加努力地为促进中国乐器行业的发展，为繁荣中国音乐文化事业贡献自己的力量。

2012
中国乐器年鉴
CHINA MUSICAL
INSTRUMENT YEARBOOK

2011年中国乐器专利发布情况汇总

国家知识产权局“中国专利数据库”显示，截至2011年底，乐器专利发布数量658项，同比下降7.06%。其中，发明专利159项，同比增长2.58%；实用新型专利328项，同比增长17.56%；外观设计专利171项，同比下降37.59%。

在10类乐器专利发布中，以民族乐器、乐器配件、钢琴居多，分别发布了127项、122项和110项。其他产品，电子乐器78项，吉他78项、打击乐器52项、西管乐器52项、提琴27项、口琴7项，手风琴5项。与2010年相比，2011年西管乐器、提琴、电子乐器、乐器配件、吉他专利发布量有所上升，而钢琴、民族乐器、打击乐器、口琴专利发布量有所下降。

在110项钢琴专利中，发明专利22项，实用新型专利54项，外观设计专利34项。主要有宁波四海琴业有限公司何四海19项；福州和声钢琴有限公司、广州珠江钢琴集团股份有限公司、海伦钢琴股份有限公司各5项；烟台金斯伯格钢琴有限公司4项；湖北华都钢琴制造有限公司、宁波东方琴业有限公司、上海欧亚钢琴乐器有限公司、雅马哈株式会社、烟台博斯纳钢琴制造有限公司、北京乐器研究所、广州艾茉森电子有限公司、湖州杰士德钢琴有限公司、宜昌金宝乐器制造有限公司各2项。包括广州珠江钢琴集团股份有限公司的“钢琴（BGP160A）”、海伦钢琴股份有限公司的“一种立式钢琴音板结构”、福州和声钢琴有限公司的“一种钢琴中板防变形装置”等。

在127项民族乐器专利中，包括古筝专利41项、二胡专利39项、笛子专利10项，扬琴专利7项、编钟专利6项，古琴专利5项。专利数量较多的有无锡睿思凯科技有限公司、上海民族乐器一厂各7项；天津工业大学、李同志各6项；上海琴园乐器有限公司、刘永发各5项。

2011年西管乐器发布专利比上年增长了188%，在52项专利中，萨克斯专利占到20项，其它是小号、长号的专利。西管乐器专利主要是设备专利，如：“小号弹簧管加工一体机”、“萨克斯管口切割机”等，西管乐器专利有“便携低音号”、“可调音的单簧管二节”等。2011年西管乐器专利数量较多的是天津津宝乐器有限公司共计有32项西管乐器专利，另外，雅马哈株式会社也有4项西管乐器专利。

2011年电子乐器共有78项专利发布，比上年略有增长，专利数量较多的是雅马哈株式会社、卡西欧计算机株式会社、宁波音王集团有限公司、康佳集团股份有限公司、罗兰株式会社等单位。主要专利有雅马哈株式会社的“电子键盘乐器的外壳结构”、卡西欧计算机株式会社的“演奏装置以及电子乐器”、宁波音王集团有限公司的“一种电钢琴的导电硅胶按键”、康佳集团股份有限公司的“一种电钢琴的自动琴盖及其实现方法”、罗兰株式会社的“电子键盘乐器的踏板装置”等。

职务与非职务专利：2011年共有63家企业职务专利发布，共计247项，占专利发布总数的37.53%，非职务共278个人或者单位发布乐器专利共计411项，占总数的62.47%。其中，张为明10项；无锡睿思凯科技有限公司7项；天津工业大学、柯艺山、康佳集团股份有限公司各6项。

国外与国内乐器专利发布：2011年共有34家外国人或者外资公司在中国申请专利发布数量64项，占专利总数的9.72%。主要是雅马哈株式会社、罗兰株式会社、卡西欧计算机株式会社等。中国人或者中国乐器企业专利发布594项，占90.28%。

按照专利发布数量统计，2011年共计有341个单位或个人申请专利，比上年减少了10.26%。专利发布数量最多是天津市津宝乐器有限公司63项，比上年增长61%；雅马哈株式会社18项，比上年减少53%；宁波四海琴业有限公司19项；广州珠江钢琴股份集团有限公司5项；上海民族乐器一厂7项。其他还有发布7项专利的2家，6项专利的7家，5项专利的6家，4项专利的6家、3项专利的23家、2项专利的62家、1项专利的227家。

归纳分析2011年中国乐器专利发布有以下几个特点：

1、中国乐器专利发布数量在2010年出现较大幅度上升后，2011年专利发布数量稍有下降。

2、2011年中国乐器专利发布数量虽然有所下降，但是发明专利和实用新型类型专利有所上升，外观设计专利有所减少。反映出2011年我国乐器专利构成随着乐器经济增长方式的转变也在发生变化。

3、职务专利发布单位中，国有企业和民营企业对专利申请工作进一步重视，天津津宝乐器公司专利申请数量不仅超过了日本雅马哈公司，而且遥遥领先。广州珠江钢琴集团公司、上海民族乐器一厂等企业继续保持专利申请数量的稳定。扬州天韵琴筝有限公司、宁波四海琴业公司、宁波音王集团有限公司、福州和声钢琴有限公司、海伦钢琴股份有限公司、宁波东方琴业有限公司等企业申请专利数量都有明显的增长。

4、国外公司和个人在中国申请专利的数量有所下降，雅马哈、卡西欧都比去年减少了50%左右。

5、职务专利发布比上年有所减少，同比下降50%左右，非职务专利发布大幅度增长，同比增长了126%，反映出社会对乐器的关注度不断提升。

2011年中国乐器专利发布数量一览表

序号	类别	发明专利			实用新型			外观设计			合计		
		2011年	2010年	同比%	2011年	2010年	同比%	2011年	2010年	同比%	2011年	2010年	同比%
1	打击乐器	16	18	-11.11	28	30	-6.67	8	25	-68.00	52	73	-28.77
2	电子乐器	29	18	61.11	27	23	17.39	22	35	-37.14	78	76	2.63
3	钢琴	22	27	-18.52	54	60	-10.00	34	49	-30.61	110	136	-19.12
4	吉他	11	12	-8.33	37	19	94.74	30	46	-34.78	78	77	1.30
5	口琴	3	1	200.00	2	4	-50.00	2	6	-66.67	7	11	-36.36
6	乐器配件	31	53	-41.51	66	51	29.41	25	15	66.67	122	119	2.52
7	民族乐器	18	17	5.88	66	67	-1.49	43	89	-51.69	127	173	-26.59
8	手风琴	/	/		4	5	-20.00	1	/	/	5	5	0.00
9	提琴	4	4	0.00	19	12	58.33	4	4	0.00	27	20	35.00
10	西管乐器	25	5	400.00	25	8	212.50	2	5	-60.00	52	18	188.89
总计		159	155	2.58	328	279	17.56	171	274	-37.59	658	708	-7.06

2011年中国乐器专利发布基本状况

申请（专利权）人	专利发布数量	申请(专利权)人数量
天津市津宝乐器有限公司	63	1
雅马哈株式会社	18	1
何四海	17	1
张为明	10	1
宁波音王集团有限公司	8	1
上海民族乐器一厂、无锡睿思凯科技有限公司	7	2
福州和声钢琴有限公司、海伦钢琴股份有限公司、康佳集团股份有限公司、柯艺山、李同志、罗森鹤、天津工业大学	6	7
广州珠江钢琴集团股份有限公司、林之铠、刘永发、罗兰株式会社、上海琴园乐器有限公司、天津市久跃科技有限公司	5	6
程矛、卡西欧计算机株式会社、陆文忠、上海日伴箱包有限公司、沈金祥、汪宏齐、王镇、烟台金斯波格钢琴有限责任公司、郑志强	4	9
陈哲、东莞扩乐格电子器材有限公司、冯满天、湖北华都钢琴制造有限公司、湖州师范学院、黄卫平、李腊、刘立军、马季平、南宫圣燮、宁波音王电声股份有限公司、彭作捶、上海欧亚钢琴乐器有限公司、孙淑平、王哲宏、吴汉军、熊立群、徐一渠、烟台博斯纳钢琴制造有限公司、杨灼荣、阴育锋、张洋	3	23
埃维茨公司、北京乐器研究所、曹正文、曹正宇、德州学院、东南大学、段郡池、段娅、段毅、傅爱民、辜存雄、广州艾茉森电子有限公司、广州市罗曼士乐器制造有限公司、郭奉烈、湖州杰士德钢琴有限公司、金海鸥、邝奇成、林倞、灵璧县文化广播电视新闻出版局、灵璧县泗州戏剧团、刘成林、鲁少宁、胡小军、栾世军、洛阳师范学院、倪少波、宁波四海琴业有限公司、彭星超、乔治·奇罗德尼斯基、秦知非、青岛博文乐器有限公司、山东科技大学、上海钢琴有限公司、宋国诗、苏和、陶玉兰、天津华韵乐器有限公司、天津市海天昂特乐器架制造有限公司、王天硕、厦门大学、谢一擎、徐博强、许聃、亚瑟姆公司、扬州市百联古筝制作研究院有限公司、杨声、杨所、宜昌金宝乐器制造有限公司、余武生、钰丰乐器（福建）有限公司、张斌、张繁荣、张建强、张琳、张伟、张学民、赵建华、赵振伟、周万昊、赵振伟、周威廉、浙江商业职业技术学院、郑福建、钟昭庆、周伟、朱福志	2	62

申请（专利权）人	专利发布数量	申请(专利权)人数量
745有限责任公司、I·纳格尔斯、阿克托戴恩通用公司、包柳宁、北京北科天工科技有限公司、	1	227
北京展辰化工有限公司、展辰涂料集团股份有限公司、上海富臣化工有限公司、蔡昊、蔡瑞鸿、曹少堃、岑冠颖、陈宝国、陈昊鹏、陈红梅、陈丽婷、陈锐勇、陈铁汉、陈霄英、成都川雅木业有限公司、丛子义、崔茹峰、大可意念传达有限公司、冠亚智财股份有限公司、大连民族学院、大卫·斯坦伍德、代雪瑶、赵洋、单绍琳、单志渊、得理电子（上海）有限公司、得理乐器（珠海）有限公司、德尼·德拉罗什福尔迪埃尔、白琳、安纳司·毕德内、德信互动科技（北京）有限公司、邓江涵、邓文汉、迪爵特有限公司、第一幕股份有限公司、蒂姆·斯科特、丁安根、丁冬冬、丁婕、东莞永辉轻胶制品有限公司、董名新、段太发、额日登木图、付祥勇、高荣金、陈安权、高韶青、高苏、龚绳、哈斯布日估德、韩屹青、好买家股份有限公司、何健明、何思妮、何钰梅、何月婵、河北金音乐器集团有限公司、河北科技大学、赫斯特伍德农场钢琴演奏室有限公司、亨利·保罗斯、马赛厄斯·舒乐、亨利塞尔默巴黎公司、洪朝阳、胡世华、湖南金龙国际铜业有限公司、环高乐器制造（宜昌）有限公司、环球水泥股份有限公司、财团法人工业技术研究院、黄福安、黄剑锋、黄山学院、惠州全丰育乐用品有限公司、惠州市长润发涂料有限公司、惠州市韩音乐器贸易有限公司、纪沛伦、佳木斯大学、江伟成、姜珂、蒋建孝、解婷、金广海、酒井复合材料股份有限公司、巨匠音乐事业有限公司、克里斯蒂娜·罗德里戈斯、克里斯多佛·A·萨穆、昆明理工大学、来准方、乐盟国际股份有限公司、李安长、李博、李强、李小平、李晓凌、李一、李忠孝、深圳市浦平实业有限公司、李忠孝、深圳市瑞达时代科技有限公司、立方体有限公司、梁涛、梁永安、梁泽敏、梁志辉、廖路云、廖元藤、林森炎、凌君彦、刘利双、李建宁、刘森石、刘士芳、刘树德、刘先保、刘耀新、龙雨青、芦笛、陆思烨、罗康、马明杰、马铭新、马晓鹏、古光均、孟飞、梅田勋、米萨数码控股有限公司、南江、宁波启发电子有限公司、潘贵军、潘森钢铁有限公司、彭进辉、皮怡然、戚慈、秦四遥、青岛诞金金属有限公司、青岛世正乐器有限公司、青岛世正乐器有限公司、JM精密产业、琼·德里斯科尔、罗伯特·德里斯科尔、区世运、山西大学、上海电机学院、上海华新乐器有限公司、韶关学院、邵麒、邵瑞媚、邵英梅、绍尔·安德森、武巍、申炳凯、深圳市阿诺玛乐器有限公司、沈爱、施平、施坦威音乐器材有限公司、宋汉鑫、谭福生、许文辉、谭明全、唐舟、邵亮亮、天津圣迪乐器有限公司、天津星空间结构技术研究院、天津资历节能减排工设计院、天津华夏文化艺术研究院、王宝胜、王兵、王桂荣、王晶晶、王君、王琳、毛文铭、王楠、王沁宜、王四辈、王廷廷、王新、王绪旺、旺盛、魏振玲、武汉艾立卡电子有限公司、西安理工大学、席风春、夏兴运、谢朝盈、邢保嘉、徐伟、许昌义、许伟洲、许文辉、谭福生、许祖发、旭东机械（昆山）有限公司、薛怡稳、雅迪企业有限公司、闫万水、杨光、杨俊燊、姚旗、易平、吟飞科技（江苏）有限公司、尹浚生、尹泰威、尤宗耀、游爱华、于岩、余鸿、余烈、袁方、曾繁平、曾平蔚、翟方智、翟子莫、詹发师、詹姆哈伯有限责任公司、张广昌、张洪宾、张晶雪、张秀根、张雪环、张昱、张铮、张志平、张凯尧、张致远、张子钦、赵洪云、赵恺、赵明山、赵胜辉、赵天池、肖祥鹏、中国海洋大学、中山四海家具制造有限公司、钟飞翔、钟文辉、田家树、钟文辉、田家树、重庆大音乐器有限公司、重庆斯威特钢琴有限公司、周安民、周德柱、周廷华、周欣、周俊全、周煦雨、朱海涛、朱金泰、朱明龙、株式会社铃木乐器制作所	1	227

2011年中国乐器专利发布目录

类别	名称	专利类型	申请（专利）号	公开（公告）日	申请（专利权）人	发明（设计）人
乐器综合类	电子键盘乐器	发明专利	201010218282.4	2011.01.05	卡西欧计算机株式会社	谷口弘和
	一种弹拨乐器	实用新型	201020247024.4	2011.01.05	冯满天	冯满天
	一种耐磨且不易断弦的弹拨乐器	实用新型	201020247025.9	2011.01.05	冯满天	冯满天
	一种带磁的弹拨乐器	实用新型	201020247021.0	2011.01.05	冯满天	冯满天
	一种新型乐器	实用新型	201020256736.2	2011.01.05	李博	李博、张永
	一种无弦琴	发明专利	200910054179.8	2011.01.05	上海电机学院	陈富忠、迟冬祥、丁璋洪、范文思
	四音琴	实用新型	201020123976.5	2011.01.05	王廷廷	王廷廷
	电古琴音频电信号发生器	实用新型	201020223058.X	2011.01.05	熊立群	徐松年
	一种古琴减字谱的计算机生成、编辑方法与系统	发明专利	201010285245.5	2011.01.12	厦门大学	周昌乐、齐京峰、关胤
	一种适用于古琴减字谱打谱的音乐节奏生成方法	发明专利	201010285033.7	2011.01.12	厦门大学	周昌乐、关胤、齐京峰
	风琴包（C6015）	外观设计	201030106865.9	2011.01.12	许伟洲	许伟洲
	电子乐器的键盘装置	发明专利	201010185512.1	2011.01.19	雅马哈株式会社	荒木胜広
	弦乐器	发明专利	201010523509.6	2011.01.19	梅田勋	梅田勋
	电子乐器的键盘装置	发明专利	201010185514.0	2011.01.19	雅马哈株式会社	荒木胜広
	电子乐器的键盘装置	发明专利	201010225128.X	2011.01.19	雅马哈株式会社	北岛充
	用于弦乐器的肩托	发明专利	200980106028.0	2011.01.19	雅迪企业有限公司	郑宁民、林孝煌
	一种电子键盘乐器及其自由演奏方法	发明专利	200910041142.1	2011.01.26	得理乐器（珠海）有限公司	谢奇彬
	电子打击乐器与主机间无线信号传输装置	实用新型	201020166928.4	2011.01.26	谢朝盈	谢朝盈
	小钟琴	实用新型	201020268735.X	2011.01.26	钟飞翔	钟飞翔
	一种乐器学习、伴奏装置	发明专利	201010501824.9	2011.02.02	李强	李强
	一种可发光的乐器	实用新型	201029068026.4	2011.02.02	区世运	区世运

类别	名称	专利类型	申请(专利)号	公开(公告)日	申请(专利权)人	发明(设计)人
乐器综合类	具有旋转座的乐器架	实用新型	201020272157.7	2011.02.02	尤宗耀	尤宗耀
	一种适于演奏入门学习的21音阶键盘乐器	实用新型	201020285861.6	2011.02.02	北京北科天工科技有限公司	王旭
	一种乐器力度键盘的光电装置	实用新型	201020108312.1	2011.02.02	马季平	马季平、沈建
	一种防滑琴弦拨片	实用新型	201020259955.6	2011.02.02	梁志辉	梁志辉
	新型马林巴琴	实用新型	200920221935.7	2011.02.09	天津市津宝乐器有限公司	李中华
	用于弦乐器的传感器组件	发明专利	200880127414.3	2011.02.09	阿克托戴恩通用公司	杰弗里·J·雷丝
	乐器容置装置	实用新型	201020204869.5	2011.02.09	巨匠音乐事业有限公司	骆金生
	管弦琴	实用新型	201020281217.1	2011.02.09	倪少波	倪少波
	用于带弦控制器和/或弦乐器的方法以及装置	发明专利	200980107458.4	2011.02.16	745有限责任公司	伯纳德·基乌、杰克·丹尼尔·达维斯、马克·艾曾、克雷格·斯莫尔、史蒂芬·保罗·韦伯斯特尔、文迪·林恩·米特尔施泰特
	一种录音装置及应用该装置的乐器	实用新型	201020216222.4	2011.02.16	迪爵特有限公司	何溢峰
	用于散热的口琴管	实用新型	201020515147.1	2011.02.16	湖南金龙国际铜业有限公司	向新春、杨杰辉、李毅、程睿、何富贵
	杨琴或古琴或古筝或钢琴的变径琴轴	实用新型	201020511732.4	2011.02.16	谢一擎	谢一擎
	胡琴或三弦或琵琶或柳琴或小提琴的变径琴轴	实用新型	201020511733.9	2011.02.16	谢一擎	谢一擎
	电子键盘乐器的外壳结构	发明专利	201010552353.4	2011.02.23	雅马哈株式会社	杉本龙太郎、安渡武志
	演奏相关信息输出装置、具有演奏相关信息输出装置的系统、以及电子乐器	发明专利	200980112037.0	2011.03.02	雅马哈株式会社	岩濑裕之、曾根卓朗、福井满
	乐器均衡器的音量和音调控制系统	实用新型	201020279406.5	2011.03.02	王哲宏	王哲宏
	一种弦乐器用松香盒	实用新型	201020177391.1	2011.03.02	龙雨青	龙雨青
	一种经过改进的琴键盘	实用新型	201020502158.6	2011.03.09	东莞扩乐格电子器材有限公司	井部好夫

类别	名称	专利类型	申请（专利）号	公开（公告）日	申请（专利权）人	发明（设计）人
乐器综合类	一种带永久标志的乐器面板	实用新型	201020285139.2	2011.03.16	傅爱民	傅爱民
	一种乐器面板	实用新型	201020285163.6	2011.03.16	傅爱民	傅爱民
	在带有共鸣器的乐器上设置的简便伴奏附接设备	实用新型	201020289117.3	2011.03.16	郭奉烈	郭奉烈
	一种发光琴弦	实用新型	201020121770.9	2011.03.16	洪朝阳	洪朝阳
	打击乐器台支托	外观设计	201030148796.8	2011.03.16	蒂姆·斯科特	蒂姆·斯科特
	乐器的系弦板（2）	外观设计	201030152544.2	2011.03.23	亚瑟姆公司	佐兰·马尔科维奇
	乐器的系弦板（1）	外观设计	201030152561.6	2011.03.23	亚瑟姆公司	佐兰·马尔科维奇
	用于打击电声乐器的电容式传感器	发明专利	200910115802.6	2011.03.30	曹少堃	曹少堃、吴国安
	带有温湿度控制器的乐器保管箱	实用新型	201020282830.5	2011.03.30	南宫圣燮	南宫圣燮
	乐器箱（1）	外观设计	201030292261.8	2011.03.30	赵建华	赵建华
	乐器箱（2）	外观设计	201030292255.2	2011.03.30	赵建华	赵建华
	乐器调音器	外观设计	201030162867.X	2011.03.30	埃维茨公司	S·赖丁格尔
	乐器架用的夹持件	发明专利	201010269383.4	2011.04.06	罗兰株式会社	森良彰
	弦琴专用指甲贴	实用新型	201020532074.7	2011.04.13	何钰梅	何钰梅
	乐器调音器	外观设计	201030545054.9	2011.04.13	埃维茨公司	S·赖丁格尔
	一种乐器及生成其表面的方法	发明专利	201010283462.0	2011.04.20	潘森钢铁有限公司	詹姆斯·W··达辛、凯尔·C··考克斯
	电子乐器的踏板装置	发明专利	201010286323.3	2011.04.20	雅马哈株式会社	岩本俊幸、西田贤一
	乐器用湿度控制器	实用新型	201020281422.8	2011.04.20	南宫圣燮	南宫圣燮
	弦乐器拾音盘	实用新型	201020558623.8	2011.04.20	王哲宏	王哲宏
	乐器（竹叶）	外观设计	201030603151.9	2011.04.20	陈霄英	陈霄英
	多功能充电乐器调音器	发明专利	201010578023.2	2011.04.27	钟文辉、田家树	钟文辉、田家树
	包装箱（钢琴音板）	外观设计	201030576785.X	2011.05.04	成都川雅木业有限公司	范为
	一种数字乐器	发明专利	200980116832.7	2011.05.04	米萨数码控股有限公司	M·拉立米斯

类别	名称	专利类型	申请（专利）号	公开（公告）日	申请（专利权）人	发明（设计）人
乐器综合类	用于组合电子音乐乐器的输入的系统和设备	发明专利	200980117505.3	2011.05.04	詹姆哈伯有限责任公司	史蒂夫·斯吉林
	一种用于民族弓弦乐器的少尘挪动松香	实用新型	201020512037.X	2011.05.04	段郡池、段娅	段郡池、段娅
	变形界面六弦琴（1）	外观设计	201030566936.3	2011.05.04	鲁少宁、胡小军	鲁少宁、胡小军
	变形界面六弦琴（2）	外观设计	201030566937.8	2011.05.04	鲁少宁、胡小军	鲁少宁、胡小军
	一种电声乐器教练系统	实用新型	201020560074.8	2011.05.11	洛阳师范学院	杨数强、王军强、熊中朝、杨杰慧、赵志国、彭卫民
	一种琴轴	实用新型	201020548676.1	2011.05.11	周德柱	周德柱
	一种琴谱专用夹	实用新型	201020550888.3	2011.05.11	邵英梅	邵英梅
	一种使弦乐器音质快速成熟的电子磨合装置	发明专利	201010501809.4	2011.05.18	山西大学	杨阳、高策
	一种改进的高档琴弦的加工工艺	发明专利	201010286845.3	2011.05.18	广州市罗曼士乐器制造有限公司	郑玉棠
	一种乐器专用清面漆及其制备方法	发明专利	201010587277.0	2011.05.25	惠州市长润发涂料有限公司	莫荣飞
	一种管乐器的活塞	实用新型	201020590188.7	2011.05.25	陈宝国	陈宝国
	电子键盘乐器	外观设计	201030542953.3	2011.05.25	罗兰株式会社	稻垣洋司
	琴架齿盘	外观设计	201030536917.6	2011.05.25	宁波音王集团有限公司	尹旺军
	乐器支架	外观设计	201030299387.8	2011.06.15	杨灼荣	杨灼荣
	乐器鼓止音装置	实用新型	201020513291.1	2011.06.15	王琳、毛文铭	王琳、毛文铭
	自奏打击乐器装置	实用新型	201020507034.7	2011.06.15	席风春	席风春
	多功能琴凳	实用新型	201020560403.9	2011.06.15	王新	王新
	单管多音效吹奏乐器	实用新型	201020666110.9	2011.06.22	郑志强	郑志强
	乐器	外观设计	201030696365.5	2011.06.22	郭奉烈	郭奉烈
	琴弦-琴马连接系统	实用新型	201020224196.X	2011.06.29	赫斯特伍德农场钢琴演奏室有限公司	理查德·J·戴恩
	乐器（平和）	外观设计	201030705432.5	2011.06.29	杨声	杨声
	乐器玩具	外观设计	201030674539.8	2011.07.13	立方体有限公司	酒井利夫

类别	名称	专利类型	申请（专利）号	公开（公告）日	申请（专利权）人	发明（设计）人
乐器综合类	微电脑控制的数码弦乐器	发明专利	201110023174.6	2011.07.20	程矛	程矛
	用于弦乐器的琴颈连结结构	发明专利	201010527955.4	2011.07.20	雅马哈株式会社	水口清
	用于乐器支架的重力自锁托叉	实用新型	201020668933.5	2011.07.20	武汉艾立卡电子有限公司	张斌
	编钟（乐器-3）	外观设计	201030681844.X	2011.07.20	天津工业大学	郑勇、解基程
	改良的乐器共鸣音箱结构	实用新型	201010003351.X	2011.07.27	单志渊	单志渊
	编钟（乐器-7）	外观设计	201030681834.6	2011.07.27	天津工业大学	郑勇、解基程
	编钟（乐器-4）	外观设计	201030681842.0	2011.07.27	天津工业大学	郑勇、解基程
	编钟（乐器-2）	外观设计	201030681866.6	2011.07.27	天津工业大学	郑勇、解基程
	编钟（乐器-6）	外观设计	201030681832.7	2011.08.03	天津工业大学	郑勇、解基程
	编钟（乐器-5）	外观设计	201030681805.X	2011.08.03	天津工业大学	郑勇、解基程
	电子乐器	发明专利	201110035590.8	2011.08.10	卡西欧计算机株式会社	奥田广子
	键盘吹奏乐器的携带用容纳盒	发明专利	201110022020.5	2011.08.10	株式会社铃木乐器制作所	古庄崇
	电子打击乐器	外观设计	201130011261.0	2011.08.10	罗兰株式会社	中尾公一
	音箱（乐器M12）	外观设计	201030572996.6	2011.08.10	段太发	段太发
	乐器包装盒	外观设计	201130100034.5	2011.08.10	杨声	杨声
	弦乐器组合振动装置	发明专利	201110051607.9	2011.08.24	秦知非	秦知非
	管乐器的管结构	发明专利	201110036658.4	2011.08.24	雅马哈株式会社	增田英之、末永雄一朗
	管乐器的管结构	发明专利	201110037038.2	2011.08.24	雅马哈株式会社	增田英之、末永雄一朗
	管乐器的管结构	发明专利	201110036714.4	2011.08.24	雅马哈株式会社	增田英之、末永雄一朗
	电子乐器的键操作检测装置	发明专利	201010586657.2	2011.08.24	罗兰株式会社	菊本忠男
	键盘乐器琴键状态的无改装非接触检测装置	实用新型	201120080044.1	2011.08.24	赵洪云	赵洪云
	乐器铃	实用新型	201120023104.6	2011.08.31	杨俊燊	杨俊燊
	用于键盘乐器的音符指示器	发明专利	201110075980.8	2011.09.14	张洋	张洋
	管乐器的管结构	实用新型	201120036880.X	2011.09.14	雅马哈株式会社	增田英之
	一种放置乐器的箱包	实用新型	201120017065.9	2011.09.14	王晶晶	王晶晶、闫娜、朱丽纳、李萨
	装饰片（乐器琴头）	外观设计	201130115395.7	2011.09.14	罗康	罗康

类别	名称	专利类型	申请(专利)号	公开(公告)日	申请（专利权）人	发明（设计）人
乐器综合类	一种人造乐器发声膜	发明专利	201110092353.5	2011.09.21	王桂荣	王桂荣、王殿石
	乐器学习、演奏、娱乐辅助设备	发明专利	201010118167.X	2011.09.21	高苏	高苏
	信号处理装置和弦乐器	发明专利	201110070340.8	2011.09.21	雅马哈株式会社	黑木隆一郎
	信号处理装置及弦乐器	发明专利	201110070321.5	2011.09.21	雅马哈株式会社	筱田亮
	电子键盘乐器的踏板装置	发明专利	201110050844.3	2011.09.21	罗兰株式会社	荒山义彦
	微电脑控制的数码弦乐器	实用新型	201120018819.2	2011.09.21	程矛	程矛
	微电脑控制的数码弦乐器	实用新型	201120018832.8	2011.09.21	程矛	程矛
	一种键盘乐器辅助装置	实用新型	201020510287.X	2011.09.28	朱海涛	朱海涛
	一种铜管乐器口型练习器	实用新型	201120106951.9	2011.09.28	张广昌	张广昌、栾世军
	乐器吹嘴置放盒结构	实用新型	201120114546.1	2011.09.28	蔡瑞鸿	蔡瑞鸿
	一种用氧化镁、氯化镁板材制成的乐器配件及其制造工艺	发明专利	201110110349.7	2011.10.05	梁泽敏	梁泽敏
	乐器弹奏指甲	发明专利	201110183623.3	2011.10.05	蒋建孝	蒋建孝
	用于数字乐器的通用移调器	发明专利	201110114846.4	2011.10.05	张洋	张洋
	一种木质乐器面板	实用新型	201120118961.4	2011.10.05	曹正文	曹正文
	微电脑控制的数码弦乐器	实用新型	201120018810.1	2011.10.05	程矛	程矛
	充电式乐器调音器	实用新型	201020647040.2	2011.10.05	钟文辉;田家树	钟文辉;田家树
	新型乐器指甲	实用新型	201120034856.2	2011.10.05	韩屹青	韩屹青
	弦乐器弓杆、弦乐器弓及弦乐器弓杆的制造方法	发明专利	201110082121.1	2011.10.12	雅马哈株式会社	山本晓夫;中谷宏;平工达也;福岛敏晴
	乐器收纳箱	发明专利	201010142000.7	2011.10.12	酒井复合材料股份有限公司	园田治朗;木下拓史;山岸纯人
	一种乐器按键加工装置	实用新型	201120074056.3	2011.10.12	旭东机械（昆山）有限公司	王成
	一种乐器的音梁	实用新型	201120118952.5	2011.10.12	曹正文	曹正文
	弦乐器及弦乐器拾音器的组装结构	实用新型	201120039786.X	2011.10.12	王哲宏	王哲宏

类别	名称	专利类型	申请(专利)号	公开(公告)日	申请(专利权)人	发明(设计)人
乐器综合类	一种电子乐器的音箱装置	实用新型	201120047213.1	2011.10.12	马季平	马季平
	二胡乐器盒	实用新型	201110143352.9	2011.10.19	上海日伴箱包有限公司	杨林妹;周新毅
	一种乐器支架的承托架机构	实用新型	201120120194.0	2011.10.26	杨灼荣	杨灼荣
	用于改变有弦键盘乐器中的键杠杆的活动枢轴轴承	发明专利	200980148337.4	2011.11.02	大卫·斯坦伍德	大卫·斯坦伍德
	保温保湿乐器存储盒	实用新型	201120092261.2	2011.11.09	郑志强	郑志强
	一种铜管乐器嘴部肌肉练习器	实用新型	201120106955.7	2011.11.09	栾世军	栾世军
	吹管乐器安全保护装置	实用新型	201120092251.9	2011.11.09	郑志强	郑志强
	一种金属化塑料吹奏管乐器的制备方法	发明专利	201110211339.2	2011.11.23	陈哲	陈哲
	二胡乐器盒	外观设计	201130148851.8	2011.11.30	上海日伴箱包有限公司	杨林妹;周新毅
	演奏装置以及电子乐器	发明专利	201110146130.2	2011.12.07	卡西欧计算机株式会社	高桥宏毅;水品隆广
	一种乐器支架的脚架机构	实用新型	201120120195.5	2011.12.07	杨灼荣	杨灼荣
	乐器保存容器	实用新型	200890100411.6	2011.12.07	大可意念传达有限公司;冠亚智财股份有限公司	谢荣雅
	用于乐器的部件、以及设有该部件的乐器	发明专利	200980154512.0	2011.12.14	德尼·德拉罗什福尔迪埃尔;白琳;安纳司·毕德内	德尼·德拉罗什福尔迪埃尔;白琳;安纳司·毕德内
	一种乐器支架	实用新型	201120175707.8	2011.12.14	琼·德里斯科尔;罗伯特·德里斯科尔	琼·德里斯科尔;罗伯特·德里斯科尔
	演奏装置以及电子乐器	发明专利	201110160565.2	2011.12.21	卡西欧计算机株式会社	原田荣一
	用于乐器的支架	发明专利	201080004919.8	2011.12.21	克里斯蒂娜·罗德里戈斯	克里斯蒂娜·罗德里戈斯
	用于键盘乐器的音符指示器	实用新型	201120086394.9	2011.12.21	张洋	张洋
	软性电子压阻乐器	发明专利	201010210173.8	2011.12.28	环球水泥股份有限公司;财团法人工业技术研究院	侯智升;周嘉宏;陈彦呈
	一种乐器支架的高度调整装置	实用新型	201120143424.5	2011.12.28	宁波音王电声股份有限公司	尹旺军
钢琴	电钢琴触摸感应系统及其感应方法	发明专利	201010285378.2	2011.01.19	康佳集团股份有限公司	曲涛
	一种导轨式可微调钢琴调音器	发明专利	201010248175.6	2011.01.26	许文辉、谭福生	许文辉、谭福生

类别	名称	专利类型	申请（专利）号	公开（公告）日	申请（专利权）人	发明（设计）人
钢琴	一种基于电子标签的半自动钢琴调音器	发明专利	201010248187.9	2011.01.26	谭福生、许文辉	谭福生、许文辉
	一种可调节高度的钢琴脚轮	实用新型	201020254027.0	2011.01.12	福州和声钢琴有限公司	林建忠
	便携可卷式钢琴练习键盘	实用新型	201020219597.6	2011.01.12	周煦雨	周煦雨
	钢琴用铰链	实用新型	201020238710.5	2011.01.12	宁波四海琴业有限公司	何四海
	一种立式钢琴琴谱板自动开启装置	实用新型	201020253974.8	2011.01.12	福州和声钢琴有限公司	林建忠
	一种钢琴琴键	实用新型	201020121462.6	2011.01.12	海伦钢琴股份有限公司	陈海伦
	钢琴键盘可调试中销钉	实用新型	201020254426.7	2011.01.12	福州和声钢琴有限公司	林建忠
	一种加强弹奏断连感的立式钢琴击弦机构	实用新型	201020254982.4	2011.01.12	福州和声钢琴有限公司	林建忠
	无黑键式跳琴	实用新型	201020180139.6	2011.01.12	谭明全	谭明全
	钢琴用气压式缓降器	实用新型	201020179598.2	2011.01.19	宜昌金宝乐器制造有限公司	罗杨
	带节拍器的钢琴	实用新型	201020231231.0	2011.01.05	江伟成	江伟成
	一种立式钢琴音板结构	实用新型	201020251635.6	2011.01.05	海伦钢琴股份有限公司	陈海伦
	一种钢琴音板	实用新型	201020251684.X	2011.01.05	海伦钢琴股份有限公司	陈海伦
	一种带液晶显示器的卧式数码钢琴	实用新型	200920296059.4	2011.01.05	广州艾茉森电子有限公司	刘春清
	自动演奏数码钢琴	实用新型	200920296060.7	2011.01.05	广州艾茉森电子有限公司	刘春清
	一种钢琴键盘激光测距装置	实用新型	201020146503.7	2011.01.26	北京乐器研究所	张振启、王伟、孙朝平、贾岳、王晋飞、齐朋
	一种钢琴中板防变形装置	实用新型	201020261289.X	2011.01.26	福州和声钢琴有限公司	林建忠
	一种立式钢琴复奏加速机构	实用新型	201020254499.6	2011.01.26	福州和声钢琴有限公司	林建忠
	钢琴	外观设计	201030238935.6	2011.01.26	雅马哈株式会社	铃木俊英、饭田茂树
	一种钢琴及其弦槌柄防松结构	实用新型	201020501076.X	2011.02.09	罗森鹤	岑迪锋、陈迪波
	一种立式钢琴的压板式转击器	实用新型	201020501092.9	2011.02.09	罗森鹤	张开锋
	钢琴用脚轮	实用新型	201020238720.9	2011.03.09	宁波四海琴业有限公司	何四海
	一种立式钢琴的自锁脚轮	实用新型	201020501737.9	2011.03.16	沈爱	沈爱、李广进

类别	名称	专利类型	申请（专利）号	公开（公告）日	申请（专利权）人	发明（设计）人
钢琴	一种电钢琴的自动琴盖及其实现方法	发明专利	201010559154.6	2011.04.06	康佳集团股份有限公司	曲涛
	教学钢琴键盘盖缓降装置	实用新型	201020530471.0	2011.04.06	孙淑平	孙淑平
	一种立式钢琴前置音板	发明专利	201010603360.2	2011.04.13	周万昊、周威廉	周万昊、周威廉
	一种电钢琴顶盖板固定结构	实用新型	201020543627.9	2011.04.13	宁波音王集团有限公司	郭毅
	硅胶软钢琴	实用新型	201020547596.4	2011.04.13	张建强	张建强
	一种电钢琴的滑盖板导轨装置	实用新型	201020543625.X	2011.04.13	宁波音王集团有限公司	郭毅
	一种电钢琴的导电硅胶按键	实用新型	201020543721.4	2011.04.13	宁波音王集团有限公司	曾清
	电钢琴脚踏板（001）	实用新型	201030536879.4	2011.04.13	宁波音王集团有限公司	郭毅
	电钢琴功能键（002）	实用新型	201030536887.9	2011.04.13	宁波音王集团有限公司	郭毅
	钢琴手指练习器	实用新型	201020510389.1	2011.04.20	段毅	段毅、张久青
	一种新型钢琴黑键	实用新型	201020251620.X	2011.04.20	海伦钢琴股份有限公司	陈海伦
	一种钢琴键盘振奏仪	实用新型	201020239046.6	2011.04.20	北京乐器研究所	张振启、王伟、郭学成、孟宇、孙朝平、贾岳、王晋飞、齐朋
	一种电钢琴的防滑导电硅胶按键	实用新型	201020543704.0	2011.04.20	宁波音王集团有限公司	曾清
	硅胶软钢琴	外观设计	201030538384.5	2011.04.20	张建强	张建强
	一种钢琴键擦洗器	实用新型	201020552856.7	2011.04.27	单绍琳	单绍琳
	一种三角琴顶盖缓冲器	实用新型	201020555821.9	2011.05.04	海伦钢琴股份有限公司	陈海伦
	儿童用钢琴凳	外观设计	201030629736.8	2011.05.04	浙江商业职业技术学院	严佳、钱晓斌、倪华贞
	一种高精度钢琴校音器及其校音方法	发明专利	200910221352.9	2011.05.11	大连民族学院	石立新
	新型立式钢琴外壳上面板	实用新型	201020216083.5	2011.05.11	周万昊、周威廉	周万昊、周威廉
	电钢琴（HD-8812）	外观设计	201030691914.X	2011.05.11	湖北华都钢琴制造有限公司	汪其见
	电钢琴（HD-8818）	外观设计	201030691997.2	2011.05.11	湖北华都钢琴制造有限公司	叶先楚
	钢琴三度和六度精确调律法	发明专利	201010602449.7	2011.05.18	韶关学院	姜力

类别	名称	专利类型	申请(专利)号	公开(公告)日	申请（专利权）人	发明（设计）人
钢琴	三角钢琴音板	实用新型	201020614703.0	2011.05.18	烟台博斯纳钢琴制造有限公司	王锡玉
	钢琴自动调音装置	实用新型	201020118393.3	2011.06.01	李忠孝、深圳市浦平实业有限公司	李忠孝
	钢琴键盘校准装置	实用新型	201020510387.2	2011.06.08	段毅	段毅、毕晓旭
	一种电钢琴琴盖控制方法及电钢琴	发明专利	200910188978.4	2011.06.22	康佳集团股份有限公司	曲涛
	儿童用踏板高度可调钢琴凳	实用新型	201020621129.1	2011.06.22	浙江商业职业技术学院	严佳、钱晓斌、倪华贞
	聚能防潮钢琴	实用新型	201020673244.3	2011.06.29	包柳宁	包柳宁
	钢琴专用谱夹	实用新型	201020651330.4	2011.06.29	马明杰	马明杰
	一种钢琴弦轴板的制造方法	发明专利	200910216876.9	2011.06.29	沈金祥	沈金祥
	一种装饰单板覆面钢琴外壳	发明专利	200910216878.8	2011.06.29	沈金祥	沈金祥
	一种钢琴外壳	发明专利	200910216875.4	2011.06.29	沈金祥	沈金祥
	一种钢琴音板及其制造方法	发明专利	200910216877.3	2011.06.29	沈金祥	沈金祥
	立式钢琴数码发声装置	发明专利	201110045164.2	2011.06.29	湖北华都钢琴制造有限公司	汪其见、李文平
	钢琴联动器轴架钻孔机	实用新型	201020614658.9	2011.06.29	烟台博斯纳钢琴制造有限公司	张守文
	钢琴顶杆轴架钻孔机	实用新型	201020614701.1	2011.06.29	烟台博斯纳钢琴制造有限公司	张守文
	方便弹奏的钢琴	实用新型	201020662437.9	2011.06.29	邝奇成	邝奇成
	键盘可发光的钢琴	实用新型	201020662440.0	2011.06.29	邝奇成	邝奇成
	悬吊式钢琴	发明专利	200910215229.6	2011.07.06	天津星空间结构技术研究院、天津资历节能减排工程设计院、天津华夏文化艺术研究院	臧筑华、纪凤雪、胡振、高宇、运明亚、臧今楠、田朋、路子正、卢嘉伟
	一种控制琴盖转动的装置及钢琴	发明专利	201010042698.5	2011.07.20	康佳集团股份有限公司	曲涛
	可调音量的钢琴	实用新型	201020610733.4	2011.07.20	尹浚生	尹浚生
	钢琴（R1）	外观设计	201030701910.5	2011.07.20	广州珠江钢琴集团股份有限公司	苏进强
	立式钢琴（CJS-122MC）	外观设计	201130047394.3	2011.07.27	青岛世正乐器有限公司	朴章浩、金允学
	钢琴手指力度增强训练键盘	实用新型	201020118353.9	2011.08.03	周欣、周俊全	周欣、周俊全
	钢琴（TB）	外观设计	201030701898.8	2011.08.10	广州珠江钢琴集团股份有限公司	潘启槟

类别	名称	专利类型	申请（专利）号	公开（公告）日	申请（专利权）人	发明（设计）人
钢琴	一种钢琴学习机和一种钢琴学习信息生成处理方法	发明专利	201110085834.3	2011.08.17	邓江涵	邓江涵
	一种电子钢琴音箱装置	发明专利	201110045278.7	2011.08.17	马季平	马季平
	钢琴键	实用新型	201120069727.7	2011.08.17	岑冠颖	岑冠颖
	一种可调钢琴谱架	实用新型	201020682553.7	2011.08.17	于岩	于岩
	钢琴（BUP123B）	外观设计	201030701899.2	2011.08.17	广州珠江钢琴集团股份有限公司	黄歌农
	钢琴（BGP160A）	外观设计	201030701906.9	2011.08.17	广州珠江钢琴集团股份有限公司	李建萍
	三角钢琴（蝴蝶）	外观设计	201130100338.1	2011.08.17	上海欧亚钢琴乐器有限公司	郑明统、项友锦
	三角钢琴铁板	外观设计	201130100325.4	2011.08.17	上海欧亚钢琴乐器有限公司	郑明统、项友锦
	钢琴拉丝哑光涂饰工艺	发明专利	201010610461.2	2011.08.24	广州珠江钢琴集团股份有限公司	陈日明、徐洁瑞、陈忠达
	一种教学用钢琴	实用新型	201120051179.5	2011.08.24	德州学院	薛莲
	由纯碳纤维板制成钢琴共振板	实用新型	201020216071.2	2011.08.24	赵振伟、周万昊	赵振伟、周万昊
	一种钢琴消音防震支撑架	实用新型	201120049062.3	2011.08.24	解婷	解婷
	幼儿脚踏式钢琴凳	实用新型	201120083796.3	2011.08.31	佳木斯大学	李策、李智
	钢琴（KG122-1B）	外观设计	201130032759.5	2011.08.31	烟台金斯波格钢琴有限责任公司	王风海、胡晓红、薛守云、初林杰
	钢琴（KG120-1）	外观设计	201130032761.2	2011.08.31	烟台金斯波格钢琴有限责任公司	薛守云、王风海、胡晓红、初林杰
	钢琴（KG120-2）	外观设计	201130032762.7	2011.08.31	烟台金斯波格钢琴有限责任公司	张绪斌、薛守云、黄利军、胡晓红
	钢琴（KU122-2）	外观设计	201130032763.1	2011.08.31	烟台金斯波格钢琴有限责任公司	胡晓红、黄利军、王风海、初林杰
	一种控制琴盖转动的装置及钢琴	发明专利	201010118417.X	2011.09.21	康佳集团股份有限公司	曲涛
	钢琴（具有临时粘附标记的外壳表面的钢琴外壳）	发明专利	201110159921.9	2011.09.21	施坦威音乐器材有限公司	S·Y·肯内吉、R·F·达夫、J·洛姆比诺
	钢琴音锤	发明专利	200980142577.3	2011.09.21	好买家股份有限公司	C·亚当斯
	直立钢琴类动作机构	发明专利	201110073306.6	2011.09.28	雅马哈株式会社	村松繁、竹山久志
	直立钢琴类动作机构	发明专利	201110073291.3	2011.09.28	雅马哈株式会社	村松繁、竹山久志
	钢琴键盘盖制动装置	实用新型	201020561411.5	2011.10.05	青岛世正乐器有限公司;JM精密产业	金允学;金周性

类别	名称	专利类型	申请(专利)号	公开(公告)日	申请(专利权)人	发明(设计)人
钢琴	钢琴键子平齐调整装置	实用新型	201120102913.6	2011.10.12	周伟	周伟
	钢琴键子下沉深度调试装置	实用新型	201120102902.8	2011.10.12	周伟	周伟
	一种智能声学钢琴的弹奏学习装置	实用新型	201120061686.7	2011.10.19	上海钢琴有限公司	郛国强;陈惠庆
	钢琴	外观设计	201130039873.0	2011.10.19	上海钢琴有限公司	郛国强;陈惠庆
	一种钢琴	实用新型	201120156666.8	2011.11.30	湖州杰士德钢琴有限公司	鲍海尔;韩生华;万长青
	一种钢琴键杆的涂墨设备及方法	发明专利	201110140029.6	2011.11.30	罗森鹤	邬立平;张开峰;胡央丹;胡建迪;岑迪锋;陈迪波
	校准装置、使用该校准装置的自动演奏钢琴及校准方法	发明专利	201110215851.4	2011.11.30	环高乐器制造(宜昌)有限公司	吴天延
	一种钢琴背架	实用新型	201120156668.7	2011.11.30	湖州杰士德钢琴有限公司	鲍海尔;韩生华;万长青
	钢琴用谱架铰链(04)	外观设计	201130155452.4	2011.11.30	何四海	何四海
	钢琴用顶盖铰链(03)	外观设计	201130155642.6	2011.11.30	何四海	何四海
	钢琴用顶盖铰链(02)	外观设计	201130155649.8	2011.11.30	何四海	何四海
	钢琴用谱架铰链(02)	外观设计	201130155656.8	2011.11.30	何四海	何四海
	钢琴用谱架铰链(01)	外观设计	201130155667.6	2011.11.30	何四海	何四海
	钢琴用摇盖铰链(02)	外观设计	201130155670.8	2011.11.30	何四海	何四海
	钢琴用顶盖铰链(01)	外观设计	201130155806.5	2011.11.30	何四海	何四海
	钢琴用谱架铰链(03)	外观设计	201130155815.4	2011.11.30	何四海	何四海
	钢琴用摇盖铰链(01)	外观设计	201130155794.6	2011.11.30	何四海	何四海
	钢琴用铁排装饰螺帽	外观设计	201130155645.X	2011.11.30	何四海	何四海
	钢琴用铁排支撑螺帽(01)	外观设计	201130155632.2	2011.11.30	何四海	何四海
	钢琴用脚轮(01)	外观设计	201130155451.X	2011.11.30	何四海	何四海
	钢琴用脚轮(04)	外观设计	201130155450.5	2011.11.30	何四海	何四海

类别	名称	专利类型	申请（专利）号	公开（公告）日	申请（专利权）人	发明（设计）人
钢琴	钢琴用摇盖缓降器夹（02）	外观设计	201130155432.7	2011.11.30	何四海	何四海
	钢琴用脚轮（03）	外观设计	201130155814.X	2011.11.30	何四海	何四海
	钢琴用脚轮（02）	外观设计	201130155803.1	2011.11.30	何四海	何四海
	立式钢琴整体背架	实用新型	201120134952.4	2011.12.07	上海欧亚钢琴乐器有限公司	郑明统;项友锦
	一种活动式钢琴铁板加强筋	实用新型	201120165525.2	2011.12.07	海伦钢琴股份有限公司	陈海伦
	钢琴调音检测装置及实现方法	发明专利	201110252081.0	2011.12.07	李忠孝;深圳市瑞达时代科技有限公司	李忠孝
	数码电钢琴(SWT-88660型)	外观设计	201130242149.8	2011.12.14	重庆斯威特钢琴有限公司	王建华;王海;孙家希
	多功能电脑电子钢琴桌	发明专利	201110114650.5	2011.12.21	梁涛	梁涛
	钢琴可调击键控制装置	实用新型	201120190725.3	2011.12.28	宜昌金宝乐器制造有限公司	吴天延
	一种油漆钢琴漆面的方法	实用新型	201110233127.4	2011.12.28	中山四海家具制造有限公司	何志雄;余成强
	钢琴用铁排支撑螺帽（02）	外观设计	201130155668.0	2011.12.28	何四海	何四海
吉他	吉他琴头护套	发明专利	200910063009.6	2011.01.05	杨所	杨所
	琴头	外观设计	201030514934.X	2011.02.16	彭进辉	彭进辉
	吉他琴头护套	发明专利	200910063009.6	2011.01.05	杨所	杨所
	一种具有多种颜色指板的吉他	实用新型	201020230833.4	2011.01.05	朱金泰	朱金泰
	便携式折叠吉他演奏架	实用新型	201020229392.6	2011.01.12	王君	王君、田薇雯、袁同群、王锦辉
	吉他松弦装置	实用新型	201020249173.4	2011.01.05	哈斯布日估德	哈斯布日估德
	一种带调音器的吉他变调夹	实用新型	201020148083.6	2011.01.05	深圳市阿诺玛乐器有限公司	陈海华
	吉他架	实用新型	201020239416.6	2011.01.05	宁波启发电子有限公司	应杰、吴秋菊、董玲娟
	吉他	实用新型	201020186631.4	2011.01.26	钟昭庆	钟昭庆
	吉他拨片盒	外观设计	200930286289.8	2011.01.05	梁永安	梁永安
	效果器（吉他校音器效果器二合一）	外观设计	201030163262.2	2011.01.26	钟昭庆	钟昭庆
	一种吉他练习装置	实用新型	201020267795.X	2011.02.09	蔡昊	蔡昊
	一种吉他松弦装置	实用新型	201020506663.8	2011.03.23	来准方	来准方
	吉他及其声音控制器	实用新型	201020260089.2	2011.03.30	南宫圣夔	南宫圣夔

类别	名称	专利类型	申请（专利）号	公开（公告）日	申请（专利权）人	发明（设计）人
吉他	吉他前置无线放大器（T-18）	外观设计	201030249585.3	2011.03.09	刘立军	刘立军
	吉他前置无线放大器（T-58）	外观设计	201030249591.9	2011.03.09	刘立军	刘立军
	吉他前置无线放大器（T-28）	外观设计	201030251221.9	2011.03.09	刘立军	刘立军
	木吉他专用按钮板	实用新型	201020542843.1	2011.04.06	山东科技大学	张喆、郑磊
	电子吉他琴颈指板和弦按键的排列方法及装置	发明专利	201010557184.3	2011.04.27	曾平蔚	曾平蔚
	一种多功能吉他椅子	实用新型	201020553140.9	2011.04.27	陈丽婷	陈丽婷
	一种电吉他连接线的固定夹	实用新型	201020586753.2	2011.05.04	额日登木图	额日登木图
	吉他（FZ318）	外观设计	201030527521.5	2011.05.11	纪沛伦	纪沛伦
	吉他（C-25D和M-65D）	外观设计	201030542880.8	2011.05.11	余武生	余武生
	吉他（NG-75和T-35）	外观设计	201030542916.2	2011.05.11	余武生	余武生
	可变调吉他	实用新型	201020592014.4	2011.05.18	刘利双、李建宁	刘利双、李建宁
	一种新型吉他均衡器	实用新型	201020611933.1	2011.05.18	宋国诗	宋国诗
	琴头	外观设计	201030143763.4	2011.05.18	青岛博文乐器有限公司	崔亮
	琴头	外观设计	201030143767.2	2011.05.18	青岛博文乐器有限公司	崔亮
	吉他三位准（梅花图案）	外观设计	201030527441.X	2011.05.18	广州市罗曼士乐器制造有限公司	郑玉棠
	吉他架	外观设计	201030603414.6	2011.05.18	黄剑锋	黄剑锋
	一种吉他的闪光装置	发明专利	201010594496.1	2011.05.25	黄卫平	黄卫平、陈金卫
	吉他挂架	外观设计	200930237177.3	2011.05.25	克里斯多佛·A·萨穆	克里斯多佛·A·萨穆
	无线电吉他	实用新型	201020251721.7	2011.06.08	付祥勇	付祥勇
	一种新型吉它	实用新型	201020243565.X	2011.06.15	赵振伟、周万昊	赵振伟、周万昊
	吉他（CT胴形）	外观设计	201030594471.2	2011.06.15	惠州全丰育乐用品有限公司	蔡赖丰
	框式弹簧压杆吉他变调器	外观设计	201130022285.6	2011.06.22	张学民	张学民

类别	名称	专利类型	申请（专利）号	公开（公告）日	申请（专利权）人	发明（设计）人
吉他	新型吉他架抱紧结构	实用新型	201020558586.0	2011.06.29	王兵	王兵
	吉他	外观设计	201030702576.5	2011.06.29	汪宏齐	汪宏齐
	一种吉他演奏支架	实用新型	201020585076.2	2011.07.06	王四辈	王四辈
	用于吉他制作的一体化紧密组装梁架结构	发明专利	201110108123.3	2011.07.20	林倞	林倞
	一种新型吉他	实用新型	201020666963.2	2011.07.27	黄卫平	黄卫平、陈金卫
	吉他（1）	外观设计	201030568939.0	2011.07.27	乔治·奇罗德尼斯基	乔治·奇罗德尼斯基
	吉他（3）	外观设计	201030568953.0	2011.07.27	乔治·奇罗德尼斯基	乔治·奇罗德尼斯基
	民谣吉他（2）	外观设计	201130001602.6	2011.07.27	李晓凌	李晓凌
	吉他	实用新型	201120001373.2	2011.08.03	胡世华	胡世华
	电吉他的琴颈调节装置	外观设计	201110072434.9	2011.08.10	罗森鹤	冯岳飞、罗锐育、邬立平、郝小营、高策
	折叠式吉他	实用新型	201020660413.X	2011.08.17	林森炎	林森炎
	一种带扩音器的吉他	实用新型	201020686028.2	2011.08.17	张雪环	张雪环
	一种吉他弹奏辅助装置	发明专利	201110136810.6	2011.08.24	徐博强	徐博强、龙旦风、茆云汉、陈晟、徐勉、黄娴
	吉他	外观设计	201130078163.9	2011.08.24	林倞	林倞
	布袋吉他	实用新型	201020659265.X	2011.09.14	廖路云	廖路云
	一种软胶电子吉他	实用新型	201120031572.8	2011.09.28	东莞永辉轻胶制品有限公司	张媛平
	电吉他的琴颈调节装置	外观设计	201120080959.2	2011.10.05	罗森鹤	冯岳飞;罗锐育;邬立平;郝小营;高策
	吉他柄	外观设计	201130096388.7	2011.10.05	汪宏齐	汪宏齐
	吉他柄	外观设计	201130096386.8	2011.10.05	汪宏齐	汪宏齐
	吉他（民谣系列）	外观设计	201130125812.6	2011.10.05	易平	易平
	吉他	外观设计	201130096387.2	2011.10.05	汪宏齐	汪宏齐
	吉他支架	外观设计	201130115164.6	2011.10.19	宁波音王电声股份有限公司	尹旺军
	一种电吉他音效处理器	实用新型	201020680162.1	2011.10.19	宁波音王集团有限公司	杨德养
	方便调弦的吉他	发明专利	201110196048.0	2011.10.19	崔茹峰	崔茹峰
	电吉他的琴颈调节装置	实用新型	201120080959.2	2011.10.26	罗森鹤	冯岳飞;罗锐育;邬立平;郝小营;高策

类别	名称	专利类型	申请（专利）号	公开（公告）日	申请（专利权）人	发明（设计）人
吉他	梅花型吉他琴颈调节杆头	实用新型	201120085033.2	2011.11.02	青岛诞金金属有限公司	南锡熙
	夏威夷吉他(LAP-STEEL-GUITAR)	外观设计	201130060744.X	2011.11.02	乐盟国际股份有限公司	蔡昌守
	吉它均衡器（TEQ-3BT）	外观设计	201130191388.5	2011.11.02	宋国诗	宋国诗
	具有加除湿功能的温湿度计及包括该温湿度计的木吉他	实用新型	201120058566.1	2011.11.02	惠州市韩音乐器贸易有限公司	南宫圣燮
	框式弹簧压杆吉他变调器	实用新型	201120039589.8	2011.11.09	张学民	张学民
	一种吉他	实用新型	201120075720.6	2011.11.09	游爱华	游爱华
	一种吉他音箱	发明专利	201110146397.1	2011.11.16	詹发师	詹发师
	吉他指板	外观设计	201130075791.1	2011.11.23	I·纳格尔斯	I·纳格尔斯
	秀指甲吉他指板	实用新型	201120167547.2	2011.12.07	李安长	李安长
	一种吉他支架	实用新型	201120144274.X	2011.12.07	宁波音王电声股份有限公司	尹旺军
	水性木器涂料在电吉它表面的应用及涂敷方法	发明专利	201110181694.X	2011.12.07	北京展辰化工有限公司;展辰涂料集团股份有限公司;上海富臣化工有限公司	陈寿生;王德华
	一种吉他弹奏辅助装置	实用新型	201120169736.3	2011.12.14	徐博强	徐博强;龙旦风;茆云汉;陈晟;徐勉;黄娴
	带调音器的吉他	实用新型	201120186119.4	2011.12.21	山东科技大学	任国贞
	新型吉他拔片夹	实用新型	201120136151.1	2011.12.28	何健明	何健明
鼓	爵士鼓脚架脚套	实用新型	201020226665.1	2011.01.12	天津市久跃科技有限公司	程浩
	爵士鼓鼓框	实用新型	201020226736.8	2011.01.12	天津市久跃科技有限公司	陈英跃
	带有固定器记忆环的爵士鼓脚架立管	实用新型	201020226662.8	2011.01.12	天津市久跃科技有限公司	陈英跃、程浩、杨斌、宗海龙
	爵士鼓脚架立管的固定器	实用新型	201020226664.7	2011.01.12	天津市久跃科技有限公司	陈英跃、程浩、杨斌、张玉旗
	一种军鼓用紧固装置	实用新型	201020220634.5	2011.01.12	吟飞科技（江苏）有限公司	梁俊伟、杨宗华
	多功能连杆式军鼓外沙带调节装置	实用新型	201020203753.X	2011.02.23	天津市津宝乐器有限公司	李中华
	单层电声鼓皮	实用新型	201020507424.4	2011.03.09	天津市津宝乐器有限公司	李中华
	一种双层电声鼓皮	实用新型	201020507985.4	2011.03.09	天津市津宝乐器有限公司	李中华
	双层电声鼓皮	实用新型	201020507415.5	2011.03.09	天津市津宝乐器有限公司	李中华
	爵士鼓鼓腿装置	实用新型	201020226738.7	2011.04.20	天津市久跃科技有限公司	陈英跃、程浩、宗海龙、李洪喜、李剑锐
	可实现微调的军鼓外沙带调节座	发明专利	200910307774.8	2011.04.27	天津市津宝乐器有限公司	李中华

类别	名称	专利类型	申请(专利)号	公开(公告)日	申请(专利权)人	发明(设计)人
鼓	连杆式军鼓外沙带调节座	发明专利	200910307775.2	2011.04.27	天津市津宝乐器有限公司	李中华
	多方位可调式大鼓腿安装座	发明专利	200910307777.1	2011.04.27	天津市津宝乐器有限公司	李中华
	软线式踩镲	发明专利	200910307778.6	2011.04.27	天津市津宝乐器有限公司	李中华
	爵士鼓耳鼓悬挂安装架	发明专利	200910228054.2	2011.05.11	天津市津宝乐器有限公司	李中华
	稳定型爵士鼓耳鼓悬挂装置	发明专利	200910228056.1	2011.05.11	天津市津宝乐器有限公司	李中华
	一种爵士鼓踏板	实用新型	201020591704.8	2011.05.11	张伟	张伟
	具有磷铜鼓筒的军鼓	发明专利	200910071147.9	2011.05.11	天津市津宝乐器有限公司	李中华
	木军鼓	发明专利	200910228055.7	2011.05.11	天津市津宝乐器有限公司	李中华
	联动踩锤练习器	发明专利	200910309352.4	2011.05.11	天津市津宝乐器有限公司	李中华
	爵士鼓踏板	外观设计	201030618217.1	2011.05.11	张伟	张伟
	军鼓背架固定套	外观设计	201030642285.1	2011.05.11	天津市津宝乐器有限公司	李中华
	具有多种功能的鼓乐器	发明专利	201010565436.7	2011.05.25	天津市津宝乐器有限公司	李中华
	镲片打点机	发明专利	201010559293.9	2011.06.01	天津市津宝乐器有限公司	夏林
	号口旋压机	发明专利	201010568618.X	2011.06.15	天津市津宝乐器有限公司	杨学民
	行进大鼓的行进架	实用新型	201020625513.9	2011.07.13	天津市津宝乐器有限公司	李中华
	行进鼓背架扳手座	实用新型	201020624851.0	2011.07.13	天津市津宝乐器有限公司	李中华
	军鼓支撑架	实用新型	201020629716.5	2011.07.13	天津市津宝乐器有限公司	李中华
	分体式行进军鼓背架固定装置	实用新型	201020638911.4	2011.07.13	天津市津宝乐器有限公司	李中华
	带有支撑架的行进军鼓	实用新型	201020638903.X	2011.07.13	天津市津宝乐器有限公司	李中华
	新型多功能鼓	实用新型	201020633110.9	2011.07.13	天津市津宝乐器有限公司	李中华
	行进大鼓鼓槌架	实用新型	201020630180.9	2011.07.13	天津市津宝乐器有限公司	李中华
	鼓圈(1)	外观设计	201030642053.6	2011.07.20	天津市津宝乐器有限公司	李中华
	一种电子鼓盘	发明专利	201010114134.8	2011.08.03	得理电子(上海)有限公司	葛兴华、张国稳、陆克明
	一种MIDI电子鼓	实用新型	201120010603.1	2011.08.10	上海华新乐器有限公司	林伯龙
	定音鼓鼓棒架及安装有鼓棒架的定音鼓	实用新型	201020633171.5	2011.08.24	天津市津宝乐器有限公司	李中华
	鼓座	外观设计	201030639616.6	2011.08.24	天津市津宝乐器有限公司	李中华
	架子鼓消音器	发明专利	201110197121.6	2011.09.28	翟子莫	翟子莫

类别	名称	专利类型	申请(专利)号	公开(公告)日	申请（专利权）人	发明（设计）人
鼓	人造鼓皮及其制造方法	发明专利	201110102786.4	2011.10.05	周廷华	周廷华
	架子鼓指挥系统和音乐终端	实用新型	201120030102.X	2011.11.09	德信互动科技（北京）有限公司	吴冠廷
	一种爵士鼓鼓膜调音圈成形工艺方法	发明专利	201110149179.3	2011.11.16	邢保嘉	邢保嘉
	手拍鼓	实用新型	201120115237.6	2011.11.16	王绪旺	王绪旺
	军鼓的翻盖式纱带调节座	发明专利	201110216755.1	2011.11.23	天津市津宝乐器有限公司	戴永才
	玩具鼓(一)	外观设计	201130278010.9	2011.11.23	陈锐勇	陈锐勇
	一种音乐鼓	实用新型	201120118322.8	2011.11.30	秦四遥	秦四遥
	军鼓的螺旋式纱带调节座	发明专利	201110216718.0	2011.12.14	天津市津宝乐器有限公司	戴永才
	内播拨浪鼓	实用新型	201120229224.1	2011.12.21	朱明龙	朱明龙
号	扩音管喇叭口加厚低音号	实用新型	201020507544.4	2011.03.09	天津市津宝乐器有限公司	贾宏勇
	分体式抱号	实用新型	201020507161.7	2011.03.09	天津市津宝乐器有限公司	贾宏勇
	扩音管口加厚的便携低音号	实用新型	201020507493.5	2011.03.09	天津市津宝乐器有限公司	贾宏勇
	便携低音号	实用新型	201020507494.X	2011.03.09	天津市津宝乐器有限公司	贾宏勇
	弧形按键低音号	实用新型	201020507541.0	2011.03.09	天津市津宝乐器有限公司	贾宏勇
	具有四调的变调长号	发明专利	201010562977.4	2011.04.20	天津市津宝乐器有限公司	杨学民
	低音太阳号弯头轧封口机	发明专利	201010559845.6	2011.04.20	天津市津宝乐器有限公司	王升影
	调音管自动调节式大抱号	发明专利	200910307776.7	2011.04.27	天津市津宝乐器有限公司	李宗瑞
	小号弹簧管加工一体机	发明专利	201010563321.4	2011.05.11	天津市津宝乐器有限公司	李宗瑞
	小号阀芯活塞加工机	发明专利	201010563140.1	2011.05.11	天津市津宝乐器有限公司	李宗瑞
	小号连接管压弯机	发明专利	200910228472.1	2011.05.18	天津市津宝乐器有限公司	李宗瑞
	小号连接弯头内径修整机床	发明专利	200910228471.7	2011.05.18	天津市津宝乐器有限公司	李宗瑞
	小号连接管切割机	发明专利	200910228470.2	2011.05.18	天津市津宝乐器有限公司	李宗瑞
	小号嘴子管成型机床	发明专利	200910228473.6	2011.05.18	天津市津宝乐器有限公司	李宗瑞
	长号拔管机	发明专利	201010561542.8	2011.06.15	天津市津宝乐器有限公司	杨学民
	具有四调的变调长号	实用新型	201020630177.7	2011.07.13	天津市津宝乐器有限公司	杨学民

类别	名称	专利类型	申请（专利）号	公开（公告）日	申请（专利权）人	发明（设计）人
号	长号拔管机	实用新型	201020630001.1	2011.08.24	天津市津宝乐器有限公司	杨学民
提琴	音箱内腔有变化结构的提琴	实用新型	200920211699.0	2011.01.19	金海鸥	金海鸥、金磊
	一种利用尾柱形式的无线传音系统提琴	实用新型	201020170510.0	2011.01.26	张秀根	张秀根
	吊饰（小提琴）	外观设计	201030211350.5	2011.01.05	何月婵	何月婵
	一种提琴夹持保护装置	发明专利	201010514720.1	2011.02.23	李腊	李腊
	一种琴弓	实用新型	201020228557.8	2011.02.09	戚慈	戚慈
	一种使用惰性轮弦轴的小提琴	实用新型	201020293868.2	2011.02.16	李小平	李小平
	一种小提琴腮托垫	实用新型	201020505560.X	2011.03.0	宋汉鑫	宋汉鑫
	一种箱体式电声提琴	实用新型	201020274375.4	2011.03.09	河北金音乐器集团有限公司	李成帮、刘洋
	提琴夹持保护装置	外观设计	201030589793.8	2011.03.16	李腊	李腊
	金属螺杆连接支架式竹材提琴托	实用新型	201020280473.9	2011.04.06	丛子义	丛子义
	一种小提琴谱台	实用新型	201020543440.9	2011.04.06	李一	李一
	共振提琴	发明专利	201010113399.6	2011.05.25	郑福建	郑福建
	L型小提琴垫肩	实用新型	201020241869.2	2011.06.01	张子钦	张子钦
	提琴式音箱	实用新型	201020542061.8	2011.07.06	凌君彦	凌君彦
	双共鸣箱提琴	实用新型	201110087311.2	2011.07.13	郑福建	郑福建
	一种中小提琴琴腰保护套	实用新型	201020660996.6	2011.07.27	李腊	李腊
	电子提琴（半框式）	外观设计	201130010995.7	2011.08.03	孙伟	孙伟
	电子提琴（镂空式）	外观设计	201130011011.7	2011.08.03	孙伟	孙伟
	电子提琴（古典式）	外观设计	201130021626.8	2011.08.03	孙伟	孙伟
	Panduratin衍生物或提琴形凹唇姜提取物的全新用途	发明专利	200980140126.6	2011.09.07	新树株式会社、黄在宽	黄在宽、金道彦
	弹拨式提琴	实用新型	201120010569.8	2011.09.07	许昌义	许昌义
	一种可调式提琴拉弦板	实用新型	201120111862.3	2011.09.07	刘成林	刘成林
	胡声提琴	实用新型	201120095689.2	2011.09.21	邓文汉	邓文汉
	一种改进的大提琴	实用新型	201120132764.8	2011.09.21	林之铠	林之铠

类别	名称	专利类型	申请（专利）号	公开（公告）日	申请（专利权）人	发明（设计）人
提琴	大提琴着地杆活动接头	实用新型	201120132767.1	2011.09.21	林之铠	林之铠
	一种新型防断弦小提琴琴头提醒器	实用新型	201120068008.3	2011.09.21	张铮	张铮
	一种球式大提琴着地杆接头	实用新型	201120132782.6	2011.11.02	林之铠	林之铠
	一种可调式提琴拉弦板	外观设计	201120136316.5	2011.11.09	刘成林	刘成林
	可挂衣服的小提琴谱架	外观设计	201020619673.2	2011.11.16	王楠	王楠
	左撇子用提琴肩垫（1）	外观设计	201130222175.4	2011.11.30	湖州师范学院	闫萍
	左撇子用提琴肩垫（2）	外观设计	201130222185.8	2011.11.30	湖州师范学院	闫萍
	一种用泡沫玻璃制做提琴面板的方法	发明专利	201010196893.3	2011.12.14	许聃	许聃
	一种用泡沫玻璃制做提琴面板的方法	发明专利	201010196893.3	2011.12.14	许聃	许聃
	小提琴展示架	实用新型	201120033572.1	2011.12.14	廖元藤	廖元藤
	一种小提琴琴马	实用新型	201120208011.0	2011.12.21	林之铠	林之铠
	按键式小提琴练习器	实用新型	201120151828.9	2011.12.21	杨光	杨光
	一种提琴琴弓	实用新型	201120208214.X	2011.12.28	湖州师范学院	闫萍
	一种改进的小提琴琴马	实用新型	201120208016.3	2011.12.28	林之铠	林之铠
	小提琴演奏用左臂矫正器	实用新型	201120209525.8	2011.12.28	赵恺	赵恺
电子琴	使用红外激光琴键的电子琴	实用新型	201020134985.4	2011.01.19	张志平、张凯尧	张志平、张凯尧
	电子琴（SK-X5）	外观设计	201030245096.0	2011.01.12	柯艺山	柯艺山
	电子琴（SK-Q7）	外观设计	201030245097.5	2011.01.12	柯艺山	柯艺山
	变电介质电容式琴键压下量振荡测量传感装置	实用新型	201020211795.8	2011.02.02	中国海洋大学	王建国、黎明、刘兰军、迟书凯、牛炯、李坤、杨睿、王剑、刘悦、杨骁、秦立明、李鹏涛
	电子琴脚踏板	实用新型	201020502154.8	2011.03.09	东莞扩乐格电子器材有限公司	田村孝志

类别	名称	专利类型	申请（专利）号	公开（公告）日	申请（专利权）人	发明（设计）人
电子琴	一种实现无线电子琴谱曲功能的系统及电视机	实用新型	201020500836.5	2011.03.23	康佳集团股份有限公司	于豪、汪繁、胡丽丽
	简易电子琴	实用新型	200920316950.X	2011.04.06	西安理工大学	任敏辉
	电子琴（329）	外观设计	201030611675.2	2011.04.13	张为明	张为明
	电子琴（322）	外观设计	201030611676.7	2011.04.13	张为明	张为明
	电子琴（328）	外观设计	201030611683.7	2011.04.13	张为明	张为明
	电子琴（209）	外观设计	201030611662.5	2011.04.27	张为明	张为明
	电子琴（326）	外观设计	201030611663.X	2011.04.27	张为明	张为明
	电子琴（5088）	外观设计	201030624100.4	2011.04.27	彭作捶	彭作捶
	电子琴（998）	外观设计	201030611658.9	2011.05.04	张为明	张为明
	电子琴（330）	外观设计	201030611661.0	2011.05.04	张为明	张为明
	电子琴（213）	外观设计	201030611677.1	2011.05.04	张为明	张为明
	电子琴（6189）	外观设计	201030624097.6	2011.05.04	彭作捶	彭作捶
	电子琴（960）	外观设计	201030611659.3	2011.05.11	张为明	张为明
	电子琴（893）	外观设计	201030611660.6	2011.05.11	张为明	张为明
	电子琴（988）	外观设计	201030624098.0	2011.05.11	彭作捶	彭作捶
	一种用脚弹奏的电子琴键盘	发明专利	200910232043.1	2011.06.01	丁婕	丁婕
	特色电子琴	实用新型	201020231958.9	2011.06.08	唐舟、邵亮亮	唐舟、邵亮亮
	电子琴支架	实用新型	201020502151.4	2011.06.15	东莞扩乐格电子器材有限公司	法兰高·理帕
	电子琴演奏教学架	实用新型	201020635453.9	2011.06.15	姜珂	姜珂
	一种电动升降遥控多功能电子琴架	实用新型	201020598311.X	2011.08.03	赵明山	赵明山
	多功能电子琴谱	发明专利	201110080284.6	2011.08.03	东南大学	李筱媛、郑姚生、卢晗、邵康伟、印俊、汤勇明
	收卷式电子琴	实用新型	201020698333.3	2011.08.03	陆思烨	陆思烨
	多功能电子琴	实用新型	201120003099.2	2011.08.17	皮怡然	皮怡然

类别	名称	专利类型	申请（专利）号	公开（公告）日	申请（专利权）人	发明（设计）人
电子琴	具有闪烁动感效果的电子琴	实用新型	201120078374.7	2011.10.12	柯艺山	柯艺山
	电子琴架	实用新型	201120078373.2	2011.10.12	柯艺山	柯艺山
	一种卷绕收纳的电子琴	实用新型	201120079851.1	2011.10.12	柯艺山	柯艺山
	一种折叠收纳的电子琴	实用新型	201120078359.2	2011.10.12	柯艺山	柯艺山
	一种电子琴计算器	实用新型	201120089150.6	2011.10.26	施平	施平
	多功能电子琴谱	实用新型	201120089272.5	2011.11.16	东南大学	李筱媛;郑姚生;卢晗;邵康伟;印俊;汤勇明
	电子琴MIDI附加器	外观设计	201020136155.5	2011.12.14	马晓鹏;古光均;孟飞	马晓鹏;古光均;孟飞
	电子琴	外观设计	201130170747.9	2011.12.21	雅马哈株式会社	冈村淳;铃木俊英
二胡	可调蒙皮张力的二胡	实用新型	201020269136.X	2011.04.06	夏兴运	夏兴运
	便携式二胡	实用新型	200920169842.4	2011.04.20	张繁荣	张繁荣
	二胡指位校正尺	实用新型	201020559331.6	2011.04.27	薛怡稳	薛怡稳
	二胡（苏式月牙形）	外观设计	201030613330.0	2011.05.18	陆文忠	陆文忠
	二胡、胡琴松码器	实用新型	201020555650.X	2011.06.15	陈铁汉	陈铁汉
	一种无噪音仿真二胡琴	实用新型	201020659901.9	2011.06.22	洛阳师范学院	杨数强、王军强、张强、郭天顺、熊中朝
	一种优化音质的立体声京二胡	实用新型	201020528696.2	2011.07.06	河北科技大学	韩佩琦、高新存
	二胡琴头结构	实用新型	201020638126.9	2011.07.20	陆文忠	陆文忠
	二胡	实用新型	201020652677.0	2011.07.27	高韶青	高韶青
	一种二胡琴筒制作工艺	发明专利	201110133524.4	2011.08.10	辜存雄	辜存雄
	二胡（绳彩飞扬款）	外观设计	201130051010.5	2011.08.17	上海琴园乐器有限公司	沈正国
	二胡（祥云海上款）	外观设计	201130051018.1	2011.08.17	上海琴园乐器有限公司	沈正国
	二胡（松鹤延年款）	外观设计	201130051027.0	2011.08.17	上海琴园乐器有限公司	沈正国
	二胡（竹韵情怀款）	外观设计	201130051029.X	2011.08.17	上海琴园乐器有限公司	沈正国
	二胡（梅花三弄款）	外观设计	201130051033.6	2011.08.17	上海琴园乐器有限公司	沈正国
	新型二胡	实用新型	201120049242.1	2011.08.31	刘森石	刘森石、刘瑞瑶

类别	名称	专利类型	申请（专利）号	公开（公告）日	申请（专利权）人	发明（设计）人
二胡	一种多功能二胡	实用新型	201120109855.X	2011.09.21	黄山学院	胡亮、梁军、胡章浩、王多君、汪志舟、吴林、袁太云
	回纹头形二胡	外观设计	201030613347.6	2011.09.21	陆文忠	陆文忠
	二胡乐器盒	发明专利	201110143352.9	2011.10.19	上海日伴箱包有限公司	杨林妹;周新毅
	宏音二胡	实用新型	201120082293.4	2011.10.05	何思妮	何思妮
	二胡调音皮卡	实用新型	201120098359.9	2011.10.05	赵胜辉	赵胜辉
	多千斤、多功能二胡	实用新型	201120088253.0	2011.10.12	周安民	周安民
	一种带风力发电系统向音乐传感器供电的二胡	发明专利	201110157806.8	2011.11.16	无锡睿思凯科技有限公司	林华
	一种带太阳能光伏发电系统向音乐传感器供电的二胡	发明专利	201110157787.9	2011.11.16	无锡睿思凯科技有限公司	林华
	二胡乐器盒	外观设计	201130148851.8	2011.11.30	上海日伴箱包有限公司	杨林妹;周新毅
	二胡琴筒	实用新型	201120160770.4	2011.12.07	申炳凯	申炳凯
	一种带太阳能光伏发电系统向音乐传感器供电的二胡	实用新型	201120198059.8	2011.12.28	无锡睿思凯科技有限公司	林华
萨克斯	萨克斯管口切割机	发明专利	201010266839.1	2011.01.12	天津市津宝乐器有限公司	王存
	一种降E超高音喷呐萨克斯管	实用新型	201020204148.4	2011.01.12	丁安根	丁安根
	萨克斯管防漏气装置	实用新型	201020197611.7	2011.01.12	袁方	袁方
	萨克斯管身拔孔机	发明专利	201010266838.7	2011.02.16	天津市津宝乐器有限公司	王存
	萨克斯管口切割装置	实用新型	201020509977.3	2011.03.1	天津市津宝乐器有限公司	王存
	萨克斯下键柱加工组合机	实用新型	201020507172.5	2011.04.27	天津市津宝乐器有限公司	王存
	萨克斯管体拔孔机	发明专利	201010559844.1	2011.05.04	天津市津宝乐器有限公司	王存
	萨克斯弯头轧边机	发明专利	201010558551.1	2011.05.25	天津市津宝乐器有限公司	李增文
	萨克斯弯头焊口整形机	发明专利	201010561541.3	2011.05.25	天津市津宝乐器有限公司	徐树军
	萨克斯弯头焊口整形机	实用新型	201020629957.X	2011.07.13	天津市津宝乐器有限公司	徐树军
	萨克斯管体拔孔机	实用新型	201020627293.3	2011.07.13	天津市津宝乐器有限公司	王存
	萨克斯	外观设计	201030693939.3	2011.07.20	曾繁平	曾繁平

类别	名称	专利类型	申请（专利）号	公开（公告）日	申请（专利权）人	发明（设计）人
萨克斯	萨克斯弯头半圆形管壁液压拉伸成形机	发明专利	201010563322.9	2011.08.17	天津市津宝乐器有限公司	梁学功
	萨克斯笛头	实用新型	201120036547.9	2011.08.17	王天硕	王天硕
	萨克斯弯头轧边机	实用新型	201020625370.1	2011.08.24	天津市津宝乐器有限公司	李增文
	萨克斯管	外观设计	201030503192.0	2011.09.21	亨利塞尔默巴黎公司	热罗姆·塞尔默、杰里米·贝尔纳
	萨克斯	实用新型	201120127541.2	2011.11.02	天津圣迪乐器有限公司	吴承森;周家印
	便携重力自锁萨克斯架	实用新型	201120116841.0	2011.11.09	天津市海天昂特乐器架制造有限公司	王兵
	新型托架式便携重力自锁萨克斯架	实用新型	201120117003.5	2011.11.09	天津市海天昂特乐器架制造有限公司	王兵
口琴	一种口琴	发明专利	200910100552.9	2011.01.12	徐一渠	徐一渠
	一种口琴	发明专利	201010233219.8	2011.01.12	徐一渠	徐一渠
	口琴	外观设计	200930237280.8	2011.02.09	第一幕股份有限公司	苏珊·沃瑟曼、雅恩·泊松
	一种口琴	实用新型	201020267514.0	2011.03.23	徐一渠	徐一渠
	口琴（AH-24C）	外观设计	201030500865.7	2011.03.30	曹正宇	曹正宇
	一种口琴	实用新型	201020293923.8	2011.04.27	余鸿	余鸿
	10孔20音口琴	发明专利	200910234725.6	2011.05.18	陈红梅	陈红梅
	轨道式可脱卸防擦伤卫生口琴套	发明专利	200910264327.9	2011.06.22	陈昊鹏	陈昊鹏
古筝	折叠便携式古筝	实用新型	201020245955.0	2011.01.05	朱福志	朱福志、朱梦峥、谢奥运
	古筝（青花汉艺）	外观设计	201030233180.0	2011.01.19	刘永发	刘永发
	古筝（灰陶）	外观设计	201030233215.0	2011.01.19	刘永发	刘永发
	古筝（黑陶）	外观设计	201030233223.5	2011.01.19	刘永发	刘永发
	古筝（红木仲尼式）	外观设计	201030233225.4	2011.01.19	刘永发	刘永发
	古筝指甲	实用新型	201020221268.5	2011.02.02	尹泰威	尹泰威
	古筝拨片	实用新型	201020271468.1	2011.02.02	张晶雪	张晶雪
	古筝（楠木竹节）	外观设计	201030233232.4	2011.02.02	刘永发	刘永发
	佩戴式古筝指甲拨片	发明专利	200910063529.7	2011.03.23	王沁宜	王沁宜
	一种改良结构的古筝	实用新型	201020506273.0	2011.03.30	邵麒	邵麒

类别	名称	专利类型	申请（专利）号	公开（公告）日	申请（专利权）人	发明（设计）人
古筝	古筝（七）	外观设计	201030564096.7	2011.04.06	李同志	李同志
	古筝（六）	外观设计	201030564100.X	2011.04.06	李同志	李同志
	古筝（四）	外观设计	201030564108.6	2011.04.06	李同志	李同志
	古筝（三）	外观设计	201030564110.3	2011.04.06	李同志	李同志
	古筝（一）	外观设计	201030564119.4	2011.04.06	李同志	李同志
	二十一弦古筝抬弦转调装置	发明专利	201010533937.7	2011.04.13	陶玉兰	陶玉兰
	古筝（二）	外观设计	201030564118.X	2011.04.20	李同志	李同志
	一种新型古筝	实用新型	201020251153.0	2011.05.18	赵振伟、周威廉、周万昊	赵振伟、周威廉、周万昊
	一种古筝音板	发明专利	201010603383.3	2011.06.15	赵振伟、周威廉、周万昊	赵振伟、周威廉、周万昊
	水晶电子古筝	发明专利	200910246986.X	2011.06.15	王镇	王镇
手风琴	新型低音结构的手风琴	实用新型	201020193649.7	2011.01.26	余烈	余烈
	人体形多点手风琴背带	外观设计	201030561259.6	2011.03.16	王宝胜	王宝胜
	一种复合形式的手风琴琴键	实用新型	201020530449.6	2011.04.06	孙淑平	孙淑平
	手风琴包装壳	外观设计	201030664342.6	2011.07.27	黄卫平	黄卫平
	一种手风琴白键体	实用新型	201120062309.5	2011.09.07	天津华韵乐器有限公司	罗松森
	一种手风琴用键槽固定板	实用新型	201120062324.X	2011.09.21	天津华韵乐器有限公司	罗松森
笛	双膜孔笛子	实用新型	201020245939.1	2011.01.19	刘耀新	刘耀新
	用于长笛音孔盖的组合式笛子垫片	实用新型	200920250118.4	2011.03.09	魏振玲	魏振玲
	扁圆形的笛子	实用新型	201020526228.1	2011.03.23	姚旗	姚旗
	加吹嘴竖吹笛子	实用新型	201020288287.X	2011.03.30	昆明理工大学	郑伟、徐晓丹
	长笛吹口整形机	发明专利	201010561186.X	2011.04.20	天津市津宝乐器有限公司	刘学忠
	新型匏笛	实用新型	201020136554.1	2011.04.20	张致远	张致远
	一种带有调音伸缩节的磬石笛子	实用新型	201020517432.7	2011.06.01	灵璧县文化广播电视新闻出版局、灵璧县泗州戏剧团	西宗斌、吴合猛
	新曲笛	实用新型	201020642060.0	2011.06.01	马铭新	马铭新
	竖笛（10-1）	外观设计	201030633612.7	2011.06.01	张琳	张琳
	竖笛（10-2）	外观设计	201030633632.4	2011.06.01	张琳	张琳

类别	名称	专利类型	申请（专利）号	公开（公告）日	申请（专利权）人	发明（设计）人
笛	长笛吹口整形机	实用新型	201020627294.8	2011.07.13	天津市津宝乐器有限公司	刘学忠
	羌笛	外观设计	201130026472.1	2011.08.03	高荣金、陈安权	高荣金、陈安权
	萨克斯笛头	实用新型	201120036547.9	2011.08.17	王天硕	王天硕
	芦笛	实用新型	201120058036.7	2011.08.24	芦笛	芦笛
	可拆洗的笛子	实用新型	201020662596.9	2011.08.24	陈哲	陈哲
	一种录音笛子	实用新型	201020566647.8	2011.10.19	代雪瑶;赵洋	代雪瑶;赵洋
管乐器	一种铜管乐器嘴部肌肉练习器	实用新型	201120106955.7	2011.11.09	栾世军	栾世军
	吹管乐器安全保护装置	实用新型	201120092251.9	2011.11.09	郑志强	郑志强
	一种金属化塑料吹奏管乐器的制备方法	发明专利	201110211339.2	2011.11.23	陈哲	陈哲
古筝	古筝（1046）	外观设计	201030705083.7	2011.07.13	上海民族乐器一厂	钱冰菁、王琳琳
	古筝（1042）	外观设计	201030705037.7	2011.07.13	上海民族乐器一厂	钱冰菁、王琳琳
	古筝（1044）	外观设计	201030705026.9	2011.07.13	上海民族乐器一厂	徐汝正
	古筝（1047）	外观设计	201030705030.5	2011.07.13	上海民族乐器一厂	许敏晓
	古筝（1043）	外观设计	201030705036.2	2011.07.13	上海民族乐器一厂	钱冰菁、王琳琳
	古筝（1041）	外观设计	201030705038.1	2011.07.13	上海民族乐器一厂	钱冰菁、王琳琳
	古筝（1045）	外观设计	201030705086.0	2011.07.13	上海民族乐器一厂	钱冰菁、王琳琳
	古筝演奏支架	实用新型	201120012585.0	2011.08.10	徐伟	徐伟
	古筝	外观设计	201130037079.2	2011.08.10	张斌	张斌
	二十一弦古筝简易抬弦转调装置	发明专利	201110035271.7	2011.08.17	陶玉兰	陶玉兰
	阶梯式后岳山古筝	外观设计	201120001259.X	2011.08.24	张斌	张斌
	一种带风力发电系统向音乐传感器供电的古筝	发明专利	201110157760.X	2011.11.16	无锡睿思凯科技有限公司	林华
	一种带太阳能光伏发电系统向音乐传感器供电的古筝	发明专利	201110157763.3	2011.11.16	无锡睿思凯科技有限公司	林华
	一种古筝	发明专利	201110187237.1	2011.11.23	扬州市百联古筝制作研究院有限公司	徐正谱
	可调长度的古筝支架	实用新型	201120147683.5	2011.11.23	熊立群	熊立群
	灵活转调古筝	实用新型	201120177800.2	2011.11.30	刘先保	刘先保
	一种古筝	实用新型	201120136356.X	2011.11.30	刘树德	刘树德

类别	名称	专利类型	申请（专利）号	公开（公告）日	申请（专利权）人	发明（设计）人
古筝	一种带风力发电系统向音乐传感器供电的古筝	实用新型	201120198038.6	2011.12.14	无锡睿思凯科技有限公司	林华
	折叠便携式古筝	发明专利	201010216079.3	2011.12.28	朱福志	朱福志;朱梦峥;谢奥运
民族乐器	一种改良式文枕琴	发明专利	200910112196.2	2011.01.26	黄福安	黄福安
	音箱内腔有变化结构的古琴	实用新型	200920211698.6	2011.01.19	金海鸥	金海鸥、金磊
	一种古琴调弦定音琴轸装置	实用新型	201020123337.9	2011.02.09	龚绳	龚绳
	管弦乐琴	实用新型	201020281219.0	2011.03.16	倪少波	倪少波
	马头琴	外观设计	201030539161.0	2011.03.16	旺盛	旺盛
	一种凸背型竹制四弦琴	实用新型	201020530471.0	2011.04.06	孙淑平	孙淑平
	一种新型四弦琴	实用新型	201020545781.X	2011.04.06	钰丰乐器（福建）有限公司	陈永茂
	一种薄胴型四弦琴	实用新型	201020545829.7	2011.04.06	钰丰乐器（福建）有限公司	陈永茂
	带有共鸣、导音管的磬石琴	实用新型	201020517431.2	2011.06.01	灵璧县文化广播电视新闻出版局、灵璧县泗州戏剧团	西宗斌、吴合猛
	水晶电子文琴	发明专利	200910246985.5	2011.06.15	王镇	文正球、曹天立、王镇
	牛琴	外观设计	201130019928.1	2011.06.22	苏和	苏和
	牛琴	实用新型	201120007647.9	2011.06.29	苏和	苏和
胡琴	多功能组合胡琴	实用新型	201020224692.5	2011.01.05	闫万水	闫万水
	多功能多弦胡琴	实用新型	201020244313.9	2011.01.05	翟方智	翟方智、翟智佳
	大型组合二胡三弦	实用新型	201020250778.5	2011.01.12	许祖发	许祖发
	一种可快速改变二胡按弦把位的移动千斤	实用新型	201020235361.1	2011.01.12	张洪宾	张洪宾
	一种二胡加低音装置	实用新型	201020297201.X	2011.02.16	刘士芳	刘士芳
	便捷二胡演奏托架	实用新型	201020285065.2	2011.02.16	董名新	董名新
	双音域多音色胡琴	实用新型	201020292420.9	2011.02.16	张昱	张昱
	一种改进型胡琴	实用新型	201020154447.1	2011.03.23	赵天池、肖祥鹏	赵天池、肖祥鹏、李乐平
	便携式二胡	实用新型	200910163793.8	2011.03.30	张繁荣	张繁荣
	一种用于京胡的琴座	实用新型	201020512017.2	2011.04.27	段郡池、段娅	段郡池、段娅
	太极胡琴简化振动装置	实用新型	201020249197.X	2011.05.04	秦知非	秦知非
扬琴	一种新型扬琴结构	实用新型	201120048648.8	2011.10.05	吴汉军	吴汉军
	一种新型扬琴码子结构	实用新型	201120048753.1	2011.10.05	吴汉军	吴汉军

类别	名称	专利类型	申请(专利)号	公开(公告)日	申请（专利权）人	发明（设计）人
扬琴	一种止音扬琴	实用新型	201120048820.X	2011.10.05	吴汉军	吴汉军
	可调式扬琴止音器	实用新型	201020178173.X	2011.01.19	重庆大音乐器有限公司	彭文建、刘书炯
	扬琴止音器	实用新型	201020266835.9	2011.03.16	丁冬冬	丁冬冬
	扬琴琴码	发明专利	201010581814.0	2011.04.13	潘贵军	潘贵军
埙	埙（大鱼）	外观设计	201030266493.6	2011.01.12	阴育锋	阴占中
	一种埙	实用新型	201020279501.5	2011.02.02	阴育锋	阴占中
	埙（牛头）	外观设计	201030257288.3	2011.02.02	阴育锋	阴占中
	埙	外观设计	201030639215.0	2011.06.01	金广海	金广海
西洋乐器	可调音的单簧管二节	发明专利	200980116273.X	2011.04.13	亨利·保罗斯、马赛厄斯·舒乐	亨利·保罗斯、马赛厄斯·舒乐
	马林巴琴	发明专利	200910071148.3	2011.05.11	天津市津宝乐器有限公司	李中华
	新型管钟	发明专利	200910228053.8	2011.05.11	天津市津宝乐器有限公司	李中华
	马林巴琴（YMB-301）	外观设计	201030500864.2	2011.05.18	曹正宇	曹正宇
	七弦竖琴	外观设计	201030625864.5	2011.06.15	绍尔·安德森、武巍	绍尔·安德森、武巍
葫芦丝	一种九孔葫芦丝	实用新型	201020608541.X	2011.05.25	彭星超	彭星超
	一种子母葫芦丝	实用新型	201020608620.0	2011.05.25	彭星超	彭星超
	电声葫芦丝	实用新型	201020588607.3	2011.11.23	南江	南江
琵琶	琵琶	外观设计	201030543413.7	2011.04.27	邵瑞媚	邵瑞媚
	水晶电子琵琶	发明专利	200910246983.6	2011.06.15	王镇	王镇
	种琵琶	实用新型	201120184316.2	2011.12.21	德州学院	田屹
阮	水晶电子中阮	发明专利	200910246984.0	2011.06.15	王镇	王镇

（资料来源：国家知识产权局“中国专利数据库”　中国乐器协会信息部编辑）

广州珠江钢琴集团股份有限公司

（一）恺撒堡艺术家(KA)系列钢琴

KA艺术家系列钢琴是恺撒堡品牌旗下的新产品，市场定位是高档专业用钢琴，也是珠江钢琴公司目前最高档次的产品系列，产品适用于钢琴专业院校和高端消费群。KA系列钢琴现有六个规格型号（包括：KA243、KA121B、KA123B、KA126B、KA130B、KA132B），外观造型典雅华丽，风格迥异，蕴含浓郁的欧式韵味。

为保证KA系列钢琴能够达到国际（欧洲）高档钢琴的水平，通过整合全球资源，由世界著名钢琴设计大师托马先生和欧洲资深钢琴技师史提芬先生领衔珠江钢琴技术精英团队，按欧洲高端钢琴的技术工艺标准，在原恺撒堡UH/GH钢琴的技术工艺基础上进行了多项技术升级，并组建了专门的KA系列钢琴制造厂，生产场地的环境控制完全按德国名琴的工艺要求，关键零部件精选多家国际名厂的优质材料，特别是在产品制造过程中大量采用高技能要求的手工工艺，主要操作人员都是国内行业精英，曾派往德国工厂进行技能培训。产品检验均由史提芬先生负责，确保产品保持欧洲高档钢琴的品味和质量水平。

KA系列钢琴在设计上采用了弦列不和谐系数设计理论、音板振动模态分析技术、纺锤型不等厚实木音板设计、音板框采用拟合曲面设计、弯压结构弦码设计、加强型背柱不对称分布设计、低音弦钮

结构设计、击弦系统传动比设计等先进技术。

KA系列钢琴在工艺上采用了人工挑选弦槌柄、手工音板配作加工及装配、手工弦槌音色处理、键盘击弦系统人工调校、琴键配重、铁板爆花涂饰、加长静置期恒温恒湿装配、真空包装等多项在演奏会钢琴上才采用的工艺。

KA系列钢琴在材料上特别选用了进口鱼鳞松单板音板、乌木黑键、进口矿物质白键片、榉木踏瓣系统，色木夹红木弦码，以及世界最著名的德国Röslau琴弦和RENNER专业级弦槌，这些材料也是多数只用于演奏会钢琴。

一台定位于高端级别的钢琴必须具有很好的整体平衡感，KA系列钢琴以平衡性设计理念为基础，通过在产品设计和制作上采用多项先进技术工艺，再配合优质的用材，使其整体性能优越，具有更完美的音色品质和弹奏性能，达到极佳的艺术表现力。

（二）恺撒堡牌GH275SC孔雀钢琴

为提升珠江钢琴的艺术品味，满足个性化奢侈品市场的需求，珠江钢琴公司汇集了全球顶级钢琴制作工艺及世界最先进的木材拼花工艺精心研制了恺撒堡牌GH275SC孔雀钢琴。该产品以恺撒堡GH275钢琴为原型，具有卓越的声音和弹奏性能基础。外观采用“孔雀”为设计主题，采用30多种世界稀有木材，共2万多个拼接细节，耗时近一年的

时间完成。由于外表的所有图案都是纯手工拼接而成，所以这台奢华钢琴的每一个艺术细节、每一幅画面都是独一无二的。

孔雀被视为吉祥、善良、权威、美丽、华贵的象征，极具东方之美，使产品深蕴着“雍容华丽，富贵吉祥”的中国文化。孔雀钢琴的诞生是恺撒堡品牌继续向高端定制市场推进的又一力作。

（三）PRT三大系列钢琴新产品

里特米勒精典型立式钢琴（RB、R10、R12）

珠江精品型立式钢琴（PB、P10、P12）

珠江提高版型立式钢琴（TC、TE）

2011年推出了8款珠江精品P系列、里特米勒精品R系列、珠江提高版T系列钢琴的新产品。新产品重点升级了弦槌的质量，采用了我司最新研制的自产弦槌。该弦槌是在国际顶级钢琴制作大师托马先生和欧洲知名钢琴技师史提芬的指导下，对弦槌毛毡和木芯选材、弦槌形状尺寸设计、弦槌压榨温度和时间、弦槌压榨模具设计等方面进行综合研究，经过大量试验，最终形成一套先进、严谨、系统的弦槌制作自有技术，成功制作出达到德国中高档弦槌质量水平的自产弦槌，符合三大系列中高档钢琴的专业使用要求。新产品更拥有新颖雅致的外观造型，更加完善三大系列的款式和规格，满足不同品味顾客的需求。

北京星海钢琴集团有限公司

欧洲品牌——卡利西亚系列钢琴

星海卡利西亚（CALISIA）钢琴秉承德国钢琴设计制作工艺，是星海钢琴公司于2009年引进的波兰钢琴品牌，该品牌创建于1878年，有130多年的历史。其中立式琴四款M-121、M-122 、M-123、M-126、卧式琴三款M-165、M-170、M-222。借鉴了欧洲传统制作工艺，产品经耐候性处理。Calisia三角钢琴的面向用户主要是学校、文化中心。立式琴面向的用户主要为白领阶层和高端消费者。

CALISIA立式琴设计：

（1）音源部分沿用欧洲设计理念，铁板油漆涂饰首次使用金色亮闪涂料，成为钢琴铁板装饰涂料的新品种，使铁板变得既美观又时尚，同时还提高了铁板平整度。激光雕刻技术还应用在实木音板标识上，雕刻图案美观清晰。

（2）德国进口RÖSLOUu琴弦和德国标准弦轴板能很好的保证弦轴的握钉力，使音准稳定更加持久。

（3）外观设计呈典型欧洲风格，典雅简洁，“欧洲经典红”色，给人以明亮振奋之感。

（4）击弦机支架采用闪光金色涂料装饰表面，既提高了支架表面质量，又提升了击弦机的档次。弦槌使用德国A级毛毡，以保证琴声饱满悠扬。

（5）键盘挑选优质鱼鳞云杉琴首板，进行严格的干燥处理加工，颜色均匀一致，性能稳定，使键盘经久耐用，精心的配重加工使键盘弹奏舒适、灵敏。键盖加装缓落器尽显人文关怀。

（6）新型踏板严格遵守人机工程学原理，造型

精美，精心细节，新型压铸钢踏板表面镀铬，实用新造型踏瓣在右踏瓣转动轴上安装了轴承，以获得更加灵敏的运动效果。

M-165、M-170型三角钢琴适合小型音乐会、教学用琴、练习用琴。该琴外壳完全尊重卡利西亚原造型，保持了欧洲风格，漆膜光亮。

音源部分由德国钢琴制造专家设计，铁板采用树脂砂硬壳造型铸造，弦轴板采用德国进口弦轴板，音板为实木复合音板，琴弦采用德国进口RÖSLOUu琴弦。可承受较大张力，保持经久耐用。保证声音连贯、平稳，音色优美、纯正。

使用德国（Renner）进口榔头毛毡。键盘设计符合卡利西亚标准，弹奏舒适，表现力强。

“M-222”型三角琴适合大、中型音乐会用琴，弦枕采用阶梯式复弦枕，击弦机采用德国（Renner）进口击弦机，音板为实木音板。这些进一步提升了声学品质。

德系风格，大成之品——星海海德系列钢琴

星海海德系列钢琴秉承德国钢琴设计制作工艺，是星海钢琴公司研究多年设计打造的全新星海高端产品。海德系列钢琴沿袭了德国钢琴设计严谨、制作工艺精湛的特色；音质纯净、有力；音色悦耳、柔和；外观具有时尚豪华的欧洲钢琴风格。海德系列包括五种立式型号：HS-21、HS-22、HS-23、HS-25、HS-32型，两种卧式琴型号HS-168、HS-185，集星海研发中心多年研究成果于一身，系列品种中囊括多项星海专利技术。

星海海德系列钢琴具有最新研发的技术革新成果，精挑细选的制造环境，采用专业特殊机械设备规模化生产，钢琴整体弹奏流畅，高音明亮，中音柔和，低音清晰浑厚，星海海德系列钢琴给您传递一种前所未有的弹奏感受和稳健的质量。

• 键盘部分：精心挑选优质实木琴首板进行加工，特殊干燥工艺加工，使键盘经久耐用，尤其改善了销往南方湿度较大地区钢琴的琴键易变形问题。键盘触感舒适，每个琴键都通过单独的测定配重技术达到统一的触键手感，保证弹奏流畅，声音稳定。

• 击弦机部分：新型击弦机的关键部件采用高分子材料一次加工成型，大大避免了木材受环境影响产生的变形，同时也增加了零件的强度。击弦机转击器轴架呢毡孔与轴钉的配合是决定钢琴品质的关键因素之一，海德系列钢琴增加了“测力工艺”，技术人员经过上万个零件的反复测试实验，提取最佳数据应用于生产加工，使零件配合松紧适中，确保了弦槌运行的质量，提高了钢琴的弹奏性能。弦槌毛毡用德国进口羊毛毛毡，音质音色纯净、优美。新型工艺设备保证了击弦机各个部件的加工精度及一致性。

• 音源部分：

• 音板材料立式琴来自指定林区，精心挑选优质鱼鳞云杉，卧式琴来自意大利进口材料，严格的纹理要求和含水量的严格控制，并经过长时间的自然干燥和使用现代化设备进行人工干燥，使音板充分释放内应力，增强了音板的稳定性和耐久力。立式琴不等宽、不等厚音板设计使低音震动面积增大，高音共振强度增高，使音板最大限度的发挥效能，保证了美妙的音乐绵延不断。“实木音板”标识采用激光雕刻工艺加工，更加美观，具有防伪功能。

• 选用优质德国标准弦轴板,数控机床打孔，保证弦轴板能够紧紧的嵌住弦轴，维持适度张力，使得握钉力更加持久稳定。

• 铁板采用星海专利技术—真空铸造铁板喷涂新型亮闪涂料，垂纹漆涂饰。真空铸造工艺使铁板整体材质密度均匀，提高了铁板抗张力性能，表面棱角更加清晰，加工数据精确。新型亮闪涂料保证铁板表层的封闭状态性质稳定，突出金属质感，保证铁板永不生锈。

• 弦枕精细加工，尤其是高大立式琴（HS-32型）低音部分采用铜弦枕，突显华贵特点。德国进口RÖSLOU琴弦，可承受较大张力，保持经久耐用，保证声音的纯静、优美。

• 背柱减压设计，超大的背柱截面设计，增加了背柱的抗弯能力，实现更稳定的声音品质和弹奏品质。

• 外壳部分：

• 率先使用进口高档涂料及苯胺黑材料，保证钢琴外观更加美观，进口喷涂设备国内首屈一指，保证漆膜光亮度更好，漆膜更持久。

• 下门固定中板设计为星海外观专利技术，保证了钢琴整体稳定，加强了键盘强度，减少使用过程中对于钢琴整体应力的改变。

• 碳纤维材料制作的“前置音板”，是ZL2010202160835号专利技术，它与钢琴共鸣盘发出的声波共振进一步放大,使弹奏者能直接听到琴音,犹如弹奏三角钢琴一般.实为钢琴演奏者的福音。

• 踏瓣及外观金属零件：

新型踏板严格遵守人机工程学原理，造型精美，精心细节，新型压铸钢踏板表面镀铬，实用新造型踏瓣在右踏瓣转动轴上安装了轴承，以获得更加灵敏的运动效果。

采用高品质，高精度缓冲器。

钢琴五金件采用精美，高质量的五金件。

钢琴轮脚采用设计精美的双轮结构，运转灵活。

• 包装及装饰

设计新型的钢琴外包装，遵循使用方便的拆装原理，使用环保轻便且保护性强的材料制作包装物。

• 商家卖点：

击弦机和键盘部分采用了进口木材，弦槌是进口德国呢毡，精密仪器加工，保证了良好的音色、音质且性能更加稳定。同时保证琴的触感非常好，弹奏流畅可与世界高档原装进口琴媲美。

真空铸造铁板闪光材料喷涂而成，彰显了高档钢琴各部分精致的设计，真空铁板手感细腻，24K金色展现华贵气质。铁板与整齐排列的琴弦形成了钢琴内结构中一道独特的风景线。打开琴上盖尽可展示。

外观具有德国钢琴神韵，庄重，大气独具特色，整体为德国黑色简约纯粹，由于采用进口漆和先进工艺喷涂，使漆面更加光亮，反光度更好，提高了耐候性。下门固定中板设计保证了钢琴的整体型，延长钢琴使用寿命。

宁波海伦钢琴股份有限公司

一、海伦CF128、CF130立式钢琴

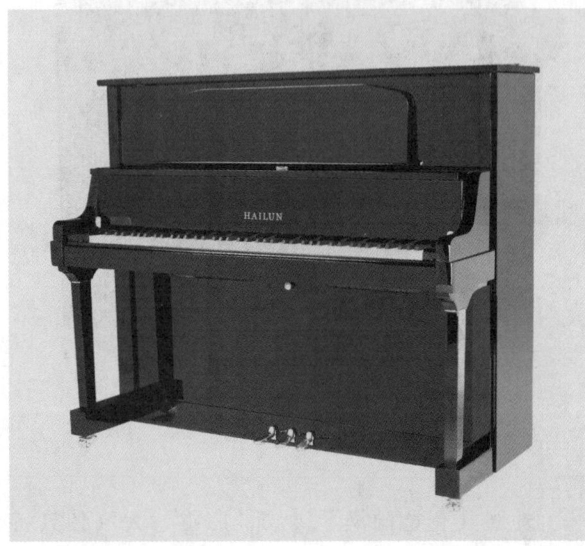

防变形铸铝合金中盘（专利号：ZL200420023359.2），主体采用铸铝合金材料制造，结构牢固稳定，保证琴键底盘永不变形，是钢琴结构设计的一大突破。

中盘底面设置中盘垫板，键盘和中盘垫板之间形成空腔，增强钢琴共鸣效果。

弦槌采用德国进口FFW特制毛毡，整副弦槌的弹性、硬度分布均匀，有效提升音质。弦槌木芯采用硬桃花芯木，具有良好的硬度、韧性和内应力，

是世界高档弦槌木芯的首选材质。

欧洲插装式弱音系统，结构牢固新颖，便于拆装，工作稳定可靠，杜绝杂音。

采用世界最新技术，不等厚不等宽梯形音板结构。最大限度扩大音板的有效振动面积，特别是增加中高音区的有效振动面积。弦列振动时不同频率与音板各对应区域谐振，基于精确计算的不等厚音板和科学的弧形设计，将音板与不同频率的振波的谐振效果发挥到最佳。

超厚单板制成的高压多层弦轴板，以保证最佳扭矩。采用欧洲最新技术，精选优质硬枫木特制，胶粘牢固，密度均匀。特制高品质弦轴，特殊螺纹

为专利设计。弦轴布局严谨，合理扩大弦轴间距，扭矩均匀，提高音准稳定性。

键盘呢毡全部采用英国进口汉斯·伍斯（HAINSWORTH）呢毡，确保下键深度准确统一，并具有良好的耐候性。

等距下倍音弦枕特殊设计（CF126、CF130）采用三角琴倍音辅助弦长结构设计，使弦码受力均衡，根据有效弦长和辅助弦长倍频谐振原理，声音层次更丰富，更有表现力，音质更接近三角琴。

不等距下倍音弦枕特殊设计（CF133）采用和三角琴一致的倍音辅助弦长结构设计，使弦码受力均衡，阶梯分段式的设计能够更加精确地对谐振频率

进行细分，音质更加出色。

低音区双弦组阶梯式弦枕结构兼有固定式弦枕筋和弦枕钮结构的全部优点，既保证双弦组琴弦的有效弦长和弦距完全一致，又避免产生杂音，是音源设计的一大创新。

中高音镶嵌式弦枕，根据不同音区的振动频率，选用不同材质的弦枕，使钢琴的中音区声音柔和，高音区明亮清晰，音色更加丰富。

选用东方优质击弦机，采用出口欧洲的配置，总档及止音器背档均采用进口优质多层板材料，加上精细的处理工艺，保证了钢琴击弦机的稳定。

二、海伦CF168、CF180三角钢琴

1．硬实木背柱，坚固背架结构，保证钢琴在巨大张力作用下依然恒久稳定。

2．采用远比国内标准严格的国际标准进行钢琴生产制造，运用进口的CNC五轴联动加工中心精确加工弯背弧度，使其精确度达到国内乃至国际一流水准，为钢琴的优秀品质与稳定性能提供可靠保障。

3．铁板上所有的钻孔工作、弦枕筋的铣削、音源各部件间的接合均由高科技数控设备完成，达到对精度的严格控制，进而保证钢琴的整体质量。

4．对所有木材严格控温控湿，生产全线严格控温控湿，并用定位孔工艺贯穿钢琴制造全过程，以三点定位的模式配合海伦钢琴从日本进口的高精度CNC加工中心，非常难得地使组装精度达到国内甚至国际一流标准。海伦钢琴的这些努力，从基础上保证了钢琴的稳定性。

5．键盘呢毡全部采用英国进口汉斯•伍斯（HAINSWORTH）呢毡，配合纯实木键盘，确保下键深度准确统一，并具有良好的耐候性，以保证钢琴在不同环境下具有稳定如一的良好手感。

6．音板采用鱼鳞云杉实木音板，为优美音色奠定良好的基础，弦槌采用德国进口FFW榔头呢毡，确保音质的柔美，德国进口鲁斯劳（ROSLAU）最高等级专用琴弦，确保音质优美，并保证弹奏时琴弦的良好泛音。

7．肋木等木质部件，均系选用产于中国东北大森林的多种优质木材精细加工而成。纯实木弦码，更利于声音的传导。

8.采用了斜置音板共鸣结构，增加了钢琴音板的宽度，尤其是在钢琴的中音部及低音部这种优势非常明显，这一设计使钢琴音板的有效振动面积显著增大，因而能够产生比同型号普通钢琴更大的音量，同时，音板的振动应力与弦列有了明确的对应，有效改善了钢琴的音质。

三、文德隆W122、W126、W130立式钢琴

防变形铸铝合金中盘（专利号：ZL200420023359.2），主体采用铸铝合金材料制造，结构牢固稳定，保证琴键底盘永不变形，是钢琴结构设计的一大突破。

中盘底面设置中盘垫板，键盘和中盘垫板之间形成空腔，增强钢琴共鸣效果。

弦槌采用德国进口FFW特制毛毡，整副弦槌的弹性、硬度分布均匀，有效提升音质。弦槌木芯采用硬桃花芯木，具有良好的硬度、韧性和内应力，是世界高档弦槌木芯的首选材质。

欧洲插装式弱音系统，结构牢固新颖，便于拆装，工作稳定可靠，杜绝杂音。

采用世界最新技术，不等厚不等宽梯形音板结构。最大限度扩大音板的有效振动面积，特别是增加中高音区的有效振动面积。弦列振动时不同频率与音板各对应区域谐振，基于精确计算的不等厚音板和科学的弧形设计，将音板与不同频率的振波的谐振效果发挥到最佳。

超厚单板制成的高压多层弦轴板，以保证最佳扭矩。采用欧洲最新技术，精选优质硬枫木特制，胶粘牢固，密度均匀。特制高品质弦轴，特殊螺纹为专利设计。弦轴布局严谨，合理扩大弦轴间距，扭矩均匀，提高音准稳定性。

键盘呢毡全部采用英国进口汉斯·伍斯（HAINSWORTH）呢毡，确保下键深度准确统一，并具有良好的耐候性。

等距下倍音弦枕特殊设计（CF126、CF130）采用三角琴倍音辅助弦长结构设计，使弦码受力均衡，根据有效弦长和辅助弦长倍频谐振原理，声音层次更丰富，更有表现力，音质更接近三角琴。

不等距下倍音弦枕特殊设计（CF133）采用和三角琴一致的倍音辅助弦长结构设计，使弦码受力均衡，阶梯分段式的设计能够更加精确地对谐振频率进行细分，音质更加出色。

低音区双弦组阶梯式弦枕结构兼有固定式弦枕筋和弦枕钮结构的全部优点，既保证双弦组琴弦的有效弦长和弦距完全一致，又避免产生杂音，是音源设计的一大创新。

中高音镶嵌式弦枕，根据不同音区的振动频率，选用不同材质的弦枕，使钢琴的中音区声音柔和，高音区明亮清晰，音色更加丰富。

选用东方优质击弦机，采用出口欧洲的配置，总档及止音器背档均采用进口优质多层板材料，加上精细的处理工艺，保证了钢琴击弦机的稳定。

(W122)低音区采用弦枕钮结构，和三角琴低音区弦钮结构相同，在海伦钢琴的精工装配下，能够有效保证双弦组同组琴弦的有效弦长一致，受力均匀，确保振动性能上佳。

(W126)中高音及低音下弦枕采用三角琴倍音辅助弦长结构设计，使弦码受力均衡，改善传导性。根据有效弦长和辅助弦长倍频谐振原理，声音层次更丰富，更有表现力，音质更接近三角琴。

(W126、W130)低音区双弦组阶梯式弦枕结构兼有固定式弦枕筋和弦枕钮结构的全部优点，既保证

双弦组琴弦的有效弦长和弦距完全一致，又避免产生杂音，是音源设计的一大创新。

(W126、W130)中高音镶嵌式弦枕，根据不同音区的振动频率，选用不同材质的弦枕，使钢琴的中音区声音柔和，高音区明亮清晰，音色更加丰富。

(W126、W130)击弦机选用东方优质击弦机，采用出口欧洲的配置，总档及止音器背档均采用进口优质多层板材料，加上精细的处理工艺，保证了钢琴击弦机的稳定。

(W130)不等距下倍音弦枕特殊设计，使弦码受力均衡，改善传导性，阶梯分段式的设计能够更加精确地对谐振频率进行细分，声音层次更丰富，更有表现力，音质更加出色。

(W130)坚固背架结构，采用硬木上下梁、多根背柱的接合结构，保证钢琴在巨大张力作用下依然恒久稳定。

四、文德隆W162、W180、W218三角钢琴

1．硬实木背柱，坚固背架结构，保证钢琴在巨大张力作用下依然恒久稳定。

2．运用进口的CNC五轴联动加工中心精确加工弯背弧度，使其精确度达到国内乃至国际一流水准，为钢琴的优秀品质与稳定性能提供可靠保障。

3．铁板上所有的钻孔工作、弦枕筋的铣削、音源各部件间的接合均由高科技数控设备完成，达到对精度的严格控制，进而保证钢琴的整体质量。

4．对所有木材严格控温控湿，生产全线严格控温控湿，并用定位孔工艺贯穿钢琴制造全过程，以三点定位的模式配合海伦钢琴公司从日本进口的高精度CNC加工中心，非常难得地使组装精度达到国内甚至国际一流标准。海伦钢琴的这些努力，从基础上保证了钢琴产品的稳定性。

5．键盘呢毡全部采用英国进口汉斯•伍斯

（HAINSWORTH）呢毡，配合纯实木键盘，确保下键深度准确统一，并具有良好的耐候性，以保证钢琴在不同环境下具有稳定如一的良好手感。

6．音板采用奥地利进口的欧洲巴伐利亚云杉板材，为优美音色奠定良好的基础，弦槌采用德国进口FFW榔头呢毡，确保音质的柔美，德国进口鲁斯劳（ROSLAU）最高等级专用琴弦，确保音质优美，并保证弹奏时琴弦的良好泛音。

7．肋木等木质部件，系选用产于中国东北或俄罗斯的多种优质木材精细加工而成。纯实木弦码，更利于声音的传导。

8．击弦机总档采用铝金属包裹木材，不易变形，使其工作状态更加稳定。

9．镂空花式谱架、铁板圆孔装饰等细节，使钢琴外观典雅。

10．顶盖选用优质白木(橡木)制成，稳定性强不易变形。

上海民族乐器一厂

1、建党90周年纪念版二胡（吉祥如意）

2011年适逢中国共产党建党90周年，为了纪念和表达对党的热爱，上海民族乐器一厂特别推出了此款“吉祥如意”纪念版二胡。此款二胡有上海民族乐器一厂二胡高级技师王根兴监制而成。

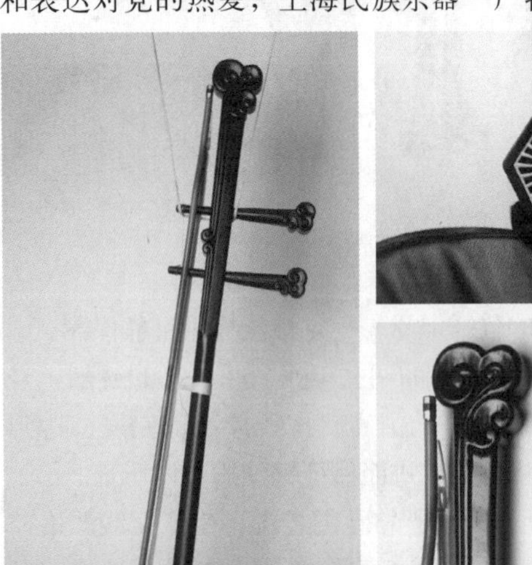

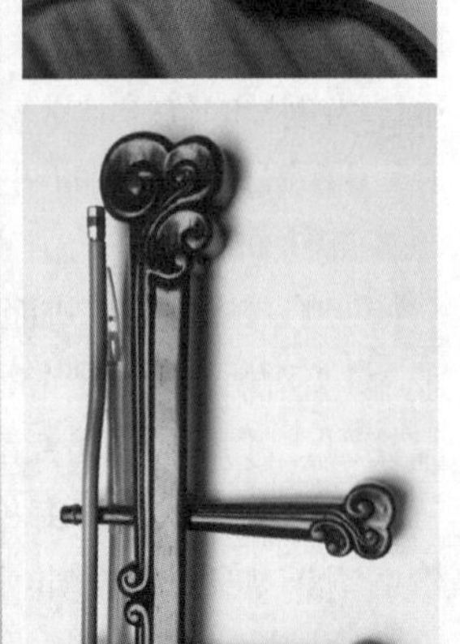

2、精品礼品版微型乐器

中国民族乐器作为中华文化瑰宝之一，已有几千年历史。为了更好地弘扬中华民族文化，让民乐充分融入寻常百姓的生活，上海民族乐器一厂坚持传承经典，引领时尚的理念。在上海与法国文化周期间，上海民族乐器一厂这款精品礼品版微型乐

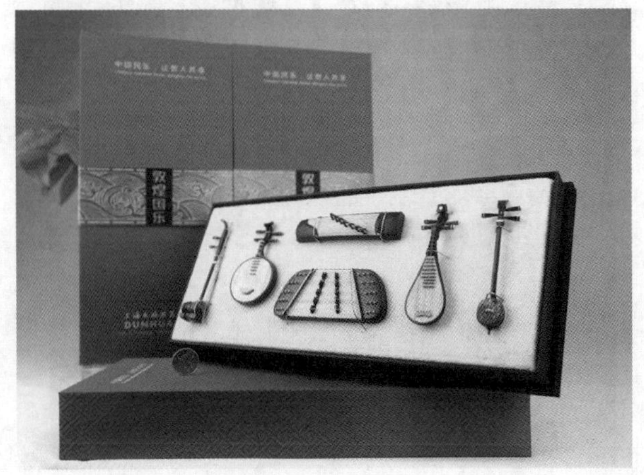

器，作为馈赠法国使节的礼品

这些工艺小乐器，制作精细，具有一定的观赏和收藏价值，集文化性、艺术性、趣味性为一体。

3、老红木螺钿镶嵌二胡（花样年华）

旗袍起源于满族服装，被视为代表中国文化精髓、反映中国传统女性美、体现中国元素的传统女

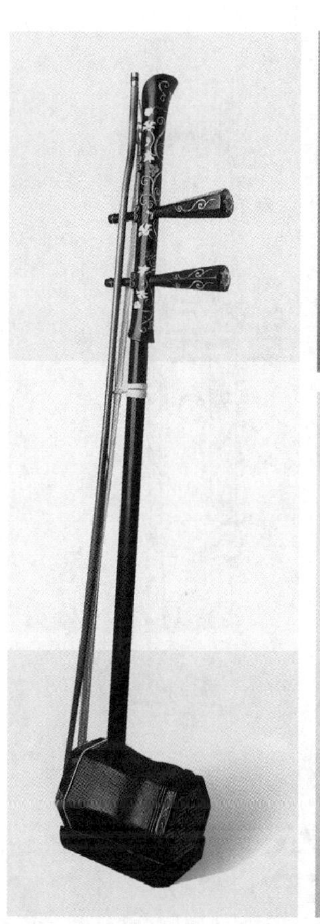

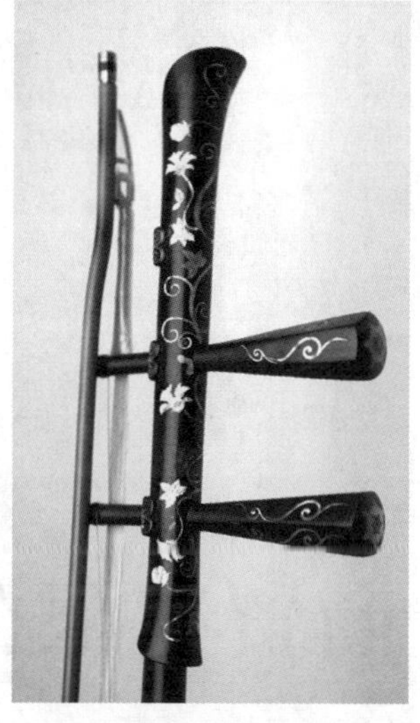

性服饰主流。此款二胡琴首的创意源自旗袍造型，配以多种镶嵌和雕刻工艺，演绎出深厚的东方神韵。意蕴丰富的旗袍装饰与上千年的二胡文化相呼应，更加衬托出二胡的民族韵味。

4、大唐遗韵琵琶

大唐遗韵琵琶，乃大唐遗韵系列产品之一，此款琵琶绘以牵腾引蔓图式，错以螺钿装饰，光泽四耀，繁华茂枝，掇唐之富贵，寓中华之昌盛也。该款琵琶经中央民族乐团首席琵琶演奏家吴玉霞鉴定，实属精品。

5、清供梦帘古筝

该款古筝以木刻手法体现竹编工艺，将两种传统艺术巧妙结合，独具匠心，体现了一种新颖、朴实、得体的审美追求。

河北金音乐器制造有限公司

瑞森系列产品（萨克斯、单簧管、小号）

该系列产品的研发是从2011年初策划并启动的，是在原有乐器产品的基础上，研究分析了广大用户的意见及建议，根据东方人的生理结构，依据“关怀人的健康”的理念下研发的，最终成就了全新的服务理念，“瑞森乐器，带给您健康的艺术享受”。

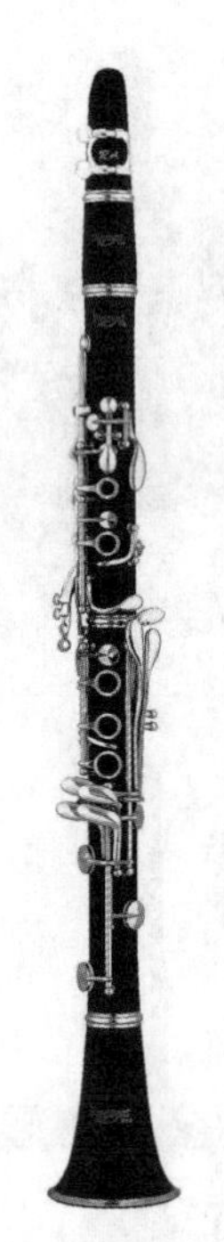

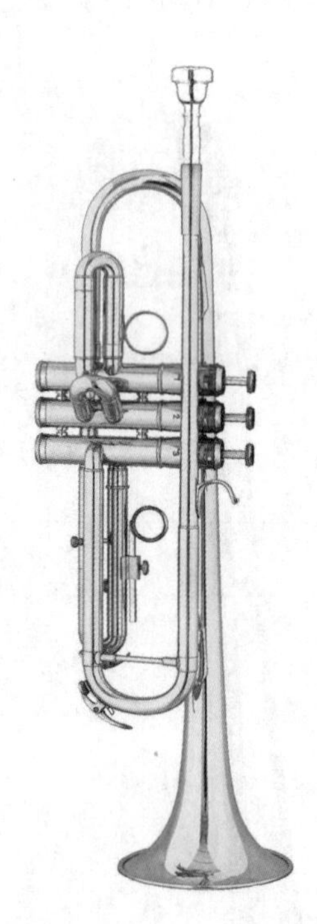

功学社（天津）商贸有限公司

1、MAPEX黑豹鼓组系列“留声机”

“留声机”是MAPEX黑豹鼓组系列中与大家见面的一套全新黑豹概念三鼓鼓组。无论从鼓肚的材质到鼓框；螺丝座及鼓皮都沿用“留声机”小鼓的独特设计。精选8.1mm的胡桃木鼓肚加上2.3毫米黑豹专利卷圆鼓框；1:9新黑豹专利设计的圆弧导角；这些特别的声音塑造工序让“留声机”不止兼备极饱满的胡桃木经典音色，也同时拥有非常饱满的低频。

2、Walden Natura710民谣吉他

琴身：Dreadnought

面板：单板白云杉

背板：单板印度紫檀木

侧板：印度紫檀木

2009年6月－美国吉他杂志Guitar Player magazine针对Walden Natural D710作出“对于寻求纯粹空心吉他体验的乐手来说, D710以其绝对的优越性引人注目”的高度评价! 并为其颁发了“金牌奖”！！

特色:

1.“典雅”与“控制”。

2. 拥有与电吉他一样轻薄好弹的低弦距琴颈。

3. 内部结构采取扇形雕刻X型音梁设计，让吉他音色有效率的集中输出并消除不必要的偏离共鸣。

4. 独有的曲面玫瑰木弦桥设计，让琴弦能量的散播如波浪般传递到整个面板，并有镶有贝饰纹口轮花环绕着音孔。

5. 习惯薄C型琴颈的电吉他手们将会爱上D710的丝绒般光滑并可快速移动的桃花心木琴颈。玫瑰木指板滚上雅致的塑料饰边，完美的品线作工让弦距既低又好弹。其它极具品味的配件包含龟壳花金色弦钮、镶贝华登琴头商标与玫瑰木琴头贴片。

音色表现:

1.琴身与面板运作和谐，制造出异乎寻常的纯净音色。

2.温暖又颗粒清晰。

3、Zildjian Gen16AE电镲——功学社中国独家代理Zildjian品牌

从这款Gen16AE的工作原理来看，真实的镲片震动发声、拾音器拾音、音源主机信号处理、声音信号输出。这与传统概念上的电子鼓完全不同，反而与电吉他十分相似。这套设备中的音源部分，就相当于吉他的效果器。这是一项极具革命性的设计。相当于传统的电子鼓镲片模块，Gen16AE的音色更真实，音源效果更可靠。击打镲片的手感与真的镲片完全相同。演奏时发出的声响较传统镲片小很多，便于在家练习。重量更轻，便于携带。这些硬件上的优势可圈可点。这一革命性的设计必将成为新一代电子打击乐器的标杆。

4、HERCULES 赫尔克里士

HERCULES赫尔克里士自2005年以来逐步使用环保材料，确保使用上的安全与环境的保护，无论是在舞台上演奏，录音室，户外，还是您在家里，

赫尔克里士系列乐架都能为您提供理想的支持，值得信赖和托付。

HERCULER赫尔克里士AGS、次中音萨克斯架

此系列乐架的设计目的是为解决管乐从乐架上滑落而给您带来的烦扰，独具特色的HERCULES AGS自锁系统设计，只需将萨克斯放置在架子上，自锁装置便会将萨克斯自动扣紧，取出时，自锁装置会自动松开，十分快捷安全。

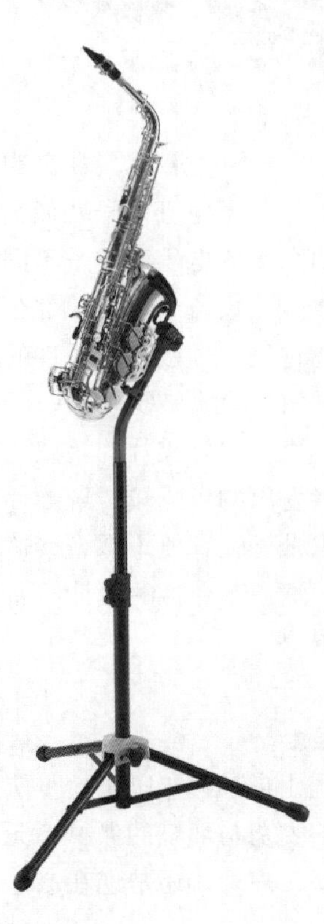

任您选择：

DS630BB 方便携带，附送便携包

DS730B 较高的萨克斯架，让演出时可很轻易的拿取乐器

5、JUPITER 杰普特600系列中音长笛

新JUPITER 600系列中音长笛提供同C调长笛的感觉，可以让初次接触中音长笛的学生容易上手。它具有简单耐用的按键设计，并能易于演奏。精制的吹口管搭配用手工制吹口，加上管身结构搭配舒适精密的按键设计，相当有助于Jupiter经典美声的音质展现。JUPITER 600系列中音长笛包括JAF - 617S（直式吹口管），JAF - 619S（弯式吹口管）和JAF - 621S（直式&弯式吹口管），完全符合所有演奏者及长笛重奏团的要求。

标准规格：

1）925银制吹口管

2）镍银制的身管及尾管

3）镍银制按键

4）不锈钢弹针

5）精制的吹口管搭配用手工制吹口

6）金属制的手指按键

7）高质感的双层皮垫

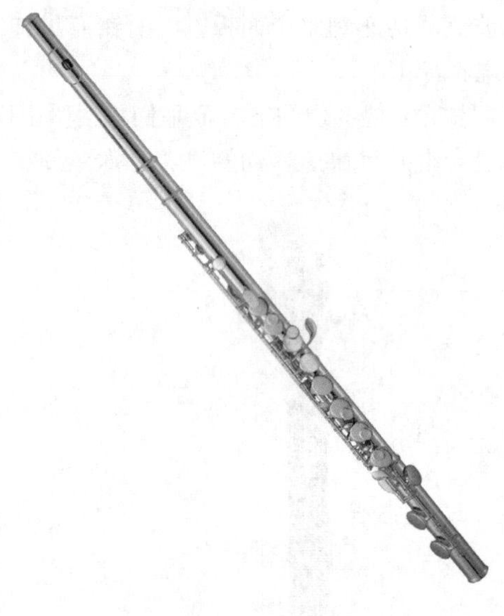

6、JUPITER 杰普特1100系列小号

JUPITER杰普特全新1100系列小号，其有3款型号可满足爵士、流行、古典等不同表演类型专业乐手的吹奏需求，JUPITER杰普特致力于为乐手提供吹奏能力更佳及更具质感的乐器。

TR-1100

音色明亮，适用于爵士、行进及流行音乐的吹奏表演

1）管径:460”(11.7mm)

2）喇叭口径:4.8”（123mm）

3） 黄铜吹口管&喇叭管
4） 顺向式黄铜吹口管
5） 不锈钢制活塞
6） 两截式缸管活塞组
7） 垂直式第三调音管停止座
8） 椭圆式的调音管
9） 珍珠贝镶制按键

TR-1102

音色适合重要及较有爆发力的表演者

1） 管径:460”(11.7mm)
2） 喇叭口径:4.8”(123mm)
3） 红铜喇叭管
4） 标准式黄铜吹口管
5） 蒙耐合金活塞
6） 两截式缸管活塞组
7） 垂直式第三调音管停止座
8） 椭圆式的调音管
9） 珍珠贝镶制按键

TR-1104

音色低沉温暖，适于和声和古典类的演奏家

1） 管径:460”(11.7mm)
2） 喇叭口径:4.8”(123mm)
3） 红铜吹口管&喇叭管
4） 标准式黄铜吹口管
5） 蒙耐合金活塞
6） 两截式缸管活塞组
7） 垂直式第三调音管停止座
8） 椭圆式的调音管
9） 珍珠贝镶制按键

得理乐器（珠海）有限公司

A800电子琴

A800是公司今年主推的一款全新电子琴，它采用美得理自主研发的全新芯片，在音质、功能上都更上一层楼。A800拥有强大的内存，高清完美的音质、专业的演奏功能和音乐制作功能，满足您在学习、演奏和专业音乐制作上的不同需求。数目种类繁多的80种民族音色及40种节奏更适合演奏民族乐曲；强大的四段变奏，让您的演奏丰富多彩。

A800金属质感的外观、简约灵巧的面板设计、61键可调节三种力度等级键盘、超大LCD多功能液晶显示屏、延用高端合成器中的轻触式开关按钮，采用人性化的直选式操作方式。这款产品有着震撼的音响效果，四只功率强大的扬声器，分别是2个25W的高音喇叭、2个15W低音喇叭，加之木质底板的设计，使音质达到高清的完美效果。

A800共有676种音色，其中包含413种主奏音色、133种合成背景音色、80种中国民族乐器音色、

28种世界民族乐器音色、12组键盘打击乐音色、10个用户音色。其中有很多音色都带有演奏技巧的音效，使乐曲演奏更加生动逼真。插入式效果，使琴内每一个音色可分别扩展45种不同效果的音色。A800的节奏共有275种，其中包含200种经典节奏、40种中国民族节奏、30种世界音乐节奏、5个用户节奏。这款产品拥有强大的伴奏体系，每一种节奏都设计有2段前奏、2段尾声、4段变奏，您在演奏中可以随意切换，这也是这款产品在节奏方面最大的突破。

这款产品在演奏方面的功能非常实用。全新的演奏帮助功能，让您轻松的弹奏包括钢琴、吉他、古筝、琵琶等7种音色的乐曲及可以自弹自唱。随心演奏功能，让您演奏吉他或民乐等7种音色的独奏乐曲时，灵活的切换各种演奏技巧。音频输入功能，您可外接媒体播放器，进行乐曲或伴奏的播放；教学功能方面，这款产品带来的是更加全面、更加专业、更为实用的功能，如：48个存储记忆状态、6轨录音、12路调音台、120首歌曲可三步学习、和弦字典、多功能踏板、移调、滑音轮等；音乐制作方面，您可以根据喜爱选择USB接口、MIDI接口、U盘插槽等连接PC进行音乐创作，随琴附送的用户制作软件，可以满足您专业的制作要求。

SP5100数码钢琴

SP5100 是MEDELI今年强势推出的一款全新便携式三踏板数码钢琴。这款产品的设计简单、大方，真实的钢琴音色及仿钢琴琴键手感可以和传统钢琴相媲美，另外，较传统钢琴音色、功能更加丰富，且易于携带，是一款非常轻便的纯电钢。

这款产品为88键锤式触感钢琴键盘，LED显示器，内置20种面板直选音色，包括钢琴、电钢琴、爵士长笛、手风琴、小号等实用的音色；20种钢琴节奏，60首歌曲。

功能方面，具有双音色、键分离、移调、混响、合唱、明亮、节拍器、2轨实时录音并可以录制一首用户乐曲，古典音律等。古典音律是这款产品一个特殊的功能，现在我们普遍使用的是平均律，而这款产品设计了十二平均律时期之前的6种古典音律。SP5100还具有USB、MIDI接口和SD卡插槽，方便与电脑连接，进行数据的传输与音乐制作。

这款产品优良的品质和极具吸引力的价格能够完全胜任各位老师的钢琴教学、满足学生学习及演奏。

SP6000电钢琴

SP6000无论从产品外观设计、高科技芯片、音色采样及键盘触感等各方面来看，都无疑是最具影响力的电钢产品。这款产品有两个颜色型号：SP6000W、SP6000B,无论是优雅时尚的白色还是稳重大气的深灰色，都能给您的家居生活带来高品质的享受。

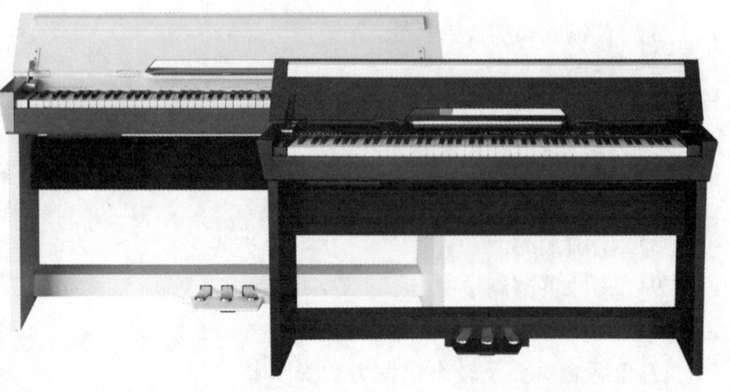

SP6000作为一款纯电钢，最重要的是它的音色和键盘触感，它采样于真实的传统钢琴，摈弃电子味道，突显专业品质音色。全新的可调节三种力度锤式触感钢琴键盘更接近于传统钢琴，并能够十分细腻的表现力度变化。面对国内外众多的电钢产品的竞争，美得理对产品音效尤为重视，SP6000采用全新外挂式整体音箱，充分扩大的发声单元体积，加上两个15W功率超强的喇叭，使高、中、低频都能发挥的淋漓尽致，更好的呈现音质整体感和清透感。

这款产品操作十分简便，没有复杂密麻的面板按钮，只需组合功能键及琴键进行操作，便可轻松调用所需音色、歌曲等。SP6000内置常用的11种音色，如：钢琴、电钢琴、颤音琴、弦乐、萨克斯、小号等，满足您对音乐探索的好奇。内置土耳其进行曲在内的20首歌曲，让您欣赏之余可分左右手学习弹奏。三踏板的设计，让您更完美的演绎音乐。

科技方面，SP6000可以使用USB连接PC制作MIDI音乐，使用音频输入外接mp3等格式播放器播

放或跟奏您喜欢的乐曲，使用耳机接口、音频输出接口您可以进行静音练习或舞台演奏。

DD518电子鼓

作为最高型号的产品备受广大消费者的好评，716种纯正的打击乐音色完美的体现了作为电子鼓的优势，99套鼓组（42套预置鼓组，57套用户鼓组）可以让我们随心的组合想要的风格，220首歌曲，（120首预置歌曲，100首用户歌曲，可支持循环/非循环方式播放；可7轨录音，让大家可以体验完美的录制效果，MIDI功能：MIDI IN/OUT USB接口，自动电脑识别，简化的操作基本随手即可操作。支持SD卡，可保存用户KIT数据，用户录音数据，加载相关参数值。

DD618电子鼓

在DD518的基础上对音色重新进行编辑使其更加适合演出，嗵鼓支持多触发和大力度采样，擦片可以演奏制音技巧，军鼓采用的是尼龙网状鼓皮识别更加灵敏、手感基本与传统鼓无异同时噪音更小更加耐用。DD618是多功能电子鼓在国内的里程碑。

吟飞科技（江苏）有限公司

1、Masterkey 61键盘

61键全尺寸，带力度，具有合成器风格的MIDI键盘

滑音轮

调制轮

八度/高级功能切换按钮

音量滑杆（可指定）

四个MIDI旋钮（可指定）

3位红色LED显示

利用编辑按钮和键盘选择可以实现高级功能

USB MIDI 插孔，即插即用

延音踏板插孔（有极性感应功能）

断电时可保存用户设定控制配置

2、TB806键盘

键盘：61标准键（C1-C6），力度触感键盘

显示：多功能LCD显示电子琴状态

数字：数据轮

音色：128种GM 标准PCM音色，8种中国民族乐器音色，复音数16个，打击乐2套

音色控制：双音色、分离音色，音色音量，八度，音量平衡，颤音，延音，移调，音分微调，滑轮。

自动伴奏：106个节奏风格，有节拍器功能，冻结

伴奏控制：同步启动， 启动/停止，前奏/尾奏，间奏，节奏速度，伴奏音量，节拍器

键盘控制：正常模式，单指和弦，多指和弦，键盘分离

MIDI控制：MIDI IN，MIDI OUT

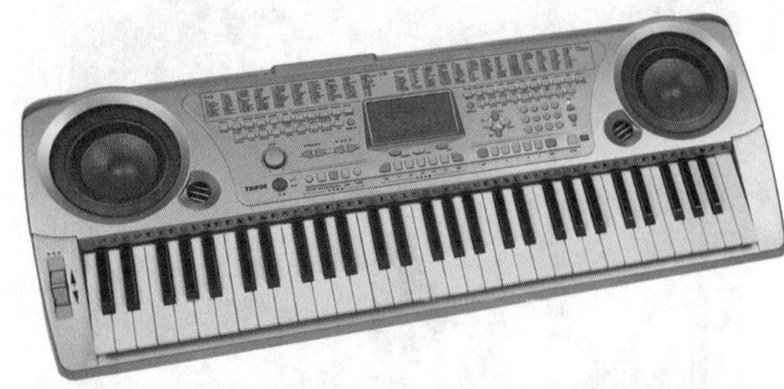

录音重放控制：5首独立歌曲

面板记忆：4X5组面板设置/恢复（MEMORIZE/BANK，1-5）

示范曲：10首DEMO歌曲

辅助插口：DC 12V，耳机，麦克风，踏脚，MIDI输入，MIDI输出

3、RP-30电子琴

键盘: 88键(A-1~C7)榔头键力度触感配重标准键盘

显示:多功能背光LCD液晶显示

复音数: 64个音（最大）

音色: 128种GM标准PCM音色，12组民族音色，9组键盘打击乐器音色，1种效果音音色

音色控制: 延音，八度，力度，移调，分离，双人模式，微调，

效果:合唱，混响

节奏数: 100种伴奏风格+2种用户节奏

键盘控制:全和弦，键盘分离，和弦，和声，

录音:多轨实时录音（包括1个伴奏声部，2个旋律声部）

存储设置: 4 x 4组存储设置

接口: DC 12V，脚踏插孔，线路输出插孔，耳机插孔、MIDI 输入/输出插孔

喇叭: 2 - YDT816(4Ω*10W)

4、RS1000双排键电子琴

键盘：上键盘61键 下键盘61键 脚键盘25键

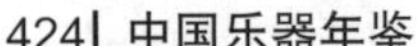

灵敏度: 16级

键盘分离: 主导音色1/2 脚键盘音色1/2

脚键盘发音模式: Mono（单音）/Poly（复音）

音色：上键盘1/2 主导音色1/2 下键盘1/2 脚键盘1/2

预置音色数: 394种

音色编辑: 音量、相位、微调、移调、八度、起音、衰减、释音、颤音速度、颤音深度、颤音延迟、共鸣度、截频

键盘打击乐: 14个鼓组:2组用户自定义鼓组

效果：延音、混响、合唱 、插入效果

预置节奏型: 191种

支持类型: MP3、MIDI

效果类型: 截频、共鸣度、起音、衰减、相位、八度、移调、颤音-深度

踏板控制、多功能摇杆、MIDI控制

5、TD85电子鼓

鼓盘: 1个带击边功能的军鼓, 3个通通鼓, 2 个吊镲, 1个踩镲, 1个踩镲踏板,

1个低音鼓

显示:多功能LCD显示

复音数: 64

音色: 349 种打击乐音色, 预设30个鼓组

效果: 8种混响效果，8种合唱效果

乐曲: 30首

鼓盘控制:灵敏度，阀门值，力度曲线

录音功能: 实时录放音功能

接口: DC 9V 电源, 耳机, USB MIDI, LINE OUT(线路输出）(R+L), AUX IN(线路输入)

上海乐兰电子有限公司

TD-30KV: V-Pro电鼓

十几年来，罗兰的革命性V-Drums电鼓以其富于表现力的声音品质及演奏性在业界领先。现在，罗兰隆重推出拥有SuperNATURAL超真实技术音源的V-Pro顶级电鼓TD-30KV，TD-30KV是电子鼓的里程碑产品。拥有行为模拟技术的SuperNATURAL超真实音源，先进的感应技术，更丰富的表现力及敲击感觉，将鼓手的演奏技巧、变化及力度演绎的淋漓尽致。此外，USB音频播放功能增加到扩展的演奏模式中。无论舞台

表演还是专业录音，全新的V-Pro系列值得信赖。

• 旗舰级V-Drums电鼓，拥有先进的感应技术以及SuperNATURAL超真实音色

• 基于行为模拟技术提供更丰富、精确的表现力

• 专业的V-Edit编辑模式可以编辑音色

• “环境”推子增加全新的房间环境效果及overhead话筒模拟

• 金属灰和黑铬色外观以及稳固的舞台安装

• 全新的V-Hi-Hat（VH-13）增强了活动感应让您拥有更自然的hi-hat响应

• 全新的V-Pads打击垫（PD-128S/-128/-108）增强了鼓边感应器拥有更精确的边击感应

• 全新的V-Cymbal（CY-14C crash, CY-15R ride）触发准确演奏自然

• USB闪存接口可进行数据备份及音频播放(WAV/MP3)

• 独立的USB-MIDI口可连接电脑

RP-301: 数码钢琴——完美的钢琴音色及键感

新品RP301的音色和弹奏手感真实而逼真，占地面积小，它是为学生和音乐爱好者定制的最佳入门级数码钢琴。内置的节拍器、录音机和双钢琴等练习功能将使钢琴学习更有效和更具有趣味性。超真实钢琴引擎提供了真实的音色和演奏力度响应，G型象牙质感键盘更显高贵品质。• 超真实钢琴再现真实的钢琴表现力

• G型象牙质感键盘让您感受最真实的钢琴演奏手感

• 专为练习和演奏而设计的前面板按键

• 节拍器、录音机和双钢琴功能使练习更方便

• 环保的设计，省电和电源自动关闭功能

• 两种颜色：亚光黑和仿玫瑰木

GU-10: 古筝效果器

GU-10是罗兰最新为古筝开发的效果器，运用专利的模拟技术再现古筝自然的共鸣音色。使用为古筝专门开发的拾音器和前级放大器，就可很自然的对古筝原有的声音进行扩声。GU-10拥有合唱/镶边、八度、混响等效果，为您的古筝增添新的活力，丰富您的现场演绎。同时GU-10可以通过电池或者外接AC适配器供电，方便您使用。

• 只需连接一个专用的压电式拾音器，即可很自然的对古筝原有的声音进行扩声

• 安装简单、方便

• 采用罗兰专利的模拟技术再现古筝的自然共鸣音色

• 配备四种不同效果，增强古筝的传统音色，让您的表演更具表现力

• GU-10可以让您在演奏时使用踏板打开/关闭效果

• 操作非常简单，让您专注于表演

GT-100: 吉他效果器——众多综合效果以及新一代的音箱模拟

继GT-10之后的，BOSS新一代旗舰产品GT-100终于问世了！GT-100不仅配置有重塑各种怀旧音箱的新一代放大器模拟技术，而且提供了全新的COSM音色。用户操作界面更是采用了独特的双LCD系统，EZ TONE升级了最新设计的AMP CUSTOMIZE和OD/DS CUSTOMIZE功能。功能强大的GT-100效果处理器集经典、领先时尚、操作便捷、经久耐用和上手容易于一身。

• 先进的COSM放大器模拟各种怀旧音箱的音色并为您提供各种史无前例的音色

• 双LCD显示屏便于您直接对每个参数进行操作和编辑

• 增强的EZ TONE编辑功能拥有图形界面便于您创建新的音色模板；您同样可以使用AMP CUSTOMIZE和OD/DS CUSTOMIZE定制属于您自己的放大器和过载/失真效果

• 最新研发的ACCEL踏板可以同时控制多个参数

BK-5: 智能自动伴奏键盘——单人乐队的最佳选择

一台键盘，一个键盘手……随着BK-5的登场，Roland骄傲地为自动伴奏类乐器的发展又树立了一个新的里程碑。BK-5不仅具有高品质的崭新音色，同时结合了简明的用户界面及众多高级功能。不管您是单人乐队还是音乐爱好者，BK-5都是您最理想的搭档。

• 独立完备，面面俱到的BK-5键盘带有自动伴

奏功能，并内置音箱

• 众多的音色可供您选择。音乐助手和节奏涵盖了包括东欧、拉丁美洲、亚洲在内等众多的音乐风格

• 便捷的图形用户界面

• 内置效果器，包含混响、合唱、均衡、多段压缩以及几十种综合效果

• 音乐节奏与Roland BK-7m / E系列 / G系列 / VA系列完全兼容

• 可兼容播放USB存储设备中的SMF、MP3、WAV格式伴奏和节奏伴奏，也可即时将音频录制到USB存储设备中

• 为SMF文件自动配置和弦

• 视频输出接口可通过连接外置显示屏与您的朋友或听众分享SMF/MP3歌词

宜昌金宝乐器制造有限公司

KAWAI 85周年签名系列

具有KAWAI 85周年纪念意义的签名系列，蕴藏了三代河合人对音乐执着的追求和热爱，是经典工艺的再次升华。积聚精髓与超越的签名系列，伴您享悦弥足珍贵的音乐人生。

长江G系列

长江G系列钢琴，自问世之初就获得了众多钢琴大师和消费者的好评。源自欧洲的经典设计，使得系列钢琴让人一见倾心。同时，创新运用尖端工艺，在钢琴的心脏部位采用新开发的碳素纤维击弦机，为钢琴带来更强的灵敏性和耐候性，确保了G系列钢琴更加纯粹的音色。

AT-188

超过百年历史的威廉•斯坦伯格（WILH. STEINBERG）钢琴，仍然坚守着德国艾森伯格卓越的制琴传统。AT系列钢琴更是被专业人士推选为精品钢琴的典范，其中AT-188以尤为温润宽厚的音色、足以媲美世界顶级三角钢琴的特质，让拥有者顾盼自豪。

福州和声钢琴有限公司

1、哈曼尼HG-153R皇家系列三角钢琴

该系列三角钢琴适合进入家庭使用，有珠光黑、经典红、雪山白等亮光漆供选择。古典罗马风格设计造型，采用圆锥形凹槽琴腿，欧式镂花琴谱架，弧形的琴键大盖与弧形琴手的配合其弧形有机融为一体，外观大方秀丽。采用真空技术铸造“R版”铸铁板；有浮雕雕花及编码防伪技术、阶梯式筋条结构、上下镶嵌式弦枕、高音区双泛音装置等多项专利技术为国内首创。采用德国ROSLAU琴弦及六角低音弦、采用骨胶拼接实木音板、实木键盘、进口羊毛毡特制的红木弦槌，其音色优美，高音明亮，中音圆润，低音浑厚，弹奏触键灵敏舒适的精品三角琴。

HG-153R型钢琴：

HG-153R8型钢琴：

HG-153R7型钢琴：

2、哈曼尼“R版”高端系列新产品

该系列产品采用新型音源结构，采用“米”字形琴背架，充分发挥音板的共鸣效果，确保受力后的稳定性。采用真空技术铸造“R版”铸铁板；有浮雕雕花及编码防伪技术、阶梯式筋条结构、上下镶嵌式弦枕、高音区双泛音装置等多项专利技术之外，又新增加两项专利技术：立式钢琴键盘手感调节装置，该装置可将键盘的配重分成5个档次，根据需要随时调节键盘静阻力的大小，以适应不同年龄琴童对键盘的力度要求。钢琴用高音音响共鸣钟，

H-133T6-RG型钢琴：

该装置使得高音部分的音响加强了共鸣效果，丰富了钢琴高音的音色，为国内首创。该高端产品采用德国ROSLAU琴弦及六角低音弦、采用骨胶拼接实木音板、实木键盘（乌木制作黑键）、进口羊毛毡特制的红木弦槌，其音色优美，高音明亮，中音圆润，低音浑厚。同时，由于可调节键盘的配重，弹奏触键灵敏，其舒适度更加人性化。

HG-123R3-G型钢琴：

HG-123J-G型钢琴：

HG-123L-G型钢琴：

上海钢琴有限公司

W-123 立式钢琴

它是公司为开拓零售市场而新打造的一款精品钢琴。该型琴采用框架式结构，共鸣性能良好、音准持久稳定、音质厚重、音色优美悦耳富有层次感；键盘扇形展开力度传递合理，触键轻捷灵敏，弹奏复击性能稳定；踏脚采用传统连杆结构，反应迅速灵敏、可靠耐用。

该琴款式为分体式顶盖、弧形立柱琴腿造型，整琴流畅典雅，给人以稳重大气的感觉。精良的内在品质、优雅大气的外观风格，作为一款高性价比网络直销琴，非常适合家庭使用。

W-125 立式钢琴

它是公司为开拓零售市场而新打造的一款精品钢琴。该型琴采用框架式结构，共鸣性能良好、

音准持久稳定、音质厚重、音色优美悦耳富有层次感；键盘扇形展开力度传递合理，触键轻捷灵敏，弹奏复击性能稳定；踏脚采用传统连杆结构，反应迅速灵敏、可靠耐用。

该琴款式为分体式顶盖、大谱架、C型腿造型，整琴端庄稳重，给人以大型琴的感觉。精良的内在品质、稳重大气的外观风格，作为一款高性价比网络直销琴，非常适合家庭使用。

J-128立式钢琴

该型琴共鸣系统由计算机论证设计，配合全延展嵌入式音板肋木，既为整琴提供了一个坚固稳定的支撑，又成就了饱满悦耳的音色。主要材料选用进口云杉实木音板、德国ROSLAU琴弦、德国优质纯羊毛毡，确保了琴声更加圆润柔和、音质更优美。琴键采用北美优质白松实木制作，使触感更加舒适。琴体采用特殊材料覆贴，外饰高强度耐侯性PE聚酯，漆膜光亮持久。

欧陆款造型，采用带弧面的大顶盖、侧臂、7型腿、琴脚、及整体式前键盖、叠面式下门的设计，线条简洁流畅、稳重大气，给人以美的享受。

GP-148卧式钢琴

GP-148 是公司新推出的全音域小型卧式钢琴。其结构合理、坚固可靠，音量宏大、共鸣性能良好、音准稳定持久、音色优美悦耳、富有层次感：低音浑厚坚实、中音优美圆润、高音清澈明亮，触感舒适灵敏、弹奏品质出众，能较好的反映出演奏者的意愿。其以不饱和树脂涂饰，表面抗污、抗损力较强。该型琴作为公司小型卧式钢琴的代表，其性价比极为突出，是家用卧式钢琴的最佳之选。

J-123Q立式钢琴

该琴结构合理、坚固可靠、共鸣性能良好、音量较大、音色优美悦耳富有层次，弹奏灵敏、触键手感舒适。传统款式，圆角大顶盖、法式琴腿，标配键盖缓降器，表面以高档钢琴漆涂饰，做工精良。是比较适合家庭休闲娱乐的中档产品之一。

杭州嘉德威钢琴有限公司

1、GR1-126（LV风情）

类别：立式钢琴

色系：魔幻彩色

尺寸：1520mm × 620mm × 1260mm

设计理念：LV浪漫风情系列，时尚风格，法国式浪漫奢侈的完美表现！

2、GR2-126（孔雀公主）

类别：立式钢琴

色系：栗壳色亚光

尺寸：1530mm × 620mm × 1260mm

设计理念：高尚，典雅，孔雀公主-尊荣无上的象征！体现着一定的文化修养和审美情趣，是一个人的身份、品味的无言标志。

3、GK1-123（星钻之光）

类别：立式钢琴

色系：黑色亮光

尺寸：1575mm × 620mm × 1230mm

设计理念：纯净的美令人赞叹，世人渴望拥有它的独特华贵、时尚新颖。靓丽的色彩闪耀着煜煜生辉的光泽，更流露出梦幻般的个性，充分展现精湛的设计水准和制作工艺。

4、GP23-166（白金女王）

类别：三角钢琴

色系：白色亚光

尺寸：1660mm × 1500mm × 1050mm

设计理念：咫望人生繁华，谈笑千年风云。金身姿塑、神媲优雅，高贵源于名门血统，奢华彰显细节解读；中西合璧，尊荣集萃。方寸之间，荣耀在此加冕，私享贵族礼遇，续写稀贵传奇。

5、GP32-166（蓝色多瑙河）

类别：三角钢琴

色系：蓝色亮光

尺寸：1660mm × 1500mm × 1050mm

设计理念：韵律在指尖汩汩流淌，如多瑙河粼粼微波光芒无限，伴着华尔兹悠悠荡漾，把音乐在空间唯美流淌，用浪漫演绎时尚，用唯美铺垫奢华。

德国博兰斯勒钢琴有限公司

（一）德国博兰斯勒概念琴PH梦幻系列

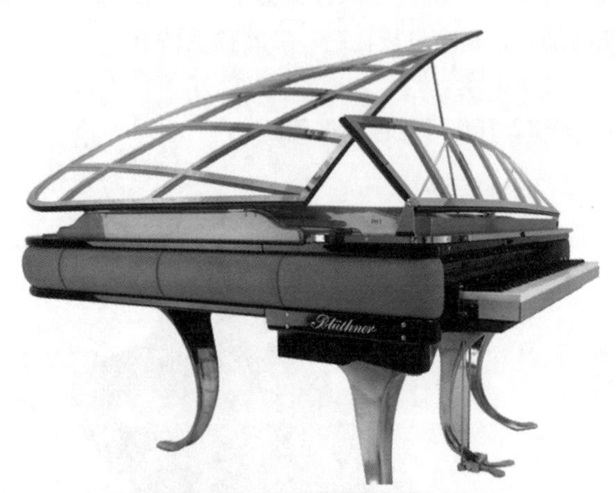

【设计理念】

这款博兰斯勒概念琴PH梦幻系列外观上突破传统厚重、木质的形象，顶盖及谱架均采用具有金属与玻璃质感的特殊材料，琴身则辅以高级定制皮革装饰、银白金属曲线琴腿等设计灵感，最特别的是工艺设计上首次采用上浮式铁板与透明键盖独特创意，有别于传统琴键盘的设计，这款琴的键盘两侧可以直接看到键身。极具艺术之美的Blüthner品牌LOGO首次位于而键盘左侧琴身。

【概念艺术外观，秉承传统品质】

外形整体曲线优雅且极具后现代艺术感，时尚气息浓郁又兼具奢华通透之美；

在突破传统外观设计的基础上，秉承博兰斯勒传统钢琴美好音色及触感的实用优点；极具收藏价值；

【亮点】

工艺：100%德国原装；

外观：PH概念钢琴长190cm。

拥有德国雷诺RENNER顶级击弦机的博兰斯勒手工制作；

现有最新颖自动演奏技术为基准，配QRS自动演奏系统，且可用苹果系统控制；

上浮式铁板与透明键盖独特创意；键盘两侧可以直接看到键身。

（二）德国博兰斯勒立式琴Model S系列:

【设计理念】

博兰斯勒Model S146，突破传统立式钢琴高度的设计,注入超越时光的美学风格以及丰富温润的声音情感，是目前全球最高的立式钢琴 。

【优质取材】

工艺：德国博兰斯勒钢琴公司在德国莱比锡设计及纯手工制造；

外观：立式，88键，高度为146厘米，三个踏板，有黑色与树瘤纹外观；

国际最高质量演奏钢琴组（Group 1）A类（世界钢琴质量排名-THE PIANO BOOK）

琴弦均为独立挂弦；

博兰斯勒琴弦定弦系统；

德国原装ABEL榔头；

德国雷诺Renner击弦机；

德国原装ROSLAU琴弦；

低音六角琴弦；

德国Delignit弦轴板；

精选奥地利TONEWOOD特级实木音板；

博兰斯勒特有圆柱体状音板弧度设计

德国DELIGNIT Feinholz D8垂直叠层复合弦码；

德国专业演奏Weight键盘；

（三）德国博兰斯勒设计海斯勒Model 1九尺琴系列

【设计理念】

秉承德国博兰斯勒设计及工艺理念，优秀的传统工艺加上革新的设计，力求全新的音乐感触，闪烁的高音加上醒目的低音带来迷人的音乐演绎，着重功能性设计与最新生产方式的钻研使其成为极高品质的的现代钢琴。有传统的黑色和多种不同材质的颜色。

【优质取材】

德国博兰斯勒钢琴公司在德国莱比锡设计及纯手工制造，

国际高性能钢琴组品牌（Group 2）世界钢琴质量排名-THE PIANO BOOK；

黑色亮光，88键，长度为280厘米，三个踏板；

德国原装ABEL榔；

德国雷诺Renner击弦机；

德国原装ROSLAU琴弦；

德国Delignit弦轴板；

精选奥地利TONEWOOD特级实木音板；

博兰斯勒特有圆柱体状音板弧度设计

德国DELIGNIT Feinholz D8垂直叠层复合弦码；

低音琴弦Rotation挂弦技术；

德国专业演奏Weight键盘；

铜脚轮；

（四）德国博兰斯勒设计欧米勒 A系列 型号

【设计理念】

德国博兰斯勒设计欧米勒Classic Edition系列（型号A-3/5/6），选用德国ABLE榔头、德国FFW呢毡、德国RÖSLAU琴弦、特制静间灵敏击弦机、全实木键盘等最好的材料，应用博兰斯勒共鸣持久技术、博兰斯勒音板成型技术、博兰斯勒独立背柱技术、博兰斯勒钢板支撑技术、数控加工技术等几十项德国技术及工艺，同时装配工艺完全按照博兰斯勒钢琴的要求：欧米勒每一台钢琴组装不仅要求做到连每个榔头柄的硬度都必须检测，并按不同的硬度分组使用，而且还要精细到每个榔头柄的木纹朝向都必须做到朝向一致，使用其演奏性能完全可以与几十万的原装德国钢琴媲美，是一款性价比极高的产品。

【简约外观，秉承传统】

经典黑色，简约外观。轮廓线曲直分明，简约大方，浑然一体的黑色优雅、内敛，恰好中和了银色配件的张扬，给人挺拔的力感。

【优质取材】

音源：德国博兰斯勒设计CC音源

奥地利TONEWOOD云杉音板/欧洲鱼鳞松防裂特制音板

德国DELIGNIT垂直叠层复合弦码

德国原装FFW呢毡

琴弦：德国原装RÖSLAU琴弦

榔头：德国原装ABEL榔头

击弦机：德国DEHONIT强化木

英国HAINSWORTH呢毡

键盘：奥地利TONEWOOD云杉

专业演奏Weight键盘

英国HAINSWORTH呢毡

（五）德国博兰斯勒e-Klavier系列

【设计理念】

由德国博兰斯勒钢琴公司专门成立的数字音乐团队倾力打造，以德国博兰斯勒演奏级三角钢琴的声音品质为标准，结合最新自动演奏技术的创新设计，提供全新的电子钢琴的音乐享受乐趣。

【亮点】

工艺：100%德国原装；

博兰斯勒演奏级三角钢琴最新独创的声音技术录制解析；

声效动感范围广，声音自然，能非常逼真的表达情感，并附有更多的音效选择；

采用多重效果处理器，达到混响，合唱，颤音，移相和均衡等效果；

音乐会仿声声效标准，和弦伴奏、键触灵敏、有机扩声；

博兰斯勒三角琴键盘标准；

DCI-Bedienfeld模式直接控制，媲美博兰斯勒三角琴声音效果，可通过按钮进行选择转换、按键触摸、微调、节拍器、录制、播放等功能。

内置歌曲录制、编辑、回放弹奏功能；

先进的宽频声音技术，Amplifier 50W*2，使用德国最好的扬声器，由德国Gunter Philip为博兰斯勒公司特别定制；

USB接口，可以连接PC或手提电脑等有MIDI或者其他播放器功能的设备。

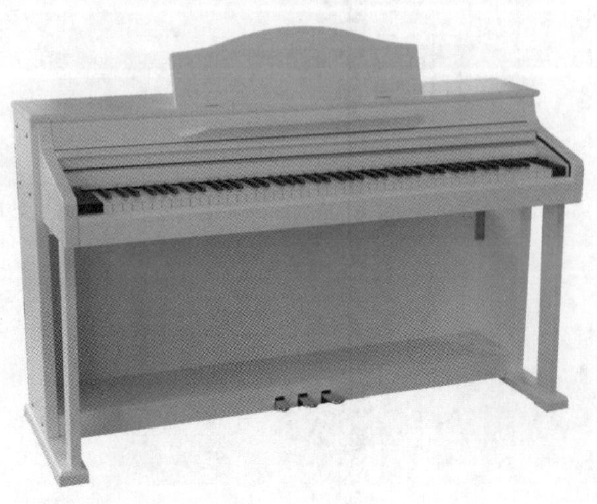

（六）德国Carl RÖnisch钢琴 186K系列

【设计理念】

Carl RÖnisch钢琴提供质量上乘的不同尺寸,风格

和外观(包括稀有和不寻常木材)的立式钢琴和三角钢琴,其所有的配件都具备符合Carl RÖnisch钢琴要求的具有德国制造工艺的最高质量标准.对非同寻常的钢琴文化及音乐的传承.

【杰出的传统、完美的质量、最精的艺术感】

对于要求高级别音色和敏锐手感的音乐家来说,CARL RÖNISCH三角钢琴提供了最大程度的击弦机反应和美妙音色,以及经典永恒的三角钢琴风格——最大程度的复杂工序，加工至完美的一系列珍稀木材构成了几乎所有的装饰。

南京舒曼钢琴制造有限公司

舒曼E2-121钢琴

在原有的德国工艺和技术的基础上增加了新的定弦钮和独立弦唇设计，音色的稳定性和纯度大大得到加强。

德国进口VFG呢毡榔头，舒曼钢琴独特的琴槌制作工艺；键盘呢采用英国进口HAINSWORTH呢毡，品质稳定，音源完美；悬臂式设计的特长琴弦采用德国勒斯劳ROSLAU 最高等级专业琴弦，所用低音弦采用高级工匠手工缠弦，琴弦音色更加优美；特制定弦钮及定弦钮音唇，使弦的精度大幅度提高，音色更加丰富，清纯；舒曼钢琴独特的纯手工擦弦技术，确保琴弦力量柔和，不受外力损伤，音准稳定性更佳；此外精确的数控钻孔技术，键盘加铅设计等各项工艺的进步和完善以及其时尚大方的外观设计，无不让舒曼钢琴显得精美典雅、雍容华贵。

上海玛珂琴业有限公司

W22钢琴

外壳设计方正，棱角分明。上下门以及中盘的金属装饰遥相呼应，自成一体，为该琴外壳设计的点睛之笔，音板框为硬木框设计，中盘采用角铝连接装置，从根本上解决中盘和锁门挡变形的问题，德国呢毡、红木榔头，音板后背采用最新木粒圈设计，可以有效减少振动能量的损失。

采用欧洲最新设计理念，琴身简约大气，尽显稳重经典。同时渗进音箱理论设计，音源采用欧洲音板振动理论设计，使弦振动的能量以最有效的方式传递带动整个音板的振动，同时也考虑铁板参与了共振的因素，以求达到设计者在音色效果上追求的最终目的以欧洲为基础，糅合亚洲名琴韵味。采用实木音板框除减少能量损坏外，也同时改变了音板容易下塌的弊端，中盘采用角铝连接装置。榔头配置是德国呢毡、红木榔头。

金公爵系列钢琴

德国大师的最新力作，时尚、现代的外形设计，近乎苛刻挑选的原材料，独立的生产线，精湛的制作工艺及严谨的细节处理，丰富的表现力赋予其优美的音色，美妙的触感。成就众人赞叹的经典品质。金公爵系列钢琴以其超群的品质和高雅的造

型深受专业人士的青睐。金公爵系列钢琴使用红色花梨木木芯、日本原装进口特制羊毛弦槌，确保每种型号都能产生最佳音色，同时具有高灵敏度和耐久性。采用了悬吊式长码桥，并增加弦长，使中低音域的音响更加丰富动人。音板与肋木间的位置提升了音板的均衡程度，产生美妙平衡的音色。金公爵系列采用了日本原产铸铁板和最新的设计方法，追求背柱与钢板的平衡，使琴音增强，展现出丰富而内涵深厚的完美音色。金公爵系列是专业人士与家庭的理想选择。

烟台博斯纳钢琴制造有限公司

为纪念博斯纳钢琴问世一百四十周年，2011年，烟台博斯纳钢琴制造有限公司特别推出了GBT系列纪念版钢琴。

GBT系列立式钢琴

采用德国博斯纳钢琴的原版设计，生产工艺蕴含了德国贝希斯坦钢琴的制作技术，选用材料考究、上乘。其中榔头全部采用德国Abel榔头，键盘采用欧洲实木云杉及乌木黑键，音板、肋木采用奥地利云杉。同时每一台GBT系列立式琴也加装了韩国缓降器。大气厚实的外观造型、科学先进的设计与工艺、高端且充满人性化的选料和配置，博斯纳

GBT系列纪念版钢琴将与您共享古典艺术与现代科技的融合之美。

GBT系列三角钢琴

由德国贝希斯坦钢琴股份有限公司设计，从关键零部件的采购到整个生产过程，全部由贝希斯坦公司提供工艺技术，并进行全程质量监控。设计一流、技术精湛、加工精细、选料考究，使得博斯纳GBT系列三角钢琴将德国钢琴那种温暖醇厚、圆润柔美的音色特点发挥得淋漓尽致。

烟台金斯波格钢琴制造有限公司

1、KF123立式钢琴

123型立式钢琴是钢琴大师克劳斯·芬纳先生的得意之作，被克劳斯·芬纳先收编于自己的钢琴专著典型设计，音色动人，音域宽广。白色外壳配以跳跃的圆环，让人遐想遥远的星际，华美而高贵。

• 严格、严谨、精确的德国手工制作工艺

• 精选优质美国阿拉斯加云杉的实木音板，确保完美的声学性能。

• 德国原装FFW“A级”的“ABEL”红木芯榔头，弹性硬度巧妙结合，带来完美音色；

• 德国“dehonit”弦轴板，保证了音准稳定性

• 椴木实木键盘，非洲乌木黑键，日本矿物质白键，逐键测重配铅工艺，弹奏更加舒适流畅

• 独根色木码桥，音频的传递更迅速、精确。

• 德国著名的“Röslau”钢丝弦，使音色更优美、层次更清晰

• 日本进口的申达针和申达呢，优质坚硬的色木，引进世界最先进的日本全套精密设备加工的击弦机，使击弦机更加灵敏。

• 精选色木加工踏板传动系统，具有浓郁的欧洲经典感受。

• 韩国进口内置式缓降器，使键盖开启、关合更安全。

2、KF126立式钢琴

126型立式钢琴是最早进入世界级中档钢琴行列的中国钢琴，被国外专家称为“立式琴中的小型三角琴”。

• 音板设计采用悬浮式专利设计，使音板的振动更具活力，低音延音更加浑厚悠长。

• 德国原装FFW“A级”的“ABEL”红木芯榔头，弹性硬度巧妙结合，带来完美音色；

• 椴木实木键盘，非洲乌木黑键，日本矿物质白键，逐键测重配铅工艺，弹奏更加舒适流畅。

• 日本进口的申达针和申达呢，优质坚硬的色木，引进世界最先进的日本全套精密设备加工的击弦机，使击弦机更加灵敏。

• 德国著名的“Röslau”钢丝弦，音色更优美。

• 精选实木音板，使共鸣更持久。

• 独根色木码桥，音频的传递更迅速、精确。

• 踏板传动系统是精选色木加工，具有浓郁的欧洲经典感受。

• 进口胡桃木木皮装饰，亚光涂饰，中国古典的祥云如意造型雅观，古典大方。

3、KF128立式钢琴

128型立式钢琴是吸取了钢琴大师克劳斯·芬纳先生设计精髓，结合现代世界名琴的设计思想，设计开发的全新高端立式钢琴。典雅欧式的外形，

优质的选料，精细的工艺，是科技与艺术的最佳结合、现代工业文明与传统工艺结合的典范之作。

• 严格、严谨、精确的德国手工制作工艺；

• 精选优质云杉实木音板，静角区域后置设计的“双音板”达到了最有效的音板振动，使共鸣更持久，音色更优美。

• 独特的不均布排列立柱使钢琴更稳定、更持久。

• 低音区按照三角钢琴加工方式安装压弦钮，使弦列更加准确。

• 高音区按照音阶进行了谐音下弦枕设计，使高音更加丰富多彩。

• 采用进口德国FFW “A级”的 “ABEL”红木芯榔头，弹性硬度巧妙结合，带来完美音色；

• 德国多层坚硬的榉木交错拼接“dehonit”弦轴板，保证了音准稳定性

• 椴木实木键盘，非洲乌木黑键，日本矿物质白键，逐键测重配铅工艺，弹奏更加舒适流畅

• 独根色木码桥，音频的传递更迅速、精确。

• 德国著名的“Röslau”钢丝弦，使音色更优美、层次更清晰

• 日本进口的申达针和申达呢，优质坚硬的色木，引进世界最先进的日本全套精密设备加工的击弦机，使击弦机更加灵敏。

• 踏板传动系统是精选色木加工，具有浓郁的欧洲经典感受。

• 韩国进口内置式缓降器，使键盖开启、关合更安全。

4、KF158、KF185三角钢琴

KF185型三角钢琴是世界著名的钢琴大师克劳斯•芬纳先生精心设计而成，是家庭和专业演奏用琴。线条柔美，造型典雅，具有极高的性价比。

• 精选优质云杉实木音板，根据波震原理对音板有效振动区域不等厚特殊处理，使音板波震更活

跃，共鸣更持久，音色层次更加丰富多彩。

• 音板二次拱形拉张起弧的特有加工工艺；

• 全实木单板背架与背柱采用机械式连接方式保证音板持久的有效弧度；

• 德国原装进口FFW“AA级”的“ABEL”榔头，严谨精细的整音，使音色层次更加清晰，表现力更加丰富。

• 进口捷克著名的“DETOA”牌击弦机。

• 采用全实木键盘，非洲乌木黑键，逐键测重配铅，再经过特殊的工艺调整，弹奏更加舒适流畅。

• 德国进口“dehonit”的高级山毛榉层压弦轴板，

• 德国著名的“Röslau”钢丝弦

• 楸木单板压制的全实木外壳，韩国进口油漆

• 安装了进口内置液压式缓降器

森鹤乐器股份有限公司

ST面板系列

本公司开发的ST面板系列产品，以世界一流产品的定位目标，采用最新，时尚、现代的设计理念；精选优质的材料；引进世界上最先进的现代化技术设备；以精湛的制作工艺及严谨的细节处理，成就众人赞叹的经典品质。独特的拾音器，采用磁铁的极性相反，磁力强度不变的特性，以降低噪声电平，使音色更加丰富动人，以求达到设计者在音色效果上追求的丰富而内涵深厚的完美音色。ST面板系列产品是电吉他生产厂商的理想选择。

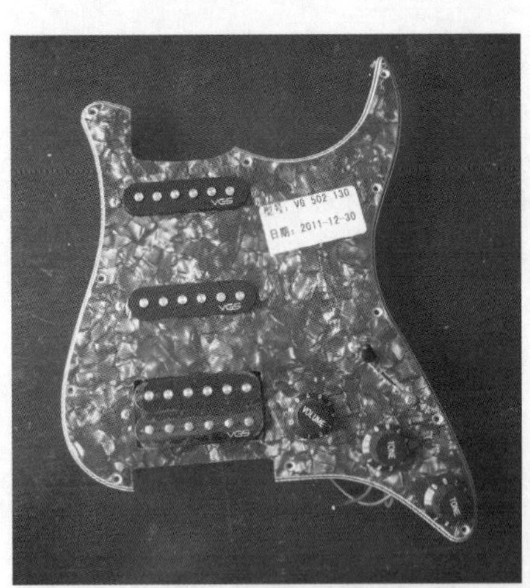

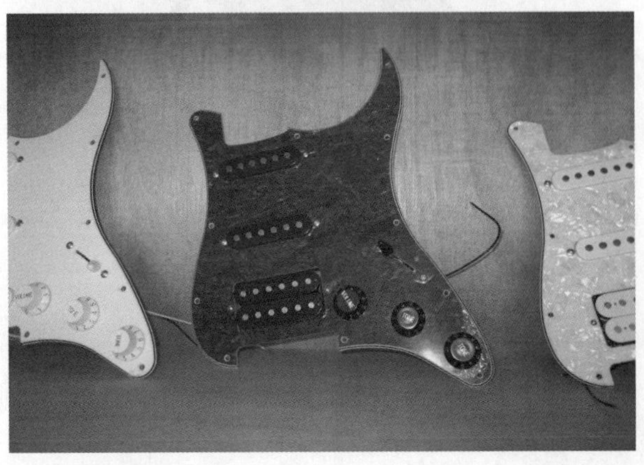

击弦机系列

本公司生产的三角钢琴击弦机和立式钢琴击弦机系列，采用国际先进的击弦机设计方案，集众家所长，配合复式杠杆传动结构优化设计；原材料选用从欧洲进口的优质木材，经独特的木材二次干燥技术处理，从根本上解决了木材变形的问题；同时积极引进现代先进的自动化制造设备，以精湛的制作工艺及严谨的细节处理，提高轴钉的表面硬度，确保轴架阻力的稳定，提高了转击器的灵敏度，使击弦机系统具有更优秀的连击性能；弦槌采用德国、日本原装进口特制的羊毛毡，经特殊工艺处

理，确保每种型号都能产生最佳音色，同时更具有耐候性和耐久性。以确保击弦机系统运作达到最佳状态。森鹤乐器的击弦机系列是各钢琴生产厂商的理想选择。

广东四会市华声乐器有限公司

CAG系列吉他

继 starsun 星臣吉他之后，又一鼎力之作，全新定位推出视觉吉他品牌 CAG-by starsun，传承于starsun经典的音色搭配时尚绚丽的糖果色，让你的音乐，听得见，更能看得见。

大连铜管乐器厂

前进牌低音号

“前进”牌125型bB调三键倍低音号及“前进”牌127型bB调四键倍低音号是根据国内市场需求和发展，经过广泛的市场调研，结合公司现有的技术工艺，自主创新开发的新产品。特点是：结构设计紧凑，尺寸设计合理，音程关系准确，音色优美，外观轻巧，便于吹奏，使产品的音色更加圆润优美，音质有明显的改善和提高，更加柔和，浑厚明亮，发音灵敏，吹奏畅通，富有表现力，便于演奏。“前进”牌127型bB调四键倍低音号，在125型三键倍低音抱号基础上又增加了一套汽缸键子，成为四键倍低音号，因而拓宽了音域范围，使其配合精度大大提高，特别适宜中小学生和初学者使用。该产品属于高档乐器，设计符合当今社会发展潮流。填补国内同类产品空白，率先处于国内领先水平。

扬州华韵乐器有限公司

1、双箱古筝

把古筝的一个共鸣箱用一块与面板弧度相同的弧形音板隔开，形成上下两个共鸣箱协调共振的新型结构古筝。第一共鸣箱接受面板的震动，通过音柱、音控传振给第二共鸣箱，两箱同时共振，产生的音质更加饱满、圆润、纯正而清越。其中弧形音板发挥了关键作用，它既是第一共鸣箱的底板，又是第二共鸣箱的面板，本身又是一个随着古筝震动的弧形音板。双箱古筝是使用科技创新手段使古筝音质改良获得巨大突破的新技术，它大大提高了古筝音色的档次，为制作高档演奏筝提供了重要的技术支持。

2、双箱古琴

双箱古琴即将琴箱内加一层共振音板，使古琴共鸣箱氛围上下两个，第一共鸣箱震动通过天地柱和龙池凤治的作用引起第二共鸣箱的共振，发出苍松圆润之音。

这种结构早在唐开元十年雷氏斫制高古琴器中就曾采用，传世唐宋琴中，希声、楚钟、鋆雷、霜镛、无名唐琴纪侯钟等均为“双层面板”，其“音极沉古，抚之令人迷醉”。田步高、

田泉父子在经过几十种方案的研制试验后，终于获得成功。

双箱古琴发音松、透、圆、润，可作为专业演奏用琴，亦可供古琴爱好者收藏。

扬州天艺民族乐器厂

专业二级嵌骨传统古筝

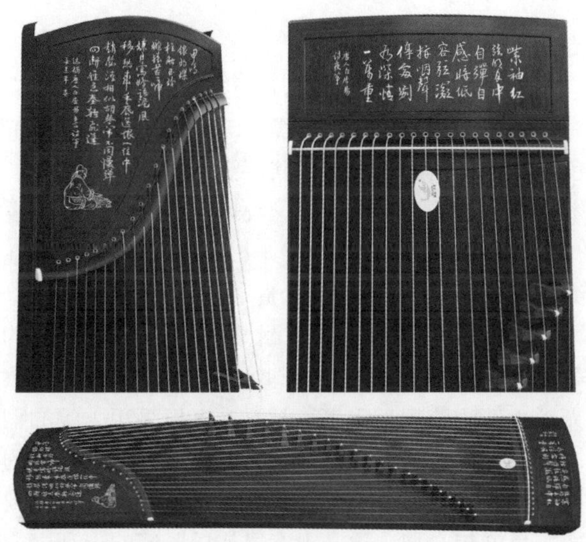

古筝筝首、尾刻以唐代大诗人白居易描写古筝的作品，骨粉填充，磨平后采用纯清水油漆处理。用料均经过严格处理：浸泡去渣，储藏风干，技术领先，亚光制作，工艺严谨，色泽赤朱，精雕细刻，经工匠精心布局、定位、印刻、打磨完成。并且采用天艺的五拼面板专利技术，各个音区的声音很平均，低音很沉很厚，中音区的共鸣也非常好。

专业二级嵌银丝传统古筝

天艺专业二级传统嵌银丝仕女图案筝采用本厂的五拼面板专利技术（独面板因存在阴阳面木质密度不均匀的问题而导致高低音音色不均匀，五拼面板采用五块阳面面板无缝拼接技术，使整块面板木质均匀震动平均，音色更加优美统一），起音槽（在面板加厚的同时，参考古代制琴技术和现代技术相结合，在面板的背面使用起音槽的专利技术，使高音更加清脆明亮，低音更浑厚，中音更圆

润），独音梁（专利筝的内部结构完全改变了传统筝的三音柱结构，而大胆采用独音柱技术，使古筝面板震动更好更均匀，音色更加醇厚优美）.琴头琴尾再配以传统嵌银丝仕女图案图案，使外观更加朴实儒雅！

专业一级汉楠木筝

天艺专业一级汉楠木筝选用沉睡数千年的珍稀

汉代楠木，琴头琴尾、侧帮，采用名贵的汉楠木为材料制作而成，保障了音色的柔美细腻；面板、底板，采用严格精选的河南兰考优质桐木，保证了琴体发音的均匀。采用本厂的五拼面板专利技术（独面板因存在阴阳面木质密度不均匀的问题而导致高低音音色不均匀，五拼面板采用五块阳面面板无缝拼接技术，使整块面板木质均匀震动平均，音色更加优美统一），起音槽（在面板加厚的同时，参考古代制琴技术和现代技术相结合，在面板的背面使用起音槽的专利技术，使高音更加清脆明亮，低音更浑厚，中音更圆润），独音梁（专利筝的内部结构完全改变了传统筝的三音柱结构，而大胆采用独音柱技术，使古筝面板震动更好更均匀，音色更加醇厚优美）

专业二级素面古筝

天艺古筝专业二级类古筝采用天艺的五拼面板专利技术（独面板因存在阴阳面木质密度不均匀的问题而导致高低音音色不均匀，五拼面板采用五块阳面面板无缝拼接技术，使整块面板木质均匀震动平均，音色更加优美统一），起音槽（在面板加厚的同时，参考古代制琴技术和现代技术相结合，在面板的背面使用起音槽的专利技术，使高音更加清脆明亮，低音更浑厚，中音更圆润），独音梁（专利筝的内部结构完全改变了传统筝的三音柱结构，而大胆采用独音柱技术，使古筝面板震动更好更均匀，音色更加醇厚优美）。

专业一级黑檀素面古筝

黑檀木心边材区别明显，边材白色（带黄褐或青灰）至浅红褐色；心材黑色（沌黑色或略带绿玉色）及不规则黑色心材（其深浅相间排列条纹）。木材有光泽、无特殊气味。纹理黑白相间，直至浅交错，结构缅而匀，耐腐、耐久性强、材质硬重、细腻，是一种十分稀少的珍贵家具及工艺品用材。

黑檀材料以木纹美观耐看著名，不加装饰的筝尾，虽无特别显眼处，却经得起你长久挑剔的眼光。古筝的四周采用黑檀材料，底板采用上等的桐木，在保证传音无损的前提下，使产品达到最佳的协调和坚固，从底板的前音孔、中音孔可以触摸到面板后的起音槽，这是天意民族乐器厂的专利之一使得高音通透明亮、中音饱满、低音浑厚。

江阴金杯安琪乐器有限公司

1、金杯闪烁系列手风琴

金杯“闪烁”系列是一款大波音流行手风琴，该琴采用国内最新的喷漆技术，是手风琴行业中的一颗新星，其外观设计新颖，琴体小巧美观，颜色绚丽夺目，声音清脆悦耳。适合演奏华尔兹、波尔卡、爵士、桑巴等风格的音乐，如与乐队配合更能将其风采展现的淋漓精致。在广场演出或是轻音乐中使用，将大大提高手风琴的演奏效果。该系列手风琴无论是生产工艺和技术水平还是演奏效果均达到了国际水平。

2、金杯轻便式系列手风琴

金杯“轻便式”系列手风琴结合了传统四排簧和流行手风琴的优点，更好的满足了手风琴爱好者练习和演奏需求。该琴颜色亮丽夺目，声音清脆悦耳。在广场演出或是轻音乐中使用将大大的提高手风琴的演奏效果。

“轻便式”系列手风琴有4个系列，近20款不同规格。该手风琴已获得外观专利7项和发明专利1项。采用国内最新的喷漆技术，除了原有的黑色以外，将陆续推出粉红，天蓝等颜色。外形线条流畅，设计结构合理，与传统四排簧相比，重量减轻了约2KG，后背的流畅型设计，更人性化，使演奏者的演奏技巧发挥的游刃有余。本系列手风琴加大了音簧的波动，使声音更加清脆悦耳，韵味十足，适合广场音乐演奏。

江苏天鹅乐器有限公司

1、SW-YL-37K全乐理口风琴

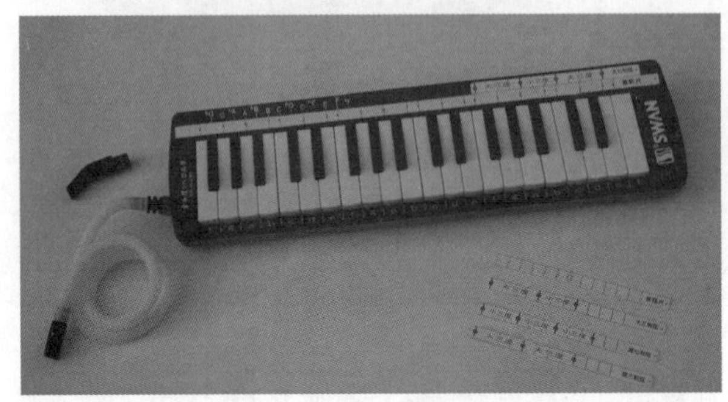

SW-YL-37K全乐理口风琴是普通口风琴的升级换代产品，集乐理公式、音名标识和音阶、音程、和弦等乐理滑动标尺为一体，并可选配节拍。独具上翘式流线外观设计，是器乐教学、音乐学习更理想的学具、演奏乐器。

初学者更容易了解和掌握键盘、调名、调号、变调、音名、音阶、音程、和弦等乐理知识，快速、有效地提高学习音乐的兴趣，感受音乐、创作音乐的完美乐趣。

2、SW24-8 24孔电声口琴

SW24-8 24孔电声口琴系我公司发明专利（专利号为：ZL201010139959.5）。普通口琴由于受其本身的限制，在进行边放伴奏边演奏口琴、口琴跟电声乐队配合、口琴在公众场合演出等演奏时，就需要借助于扩音设备来帮助增大音量，这些扩音设备包括专用麦克风及音箱等，但目前市场上还缺少同类型的产品，不能满足社会对这方面的需要。

本发明与普通口琴演奏方法相同，是普通口琴性能的扩展和延伸，其特证在于：口琴的琴格内装有两片小咪头片，通过屏蔽线经琴体上的插座将电信号输出，利用小咪头的声电转换功能使口琴发出的声音变成电信号，直接输入音箱，有效改善了口琴的音响效果，有着较强的表现力。

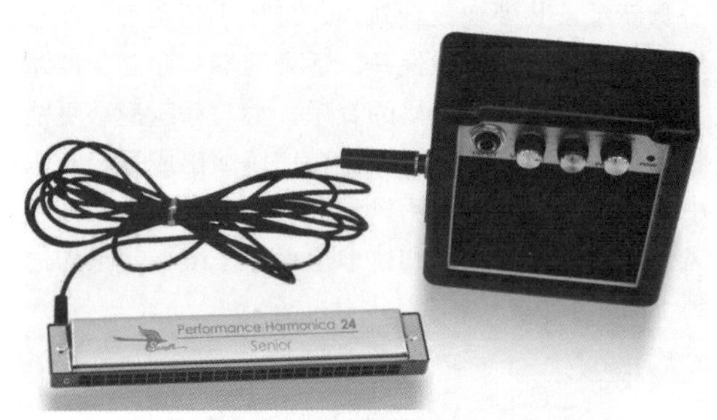

宁波市北仑乐器配件制造有限公司

5003 GP脚轮

全铜材质，亮光烤漆

特点：带自锁装置

5110 GP脚轮

全铜材质，亮光烤漆，

特点：带自锁装置，静音滚动

A-3 GP踏脚

全铜材质，压铸制造，亮光烤漆和镀鉻工艺

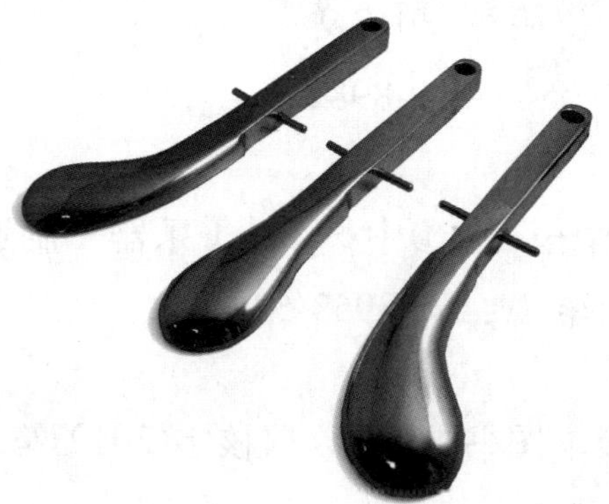

图书在版编目（C I P）数据

中国乐器年鉴. 2012 / 中国乐器协会编. -- 北京：
中国轻工业出版社, 2012.9
ISBN 978-7-5019-8982-9

Ⅰ. ①中… Ⅱ. ①中… Ⅲ. ①乐器—制造工业—中国
—2012—年鉴 Ⅳ. ①TS953-54

中国版本图书馆CIP数据核字(2012)第212829号

责任编辑：刘云辉
责任终审：劳国强　　　　　责任监印：吴京一
封面设计：潘文强　　　　　版式设计：潘文强　王　娜

出版发行：中国轻工业出版社（北京东长安街6号，邮编：100740）
印　　刷：北京今日风景印刷有限公司
经　　销：各地新华书店
版　　次：2012年9月第1版第1次印刷
开　　本：889×1194　1/16　　　　印张：29.25
字　　数：918　千字　　　　　　　插页：30
书　　号：ISBN 978-7-5019-8982-9　　定价：300.00 元

邮购电话：010-65241695　　　　　传真：65128352
发行电话：010-85119835　85119793　　传真：85113293
网　　址：http://www.chlip.com.cn
Email：club@chlip.com.cn
如发现图书残缺请直接与我社邮购联系调换
120599K6X101HBW